《史记研究集成》
　　总主编　袁仲一　张新科　徐　晔　徐卫民

《史记研究集成·十二本纪》
　　主　编　赵光勇　袁仲一　吕培成　徐卫民

《史记研究集成·十二本纪》编辑出版委员会

总顾问 张岂之

主　任 安平秋　徐　晔

副主任 张新科　马　来　徐卫民

编　委（以姓氏笔画为序）

王子今　尹盛平　田大宪　吕培成　吕新峰

李　雪　李颖科　杨建辉　杨海峥　吴秉辉

何惠昂　陈俊光　张　萍　张　雄　张文立

赵生群　赵建黎　骆守中　高彦平　郭文镐

徐兴海　商国君　梁亚莉　彭　卫　程世和

主　编 赵光勇　袁仲一　吕培成　徐卫民

"十三五"国家重点图书出版规划项目

史记研究集成·十二本纪

孝文本纪

田大宪 编

西北大学出版社
·西安·

图书在版编目（CIP）数据

孝文本纪／田大宪编．—西安：西北大学出版社，2019.3

（史记研究集成／赵光勇，袁仲一，吕培成，徐卫民主编．十二本纪）

ISBN 978-7-5604-4048-4

Ⅰ.①孝… Ⅱ.①田… Ⅲ.①中国历史—古代史—纪传体②《史记》—研究 Ⅳ.①K204.2

中国版本图书馆 CIP 数据核字（2017）第 131699 号

"十三五"国家重点图书出版规划项目

史记研究集成・十二本纪・**孝文本纪**
SHIJIYANJIUJICHENG SHIERBENJI XIAOWENBENJI

田大宪 编

出版发行	西北大学出版社
地　　址	西安市太白北路 229 号　　邮　编　710069
网　　址	http://nwupress.nwu.edu.cn　　邮　箱　xdpress@nwu.edu.cn
电　　话	029-88303593　88302590
经　　销	全国新华书店
印　　装	西安华新彩印有限责任公司
开　　本	787 毫米×1092 毫米　1/16
印　　张	26.25
字　　数	502 千字
版　　次	2019 年 3 月第 1 版　2019 年 3 月第 1 次印刷
书　　号	ISBN 978-7-5604-4048-4
定　　价	140.00 元

如有印装质量问题，请与西北大学出版社有限责任公司联系调换。电话：029-88302966

版权所有　　侵权必究

总　序

司马迁是我国西汉时期左冯翊夏阳（今陕西韩城市）人，伟大的史学家、思想家、文学家，1956年被列为世界文化名人。他的巨著《史记》，是我国第一部纪传体通史，记载了从黄帝到汉武帝时期中华民族三千多年的历史，体现了中华民族的智慧和力量，展现了中华民族维护统一、积极进取、坚韧不拔、革故鼎新、忧国爱国等民族精神。司马迁以"究天人之际，通古今之变，成一家之言"为宗旨，突破传统，大胆创新，开辟了中国史学的新纪元，在中国文化史上树立了一座巍峨的丰碑，正如清人李景星《史记评议·序》所说："由《史记》以上，为经为传诸子百家，流传虽多，要皆于《史记》括之；由《史记》以下，无论官私记载，其体例之常变，文法之正奇，千变万化，难以悉述，要皆于《史记》启之。"在世界文化史上，《史记》作为巨幅画卷，也是当之无愧的。苏联学者图曼说："司马迁真正应当在大家公认的世界科学和文学泰斗中占有重要的地位。"《史记》和古希腊史学名著比较，其特点在于它的全面性，尤其是对于生产生活活动、学术思想和普通人在历史上的地位的重视。"希腊历史学家的著作，往往集中到一个战争，重视政治、军事。普鲁塔克的传记汇编所收的人物也限于政治家和军事家，即使是最著名的希腊思想家、科学家如亚里士多德，在他的著作中也没有一字提到，更没有一个关于从事生产活动者的传记了。"① 《史记》在唐以前传至海外，18世纪开始传入欧美，一直以来都是世界汉学界研究和关注的对象。毋庸置疑，《史记》是世界文化宝库中一颗璀璨的明珠。

一

据《汉书》记载，西汉宣帝时司马迁的外孙杨恽将《史记》公之于众。但当时史学还没有应有的独立地位，加之在正统思想家眼里，《史记》是离经叛道之作，是"谤书"，因而并没有受到重视。直到东汉中期，《史记》才逐渐流传。魏晋以后，史学摆脱了经学附庸，在学术领域内形成一门独立的学科，《史记》的地位得到相应的提高，抄写、学习《史记》的风气逐渐形成。谯周《古史考》等书对《史记》史实的考证，

---

① 齐思和：《〈史记〉产生的历史条件和它在世界史学上的地位》，载《光明日报》1956年1月19日。

揭开了古史考辨的序章。裴骃的《史记集解》是这个时期最有代表性的《史记》注本。此一时期，扬雄、班氏父子、王充、张辅、葛洪、刘勰等人对《史记》发表过许多评论，他们肯定了司马迁的史才，肯定了《史记》"不虚美，不隐恶"的实录精神。由于史论的角度不同，班彪、班固在《汉书·司马迁传》中提出"史公三失"问题。随之，以王充和张辅为开端，开始了"班马异同"的学术讨论，也即开《史记》《汉书》比较研究之先河。

唐代由于史学地位的提高，尤其是"正史"地位之尊，使《史记》在史学史上备受尊崇，司马迁开创的纪传体成为修史之宗。唐代编纂的《晋书》《梁书》《陈书》等八部史书全部采用纪传体的写法。史学理论家刘知幾对纪传体的优点也予以肯定："《史记》者，纪以包举大端，传以委曲细事，表以谱列年爵，志以总括遗漏，逮于天文、地理、国典、朝章，显隐必该，洪纤靡失，此其所以为长也。"① 史学家杜佑发展了《史记·八书》的传统，著《通典》一书，成为政书体的典范。唐代注释《史记》，成就最大的是司马贞的《史记索隐》与张守节的《史记正义》。这两部书和南朝刘宋年间裴骃所作的《史记集解》，被后人合称为《史记》"三家注"。"三家注"涉及文字考证、注音释义、人物事件、天文历法、山川草木、鸟兽虫鱼、典章制度等，是《史记》研究总结性、系统性的成果，因而也被认为是《史记》研究史上的一座里程碑。司马贞、张守节、刘知幾、皇甫湜等人，对司马迁易编年为纪传的创新精神做出了许多肯定性的评论。如皇甫湜《皇甫持正集》认为，司马迁"革旧典，开新程，为纪为传为表为志，首尾具叙述，表里相发明，庶为得中，将以垂不朽"。特别是唐代韩愈、柳宗元掀起的古文运动，举起了向《史记》文章学习的旗帜，使《史记》所蕴藏的丰富的文学宝藏得到空前的认识和开发，奠定了《史记》的文学地位。

宋代的《史记》研究步入一个新阶段。由于统治者对修史的重视，加之印刷技术的发展，《史记》得以大量刊行，广为研读。宋人特别注重《史记》的作文之法。如文学家苏洵首先发明司马迁写人叙事的"互见法"，即"本传晦之，而他传发之"②，开拓了《史记》研究的领域。郑樵在《通志·总序》中称《史记》为"六经之后，惟有此作"，肯定司马迁前后相因、会通历史的作史之法，这也是第一次在理论上从"通"的角度评论《史记》。本时期的评论，还把"班马优劣论"发展到一个新的阶段，苏洵、郑樵、朱熹、叶适、黄履翁、洪迈等人都发表过评论，涉及思想、体例、文学等方面的比较，乃至出现了倪思、刘辰翁的《班马异同》及娄机的《班马字类》这样的专门著作，把《史记》比较研究向前推进了一步。

元代除了在刊刻、评论《史记》方面继承前代并有所发展外，主要贡献在于把

---

① [唐]刘知幾撰，浦起龙释：《史通通释·二体》，上海古籍出版社1978年版，第28页。
② [宋]苏洵著，曾枣庄等笺注：《嘉祐集笺注》，上海古籍出版社1993年版，第232页。

《史记》中的历史人物、历史事件搬上舞台。元代许多杂剧的剧目取材于《史记》，仅据傅惜华《元代杂剧全目》所载就有180多种，如《渑池会》《追韩信》《霸王别姬》等，这些剧目的流传，又扩大了《史记》的影响。

明代是《史记》评论的兴盛期。印刷技术进一步提高，给刻印《史记》提供了有利条件，尤其是套版印刷的兴起，给评点《史记》提供了方便。明代从文学角度评论《史记》取得的成就最大，对于《史记》的创作目的、审美价值、刻画人物形象的方法、多样化的艺术风格等都进行了有益的探索①。唐顺之、归有光、茅坤、王慎中、钟惺、陈仁锡、金圣叹等人都是评点《史记》的大家。同时，由于《史记》评点著作大量出现，辑评式研究应运而生。凌稚隆《史记评林》搜集整理万历四年（1576）之前历代百余家的评论，包括"三家注"及各家评点和注释，并载作者本人考辨，给研究者提供了便利，后来李光缙对该书进行了增补，使之更加完备。明代晚期，《史记评林》传入日本，深刻影响了日本对《史记》的研究。另外，朱之蕃《百大家评注史记》，葛鼎、金蟠《史记汇评》，陈子龙、徐孚远《史记测义》等也进行了辑评工作。明代由于小说的繁荣，人们对《史记》的认识也开辟了新的角度，探讨《史记》与小说的关系，这是前所未有的新成就。在《史记》历史事实的考辨方面，杨慎《史记题评》、柯维骐《史记考要》、郝敬《史记愚按》等，以及一些笔记著作，均颇有新意。

清代迎来了《史记》研究的高峰期。专门著作大量涌现，如吴见思《史记论文》、汪越《读史记十表》、杭世骏《史记考证》、牛运震《史记评注》、王元启《史记三书正讹》、王鸣盛《史记商榷》、邵泰衢《史记疑问》、赵翼《史记札记》、钱大昕《史记考异》、梁玉绳《史记志疑》、张文虎《校勘史记集解索隐正义札记》、郭嵩焘《史记札记》、李慈铭《史记札记》、吴汝纶《桐城吴先生点勘史记》、程馀庆《历代名家评注史记集说》等，都是颇有特色的著作。这些著作最大的成就在于考据方面。清人考据重事实、重证据，大至重要历史事件，小至一字一句、一地一名，对《史记》史事和文字的考证极为精审。钱大昕为梁玉绳《史记志疑》作序，称其"足为龙门之功臣，袭《集解》《索隐》《正义》而四之矣"。许多学者是考中有评，如赵翼说："司马迁参酌古今，发凡起例，创为全史，本纪以序帝王，世家以记侯国，十表以系时事，八书以详制度，列传以志人物"，"自此例一定，历来作史者，遂不能出其范围，信史家之极则也。"② 其他非专门研究《史记》的著作如顾炎武《日知录》、刘大櫆《论文偶记》、章学诚《文史通义》以及一些古文选本等，也对《史记》发表了许多值得重视的评论。

---

① 详参张新科、俞樟华：《史记研究史略》第四章"明人评点《史记》的杰出成就"，三秦出版社1990年版。
② [清]赵翼著，王树民校证：《廿二史札记校证》卷一，中华书局1984年版，第3页。

近现代以来，中国内地及港澳台地区《史记》研究呈现出继承传统研究方法的同时，研究领域不断拓宽、研究问题不断深入的特点。从政治到经济、从思想到文化、从史学到地理、从文学到美学、从伦理到哲学、从天文到医学、从军事到人才，都进行了广泛深入的探索。诸如李笠的《史记订补》、王叔岷的《史记斠证》、钱穆的《史记地名考》、瞿方梅的《史记三家注补正》、陈直的《史记新证》、王恢的《史记本纪地理图考》等，从《史记》文本文字、地理名物及《史记》研究的再研究等方面进行考证或订补。另外，杨燕起等编纂的《历代名家评史记》，精选1949年前的《史记》评论资料；近年来，由张大可、丁德科主编的《史记论著集成》汇辑当代学者的专题研究成果；赵生群主持修订的中华书局《史记》点校本使《史记》校勘更上层楼。同时，各种不同类型的《史记》选注本、全注本、选译本、全译本相继问世。

《史记》在日本影响很大，近现代以来颇具影响的《史记》研究专家有泷川资言、水泽利忠、宫崎市定等。20世纪30年代出版了泷川资言的《史记会注考证》，之后水泽利忠对该书进行校补，使之成为《史记》研究总结集成式的成果，该书在辑佚、校勘、对《史记》史实的考证、对司马迁所采旧典的考证、对"三家注"的再考证、对词句的训释等方面，均取得了显著的成果。但缺点也是显而易见的，施之勉的《史记会注考证订补》、严一萍的《史记会注考证斠订》等均针对其缺憾专门做了订正。欧美学者对《史记》的研究，诸如法国的沙畹、康德谟，美国的华兹生、倪豪士，以及汉学家高本汉、崔瑞德、鲁惟一、陆威仪等，在关注《史记》传统研究方法的同时，以西方思维、理论及方法，将《史记》与西方传统的史学著作进行比较研究，亦颇具特色。

从以上简单勾勒《史记》研究的历史可以看出，近两千年《史记》研究呈现出"历代不辍、高潮迭起"的状态。不仅如此，海外汉学界特别是日本的《史记》研究亦有突出的表现。

二

《史记》研究积累了大量丰富的资料，这些资料是不同时期承前启后、不断深化的学术成果，这其中有就个别问题的深入探究，有零散的评论，亦有专题式的系统研究。除此之外，系统整理前代研究成果、提出新见的集成式整理方式，更有划时代的意义。在这个层面上，南朝刘宋至唐代形成的《史记》"三家注"和20世纪30年代日本学者泷川资言完成的《史记会注考证》，被视为《史记》研究系统、全面、最有代表性的著作，甚至被称为《史记》研究的两座里程碑。

今天，《史记会注考证》出版已经八十余年，《史记》研究又经过了一个不凡的历程，海内外《史记》研究新见迭出，特别是在研究方法上出现了新的变化，突出特征是由"史料学"向"史记学"发展,即从史料的整理和挖掘中分析司马迁的思想,通过具体史料探讨《史记》丰富的思想内涵及其价值。这也在客观上对《史记》研究成果再次进行集成式整理提出了新的学术要求,《史记研究集成》的编纂正是顺应这一学术发展的重要尝试。

《史记研究集成》系"十三五"国家重点图书出版规划项目,在陕西省人民政府参事室(陕西省文史研究馆)的关心、指导和支持下,由陕西省司马迁研究会和西北大学出版社具体组织实施。集成规模浩大,搜罗宏富;分类选目,采撷众家;纵横有序,类别集成。在总体架构上,分别形成"十二本纪""十表八书""三十世家""七十列传"各部分研究集成。集成以汇校、汇注、汇评为编纂体例,总体编纂表现出资料搜集的全面性、类别整理的学术性,以及体例设置的科学性和出版所具有的实用性特点,具体如下:

首先,资料翔实完备,涉及古今中外所有研究成果,是近两千年来《史记》研究的集大成之作。本集成所收资料,上自汉魏六朝下至21世纪初,不仅包括中国历代《史记》研究形成的资料,亦广泛涉及海外研究成果,特别注重对新材料、新观点的采撷吸收。近现代以来,《史记》研究呈现出以史学、文学为主干,包括政治、经济、文化、军事、哲学、地理、天文等多学科的特点,相关的研究成果自然也就成为本集成的组成部分。同时,遴选搜集所能见到的《史记》研究的相关资料,又针对性地搜集补充海外研究资料,充分显示了《史记研究集成》资料搜集的全面性。

其次,观点采撷众家,厘定甄选,兼及考古资料补正,充分体现了《史记研究集成》的学术性。《史记》研究者之众,多不胜数;成果之丰,可谓汗牛充栋。经过了汉魏六朝开启至唐代的注释繁盛期,两宋传播和品评期,明代评论兴盛期,清代考据高峰期,以及近现代的拓展深入期这些不同阶段,积累了大量的学术资料,这些资料就观点看,前后相继,但会通整理难度之大超乎想象。编纂者一要质其要义,二要考其先后,三要会通甄选以厘定条目,除此之外,还要参酌考古新发现做深入补正或提出新见解,这也体现出集成的学术性特点。

再次,体例设置科学,出版具有实用性。《史记研究集成》以汇校、汇注、汇评分类,以观点先后列目,类编得当,条贯秩然。一方面网罗《史记》研究多学科、多层次、全方位之学术观点,另一方面完整呈现《史记》研究的学术脉络,每篇前有"题解",后有"研究综述",在收集历代研究成果的同时,对一些有争议的或者重大的学术问题加以编者按语。本集成系统全面,方便使用,具有工具书的性质。

《史记研究集成》的编辑出版,无疑具有重要的学术价值。第一,它为《史记》研究者提供了非常丰富的有价值的资料,古今中外的重要成果尽收眼底,为理论研究铺路搭桥,为立体化的研究提供依据。第二,它既是历代资料的精选荟萃,又是近两千年《史记》研究史的全面呈现,具有学术史的认知价值。第三,它与前代的《史记》"三家注"、《史记会注考证》等里程碑式的著作相比,体现了编纂者的创新精神和力争超越前代的学术追求,有助于推动《史记》研究向纵深发展,有助于推动"史记学"的建立。第四,《史记》具有百科全书的特点,在中国和世界文化史上占有重要地位。集成的编辑出版,一方面可以为史学、文学、哲学等人文社会科学乃至有关的自然科学研究提供有益的资料,有助于促进这些学科的发展,繁荣当代学术;另一方面,有助于深入挖掘《史记》中蕴含的至今仍具有现代意义的价值理念、道德规范与治国智慧,以传承弘扬中华优秀传统文化,推动传统文化创造性转化与创新性发展。

三

《史记研究集成》的编纂是一项基础性文化工程,资料的搜集与会通整理不仅需要认真严谨的学术态度,也需要多学科的知识储备,更需要学术界的通力合作。书稿在编纂和审定过程中,得到了著名史学家、西北大学张岂之先生,中国《史记》研究会原会长、北京大学安平秋先生,中国秦汉史研究会原会长、中国人民大学王子今教授,中国社会科学院学部委员彭卫研究员,中国历史文献研究会会长、南京师范大学赵生群教授等学者的大力支持和帮助,在此谨表谢忱。

限于体例和篇幅,以及资料的限制,前贤时彦的成果难以全部吸收,颇有遗珠之憾,不足之处,敬请读者批评指正。

《史记研究集成》编辑出版委员会
(张新科执笔)
2019 年 3 月 18 日

《史记研究集成·十二本纪》编辑出版说明

作为《史记研究集成》的一部分，《史记研究集成·十二本纪》（以下简称"集成"）编纂工作实际始于1994年。它是在赵光勇教授审择资料、构设体例的基础上，由陕西省司马迁研究会组织启动编纂的。对于这项重大文化工程的实施，时任陕西省省长白清才、陕西省政协副主席董继昌、陕西师范大学原党委书记李绵等人高度重视，并给予重要支持。在几近十年的编纂中，十余位专家勤勉有为，爬梳浩如烟海的资料，会通比较，厘定条目，汇校、汇注、汇评出近两千年《史记》研究发展的学术脉络，至2003年形成初稿。

2013年，书稿经过十年"周转沉淀"，在陕西省人民政府参事室（陕西省文史研究馆）的支持下，西北大学出版社接手编辑出版，并邀纳资深编审郭文镐等组建《史记研究集成》编辑部，组织项目的编辑加工。从2013年至今，在六年的精心组织与实施中，编辑部的同志进行了大量细致的资料核查工作，其中不乏深入的校雠勘误；在内容处理上，听取专家意见，同样进行了庞杂的"考量删繁以求简练"的编辑加工。在此基础上，各位编纂者又进行了系统的补遗与增订。《史记研究集成·十二本纪》至此完成编辑审定。这期间，2015年，《史记研究集成》被列入"十三五"国家重点图书出版规划；2016年、2018年，出版社和陕西省司马迁研究会先后组织了两轮专家审定，形成了系统的修改意见，从增删与补遗等方面有力地保证了"集成"的全面性与学术性，从而提高了"集成"出版的代表性与权威性。

《史记研究集成·十二本纪》项目实施前后25年，十余位专家，淡泊名利，潜心以为，他们以司马迁"忍辱负重，发愤而为，成一家之言"的精神为榜样，砥砺前行，在此我们感念良多。殚精竭虑、因病辞世的吕培成教授，年愈九旬、依旧念兹的赵光勇教授，鲞老鲐背、勉力而为的袁仲一先生等，他们都是司马迁精神不衰的实践与体现。已故陕西省司马迁研究会原副会长张登第先生在"集成"编纂的组织过程中发挥了重要作用。书稿的编、审、校前后持续六年，这期间，出版社的编辑同志承担着大量繁重的工作，他们珍视与编纂者的合作，在工作上与编纂者并肩前行，在专业上不断历练提高，受益良多。可以说，"集成"的编辑出版，是编纂者与出版者密切合作的结果，也充分体现着双方致力于文化传承创新的责任与使命意识。

值此《史记研究集成·十二本纪》付梓之际，特别感谢北京大学安平秋教授、杨海峥教授，中国人民大学王子今教授，中国社会科学院彭卫研究员，南京师范大学赵生群教授等专家学者所提供的重要的学术支持。同时，感谢社会各界给予的关心和指导。

西北大学出版社

2019年3月19日

凡　例

1. 本书《史记》正文以中华书局1959年版点校本为底本，参考《史记》新校本（修订本），汇集历代兼及国际汉学界《史记》研究资料，简体横排。凡古今字、通假字、俗字等，以及人名、地名中的异体字，均一仍其旧。各卷编排：卷前为题解，卷末为研究综述，正文分段，每段为单元，标示注码，段后依次排列汇校、汇注、汇评资料。

2. 本集成遴选的资料，录自古代文献和近现代学术专著，有参考价值的今人研究成果也予以酌录。汇校部分，以他校为主（点校本已作版本校）。汇注部分，不限于字词义诠释，句义、段义以及天文地理等考释也包括在内。所有部分，皆不惮其繁，一一罗列各家之言。

3. 本集成引录的资料中使用的书名简称依旧，个别生僻者，首次出现时，随文加"编者按"予以说明。如：《锥指》（编者按：《禹贡锥指》）；《经典》（编者按：《经典释文》）。

4. 本集成引录的资料中的原有夹注，改为括注，字体字号同正文。为方便读者解读研究资料中的个别问题，本书编者间或加有"编者按"，按语相应随文或置于该条资料文末。

5. 每条研究资料于文末括注出处，录自古代文献和近现当代学术专著者括注书名、卷名或章名，连续两条或三条出处相同者，后条简注"同上"；录自现当代期刊者括注篇目及期刊年次期次。书末附《引用文献及资料》，详注版本信息。

目　录

总　序 …………………………………………………… (1)

《史记研究集成·十二本纪》编辑出版说明 …………… (1)

凡　例 …………………………………………………… (1)

正文及校注评 …………………………………………… (1)

研究综述 ………………………………………………… (374)

引用文献及资料 ………………………………………… (386)

孝文本纪第十

【题解】

凌稚隆：按：《汉书》大要袭此，惟诏书稍详。（《史记评林·孝文本纪》）

吴见思：本纪之体，是诸传之提纲，故挨年逐月，一路叙去，用花巧不得，止看其叙法之简净、安放之妥当而已。《汉文》纯用文胜，写得臻臻楚楚，优柔不迫，与《高后纪》另用一种笔仗。中载诸诏，文法佳胜，或当时如此，或系史公删润，虽不可知，然汉文以后之诏皆不如前，则史公与有力也。此纪通篇与武帝事对照，昔人所谓鱼藻之义也。（《史记论文·孝文本纪》）

牛运震：孝文诏书，质古温醇，居然三代之遗，而所行政事亦称之，不徒为空言也。太史公于他帝诏令多不载录，而独详录孝文诏令，盖深有见于孝文者，亦以见太史公史体之严也。（《史记评注》卷二《孝文本纪》）

又：《春秋》编年，四时具然后为年，故四时无事必书，若"隐六年，秋七月"之类是也。月不可阙，况于年乎？太史公去文帝未远，而年阙不具何也？岂旧史残阙邪，抑史公疏漏而不能举其全邪？《汉书》按年而一一编入之，遂成全纪，读《文纪》者，始无遗憾焉。（《读史纠谬》第一卷《史记》）

又：元年赈贷百姓诏、赐三老肉帛诏，十二年赐农民租税诏、赐三老孝弟力田帛诏，后元年议佐百姓诏，皆文帝布德行惠大事，《史记》一切阙而不载，不如《汉书》详载为是。（同上）

佚　名：史诠曰：《孝文纪》年缺不具，无乃有残篇断简之失欤？（《史记疏证（外一种）》卷十）

汤　谐：孝文为三代以后第一贤君，史公在孝武时作《孝文纪》，故尤极无穷慨慕也。二十余年深仁厚泽，纪中排缵不尽，止举其大要，而余者令人悠然可思，正是史公画龙点睛妙手。而或以为年缺不具，有残简之失者，误矣。（《史记半解·孝文本纪》）

吴汝纶：《文帝纪》以诏令为章法。文帝诸政不可悉以类从，一以诏令纬之，统摄联贯，若网在纲矣。（《点勘史记读本·孝文本纪》）

崔　适： 按：五年、七年至十二年，后三年至后五年，皆无文，《汉书》有之。"孝文帝从代来"至"兴于礼义"，在《汉书》为赞语，此乃移入纪中"帝崩"之前，何其颠错而残缺也。张晏云"《景纪》亡"，当是《文纪》之误。小司马所谓取班书补之者，在此不在彼也。不然何由录班赞？且太史公于《高》《惠》《景纪》帝崩皆谥，此纪独否，高后、惠、景崩皆不地，此于未央宫，皆与班书合，可为录取班书之证。（《史记探源》卷三）

李景星： 太史公于他帝诏令，多不载录，独于《孝文本纪》录诏令最详。盖以孝文各诏，质古温醇，实属三代之遗。且所行政事，又足以副之，非托诸空言者比也。通篇叙事，纯以文胜，写得秩秩楚楚，优柔不迫。既无《高纪》中疏荡之气，亦无《吕纪》中刻挚之笔，又处处与《武纪》中作反面对照。写仁厚守成之主，不得不另用此一副笔墨也。后幅收束，尤为严密。"从代来即位"一段，总叙帝之生平于未崩之前。"后七年六月"一段，详叙帝之遗诏于既崩之后。下又继以景帝之诏、群臣之议，将帝所行之大事，再括叙一番。而以"世功莫大于高皇帝，德莫盛于孝文皇帝"一语作为断定，精确正大，穆然高古。此史公真实笔力，后人无此本领，亦无此眼光。或以为景帝之事，不当列于此矣。（《史记评议·孝文本纪》，见《四史评议》）

又： 《文帝纪》只补出几层年月，增得几篇诏令，便又是一样精神。如"四年""五年""七年""九年""十年""十一年""十二年""后三年""四年""五年"，《史记》俱阙而不书，揆之《春秋》无事不书之义，颇不相合，班氏增之是也。此外如元年"振贷诏""养老诏"，二年"劝农诏"，十二年"劝农诏""置三老孝弟力田常员诏"，后元年"佐百姓诏"，皆是文帝恭俭爱民之实在处。《史记》阙之，便觉减色。班氏一一增出，当时善政，千载如目睹矣。至若"除秘祝诏"已载《郊祀志》，"除肉刑诏"已载《刑法志》，"议郊祀诏"已载《郊祀志》，"贤良极谏诏"已载《晁错传》。纪中略为提明，即觉两边俱到，此尤是班氏特别用意处，不可不知。（《汉书评议·文帝纪》，见《四史评议》）

刘咸炘： 崔适曰：（略）（编者按：此处所引，见上引崔适语。）按：此说似可信而实未安。史公本纪、世家书法本参差，不一律处多矣，岂可悉以为伪邪？帝崩不谥，或是脱文，且《高纪》书高祖崩，《惠纪》书惠帝崩，《景纪》则书孝景皇帝崩，亦不一律，孰为伪？高祖崩，亦书地，岂亦伪邪？缺略自是原文之简，倘写《汉书》，何不会写？若不缺，崔氏不将又以为伪证乎？若"代来"以下，论前、论后，固皆可书，前人以为班移入赞，崔氏则以为写赞入纪，安见此是而彼非乎？赵翼《廿二史札记》谓总叙自应在帝崩后，史殊非法，此乃以后史法绳之耳。（《太史公书知意·孝文本纪》）

[日] 泷川资言： 陈仁锡曰：《孝文纪》年缺不具，或有残简。（《史记会注考证附

校补》卷十《孝文本纪》）

徐复观：《汉书》的《文帝纪》，虽然大部分袭用《史记》，但依然加了一番增删移易的工夫。并且我怀疑《史记》的《文帝本纪》，可能也有残缺，计有四年、五年、七年、八年、九年、十年、十一年、十二年，及后三年、四年、五年，共十一年，皆缺而不书，亦未如《吕后本纪》书明"三年无事"。这是有点奇怪的。虽然《汉书·文帝纪》，在这几年中，除十二年有较详记录外，余亦皆非常简略，例如九年仅"春大旱"三字，可视为因为当时太平无事，史公乃援"春秋常事不书"之例，特加略过，究竟未免略得太多了。（《两汉思想史》卷三《〈史〉〈汉〉比较研究之一例》）

编者按：《史记·孝文本纪》中，"四年""五年""七年"至"十二年""后三年"至"后五年"共十一年缺而不书，对此有两种看法：一种认为，缺略自是原文之简；一种认为，年缺不具，当有残简。由于年代久远，史料缺乏，我们很难简单认同某种看法。但是，从《孝文本纪》本身看，多载诏令是其不同于本纪他篇的一个突出特点，这与司马迁对文帝时期政治清明、社会安定状况的向往与倾慕密切相关。因此，本文在写法上或可能并未依循本纪中逐年记事的惯例，而把重心放在表现文帝的政绩上，将某些无大事可记的年份从略。这种年缺不具的现象并非仅见于此篇，《秦本纪》也有这种情况。

赖长扬：在我看来，《孝文本纪》就出于司马谈之手。……

《孝文本纪》："太史公曰：孔子言：'必世然后仁。善人之治国百年，亦可以胜残去杀。'诚哉是言！汉兴，至孝文四十有余载，德至盛也。廪廪乡改正服封禅矣，谦让未成于今。呜呼，岂不仁哉！"这透露了本篇为司马谈所作的消息。

"廪廪乡改正服封禅矣，谦让未成于今"，这个"于今"，理当迄于作者记述之时，显然是在"改正服封禅"之前。据《文帝纪》《封禅记》《历书》，由于方士公孙臣、新垣平的鼓吹，文帝曾"使博士诸生刺《六经》中作《王制》，谋议巡狩封禅事"，后因"新垣平事觉"，他"怠于改正朔服色神明之事"，终未成就封禅。景帝即位，"无所兴"。武帝"尤敬鬼神之祀"，才于前110年四月，第一次封禅于泰山，"衣尚黄而尽用乐"，改元为元封。倘若《文帝纪》作于这之后，赞语中绝不能说"未成于今"的话。《文帝纪》杀青于元封年之前无疑。（《司马谈作史补证》，载《史学史研究》1981年第2期）

又：不只如此。司马谈作史，当先有本纪之作。《史记集解》引如淳曰："《汉仪注》，太史公，武帝置……序事如古《春秋》。"《史通·本纪》："盖纪之为体，犹《春秋》之经，系日月以成岁时，书君上以显国统。"本《春秋》作纪，既是职守之责，又可先以其提挈一代大事，在编纂上有不少便利处。司马谈守史职三十年，又亲历文帝之世，"所次旧闻"有纪，是理所必然。而这段时间，司马迁仕为郎中，未闻有越俎代庖事。司马谈的遗嘱和司马迁的回答，就是明证。

从思想上看，司马谈作《文帝纪》也很有理由。

司马谈歆慕封禅。元封元年武帝封禅，他"留次周南，不得与从事"，至于"发愤且卒"。临去世，他还含恨抱怨："今天子接千岁之统，封泰山，而余不得从行，是命也夫，命也夫！"向往之情，跃然纸上。"廪廪乡改正服封禅矣，谦让未成于今"，深切惋惜，溢于言表。司马迁则不然。他说："余从巡祭天地而封禅焉。入寿宫侍神语，究方士祠官之意，于是退而论次自古以来用事于鬼神者，具见其表里。"他通过这些"表里"的记述，嘲笑了"用事于鬼神者"的虚妄。

《六家要旨》备推黄老清净无为的思想，和孝文帝的政治实践，虚实相映。《文帝纪》详述了他无为政治的种种言行，最后赞扬说："德至盛也。"这和《六家要旨》认为道家是诸家之首，无所不包，无所不能，事少功多相一致。以虚求实，以实证虚，在司马谈看来，最使他感兴趣的帝王当有文帝。

如上说是，则《孝文本纪》当司马谈作。（同上）

赵生群：赖长扬认为此篇为司马谈所作，文中主要是从文、景、武诸帝筹划封禅的过程以及太史公父子对封禅的不同态度来加以证明的。为了使司马谈作史的事实更加清楚，这里再作些补充。"改正服封禅"共指三件事：改正朔、易服色、封禅。据《封禅书》，封禅一事得以实现，是在元封元年。《汉书·武帝纪》载："（太初元年）夏五月，正历，以正月为岁首，色上黄，数用五，定官名，协音律。"据此可知，改正朔、易服色二事的正式完成是在太初元年。联系太史公父子生活和创作的时间，即可确定《孝文本纪》的作者是谁。元封元年，武帝东封泰山，司马谈留滞东南，不得与从事，因而"发愤且卒"。司马迁正好奉使西南夷返京，在河洛之间见到病危的父亲。司马谈嘱咐再三，要司马迁完成自己的遗愿，继《春秋》而作史，司马迁俯首流涕曰："小子不敏，请悉论先人所次旧闻，弗敢阙。"司马谈死于元封元年，他编次旧闻，都是在这以前。司马迁则是在太初改历之后，才开始"论次其文"。司马谈作史之时，封禅、改正朔、易服色三件大事都未能举行，所以《孝文本纪》赞语说"谦让未成于今"；司马迁作史时，此三事都已大功告成，如果他作《孝文本纪》，不可能出现"谦让未成于今"这样的话。这是《孝文本纪》为司马谈所作的铁证。（《〈史记〉文献学丛稿·司马谈作史考述》）

张大可：本篇写代王十七年一笔带过，主要内容写汉文帝即帝位二十三年的政绩。汉文帝躬俭仁爱，关心民生疾苦，居安思危，励精图治，严以律己，宽以待人，是汉初黄老无为而治政治的较好执行者。（《史记全本新注·孝文本纪·题解》）

[韩]**朴宰雨**：《汉书·文帝纪》基本上袭用《史记·孝文本纪》，加上多少删略、改写，多加增补而成。其篇名"文帝"即"孝文皇帝"之略称，是用谥号。删略部分

中，除收帑诸相坐律令事与除肉刑事，移入于《汉书·刑法志》；《遣灌婴击匈奴诏》，移入于《匈奴传》；景帝《议定孝文帝庙乐诏》及其议论，移入于《景帝纪》。增录元年《议振贷诏》《养老诏》、二年《劝农诏》、十二年《劝农诏》与《置三老孝悌力田常员诏》、十三年《耕桑诏》、十五年《举贤良诏》、后元年《求言诏》等诏八条。文帝四年、五年、七年至十二年、后三年至五年，《史记》记事都缺，而《汉书》依年月各增写一些零碎的纲目性史事。《汉书》将《史记》后六年写文帝敦朴之风与德化之治部分，移写为《文帝纪赞》。因此，《汉书》赞语虽袭用《史记》篇末部分，但不袭用其"太史公曰"……总之，《汉书·文帝纪》基本上袭用《史记·孝文本纪》，但有删有增有移，变化较多。(《〈史记〉〈汉书〉比较研究》第二章《〈史〉〈汉〉总体比较》)

施 丁：《史记·文帝本纪》记文帝史事既有详载，又多漏略。《汉书·文帝纪》则认真做了两方面的事：一是将有些史事，仅保留事目，具体记载便移于有关的传记；二是补记了一些史事和诏令。(《汉书新注》卷四《说明》)

杨燕起：司马迁撰《孝文本纪》，依次记述了如下政绩：

一、除收帑诸相坐律令；二、令列侯就国，减轻吏卒给输长安的劳苦；三、开籍田，亲率耕；四、除诽谤妖言之罪；五、除肉刑；六、除田之租税；七、与匈奴结和亲之约；八、损郎吏员；九、弛山泽之禁，发仓庾以振贫民；十、民得卖爵。

其后，还有三段不同一般的记述和评论。

第一段，说文帝即位二十三年来一直很俭朴，"宫室苑囿狗马服御无所增益"，自己穿粗布衣，所幸慎夫人，"令衣不得曳地，帏帐不得文绣"，而"治霸陵皆瓦器"；感动南越王尉佗去帝称臣，与匈奴和亲，匈奴背约入盗，令边兵不发兵深入，"恶烦苦百姓"；赐吴王几杖，赐张武金钱，以愧其心。这是除节俭之外，对内缓和与诸侯的矛盾，对外安抚边境少数民族政权，立意是不要烦劳百姓，打破安定的局面。这段结尾说文帝"专务以德化民，是以海内殷富，兴于礼义"，强调"德"和"富"。

第二段，记文帝遗诏，主要说不要大规模办理丧事，"其令天下吏民，令到出临三日，皆释服。毋禁取妇嫁女祠祀饮酒食肉者"，"毋发民男女哭临宫殿"，"霸陵山川因其故，毋有所改。归夫人以下至少使"(夫人、美人、良人、八子、七子、长使、少使凡七辈)。表现了文帝不仅生时忧恤百姓，即使临终也以百姓为念。

第三段，先记汉景帝的诏书，概述了文帝的功德，说："孝文皇帝临天下，通关梁，不异远方。除诽谤，去肉刑，赏赐长老，收恤孤独，以育群生。减嗜欲，不受献，不私其利也。罪人不帑，不诛无罪。除宫刑，出美人，重绝人之世。"后借大臣的议论说，"世功莫大于高皇帝，德莫盛于孝文皇帝"。又极力赞扬了文帝的盛德。

从汉初帝王的几个本纪来看，司马迁特别推崇汉文帝，可以说是将汉文帝看作了自己的理想国君。他企求汉文帝时的国家安定、人民安乐的局面。……其他在《史记》有关人物的诸列传中，司马迁也表彰了汉文帝勇于采纳袁盎、张释之、冯唐、田叔等大臣直谏的精神，及窦广国虽"贤有行"，亦因他是皇后弟，而不以"私"用为丞相的用人态度。

对汉文帝的推崇，一方面表述了司马迁所希冀的理想社会的内容；另一方面，对汉文帝的肯定，也是立足于观察汉武帝时的政治，而对现实社会提出的含蓄批评。（《〈史记〉的学术成就》第五章《司马迁的政治思想》）

李炳海：文景之治是汉代的盛世，对于开创这个局面的汉文帝，司马迁予以充分的肯定，作为他心目中的英明天子加以叙述。

传记主要从两方面记载汉文帝的美德功绩，登基前后突出其谨慎，大权在握之后赞扬其仁慈。

……文帝登基之后发布了一系列诏令，司马迁在列举文帝的所作所为时，主要凸现他的仁慈。论功行赏，大赦天下，此为仁行之一。废连坐之法，仁行之二。举贤良方正直言敢谏之士，自责其身，仁行之三。废肉刑，仁行之四。免除田之租税，仁行之五。令祠官勿为天子祈福，仁行之六。减服御狗马，损郎吏编制，仁行之七。禁厚葬扰民，仁行之八。

在表现文帝谨慎一面时，司马迁通过一系列情节加以显示，有叙述、有描写，构成前后连贯的故事。这部分内容文学价值较高，文帝的个性特征比较明显。在叙述文帝的仁爱之行时，传记大量引录文帝所发布的诏令，用他自己的话语、举措来加以表现。这部分内容价值不高，但保存了许多宝贵的资料。

也许司马迁有感于单靠引录诏令无法把文帝的美德懿行完满地显示出来，因此，他又用一段叙述加以补充，总结文帝在位二十三年期间最令人钦佩的地方，一是他的节俭，在古代帝王中是罕见的；二是他的宽厚大度，以德报怨，容常人所难容之事。

文帝的遗诏全文过录，这是最能体现文帝人格魅力的一篇文章，曾经感动过无数后人。

篇末两段文字都是对文帝的盖棺定论，一篇是景帝即位之初所下的诏书，尊文帝为太宗，庙用《昭德》之舞。一段文字是司马迁的评论，他把文帝放在西汉王朝兴盛的过程中加以考察，认为文帝有至盛之德，足以举行封禅大典以昭告天地。

当然，这篇传记只是写了文帝光辉的一面，至于他的弱点、过失，则要通过阅读周勃、邓通等人的传记才能感觉到，他的仁爱、俭朴也是有限度的，并非完美无缺。（《史记校勘评点本·孝文本纪》）

韩兆琦：本篇记述了汉文帝于大臣诛诸吕以后，果断入承天子位的过程，以及称帝后的种种德政。在本纪所写的汉代帝王中，司马迁给予汉文帝的政治评价是最高的，对汉文帝的个人品德，也称扬备至。

（1）司马迁认为，汉文帝是以国家、黎民百姓为重的一代贤君。他思忧天下，关心民瘼，"蠲除肉刑，开通关梁，广恩博施"（《太史公自序》）。他礼贤下士，知人善任……司马迁之所以对汉文帝如此称许，是因为汉文帝的"行事"符合自己的政治思想。司马迁主张为政者应施行"德政"，从《五帝本纪》到《周本纪》，他看重的都是"德"。《夏本纪》说"德流苗裔"；《殷本纪》说"德盛阿衡"；《周本纪》说"德盛西伯"。但是从《秦本纪》到《吕太后本纪》，司马迁痛感他们唯"力"是用，逮至孝景及今上，则更是有过之而无不及。于此处，司马迁感慨良多！沈作喆说："读史者但知《武纪》《封禅书》为讥也，不知子长赞文帝汉兴四十余载，德至盛，廪廪乡改正朔服色封禅，谦让未成于今。而孝武初即位，未有德惠及民，便修鬼神之祀，公卿草巡禅，则为不仁矣，此盖子长之微意也。"（《寓简》）汤谐说："孝文为三代以后第一贤君，史公在孝武时作《孝文纪》，故尤其无穷慨慕也。二十余年，深仁厚泽，纪中排缵不尽，止举其大要，而余者令人悠然可思，正是史公画龙点睛妙手。"（《史记半解》）

（2）汉文帝是司马迁心中的理想君王，他不仅谦让、俭朴、宽仁，而且具有勇于纳谏的精神。司马迁在《张释之冯唐列传》中通过张释之、冯唐的犯言直谏而被文帝接受的故事表现了这一主旨。例如有一人盗去高祖庙内座前玉环，汉文帝大怒，"下廷尉治"，希望能把小偷满门抄斩。结果，张释之以法办事，"奏当弃市"，并且犯言直谏："法如是足也。且罪等，然以逆顺为差，今盗宗庙器而族之，有如万分之一，假令愚民取长陵一抔土，陛下何以加其法乎？"尽管汉文帝以为张释之未能体现自己的"承宗庙意也"，但最后还是同意了张释之的判决。在理解了汉文帝勇于纳谏这一层面的意义后，我们也许会看出汉文帝身上还是有不少阴暗面的，他"从善"但并不"如流"，假若张释之是按皇上主意判案的张汤，汉文帝的"仁德"就没有本篇所叙说的那么多了。另外，汉文帝还有猜忌功臣的缺点，致使周勃恐惧而死。这方面需参照《绛侯周勃世家》等。

（3）赞扬了上书感动天子的少女缇萦，表明司马迁对待妇女的观点是进步的。缇萦是太仓公的小女儿，太仓公会医术，后受人诬告被解往长安受肉刑。临行时，五个女儿随而泣，仓公骂道："生子不生男，缓急无可使者。"这时，少女缇萦挺身上书，不仅使父刑得免，而且感动文帝，除去了"断支体，刻肌肤"的肉刑。在司马迁笔下，一位少女的个别行为，与朝廷的政治措施联在了一起，遂使缇萦这一女性形象在中国历史上得以不朽。班固在《咏史》诗中称赏道："百男何愦愦，不如一缇萦。"曹植在《精微篇》中也赞曰："多男亦何为！一女足成居。"

（4）司马迁《史记》对帝王诏策多不滥载，惟本篇载录文帝诏书特详。李景星说："太史公于他帝诏令，多不载录，独于《孝文本纪》，录诏令最详。盖以孝文各诏，质古温醇，实属三代之遗。且所行政事，又足以副之，非托诸空言者比也。通篇叙事，纯以文胜，写得秩秩楚楚，优柔不迫。既无《高纪》中疏荡之气，亦无《吕纪》中刻挚之笔，又处处与《武纪》中作反面对照。写仁厚守成之主，不得不另用此一副笔墨也。后幅收束，尤为严密。'从代来即位'一段，总叙帝之生平于未崩之前；'后七年六月'一段，详叙帝之遗诏于既崩之后。下又继以景帝之诏、群臣之议，将帝所行之大事，再括叙一番，而以'世功莫大于高帝，德莫盛于孝文皇帝'一语作为断定，精确正大，穆然高古，此史公真实笔力。"（《史记评议》）（《史记题评·孝文本纪》）

杨燕起：首先，《史记》设本纪是以之为全书之纲，其主要作用是显示天下的发展大势，表述出德力转化影响朝代兴亡的思想观点，在这样的发展环节中，《孝文本纪》有其特别重要的意义。……文帝以其个人魅力，将德推向"至盛"的地步，从而达到了"仁"的境界，最是司马迁之所希望歌颂的，故《孝文本纪》畅其笔墨，纵横捭阖，实足以使人陶醉。"体圆用神"所要传达的，即是以其题材的富于变化而表述出撰史的意旨与神韵这一目的，单就《孝文本纪》而言，也有了充分的体现。而《汉书》断代为史，在体制上不具备这样的条件，且班固也缺乏和司马迁一样的史学统领识力，自然不可能将《文帝纪》作如此看待，也是有它一定道理的。

其次，基于历史事势的发展观，《史记》努力塑造出文帝的仁德形象。在《孝文本纪》的叙事中，先以"贤圣仁孝，闻于天下"为其立论基础，接着述法之"禁暴而率善人"和强调立太子时的谦让，以及托出赐天下鳏寡孤独以布帛米肉，举贤良方正能直言极谏，亲开籍田，除诽谤妖言之罪，乃至除秘祝，除天下之田租，除肉刑及与匈奴和亲，发仓庾以赈贫民等等诸多论例，都是为了铺垫出文帝对国事和天下民生的关爱情怀的切实丰满和至诚感人，最后的亦叙亦议进一步阐发出文帝之节俭、忧民、安内、靖边，而总归于"专务以德化民，是以海内殷富，兴于礼仪"，接着又申其遗诏之睿思豁达并乞求"方内安宁"，复以景帝之诏作结，颂其盛德而比之高祖，"世功莫大于高皇帝，德莫盛于孝文皇帝"，将文帝德治光辉的评述推向极致，从而为他论赞的作结语提供了充分的事实和论说依据。德至盛而达于仁，在《史记》中是对帝王人物形象的最高推崇，也寄予了司马迁的论政理想，故本篇为事势发展、形象塑造与理想寄托相结合的令人赞叹的华章。班固《汉书》创制有其新意，书志、列传更趋完备。为体例的需要，它必然会将相关的内容集中在一起，故《孝文本纪》中的一些内容移到了他篇，并为《文帝纪》增加了《史记》所不必记或缺载的某些叙事，以完成它自身应具的合理性。这样，《汉书》体例规整了，也可以使人们读到更多的历史记载的内容，但是它无法顾及《史记》突出文帝盛德形象的意图，结果是追求理想仁君的境界、效果也就不见了，显示出"体方用智"与"体圆用神"的又一差别。（《〈史记〉与中国史学》第九章）

孝文皇帝①，高祖中子也②。高祖十一年春③，已破陈豨军④，定代地⑤，立为代王⑥，都中都⑦。太后薄氏子⑧。即位十七年⑨，高后八年七月，高后崩⑩。九月，诸吕吕产等欲为乱⑪，以危刘氏，大臣共诛之⑫，谋召立代王⑬，事在《吕后》语中⑭。

① 【汇注】
司马迁：代王立为天子。二十三年崩，谥为孝文皇帝。（《史记·吕太后本纪》）
裴　骃：《汉书音义》曰："讳恒。"（《史记集解·孝文本纪》）
颜师古：荀悦曰："讳恒之字曰常。"应劭曰："谥法'慈惠爱民曰文'。"（《汉书注·文帝纪》）
李　昉：（《吕氏春秋》）曰：凡为天下，治国家，必务本而后末。所谓本者，非耕稼种植之谓也。务本莫贵于孝，人主尊孝则名章荣，下服听，天下誉。人臣孝则事君忠，处官廉，临难死。士民孝则耕耘疾，守战固，不败北。夫孝，三皇五帝之本务，而万事之纪也。夫执一术而百善至，百邪去，天下从之者，唯孝乎！（《太平御览》卷七七《皇王部二》）
张守节：《谥法》：经纬天地曰文。道德博闻曰文。学勤好问曰文。慈惠爱民曰文。愍民惠礼曰文。赐民爵位曰文。（《史记正义·谥法解》）
龚浩康：孝文皇帝（前203—前157），名恒，刘邦之子。前180年至前157年在位。"孝文"是他的谥号。（见王利器主编《史记注译·孝文本纪》）

② 【汇校】
王叔岷：案：《御览》引"高祖"下有"之"字。（《史记斠证》卷十《孝文本纪》）

【汇注】
司马迁：高祖八子：长男肥，孝惠兄也，异母，肥为齐王；余皆孝惠弟，戚姬子如意为赵王，薄夫人子恒为代王，诸姬子子恢为梁王，子友为淮阳王，子长为淮南王，子建为燕王。（《史记·吕太后本纪》）
又：高帝八男：长庶齐悼惠王肥；次孝惠，吕后子；次戚夫人子赵隐王如意；次代王恒，已立为孝文帝，薄太后子；次梁王恢，吕太后时徙为赵共王；次淮阳王友，吕太后时徙为赵幽王；次淮南厉王长；次燕王建。（《史记·高祖本纪》）
裴　骃：高祖，《汉书音义》曰："讳邦。"张晏曰："礼谥法无'高'，以为功最高而为汉帝之太祖，故特起名焉。"（《史记集解·高祖本纪》）

龚浩康： 高祖，即刘邦。前202年至前195年在位。中子：排行在中间的儿子。刘邦共八子，刘恒居第四。（见王利器主编《史记注译·孝文本纪》）

张大可： 中子，子弟众多，长为伯，少为季，其余均可称中子。（《史记全本新注·孝文本纪》）

③【汇注】

龚浩康： 高祖十一年，即前196年。（见王利器主编《史记注译·孝文本纪》）

④【汇注】

司马迁：（十年）八月，赵相国陈豨反代地。上曰："豨尝为吾使，甚有信。代地吾所急也，故封豨为列侯，以相国守代，今乃与王黄等劫掠代地！代地吏民非有罪也，其赦代吏民。"九月，上自东往击之。至邯郸，上喜曰："豨不南据邯郸而阻漳水，吾知其无能为也。"闻豨将皆故贾人也，上曰："吾知所以与之。"乃多以金啖豨将，豨将多降者。十一年，高祖在邯郸诛豨等未毕，豨将侯敞将万余人游行，王黄军曲逆，张春渡河击聊城。汉使将军郭蒙与齐将击，大破之。太尉周勃道太原入，定代地。至马邑，马邑不下，即攻残之。豨将赵利守东垣，高祖攻之，不下。月余，卒骂高祖，高祖怒。城降，令出骂者斩之，不骂者原之。于是乃分赵山北，立子恒以为代王，都晋阳。……（十二年）樊哙别将兵定代，斩陈豨当城。（《史记·高祖本纪》）

又：汉十一年秋，陈豨反代地，高祖如邯郸击豨兵……汉十二年……豨常将兵居代，汉使樊哙击斩豨……

陈豨者，宛朐人也，不知始所以得从。及高祖七年冬，韩王信反，入匈奴，上至平城还，乃封豨为列侯，以赵相国将监赵、代边兵，边兵皆属焉。

豨常告归过赵，赵相周昌见豨宾客随之者千余乘，邯郸官舍皆满。豨所以待宾客布衣交，皆出客下。豨还之代，周昌乃求入见。见上，具言豨宾客盛甚，擅兵于外数岁，恐有变。上乃令人覆案豨客居代者财物诸不法事，多连引豨。豨恐，阴令客通使王黄、曼丘臣所。及高祖十年七月，太上皇崩，使人召豨，豨称病甚。九月，遂与王黄等反，自立为代王，劫略赵、代。

上闻，乃赦赵、代吏人为豨所诖误劫略者，皆赦之。上自往，至邯郸……十一年冬，汉兵击斩陈豨将侯敞、王黄于曲逆下，破豨将张春于聊城，斩首万余。太尉勃入定太原、代地。十二月，上自击东垣，东垣不下，卒骂上；东垣降，卒骂者斩之，不骂者黥之。更命东垣为真定。王黄、曼丘臣其麾下受购赏之，皆生得，以故陈豨军遂败。（《史记·韩信卢绾列传》）

编者按： 斩陈豨者，《史记》有樊哙、周勃两说：《高祖本纪》《韩信卢绾列传》作樊哙，《绛侯周勃世家》则作周勃。考之《汉书·高帝纪》《周勃传》，提及斩豨者均作周勃。梁玉绳《史记志疑》也认为"非哙明甚，盖周勃斩之也"。至于斩豨之地，亦有灵丘、当城两说。

　　裴　骃：邓展曰："东海人名豬曰豨。"（《史记集解·高祖本纪》）

　　龚浩康：陈豨（xī），宛句（今山东省东明县东南）人。汉初封阳夏侯，任代国相，并监管代、赵两国边防军。赵相周昌见他拥有军队，又大招宾客，恐其生变，便向高祖告发。高祖召他来京，他托病不往，发动叛乱，自称代王，战败后被杀。（见王利器主编《史记注译·孝文本纪》）

⑤【汇注】

　　应　劭：故代国。（引自颜师古《汉书注·地理志》）

　　龚浩康：代，汉初封国。辖有今河北省与内蒙古自治区交界地区和山西省东北部地区，都城先在代县（今河北省蔚县），后迁中都（今山西省平遥县西南）。（见王利器主编《史记注译·孝文本纪》）

⑥【汇注】

　　司马迁：（十一年）正月丙子，初王元年。（《史记·汉兴以来诸侯王年表》）

　　又：……陈豨军遂败。上还至洛阳。上曰："代居常山北，赵乃从山南有之，远。"乃立子恒为代王，都中都，代、雁门皆属代。（《史记·韩信卢绾列传》）

　　班　固：（高帝）诏曰："代地居常山之北，与夷狄边，赵乃从山南有之，远，数有胡寇，难以为国。颇取山南太原之地益属代，代之云中以西为云中郡，则代受边寇益少矣。王、相国、通侯、吏二千石择可立为代王者。"燕王绾、相国何等三十三人皆曰："子恒贤知温良，请立以为代王，都晋阳。"（《汉书·高帝纪》）

　　裴　骃：徐广曰："十一年正月。"（《史记集解·韩信卢绾列传》）

　　佚　名：金甡曰：按：是年帝八岁，大臣迎立时二十四岁。（《史记疏证（外一种）》卷十）

【汇评】

　　王若虚：迁、固记事，互有得失。如《史记·孝文纪》云："高祖中子也。高祖十一年春，已破陈豨军，定代地，立为代王，都中都。太后薄氏子。"《汉书》云："高祖中子也，母曰薄姬。高祖十一年诛陈豨，定代地，立子恒为代王。"固之序薄氏，文顺于迁矣，而加"子恒"二字，复为赘也。（《滹南遗老集》卷二十《诸史辨惑》）

⑦【汇注】

　　张守节：《括地志》云："中都故城在汾州平遥县西南十二里，秦属太原郡也。"（《史记正义·孝文本纪》）

　　编者按：点校本《史记》修订本："平遥县西南十二里"，本书卷五《秦本纪》、卷五八《梁孝王世家》，《正义》引《括地志》皆无"南"字。《元和志》卷一三《河东道二·汾州·平遥县》："中都故城，在县西十二里，属太原郡。汉文帝为代王都于此。"

阎若璩：顾宁人谓代凡三迁。春秋末赵襄子所言代，则今之蔚州，乃古代国也。汉高帝立子恒为代王，都晋阳，后迁中都。晋阳今太原县，中都今平遥县，皆非今代州。今代州之名，自隋开皇五年始，固已不知汉光武以卢芳为代王，居高柳，高柳故城在唐云州定襄县。晋愍帝以猗卢为代王，城盛乐为北都，修故平城为南都。拓跋珪立为代王，都云中，在朔州北三百余里，后徙都平城，置代尹。是代尚有四，不止如宁人云三迁也。（《潜邱札记》卷二）

程馀庆：故城在汾州府平遥县西十一里。按：《高纪》云"都晋阳"，后文帝过太原，复晋阳、中都二岁（编者按："三岁"为是），盖由晋阳迁中都也。（《历代名家评注史记集说·孝文本纪》）

[日] **泷川资言**：山西汾州府平遥县西北。（《史记会注考证附校补》卷十《孝文本纪》）

王恢：高帝十一年（前196）立为代王，都中都，今山西平遥县西北十二里。（《史记本纪地理图考·孝文本纪》）

编者按：文帝为代王时建都何处，文献中有两种说法：《史记·孝文本纪》《汉兴以来诸侯王年表》《韩信卢绾列传》《汉书·文帝纪》俱作"都中都"，《史记·高祖本纪》《汉书·高帝纪》及荀悦《汉纪》则作"都晋阳"。对此，有人认为晋阳不过出现在高祖的诏书中，并非实际为都。如梁玉绳曰："疑当时诏都晋阳，而实居中都，亦犹韩王信诏都晋阳而请居马邑。"（《史记志疑》）有人则认为，先都晋阳，再迁中都。如淳说："《文纪》言都中都。又文帝过太原，复晋阳、中都二岁，似迁都于中都也。"（引自裴骃《史记集解·高祖本纪》）阎若璩《潜邱札记》、程馀庆《历代名家评注史记集说》、王先谦《汉书补注》等与如淳持相同看法。比较两说，迁都一说似较合理。如果文帝不曾都晋阳，何以日后特意免除晋阳、中都之民三年的赋税，赐予两地特殊的恩遇？据《太原县志》，文帝为太子时，"初立为代王，都晋阳……尝幸太原，赏赐故旧群臣，赐里民牛酒，复晋阳、中都民三岁，留饮十余日。故晋人立庙祀之"。又据《山西通志》（清觉罗石麟等撰）："《晋阳志》：汉高祖十一年讨韩信，遣太尉周勃平定代地，遂取山阳。太原之区亦属代，立子恒为代王。都晋阳，后都中都。魏时废为县，属平陶。"这些记载或可为迁都说添一证据。至于为何迁都、何时迁都，早期文献中未见记载。

⑧【汇校】

牛运震："太后薄氏子"，此句当在"高祖中子也"之下。（《读史纠谬》第一卷《史记》）

【汇注】

司马迁：薄太后，父吴人，姓薄氏，秦时与故魏王宗家女魏媪通，生薄姬，而薄父死山阴，因葬焉。

及诸侯畔秦，魏豹立为魏王，而魏媪内其女于魏宫。媪之许负所相，相薄姬，云当生天子。是时项羽方与汉王相距荥阳，天下未有所定。豹初与汉击楚，及闻许负言，心独喜，因背汉而畔，中立，更与楚连和。汉使曹参等击虏魏王豹，以其国为郡，而薄姬输织室。豹已死，汉王入织室，见薄姬有色，诏内后宫，岁余不得幸。始姬少时，与管夫人、赵子儿相爱，约曰："先贵无相忘。"已而管夫人、赵子儿先幸汉王。汉王坐河南宫成皋台，此两美人相与笑薄姬初时约。汉王闻之，问其故，两人具以实告汉王。汉王心惨然，怜薄姬，是日召而幸之。薄姬曰："昨暮夜妾梦苍龙据吾腹。"高帝曰："此贵征也，吾为女遂成之。"一幸生男，是为代王。其后薄姬希见高祖。

高祖崩，诸御幸姬戚夫人之属，吕太后怒，皆幽之，不得出宫。而薄姬以希见故，得出，从子之代，为代王太后。太后弟薄昭从如代。（《史记·外戚世家》）

龚浩康：薄氏，高祖的妃嫔。刘恒生母。刘恒尊她为代太后；即帝位后，尊为皇太后。（见王利器主编《史记注译·孝文本纪》）

⑨【汇注】

颜师古：张晏曰："代王之十七年也。"（《汉书注·文帝纪》）

施之勉：按：《外戚世家》代王立十七年，高后崩，大臣议立后，疾外家吕氏强，皆称薄氏仁厚，故迎立代王，立为孝文皇帝。（《史记会注考证订补·孝文本纪第十》）

【汇评】

张建寅：在他居代的十七年间，正值高后当政，诸吕擅权，刘氏诸王遭受迫害或被排斥。这时候刘恒的政治地位，也正如他自己所表述："朕，高皇帝侧室之子，弃外奉北藩于代。"（《汉书·两粤列传》）当然，刘恒在此时，一是由于他年幼，二是由于他政治地位的低下，不可能有所建树。正因为这样，《孝文本纪》对刘恒的居代十七年只是一笔带过，写得非常简单。（引自张大可《史记选注讲·孝文本纪》）

⑩【汇注】

司马迁：七月中，高后病甚，乃令赵王吕禄为上将军，军北军；吕王产居南军。吕太后诫产、禄曰："高帝已定天下，与大臣约，曰'非刘氏王者，天下共击之'。今吕氏王，大臣弗平。我即崩，帝年少，大臣恐为变。必据兵卫宫，慎毋送丧，毋为人所制。"辛巳，高后崩。（《史记·吕太后本纪》）

颜师古：荀悦曰："讳雉之字曰野鸡。"应劭曰："礼，妇人从夫谥，故称高也。"师古曰："吕后名雉，字娥姁，故臣下讳雉也。姁音许于反。"（《汉书注·高后纪》）

⑪【汇注】

龚浩康：诸吕，吕后执政时，分封她的吕氏子侄四人为王，六人为侯，史称"诸吕"。吕产，吕后长兄吕泽之子。吕后执政时，被封为梁王，后任相国。（见王利器主编《史记注译·孝文本纪》）

【汇评】

郭嵩焘：按：吕后以南、北军属之吕禄、吕产，使据兵自固，以毋为人所制而已。产、禄庸才，并所将兵亦解以属之太尉，是岂欲为乱者？史公以周勃除诸吕，特重吕氏之罪，以疑似被之名耳。（《史记札记》卷一）

吕思勉：吕后初意，固惟汉宗室、功臣之任也。吕氏之败，正由其本无翦灭宗室、功臣之计，临事徒思据军以为固；既无心腹爪牙之任，齐兵卒起又无腹心可使，而仍任灌婴，遂至内外交困，不得已，欲听郦寄之计。使其早有危刘氏之计，何至是乎？乃诬以产、禄欲为乱关中。产、禄果有反谋，安得吕禄去军，而不以报吕产？吕产又徒手入未央宫，欲何为乎？故知汉世所传吕后事，悉非实录也。然其明言诸大臣之废立为阴谋，已非后世之史所及矣。（《秦汉史》第四章第四节《汉初事迹·汉初功臣外戚相诛》）

高　敏：经过吕后的精心安排，不仅中央军政大权已落入诸吕之手；拥有部分军权的刘泽与宗亲刘章，又被吕后以婚姻纽带捆住了手脚；吕后所立少帝及其他诸王，又非惠帝儿子；中央政权中其他官吏、宗亲敢于反抗吕后者如王陵、赵王友等，或被处死，或被驱逐；复有审食其这样的人专司监视反对者的活动。一旦诸吕发动叛乱，要夺取刘氏政权，几乎已成定局。作为刘氏宗亲的刘恒，平时远处代地，毫不熟悉宫中内幕。因此，他只有等待命运对他的裁判，更不会产生被迎立为皇的美梦。（《论汉文帝》，载《史学月刊》2001年第1期）

⑫【汇注】

司马迁：太后称制，议欲立诸吕为王，问右丞相王陵。王陵曰："高帝刑白马盟曰'非刘氏而王，天下共击之'。今王吕氏，非约也。"（《史记·吕太后本纪》）

【汇评】

王　恢：八年七月，吕后崩，诸吕欲为乱，齐王襄遗诸侯书："高后杀三赵王，灭梁、燕、赵以王诸吕，分齐为四（齐、城阳、济川、琅邪），今寡人率兵入诛不当为王者。"当是时，济川王大、淮阳王武、常山王朝，及鲁王张偃，皆年少未之国；赵王吕禄、吕王吕产，将南北军：皆居长安；独吕通远在燕京。灌婴，宿将也，屯荥阳以扼要冲，决刘吕雌雄。而吕氏所资以夺政权之南北军，竟不烦一兵而为绛侯所轻举。故几移汉祚之大祸，日晡而大定——此为宗室与功臣对外戚一大胜利也。（《史记本纪地理图考·吕太后本纪》）

⑬【汇注】

司马迁：诸大臣相与阴谋曰："少帝及梁、淮阳、常山王，皆非真孝惠子也。吕后以计诈名他人子，杀其母，养后宫，令孝惠子之，立以为后，及诸王，以强吕氏。今皆已夷灭诸吕，而置所立，即长用事，吾属无类矣。不如视诸王最贤者立之。"或言"齐悼惠王高帝长子，今其嫡子为齐王，推本言之，高帝嫡长孙，可立也"。大臣皆曰："吕氏以外家恶而几危宗庙，乱功臣。今齐王母家驷（钩），驷钩，恶人也，即立齐王，则复为吕氏。"欲立淮南王，以为少，母家又恶，乃曰："代王方今高帝见子，最长，仁孝宽厚。太后家薄氏谨良。且立长故顺，以仁孝闻于天下，便。"乃相与共阴使人召代王。（《史记·吕太后本纪》）

【汇评】

朱宝昌：当吕太后身后，诸吕欲为变乱时，宗室跳得最积极的是齐哀王和他的兄弟朱虚侯。哀王是高祖嫡长孙，他想继承帝位，本来很有资格。代王母子在代，安于北藩，对在长安发生的事，丝毫不动声色。安分守拙，无任何希冀。这姿态可谓高极。历史证明：每当天下动荡，尚未见端倪之时，首先跳出来想捞一把的人，或没有好下场，或至少是毫无所得。这时大臣们一致认为：齐王外婆家驷钩恶戾，虎而冠者也。吕氏几乱天下，立齐王，是又一吕氏也。代王外婆家薄氏，君子长者。且代王高帝子，于今见在最为长。以子则顺，以善人则大臣安。大计就是这样定了下来。一个是外婆家强有力，一个是外婆家门衰祚薄。结果，优点反成了缺点，坏事反变成了好事。

按：大臣们这样决策，决非有所爱于代王，无非有所憎于齐王。这时立嗣的大权理所当然的在他们手里。他们主要是从他们自身的安危出发。这并没有什么不对。故文帝得继承大统，他未动一点脑筋，未出一点气力。（《朱宝昌诗文选集·论西汉文景之治和先秦黄老思想》）

⑭【汇注】

龚浩康：事在《吕后》语中，即有关此事的详情细节，都记在《吕太后本纪》中。《史记》采用互见法记事时，常用"语在'某某语'中，事在'某某语'中"加以提示；而所谓"某某语"，则指该人的传记（"本纪""世家"或"列传"等）。（见王利器主编《史记注译·孝文本纪》）

【汇评】

吴见思：略序简净，下只详序代事，是文纪体。（《史记论文·孝文本纪》）

丞相陈平、太尉周勃等使人迎代王①。代王问左右郎中令张武等②。张武等议曰："汉大臣皆故高帝时大将③，习兵，多谋诈，此其属意非止此也④，特畏高帝、吕太后威耳。今已诛诸吕，新喋血京师⑤，此以迎大王为名，实不可信。愿大王称疾毋往，以观其变⑥。"中尉宋昌进曰⑦："群臣之议皆非也⑧。夫秦失其政⑨，诸侯豪桀并起⑩，人人自以为得之者以万数⑪，然卒践天子之位者⑫，刘氏也⑬，天下绝望⑭，一矣。高帝封王子弟⑮，地犬牙相制⑯，此所谓盘石之宗也⑰，天下服其强⑱，二矣。汉兴，除秦苛政，约法令⑲，施德惠，人人自安，难动摇，三矣⑳。夫以吕太后之严㉑，立诸吕为三王㉒，擅权专制，然而太尉以一节入北军㉓，一呼士皆左袒㉔，为刘氏，叛诸吕，卒以灭之。此乃天授，非人力也㉕。今大臣虽欲为变，百姓弗为使㉖，其党宁能专一邪㉗？方今内有朱虚、东牟之亲㉘，外畏吴、楚、淮南、琅邪、齐、代之强㉙。方今高帝子独淮南王与大王，大王又长㉚，贤圣仁孝，闻于天下，故大臣因天下之心而欲迎立大王㉛，大王勿疑也㉜。"代王报太后计之，犹与未定㉝。卜之龟㉞，卦兆得大横㉟。占曰㊱："大横庚庚㊲，余为天王，夏启以光㊳。"代王曰："寡人固已为王矣，又何王㊴？"卜人曰㊵："所谓天王者乃天子㊶。"于是代王乃遣太后弟薄昭往见绛侯㊷，绛侯等具为昭言所以迎立王意㊸。薄昭还报曰："信矣，毋可疑者㊹。"代王乃笑谓宋昌曰："果如公言㊺。"乃命宋昌参乘㊻，张武等六人乘传诣长安㊼。至高陵休止㊽，而使宋昌先驰之长安观变㊾。

① 【汇注】
司马迁：及吕太后崩，平与太尉勃合谋，卒诛诸吕，立孝文皇帝，陈平本谋也。（《史记·陈丞相世家》）
又：……高后崩。吕禄以赵王为汉上将军，吕产以吕王为汉相国，秉汉权，欲危刘氏。勃为太尉，不得入军门。陈平为丞相，不得任事。于是勃与平谋，卒诛诸吕而

立孝文皇帝。(《史记·绛侯周勃世家》)

  班 固：相国、丞相，皆秦官，金印紫绶，掌丞天子助理万机。(《汉书·百官公卿表》)

  裴 骃：《汉书·百官表》曰："太尉，秦官。"应劭曰："自上安下曰尉，武官悉以为称。"(《史记集解·高祖本纪》)

  颜师古：应劭曰："丞者，承也。相者，助也。"(《汉书注·百官公卿表》)

  龚浩康：丞相，西汉初曾称"相国"，与太尉、御史大夫合称"三公"。陈平（？—前178），汉初大臣。事详《陈丞相世家》。周勃（？—前169），汉初大臣。事详《绛侯周勃世家》。(见王利器主编《史记注译·孝文本纪》)

② 【汇校】

  [日] 泷川资言：延久古钞本无"张"字。(《史记会注考证附校补》卷十《孝文本纪》)

  【汇注】

  班 固：郎中令，秦官，掌宫殿掖门户。(《汉书·百官公卿表》)

  臣 瓒：主郎内诸官，故曰郎中令。(引自颜师古《汉书注·百官公卿表》)

  王先谦：汉初，诸王国群卿大夫如汉朝，此代国之郎中令也。下文云张武为郎中令，则汉朝之郎中令，故《百官公卿表》于孝文元年书"郎中令张武"。(《汉书补注·文帝纪》)

  张大可：左右，左右之人，此指郎中令张武。郎中令，秦汉官九卿之一，掌卫皇宫，统属诸郎。汉时诸侯王国仿照中央也设三公九卿之职。(《史记全本新注·孝文本纪》)

③ 【汇校】

  施之勉：按：《御览》八十八引，不重"张武等"三字。(《史记会注考证订补·孝文本纪第十》)

  【汇评】

  吕祖谦：存吕后为有功臣，存功臣为有吕后，此高祖深意也。(引自凌稚隆《史记评林·孝文本纪》)

④ 【汇注】

  颜师古：言常有异志也。属意，犹言注意也。属音之欲反。(《汉书注·文帝纪》)

  程馀庆：言其意不止为侯也。(《历代名家评注史记集说·孝文本纪》)

  【汇评】

  孙 琮：微词隐约。(《山晓阁史记选》卷一《文帝本纪》)

⑤【汇校】

司马贞：啑，《汉书》作"喋"，音跕，丁牒反。《汉书·陈汤》《杜业》皆言"喋血"，无盟歃事。《广雅》云"蹀，履也"，谓履涉之。（《史记索隐·孝文本纪》）

胡三省：予据《类篇》，啑字有色甲、色洽二翻。既从啑字音义，当与歃同；若从喋字，则有履之义。（见《资治通鉴》卷十三注）

张文虎：啑血，《索隐》无盟歃事。《字类》引《史》文云"啑"古"歃"字，疑是《集解》文。《索隐》以此与《吕后纪》"啑血盟"异义，故辨之。而今《集解》本佚矣。（《校刊史记集解索隐正义札记》卷一）

王先谦：周寿昌曰："按：喋自为唼喋之喋。"《司马相如传》"唼喋菁藻"注"唼喋，鸟食之声也"，正借作唼血，训若口唼之也。《史记·魏豹彭越传》"唼血乘胜"，《集解》引徐广"喋一作唼"，足证唼、喋二字本通。至蹀字，从足，《淮南》许注"蹈也"，不能以蹀作喋。先谦曰：《史记》作"啑"，啑、唼同字，周说是也。（《汉书补注·文帝纪》）

郭嵩焘："啑血京师"与《吕后本纪》"啑血盟"异训。《汉书·文帝纪》作"喋血"，《魏豹传》赞亦云"喋血乘胜"，《索隐》云"喋，犹践也"，则字当为"蹀"。《广韵》"喋，血流貌"，正此"啑血"之意。（《史记札记》卷一《孝文本纪》）

吴恂：按：喋血，犹《国策》《吕览》《淮南子》《说苑》之涉血。《王莽传》云"喋血而进"，谓践血而进也。盖喋为蹀字之假，服、颜之说是也。《史记·文纪》作啑血，啑、喋同韵，犹蜨字俗作蝶也。唯《吕后本纪》"啑血盟"之啑字义异，彼啑乃歃之通借，周氏以《史记》喋、唼互作，故训为唼血，然事非齐盟，安用槃敦？王氏从之，非也。（《汉书注商·文帝纪》）

编者按："服（虔）、颜（师古）之说"见《汉书注·文帝纪》。周氏（寿昌）、王氏（先谦）之说见《汉书补注·文帝纪》。

王叔岷：《正义》："啑血，上音歃。《汉书》作喋。《广雅》云：'蹀，履也。'颜师古云：'字当作蹀。蹀，谓履涉之耳。'"（原引师古注，两蹀字并误喋。）案：啑当作喋，喋与蹀同。《广雅·释诂一》："蹀，履也。"《正义》引蹀作喋，盖从《汉书》作喋改之。古人引书往往如此。）《淮阴侯列传》："新啑血阏与。""喋血"亦谓"履血"也。（《史记斠证》卷十）

【汇注】

裴 骃：《公羊传》曰："京，大；师，众也。天子之居，必以众大之辞言也。"（《史记集解·孝文本纪》）

颜师古：服虔曰："喋音蹀，屣履之蹀。"如淳曰："杀人流血滂沱为喋血。"师古曰："喋音大颊反，本字当作'蹀'。蹀谓履涉之耳。"（《汉书注·文帝纪》）

司马贞：啑，邹音使接反。又云或作"唼"，音丁牒反。(《史记索隐·吕太后本纪》)

又：喋，旧音歃，非也。按：《陈汤传》"喋血万里之外"，如淳云"杀人血流滂沱"也。韦昭音徒协反。(《史记索隐·淮阴侯列传》)

郝　敬：啑，音杂，与喋同。言大臣多诈谋，新歃血，明为不轨，未可信也。《汉书》作"喋血"，注作"喋"，音跕。(《批点史记琐琐》卷一)

洪颐煊：按：《汉书·文帝纪》作"喋血"。师古曰："喋音大颊反，本字当作蹀。蹀谓履涉之耳。"《吕氏春秋·期贤篇》"履肠涉血"，涉血即蹀血也。《吕后本纪》"始与高帝啑血盟"，啑血即歃血。《史记》皆借啑字为之。(《读书丛录》卷十七)

程馀庆：啑、蹀通，履也。(《历代名家评注史记集说·孝文本纪》)

龚浩康：啑，通"蹀"，踏。啑血京师，指陈平、周勃等诛灭诸吕一事。(见王利器主编《史记注译·孝文本纪》)

⑥【汇评】

李　贽：凡人中之谨慎。(《史纲评要》卷五)

凌稚隆：按：诸吕既诛，人心已定，安可毋往？张武其过虑哉！(《史记评林·孝文本纪》)

吴见思：何至于此！欲扬宋昌，先抑张武等耳。(《史记论文·孝文本纪》)

夏之蓉：迎代之时，张武劝帝称疾以观其变，似亦老成持重之计。但此时诸吕初平，少帝称为惠帝子者犹在，倘迟回观变，天下事未可知。(《读史提要录》卷一)

郭嵩焘：按：张武等阻文帝之行可谓无识，然其言以为汉大臣习兵，多谋诈，而疑其属意不可测。当时诸臣上者主兵，次者工刀笔、尚游说，陈平、周勃处吕后之事，矫诬诡变，仅以成功，而于大臣所以经理天下，拨乱世而反之正者，其道固未闻焉。秦汉以后，终不能一复三代之治，所以为可叹也。张武之疑，固非无因也。(《史记札记》卷一《孝文本纪》)

⑦【汇注】

班　固：秦官，掌徼循京师。(《汉书·百官公卿表》)

司马贞：《东观汉记·宋杨传》宋义后有宋昌。又《会稽典录》：昌，宋义孙也。(《史记索隐·孝文本纪》)

龚浩康：中尉，官名。掌管京师治安的武官。宋昌，楚将宋义的孙子。随刘邦起义反秦，文帝时被封为壮武侯。进，指进言，建议。(见王利器主编《史记注译·孝文本纪》)

【汇评】

孙　琮：第一高，识人。(《山晓阁史记选》卷一《文帝本纪》)

⑧【汇评】
　　程馀庆：先一句驳倒，下再申其说。（《历代名家评注史记集说·孝文本纪》）
⑨【汇注】
　　龚浩康：失其政：政治混乱，不清明。（见王利器主编《史记注译·孝文本纪》）
⑩【汇校】
　　张文虎：中统、游本作"傑"。（《校刊史记集解索隐正义札记》卷一《孝文本纪》）
　　王叔岷：案：《御览》引"桀"作"傑"，殿本同。《汉书》、《汉纪》七、《通鉴·汉纪五》亦并作"傑"。傑、桀正、假字，《高祖本纪》已有说。（《史记斠证》卷十）
⑪【汇评】
　　吴见思：应其属意非止此。（《史记论文·孝文本纪》）
⑫【汇校】
　　王叔岷：案：《御览》引此无"之"字，《汉书》《汉纪》并同。（《史记斠证》卷十）
【汇注】
　　颜师古：卒，终也。（《汉书注·文帝纪》）
　　胡三省：卒，子恤翻。（见《资治通鉴》卷十三注）
⑬【汇评】
　　牛运震："人人自以为得之者以万数，然卒践天子位者，刘氏也"，此长句可谓矫若游龙。（《史记评注》卷二《孝文本纪》）
⑭【汇注】
　　龚浩康：绝望，指断绝了当皇帝的希望。（见王利器主编《史记注译·孝文本纪》）
【汇评】
　　孙　琮：二字透。（《山晓阁史记选》卷一《文帝本纪》）
⑮【汇注】
　　司马迁：群臣皆曰："高祖起微细，拨乱世反之正，平定天下，为汉太祖，功最高。"上尊号为高皇帝。（《史记·高祖本纪》）
　　胡三省：王，于况翻。（见《资治通鉴》卷十三注）
⑯【汇校】
　　王叔岷：案：古钞本"盤"作"般"，旁注"盤"字。景祐本、黄善夫本、殿本并作"磐"，《通鉴》同。般、盤古通。磐，俗字。《荀子·富国篇》："国安于盤石。"杨倞注："盤石，盤薄大石也。"（《史记斠证》卷十）

【汇注】
颜师古：犬牙，言地形如犬之牙交相入也。（《汉书注·文帝纪》）
司马贞：言封子弟境土交接，若犬之牙不正相当而相衔入也。（《史记索隐·孝文本纪》）
张大可：高祖刘邦分封众子侄为诸侯，其地与京师所属郡县形势为犬牙相错，既能相助，又能相制。（《史记全本新注·孝文本纪》）

⑰【汇校】
张文虎：毛本"盘"，《索隐》本、《汉书》、《汉纪》并同。他本作"磐"。（《校刊史记集解索隐正义札记》卷一《孝文本纪》）

【汇注】
司马贞：言其固如盘石。此语见《太公六韬》也。（《史记索隐·孝文本纪》）
胡三省：石大而下平，盘踞地面，不可得而移动，故以为喻也。（见《资治通鉴》卷十三注）
袁黄、王世贞：《荀子·富国篇》曰"国安于盘石"。注：盘，固也。国之安，强如盘，踞之大，不可拔。（《袁王纲鉴合刻》卷六）
王先谦：盘石，盘薄大石也。（《荀子集解》卷六《富国篇》）

⑱【汇评】
吕思勉：其言可谓深得事情，不徒汉大臣之不敢有异意以此，即吕氏，始终不敢萌取刘氏而代之之心，亦未必不以此也。（《秦汉史》第四章第四节《汉初事迹·汉初功臣外戚相诛》）

⑲【汇注】
司马迁：（高祖进关中后，）与父老约，法三章耳：杀人者死，商人及盗抵罪。余悉除去秦法。（《史记·高祖本纪》）
班　固：汉兴，高祖初入关，约法三章曰："杀人者死……"（《汉书·刑法志》）
颜师古：约，省也。（《汉书注·文帝纪》）

⑳【汇评】
凌稚隆：宋昌三说，灼见时事，亦有识之士矣。（《史记评林·孝文本纪》）
李澄宇：中尉宋昌谓秦失其政，诸侯豪杰并起，刘氏卒践天子之位，天下绝望，盖得天时；高帝封王子弟，地犬牙相制，天下服其强，盖得地利；汉兴，除秦苛政，人人自安，难动摇，盖得人和。（《读史记蠡述》卷一）

㉑【汇评】
程馀庆：又提呼起。（《历代名家评注史记集说·孝文本纪》）

㉒【汇注】

司马迁：（七年）二月……吕王产徙为梁王，梁王不之国，为帝太傅。……太傅产、丞相平等言，武信侯吕禄上侯，位次第一，请立为赵王。太后许之……八年十月，立吕肃王子东平侯吕通为燕王……（《史记·吕太后本纪》）

司马贞：梁王产、赵王禄、燕王通也。（《史记索隐·吕太后本纪》）

龚浩康：诸吕三王，即梁王吕产、赵王吕禄、燕王吕通。诸吕中封王者本为四人，其中吕台、吕通父子相承，所以称"三王"。（见王利器主编《史记注译·孝文本纪》）

㉓【汇校】

张文虎：《御览》八十八引无"一"字。（《校刊史记集解索隐正义札记》卷一《孝文本纪》）

［日］泷川资言：张文虎曰：《御览》引无"一"字。愚案：延久古钞本有，《汉书·文纪》亦有。（《史记会注考证附校补》卷十《孝文本纪》）

王叔岷：案：《通鉴》亦有"一"字，《御览》误脱，不足据。（《史记斠证》卷十）

【汇注】

司马迁：太尉欲入北军，不得入。襄平侯通尚符节，乃令持节矫内太尉北军。太尉复令郦寄与典客刘揭先说吕禄曰："帝使太尉守北军，欲足下之国，急归将印辞去，不然，祸且起。"吕禄以为郦兄不欺己，遂解印属典客，而以兵授太尉。（《史记·吕太后本纪》）

司马贞：即纪通所矫帝之节。（《史记索隐·孝文本纪》）

李　撰：汉以南北军相制，故周勃以北军安刘氏。（引自徐天麟《西汉会要》卷五十六）

吴仁杰：勃遂将北军，然尚有南军。《刑法志》：京师有南北军之屯。仁杰曰：汉南北军虽号为两军相表里，其实南军非北军比也。高帝发中尉卒三万人，王温舒为中尉，请覆脱卒，得数万人，北军尺籍亦云盛矣。至若盖宽饶为卫司马，卫卒之数不过数千人而已，故汉之兵制，常以北军为重。周勃一入北军，而吕产、吕更始辈束手就戮，戾太子不得北军之助，卒败于丞相之兵。两军之势，大略可睹矣。（《两汉刊误补遗》卷一《南北军一》）

张英、王士祯：南军若今诸卫，北军若今羽林等军，周勃驰入北军是也。（《渊鉴类函》卷一百二《设官部·卫将军》）

韩兆琦：北军乃守卫长乐宫者。长乐宫是吕后所居，是诸吕的老巢所在，夺取了北军，即可直接捣毁吕氏巢穴；同时，北军较南军势大，控制北军即可基本控制京城局面，因此太尉首先谋入北军。（《史记选注汇评·吕太后本纪》）

龚浩康：节，符节。古代使者所持的一种凭证，用金、玉、竹、木等制成。北军，西汉时京城长安的警卫部队，因驻地在城北，所以称"北军"。（见王利器主编《史记注译·孝文本纪》）

张大可：太尉，指周勃，他入北军除诸吕事详《吕太后本纪》及《绛侯周勃世家》。节，符节，调遣军队的凭证。（《史记全本新注·孝文本纪》）

【汇评】

程馀庆：转有力。（《历代名家评注史记集说·孝文本纪》）

郭嵩焘：按：汉制太尉典军。高祖十一年周勃已为太尉，明年高祖复语吕后云"可令周勃为太尉"，至吕后四年复云："置太尉官，绛侯勃为太尉。"《将相表》于太尉一官，或云罢，或云置，而罢太尉官，典兵谁也？《史》亦不详。高后八年，病甚，乃令赵王吕禄为上将军，军北军；吕王产军南军，而以吕产为相国。然则典南、北军者，本无专官耶？汉初有征讨，置将军，或曰上将军。上将军亦无专官。而陈平、审食其实为左、右丞相。吕禄之为上将军，吕产之为相国，盖亦吕后之特命矣。惠帝初崩，王陵、陈平为丞相，无故以南、北军属之吕禄、吕产，必不应有此事。而吕后八年令吕禄为上将军居北军，吕产居南军，相距八年之久，吕禄、吕产久典禁军，太尉周勃岂能一日便夺之？疑此张辟彊之献计，亦传闻之辞，史公杂采入之，准之前后情事，实多有未合者。（《史记札记》卷一）

㉔【汇注】

司马迁：太尉将之入军门，行令军中曰："为吕氏右袒，为刘氏左袒。"军中皆左袒为刘氏。太尉行至，将军吕禄亦已解上将印去，太尉遂将北军。（《史记·吕太后本纪》）

颜师古：呼，叫也，音火故反。他皆类此。（《汉书注·文帝纪》）

又：袒谓脱衣之袖也，音徒旱反。（《汉书注·高帝纪》）

沈钦韩：《齐策五》王孙贾入市中曰："淖齿杀闵王，欲与我诛者袒右。"《乡射礼》注：袒左，免衣也。疏云：知袒左者，凡事无问吉凶，皆袒左。是以《士丧》主人左袒，此及《大射》亦皆袒左，惟有受刑袒右，故《觐礼》注右肉袒者，刑宜施于右也。（《汉书疏证·高帝纪》）

【汇评】

刘子翚：或谓使众皆右袒，勃当何如？噫！是未察其情也。方勃令纪通持节矫纳勃北军，复令说禄解印，以兵授勃，当是时，军众岂不知勃为刘氏而来哉！勃已执兵柄，下令以激众心，故云尔。岂有夺吕禄之兵，而复为吕氏哉！（引自凌稚隆《汉书评林·高后纪》）

杨　时：绛侯之入北军也，乃令之曰：为刘氏者左袒，为吕氏者右袒。使吕氏能

得士心，军皆右袒，则斯言岂不召乱乎！盖不学无术，居其位而不知其任，皆此类也。（《龟山集·史论·周勃》）

胡　寅：太尉此问非也。有如军皆右袒，或参半焉，则如之何？故先贤谓是时直当谕以大义，率而用之尔。况太尉已得北军，士卒固惟旧将之听也。（《读史管见》卷一）

又：吕氏盗朝，产、禄肆乱，不有太尉主兵而北军助顺，则海内危矣。（见《十先生奥论注·后集卷二·历代论·西汉下》）

吕祖谦：军中忿吕氏而思刘氏，不待问而可知也。盖使之左袒者，所以发其忠愤而为建义号令之始也。士一左袒，虽使有吕氏之人潜伏行伍之中，亦皆胆落神褫，无能为矣，孰谓无益哉！（《大事记解题》卷九）

王应麟：或问：为吕氏右袒，为刘氏左袒，袒有左右，何也？《仪礼·乡射》疏云："凡事无问吉凶，皆袒左，是以《大射》及《士丧礼》皆袒左，唯有受刑者袒右。故《觐礼》云'右肉袒'，注云刑宜施于右是也。"以此考之，太尉勃诛吕氏之计已定，为吕氏者有刑，故以袒令之军中。于是皆左袒，而为刘氏效义者有赏，背义者有刑。太尉之令严矣，非以觇人心之从违也。高帝之余泽在人者未远，吕氏之余威强胁而莫从，北军已属太尉，城外之兵皆为汉用矣。南军虽犹属吕产，而无外兵之援，产至殿门弗得入，则宫中宿卫皆汉之兵矣。齐王襄倡义于东，荥阳之将待变于外，诸吕已为几上肉，故太尉先入北军，犹张柬之用羽林以复唐也。将相同心，虑无遗策。或以左袒之令为非，盖未考古礼尔。（《通鉴答问》卷三）

又：窃谓绛侯厚重少文，岂暇考《仪礼》以令军中哉？三军之众，又安得通《礼》，知右袒之为刑令乎？不如文定之论切要惬理。（引自于慎行《读史漫录》卷三）

养心吴氏：勃令军中左右袒，设使右袒，其可已乎？伊川先生以为此属尽为身谋，非真为国家也。（引自《史谈补》卷二）

陈　霆：按：齐湣王之乱，王孙贾入市中呼曰："淖齿乱齐国，杀湣王，欲与我诛淖齿者袒右。"市人从之者四百人。是勃之前已有以袒右卜众者矣。今以袒右为当受刑，固曰有据，然例以王孙贾之事，则市人从讨者当刑否耶？（《两山墨谈》卷三）

陈继儒：为刘左袒，为吕右袒，昔人颇以绛侯为失计者。王应麟曰：……（编者按：见上引王应麟语）吴兴陈霆则云：……（编者按：见上引陈霆语）应麟自为得情，而不知其已屈于陈氏矣，情皆未得情也。勃老将也，已预知众心归刘，而不能无疑于吕氏之有党。盖令一下，而间有迟疑未决者，立诛之以令众，如杨素、朱滔之举耳，岂至此而始觇人心之向背哉？（《枕谭》）

于慎行：绛侯左袒之问，宋人非之，其迂可笑。当是时，太尉已入北军，百万之众，在其掌握，声罪致讨，吕氏之势去矣。执符而临之曰："为刘为吕？"则安有复为吕者乎？辟如平盗者，已执其渠魁，乃聚其党而问曰："若欲为盗，若欲为平民？"则安有曰"我为盗"者乎？其尽左袒无疑也。然则何以问？曰：安其反侧之心，使以为刘之迹自解；激其忠愤之气，使以为吕之言为辱也。故太尉一问，而刘氏安矣。(《读史漫录》卷三)

凌稚隆：《仪礼》凡事无问吉凶皆袒左，惟受刑袒右，据此则右袒之令，明示为吕氏则有刑尔。及考《战国》王孙贾曰"淖齿弑齐王，与之诛之者袒右"，又何说耶？愚以为此兵机也。太尉预知众心已归刘氏，而不能无疑于吕氏之有党，故缪为此令，以俟间有袒右者，或迟疑而未左者，则立诛之，以警众。盖其计画已先定矣。如姑以觇人心向背，如诸说纷纷，则高帝素称知人，何以曰安刘氏者必勃耶？(《汉书评林·高后纪》)

胡　侍：胡寅《读史管见》曰：太尉左袒之令非也，有如军士不应，或皆右袒，或参半焉，则如之何？故程子谓是时直当驱之以义而已，不当问其从不从也。况将之于军，如臂之于指，其为刘氏与不为刘氏，非惟不当问，亦不必问也。……余按：《汉书·陈胜传》：陈胜起兵，徒属皆袒右，称大楚。受刑之说，恐未通也。(《真珠船》卷七)

王世贞：为刘左袒，昔人以为失计，非也。勃老将岂不知众心，独不能不疑吕氏有党。盖令一下，倘有迟疑者立诛，以令众耳。(引自《论世八编》三编第六卷)

程至善：吕氏擅权未久，人心怀刘素矣。勃太尉左右袒之问，一以助军威，一以坚众志，何非为国家。唐杜牧有诗云：军中若袒右边袖，四皓安刘实灭刘。此诗人好为议论耳。此时太尉岂不虑及此，盖为人心归汉，决无右袒之理耳。(《史砭》卷一)

编者按：此诗引自杜牧《题商山四皓庙一绝》，杜诗曰：吕氏强梁嗣子柔，我于天性岂恩仇。南军不袒左边袖，四老安刘是灭刘。程氏所引与原诗略有出入。

夏之蓉：绛侯左袒之问，后人多议之，此未审当时情势也。太尉已入北军，百万之众在其掌握，其尽为左袒，不待智者而知，而必问于众者，一作其忠愤之气，一安其反侧之心，凡以肃军令而壹众志尔。(《读史提要录》卷一)

牛运震：按：当时军心无不为刘者，太尉固知之矣，特下令俾左袒者，所以安人心、壮军势也。后人或以此讥之。王应麟又以为古者吉凶事皆袒左，惟受刑者袒右，为吕氏者有罪，故太尉以右袒示之。此皆不知事情，而或过于曲解固求，而失其真者也。(《史记评注》卷二《吕后本纪》)

韩兆琦：按：此处所云"左袒""右袒"者，乃一种激励、鼓舞军心的手段。有人引证古礼详辨左、右之分，恐亦过泥。何焯曰："木强老汉（周勃），仓促间未必学叔孙太傅也。"(《义门读书记》)是说诚然。(《史记选注汇评·吕太后本纪》)

㉕【汇注】

　　[日] 泷川资言：《留侯世家》张良称汉皇曰"沛公殆天授"，《淮阴侯传》韩信谓汉皇曰"陛下所谓天授，非人力也"，盖当时有此语。宋昌亦引称刘氏。（《史记会注考证附校补》卷十《孝文本纪》）

　　王叔岷：案：古钞本"乃"作"迺"，下同。《陆贾列传》陆贾称汉王"五年之间，海内平定。此非人力，天之所建也"（《留侯世家·考证》曾引之）。"天之所建"，意犹"天授"矣。《淮南子·齐俗篇》称汤、武"遭桀、纣之世，天授也"。（《史记斠证》卷十）

　　佚　名：徐孚远曰：大臣擅命，虽足为变，然执权者多不能相下则不敢萌异心也。（《史记疏证（外一种）卷十》）

㉖【汇注】

　　颜师古：为音于伪反。（《汉书注·文帝纪》）

　　胡三省：为，于伪翻。使，如字。（见《资治通鉴》卷十三注）

【汇评】

　　孙　琮：一句一意。透。（《山晓阁史记选》卷一《文帝本纪》）

　　程馀庆：大臣擅命，虽足为变，然执权者多，不能相下，则不敢萌异心也。（《历代名家评注史记集说·孝文本纪》）

㉗【汇校】

　　王叔岷：案：古钞本"一"作"壹"。（《史记斠证》卷十）

㉘【汇校】

　　吴汝纶：《汉书》句上无"方今"二字。（《点勘史记读本·孝文本纪》）

　　李　笠：按："方今"二字与下"方今高帝子独淮南王与大王"句辞复，《汉书》无此二字，读者每疑此为衍文。笠谓此亦史文不忌繁重之证，非有误也。《高祖纪》云"今诚得长者往，毋侵暴，宜可下。今项羽剽悍，今不可遣"，连用三"今"字，亦是此类。（《史记订补》卷二）

　　[日] 泷川资言："方今"二字与下文复。（《史记会注考证附校补》卷十《孝文本纪》）

【汇注】

　　司马迁：朱虚侯年二十，有气力，忿刘氏不得职。尝入侍高后燕饮，高后令朱虚侯刘章为酒吏。章自请曰："臣，将种也，请得以军法行酒。"高后曰："可。"酒酣，章进饮歌舞。已而曰："请为太后言耕田歌。"高后儿子畜之，笑曰："顾而父知田耳。若生而为王子，安知田乎？"章曰："臣知之。"太后曰："试为我言田。"章曰："深耕溉种，立苗欲疏；非其种者，锄而去之。"吕后默然。顷之，诸吕有一人醉，亡酒，章追，拔剑斩之而还，报曰："有亡酒一人，臣谨行法斩之。"太后左右皆大惊。业已许其军法，无以罪也，因罢。自是之后，诸吕惮朱虚侯，虽大臣皆依朱虚侯，刘氏为益强。（《史记·齐悼惠王世家》）

又：哀王三年，其弟章入宿卫于汉，吕太后封为朱虚侯，以吕禄女妻之。后四年，封章弟兴居为东牟侯，皆宿卫长安中。（同上）

又：朱虚侯刘章有气力，东牟侯兴居其弟也，皆齐哀王弟，居长安。（《史记·吕太后本纪》）

司马贞：虚音墟，琅邪县也。（《史记索隐·吕太后本纪》）

又：《地理志》县名，属东莱。（同上）

张守节：《括地志》云："朱虚故城在青州临朐县东六十里，汉朱虚也。《十三州志》云丹朱游故虚，故云朱虚也。"虚犹丘也，朱犹丹也。（《史记正义·吕太后本纪》）

沈钦韩：《一统志》：东牟故城在登州府文登县西北。（《汉书疏证》卷三《王子侯表上》）

钱　穆：（朱虚）故城今临朐县东北庙山社，土人呼城头。（东牟）故城今文登县西北。（《史记地名考》卷二十五《汉侯邑名》）

龚浩康：朱虚：即朱虚侯刘章。封地在朱虚县（今山东省临朐［qú］县东南）。东牟：即东牟侯刘兴居。封地在东牟县（今山东省牟平县）。刘章和刘兴居都是齐悼惠王刘肥的儿子，当时都住在京城长安。（见王利器主编《史记注译·孝文本纪》）

王　恢：（朱虚）吕后二年五月封。《汉志》琅邪郡县，今山东临朐县东北庙山社。（《史记本纪地理图考·文帝本纪》）

又：（东牟）吕后六年四月封，《汉志》东莱郡县，今山东文登西北。（同上）

【汇评】

宋存标：齐王朱虚侯殛吕产，驰北军，不世之大功也；其笼络召平，取琅琊下济南，不世之奇材也。且齐王为高帝孙，以嗣惠帝，名至顺也，奈何舍此而外求人，其意实忌齐王英武。且未举兵时一种阴谋诡诈固结吕氏者，朱虚已悉知，恐他日见诛，而代王又以宽厚闻立之，出其不意则彼之德我必甚。此迎立代王意也。（《秋士史疑》卷一）

㉙【汇注】

司马迁：吕禄、吕产欲发乱关中，内惮绛侯、朱虚等，外畏齐、楚兵……（《史记·吕太后本纪》）

又：吴王濞者，高帝兄仲之子也。……高帝十一年秋，淮南王英布反，东并荆地，劫其国兵，西度淮，击楚，高帝自将往诛之。刘仲子沛侯濞年二十，有气力，以骑将从破布军蕲西会甄，布走。荆王刘贾为布所杀，无后。上患吴、会稽轻悍，无壮王以填之，诸子少，乃立濞于沛为吴王，王三郡五十三城。(《史记·吴王濞列传》)

又：楚元王刘交者，高祖之同母少弟也，字游。……高祖六年，已禽楚王韩信于陈，乃以弟交为楚王，都彭城。(《史记·楚元王世家》)

又：淮南厉王长者，高祖少子也……高祖十一年（十）〔七〕月，淮南王黥布反，立子长为淮南王，王黥布故地，凡四郡。(《史记·淮南衡山列传》)

龚浩康：吴，即吴王刘濞（bì)，刘邦次兄刘仲之子。当时辖有三郡五十三城，建都于广陵（今江苏省扬州市东北）。楚，即楚王刘交。刘邦的异母弟。辖有四十城，建都于彭城（今江苏省徐州市）。淮南，即淮南王刘长。刘邦之子。辖有淮河以南部分地区，建都寿春（今安徽省寿县）。琅邪（yá），即琅邪王刘泽。刘邦的堂兄弟。辖有今山东半岛部分地区，建都于东武（今山东省诸城县）。齐，即齐王刘襄。齐悼惠王刘肥之子。辖有今山东省北部部分地区，建都于临淄（今山东省淄博市东北）。代，即代王刘恒。辖有今山西省东北部、河北省西部部分地区，建都于中都（今山西省平遥县西南）。以上六个势力强大的诸侯王都是刘氏宗族。(见王利器主编《史记注译·孝文本纪》)

【汇评】

司马光：吕氏之乱，汉氏不绝如线，然而卒不能为患者，外有宗藩之强，内有绛、灌之忠也。(引自《宋文选》卷三《前汉论》)

凌稚隆：按："内""外"二句，即所谓磐石之宗者。(《史记评林·孝文本纪》)

㉚【汇注】

胡三省：长，知两翻。(见《资治通鉴》卷十三注》)

【汇评】

牛运震："方今内有朱虚、东牟之亲，外畏吴、楚、淮南、琅邪、齐、代之强。方今高帝子独淮南王与大王"，两"方今"极肖口吻，得指画陈说之神。《汉书》削其一，遂减色。(《史记评注·孝文本纪》)

孙 琮：亦数用"今"字，与《高祖纪》同法。(《山晓阁史记选》卷一《文帝本纪》)

㉛【汇注】

司马迁：大臣议欲立齐王，而琅邪王及大臣曰："齐王母家驷钧，恶戾，虎而冠者也。方以吕氏故几乱天下，今又立齐王，是欲复为吕氏也。代王母家薄氏，君子长者；且代王又亲高帝子，于今见在，且最为长。以子则顺，以善人则大臣安。"于是大臣乃谋迎立代王。(《史记·齐悼惠王世家》)

㉜【汇评】

　　王九思：始言"天下绝望""天下服其强"，继言"大臣因天下之心"，总为下文四"皆"字根本。（引自凌稚隆《史记评林·孝文本纪》）

　　吴见思：前列三段，后用四转，事理明透，笔墨简净。（《史记论文·孝文本纪》）

　　程馀庆：识时务者在俊杰，昌亦人杰也。而竟无传，何也？岂事俱悉于此耶？（《历代名家评注史记集说·孝文本纪》）

　　又：前列三段，后用四转，愈入愈微。（同上）

　　编者按：程馀庆将宋昌所述"群臣之议皆非"的根据，分为"前列三段，后用四转"。其划分为："夫秦失其政"至"天下绝望"，一段；"高帝封王子弟"至"天下服其强"，二段；"汉兴，除秦苛政"至"人人自安，难动摇"，三段。三段之后，程将"夫以吕太后之严"析为"又提呼起"，以"立诸吕为三王，擅权专制，然而太尉以一节入北军"为"转有力"。此后为四转，分别是："一呼士皆左袒，为刘氏，叛诸吕，卒以灭之。此乃天授，非人力也"，一转；"今大臣虽欲为变，百姓弗为使，其党宁能专一邪"，二转；"方今内有朱虚、东牟之亲，外畏吴、楚、淮南、琅邪、齐、代之强"，三转；"方今高帝子独淮南王与大王，大王又长，贤圣仁孝，闻于天下，故大臣因天下之心而欲迎立大王，大王勿疑也"，四转。

　　夏之蓉：宋昌独条陈三议，决策劝行，其果断刚决，胜武远矣。（《读史提要录》卷一）

　　李祖陶：大事惟能人断之始定。当大臣既诛诸吕，遣使迎代王入即位，张武以下皆怀狐疑，惟宋昌以三事明其可信。盖见理明而料事定也，岂谆谆拘拘者所能知哉？（《史论五种·前汉书细读》卷一《文帝纪》）

　　陈海瀛：余尝有读《孝文本纪》，诗云：漫言平勃久交欢，诸吕虽诛汉未安。不是宋昌排众议，代王祗作外藩看。即咏此也。（《读史记管见·孝文之谦让与宋昌之明决》）

㉝【汇校】

　　王叔岷：案：《汉书》《通鉴》"与"并作"豫"，古字通用。《初学记》二十引"卜"上有"遂"字。（《史记斠证》卷十）

【汇评】

　　吴见思：宋昌云云，已极明矣，故作一顿。（《史记论文·孝文本纪》）

㉞【汇注】

　　王叔岷："之"犹"以"也。（《史记斠证》卷十）

　　龚浩康：卜之龟，通过龟甲上的裂纹形状来推测吉凶。下文的"大横"，即指大的横向裂纹。（见王利器主编《史记注译·孝文本纪》）

㉟【汇校】

吴汝纶：据应劭《汉书注》"龟曰兆，筮曰卦"，此"卦"疑衍字。（《点勘史记读本·孝文本纪》）

王叔岷：案：《初学记》《御览》引此并无"卦"字，《汉书》《汉纪》《通鉴》皆同。《说文系传》三九引"大"作"正"，盖据《集解》引应注改。（《史记斠证》卷十）

【汇注】

裴　骃：应劭曰："以荆灼龟。文正横。"（《史记集解·孝文本纪》）

颜师古：应劭曰："龟曰兆，筮曰卦。卜以荆灼龟，文正横也。"（《汉书注·文帝纪》）

罗　璧：二《礼》灼龟之法，卜人占坼。汉文入立，卜兆曰："大横庚庚，余为天王。"应劭注：龟，文正横也。而横所以吉之，义未详。按：占人贾氏《疏》云：灼龟灼其腹骨近足高处，占其坼兆，直向背为木，直下向足为水，斜向背为火，斜向下为金，横者为土。朱文公解《易》，因谓汉文兆得横木，得土也，所以吉。（《识遗》卷二）

胡三省：孔颖达曰：兆者，龟之罿坼；繇者，卜之文辞。（见《资治通鉴》卷十三注）

沈钦韩：《史记·龟策传》：卜先以造灼钻，钻中已，又灼龟首，各三；又复灼所钻中，曰正身，灼首曰正足，各三。其兆有首仰、足开胯、横安吉。横吉：上有仰，下有柱，大吉。此云大横得大吉兆也。（《汉书疏证·文帝纪》）

㊱【汇校】

王叔岷：案：《说文系传》引"占曰"作"其繇曰"，盖据《集解》引李注改。《初学记》引"夏启"作"夏后"。古钞本、景祐本、黄善夫本、殿本《集解》服、李注，"庚"字皆不叠。古钞本张注，"能"上无"乃"字。《汉书》张注"禅贤"作"嬗贤"（嬗、禅古通）。下作"至夏启始传嗣，能光先君之业"。《通鉴》注引同。（《史记斠证》卷十）

㊲【汇注】

裴　骃：服虔曰："庚庚，横貌也。"李奇曰："庚庚，其繇文也。"张晏曰："横（行）〔谓〕无思不服。庚，更也。言去诸侯而即帝位也。先是五帝官天下，老则禅贤，至启始传父爵，乃能光治先君之基业。文帝亦袭父迹，言似夏启者也。"（《史记集解·孝文本纪》）

颜师古：繇音丈救反，本作籀。籀，书也，谓读卜词。（《汉书注·文帝纪》）

司马贞：荀悦云："大横，龟兆横理也。"按：庚庚犹"更更"，言以诸侯更帝位也。荀悦云"繇，抽也，所以抽出吉凶之情也"。杜预云"繇，兆辞也"，音胄也。按：《汉书》盖宽饶云"五帝官天下，三王家天下，官以传贤人，家以传子孙"。官犹公也，谓不私也。(《史记索隐·孝文本纪》)

雷思齐：昔汉文自代来，卜得"大横"，繇曰："大横庚庚，余为天王，夏启以光。"释者谓大横龟之正，横是其体也。文帝有土之象，则卜兆。汉初似尚存，而后世不传。(《易筮通变》卷上)

胡　渭：汉文帝自代来，卜得"大横"，繇曰："大横庚庚，余为天王，夏启以光。"大横者，龟文之正，横是其体也。由是观之，盖经兆之体即横邪，向背之形参伍以变，而为百有二十者也。雨霁蒙驿克，则大卜之所谓色也。大横者体之正也，庚庚者色之明也。(《洪范正论》卷五)

程馀庆：音亢。(《历代名家评注史记集说·孝文本纪》)

张文虎：(《集解》)"行"乃"谓"之讹，依《汉书补注》引改。(《校刊史记集解索隐正义札记》卷一《孝文本纪》)

又："至启"，各本"至"讹"王"，《考证》据《汉书注》改。(同上)

[日] **泷川资言**：中井积德曰：大横，是卜兆之名，犹筮之卦名。三句皆繇文，何特"庚庚"二字？愚按：庚、王、光，韵。《左传》僖公四年载繇辞云"专之渝，攘公之瑜，一薰一莸，十年尚犹有臭"，是繇辞有韵之证。(《史记会注考证附校补》卷十《孝文本纪》)

施之勉：按：贾逵云：凡卜，欲作龟之时，灼龟之四足，依四时而灼之。其兆直上向背者为木兆，直下向足者为水兆，邪向背者为火兆，邪向下者为金兆，横者为土兆，是兆象也。盖代王得土兆耳。(《史记会注考证订补·孝文本纪第十》)

点校本《史记》修订组：(《集解》)"横谓无思不服"，"谓"，原作"行"，王先谦《汉书补注》卷四引宋祁："江南本注文，张晏曰：'横谓无思不服。'"今据改。(点校本二十四史之修订本《史记》卷十《孝文本纪》)

又："传父爵"，《汉书》卷四《文帝纪》"夏启以光"，颜师古《注》引张晏作"传嗣"，《通鉴》卷一三《汉纪五》高后八年胡三省《注》引同。(同上)

又："光治先君之基业"，《汉书》卷四《文帝纪》"夏启以光"，颜师古《注》引张晏无"治""基"二字，《通鉴》卷一三《汉纪五》高后八年胡三省《注》引同。(同上)

又："注五帝官天下"此六字原无，据《索隐》本补。(同上)

㊳【汇注】

程馀庆：《周礼》"太卜三兆"，其颂皆千有二百，此三句即龟繇也。庚犹更也，言以诸侯更帝位也。先是五帝皆传贤，启始继父位，以光昭先君之基业，文帝亦犹是

也。(《历代名家评注史记集说·孝文本纪》)

张大可：这预示刘恒将同夏禹之子启一样践天子位，光大父业。(《史记全本新注·孝文本纪》)

㊴【汇校】

王叔岷：案：《御览》引"已"作"以"，《通鉴》同。"以"犹"已"也。(《史记斠证》卷十)

【汇评】

牛运震："寡人固已为王矣，又何王？""果如公言"，写代王真情雅度如生。(《史记评注》卷二《孝文本纪》)

孙　琮：此语热中之甚。(《山晓阁史记选》卷一《文帝本纪》)

㊵【汇注】

陈　直：卜人当即太常属官之太卜令，汉初王国设官，皆如秦朝，非一般占卜之人。(《史记新证·孝文本纪》)

㊶【汇校】

张文虎：《御览》引"天子"下有"也"字，与《汉书》合。(《校刊史记集解索隐正义札记》卷一《孝文本纪》)

王叔岷：案：古钞本作"廼天子也"。《御览》七二五引同。《通鉴》亦有"也"字。张氏所称《御览》，盖卷八八。(《史记斠证》卷十)

㊷【汇校】

王叔岷：案：古钞本"往"字注在"见"字右上旁。《汉书》《汉纪》并无"往"字。(《史记斠证》卷十)

【汇注】

司马贞：县名，属河东。(《史记索隐·高祖功臣侯年表》)

张守节：《括地志》云："绛邑城，汉绛县，在绛州曲沃县南二里。或以为秦之旧驰道也。"(《史记正义·绛侯世家》)

沈钦韩：《一统志》：绛邑故城在平阳府曲沃县西南。(《汉书疏证》卷三)

钱　穆：故城今曲沃县西南，春秋晋迁新田即此。(《史记地名考》卷二十四《汉侯邑名（一）》)

龚浩康：绛(jiàng)侯，即太尉周勃。封地在绛县（今山西省侯马市东北）。(见王利器主编《史记注译·孝文本纪》)

【汇评】

孙　琮：以长者故遣。(《山晓阁史记选》卷一《文帝本纪》)

程馀庆：遣薄昭见太尉，非但察迎立之情，亦以自托于大臣也。(《历代名家评注

史记集说·孝文本纪》）

郭嵩焘： 按：遣薄昭见绛侯，所以观大臣、将相之心也，而因使张武六人乘传诣长安以为之先，又复使宋昌观变，以少帝尚在，虑其事或中变也。写得文帝周详慎重，非徒以据非常之位，惊疑而已。（《史记札记》卷一《孝文本纪》）

章邦元： 代王贤名必在齐王之右，大臣迎立，实出公论，适又有舅家相形。是时代王犹豫，薄昭先往，功亦不细。后乃被诛，此文帝刚断之过。（《读通鉴纲目札记》卷四《迎立代王恒》）

㊸【汇注】
　　颜师古： 说所以迎代王之意也。（《汉书注·文帝纪》）

㊹【汇评】
　　凌稚隆： 按："信矣"应上，实不可信。（《汉书评林·文帝纪》）

㊺【汇评】
　　孙　琮： 真情不必讳。（《山晓阁史记选》卷一《文帝本纪》）

㊻【汇校】
　　王叔岷： 案：古钞本"乘"上有"乘六"二字，《汉书》同。张晏注："传车六乘也。"（《史记斠证》卷十）

【汇注】
　　颜师古： 乘车之法，尊者居左，御者居中，又有一人处车之右，以备倾侧。是以戎事则称车右，其余则曰骖乘。骖者，三也，盖取三人为名义耳。（《汉书注·文帝纪》）

　　胡三省： 乘，绳证翻。（见《资治通鉴》卷十三注）

【汇评】
　　孙　琮： 亲之也。（《山晓阁史记选》卷一《文帝本纪》）

㊼【汇校】
　　吴汝纶： 依《通鉴》增"从"字。（《点勘史记读本·孝文本纪》）

　　点校本《史记》修订组： "乘六乘传"，"六乘"二字原无，据东北本补。按：本书卷九《吕太后本纪》、卷一〇一《袁盎晁错列传》，《汉书》卷四《文帝纪》、卷四九《爰盎传》皆云代王"乘六乘传"。（点校本二十四史之修订本《史记》卷十《孝文本纪》）

【汇注】
　　司马迁： 高帝六年，更命咸阳曰长安。（《史记·汉兴以来将相名臣年表》）

　　又： （诸大臣）乃相与共阴使人召代王。代王使人辞谢。再反，然后乘六乘传。（《史记·吕太后本纪》）

又：（袁）盎曰："夫诸吕用事，大臣专制，然陛下从代乘六乘传驰不测之渊，虽贲育之勇不及陛下。"（《史记·袁盎晁错列传》）

班　固：乃令宋昌骖乘，张武等六人乘六乘传诣长安。（《汉书·文帝纪》）

裴　骃：张晏曰："备汉朝有变，欲驰还也。或曰传车六乘。"（《史记集解·吕太后本纪》）

颜师古：张晏曰："传车六乘也。"师古曰："传音张恋反。"（《汉书注·文帝纪》）

胡三省：传，株恋翻。（见《资治通鉴》卷十三注》）

杨　慎：《孟子》"置邮传命"，古注：置，驿也；邮，驲也。或问余：驿与驲、置与邮，何分别乎？余曰：考之《说文》：驲，传也；驿，置也。"置"缓而"邮"速，"驿"迟而"驲"疾也。"置"有安置之意，如今制云"日行一程"；"邮"有过而不留之意，犹今制云"倍道兼行"。《左传》"楚子乘驲车，会师于临品之上"，又"祁奚乘驲而见范宣子"，又"子木使驲谒诸王"，又云"吾将使驲聘问诸晋"。以上"驲"字，见于《左传》者四条，皆言速驰之意。后世不达"驲"字之义，而吏牍俗书又以"驲"为"驿"之省文。本朝刻《春秋大全》，皆认"驲"为俗书省文，尽改《左传》四"驲"字为"驿"，作者之精意隐矣。

汉制：四马高足为"置传"，皆君与大夫所乘，其行安舒，故不得不迟；一马二马为"轺"，传军书使命之用，故不得不疾。汉文帝自代来，乘六传车，亦取其速。

"驿"与"驲"二字，于文义为小异，然混而不分，则解经皆谬矣。元许白云曰：马递曰置，步递曰邮，盖想象妄说，初无所祖。不思古注邮训为驿，若是步递，字何以从马乎？（《升庵集》卷四十五）

林剑鸣等：《史记·孝文本纪》索隐引如淳曰："律，四马高足为置传，四马中足为驰传，四马下足为乘传，一马二马为轺传，急者一乘传。"根据来往官员或应征人员身份地位的高下，配以不同的乘传。也根据文件情报的紧急与否，或派轺传，或派乘传。（《秦汉社会文明》第八章《全国水陆交通网的形成》）

韩兆琦：传，驿车。一说文帝及侍从所乘，总共只有六辆传车。（《史记选注汇评·吕太后本纪》）

龚浩康：乘传（shèng zhuàn），古代驿站用四匹下等马拉的车。传，指驿站或驿站的车马。（见王利器主编《史记注译·孝文本纪》）

张家英：《说文·人部》："传，遽也。"段玉裁注："《周礼·行夫》：'掌邦国传遽。'注云：'传遽，若今时乘传骑驿而使者也。'《玉藻》：'士曰传遽之臣。'注云：'传遽，以车马给使者也。'《左传》《国语》皆曰：'以传召伯宗。'注皆云：'传，驿也。'汉有置传、驰传、乘传之不同。"朱骏声《说文通训定声·乾部》"传"下注："《尔雅·释言》：'驲、遽，传也。'按：以车曰传，亦曰驲，以马曰遽，亦曰驿，皆所以达急速之事。"……"乘传""驰传"的说法在《史记》中也可以屡次见到。……"传"读 zhuàn。"乘传"指乘坐四匹下等马拉的车。

……上引段玉裁注谓"汉有置传、驰传、乘传之不同",实际上汉代还有"传置"的称谓。《孝文本纪》:"太仆见马遗财足,余皆以给传置。"《索隐》"按:《广雅》云:'置,驿也。'《续汉书》云:'驿马三十里一置。'故乐产亦云传、置一也。言'乘传'者以传次受名,'乘置'者以马取匹。传音丁恋反。如淳云:'律:四马高足(良马)为传置,四马中足(中等马)为驰置,四马下足(下等马)为乘置,一马二马为轺置,如置急者乘一马曰乘也。"《史记》中只出现过"轺车""轺传",未出现"轺置"。《季布栾布列传》:"朱家乃乘轺车之洛阳,见汝阴侯滕公。"《集解》引徐广曰:"马车也。"《索隐》:"按:谓轻车,一马车也。"《儒林列传》:"于是天子使使束帛加璧,安车驷马迎申公,弟子二人乘轺传从。"《集解》引徐广曰:"马车。""传置、驰置、乘置"的说法,《史记》中不见,亦不见"置传"。至于"乘传"与"驰传",则是屡见不一见的了。(《〈史记〉十二本纪疑诂·孝文本纪》)

【汇评】

董　份：袁盎言：帝乘六乘传,驰不测之渊。所云六乘者,盖文帝料汉事已定,止用六乘急赴,不多备耳。张晏说非是。《文帝纪》命张武等六人乘传,恐即此云。(引自凌稚隆《史记评林·吕后本纪》)

㊽【汇注】

张守节：《括地志》云：高陵故城在雍州高陵县西南一里,本名渭桥,架渭水上。《三辅旧事》云秦于渭南有兴乐宫,渭北有咸阳宫。秦昭王欲通二宫之间,造横桥,长三百八十步,桥北(京)〔垒〕石中,旧有忖留神象。此神曾与鲁班语,班令其出,留曰"我貌丑,卿善图物容,不出"。班于是拱手与语曰"出头见我"。留乃出首。班以脚划地,忖留觉之,便没水。故置其像于水上,唯有腰以上。魏太祖马见而惊,命移下之。(《史记正义·孝文本纪》)

胡三省：班《志》：高陵县属左冯翊。(见《资治通鉴》卷十三注)

凌稚隆：此语(编者按：指上引《正义》)当在渭桥下,然所引《三辅旧事》,大略与下《索隐》注同。至于留神象,怪诞不经,何与于本文,丛塞于此。(《史记评林·孝文本纪》)

方以智：忖留,桥柱像也。《水经注》：冯翊石柱桥北首,垒石水中,旧有忖留神像,此神曾与鲁班语曰：我貌狞丑,卿善图物,容我不出。班拱手,令出头,以脚画地,置其像于水,惟背以上立水上。董卓后焚此桥,魏更修之。忖留之像,曹公骑马见之,惊。(《通雅》卷二十一《姓名·鬼神》)

程馀庆：故城在西安府高陵县西南二里。(《历代名家评注史记集说·孝文本纪》)

张文虎：（《正义》）"兴乐宫"，各本误作"舆宫"二字，依下《索隐》引改补。按：今本《三辅黄图》及《水经注·渭水》、宋敏求《长安志》引并作"长乐宫"。（《校刊史记集解索隐正义札记》卷一《孝文本纪》）

又："桥北京石水中"，《渭水·注》引作"桥之北首垒石水中"，《长安志》亦作"垒"，疑本作"絫"，因讹为"京"。（同上）

［日］泷川资言：高陵，陕西西安府高陵县西南。《正义》"本名横桥"以下当移下文"渭桥"下。（《史记会注考证附校补》卷十《孝文本纪》）

钱　穆：高陵故城，今高陵县西南。（《史记地名考》卷二十一《关中地名》）

龚浩康：高陵，县名。即今陕西省高陵县。当时的县城在长安城东北约五十里，刘邦陵墓在此。（见王利器主编《史记注译·孝文本纪》）

王　恢：《汉志》："左冯翊高陵，右辅都尉治。"故城陕西今县西南一里。（《史记本纪地理图考·文帝本纪》）

㊾【汇评】

凌稚隆：按："观变"应上"以观其变"句。（《汉书评林·文帝纪》）

吴见思：四顿。又作四节。事理固当慎重，笔墨亦极顿挫。后乃一泻而下，正蓄其势也。（《史记论文·孝文本纪》）

编者按：宋昌言后，事理已明，但代王仍显得审慎、持重。吴见思将此处视为顿挫之笔，并具体析为四顿。"代王报太后计之，犹与未定"作一顿；"卜之龟，卦兆得大横"至"所谓天王者乃天子"作二顿；"于是代王乃遣太后弟薄昭往见绛侯"至"信矣，无可疑者"作三顿；"代王乃笑谓宋昌曰"至"而使宋昌先驰之长安观变"作四顿。

昌至渭桥①，丞相以下皆迎②。宋昌还报。代王驰至渭桥③，群臣拜谒称臣。代王下车拜④。太尉勃进曰："愿请间言⑤。"宋昌曰："所言公，公言之。所言私，王者不受私⑥。"太尉乃跪上天子玺符⑦。代王谢曰："至代邸而议之⑧。"遂驰入代邸⑨。群臣从至。丞相陈平、太尉周勃、大将军陈武⑩、御史大夫张苍⑪、宗正刘郢⑫、朱虚侯刘章、东牟侯刘兴居、典客刘揭皆再拜言曰⑬："子弘等皆非孝惠帝子⑭，不当奉宗庙。臣谨请（与）阴安侯列侯顷王后⑮与琅邪王⑯、宗室、大臣、列侯、吏二千石议曰⑰：

'大王高帝长子⑱，宜为高帝嗣。'愿大王即天子位⑲。"代王曰："奉高帝宗庙，重事也。寡人不佞⑳，不足以称宗庙㉑。愿请楚王计宜者㉒，寡人不敢当㉓。"群臣皆伏固请㉔。代王西鄕让者三，南鄕让者再㉕。丞相平等皆曰："臣伏计之，大王奉高帝宗庙最宜称㉖，虽天下诸侯万民以为宜㉗。臣等为宗庙社稷计，不敢忽㉘。愿大王幸听臣等。臣谨奉天子玺符再拜上。"代王曰："宗室将相王列侯以为莫宜寡人㉙，寡人不敢辞。"遂即天子位㉚。

① 【汇注】

裴　骃：苏林曰："在长安北三里。"（《史记集解·孝文本纪》）

司马贞：《三辅故事》："咸阳宫在渭北，兴乐宫在渭南，秦昭王通两宫之间，作渭桥，长三百八十步。"又，《关中记》云石柱以北属扶风，石柱以南属京兆也。（《史记索隐·孝文本纪》）

又：按：今渭桥有三所：一所在城西北咸阳路，曰西渭桥；一所在东北高陵道，曰东渭桥；其中渭桥在故城之北也。（《史记索隐·张释之传》）

程馀庆：此中渭桥也，在西安府西北二十五里渭水上，本名横桥，秦昭王作。（《历代名家评注史记集说·孝文本纪》）

［日］泷川资言：渭桥在西安府咸宁县。（《史记会注考证附校补》卷十《孝文本纪》）

钱　穆：渭桥即中渭桥，在长安县西北故长安城北。东渭桥在长安县东北，殆即景帝筑。西渭桥在咸阳县西南，一名便桥，武帝作。（《史记地名考》卷二十二《秦汉宫陵庙名》）

王　恢：渭桥：《清统志》二二九：在长安县西北故长安城北，接咸阳县界，亦曰中渭桥。《水经注》：秦始皇作离宫于渭水南北以象天宫，故《三辅黄图》曰：渭水贯都，以象天汉，横桥南度，以法牵牛。桥广六丈，南北二百八十步，六十八间，七百五十柱，一百二十二梁。桥之南北有堤，激立石柱。柱南京兆立之，柱北冯翊立之。有令丞，各领徒一千五百人。桥之北首，垒石水中，故谓之石柱桥也。《汉书注》：苏林曰：渭桥在长安北三里。《元和志》：中横桥在咸阳县东南二十二里，本名横桥，架渭水上。始皇都咸阳，渭水南有长乐宫，渭水北有咸阳宫，欲通二宫之间，故造此桥。汉末董卓烧之，魏文帝更造。刘裕入关又烧之，后魏重造。贞观十年移于今所。《玉海》：秦汉唐时架渭水者三桥：中渭桥在长乐宫北，秦造。便桥在长安西，汉武帝造。

（见《汉书·武纪》）东渭桥在万年东，不知始于何世。《县志》：中渭桥在县西北十五里。《旧志》：在县西北二十五里。又唐兴元初，车驾自兴元还长安，李晟等谒见于三桥。《通志》：三桥在县西二十里。

《元和志》一：便桥在咸阳县西南十里，武帝建元三年初作便门，桥在长安北、茂陵东，去长安二十里，长安城西门曰便门，此桥与门相对，因号便桥。

据上《元和志》《清统志》明析言之，汉时长安附近横跨渭水的大桥，有中、东、西三桥。

秦汉渭河桥遗址

中桥在今咸阳县东二十里，秦时称横桥，汉改名渭桥（即本纪所称者）。又因与汉长安城西的横门相对，称为横门桥或石柱桥。历代屡毁屡建，唐时始坏。

东渭桥在今西安市东北的灞水、泾水、渭水的交汇处，汉景帝五年（前152）建，见于《景纪》（《玉海》偶失检）。唐咸亨中置渭桥于此，凡东来漕粮皆聚于此，再转运长安。唐后废。

西渭桥汉武帝建元三年（前138）建（《汉书·武纪》），在今咸阳县南，因与汉长安城便门相对，称为便桥，又名便门桥。唐时称咸阳桥。天宝十年鲜于仲通征南诏，所募兵勇从长安经此桥南下，杜甫《兵车行》"耶娘妻子走相送，尘埃不见咸阳桥"即此。（《史记本纪地理图考·文帝本纪》）

② 【汇注】

李澄宇：曰丞相以下皆迎，曰丞相陈平、太尉周勃、大将军陈武、御史大夫张苍、宗正刘郢、朱虚侯刘章、东牟侯刘兴居、典客刘揭皆再拜言，是相在将前，宗正且在御史大夫后也。而代王乃曰"宗室将相王列侯以为莫宜寡人，寡人不敢辞"，盖朝列相在前，奉宗庙宗室在前，天子即位，以奉宗庙为重也。前遣薄昭往见绛侯，兹复以将居相前，殆亦天下安注意相、天下危注意将之意耶。（《读史记蠡述》卷一）

【汇评】

张子象：此后四用"皆"字，见人心归附之同如此。（引自凌稚隆《史记评林·孝文本纪》）

编者按："丞相以下皆迎"句后四用"皆"字，分别是："丞相陈平、太尉周勃……皆再拜言"，"子弘等皆非孝惠帝子……"，"群臣皆伏固请"，"丞相平等皆曰……"。司马迁四用"皆"字，意在表现拥立代王，众望所归。

　　孙　琮：信无变。(《山晓阁史记选》卷一《文帝本纪》)

③【汇评】

　　程馀庆：节次妙。(《历代名家评注史记集说·孝文本纪》)

④【汇注】

　　孙　琮：未君故。(《山晓阁史记选》卷一《文帝本纪》)

⑤【汇校】

　　吴汝纶：《汉书》无"言"字。某按：言字当有，下言公言私，即承此"言"字。《汉书》脱。(《点勘史记读本·孝文本纪》)

【汇注】

　　颜师古：间，容也，犹今言中间也。请容暇之顷，当有所陈，不欲于众显论也。他皆类此。(《汉书注·文帝纪》)

　　司马贞：包恺音闲，言欲向空间处语。颜师古云："间，容也，犹言中间。请容暇之顷，当有所陈，不欲即公论也。"(《史记索隐·孝文本纪》)

　　编者按：点校本《史记》修订本："即公论"，《汉书》卷四《文帝纪》颜师古《注》作"与众显论"，《通鉴》卷一三《汉纪五》高后八年胡三省《注》引作"与众中显论"。

　　张守节：上记闲反。间，隙也；隙之间私语也。(引自张衍田《史记正义佚文辑校·孝文本纪》)

　　王叔岷：案：《汉纪》作"请避左右以闻"，即"请间言"之意。(《史记斠证》卷十)

　　张家英："间"应读 jiàn。"请间"一语，《史记》中屡见之。《李斯列传》："李斯数欲请间谏，二世不许。"《袁盎晁错列传》："景帝即位，以错为内史。错常数请间言事，辄听；宠幸倾九卿，法令多所更定。"同上："窦婴入言上，上乃召袁盎入见。晁错在前，及盎请辟人赐间，错去，固恨甚。""请间"是请求对方给予一定的时间跟自己单独交谈，不让其他人参与。这与"辟(避)人赐间"为同一委婉的说法。(《〈史记〉十二本纪疑诂·孝文本纪》)

【汇评】

　　胡　寅：太尉此请非也，不过欲叙讨诸吕、迎代王之功以伸私款耳。(《读史管见》卷一)

　　陈　埴：勃既入军，复问左右袒，迎文帝却欲入私谒，似未得人臣事君之义。(引自凌稚隆《汉书评林·张陈王周传》)

焦　竑：范子入国，不欲代帅受名，故终身不染于难。太尉智不及此，徒恃请间数语，为足以固文帝之心。而文帝方入国，已不直太尉所为，而有心于勃矣。霍氏之祸，萌于骖乘；械系之辱，始于请间，有以来之也。然则勃欲自全，乃自祸哉！（引自《史记评林·孝文本纪》）

程馀庆：不学之过，惹出宋昌正论。（《历代名家评注史记集说·孝文本纪》）

⑥【汇评】

邵经邦：文帝二十三年之天下，决信于宋昌之片词。其却太尉之请，词意确然，益足以见其持守之正。（引自凌稚隆《汉书评林·文帝纪》）

胡　寅：宋昌一折之，其情立见，遽上符玺。夫渭桥非殿邸所在，王若何而受之？一举而三失焉，不学之过也。（《读史管见》卷一）

程至善：迎王至渭桥，勃太尉请间，不过欲自陈其功。宋昌公私之论，真足千古。厥后，文帝欲用广国，虑天以己有私而止，犹然昌之论也。然昌终文帝之世，官爵不甚显，岂帝不欲私代来臣乎？（《史砭》卷一）

牛运震："王者不受私"语极明快。《汉书》作"王者无私"，失之。（《史记评注》卷二《孝文本纪》）

夏之蓉：追周勃渭桥请间，昌又以数言折之，夺重臣之气，尊朝廷之权，何其伟也！（《读史提要录》卷一）

孙　琮：语有气岸，应机明决，汉臣无此比。（《山晓阁史记选》卷一《文帝本纪》）

程馀庆：有气岸。昌已看定时势，必无中变，故直辞以折重臣之气。此是藩王入继大统第一要著。不然，主权不立。如东晋诸王者，盖不知此术也。（《历代名家评注史记集说·孝文本纪》）

李祖陶：至逆折太尉之请间，谓王者无私，尤足以消阻群疑，取信天下。（《史论五种·前汉书细读》卷一《文帝纪》）

⑦【汇校】

王先谦：《史记》"玺"下有"符"字，《通鉴》同。下文亦言"玺符"，则"符"字当有。（《汉书补注·文帝纪》）

王叔岷：案：《御览》八八引"天子"下有"之"字。（《史记斠证》卷十）

【汇注】

张守节：上，时掌反。（引自张衍田《史记正义佚文辑校·孝文本纪》）

龚浩康：玺（xǐ），皇帝的印。符，和前文的"节"一样，是古代朝廷传达命令或调动军队用的凭证。用金、铜、玉或竹、木制成，剖而为二，双方各执一半，以验真伪。（见王利器主编《史记注译·孝文本纪》）

【汇评】

苏　轼：夫绛侯亲握天子玺，而授之文帝，灌婴连兵数十万，以决刘、吕之雄雌，又皆高帝之旧将，此其君臣相得之分，岂特父子骨肉手足哉！（《东坡全集·贾谊论》）

⑧【汇注】

许　慎：邸，属国舍。（《说文解字》六下）

颜师古：郡国朝宿之舍，在京师者率名邸。邸，至也，言所归至也，音丁礼反。他皆类此。（《汉书注·文帝纪》）

【汇评】

凌稚隆：按：下文两"议"字，皆根此"议"字来。（《汉书评林·文帝纪》）

吴见思：又顿住。好事体应如是，文体亦应如是。（《史记论文·孝文本纪》）

牛运震："至代邸而议之"，从容得体，口吻亦入妙。（《史记评注》卷二《孝文本纪》）

孙　琮：宋昌之老识，文帝之宽重，与诸大臣之矜慎，种种境界精细入神。（《山晓阁史记选》卷一《文帝本纪》）

⑨【汇校】

吴汝纶：依《通鉴》补"邸"字。（《点勘史记读本·孝文本纪》）

【汇注】

司马迁：后九月，晦日己酉，至长安，舍代邸。（《史记·吕太后本纪》）

班　固：闰月己酉，入代邸。（《汉书·文帝纪》）

沈钦韩：《西京杂记》：文帝自代还，有良马九匹，皆天下之骏马也。有来宣能御，代王号为王良，俱还代邸。（《汉书疏证》卷二《文帝纪》）

王先谦：刘攽曰："己酉，去诛诸吕三十七日矣。"（《汉书补注·文帝纪》）

【汇评】

凌稚隆：按：《史记》"驰之长安""驰至渭桥""驰入代邸"，三用"驰"字，有应变神速之意。（《汉书评林·文帝纪》）

李景星：按：《史记》"入代邸"上……有"驰"字，正传出应变神理……（《汉书评议·文帝纪》，见《四史评议》）

孙　琮：宽重得体。（《山晓阁史记选》卷一《文帝本纪》）

⑩【汇校】

颜师古：服虔曰"柴武"。（《汉书注·文帝纪》）

钱大昕：服虔曰：武，柴武。晦之曰：服说非也。考《高五王传》：汉闻齐王发兵，相国吕产等遣大将军颍阴侯灌婴将兵击之，婴至荥阳，留兵，使人谕齐王及诸侯与连和。《灌婴传》：吕禄等以婴为大将军，婴至荥阳，乃与绛侯等谋，风齐王以兵诛诸吕，齐兵不前。绛侯既诛诸吕，婴自荥阳还，与绛侯、陈平共立文帝，于是益封婴三千户。观文帝元年诏书，益封户邑者止有太尉勃、丞相平、将军婴，而无名武之大将军，则其为灌婴何疑！至柴武为大将军，在文三年，因济北王反，遣武击之，事已即罢。服氏谓文帝即位之初即有大将军柴武，失之远矣。（《三史拾遗》卷二《文帝纪》）

钱大昭：服说非也。若柴武为大将军，位在御史大夫之上，《公卿表》不应失书。（引自王先谦《汉书补注·文帝纪》）

梁玉绳：陈武，《史》《汉》中亦作"柴武"。臣瓒曰"武有二姓"，是也。又考《汉书·贾山传》云"柴唐子为不善"，是武一名唐，姓名并有二矣。其子柴奇谋反事，见《淮南王传》。（《史记志疑》卷七《孝文本纪》）

沈钦韩：按：《史记·将相名臣表》高后八年，隆虑侯灶为将军，击南越。《南粤传》云高后崩即罢兵。此"武"盖"灶"之讹也，灌婴尚屯荥阳。（《汉书疏证》卷二《文帝纪》）

王先谦：钱说是也，《史记》亦误作陈武。（《汉书补注·文帝纪》）

[日]泷川资言：大将军陈武，《汉书》不载姓，唯言大将军武。服虔以为柴武，柴武为大将军，在文帝三年。陈武亦他无所见。钱大昭曰：大将军当灌婴，考《高五王传》，汉闻齐王举兵，"相国吕产等乃遣大将军颍阴侯灌婴将兵击之"。《灌婴传》"吕禄等以婴为大将军"，婴之为大将军，吕禄等所置，故《公卿表》不载。婴有靖难之功，与周勃、陈平共立文帝。观《汉书·文纪》，元年益封户邑者止有太尉勃、丞相平、将军婴，而无名武之大将军，则其为灌婴何疑？（《史记会注考证附校补》卷十《孝文本纪》）

陈　直：陈武即柴武，服虔之注是也。《高祖功臣侯表》称棘蒲刚侯陈武，又见《史记·文帝纪》三年，《考证》谓陈武他无所见非也。又按：先秦至两汉，陈姓与姚姓通称，《战国策》姚贾，《孟子》作陈贾是也。陈姓与田姓通称，《田敬仲世家》改称田氏，现出土铜器、陶文仍称为陈氏是也。陈武又作柴武，或亦同此例。又按：《小校经阁金文》卷十一，四十页，有柴是一斗范阳侯鼎。西安汉城遗址，又出有柴是一斗铜鼎（是即氏字假借，鼎存汉中王子献手中，未著录）。西汉柴是，无其他封侯者，决为柴武家所自造之器无疑，并可证明柴武自己称为柴氏，不称为陈氏。（《史记新证·孝文本纪》）

编者按：关于大将军陈武，向有不同看法：其一，柴武说。服虔曰陈武即柴武，梁玉绳《史记志疑》、陈直《史记新证》均同此说。陈直根据先秦两汉时陈、姚二姓及陈、田二姓通称之例，推测"陈武又作柴武，或亦同此例"。其二，灌婴说。钱大昕据《汉书·高五王传》《灌婴传》中大将军灌婴的记载，以及文帝元年诏书，认为当时封邑者只有太尉周勃、丞相陈平、大将军灌婴，而无名武之大将军，因此，此处大将军应为灌婴。又考柴武为大将军的时间，在文帝三年，"因济北王反，遣武击之，事已即罢"（《三史拾遗》卷二），服虔所云为非。钱大昭进一步指出，大将军位居御史大夫之上，如柴武为大将军，《公卿表》应有记载。王先谦亦赞同钱说。其三，隆虑侯灶说。沈钦韩据《史记·汉兴以来将相名臣年表》《史记·南越列传》中高后八年隆虑侯灶为将军击南越、高后崩即罢兵的记载，认为"武"系"灶"之讹，同时表示不同意灌婴说，因为此时"灌婴尚屯荥阳"。（《汉书疏证》卷二）三说关键在于：一、有无陈武其人。二、高祖吕后时期是否有姓陈名武的大将军。关于前者，《史记·高祖功臣侯者年表》《汉书·高惠高后文功臣表》均列棘蒲刚侯陈武之后，可见确有陈武其人，至于后者，尚无资料可证。

⑪【汇注】

龚浩康：御史大夫，官名。"三公"之一。主管弹劾、监察以及图籍秘书等。张苍（？—前152），汉初大臣。阳武（今河南省原阳县东南）人。原为秦吏，归附刘邦后曾任代、赵之相，因功封北平侯，文帝时任丞相。他精通律历，曾进行改定历法的工作，是当时著名的历算家。（见王利器主编《史记注译·孝文本纪》）

⑫【汇校】

王鸣盛：《文纪》群臣上议，有"宗正臣郢"。文颖曰：刘郢也。按：《百官表》：高后二年，上邳侯刘郢客为宗正，七年为楚王。又《王子侯》《诸侯王表》并作"郢客"，而《史记·表》与此《纪》文皆作"郢"，未知孰是。（《十七史商榷》卷九《汉书三·刘郢》）

王念孙：此（编者按：指《汉书·文帝纪》）及《儒林传》"郢"下皆脱"客"字，《史记》同。《诸侯王表》《王子侯表》《百官公卿表》《楚元王传》及《史记·惠景间侯者表》皆作郢客。（《读书杂志·汉书》）

梁玉绳：此即楚元王子夷王郢客也。缺"客"字，说在《诸侯王表》。（《史记志疑》卷七《孝文本纪》）

王荣商：《汉书》二名者多举其一字。如刘弃疾称刘弃，杜相夫称杜相，此类非一。盖史家便文称之，非脱也。（引自杨树达（《汉书窥管》卷一《文帝纪》）

[日] **泷川资言**：王鸣盛曰：《汉书·百官表》，高后二年"上邳侯刘郢客为宗正"，又《王子侯》《诸侯王表》并作"郢客"。梁玉绳曰：此即楚元王子夷王郢客也。缺"客"字。愚按：王念孙说同。（《史记会注考证附校补》卷十《孝文本纪》）

【汇注】

裴　骃：《汉书·百官表》曰："宗正，秦官。"应劭曰："周成王时，彤伯入为宗正。"（《史记集解·孝文本纪》）

龚浩康： 宗正，官名。"九卿"之一。掌管皇族有关事务，多由皇族担任。刘郢，楚元王刘交之子。（见王利器主编《史记注译·孝文本纪》）

⑬【汇注】

颜师古： 揭音竭。（《汉书注·文帝纪》）

龚浩康： 典客，官名。又称大鸿胪，"九卿"之一。掌管诸侯及四方少数民族朝贡等事务。（见王利器主编《史记注译·孝文本纪》）

【汇评】

王维桢： 历叙诸大臣，见公议也。（引自凌稚隆《史记评林·孝文本纪》）

⑭【汇注】

司马迁： 太后欲王吕氏，先立孝惠后宫子强为淮阳王，子不疑为常山王，子山为襄城侯，子朝为轵侯，子武为壶关侯。……五月丙辰，立常山王义为帝，更名曰弘。（《史记·吕太后本纪》）

班　固： 大臣相与阴谋，以为少帝及三弟为王者皆非孝惠子，复共诛之，尊立文帝。（《汉书·高后纪》）

颜师古： 不详其有爵位，故总谓之子。（《汉书注·文帝纪》）

宋　祁： 若曰不详其爵位，则高后元年已封三王二侯，而弘又为帝，非不详也。（引自凌稚隆《汉书评林·文帝纪》）

王先谦： 周寿昌曰：按：前后有两少帝。前之少帝即后宫美人子，于高后四年幽死；后之少帝为恒山王弘也，亦明前幽死之少帝，实为孝惠子也。先谦曰：轵侯朝为恒山王，壶关侯武为淮阳王，昌平侯太为吕王，更名吕曰济川，所谓三弟为王者也。《史记》作"少帝及梁、淮阳、常山王"。"梁"是"吕"之误，时梁王乃吕产也。（《汉书补注·高后纪》）

陈　直： 弘即少帝之名，西安汉城遗址曾出带钩，上面有"皇帝弘"三字，三段连文，共有九字，未著录，盖为少帝之物。（《史记新证·孝文本纪》）

【汇评】

张　宁： 按：孝惠崩时年二十有三，因人戾事，日纵淫乐，非不能近妇人者。《史记》云宣平侯女为孝惠皇后时，无子，佯为有身，取美人子名之，杀其母，立所名子为太子。孝惠崩，太子立，既壮，闻其母死，非真皇后子，乃出言："后安能杀吾母？我壮，即为变。"然则少帝实为孝惠所御美人之子无疑。张后特不当杀其所生母而诈为己所出，其事盖后世所常有，决非他人子也。若取他人子入宫，何以称为美人？少帝既解事，又安敢昌言以仇后？其后太后欲王诸吕，先立孝惠后宫子某为某王，亦言后宫未尝言取异姓也。及少帝幽废，又云"五月丙辰，立常山王义为帝，更名弘"，亦未尝言立所名他人子也。太后崩后齐王发兵诛诸吕，遗诸侯书曰"诸吕擅废帝更立，又比杀三赵王。今高后崩，而帝春秋富，未能治天下。寡人率兵入诛不当为王者"，盖指吕台等耳，亦未尝正言帝非刘姓，不当主天下也。及平诸吕罢兵，乃书诸大臣相与阴谋曰："少帝及诸王皆非真孝惠子，吕后以计诈名他人子。今已灭诸吕，而置所立，即长用事，吾属无类，不如视诸王最贤者立之。"及考《汉书》亦云：大臣相与阴谋，以为少帝及三弟皆非孝惠子，复共诛之。而《五行传》遂附会为吕氏子。且高后欲王诸吕，不过违高帝之约，王陵、樊哙犹力争以为不可，诸将相戚属皆有后言，史不绝书。若立他姓，是无宗社矣。况后废置时，固尝有诏，诸大臣顾反无一言以争？又无私议少见于史？至于齐王举兵西向，直指京师，盖已无所顾忌，正当首揭此举，昭告神人与天下，共正大义。曾无一语及之，何也？使诸大臣初知而不敢言，则后崩兵起之时，可得言矣。使其不知，则今日之谋，曷从而得之耶？自是承讹袭舛，而燕王旦亦藉此说以拟孝昭，使其事遂成，则真伪亦无辨矣。观迁、固之书，所谓"相与阴谋"，所谓"即长用事，吾属无类"，所谓"不如"，所谓"复共"，微词奥意，若将不能已而尚可已焉者，不过各为身计而已。（《方洲集》卷二十八《读史录·高皇后二年》）

郑　晓： 少子真惠帝子也，平、勃不立少帝而迎代王，恐有高五王之祸也。（引自凌稚隆《汉书评林·高后纪》）

何　焯： 少帝非刘氏，乃大臣既诛诸吕，从而为之辞。（《义门读书记》）

罗世烈： 周勃、陈平等召集朝臣会商善后办法，他们认为小皇帝同吕氏关系密切，为了免除后患，绝不能再保留，因而诬称他不是惠帝血统而加以铲除。（《秦汉史话·封建大帝国的巩固发展·安得猛士兮守四方》）

⑮【汇校】

张文虎： 按：《汉书》无"与"字，此"与"字衍。（《校刊史记集解索隐正义札记》卷一《孝文本纪》）

吴汝纶： 当依《通志》删"与"字、"列侯"字。《汉书》并无。下"与"字，非也。《通志》有。《索隐》有"列侯"字。（《点勘史记读本·孝文本纪》）

［日］泷川资言： 中井积德曰：《汉书》无"列侯"二字，此疑衍。徐孚远曰：公议废立事，而以妇女二人为冠首，非体也。或尚有吕后使遗风邪？愚按：此时汉皇尊属存者有是二人，故先承其意也。（《史记会注考证附校补》卷十《孝文本纪》）

王叔岷： 案：古钞本《集解》，吕媭作吕须（媭、须古通，已详《吕后纪》）。"阴安"下有"侯"字。《汉书》如淳注亦作阴安侯。（《史记斠证》卷十）

点校本《史记》修订组： "臣谨请阴安侯"，"请"下原有"与"字。《汉书》卷四《文帝纪》无此字，今据删。（点校本二十四史之修订本《史记》卷十《孝文本纪》）

又："列侯顷王后"，《汉书》卷四《文帝纪》无"列侯"二字，疑是。按："列

侯"二字与下文重。(同上)

【汇注】

裴　骃：苏林曰："高帝兄伯妻羹颉侯信母，丘嫂也。"(《史记集解·孝文本纪》)

又：徐广曰："代顷王刘仲之妻。"骃按：苏林曰"仲子濞为吴王，故追谥为顷王"也。如淳曰："顷王后封阴安侯，时吕嬃为林光侯，萧何夫人亦为酂侯"。又《宗室表》此时无阴安侯，知其为顷王后也。"(同上)

编者按：张文虎《校刊史记集解索隐正义札记》卷一、王骏观《史记旧注平义·孝文本纪》等均认为羹颉侯名"信"，各本作"终"。另，方以智《通雅》卷十九《称谓》释丘嫂，称："丘嫂即巨嫂。《楚元王传》：'高祖过丘嫂飡。'《史记》作'巨嫂'。巨与丘，犹丘与区也。嫂，本作㛮，晋帖作㛮。"

颜师古：苏林曰："高帝兄伯妻，羹颉侯母，丘嫂也。"晋灼曰："若萧何夫人封为酂侯也。"(《汉书注·文帝纪》)

又：苏林曰："高帝兄仲妻也。仲名喜，为代王，后废为郃阳侯。子濞为吴王，故追谥为顷王。"如淳曰："《王子侯表》曰合阳侯喜以子濞为王，追谥为顷王。顷王后封阴安侯，时吕嬃为林光侯，萧何夫人亦为酂侯。又《宗室侯表》此时无阴安侯，知其为顷王后也。按《汉祠令》，阴安侯高帝嫂也。"师古曰："诸谥为顷者，《汉书》例作顷字，读皆曰倾。"(同上)

司马贞：按：苏林、徐广、韦昭以为二人封号，而乐产引如淳，以顷王后别封阴安侯，与《汉祠令》相会。今以阴安是别人封爵，非也。顷王后是代王后，文帝之伯母。代王降为郃阳侯，故云"列侯顷王后"。韦昭曰"阴安属魏郡"也。(《史记索隐·孝文本纪》)

编者按：点校本《史记》修订本："乐产"，耿本、黄本、彭本、柯本、凌本、殿本作"乐彦"。下同。

张守节：《括地志》云："阴安故城在魏州顿丘县北六十里也。"(《史记正义·外戚世家》)

又：颉，纪八反。顷，奇倾反。(引自张衍田《史记正义佚文辑校·孝文本纪》)

钱大昭：按：《汉书》妇人封侯者四，阴安之外，萧何夫人为酂侯，吕嬃为临光侯(《文纪》注作林光，误)，奚涓母底为重平侯。(《汉书辨疑》卷一)

梁玉绳：苏林谓邱嫂封阴安，甚是。如淳谓顷王后封阴安，非也。刘仲之妻已尊为代顷王后，见为吴王太后，何烦封侯乎？(《史记志疑》卷七《孝文本纪》)

沈钦韩：《一统志》：阴安故城在大名府清丰县北二十里。(《汉书疏证》卷二《文帝纪》)

张文虎：《集解》"林光"与《汉书注》合。《吕后纪》《樊哙传》作"临光"，宜

各仍之。(《校刊史记集解索隐正义札记》卷一《孝文本纪》)

吴汝纶：《索隐》如淳以顷王后别封阴安侯，与《汉祠令》相会。某按：《汉书·注》引如淳说，云按《汉祠令》阴安侯高帝嫂也，若祠令文如此，不足证阴安侯之即顷王后。苏林以为二人，亦云高帝丘嫂也。(《点勘史记读本·孝文本纪》)

王先谦：《史记》"顷王后"上有"列侯"二字。《索隐》：顷王后是代顷王后，文帝之伯母。代王降为郃阳侯，故云"列侯顷王后"。又云：苏林、徐广、韦昭以阴安侯、顷王后为二人封号，而乐彦、如淳以顷王后别封阴安侯，与《汉祠令》相会。先谦按：羹颉侯母，亦高帝嫂也，非与《祠令》舛。据《史记》，加"列侯"二字，则为二人明矣。官本注"合"作"郃"，知上有"安"字是。(《汉书补注·文帝纪》)

沈家本：苏林以为二人，如淳以为一人。按：苏是。如如说，则当云列侯阴安侯矣。徐孚远曰："公议废立事而以妇女二人为冠首，非体也。或尚有吕后时遗风耶？"按：时无太后及皇后，宗室中尊属为楚王，时又不在京师，在京师者二人为最亲，故大臣与议引之。(《沈寄簃先生遗书·诸史琐言》)

乔松年：《孝文本纪》阴安侯、顷王后定是两人，一高帝伯兄之妻，一高帝仲兄之妻，非一人也。(《萝摩亭札记》卷三)

王骏观：《集解》苏林曰：高帝兄伯妻，羹颉侯终母丘嫂也。观按：羹颉侯名信，非名终也，且丘嫂未闻封侯。乐彦、如淳以为代顷王刘仲妻，先曾别封阴安侯，后顷王降为列侯，故称刘仲妻为阴安侯，列侯顷王后盖为得之。苏林说误。(《史记旧注平义·孝文本纪》)

钱　穆：按：(阴安)亦见《河水注》。故城今河北清丰县北二十里。顿丘故城在清丰西南，即春秋卫邑也。(《史记地名考》卷二十六《汉侯邑名(三)》)

龚浩康：阴安侯，指刘邦长兄刘伯的妻子，阴安侯是她的封号。阴安，县名。治所在今河南省清丰县西南。顷王后，指刘邦次兄刘仲的妻子。顷王是刘仲的谥号。(见王利器主编《史记注译·孝文本纪》)

王　恢：高帝大嫂，羹颉侯信母，见《文纪》。失封年月，亦不知何时罢。(《史记本纪地理图考·吕太后本纪》)

点校本《史记》修订组：(《集解》)"此时无阴安侯"，"侯"字原无，据东北本补。按：《汉书》卷四《文帝纪》颜师古《注》引如淳有"侯"字。(点校本二十四史之修订本《史记》卷十《孝文本纪》)

编者按：对"阴安侯列侯顷王后"的理解，向有争议。争议的焦点是参与讨论废立一事的刘氏家族代表是一人还是二人。持二人说者，以苏林、徐广、韦昭等人为代表，认为阴安侯是高帝长兄刘伯之妻，阴安侯是其封号；列侯顷王后是高帝次兄刘仲之妻，顷王是刘仲谥号。而如淳等人则称阴安侯列侯顷王后仅指刘仲之妻一人。理由是刘仲原为代顷王,其妻曾别封阴安侯,后顷王降为郃阳侯,故称仲妻为阴安侯列侯顷王后。论者多以二人说为是,认为如淳所引《汉祠令》"阴安侯高帝嫂也",不足证明阴安侯即顷王后。但也有人认为无证据显示刘伯之妻曾经封侯。中华书局点校本《史记》对此采取慎重的态度,既在阴安侯与列侯顷王后后分别引《集解》《索隐》注,又未在阴安侯与列侯顷王后之间加标点。王利器主编《史记注译》则明确为二人,在阴安侯与列侯顷王后之间标注"、"号。

【汇评】

梁玉绳:议立大事也,而以二妇人冠首,殊为失礼。徐孚远谓尚有吕后时遗风,良然。文帝曰"愿请楚王计宜者",则得之矣。(《史记志疑》卷七《孝文本纪》)

林茂春:梅崖师曰:"当时劝进乃以二妇人为首,以其最尊且亲也。"(《史记拾遗》)

⑯【汇校】

点校本《史记》修订组:与琅邪王:"与",《汉书》卷四《文帝纪》无。(点校本二十四史之修订本《史记》卷十《孝文本纪》)

【汇注】

颜师古:文颖曰:"刘泽也。"(《汉书注·文帝纪》)

张守节:今沂州也。(《史记正义·齐悼惠王世家》)

⑰【汇注】

吕祖谦:议立君止于二千石。(《大事记解题》卷九)

顾炎武:古时制禄之数,皆用斗斛。《左传》言:豆区釜钟,各自其四,以登于釜。《论语》:与之釜,与之庾。《孟子》:养弟子以万钟。皆量也。汉承秦制,始以石为名,故有中二千石、二千石、比二千石、千石、比千石、六百石、比六百石、四百石、比四百石、三百石、比三百石、二百石、比二百石、百石,而三公号万石。百二十斤为石,是以权代量。然考《续汉·百官志》所载月奉之数,则大将军、三公奉月三百五十斛,以至斗食奉月十奉斛,又未尝不用斛。所谓二千石以至百石者,但以为品级之差而已。今人以十斗为石,本于此,不知秦时所谓金人十二,重各千石,撞万石之钟,悬石铸钟鐻,衡石程书之类,皆权也,非量也。惟《白圭传》"穀长石斗",《淳于髡传》"一斗亦醉,一石亦醉",对斗言之,是移权之名于量尔。(《日知录》卷十一)

徐昂发:汉禄赐之制不可详考,所谓二千石及百石者,乃品秩之等差,非俸入也。(《畏垒笔记》卷二《两汉禄制》)

赵翼:石,本权衡之数也。《汉·律历志》"二十四铢为两,十六两为斤,三十斤为钧,四钧为石",是石乃权之极数。至十龠为合,十合为升,十升为斗,十斗为斛，则斛乃量之极数。乃俗以五斗为斛，两斛为石，是以权之极数为量之极数，殊属歧误。然汉时米谷之量已以石计，如二千石、六百石之类，未尝以斛计。叶石林谓以斛为石自汉以来始见之，是也。又《管子·禁藏篇》：民率三十亩，亩取一石，则人有三十石；果蓏素食当十石，糠秕六畜当十石，则人有五十石。《国策》：燕哙让国子之，自吏三百石以上悉予之。又《汉书·食货志》记李悝之论曰："一夫田百亩，每亩岁收一石半，百亩为粟百五十石，除十一之税十五石，余百三十五石。"则斗斛之以石计，自春秋、战国时已然。时俗所称，盖相沿旧名也。又按：古时一石重一百二十斤，与一斛之数不甚相远。《汉书·成帝纪》注，如淳曰："中二千石月得百八十斛，一岁凡得二千一百六十石；真二千石月得百五十斛，一岁凡得一千八百石；二千石月得百二十斛，一岁凡得一千四百四十石。"虽官秩之名与所得俸之实数多寡微有不同，然大略不外乎一斛为一石也。盖古时十斗为斛，一斛即是一石。（《陔余丛考》卷三十《石》）

龚浩康：二千石，汉代内自九卿郎将，外至郡守尉官，其俸禄等级，均为年俸二千石。这里泛指九卿、郡守级的官员。（见王利器主编《史记注译·孝文本纪》）

⑱【汇注】

胡三省：长，知两翻。（见《资治通鉴》卷十三注）

[日]**泷川资言**：中井积德曰：是时高帝子存者，唯代王与淮南王而已，淮南为少，故称代王为长子尔。（《史记会注考证附校补》卷十《孝文本纪》）

龚浩康：在当时高帝尚存的两个儿子（代王刘恒、淮南王刘长）中，刘恒居长。（见王利器主编《史记注译·孝文本纪》）

⑲【汇评】

程馀庆：即用章奏体行文，一片质语，绝无润饰，而更觉秾至。（《历代名家评注史记集说·孝文本纪》）

⑳【汇校】

王叔岷：案：古钞本"佞"作"仁"，"仁"乃"佞"之坏字。《小尔雅·广言》："佞，才也。"（《史记斠证》卷十）

【汇注】

颜师古：不佞，不材也。（《汉书注·文帝纪》）

㉑【汇注】

颜师古：称，副也，音尺孕反。其下皆同。（《汉书注·文帝纪》）

㉒【汇注】

裴　骃：苏林曰："楚王名交，高帝弟。"（《史记集解·孝文本纪》）

司马贞：楚王交，高帝弟，最尊。言更请楚王计宜者，故下云"皆为宜"也。（《史记索隐·孝文本纪》）

佚　名：金甡曰：阴安侯妇人也，琅琊王疏属也。是时楚王取为尊亲，何乃后之，宜帝时特举以为言也。（《史记疏证（外一种）》卷十）

[日] 泷川资言：愚按：自高祖而言，尊属止阴安侯、顷王后，自代王而言，尚有楚王，所以有此言。（《史记会注考证附校补》卷十《孝文本纪》）

龚浩康：楚王刘交是刘邦之弟，在皇族中年辈最高，所以刘恒要和他商议。（见王利器主编《史记注译·孝文本纪》）

【汇评】

凌稚隆：按：太史公连下"宜"字、"计"字，则诸大臣之慎重、代王之谦让具见之矣。（《史记评林·孝文本纪》）

何　焯：阴安侯、顷王后皆妇人，琅邪王疏属。帝言"请楚王计宜"，斯识体矣。（《义门读书记·前汉书》）

㉓【汇注】

王汉昌：他到达长安代邸后，郡臣请他即位，他说："愿请楚王计宜者，寡人不敢当。"楚王刘交是刘邦的弟弟，在当时的同姓王中辈数最高；他希望刘交考虑一个合适的人，他自己不敢当，是要表明他有谦恭的美德。（《汉文帝初政》，载《河北大学学报》1991 年第 3 期）

【汇评】

程馀庆：又顿住。好！（《历代名家评注史记集说·孝文本纪》）

㉔【汇注】

司马迁：（大臣）共尊立为天子。代王数让，群臣固请，然后听。（《史记·吕太后本纪》）

㉕【汇注】

司马迁：（袁）盎曰："……陛下至代邸，西向让天子位者再，南面让天子位者三。夫许由一让，而陛下五以天下让，过许由四矣。"（《史记·袁盎晁错列传》）

裴　骃：如淳曰："让群臣也。或曰宾主位东西面，君臣位南北面，故西向坐，三让不受，群臣犹称宜，乃更回坐，示变即君位之渐也。"（《史记集解·孝文本纪》）

编者按：点校本《史记》修订本："回坐"，《汉书》卷四《文帝纪》颜师古《注》引如淳作"南乡坐"，《通鉴》卷一三《汉纪五》高后八年胡三省《注》引同。

颜师古：乡读曰向。（《汉书注·文帝纪》）

胡三省：如（淳）说以代王南向坐为即君位之渐，恐非代王所以再让之意。盖王入代邸而汉廷群臣继至，王以宾主礼接之，故西乡。群臣劝进，王凡三让，群臣遂扶王正南面之位，王又让者再，则南乡非王之得已也，群臣扶之使南乡耳。遽以为南乡坐，可乎？（见《资治通鉴》卷十三注）

霍　韬：曰：帝即位，东向三让，南向再让，礼之节也。（《兀涯西汉书议》卷二）

郝　敬：宾主位东西面，君臣南北面，先西向让，群臣劝进，乃更回坐，即君位之渐也。（《批点史记琐琐》卷一）

洪颐煊：按：西乡让者，谓琅邪王刘泽；南乡让者，谓丞相以下。（《读书丛录》卷十七）

沈钦韩：《御览》（四百二十四）：《周书》曰：汤三让于诸侯，莫敢即位。与今殷祝解异。《博物志》：三让：一曰礼让，二曰固让，三曰终让。（《汉书疏证》卷二《文帝纪》）

王骏观：《索隐》如淳曰：让群臣也。或曰宾主位东西面，君臣位南北面，故西乡坐，三让不受，群臣犹称宜，乃更回坐示变，即君位之渐也。观按：此解未当也。西乡让三，示不敢居正位也，南乡让再，让楚王交及吴王濞也，盖吴楚地在南。有司劝立太子时，文帝犹以"楚王季父也。吴王，于朕兄也"为辞，可见此时南乡让之意矣。（《纲鉴》注谓西乡让三，让淮南王长齐王襄赵王遂也，南乡让再，则楚王吴王也，实指西南诸国，与鄙说旨趣相同也。）（《史记旧注平义·孝文本纪》）

[日] **泷川资言**：中井积德曰：此对群臣辞让也。注不当言"让群臣"，群臣岂嗣位者哉？……乡读曰"嚮"。（《史记会注考证附校补》卷十《孝文本纪》）

龚浩康：古代礼仪，宾主之间一般东西而坐，以向东坐为尊；君臣之间南北相对，以君主向南坐为尊。代王朝西谦让了三次，是按宾主礼；朝南谦让了两次，则是依君臣礼。（见王利器主编《史记注译·孝文本纪》）

【汇评】

陈季雅：孔子曰："能以礼让为国乎？何有？不能以礼让为国，如礼何？"是知人君之受天下，不可不以礼逊为先也。是以圣人若舜禹者，天与之，人与之，自可安受，亦且逊于德，弗嗣，拜手稽首固辞，况其下乎！此代王西向逊者三，南向逊者再，吾是以知文帝之为贤也。故昭帝崩，无嗣，玺书制诏昌邑王行大鸿胪事，夜漏未尽一刻，以火发书，其日中贺发，晡时至定陶行百三十五里，从者马死相望，何其不逊乎！（《两汉博议》卷二《论人君受天下当以礼逊为先》）

孙廷铨：孝文庙自代王迎即帝位，西向让三，南向让再。儒者或非之，一何陋也。夫礼，有三让之文：彼固以请，此固以辞，彼固以辞。圣人制此者，非以长伪明，谨廪之至也，不宁文帝。高帝既灭项羽，群臣上尊号，帝辞让而后受之；光武既定，河北、关中失守，群臣劝进，让之至再，此皆安所待乎？盖天下重器，帝者尊位，天下惟真有大度者，然后有小心。今以匹夫创起，一旦当居王侯兆民之上，上视天，下视地，不觉恤然。此其敬慎之心，临事自动，乃其能有天下之木也。若云既谓堪之，何

为复让！人臣乍受一官，少复作此意态，尚且遗笑千古，况天子之贵、四海之富邪！（《汉史亿》上卷）

㉖【汇评】

　　凌稚隆：按："宜称"与上"不足以称"相应。（《汉书评林·文帝纪》）

　　牛运震："臣伏计之，大王奉高帝宗庙最宜称"云云，此段谨重有体，真大臣之言。（《史记评注》卷二《孝文本纪》）

　　孙　琮：连用"宜"字、"计"字，此又史公频上加毛也。（《山晓阁史记选》卷一《文帝本纪》）

㉗【汇校】

　　王叔岷：案：古钞本"以"上有"皆"字，《汉书》同。（《史记斠证》卷十）

㉘【汇注】

　　颜师古：忽，怠忘也。（《汉书注·文帝纪》）

　　王先谦：刘攽曰：忽，言轻易也。先谦曰：刘说是。（《汉书补注·文帝纪》）

㉙【汇注】

　　王先谦：莫宜寡人，言无若寡人之宜者也。上文丞相平等曰"大王奉高祖宗庙最宜称，虽天下诸侯万民皆以为宜"，故曰"宗室将相王列侯以为莫宜寡人"。（《汉书补注·文帝纪》）

　　编者按：杨树达《汉书窥管》（卷一）曾对王先谦此语加以梳理，认为"王校改'其'为'莫'，是也，而释'莫宜寡人'为无若寡人之宜者，则意是而辞非。此文'宜'下省'于'字，'莫宜于寡人'，谓无人更宜于寡人耳"。

【汇评】

　　凌稚隆：按："其宜寡人"，"宜"字总承上文四"宜"字。（《汉书评林·文帝纪》）

㉚【汇注】

　　司马迁：迎立代王，是为孝文帝，奉汉宗庙。（《史记·外戚世家》）

　　郭嵩焘：按：此即天子位，谓受天子玺符，群臣舞蹈拜贺而已。其时少帝尚在，代王方居代邸，不得于此遽云"即天子位"也。史公之意，亦但谓文帝受天子符玺，为天子而已，故于次年特著"皇帝即阼"之文。盖以是时犹用秦朔以十月为岁首，绛侯诛诸吕在九月，文帝不敢遽夺吕后之年，至次年始即位，改元，谒高庙。《汉书》并次年"皇帝即阼"之文去之，则尤舛也。（《史记札记》卷一《孝文本纪》）

【汇评】

　　叶　适：及吕后死四十日间，诸吕已灭，更数十日，则孝文立，汉事定矣。后人徒见取之不难，便谓若戏剧，不知其处置精密，盖能使外朝上下相合为一，更无趋和

吕后之意。不然，不足为燕居深念也。(《习学记言》卷二十一)

霍　韬：创业诸君郊坛即位，受命于天也；嗣君庙廷即位，受命于祖也，正也。帝由代嗣统，即位于邸，乃入前殿下诏，变而得其正者也。(《兀涯西汉书议》卷二)

凌约言：代王至渭桥，群臣固请，再拜三让，而后即天子位。及建太子，亦因有司固请，而后许之。文帝谦让未遑。太史公如此模拟逼真。(引自凌稚隆《史记评林·孝文本纪》)

牛运震："丞相陈平、太尉周勃、大将军陈武"云云至"遂即天子位"，此段叙群臣劝进，代王谦让，雍容详悉，摹写逼真。(《史记评注》卷二《孝文本纪》)

钱大昭：他帝皆云即皇帝位，此独云天子者，孝文谦让再三，而后践阼，不敢以美称自居，史家著其谦德。(《汉书辨疑》卷一)

程馀庆：从代来作多少顿挫，至此收住。(《历代名家评注史记集说·孝文本纪》)

　　群臣以礼次侍①。乃使太仆婴与东牟侯兴居清宫②，奉天子法驾③，迎于代邸。皇帝即日夕入未央宫④。乃夜拜宋昌为卫将军⑤，镇抚南北军⑥。以张武为郎中令，行殿中⑦。还坐前殿。于是夜下诏书曰⑧："间者诸吕用事擅权⑨，谋为大逆，欲以危刘氏宗庙，赖将相列侯宗室大臣诛之，皆伏其辜⑩。朕初即位，其赦天下，赐民爵一级⑪，女子百户牛酒⑫，酺五日⑬。"

① 【汇校】
　　[日]泷川资言：《汉书·文纪》无"礼"字，《通鉴》有。(《史记会注考证附校补》卷十《孝文本纪》)
　　【汇注】
　　颜师古：各依职位。(《汉书注·文帝纪》)
　　吕祖谦：即位于邸。(《大事记解题》卷九)

② 【汇校】
　　[日]泷川资言：枫山、三条本，"太仆"下有"夏侯"二字。"清宫"，见《吕纪》。(《史记会注考证附校补》卷十《孝文本纪》)
　　王叔岷：案：古钞本"太仆"下亦有"夏侯"二字。《汉书》应注"静宫"作"静室"，"清静"作"清净"。《通鉴》注引同。宫、室同义，《尔雅·释宫》："宫谓

之室，室谓之宫。"静、净古通。（《史记斠证》卷十）

【汇注】

司马迁：东牟侯兴居曰："诛吕氏吾无功，请得除宫。"乃与太仆汝阴侯滕公入宫，前谓少帝曰："足下非刘氏，不当立。"乃顾麾左右执戟者掊兵罢去。有数人不肯去兵，宦者令张泽谕告，亦去兵。滕公乃召乘舆车载少帝出。少帝曰："欲将我安之乎？"滕公曰："出就舍。"舍少府。乃奉天子法驾，迎代王于邸。报曰："宫谨除。"（《史记·吕太后本纪》）

又：济北王兴居，齐悼惠王子，以东牟侯助大臣诛诸吕，功少。及文帝从代来，兴居曰："请与太仆婴入清宫。"废少帝，共与大臣尊立孝文帝。（《史记·齐悼惠王世家》）

又：婴自上初起沛，常为太仆，竟高祖崩。以太仆事孝惠。……孝惠帝崩，以太仆事高后。高后崩，代王之来，婴以太仆与东牟侯入清宫，废少帝，以天子法驾迎代王代邸，与大臣共立为孝文皇帝，复为太仆。（《史记·樊郦滕灌列传》）

裴　骃：应劭曰："旧典，天子行幸，所至必遣静宫令先案行清静殿中，以虞非常。"（《史记集解·孝文本纪》）

编者按：点校本《史记》修订本："静宫令"，东北本作"静室命"，疑当作"静室令"。按：《汉书》卷四《文帝纪》颜师古《注》引应劭作"静室令"，《通鉴》卷一三《汉纪五》高后八年胡三省《注》引同。《后汉书》卷五四《杨震传》"静室而止"，李贤注："《前书音义》曰，汉有静室令也。"

司马贞：按：《汉仪》云"皇帝起居，索室清宫而后行"。（《史记索隐·孝文本纪》）

吕祖谦：滕公自高帝时为太仆。（《大事记解题》卷九）

胡三省：余谓此时群臣虽奉帝即位，而少帝犹居禁中，盖有所屏除也。（见《资治通鉴》卷十三注）

方以智：《后汉·张禹表》曰："王者止则交戟，清道而后行，清室而后御。"《文纪注》：应劭曰："遣静室令，令先案行清静殿中，以虞非常。"《杨秉传》："警跸而行，静室而止。"注："静室，谓先使清宫也。"（《方以智全书》第一册《通雅》卷二十四《官制》）

王先谦：王先慎曰：东牟侯自请与太仆俱入清宫，见《高五王传》。先谦曰：婴，夏侯婴也。《史·集解》引"静室"作"静宫"。（《汉书补注·文帝纪》）

龚浩康：太仆，官名。"九卿"之一。是掌管皇帝车马的高级侍从官员。婴，即夏侯婴。汉初以功封汝阴侯。（见王利器主编《史记注译·孝文本纪》）

张大可：滕公即夏侯婴，西汉开国功臣之一。（《史记全本新注·吕太后本纪》）

【汇评】

牛运震：叙孝文即位清宫，有与《吕后本纪》详略不同处，当参看。（《史记评注》卷二《孝文本纪》）

③【汇注】

裴骃：蔡邕曰："天子有大驾、小驾、法驾。法驾，上所乘，曰金根车，驾六马；有五时副车，皆驾四马；侍中参乘，属车三十六乘。"（《史记集解·吕太后本纪》）

颜师古：如淳曰："法驾者，侍中骖乘，奉车郎御，属车三十六乘。"（《汉书注·文帝纪》）

司马贞：《汉官仪》云："天子卤簿有大驾、法驾。大驾公卿奉引，大将军参乘，属车八十一乘。法驾公卿不在卤簿中，惟京兆尹、执金吾、长安令奉引，侍中参乘，属车三十六乘也。"（《史记索隐·孝文本纪》）

编者按：点校本《史记》修订本："天子卤簿有大驾法驾"，耿本、黄本、彭本、柯本、凌本、殿本、东北本眉批《索隐》"法驾"下有"小驾"二字。按：《通鉴》卷一三《汉纪五》高后八年胡三省《注》引《汉官仪》亦有此二字。

胡三省：蔡邕曰：法驾，乘金根车，驾六马；有五时副车，驾四马；侍中骖乘，属车三十六乘。沈约《礼志》：汉制，乘舆金根车，轮皆朱班、重毂、两辖、飞軨。毂外复有毂，施辖，其外复设辖，铜贯其中。飞軨以赤油为之，广八寸，长注地，系轴头，谓之飞軨。金，金薄缪龙为舆倚较。较在箱上，椟文画藩。藩，箱也。文虎伏轼，鸾雀立衡，椟文画辕。翠羽盖，黄裹，所谓黄屋也。金华施橑末，建太常十二斿，画日月升龙，驾六黑马，施十二鸾，金为叉髦，插以翟尾。又加左纛，所谓左纛舆也。路，如周玉路之制。应劭《汉官卤簿图》：乘舆大驾，则御凤凰车，以金根为副，又五色安车、五色立车各五乘，建龙旗，驾四车，施八鸾。馀如金根之制，犹周金路也。车各如方色，所谓五时副车。白马者，朱其鬣。安车者，坐乘。又有建华盖九重甘泉卤簿者，道车五乘，游车九乘，在乘舆车前。又有象车，最在前，试桥道。宋明帝时，建安王休仁议曰：秦改周辂制为金根，通以金薄周匝四面。汉、魏、二晋，因循莫改。（见《资治通鉴》卷十三注）

龚浩康：法驾，也叫"法车"。皇帝专用的车驾之一。古代皇帝的车仗，根据人员、设备规模，有大驾、法驾、小驾之分。法驾六马，由京兆尹（京城最高行政长官）奉引，侍中官陪乘，奉车郎驾车，从车三十六辆。（见王利器主编《史记注译·孝文本纪》）

④【汇注】

司马迁：萧丞相营作未央宫，立东阙、北阙、前殿、武库、太仓。（《史记·高祖本纪》）

又：代王即夕入未央宫。有谒者十人持戟卫端门，曰："天子在也，足下何为者而入？"代王乃谓太尉。太尉往谕，谒者十人皆掊兵而去。代王遂入而听政。（《史记·吕太后本纪》）

司马贞：秦家旧宫皆在渭北，而立东阙、北阙，盖取其便也。（《史记索隐·高祖本纪》）

张守节：《括地志》云："未央宫在雍州长安县西北十里长安故城中。"颜师古云："未央殿虽南向，而当上书奏事谒见之徒皆诣北阙，公车司马亦在北焉。是则以北阙为正门，而又有东门、东阙，至于西南两面，无门阙矣。萧何初立未央宫，以厌胜之术，理宜然乎？"按：北阙为正者，盖象秦作前殿，渡渭水属之咸阳，以象天极阁道绝汉抵营室。（《史记正义·高祖本纪》）

[日]泷川资言：入宫，即令抚军行殿，疾雷不及掩耳，亦是汉皇驰入夺君之术矣。（《史记会注考证附校补》卷十《孝文本纪》）

钱穆：未央宫，今长安县西北。（《史记地名考》卷二十二《秦汉宫室陵庙名》）

【汇评】

苏天爵：汉文帝至自代邸，以其日日夕即位，岂宜拘以禁忌误大计耶？（《滋溪文稿》卷九《碑志·元故太史院使赠翰林学士齐文懿公神道碑铭》）

董份：前"驰至渭桥""驰入代邸"，用二"驰"字。此又云"即日夕"，又用二"夜"字。盖变起仓卒，机不容间，事须如此。亦见文帝应变神速，知大计也。（引自凌稚隆《史记评林·孝文本纪》）

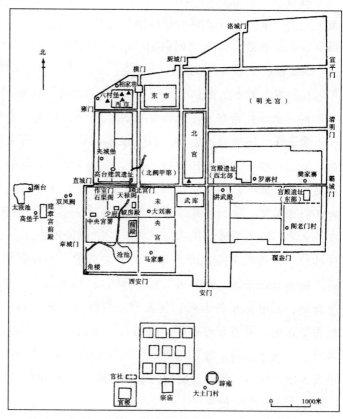

西汉长安城布局示意图

⑤【汇注】

杜佑：汉文帝始用宋昌为卫将军，位亚三司。（《通典》卷二九《职官十一》）

胡三省： 班《表》：前、后、左、右将军，皆周末官，秦因之，汉不常置。蔡质《汉仪》：汉兴，置大将军、骠骑将军，位次丞相；车骑将军、卫将军、左右前后将军，皆金紫，位次上卿。余据大将军始于灌婴，骠骑、车骑、左右前后将军，景、武之后方有其官，卫将军则始置于此。（见《资治通鉴》卷十三注）

龚浩康： 卫将军，官名，掌管京城卫戍事务。（见王利器主编《史记注译·孝文本纪》）

【汇评】

陈季雅： 凡为君者，苟不先封其平日所亲信之人，捍卫吾之前后，则他日有变，必不可恃也。昔楚成王商臣，其平日亲信一潘崇而已，及其始立，便以潘崇为太师，且掌环列之尹。亦见文帝夜拜宋昌、张武之意，竟将其权分付亲信人。（《两汉博议》卷二《论为君者当先封所亲信人以为捍卫》）

孙 琮： 宿卫至重，且首任从龙之臣。（《山晓阁史记选》卷一《文帝本纪》）

⑥【汇注】

班　固： 京师有南北军之屯。（《汉书·刑法志》）

杜　佑： 汉京师有南北军，掌理禁卫。（《通典》卷二八《职官十》）

吴仁杰： 南北军以卫尉、中尉分掌其事。胡广曰：卫尉徼巡宫中，执金吾徼巡宫外，相为表里。李揆亦曰：南北军本以相制，二者固不可总而一之也。文帝即位，拜宋昌为卫将军，领南北军，似未究当时置军之意。至二年，乃以郦兄为卫尉，总南军，而中尉不除人，岂昌以卫将军仍统北军耶？十四年纪书中尉周舍为卫将军，击匈奴。《百官表》亦载舍是年为中尉，然不载其自中尉为卫将军事。意中尉、卫将军名虽殊，而职统北军则一，故史略其事耳。（《两汉刊误补遗》卷一《南北军五》）

编者按： 文帝虽居代地多年，未必不知南北军以卫尉、中尉分掌其事。即位之初，夜拜宋昌为卫将军，统领南北军，一因初有天下，立足未稳，对京师各种政治势力包括拥立他的元老重臣尚存疑忌，所以收领南北军权，统一辖制。二因宋昌系代臣，深得信任，非常时期统领两军，可备不虞。因而，文帝此举决非"未究当时置军之意"，而是有意为之的重要防范措施。

沈钦韩： 亦临时军号，以护卫为义。《功臣表》王恬以卫将军击陈豨。文帝入未央宫，夜拜宋昌为卫将军，领南北军（十四年匈奴寇边，中尉周舍为卫将军，军渭北）。宣帝更以张安世为大司马卫将军两宫卫尉，城门北军兵属焉。以此而推，凡冠大司马辅政者，皆领南北军矣。（《汉书疏证》卷四《百官公卿表》）

俞正燮： 高祖时之南北军，以卫两宫……长乐在东，为北军，未央在西南，为南军。（《癸巳存稿·汉南北军义》）

姜宸英： 汉制，武帝以前北军属中尉，领丞侯司马千人等官，至武帝又立中垒以下八校尉。南军盖卫尉所统，掌宫门卫屯兵。周勃入北军，尚有南军，乃先使曹窋告卫尉毋以吕产，然后使朱虚侯逐产杀之，以南军属卫尉故也。文帝即位，始置为卫将军，以宋昌为之，令镇抚南北军。则中尉、卫尉之军皆受节制于卫将军矣。此特初除宫，危疑之际权寄心膂于代来之臣，以防仓卒之变，而非必为定制也。故三年之诏即罢其军。至前三年遣丞相发车骑八万五千，诣高奴击右贤王，复发中尉材官属卫将军，军长安，盖卫尉禁兵不复隶矣。后十四年冬，匈奴寇边，杀北地都尉卬，遣三将军屯边，而用中尉周舍为后将军，当以有事暂设。自此年后至宣帝地节二年，始以张安世为卫将军，两宫卫尉城门北军兵属焉，复如宋昌之兼统南北军矣……盖国有大事，特设此官以统南北之军，使事权归一。及事变既定，则南北各归其军，中尉、卫尉仍分治之，所以防其权之太重，此汉之良法也。盖后世之失也，京师偷惰，禁军骄横，其为禁军者多中官宠帅主之，而大将之威令有所不得行也，此能分而不能合之病也。及其功成，求得大将久握重兵于外，根柢蟠固，专恣自用，而天子尺一之诏不足以收之，此能聚而不能散之病也。然后思汉文仓卒之制操纵合宜。其所以经久而虑变者如此，其精论者固不足以尽之矣。（《湛园集》卷八《前汉》）

李澄宇：夜拜宋昌为卫将军，镇抚南北军，亦犹惠帝崩后，吕后必令吕台、产、禄将兵，居南北军而后心安也。（《读史记蠡述》卷一）

苏诚鉴：诸校尉（包括城门校尉）掌管的兵才是北军……因其营地在未央宫北，所以称为北军；与之相对，守卫宫城和"徼循京师"的卫兵就称为南军。（《西汉南北军的由来及演变》，载《安徽师大学报》1980年第3期）

【汇评】

程馀庆：诛诸吕，定策立，皆两军之力也，故以宋昌为卫将军镇抚之，则已收两军之心矣。（《历代名家评注史记集说·孝文本纪》）

⑦【汇注】

颜师古：行谓按行也，音下更反。（《汉书注·文帝纪》）

吕祖谦：宫门殿门掖门，郎中令所掌。（《大事记解题》卷九）

许应元：南北军殿中宿卫皆重事，故以所亲领之。（引自凌稚隆《汉书评林·文帝纪》）

【汇评】

陈亮：将相大臣，以天下之义迎立代王，犹逡巡而不敢进，既已立矣，夜拜宋昌为卫将军，领南北军，而张武实行殿中。将相大臣，今犹未足信耶？昔者王代而今为天下主，必自代来者而后足信，何其示天下以狭耶！（《陈亮集》卷之四）

蔡戡：文帝宽仁恭俭，为汉贤君，惜乎君人之量不洪，未免为盛德之累。诸吕既诛，惠帝无子，所当立者高帝子耳。高帝见在子唯帝与淮南王，帝长而贤，天命人心不约而合，故平、勃定策迎帝者，岂私也哉？顺天命因人心也。且楚汉相攻，平、勃身履，目击之高亡屡矣，卒并天下。韩、彭、英、卢一有非觊，相继菹醢。高后擅朝，诸吕用事，寻亦夷灭。天命归汉，殆不容释，平、勃尚何望耶？帝何以判然而犹豫不决者，盖高后杀赵王、齐王，几及于难；燕王早世，又杀其子；后欲徙帝王赵，患将及矣。帝逊辞以谢之，仅乃得免。帝惩诸王之祸，惴惴然朝不谋夕，一旦人以天下与之，非意所及，且喜且惊，故谋及群臣，谋及卜筮，迟疑而不敢进。先之以薄昭以察其情，继之以宋昌以观其变。当是时，帝之心何如哉？即位之夕，夜拜宋昌为卫将军，张武为郎中令，何乃匆匆如此。数月之间，又封昌为壮武侯。朱虚、东牟尝有立齐王之意，帝追恨而黜其功。章以失职怏怏而死，兴居遂有不轨之谋。夫昌以劝进而得封，章、兴居以欲立齐王而被黜，帝之所存，亦可见矣。昔晋侯赏从亡之功，介之推曰："天未绝晋，必将有主，主晋祀者，非君而谁？天实置之。二三子以为己力，不亦诬乎！"盖天之所命，非人力所能为，岂以昌一言之劝，章、兴居一言之异，而为得丧乎！帝于此切切焉，是不知有天道也。或谓夜拜昌、武，非遽欲贵之，帝自代有天下，疑汉大臣皆不附己，故以亲信代处要任，盖所以虑患于未然。此文帝私忧过计耳。绛、灌始诛诸吕，握玺将兵，呼吸之间有关存亡，不以此时图危社稷，帝已正位，君臣之分定矣，欲何为哉？夫君人者，当以天下为量，汉臣即代臣也。帝乃畏忌大臣，宠任亲信而预防之，自分畛域，示人以疑，使人有危惧之心，亦非自全计也。唐魏徵尝劝建成早除秦王，薛万彻尝帅东宫兵以攻秦府，二人者罪不容诛，太宗不惟赦之，又复用之，位极将相，不以为疑。至于秦府旧人，迁官反出东宫齐府之后，惟才是择，不以新旧为间。如太宗，可谓有君人之量也。若夫文帝，恭俭爱民，有非太宗所能及者。倘以大体责之，视太宗有间矣。故曰：君人者当以天下为量。（《定斋集》卷十二）

王应麟：或曰：文帝入未央宫，用自代来者总兵柄，不如唐裴度之入蔡也。曰：自世变之不古，而人君不得不操天下之大权。《夏书》曰：惟仲康肇位，四海胤侯命掌六师，夫子录之为万世训。兵者，国之神器，君之大柄，福威惟辟，征伐自天子出，罔不在初诘尔。戎兵张皇六师，虽成康之隆，儆戒不忘，况大变之甫定乎！汉南北军在京师，郎中令掌禁卫始也，权移于吕氏，今又权归于大臣。平、勃虽忠，然处变与处常异。常时则君臣之分定，权在上而不在下；有变则大臣擅立君之威，不亟收之，则君弱臣强之渐将不可制。文帝夜拜宋昌，以收两君之权，张武行殿中，以收禁卫之权，乾坤开阖，风雷迅厉，一夕而军国之纪纲以正，君臣之堂陛以严。虽有示人不广之迹，其意则天下之至公也。帝之此举，若私于用亲臣，实所以全大臣，故平、勃皆以功名自终。若宣帝之待霍氏光为大将军，子为中郎将，兄孙领胡越兵，婿为东西宫卫尉，假其权以养其恶，优之乃以害之，然则文帝其可轻议哉！（《通鉴答问》卷三）

于慎行：张武为代郎中令，文帝入为天子，武实决策扈从，即位之夜，即拜武郎中令。然帝在位二十余年，而武位不益郎中令也。古人仕宦之难如此，使后世如武者，当以决策扈从论功，旬日之间，即为将相，安有以藩邸重臣，二十年不迁者乎？然武尝受赂金钱，文帝加赐以愧之，恐其人无大臣之节，不可大用，文帝不以故旧私之尔。（《读史漫录》卷三）

⑧【汇评】

凌稚隆：按：《史记》"下诏"之上，有一"夜"字，与上文"即日夕入未央宫""夜拜宋昌"同意，不可少。（《汉书评林·文帝纪》）

孙 琮：前用两"驰"字，此云"即日夕"，又云"是夜"，机不用间，见文帝知大计。（《山晓阁史记选》卷一《文帝本纪》）

⑨【汇注】

颜师古：间者，犹言中间之时也。他皆仿此。（《汉书注·文帝纪》）

⑩【汇注】

李澄宇：即位第一诏有"赖将相列侯宗室大臣诛之"云云，则就事直指，以功为次。将谓周勃，相谓陈平，列侯谓灌婴、纪通、刘章、兴居，宗室谓刘揭，大臣谓郦商、寄、滕公等也。（《读史记蠡述》卷一）

⑪【汇注】

臣 瓒：爵者，禄位。（引自颜师古《汉书注·高帝纪》）

颜师古：帝初嗣位，为恩惠也。（《汉书注·惠帝纪》）

方以智：汉赐民爵，唐曰赐民古爵，宋赐高年爵。《大事记》："普赐天下民爵，自惠帝始。"《后汉书注》：刘邵《爵制》曰："春秋不更，庶长已见。商鞅修其法品为十八级，合关内侯列侯凡二十等。"《百官表》曰"爵：一级曰公士，二上造，三簪袅，四不更，五大夫，六官大夫，七公大夫，八公乘，九五大夫，十左庶长，十一右庶长，十二左更，十三中更，十四右更，十五少上造，十六大上造，十七车（据《汉书·百官公卿表》原文，'车'上当补'驷'字。——《通雅》校点者注）庶长，十八大庶长，十九关内侯，二十彻侯。避武（据《汉书·百官公卿表》，'武'下当补'帝'字。——《通雅》校点者注）讳曰通侯"，赐爵自公士以上，不得过公乘。赐爵者有罪得赎，贫者得卖与人。《高纪诏》曰："民各归其县，复故爵。"又曰："七大夫、公乘以上，皆高爵也。异日秦民爵，公大夫以上，令丞与抗礼。今吾于爵，非轻也，其令诸吏善遇高爵。"于文定言："汉赐民爵，不知其制。"（《方以智全书》第一册《通雅》卷二十二《官制》）

乔松年：汉赐民爵户一级，每户一人得爵，故可转鬻于人，非尽人赐以一级也。记或云"赐民爵户一级"，或云"赐民爵一级"，文有详略耳。（《萝藦亭札记》卷三）

龚浩康：汉代常例，每逢新皇帝登位或朝廷有大庆典，要授予担任过军吏或文吏的家长（有时也可扩大到一般民户）一级爵位。（见王利器主编《史记注译·孝文本纪》）

⑫【汇注】

裴　骃：苏林曰："男赐爵，女子赐牛酒。"（《史记集解·孝文本纪》）

颜师古：赐爵者，谓一家之长得之也。女子谓赐爵者之妻也。率百户共得牛若干头，酒若干石，无定数也。（《汉书注·文帝纪》）

司马贞：按：《封禅书》云"百户牛一头、酒十石"。乐产云"妇人无夫或无子不沾爵，故赐之也"。（《史记索隐·孝文本纪》）

沈钦韩：师古说袭姚察。然长男得爵，妻得牛酒，而次丁与妻并不及，非普洽之惠也。章怀太子注《后汉·纪》，知其不可通，遂以为此是女户头（《唐律疏议》：户内并无男夫，直以女人为户，其终则为绝户）。然女户甚少，百户共赐，如何分布？愚以为只就乡亭中百户率得牛一头、酒十石，不限有爵无爵之妻。（《汉书疏证》卷二《文帝纪》）

孙　琮：妇人或无夫无子，不沾爵，故赐之。（《山晓阁史记选》卷一《文帝本纪》）

王先谦：何焯曰：《后书》注姚察云：女子，谓赐爵者之妻。《封禅书》"百户牛一头，酒十石"。臣贤按：此女子百户，若是户头之妻，不得更称为户，此谓女户头，即今之女户也。恩当普洽，所以男户赐爵，女户赐牛酒。按：此说近之。又按：《昭纪》始元元年"赐民百户牛酒"，《元纪》初元元年"赐吏民五十户牛酒"，而别无女子百户、五十户之文。或者吏民但赐牛酒，而不赐爵，则其妻不别沾赐，非女户也。惟章帝元和二年诏书，独系以经曰："无侮鳏寡，惠此茕独，加赐河南女子百户牛酒。"或当如章怀之说，诏书曰河南，则止于河南户所属，不普洽天下，与前书中事不同。（《汉书补注·文帝纪》）

⑬【汇注】

裴　骃：文颖曰："汉律三人已上无故群饮，罚金四两。今诏横赐得令会聚饮食五日。"（《史记集解·孝文本纪》）

颜师古：服虔曰："酺音蒲。"……师古曰："酺之为言布也，王德布于天下而合聚饮食为酺。服音是也。字或作䐷，音义同。"（《汉书注·文帝纪》）

司马贞：《说文》云"酺，王者布德，大饮酒也"。出钱为醵，出食为酺。又按：赵武灵王灭中山，酺五日，是其所起也。（《史记索隐·孝文本纪》）

编者按：点校本《史记》修订本："是其所起也"，"也"上耿本、黄本、彭本、柯本、凌本、殿本有"远"字。

吕祖谦：许其群饮也。周禁群饮，秦汉因之。（《大事记解题》卷九）

丘　濬：汉以来赐民酺始此。酺之为言布也，王德布于天下，而合聚饮食为酺。自古以来，皆有酒禁，汉法：三人无故群饮，罚金四两。文帝即位，首赐天下之人，令其会聚饮食者凡五日，所以鼓舞其惧忻之心，而发舒其蒀结之情也欤！（《世史正纲》卷三）

霍　韬：帝即位，首赐民酺，何也？盖古者群饮有刑。汉律：三人群饮，罚金四两。非丧祭不用酒，非老疾不得饮酒，故谷糜而民食饶余。帝即位，位肆敕，乃特赐酺以为惠。后世造酒无禁，群饮无罚，天下之粟半糜于酒，民多嗜酒，亡其身以及其家。赐酺之政，帝王不得行矣，去汉远矣。（《兀涯西汉书议》卷二）

郝　敬：出钱曰醵，音觉。出食曰酺，音浦。（《批点史记琐琐》卷一）

沈钦韩：《说文》："酺，王德布，大饮酒也。"《周礼·族师》"春秋祭酺"注故书"酺"，或为"步"。杜子春云："当为'酺'，族长无饮酒之礼，因祭酺，而与其民以长幼相献酬焉。"按：古者无事不饮酒。《酒诰》曰："祀兹酒，故假祭名以饮酒，因谓赐民饮酒为酺。"又《礼器》注："合钱饮酒为醵，王居明堂之礼，仲秋乃命国醵。"贾公彦云：州长、党正饮酒礼，皆得官物为之。族师卑，不得官物为礼，郑据《礼器》《明堂》，礼皆有醵法，以不得官物故须合钱耳。然此赐酺，即是合钱醵饮也。（《汉书疏证》卷二《文帝纪》）

王叔岷：案：古钞本《集解》"群饮"下有"食爵"二字。《汉书》文颖注"群饮"下有"酒"字。《一切经音义》八七引汉律作"无故三人以上群饮者，罚金四两。今赐令会饮五日也"。并引《说文》云："酺，王德布，大饮酒已。"（今本《说文》"已"作"也"。）（《史记斠证》卷十）

【汇评】

程馀庆：此段写得耳目一新，笔墨相配乃耳。（《历代名家评注史记集说·孝文本纪》）

孝文皇帝元年十月庚戌①，徙立故琅邪王泽为燕王②。

① 【汇校】

牛运震：按：此处记元年，不必再书"孝文皇帝"，《汉书》削之为是。即《史记·景帝纪》，亦无此例也。（《读史纠谬》第一卷《史记》）

郜积意："十月"，误。当据《汉书·高帝纪》作"十二月"。说见上例。（《〈史记〉〈汉书〉年月考异》）

编者按：邵积意所说"上例"，系指其对《吕太后本纪》中"立赵幽王子遂为赵王"的考异。邵氏认为，"据《吕太后》《孝文本纪》，文帝于后九月己酉晦入未央宫，夕夜从群臣议即帝位。越三日，即明年十月辛亥，践阼，谒高庙。庚戌为十月朔，岂有未谒高庙而立王之理？"

王叔岷：案：黄善夫本、殿本并提行。（《史记斠证》卷十）

【汇注】

程馀庆：此时以十月为岁首，九月即位，至此乃改元谒庙也。（《历代名家评注史记集说·孝文本纪》）

龚浩康：元年，即前179年。（见王利器主编《史记注译·孝文本纪》）

② 【汇校】

王益之：《考异》曰："泽为齐王所诈失国，自归长安，故《史记》本纪书'故琅邪王'。《汉书》削'故'字，非也。但《史记》纪及表皆书于冬十月庚戌，《汉书》表、纪书于十二月。以史考之，文帝以己酉夜入未央宫，犹未谒见高庙，不应次日便封燕赵也。盖班氏修《史记》以为《汉书》，其间失子长之大意者固多，至于考计年月，其一日之长固不可尽废也。今'故'字从《史记》，封拜年月从《汉书》。"按：刘泽虽为齐王所诈失国，而汉朝并未除其封，是王爵现存，不得称"故"。《汉书》削去"故"字，自属有见，《考异》反斥其非，未为允当。（《西汉年纪》卷五）

吕祖谦：泽，少帝时为齐王所诈失国，自归长安，故《史记》本纪书"故琅邪王"。《汉书》削"故"字。（《大事记解题》卷十）

[日] **泷川资言**：中井积德曰："立故"二字疑衍，《汉书》无之。未徙之时，仍是琅琊王矣，何所得"故"字？自此徙彼，王爵不变，何所得"立"乎？（《史记会注考证附校补》卷十《孝文本纪》）

王叔岷：案：《汉纪》《通鉴》亦并无"立故"二字。（《史记斠证》卷十）

【汇注】

司马迁：孝文帝元年，尽以高后时所割齐之城阳、琅邪、济南郡复与齐，而徙琅邪王王燕……（《史记·齐悼惠王世家》）

又：高后六年，初置琅邪国。（《史记·汉兴以来诸侯王年表》）

班　固：文帝元年，徙泽为燕王，而复以琅邪归齐。（《汉书·荆燕吴传》）

颜师古：李奇曰："本齐地，前分以王泽，今复与齐也。"（《汉书注·荆燕吴传》）

张守节：今兖州东沂州、密州，即古琅邪也……《括地志》云："密州诸城县东南百七十里有琅邪台，越王勾践观台也……琅邪山在密州诸城县东南百四十里。始皇立层台于山上，谓之琅邪台，孤立众山之上。"（《史记正义·秦始皇本纪》）

吴仁杰：孝惠元年以刘泽为卫尉。泽固吕党，至后之七年以泽为琅邪王。（《两汉

刊误补遗》卷一《南北军二》）

胡三省： 泽以吕后七年自营陵侯封琅邪王。齐王起兵诛诸吕，泽失国，西至京师，与大臣共立帝，以功徙封燕王。（见《资治通鉴》卷十三注）

佚　名： 史诠曰：徙琅琊复齐楚地，《汉书》在元年十二月。（《史记疏证（外一种）》卷十）

龚浩康： 燕（yān），汉初封国。辖今河北省北部和中部部分地区。都蓟（jì），今北京市西南。（见王利器主编《史记注译·孝文本纪》）

王　恢： 吕后七年二月，从田生说，分齐之琅邪郡十余县立营陵侯泽为琅邪王，以慰其心而固诸吕。泽虽刘氏支族，而实党附吕氏。王二年，与诸将相共立代王为帝；文帝德之，徙为燕王，乃复以琅邪予齐（《荆燕世家》）。（《史记本纪地理图考·吕太后本纪》）

又： 吕后八年（前180）九月，吕通既诛，元年（前179）十月庚戌，即徙琅邪王刘泽王燕。

燕，大国也，有广阳、上谷、渔阳、右北平、辽西与辽东。吕祸刚平，诸大臣议所立，本有意齐王者，泽挠之，文帝以是得立，乃徙王燕以报，不念旧日之附于吕氏也。

泽传子及孙定国，乱人伦，武帝元朔二年（前127）自杀，国除为广阳郡。上谷等五郡，景帝时以边郡收，所谓无北边郡也。

元狩六年（前117）四月复置，立皇子旦。后坐臧匿亡命，削良乡、安次、文安三县。昭帝元凤元年（前80），旦谋反，自杀，国除，复为广阳郡。（《史记本纪地理图考·文帝本纪》）

【汇评】

邵　宝： 泽之西也，脱齐之留而已，乃得吐天下之至计焉，其志大，其义正。然其所言，则非天下之极论也。代王亲高帝子，于今见在最为长，天下之极论固于是乎，在而以驷钧薄氏量较，孰为恶戾，长者何居？虽然，泽目击吕氏之变者也，苟有虑焉能不是？及乎君子论代来之功，当以泽为首。（《学史》卷五）

全祖望： （卢镐）问：琅邪王刘泽，吕媭之婿，其封王本不以正，党于产、禄，是以齐王诱而留之，泽以计脱，入关。文帝即位，不降封，而反以大国酬之，何也？答：文帝长者，而即位时所举定乱之赏甚有私。盖大臣本拟立齐王，而泽恨齐王之绐之，故挠其事。文帝以是得立，而泽遂得徙封燕，以报其功。不念其平日之党于吕也，则朱虚、东牟之见绌，固宜矣。虽然，绌朱虚、绌东牟、绌齐，并绌其功臣魏勃，而褒燕、褒齐相召平之子，则固文帝之自为谋也。至于平阳侯曹窋、曲周侯郦寄，皆有功而不加封，陆贾亦不封，不可晓也。岂诸臣皆朱虚所善，故同欲立齐王者与？（《经史

问答》卷九)

　　辛亥，皇帝即阼①，谒高庙②。右丞相平徙为左丞相，太尉勃为右丞相③，大将军灌婴为太尉④。诸吕所夺齐楚故地，皆复与之⑤。

① 【汇注】
　　张守节：主人阶也。(《史记正义·孝文本纪》)
　　吕祖谦：《曲礼》曰：践阼，临祭祀，内事曰"孝王某"，外事曰"嗣王某"，践履也。阼，东阶也，主人所升降也。《士冠礼》注云：阼犹酢也，所以答酬宾客也。天子祭祀唯至尊，独升东阶，群臣皆由西阶也。周康王将受顾命，由宾阶陟者，未即位，不敢当主也。文帝已即位，故初谒高庙即阼阶而升。《史记》书"即阼"，志其正位居尊之始也。《汉书》削"即阼"二字。(《大事记解题》卷十)
　　吴见思：阼，庙阼阶也。汉制，天子即阼阶，明为天下主也。(《史记论文·孝文本纪》)
　　[日] 泷川资言：中井积德曰：即阼，犹言即位也。(《史记会注考证附校补》卷十《孝文本纪》)

② 【汇校】
　　梁玉绳：按：此有错误，当云"孝文皇帝元年十月庚戌，皇帝即阼。辛亥，谒高庙"。盖是年十月朔为庚戌，文帝以上年后九月晦己酉至长安，故翼日为岁首，行即阼之礼，越日谒高庙也。(《史记志疑》卷七《孝文本纪》)

【汇注】
　　龚浩康：高庙，汉高祖刘邦之庙。古代皇帝登基时，都要到祖庙里去举行祭祀、朝拜之礼。(见王利器主编《史记注译·孝文本纪》)

③ 【汇校】
　　钱大昕：按：《公卿表》，孝文元年十月，右丞相陈平为左丞相，太尉周勃为右丞相。八月，勃免，平独为丞相。二年十月，丞相平薨。十一月，勃复为丞相，是平、勃同为丞相在元年，非二年也。《文帝纪》元年十二月，除收孥相坐律，正平、勃并相之时。《志》云二年，误。(《廿二史考异》卷七《汉书·刑法志》)
　　王叔岷：案：古钞本"勃"上有"周"字。(《史记斠证》卷十)

【汇注】
　　司马迁：孝文帝立，以为太尉勃亲以兵诛吕氏，功多；陈平欲让勃尊位，乃谢病。

孝文帝初立，怪平病，问之。平曰："高祖时，勃功不如臣平。及诛诸吕，臣功亦不如勃。愿以右丞相让勃。"于是孝文帝乃以绛侯勃为右丞相，位次第一；平徙为左丞相，位次第二。赐平金千斤，益封三千户。（《史记·陈丞相世家》）

又：（孝文元年）十一月辛巳，平徙为左丞相。太尉绛侯周勃为右丞相。（《史记·汉兴以来将相名臣年表》）

荀　悦：丞相平病，让位于太尉。周勃为（左）〔右〕丞相，位第一，平为（右）〔左〕丞相，位第二。（《汉纪》卷七）

张守节：此时尚右。（《史记正义·孝文本纪》）

吴仁杰：汉廷臣无能出其右者。师古曰："古者以右为尊，故云不出其右也。"《刊误》曰："古者居则贵左，用兵则贵右，贵右似战国时俗也。"仁杰按：用兵贵右，见《老子》书。又云凶事尚右，《礼》载孔子拱而尚右，二三子皆尚右。孔子曰：我则有姊之丧故也，二三子皆尚左。此凶事尚右然也。兵者凶器，尚右盖以凶礼处之。《春秋传》言：郑曼伯为右拒，在祭仲足为左拒之，先用兵尚右然也。《礼》"乘君之乘车，不敢旷左"，注谓车上贵左。然乘车与兵车不同，乘车则贵左，兵车则贵右。乘车，君在左，御者在中央；兵车，君在中央，御者在左。战国已来，无日不寻干戈，天下之人习见兵车之礼而已，故其俗贵右。然魏公子从车骑，虚左，自迎侯生，则战国有时而尚左。（《两汉刊误补遗》卷一）

王　楙：古者以右丞相为尊，左丞相次之。如汤以伊尹为右相，以仲虺为左相；汉以陈平功第一为右丞相，周勃功第二为左丞相之例是也。后世以左丞相为上，右丞相次之。如晋以王睿为左丞相，以王保为右丞相；《北史》解律金进位右丞相，迁左丞相之例是也。官以左为上，其来久矣，驯至于今日。仆观国家班次与夫乡党齿序之类，无以左为尊。至于官职名号，又往往为重者，如文武之有左右选，中书之有左右司，记注之有左右史，是皆先左而后右者，初不可一概论也。白乐天制曰：魏晋以还，右卑于左。（《野客丛书》卷二十五《左右丞相》）

戴　埴：汉以右为尊，谓贬秩为"左迁"，仕诸侯为"左官"，居高位为"右职"。周昌相赵，高帝曰：吾极知其左迁。陈平以右丞相逊周勃，位第一；平为左丞相，位第二。谓左戚右贤、居客之右、朝廷无出其右，皆此意也。（《鼠璞》卷下《左右》）

王鸣盛：尚右尚左之说，纷纷不一。《王陵传》云"陈平以位让周勃，乃以勃为右丞相，位第一，平徙为左丞相，位第二"，此汉人尚右之明文。故《高纪》云"汉廷臣无能出其右者"。师古曰：古以右为尊，故云。《诸侯王表》云作左官律。师古曰：汉依上古法，朝廷之制，以右为尊，故谓仕诸侯为左官。《文纪》云：右贤左戚。师古曰：以贤为上，然后及亲。《周昌传》："高帝使昌为赵相，曰吾极知其左迁。"《灌夫传》："贵戚在己右，必陵之；在己左，益礼敬。"合而观之，汉人尚右，则诚然矣。

（《十七史商榷》卷二十三）

【汇评】

茅　坤：陈平让绛侯相右，固黄老之道也。（引自凌稚隆《史记评林·陈丞相世家》）

④【汇校】

梁玉绳：平、勃、灌婴之为丞相、太尉在十一月辛卯（一作"辛巳"），《将相表》可据。此与《百官表》并误书于十月辛亥。若果以十月辛亥命官，则下文十月壬子封赐诸臣之诏，何以尚称太尉勃、将军婴乎？是宜于"封典客揭为阳信侯，赐金千斤"之后，而书之曰"十一月（三字补，《本纪》惟十月有日，故此亦不日），右丞相平徙为左丞相，太尉勃为右丞相，大将军灌婴为太尉"。若夫琅邪之徙、赵王之封及复与齐、楚地，俱在十二月，《汉书·文纪》可据。此与《诸侯王表》并误书于十月之庚戌、辛亥两日，而又失书封赵王遂（《史》误书于《吕后纪》中）。是宜于后文十二月之下书曰"立赵幽王子遂为赵王，徙立故琅邪王泽为燕王。诸吕所夺齐、楚故地皆复与之"。（《史记志疑》卷七《孝文本纪》）

沈钦韩：《将相表》作十一月辛巳。按：《文帝纪》十月辛亥，皇帝见高庙，诏文仍称太尉勃、将军婴，则勃、婴之迁，俱非当日，疑《史·表》为是。（《汉书疏证》卷三《百官公卿表》）

郗积意：此文紧接"辛亥，皇帝即阼，谒高庙"后。辛亥，十月二日。然《名臣表》云："十一月辛巳，平徙为左丞相，太尉周勃为右丞相，灌婴为太尉。"案：以"十一月辛巳"为长。此文之下有壬子（十月三日）诏书益封之事，仍称"太尉勃、灌将军婴"，是勃、婴为丞相、太尉。此其一。又云"封典客揭为信阳侯"，考刘揭封侯，《史》表在元年三月辛丑（三月，当作"十一月"），《汉》表在十一月辛丑。十一月庚辰朔，辛巳，二日；辛丑，二十二日。此其二。由此可知，文帝下诏之日，至诸人拜相封侯之实期，容有间日。如下文三月诏封宋昌为壮武侯，然实封却在四月。《汉书·百官表》系于十月辛亥，误。（《〈史记〉〈汉书〉年月考异》）

【汇注】

司马迁：太后崩，吕禄等以赵王自置为将军，军长安，为乱。齐哀王闻之，举兵西，且入诛不当为王者。上将军吕禄等闻之，乃遣婴为大将，将军往击之。婴行至荥阳，乃与绛侯等谋，因屯兵荥阳，风齐王以诛吕氏事，齐兵止不前。绛侯等既诛诸吕，齐王罢兵归，婴亦罢兵自荥阳归，与绛侯、陈平共立代王为孝文皇帝。孝文皇帝于是益封婴三千户，赐黄金千斤，拜为太尉。（《史记·樊郦滕灌列传》）

龚浩康：灌婴（？—前176），汉初大将。封颍阴侯，文帝时任太尉、丞相。（见王利器主编《史记注译·孝文本纪》）

【汇评】

朱　熹：论功益户有差。（引自《袁王纲鉴合编》卷六）

杨　慎：定婴之功，不在绛侯、陈平下。（引自凌稚隆《史记评林·樊郦滕灌列传》）

⑤【汇校】

凌稚隆：按：《史记》以"吕氏所夺"句次于"灌婴为太尉"下，疑衍。班掾移入于此，甚当。（《汉书评林·文帝纪》）

【汇注】

吕祖谦：齐地，城阳、济南、琅邪三郡也。楚地，当考。（《大事记解题》卷十）

胡三省：吕后封吕台为吕王，得梁地，夺齐、楚之地以傅益之。（见《资治通鉴》卷十三注）

【汇评】

申时行：此孝文即位所首举者，故录之于此。（引自《百大家评注史记》卷二《孝文本纪》）

壬子①，遣车骑将军薄昭迎皇太后于代②。皇帝曰："吕产自置为相国③，吕禄为上将军④，擅矫遣灌将军婴将兵击齐⑤，欲代刘氏，婴留荥阳弗击⑥，与诸侯合谋以诛吕氏⑦。吕产欲为不善，丞相陈平与太尉周勃谋夺吕产等军⑧。朱虚侯刘章首先捕吕产等⑨。太尉身率襄平侯通持节承诏入北军⑩。典客刘揭身夺赵王吕禄印⑪。益封太尉勃万户⑫，赐金五千斤⑬。丞相陈平、灌将军婴邑各三千户，金二千斤⑭。朱虚侯刘章、襄平侯通、东牟侯兴居邑各二千户，金千斤⑮。封典客揭为阳信侯⑯，赐金千斤⑰。"

①【汇校】

张文虎：中统本误"午"。（《校刊史记集解索隐正义札记》卷一《孝文本纪》）

【汇注】

张大可：壬子，十月三日。（《史记全本新注·孝文本纪》）

② 【汇注】

　　司马迁：代王立十七年，高后崩。大臣议立后，疾外家吕氏强，皆称薄氏仁善，故迎代王，立为孝文皇帝，而太后改号曰皇太后，弟薄昭封为轵侯。(《史记·外戚世家》)

　　吕祖谦：按：《史记·外戚传》（编者按：应为《外戚世家》。兹照录）：高祖崩，诸御幸姬、戚夫人之属，吕太后怒，皆幽之，不得出宫，而薄姬以希见故得出。从子之代，为代王太后。太后弟薄昭从如代，为代太中大夫（太中大夫见《年表》）。车骑之拜，盖在文帝即位后也。(《大事记解题》卷十)

　　沈钦韩：汉皆以军兴时置，如蔡寅、灌婴、靳歙、张武、令免、周亚夫等，不久即罢，惟薄昭以文帝舅为之十年。(《汉书疏证》卷四《百官公卿表》)

　　龚浩康：车骑将军，官名。汉代将军名号繁多，其中大将军、骠骑将军，职位次于丞相；车骑将军、卫将军、左右前后将军等，职位次于上卿。(见王利器主编《史记注译·孝文本纪》)

【汇评】

　　凌迪知：迎立代王，乃以薄氏仁善。(引自凌稚隆《汉书评林·外戚传》)

③ 【汇校】

　　[日] **泷川资言**：《汉文帝纪》"吕"上有"前"字。(《史记会注考证附校补》卷十《孝文本纪》)

【汇注】

　　司马迁：辛巳，高后崩，遗诏赐诸侯王各千金，将相列侯郎吏皆以秩赐金。大赦天下。以吕王产为相国，以吕禄女为帝后。(《史记·吕太后本纪》)

④ 【汇注】

　　司马迁：七月中，高后病甚，乃令赵王吕禄为上将军，军北军。(《史记·吕太后本纪》)

　　沈钦韩：汉征伐遣将，授印事讫则归列侯位，惟吕禄为上将军，将北军，与信国并列。(《汉书疏证》卷四《百官公卿表》)

　　龚浩康：吕禄，吕后次兄吕释之之子。吕后执政时被封为赵王，后为陈平、周勃等所杀。上将军，官名。掌管全国军队的最高武官。(见王利器主编《史记注译·孝文本纪》)

⑤ 【汇注】

　　司马迁：高后已葬……诸吕用事擅权，欲为乱，畏高帝故大臣绛、灌等，未敢发。朱虚侯妇，吕禄女，阴知其谋。恐见诛，乃阴令人告其兄齐王，欲令发兵西，诛诸吕而立。朱虚侯欲从中与大臣为应。齐王欲发兵，其相弗听。八月丙午，齐王欲使人诛相，相召平乃反，举兵欲围王，王因杀其相，遂发兵东，诈夺琅邪王兵，并将之而西。语在《齐王》语中。

齐王乃遗诸侯王书曰："高帝平定天下，王诸子弟，悼惠王王齐。悼惠王薨，孝惠帝使留侯良立臣为齐王。孝惠崩，高后用事，春秋高，听诸吕，擅废帝更立，又比杀三赵王，灭梁、赵、燕以王诸吕，分齐为四。忠臣进谏，上惑乱弗听。今高后崩，而帝春秋富，未能治天下，固恃大臣诸侯。而诸吕又擅自尊官，聚兵严威，劫列侯忠臣，矫制以令天下，宗庙所以危。寡人率兵入诛不当为王者。"汉闻之，相国吕产等乃遣颍阴侯灌婴将兵击之。（《史记·吕太后本纪》）

司马贞： 韦昭云："故卫地，河南县也。"（《史记索隐·河渠书》）

钱　穆： 今河南旧荥泽县西南。（《史记地名考》卷十四《韩地名》）

⑥【汇注】

司马迁： 灌婴至荥阳，乃谋曰："诸吕权兵关中，欲危刘氏而自立。今我破齐还报，此益吕氏之资也。"乃留屯荥阳，使使谕齐王及诸侯，与连和，以待吕氏变，共诛之。齐王闻之，乃还兵西界待约。（《史记·吕太后本纪》）

龚浩康： 荥阳，县名。治所在今河南省荥阳县东北，是古代的军事要地。（见王利器主编《史记注译·孝文本纪》）

王　恢： 荥阳，《括地志》："故城在荥泽县（今郑州古荥镇）西南十七里。"当今荥阳县东北，郑州西北，平汉路西。后魏太和十七年徙京索之间大索城，即今治。《济水注》："索水又东迳虢亭南，故虢公之国也。又东迳荥阳县故城南，汉王困荥阳，纪信诈降，汉王出西门得免。信冢在城西北三里。其城跨倚冈原，居山之阳。索水又东迳周苛冢北，苛守荥阳，项羽烹之。索水又东流北屈西转，北迳荥阳城东而北流注济水。"

按：成皋固洛阳之险塞，而荥阳又成皋之门户也。负嵩山余脉之斜坡，面河淮千里之平原，楚汉以此决兴亡。其后陈平、灌婴屯十万之众以扼东西之冲；七国反，窦婴、周亚夫以荥阳为司令台。汉初平、晋永兴、永嘉、太和、梁大通、隋大业，无不争此以壮声势。（《史记本纪地理图考·秦始皇本纪》）

【汇评】

王慎中： 齐哀王举兵来，婴屯荥阳，齐止而不前最是紧要……当时非婴止之，则诛诸吕之后，有难为者矣。绛侯得诛诸吕于内，而齐罢归者，婴之力也。（引自凌稚隆《史记评林·樊郦滕灌列传》）

凌稚隆： 按：灌婴此出，吕产所遣也，乃不党吕氏，而留兵荥阳，以待其变，岂非安刘一功臣也哉？（《史记评林·齐悼惠王世家》）

李祖陶： 其能平此难者，外则赖灌婴屯兵荥阳，与齐连和，令吕禄心胆俱碎，故

太尉得以绐入北军。(《史论五种·前汉书细读》卷一《吕后纪》)

⑦【汇注】

司马迁：禄、产等惧诛，谋作乱。大臣征之，天诱其统，卒灭吕氏。(《史记·外戚世家》)

【汇评】

凌稚隆：按：婴虽贩缯徒也，而止兵待变与谋立帝安刘之功，讵在勃下哉？(《汉书评林·樊郦滕灌傅靳周传》)

钟　惺：齐王举兵诛吕氏，吕产等遣颍阴侯灌婴将兵击之。婴屯留荥阳，使使谕齐王及诸侯，与连和，以待吕氏变，共诛之。此最是诛吕安刘先着，其得力在平、勃、朱虚之前。吕产欲发关中，内惮绛侯、朱虚等，外畏齐楚兵，又恐灌婴叛之。吕氏之败，败于灌婴牵制耳。文帝即位行赏，先论灌婴合谋功，而后及平、勃、朱虚等，得之矣。(《史怀》卷五)

方　苞：汉之再世，诸吕作难，定天下、安刘氏者婴也，而议者推功于平、勃，误矣。平为丞相，听邪谋，以南北军属产、禄，使勃有将之名而无其实久矣。一旦变起仓卒，而勃不得入于军中，则平已智尽而能索矣。向使绐说不行，矫节而谋泄，平、勃有相牵而就缚耳，如产、禄何！前古用此以败国殄身者众矣。平、勃之事，幸而集，则婴为之权藉也。吕氏虽三王，悬国千里，外无一夫之援，而诸侯合从西向，空国兵以授婴。当是时，吕氏所恃者婴耳，而婴屯兵荥阳，与诸侯连和以待其变，是犹孤豚局于圈槛而虎扼其外也。吕氏心孤，故郦寄之谋得入，而公卿吏士晓然知产、禄之将倾，同心于踣之，故矫节闭殿，莫敢龃龉以生得失，譬之于射，勃矢而婴弦机也。向使吕禄自出以当齐楚，而产兼将南北军以自定，或不足以倡乱，贼诸大臣有余力矣。吕氏本谋欲待婴与齐合兵而后发，故虽听郦寄之言，尚犹豫未有所决也。及贾寿自齐来，知婴谋，然后以印属典客，盖自知无以待婴，而欲改图以缓死，故得因其瑕衅而乘之。由是观之，定天下、安刘氏者婴也，审矣，其推功于平、勃，误也，抑吾有感焉。三代以下，汉治为近古，其大臣谋国若家人，然婴之功，虽掩于平、勃，受封犹次之。至平阳侯窋屡发产谋，以关平、勃，折其机牙，功不在婴下。及事平，以不与诛诸吕，夺官而无一言以自列。呜呼！何其厚与！(《方望溪全集》卷三《灌婴论》)

夏之蓉：吕氏之败，败于灌婴牵制。方望溪谓安刘之功，以婴为首，而议者推功平、勃，误矣。按：平为丞相，听邪谋以南北军属产、禄，使勃有将之名而无其实。一旦变起仓卒，勃不得入于军，则平已束手无策。事幸而成者，婴为之权藉也。吕氏空国以兵授婴，而婴顿兵待变，是犹孤豚局于圈，而虎扼其外也。吕氏心孤，故郦寄之谋得入。(《读史提要录》卷一)

王鸣盛：诸吕之平，灌婴有力焉。方高后病甚，令吕禄为上将军，军北军，吕产居南军，其计可谓密矣。卒使郦寄绐说吕禄归将印，以兵属太尉，而诛诸吕者，陈平、周勃之功也。然其始惠帝崩，高后哭泣不下，此时高后奸谋甫兆，使平、勃能逆折其邪心，安见不可扑灭者！乃听张辟彊狂竖之言，请拜产、禄为将，将兵居南北军。高后欲王诸吕，王陵守白马之约，而平、勃以为无所不可，然则成吕氏之乱者，平、勃也。幸而产、禄本庸才，又得朱虚侯之忠勇，平、勃周旋其间，而乱卒平，功尽归此二人。而孰知当留屯荥阳与齐连和之时，婴之远虑有过人者！齐王之杀其相，而发兵夺琅邪兵，并将而西也，此时吕禄独使婴击之。婴，高帝宿将，诸吕方忌故大臣，而危急之际，一旦假以重兵，此必婴平日伪自结于吕氏。若乐为之用者，而始得此于禄。既得兵柄，遂留屯荥阳，待其变而共诛之。其时吕氏乱谋急矣，顾未敢猝发者，彼见大将握重兵在外，而与敌连和以观变，恐猝发而婴倍之，反率诸侯西向，故犹豫未忍决。于是平、勃乃得从容定计，夺其兵权而诛之。然则平、勃之成功，婴有以助之也。然婴不以此时亟与齐合，引兵而归，共诛诸吕，乃按兵无动者，盖太尉入北军，吕禄归将印，此其诛诸吕如振槁叶耳。若婴合齐兵而归，遽以讨吕氏为名，则吕氏乱谋发之必骤，将印必不肯解，而太尉不得入北军矣。彼必胁平、勃而拒婴与齐之兵。幸而胜之，喋血京师，不戕千万之命不止，止又婴计之得也。（《十七史商榷》卷五《灌婴于平诸吕为有功》）

⑧【汇注】

司马迁：太尉绛侯勃不得入军中主兵。曲周侯郦商老病，其子寄与吕禄善。绛侯乃与丞相陈平谋，使人劫郦商，令其子寄往绐说吕禄曰："高帝与吕后共定天下，刘氏所九王，吕氏所立三王，皆大臣之议，事已布告诸侯，诸侯皆以为宜。今太后崩，帝少，而足下佩赵王印，不急之国守藩，乃为上将，将兵留此，为大臣诸侯所疑。足下何不归将印，以兵属太尉？请梁王归相国印，与大臣盟而之国，齐兵必罢，大臣得安，足下高枕而王千里，此万世之利也。"吕禄信然其计，欲归将印，以兵属太尉。使人报吕产及诸吕老人，或以为便，或曰不便，计犹豫未有所决。吕禄信郦寄，时与出游猎。过其姑吕媭，媭大怒，曰："若为将军而弃军，吕氏今无处矣。"乃悉出珠玉宝器散堂下，曰："毋为他人守也。"（《史记·吕太后本纪》）

又：及高后崩，大臣欲诛诸吕，吕禄为将军，军于北军，太尉勃不得入北军，于是乃使人劫郦商，令其子况绐吕禄，吕禄信之，故与出游，而太尉勃乃得入据北军，遂诛诸吕……（《史记·樊郦滕灌列传》）

【汇评】

晁补之：太尉握兵奉玺，卒立孝文。汉之贤君，孝文一人而已，则太尉非社稷臣而何？方吕后称制，势无刘氏，戆如王陵，廷争不可，智如陈平，依违未言。当是而责太尉本兵柄弗能正，则吕后帝母罪所不加，是禄、产不得而诛，大臣反受其咎。投鼠忌器，祸机一发，当何如哉！卒之吕后死而禄、产诛，刘氏固安，社稷固定，太尉忠诚，主兵之力也，则太尉非社稷臣而何？若非时危疑社稷无主，平居讨乱谓之功臣可也，而勃择立孝文，谋深而虑远。终孝文既立，德尊而泽厚，岂特为汉贤君隆四百年之业而已哉！（见《苏门六君子文粹》卷五十四《袁盎以绛侯为功臣》）

张　耒：以夫陈平、周勃之才，而驭吕后、禄、产之庸人，此无以异于取诸怀中而杀之。然是二人者，悾怯畏缩而不敢发，乃更先为自安之计，以固吕后危疑之心，终吕氏之世而不动。及吕后既死，是二人者，其取禄、产何其多忧自重而不敢易也。盖如史所载，以谓陈丞相使人劫郦寄，说吕禄解赵王印之国，而吕禄从之。太尉以节入北军，而犹左右袒以观三军之心。既得北军，又不敢倡言诛产也。灌婴以数万众与齐王合，乃相与待吕禄之变而后动。此三者，予未尝不窃疑之。夫使吕禄之弃北军，无以异于遇盗而使之弃兵也，则陈平之视禄也，亦易矣。然犹委曲迂远，使其亲戚劫之，以利害之谋。周勃岂不知天下之与刘氏也，而犹区区为谋以观其意；以灌婴之才，资数十万之众而徬徨于外，不敢先发。夫以吕氏之区区，安坐而肆其所为，亦安能有所立？而数公者，反迟疑慎重，待之以天下之大事。夫何其勇于争天下、谋项籍而怯于此也。盖尝为之深思其故，而后数公之志可见。考其所为之故，则夫天下之善谋者无以过也，何者？昔者高祖之与项籍角驰于中原，其初非有所顾籍也，特徼幸于一战之间，此其所为不得不出于果敢而勇决，弃死而不顾，何者？使其成功则固得，吾不可必之求；不幸而败，则吾亦何所爱哉？彼高祖之得天下于百战之中，困辱伤败既老而仅得之，则吾爱其所得，岂与夫匹夫驰骋徼幸于一战之际者同日而语也。故其遇诸吕之祸也，以谓吾轻发而遂胜耶，则吾固何求？使万有一不胜，则其存亡无乃甚可惜哉！曷若迟之而求无失也。是故不惮岁月之勤，而深虑夫一失之可爱，此其所以迁延委曲，待其弊而后发欤？夫千金之贾，见日而行，未夕而止，一日之力有所不尽，是何也？彼力非不能远也，惴惴乎畏失其所爱也。夫山林之盗，出入于险阻之间，晨夜而不顾，彼以谓有所获者，固我之所幸，不幸而败，于吾何失哉！此平、勃之智也。夫操天下之重利者，不可为匹夫轻死之谋，匹夫之谋，是不得已之计也。（见《苏门六君子文粹》卷七《平勃论》）

史尧弼：是时直谏以抗之者，王陵也；阴谋而图之者，陈平也；合将相者，陆贾也；结吕禄者，郦寄也；倡大义者，朱虚侯也；握重兵者，齐与灌婴也；而刘揭御史窦张辟彊之徒，皆并力驰骋乎其间。是数子者，皆以其才与之角，惟勃能以不才而合其谋；皆欲动而求成功，惟勃能以不动而制其会。是以入北军而人不知，士皆左袒为刘氏而诸吕不之觉，安社稷、定刘氏而天下不见其状，此高祖所以必其成功而陈平所以自谓不及也。向使勃处危疑而以区区之才动于其间，则奸人得以乘势而夺其权，又何刘氏之安乎！（《莲峰集》卷七《安刘氏者必勃论》）

黄　震：陈平与太尉勃卒诛诸吕，然使诸吕谋逆者，平阿意太后之过也。纵火焚人之家，而随以扑灭，其功耶？罪耶？（引自凌稚隆《史记评林·陈丞相世家》）

陈耆卿：平、勃虽均为诛诸吕，而勃又与平不同。平性狡诈，故多避祸求全；勃性刚直，故多犯难不顾。文帝钱谷之问，平对勃不对；王陵背约之问，平对勃不对。对者未优，不对者未劣也。盖平未当难时，善于自解，有急则委之他人。勃未当难时，辨不如平，有急则自任甚确。辨不如平者，少文也；自任甚确者，重厚也。故诛诸吕时，平尝安徐，勃尝急迫。平不入北军而勃入北军，使北军有变，则勃先及矣；平不谕谒者而勃谕谒者，若不受，则勃先及矣。平专以难者遗勃，而自处以易，后来相位之逊，虽欲不逊，亦不可得也。（《筼窗集》卷二《陈平周勃王陵论》）

俞长城：平、勃尝与王陵争矣，曰"安社稷定刘氏后，君不如臣"，后卒如其言。然则平、勃固能诛吕氏矣，何幸乎平、勃。曰平、勃此言，特以塞王陵之责，而非有预定之策也。夫食其浊乱宫闱，而与之比肩者，非平、勃耶？赵王少帝不得其死，而不敢争者，非平、勃耶？他姓之子俨然即位，而北面臣事之者，非平、勃耶？夫有陆贾，然后将相之交合；有灌婴，然后齐与汉连和；有郦寄，然后吕禄肯解将印；有纪通，然后勃入北军；有曹窋，然后吕产不得入殿门；有朱虚侯，然后能诛吕产。若使当是时，谋臣之计不深，与国之交不固，则汉之为汉，未可知也。幸而产、禄皆庸人耳。若使产、禄有王莽之奸、曹操之智、刘裕之勇，内收朝士心，外据兵权，则汉之为汉，未可知也。夫然，而谓平、勃能诛诸吕乎？夫其入北军而问左右袒也，是其心犹有所疑也；遣朱虚侯而不敢显言诛之也，是其心犹有所畏也。然则平、勃之诛诸吕也，信乎其为幸而已矣。（《可仪堂文集》卷二）

⑨【汇校】

吴汝纶：依《汉书》"捕"下增"斩"字，灭"等"字。（《点勘史记读本·孝文本纪》）

【汇注】

司马迁：太尉遂将北军。然尚有南军。平阳侯闻之，以吕产谋告丞相平，丞相平乃召朱虚侯佐太尉。太尉令朱虚侯监军门，令平阳侯告卫尉："毋入相国产殿门。"吕产不知吕禄已去北军，乃入未央宫，欲为乱，殿门弗得入，徘徊往来。平阳侯恐弗胜，驰语太尉。太尉尚恐不胜诸吕，未敢讼言诛之，乃遣朱虚侯谓曰："急入宫卫帝。"朱虚侯请卒，太尉予卒千余人。入未央宫门，遂见产廷中。日餔时，遂击产。产走。天风大起，以故其从官乱，莫敢斗。逐产，杀之郎中府吏厕中。朱虚侯已杀产，帝命谒者持节劳朱虚侯。朱虚侯欲夺节信，谒者不肯，朱虚侯则从与载，因节信驰走，斩长乐卫尉吕更始。还，驰入北军，报太尉。太尉起，拜贺朱虚侯曰："所患独吕产，今已诛，天下定矣。"遂遣人分部悉捕诸吕男女，无少长皆斩之。辛酉，捕斩吕禄，而笞杀

吕媭。使人诛燕王吕通,而废鲁王偃。(《史记·吕太后本纪》)

又:吕禄、吕产欲作乱关中,朱虚侯与太尉勃、丞相平等诛之。朱虚侯首先斩吕产,于是太尉勃等乃得尽诛诸吕。(《史记·齐悼惠王世家》)

【汇评】

周紫芝:诸吕之祸,刘氏之危,甚于累卵。当是之时,首倡大义以扶奖王室者,刘章也。及绐产、禄而夺之权,虽其势去已若孤豚,然犹未成禽也。当是之时,首诛元恶以成一时之功者,亦章也。以谋言之,章为先;以功言之,章为大,则其报之宜如何哉?然余于章,犹不能无恨焉,以其意在齐王也。初,章使齐王举而西,因欲立以为帝,是教其兄使叛也。齐王将魏勃杀召平,为书以告诸侯王,反状既明。幸而禄、产死,京师平,内畏平、勃,外恃灌婴,其计遂寝,不者,祸将酷于吕氏矣。议者以谓章欲使齐王举兵入援关中,而不知其反也,曰代王于高皇帝为子,齐王于高皇帝为孙,以尊卑之分,则代王当立。代王仁贤闻于天下,齐王之善未有所称也。以贤不肖,则代王亦当立。代王母家薄氏,皆君子长者,齐王母家驷氏,皆虎而冠。汉方以吕氏为戒,而复使驷氏得昌,是益其暴耳,以母氏之善恶,则代王亦当立。然则章何为舍代王而欲立其兄乎,此余于章所以不能无恨也。非将相叶谋以公天下为心,卒迎代王而共立之,则汉之安危殆未可知。夫以孝文之仁孝恭逊出于天性,岂不知平吕氏之祸者,章之功为大。以齐王之故而犹有憾焉,何示天下之不广耶!初,大臣与章约,事成当尽以赵地王章,尽以梁地王其弟兴居。及孝文既立,遂黜其功。章自以失职,岁余忧死,而兴居亦举兵以反。呜呼,汉所以报章者,亦云薄哉!(《太仓稊米集》卷六十五《朱虚侯欲立齐王为帝》)

李祖陶:其能平此难者,外则赖灌婴屯兵荥阳,与齐连和,令吕禄心胆俱碎,故太尉得以绐入北军;内则赖朱虚侯章愤不顾身,击杀吕产吕更始,故勃起拜贺而天下定。(《史论五种·前汉书细读》卷一《吕后纪》)

又:虽然,尊立文帝,并非朱虚侯意,诸大臣阴谋立之,则为天下得人,功亦大已。(同上)

⑩【汇校】

张文虎:中统、游本作"夺",涉下而误。(《校刊史记集解索隐正义札记》卷一《孝文本纪》)

王叔岷:案:古钞本"太尉"下有"勃"字,《汉书》同。(《史记斠证》卷十)

【汇注】

裴骃:徐广曰:"姓纪。"张晏曰:"纪信子也。"(《史记·吕太后本纪》)

颜师古:晋灼曰:"纪信焚死,不见其后。《功臣表》云纪通,纪成之子,以成死事,故封侯。"师古曰:"晋说是也。"(《汉书注·高后纪》)

司马贞：张晏曰"纪信子"，又晋灼云："信被楚烧死，不见有后。"按：《功臣表》襄平侯纪通，父成以将军定三秦，死事，子侯。即通非信子，张说误矣。（《史记索隐·吕太后本纪》）

吕祖谦：身率者，专归入北军之功，于周勃、纪通则见率者也。诏者，少帝之诏也。文帝论功犹称此者，示易置大将必自天子出也。（《大事记解题》卷十）

龚浩康：襄平侯通，即纪成的儿子纪通。其父封襄平侯，父死后他继承父爵。襄平，《索隐》注：县名。属临淮，故址在今江苏省盱眙县西北。（见王利器主编《史记注译·孝文本纪》）

⑪【汇校】

梁玉绳：按："赵王"二字当削，《汉书》载此诏无"赵王"，是也。（《史记志疑》卷七《孝文本纪》）

［日］泷川资言：《汉书》无"赵王"二字。（《史记会注考证附校补》卷十《孝文本纪》）

【汇注】

班　固：典客，秦官，掌诸归义蛮夷，有丞。（《汉书·百官公卿表》）

颜师古：应劭曰："典客，今大鸿胪也。"师古曰："揭音竭。"（《汉书注·吕太后本纪》）

吕祖谦：身夺者，非使人也，论功以躬亲为重。（《大事记解题》卷十）

【汇评】

茅　坤：擘画诸用事功臣。按：甚当。独不及郦寄，何也？（引自凌稚隆《史记评林·孝文本纪》）

张泰复：郦寄与刘揭同说吕禄解将印，及文帝论功，揭封侯赐金，而寄不录之。以给禄之功，仅足以偿平时党结诸吕之罪，而又迫于绛侯之劫，非本心也。（引自凌稚隆《汉书评林·文帝纪》）

吴见思：诛诸吕事，《文纪》中不能详序，又不可不序，前只略点，此借诏中序出。文法简捷，安放得宜。（《史记论文·孝文本纪》）

牛运震："皇帝曰：吕产自置为相国"云云至"典客刘揭身夺赵王吕禄印"，此段文极简质，括诛诸吕事并诸臣功次井井。（《史记评注》卷二《孝文本纪》）

梁玉绳：尝论大臣谋诛诸吕，郦寄之功不在平、勃下，盖非寄说吕禄解印，太尉不得入北军矣。乃文帝封赐不及，岂以给禄之功，仅足以偿平时党吕之罪，而又迫于绛侯之劫，非其本心乎？曹窋、陆贾亦皆有功无赏，何哉？（《史记志疑》卷七《孝文本纪》）

李祖陶：平、勃不过劫郦商，令寄给说禄而已，而坐尸安刘之功，不已泰乎？

（《史论五种·前汉书细读》卷一《吕后纪》）

⑫【汇校】

　　[日]泷川资言：《汉书》"益"上有"其"字。枫、三本"万"上有"邑"字。"勃"上当补其姓，下文"襄平侯通""典客揭"仿之。（《史记会注考证附校补》卷十《孝文本纪》）

　　王叔岷：案：《汉书》"万"上亦有"邑"字。（《史记斠证》卷十）

⑬【汇注】

　　顾炎武：汉时黄金上下通行，故文帝赐周勃至五千斤。（《日知录》卷十一《黄金》）

【汇评】

　　吕祖谦：以夺北军，功为第一。（《大事记解题》卷十）

⑭【汇校】

　　[日]泷川资言："灌将军婴"，当作"将军灌婴"。（《史记会注考证附校补》卷十《孝文本纪》）

　　王叔岷：案：《汉纪》作"将军灌婴"。（《史记斠证》卷十）

【汇注】

　　司马迁：孝文皇帝于是益封婴三千户，赐黄金千斤，拜为太尉。（《史记·樊郦滕灌列传》）

　　编者按：陈平、灌婴受赐金数，诸说不一。《孝文本纪》载："丞相陈平、灌将军婴邑各三千户，金二千斤。"《陈丞相世家》《樊郦滕灌列传》则作"赐平金千斤""赐黄金千斤"。荀悦《汉纪》（卷七）曰："丞相陈平、将军灌婴邑各三千户，金三千斤。"未知孰是。

【汇评】

　　吕祖谦：平主谋庙堂，而封邑与灌婴等，盖其自处也。（《大事记解题》卷十）

　　尹起莘：诸吕之诛，《纲目》首书齐王襄发兵致讨，继书平、勃、朱虚侯诛产、禄及诸吕。今也论功行赏，止及平、勃、灌婴，而不及二人，此意特以章尝欲立齐王，故不录其功，而当时大臣亦无有能明之者。夫以平、勃阿意曲从，酝成吕氏之祸，功固未可以赎罪，其视二人有功无过者大有迳庭。《纲目》于此文无予夺，若不甚白，然而即前所书观之，则知二人之为有功；即后所书观之，则知二人之不及赏。其是其否，固自晓然于书法之间，此功赏之断案也。（引自《袁王纲鉴合编》卷六）

　　黄　震：吕后欲王诸吕，王陵力争，可谓社稷臣矣。平、勃阿意王之，勃虽卒诛诸吕、安刘氏，然已功不赎罪；若平又何以赎之？而反受赏邑三千户、金二千斤耶！（《黄氏日钞》卷四六）

⑮【汇注】

司马迁：孝文帝元年……益封朱虚侯、东牟侯各二千户。（《史记·齐悼惠王世家》）

裴　骃：徐广曰："十一月辛丑。"（《史记集解·孝文本纪》）

王先谦：王先慎曰：东牟侯同时受封赐，见《传》（编者按：《传》，指《汉书·高五王传》）。（《汉书补注·文帝纪》）

【汇评】

刘友益：三人之功一也，论功列叙平、勃、灌婴而不及章，则帝之私也。按：《史记》朱虚侯章只赐邑二千户、金千斤。（引自《袁王纲鉴合编》卷六）

⑯【汇注】

司马迁：刘揭，文帝封。（《史记·惠景间侯者年表》）

司马贞：韦昭云勃海县。（《史记索隐·孝文本纪》）

张守节：《括地志》云："阳信故城在沧州无棣县东南三十里，汉阳信县。"（《史记正义·孝文本纪》）

龚浩康：阳信，县名。治所在今山东省阳信县境内。（见王利器主编《史记注译·孝文本纪》）

王　恢：刘揭，元年三月辛丑（《汉表》作十一月，未知孰是），以典客夺吕禄印，闭殿门拒吕产等，共立皇帝，侯。景帝六年（前151），子中意有罪，免。《汉志》勃海郡县，今河北无棣县东南三十里；一说东北十五里。（《史记本纪地理图考·文帝本纪》）

⑰【汇注】

赵　翼：古时不以白金为币，专用黄金，而黄金甚多。尉缭说秦王，赂诸侯豪臣，不过三十万金，而诸侯可尽。汉高祖以四万斤与陈平，使为楚反间，不问其出入。娄敬说帝都关中，田肯说帝当以亲子弟封齐，即各赐五百斤。叔孙通定朝仪，亦赐五百斤。吕后崩，遗诏赐诸侯王各千斤。陈平交欢周勃，用五百斤。文帝即位，以大臣诛诸吕功，赐周勃五千斤，陈平、灌婴各二千斤，刘章、刘揭各千斤。吴王濞反，募能斩汉大将者五千斤，列将三千斤，裨将二千斤，二千石一千斤。梁孝王薨，有四十万斤。武帝平阳公主千斤，赐卜式四百斤。卫青击匈奴，斩首虏万九千级，军受赐二千万斤……可见古时黄金之多也。（《廿二史札记》卷三《汉多黄金》）

王世贞：汉文帝即位，太尉勃赐黄金五千斤，丞相平、将军婴二千斤，朱虚侯章、襄平侯通、典客揭各千斤。宣帝即位，大将军光赐黄金七千斤、钱六千万、杂缯三万匹。汉世赏功之重如此。（引自《百五十家评注史记》）

林茂春：郝京山曰：《汉书注》凡言赐若干金者，一金予万钱，非实金也。言赐金若干及言黄金者，实金也。按：此云赐太尉勃金五千斤，则是实金八万两也。陈平、灌婴各二千斤，襄平、东平、典客各金千斤，则是共金七千斤，为金十一万二千两。况遍及诸臣当赐者不知若干人，则倾府库之藏不足，岂其然乎！当时必别有条例，即所称赐金若干者，未必全是金。古人赏数以多为名，如云万钟万镒九百十万皆细数以见多。如汉制三公号万石，实月谷三百五十斛；中二千石，月各百八十斛；二千石，百二十斛；比二千石，百斛。以下递减，不及全数之半，少者不及十之七八，皆非必实给也。（《史记拾遗》）

【汇评】

高　敏：文帝依靠与重用刘邦时期的老臣、宿将和尊宠优待刘氏宗亲及诛诸吕有功列侯的举措，从时间上说，几乎终文帝之世未尝中止；从范围来说，几乎包括追随过刘邦的所有老臣、宿将和全部刘氏宗亲、列侯；从程度上来说，封王侯、赐爵级、益封户、拜丞相、赏钱财和免租税徭役，几乎无所不包。因此，文帝时期是尊宠刘氏宗亲和依靠刘邦时期老臣、宿将最为突出的时期。究其原因，一方面在于这些人诛诸吕和迎立有功，另一方面同文帝想极力维护刘邦所确立的政治原则有密切关系。如果说文帝除亡秦苛法暴政和实行轻徭薄赋、放宽禁令等措施给他塑造了"仁者"和改革者的形象的话，那么，他的一系列尊宠刘氏宗亲和依靠老臣、宿将的措施，就赋予他以因循守旧和固定刘邦政治原则的形象。造成这种形象上矛盾的原因，在于他为老臣、宿将及刘氏宗亲所迎立，从而使报恩的思想束缚了他的手脚，出现了人格上的二重性。（《论汉文帝》，载《史学月刊》2001年第1期）

十二月，上曰①："法者，治之正也②，所以禁暴而率善人也③。今犯法已论，而使毋罪之父母妻子同产坐之④，及为收帑⑤，朕甚不取。其议之。"有司皆曰⑥："民不能自治，故为法以禁之。相坐坐收⑦，所以累其心⑧，使重犯法⑨，所从来远矣。如故便⑩。"上曰："朕闻法正则民悫⑪，罪当则民从⑫。且夫牧民而导之善者，吏也⑬。其既不能导⑭，又以不正之法罪之，是反害于民为暴者也⑮。何以禁之？朕未见其便，其孰计之⑯。"有司皆曰："陛下加大惠，德甚盛，非臣等所及也。请奉诏书，除收帑诸相坐律令⑰。"

① 【汇校】

　　[日] 泷川资言：《汉书·刑法志》为文帝二年事，误。（《史记会注考证附校补》卷十《孝文本纪》）

　　王叔岷：案：《考证》云云，王先谦《汉书补注》引钱大昕已有说。"上曰"《刑法志》作"又诏丞相、太尉、御史"。《通鉴》径改"上曰"为"诏曰"。王应麟《汉艺文志考证》五云：《史记·文帝纪》凡诏皆称"上曰"，以其出于帝之实意也。（《史记斠证》卷十）

　　编者按：《汉书·刑法志》以诏除收帑诸相坐律令为孝文二年事。

【汇注】

　　王若虚：汉文诸诏，班固皆书诏，而迁称"上曰"。按其文意，当以诏字为是。（《滹南遗老集》卷十一）

　　汪克宽："名号例"曰：秦汉称帝。注曰：其曰"上"者，当时臣子之辞，今不用，唯注中或因旧文。（《环谷集》卷四《通鉴纲目凡例考异序》）

【汇评】

　　真德秀：文帝元年十月即位，十二月下此诏，盖即位后第二诏也。班氏载于《刑法志》，《史记》书之本纪。太史公书于高、景二纪，诏皆不书，独《文帝纪》凡诏皆称"上曰"，以其出于帝之实意故也。不然，则山东老癃扶杖听诏，愿见德化之成，其可以空言动耶！（引自陈仁子编《文选补遗》卷一《议犯法相坐诏》）

　　丘　濬：《史》纪文帝凡诏皆称"上曰"，而他纪则不然，以见一朝王言出于帝之实意。山东民杖扶往听，老羸癃疾愿须臾无死必真。此实惠上以实、感下必以实应人君，尊居九重，与民相与使之鼓舞，惟有诏令耳，可不以实哉。《易》曰：天下有风，姤。后以施命诰四方。风者，天子号令鼓舞万物者也。诏令之入，人沦于肌骨，一如风之于万物也。（引自《论世八编》三编第六卷）

② 【汇注】

　　胡三省：治，直吏翻。（见《资治通鉴》卷十三注）

　　[日] 泷川资言：正，"正鹄"之"正"。（《史记会注考证附校补》卷十《孝文本纪》）

　　王叔岷：案：《刘子·赏罚篇》："治民御下，莫正于法。"（《史记斠证》卷十）

③ 【汇校】

　　王叔岷：案："率"借为"達"，《说文》："達，先道也。"（段玉裁注：道，今之"导"字。）"率善人"犹言"导善人"。下文"且夫牧民而导之善者，吏也"，可证此"率"字之义。《刑法志》"率"作"衞"，"衞"盖"衛"之误，"衛"（今作帅）亦借为"達"。（《史记斠证》卷十）

④ 【汇注】

　　[日] 泷川资言：同产，兄弟。(《史记会注考证附校补》卷十《孝文本纪》)

　　张家英：此"论"字非评论、议论之论，而是刑法上的用语，是判罪、定罪的意思。这一意义的"论"，《史记》中多次使用了。《李斯列传》："二世二年七月，具斯五刑，论腰斩咸阳市。"《张耳陈余列传》："[贯]高曰：'人情宁不各爱其父母妻子乎？今吾三族皆以论死，岂以王易吾亲哉！'"《淮南衡山列传》："及长身自贼杀无罪者一人，令吏论杀无罪者六人。""论腰斩"即判决腰斩，"论死"即判定死罪，"论杀"即判定处死。这种"判决、判定"，实际上是从"分析、评定"的意义引申生发而来的。(《〈史记〉十二本纪疑诂·孝文本纪》)

⑤ 【汇校】

　　李　笠：按：父母妻子同坐便是收帑，不得复云"及"也，"及"疑为"乃"字之误。(《史记订补》卷二《孝文本纪》)

　　王叔岷：案：《刑法志》"及"字同。"及"非误字，"及"犹"至于"也。《梁孝王世家》："及左右近臣少见之人，如从管中窥天也。""及"亦与"至于"同义。(彼文裴学海《古书虚字集释》五已有说。)(《史记斠证》卷十)

【汇注】

　　裴　骃：应劭曰："帑，子也。秦法一人有罪，并坐其家室。今除此律。"(《史记集解·孝文本纪》)

　　编者按：清陈景云《两汉订误》(卷一)曰："应劭曰：'秦法一人有罪，并其家室。'按：'并'下当有'坐'字。"

　　颜师古：帑读与奴同，假借字也。(《汉书注·文帝纪》)

　　司马贞：(收帑)，收录其妻子，没为官奴婢。(《史记索隐·商君列传》)

【汇评】

　　钱　时：舜罚弗及嗣，文王罪人不帑，而况于父母乎！高祖入关，约法三章，余悉去秦苛法，曷为而收帑相坐，复仍秦旧，此萧相国定律之罪也。文帝即位而首除之，知所先务矣。又明年，盗高庙玉环而乃不胜其怒，欲致之族，抑何欤？(《两汉笔记》卷三)

⑥ 【汇校】

　　王叔岷：案：《刑法志》作"左右丞相周勃、陈平奏言"。下文"有司皆曰"作"平、勃乃曰"。(《史记斠证》卷十)

【汇注】

　　龚浩康：有司，有关主管官员。古代设官分职，各有专司，所以称"有司"。这里泛指朝廷大臣。(见王利器主编《史记注译·孝文本纪》)

⑦【汇校】

王叔岷：案：下"坐"字当从《刑法志》作"及"，涉上"坐"字而误也。"相坐及收"，承上文"使毋罪之父母妻子同产坐之，及为收帑"而言。(《史记斠证》卷十)

【汇注】

沈家本：收与坐系二事。《说文》：收，捕也。《汉志》"逮系"注："辞之所，及则追捕之。"《诗·瞻卬》："此宜无罪，汝反收之。"《毛传》：收，拘收也。有罪者收，无罪者坐。《汉志》言"使有罪不收，无罪不相坐"，曰收律，曰相坐法，画然分明。(《历代刑法考·刑法分考一》)

张大可：相互牵连治罪，目的是以此束缚他们的犯罪心理。(《史记全本新注·孝文本纪》)

张家英："相坐"也可以叫作"连坐"或是"相连坐"。这也可见于《史记》中。《商君列传》："令民为什伍，而相牧司连坐：不告奸者腰斩，告奸者与斩敌首同赏，匿奸者与降敌同罚。"《索隐》："牧司谓相纠发也。一家有罪而九家连举发；若不纠举，则十家连坐。""相坐""连坐"或"相连坐"是商鞅变法时在秦国实施的。"令民为什伍"，即让居民每十家或五家为一单位，其中一家犯罪，其余各家要检举告发；不检举告发者要予以治罪。《李斯列传》："赵高曰：'严法而刻刑，令有罪者相坐诛，至收族，灭大臣而远骨肉；贫者富之，贱者贵之。……'二世然高之言，乃更为法律。……杀大臣蒙毅等，公子十二人僇死咸阳市，十公主矺死于杜，财物入于县官，相连坐者不可胜数。"于是，"法令诛罚日益刻深，群臣人人自危，欲叛者众"。取得这样的结果自会是必然的、不可避免的了。

《考证》引沈家本说，认为"坐"与"收"系二事。诚然，从词义上说，"坐"与"收"是不同的。但"坐收"是因相坐而被收捕，所以"相坐"与"坐收"实质上仍然是一回事，联系相当密切。这从下面所举一例中可以清晰地看出。《淮南衡山列传》："衡山王赐，淮南王弟也，当坐收，有司请逮捕衡山王。天子曰：'诸侯各以其国为本，不当相坐。与诸侯王、列侯会肆丞相、诸侯议。'"这里"相坐"与"坐收"针对的是同一个人、同一件事，只不过天子以"诸侯……不当相坐"为由，为衡山王赐开脱了应予"坐收"的罪责而已。(《〈史记〉十二本纪疑诂·孝文本纪》)

⑧【汇注】

王叔岷：案：王先谦云：《淮南·氾论》："故引太祖以累其心。"高注："累，恐也。"(《史记斠证》卷十)

⑨【汇注】

颜师古：重，难也。累音力瑞反。(《汉书注·刑法志》)

龚浩康：重，看重；不轻视。(见王利器主编《史记注译·孝文本纪》)

⑩【汇评】

程馀庆：一飏。（《历代名家评注史记集说·孝文本纪》）

⑪【汇注】

颜师古：愚，谨也，音丘角反。（《汉书注·刑法志》）

⑫【汇评】

金春峰：文、景好黄老刑名，不任儒者。所以在诏书中反复申言"法者，治之正也，所以禁暴而率善人也"，"法正则民愚，罪当则民正"（编者按：中华书局本《史记·孝文本纪》作"罪当则民从"）……可谓李斯"无书简之文，以吏为师"的翻版。（《汉代思想史·汉初黄老思想的政治实质及其在学术领域的影响》）

⑬【汇校】

王叔岷：案："之"犹"以"也。（《史记斠证》卷十）

【汇注】

颜师古：道读曰导。以善导之也。（《汉书注·刑法志》）

【汇评】

程馀庆：责备得是。汉吏治之盛，始此一语。（《历代名家评注史记集说·孝文本纪》）

⑭【汇校】

王叔岷：案："其"犹"若"也。《范雎列传》："王其欲霸，必亲中国。"《战国策·秦策三》《长短经·七雄略注》《通鉴·周纪五》"其"并作"若"，《扁鹊列传》："其在骨髓，虽有司命，无奈之何。"《文选》枚叔《七发》注引《韩非子》"其"作"若"（今本《韩非子·喻老篇》无"若"字），并其、若同义之证。《楚世家》："其奸回昏乱，虽大必轻。"（又见《左》宣三年传，参看吴昌莹《经词歆释》（编者按：当为《经词衍释》）五。"其"亦与"若"同义。（《史记斠证》卷十）

⑮【汇注】

颜师古：法害于人，是法为暴。（《汉书注·刑法志》）

⑯【汇注】

徐复观：元年十二月"上曰，法者治之正也"一段议论，移到《刑法志》。（《两汉思想史》卷三《〈史〉〈汉〉比较研究之一例》）

⑰【汇注】

班　固：至高后元年，乃除三族罪、袄言令。孝文二年，又诏丞相、太尉、御史："法者，治之正，所以禁暴而卫善人也。今犯法者已论，而使无罪之父母妻子同产坐之及收，朕甚弗取。其议。"左右丞相周勃、陈平奏言："父母妻子同产相坐及收，所以累其心，使重犯法也。收之道，所由来久矣。臣之愚计，以为如其故便。"文帝复曰："朕闻之，法正则民悫，罪当则民从。且夫牧民而道之以善者，吏也；既不能道，又以不正之法罪之，是法反害于民，为暴者也。朕未见其便，宜孰计之。"平、勃乃曰："陛下幸加大惠于天下，使有罪不收，无罪不相坐，甚盛德，臣等所不及也。臣等谨奉诏，尽除收律、相坐法。"（《汉书·刑法志》）

编者按：吕祖谦《大事记解题》卷十引用上文后评论说："由是言之，风俗移易，人性相近而习相远，信矣。夫以孝文之仁，平、勃之知，犹有过刑谬论如此甚也，而况庸材溺于末流者乎！"

凌稚隆：又按：《史记》此纪载除收帑诏文，班掾移入《刑法志》内。（《汉书评林·文帝纪》）

董说：收帑，详见《什伍之法》。谓收录其妻子，没为奴婢。秦法：一人罪，收其室家。《盐铁论》云："纣为炮烙之法，而秦有收帑之法。"（《七国考》卷十二《秦刑法》）

王鸣盛：盖车裂、腰斩、具五刑、夷三族，皆秦之酷法，汉初沿袭行之。韩信、彭越、英布皆受此。至《文纪》元年冬十二月，尽除收帑相坐律令。十三年夏五月，除肉刑法矣。然景帝于晁错，武帝于郭解、主父偃、公孙贺、李陵、李广利、公孙敖、任安、田仁、刘屈氂，犹皆腰斩夷族。则《文纪》云云，徒虚语耳。（《十七史商榷》卷二十四）

【汇评】

范晔：高帝受命诛暴，平荡天下，约令定律，诚得其宜。文帝……惟除省肉刑、相坐之法，它皆率由，无革旧章。（《后汉书》卷六四《梁统传》）

陈仁子：汉之不为秦，以高帝之后继以文帝。夫一人有罪并坐其家，秦法也。文帝不为秦，而武帝似秦，文帝除收帑诸相坐之令，而武帝立见知故纵之法。呜呼！汉高帝性本宽厚，非文帝培植之深，则断丧于武帝者，又一秦也。故高帝能创天下，而武帝能守天下。（《文选补遗》卷一《议犯法相坐诏》）

真德秀：文帝除收帑及肉刑、求直言除诽谤、祠官劝农等诏，皆尔雅温厚，有浑浩气象。（引自凌稚隆《史记评林·孝文本纪》）

霍韬：帝曰：法以禁暴卫善，人之帝所以御史也。又曰：法正民悫，罪当民从，帝王御世大中之矩也。曰吏道民善，曰法反害民，建官制政之本，虐政残民之弊尽知矣。故曰：文帝，汉守成令主也。又曰：秦法，一人犯罪，一家坐死，惨酷矣。帝除之，仁政也，我立法惟叛逆乃连坐，万世之中极也。（《兀涯西汉书议》卷二）

邵经邦：孟子之称文王，必曰罪人不孥。帝虽未能究竟扩充，然而汉之元气勃勃然矣。贾山所谓思见德化之成者如此。（引自凌稚隆《史记评林·孝文本纪》）

袁黄、王世贞：文帝继统之初，正四方观听维新之日，《纲目》前书除收帑相坐律令,则见其急于解娆之意;次书定振穷养老之令,则见其切于养民之义;至是继书令四方毋来献,则又见其清净玄默之意。未及一年,帝之善政盖已班班可纪。汉治之兴,固其宜也。(《袁王纲鉴合编》卷六)

吴见思: 高帝刑乱国用重典,文帝则刑治国用轻典也。(《史记论文·孝文本纪》)

汪　越: 孝文元年书除收帑相罪律,首施仁也。(《读史记十表》卷十)

于豪亮: 汉文帝废除了连坐法和收帑法。《史记·孝文本纪》记载:"(文帝元年)十二月,上曰:'法者,治之正也,所以禁暴而率善人也。今犯法已论,而使毋罪之父母妻子同产坐之,及为收帑,朕甚不取。其议之。'……有司皆曰:'陛下加大惠,德甚盛,非臣等所及也。请奉诏书,除收帑、诸相坐律令。'"但实际上,连坐之法,西汉一直没有废除。《汉书·刑法志》在记载"尽除收帑、相坐法"之后,接着说:"其后,新垣平谋为逆,复行三族之诛。"《晁错传》记载晁错"要斩,父母妻子同产无少长皆弃市"。《李陵传》:"于是族陵家,母弟妻子皆伏诛。"……《考古》1980年第2期刊出了1973年肩水金关出土的一件文书,内容是:"遂验大逆无道故广陵王胥御者同产弟,故长公主第卿大婢外人。"这也是西汉实行连坐法的一个例子。《汉书·孔光传》记载,西汉一直有"大逆无道,父母妻子同产无少长皆弃市"这样一条法律,上述诸人被族诛,正是根据这条法律判决的。追查外人,也是根据这条法律。

西汉没有废除连坐法,仍实行族诛。收帑法却自汉文帝宣布废除以后直至西汉末始终没有再执行过,这里有一些旁证。《汉书·酷吏传·严延年传》:"(严延年)坐怨望非谤政治不道弃市。初,延年母从东海来,欲从延年腊。到雒阳,适见报囚,母大惊,便止都亭,不肯入府……母毕正腊,谓延年:'天道神明,人不可独杀,我不意当老见壮子被刑戮也。行矣,去女东归,扫除墓地耳。'遂去。归郡,见昆弟宗人,复为言之。后岁余,果败。东海莫不贤知其母。延年兄弟五人皆有吏材,至大官,东海号曰'万石严妪'。次弟彭祖,至太子太傅,在《儒林传》。"严延年"坐怨望非谤政治不道弃市",他的兄弟五人仍然"至大官",他的母亲甚至被称为"万石严妪"。他们当然没有被没收成为奴婢……又《王章传》:"(王章)书遂上,果下廷尉狱,妻子皆收系。章小女年可十二,夜起号哭曰:'平生狱上呼囚,数常至九,今八而止,我君素刚,先死者必君。'明日问之,章果死。妻子皆徙合浦。大将军凤薨后,后弟成都侯商复为大将军辅政。白上还章妻子故郡。其家属皆完具,采珠致产数百万。时萧育为泰山太守,皆令赎还故田宅。"王章被判处死刑后,他的妻、子被收系并远徙至合浦,他们不但没有被没收为官奴婢,反而因采珠成为巨富,也许他们还蓄有不少奴婢呢。以上的事实表明,西汉确实废除了收帑法。(《西汉对法律的改革》,载《中国史研究》1982年第2期)

彭　年: 收帑又称收、收录,或籍没。《史记·商君列传》索隐曰:"收,收录其妻、子，没为官奴婢。"《史记·秦始皇本纪》索隐亦"谓籍没其一门，皆为徒隶。"可见所谓收孥，就是一人犯罪，将其妻、子家属没入为官奴婢。

收孥之法的施行，在秦最为频繁。早在商鞅变法之时，秦国对罪犯就有"诛其身，没其家"，即"纠举而收录其妻、子为官奴婢"的刑罚（《史记·商君列传》索隐）。秦始皇统一中国后，收孥之法推行于全国。《盐铁论·周秦》载文学叙述秦代的状况说："纣为炮烙之刑，而秦有收孥之法。赵高以峻文决罪于内，百官以峭法断割于外，死者相枕席，刑者相望，百姓侧目重足，不寒而栗。"文学之言，可谓入木三分，足见秦代收孥之法实施之严酷。

西汉初年，"顺稽古之训，成时雍之化"，蠲除苛法严刑，释放部分官私奴婢，但是仍然保留籍没之制。汉律规定，罪人的妻、子"没为官奴婢，黥面"（《魏志·毛玠传》），"其弟没为奴"（《吕氏春秋·开春纪》注引《律》）。汉文帝二年，文帝曾与群臣讨论收孥律的得失，《汉书·刑法志》记录了当时君臣的意见（略）。君臣讨论的结果，是汉文帝下了"尽除收律、相坐法"的诏令。看来，收律当时是废除了，但汉景帝平定吴楚"七国之乱"后，又将"其首事者妻、子没入为官奴婢"（《汉书·武帝纪》引应劭注）。这说明文帝"尽除收律"的诏令，已变成有名无实的一纸具文。（《秦汉族刑、收孥、相坐诸法及其施行之探讨》，见《秦汉史论丛》）

正月，有司言曰："蚤建太子①，所以尊宗庙。请立太子②。"上曰③："朕既不德，上帝神明未歆享④，天下人民未有嗛志⑤。今纵不能博求天下贤圣有德之人而禅天下焉⑥，而曰豫建太子，是重吾不德也⑦。谓天下何⑧？其安之⑨。"有司曰："豫建太子，所以重宗庙社稷，不忘天下也。"上曰："楚王，季父也⑩，春秋高，阅天下之义理多矣⑪，明于国家之大体。吴王于朕，兄也，惠仁以好德⑫。淮南王，弟也，秉德以陪朕⑬。岂为不豫哉⑭！诸侯王宗室昆弟有功臣⑮，多贤及有德义者，若举有德以陪朕之不能终⑯，是社稷之灵，天下之福也。今不选举焉，而曰必子⑰，人其以朕为忘贤有德者而专于子⑱，非所以忧天下也⑲。朕甚不取也⑳。"有司皆固请曰："古者殷周有国，治安皆千馀岁㉑，古之有天下者莫长焉㉒，用此道也㉓。立嗣必子，所从来远矣。高帝亲率士大夫㉔，始平天下，建诸侯，为帝者太祖㉕。诸侯王及列侯始受国者皆亦为其国祖。子孙继嗣，世世弗绝，天下之大义也，故高帝设之以抚海内㉖。今释宜建而更选于诸侯及宗室㉗，非高帝之志也㉘。更议不宜㉙。子某最长㉚，纯厚慈仁㉛，请建以为太子。"上乃许之㉜。因赐天下民当代父后者爵各一级㉝。封将军薄昭为轵侯㉞。

① 【汇注】
颜师古：蚤，古以为早晚字也。（《汉书注·文帝纪》）
王先谦：《说文》："早，晨也。从日在申上。"蚤，啮人跳虫。蚤、早或体字，此假借通用，以为古字则谬矣。（《汉书补注·文帝纪》）
张大可：建太子要布告天下，杜绝诸皇子觊觎之心。（《史记全本新注·孝文本纪》）

【汇评】
黄　震：欲预正名分。（《古今纪要》卷二）

② 【汇评】
苏　辙：汉文帝即位，群臣请立太子，群臣不自疑而敢请，文帝亦不疑其臣有二心。后唐明宗尤恶人言太子事。然汉文帝立太子之后，享国长久，为汉太宗。明宗储嗣不早定，而秦王以窥觊陷于大祸，后唐遂乱。（引自真德秀编《续文章正宗》卷六《欧阳文忠公神道碑》）

王应麟：或问：文帝元年，有司何以即有建太子之请？曰：太子天下之本，本正而天下定。高帝初为汉王，二年立子盈为太子，此汉之家法也。以高帝之豫定，犹牵于如意之爱。惠帝继嗣不明，遂有易姓之变，称制之僭，厥监不远，有司所以固请也。吕献可谏行议建储贰之赏，谓汉史载豫建太子，但云有司，不著其人。讫景帝世，不闻赏建言者言之，是公于天下赏之者，私于己也。盖汉俗近古，上无私恩，下无贪功，与后世异矣。然文帝知豫建而不知豫教。周勃、灌婴知为窦氏择师傅，而不知为太子择师傅也。用智囊之术，所习者刑名；逞博局之忿，所尚者刻薄。贾谊选端士正人之言，听之藐藐也。帝王之学不传而垂裕诒谋，诗书所称有愧焉。文帝天资粹美，岂大臣无以格其心欤？自汉而下，人君以建储为讳，若唐之宣宗，后唐之明宗。其终也，宦寺擅制君之权，宫闱起称兵之祸，是皆不学之过也。古者不讳危亡。贾谊谓生为明帝，没为明神，朝委裘而天下不乱。又曰万年之后传之老母弱子，将使不宁。文帝不

以为讳。彼讳言建储者,其能长有天下乎?文帝可谓知为君之道矣。(《通鉴答问》卷三)

孙　琮:文势急中缓,缓中急,悠扬委曲,温雅可式。(《山晓阁史记选》卷一《文帝本纪》)

③【汇注】

真德秀:按:"上曰"以下疑是面谕有司之语。(引自陈仁子《文选补遗》卷一《答有司请建太子诏》)

④【汇校】

张文虎:吴校宋板"弗",各本作"未"。(按:金陵本未及剜改,仍作"未"。中华本初版亦作"未",再版改。)(《校刊史记集解索隐正义札记》卷一《孝文本纪》)

【汇注】

王叔岷:案:《汉书·文帝纪》享作飨,古字通用。"歆享"复语,歆亦享也。《左》襄二十七年传:"能歆神人。"杜预注:"歆,享也。"(《史记斠证》卷十)

⑤【汇校】

郝　敬:嗛与歉、慊并通,不足而欲曰"嗛",从口,与"歉"同。已足而快曰"慊",从心从口,音衔。《佞幸传》"太后因此嗛韩嫣",衔恨即不足之意,从心,音恰。《大学》"此之谓自慊",快足也。俗语"饥思食",曰欠,即嗛意,言未见民人有欲我而欠之者。(编者按:林茂春《史记拾遗》引用此段,无"俗语"至"欠之者"句。)《礼书》"人焉而嗛",亦不足之意,与"慊"异。《汉书》作"未有慊志",以慊用也。(《批点史记琐琐》卷一)

顾炎武:《孝文纪》"天下人民未有嗛志"与《乐毅传》"先王以为慊于志"同,皆厌足之意。《荀子》"惆然不嗛",又曰"由俗谓之道尽嗛也",又曰"向万物之美而不能嗛也",又曰"不自嗛其行者言滥过",《战国策》"齐桓公夜半不嗛",又曰"膳啗之嗛于口",并是慊字而误从口。《大学》"此之谓自谦",亦慊字而误从言。《吕氏春秋》"苟可以傔剂貌辨者,吾无辞为也",亦慊字而误从人。(《日知录》卷二十七《史记注》)

钱大昭:《史记》"慊"作"嗛"。《荀子·荣辱篇》:"臭之而无嗛于鼻。"杨倞注:"'嗛'当为'慊',盖义与'惬'同。"(《汉书辨疑》卷一)

方　苞:《索隐》"嗛者,不满之意",与文义不协。《战国策》"齐桓公夜半不嗛",注:嗛,快也。《汉书》作"嗛",亦快足之意。(《史记注补正·文帝纪》)

梁玉绳:"嗛"即"慊",《汉书》作"慊志",义同(应劭曰"满也"。师古曰"快也")。《索隐》以为"不满之意",非也。(《史记志疑》卷七《孝文本纪》)

沈　涛:《孝文本纪》"天下人民未有嗛志",《索隐》曰:"嗛者,不满之意。

未有嗛志，言天下皆志不满也。"涛按：小司马之说不可通。嗛，《汉书》作"慊"，应劭音箧，曰满也。师古曰：慊，快也。然则嗛乃慊之假字。小司马以本字义训释之，误矣。(《铜熨斗斋随笔》卷三)

张文虎："嗛"当为"慊"，《汉书》作"慊"，义与"慊"同，注引应劭曰：慊，满也。此衍"不"字。(《校刊史记集解索隐正义札记》卷一《孝文本纪》)

吴汝纶：梁云"嗛"即"慊"，《汉书》作"慊志"。(《点勘史记读本·孝文本纪》)

李　笠：按：方氏、梁氏说是也。《庄子·天运》：尽去而后慊。《释文》：慊，本作嗛。《乐毅传》"先王以为慊于志"与此义同。小司马于此云不满，于彼云不慊，并是不通训诂之失。顾氏《日知录》亦言"嗛"为厌足之意，与方氏说同，然以"嗛"为"慊"之误，亦未然。(《史记订补》卷二《孝文本纪》)

王叔岷：案：《索隐》"不满之意"，"不"字疑衍。盖训嗛为满，故释"未有嗛志"为"天下皆志不满也"。《考证》引顾说，谓"嗛"与《乐毅传》之"慊"同，是也。《荀子·正名篇》杨倞注引《乐毅传》作"先王以为嗛于志"，可证。(《史记斠证》卷十)

吴国泰：按：小司马以为"嗛者，不满之意也。未有嗛志，言天下皆志不满也"。其言不可通。顾炎武以为同于"慊"字，训为厌足义，然《说文》"慊，疑也"，乃"嫌"之本字，无厌足义。若以为同于"歉"，则歉者，"食不满也"，与厌足之义正相反，是顾氏之言亦未可从也。考《汉书》此句作"未有慊志"，师古曰"慊，快也"，其言是也。盖"嗛"者正是"慊"之借字也。嗛、慊，同属于见纽双声，故可假嗛为慊也。今不求之于声，而惟求之于字，固宜其扞格而难通矣。(《史记》解诂(下)》，载《文史》第43辑)

【汇注】

颜师古：应劭曰："慊音箧。慊，满也。"师古曰："慊，快也。"(《汉书注·文帝纪》)

司马贞：按：嗛者，满之意也。未有嗛志，言天下皆志不满也。《汉书》作"傔志"，安也。(《史记索隐·孝文本纪》)

编者按：点校本《史记》修订本："嗛者满之意也"，"满"，原作"不满"，梁玉绳《志疑》卷七："'嗛'即'慊'，《汉书》作'慊志'，义同。应劭曰'满也'。师古曰'快也'。《索隐》以为'不满之意'，非也。"今据删。

张守节：恨也，未有恩惠之志民也；又谦牒反，言未有慊洽之志于民。(引自张衍田《史记正义佚文辑校·孝文本纪》)

朱锦绶：《索隐》曰：嗛者，不满之意也。案：如《索隐》说，此句应解为未有不满之志。小司马乃解为天下皆志不满，自相矛盾，不知此句固应解为天下皆志不满，而"嗛"字应训"慊"，文义方和。《庄子·盗跖篇》"口嗛于刍豢醪醴之味"，《战国策》"膳啖之嗛于口"，注：嗛，慊也，皆"嗛"训"慊"之明证。（《读史记日记》）

章诒燕：按：《说文》：嗛，口有所衔也。《夏小正》：田鼠者，嗛鼠也。此为"嗛"字本义。《汉书·外戚世家》：景帝恚，心嗛之而未发。《佞幸传》：太后由此嗛韩嫣。此用"嗛"字本义，即假借为"衔"字也。《谷梁传》：谷不升谓之嗛。《商铭》：嗛嗛之食，嗛嗛之德。《汉书·郊祀志》：今谷嗛未报。颜注：嗛，少意也。此假借为歉字也。《子夏》《周易》《汉书·艺文志》谦卦皆作嗛。《汉书·司马相如传》：陛下嗛让而弗发。《尹翁归传》：温良嗛退。颜注：嗛，古谦字，此又假借为谦字也。《庄子》：口嗛于刍豢醪醴之味。《战国·赵策》：衣服之便于体，膳啖之嗛于口。《魏策》：齐桓公夜半不嗛。《史记·乐毅传》：先王以为慊于志。《索隐》：曰慊亦作嗛。考慊字本作嫌疑之嫌，故《汉书·赵充国传》云：偷得避慊之便。而《大学注》：谦读为慊，快也，足也。此借慊为慊，因即借嗛为慊也。嗛字于本义外，音义之不同者四，除嗛、谦古通用弗论，其假借为衔字者户监切，假借为歉字者苦簟切，假借为慊字者诘叶切。此从诘叶切，文帝谦言天下人民未有快足之志也。《索隐》于《乐毅传》通慊于嗛，而于此乃训为不满之意，是本文从诘叶切，借为慊字，而《索隐》从苦簟切借为歉字，语适相反矣。顾亭林驳正此条，于嗛字偏旁明辨以晢，而音义之歧，不识何以置之不论。今备载于此，亦可为顾说之一助。（《读史诤言》卷一《史记诤言》）

[日]**泷川资言**：顾炎武曰：嗛，与《乐毅传》"先王以为慊于志"之"慊"同，厌足之义。（《史记会注考证附校补》卷十《孝文本纪》）

瞿方梅：案：嗛者，足也，快也。《索隐》说殊矛盾。今本《汉书》作"慊"，慊字异而义则同。（《史记三家注补正·孝文本纪第十》）

张家英："嗛"为一多音多义字。《史记》中使用五次。除本例外，其余四次均应读xián：《外戚世家》："景帝恚，心嗛之而未发也。"《酷吏列传》："上怒曰：'纵以我为不复行此道乎？'嗛之。"《大宛列传》："乌嗛肉蜚其上，狼往乳之。"《佞幸列传》："太后由此嗛嫣。"以上四例，三家注均谓读与"衔"同。除第三例其义亦同"衔"之外，其余三例都是表"衔恨"之义的。

"嗛"可以通"慊"。《乐毅列传》："先王以为慊于志，故裂地而封之，故得比小国诸侯。"《索隐》即以为，"慊"作"嗛"。此"嗛"当读qiè。《汉书·文帝纪》"嗛志"作"慊志"。此"慊"即今日通行之"惬"字。（《〈史记〉十二本纪疑诂·孝文本纪》）

⑥【汇校】

编者按：《汉书·文帝纪》中"禅"作"嬗"。

【汇注】

　　颜师古：晋灼曰："嬗，古禅字。"（《汉书注·文帝纪》）

【汇评】

　　孙　琮：矢口堂皇，琅琅有声。（《山晓阁史记选》卷一《文帝本纪》）

⑦【汇注】

　　王叔岷：案：《广雅·释言》：豫，早也。（《史记斠证》卷十）

【汇评】

　　孙　琮：此文帝谦让，后代岂得籍。（《山晓阁史记选》卷一《文帝本纪》）

⑧【汇注】

　　颜师古：犹言何以称天下之望。（《汉书注·文帝纪》）

　　司马贞：言何以谓于天下也。（《史记索隐·孝文本纪》）

　　王念孙："今纵不能博求天下贤圣有德之人而禅天下焉，而曰豫建太子，是重吾不德也，谓天下何？"《索隐》曰："言何以谓于天下也。"念孙按："谓"犹"如"也，言如天下何也。《礼书》曰"典法不传，谓子孙何"，《律书》曰"谓百姓远方何"，义并与此同。《礼书》又曰"孝文以为繁礼饰貌，无益于治，躬化谓何耳"，言礼貌不足恃，但问躬化如何耳（《正义》曰"躬化节俭，谓何嫌耳"，非是）。《儒林传》申公对武帝曰"为治者不至多言，顾力行何如耳"，语意与此同。古者谓如何为谓何。《邶风·北门篇》："天实为之，谓之何哉？"言如之何也。僖二十八年，《左传》"救而弃之，谓诸侯何"，言如诸侯何也。成二年《左传》"以师伐人，遇其师而还，将谓君何"，言将如君何也。十七年《左传》"君实有臣而杀之，其谓君何"，言其如君何也。《齐策》曰"虽恶于后王，吾独谓先生何乎"，言独如先生何也。故高注曰：谓何，犹奈何也。奈，亦如也。《魏策》曰"杀之亡之，无谓天下何？内之，无若群臣何"，言无如天下何、无如群臣何也。《汉书·礼乐志·郊祀歌》"遍观是邪谓何"，晋灼曰：谓何，当如之何也。（《读书杂志·史记·孝文本纪》）

　　王叔岷：案：王说又见《经传释词》二，惟于彼释"谓天下何"为"奈天下何"，其义一也。下文孝文遗诏，亦云："谓天下何！"《国语·晋语》："奈吾君何！"与此句法同。（《史记斠证》卷十）

⑨【汇注】

　　颜师古：安犹徐也，言不宜汲汲耳。（《汉书注·文帝纪》）

　　司马贞：其，发声也。安者，徐也。言徐徐且待也。（《史记索隐·孝文本纪》）

　　程馀庆：安，徐也，字法。（《历代名家评注史记集说·孝文本纪》）

【汇评】

　　吴见思：文法峭宕。（《史记论文·孝文本纪》）

赵用贤：文帝此诏，有三代求言风。（引自《百大家评注史记》卷二《孝文皇帝本纪》）

⑩【汇注】

司马贞：按：崔浩云"伯、仲、叔、季，兄弟之次，故叔云叔父，季云季父"。（《史记索隐·项羽本纪》）

龚浩康：季父：叔父。古代兄弟依伯、仲、叔、季排行，所以季父又指最小的叔父。（见王利器主编《史记注译·孝文本纪》）

⑪【汇注】

裴　骃：如淳曰："阅，犹言多所更历也。"（《史记集解·孝文本纪》）

⑫【汇校】

王叔岷：案："以"犹"而"也。（《史记斠证》卷十）

【汇注】

吕祖谦：《史记》《汉书》两本纪所载，大略皆同，但《史记》云"吴王于朕，兄也，惠仁以好德。淮南王，弟也。皆秉德以陪朕"。所谓秉德以陪者，专为弟设也。《汉书》削"惠仁以好德"一句，而云"吴王于朕，兄也。淮南王，弟也。皆秉德以陪朕"，失文帝之意矣。（《大事记解题》卷十）

梁玉绳：按：《汉书》无"惠仁以好德"句，似较直捷。（《史记志疑》卷七《孝文本纪》）

佚　名：金甡曰：文帝生于高祖四年戊戌，吴濞生于始皇三十二年丙戌，长帝十二年。（《史记疏证（外一种）》卷十）

⑬【汇注】

裴　骃：文颖曰："陪，辅也。"（《史记集解·孝文本纪》）

佚　名：淮南王生于高祖九年癸卯。（《史记疏证（外一种）》卷十）

⑭【汇注】

［日］泷川资言：冈白驹曰：岂可谓之"不豫"哉？愚按："豫"字承上，言常思禅天下也。（《史记会注考证附校补》卷十《孝文本纪》）

【汇评】

焦　竑：帝王为天下后世虑，不崇虚让，以动奸臣窥伺之心。幸元王长者，独无异志，若吴王、淮南卒以逆诛，岂非惠仁好德、秉德倍朕之言启之耶？（引自《百五十家评注史记》）

吴见思：三人作两段，折宕之妙。（《史记论文·孝文本纪》）

孙　琮：缴应豫字。（《山晓阁史记选》卷一《文帝本纪》）

⑮【汇注】
　　[日] 泷川资言：中井积德曰：此有功臣，亦以同姓而言，朱虚等是也，非指异姓功臣。(《史记会注考证附校补》卷十《孝文本纪》)

⑯【汇评】
　　孙　琮："不能终"三字，亦见大臣擅废立，故加敬慎。(《山晓阁史记选》卷一《文帝本纪》)
　　程馀庆：真语。(《历代名家评注史记集说·孝文本纪》)

⑰【汇注】
　　颜师古：必将传位于子。(《汉书注·文帝纪》)
　【汇评】
　　吴见思：句峭。(《史记论文·孝文本纪》)

⑱【汇校】
　　王叔岷：案："其"犹"将"也。(《史记斠证》卷十)

⑲【汇校】
　　王叔岷：案：《通鉴》"忧"作"优"，古字通用。《说文》："忧，和之行也。《诗》曰：布政忧忧。"段注："《商颂》〔长发〕文，今诗作'优优'。毛《传》曰：优优，和也。""非所以忧天下"，犹言"非所以和天下"耳。(《史记斠证》卷十)
　【汇评】
　　五礼图：汉文初年，有司请豫建太子，诏以不能博求天下贤德之人，授之以位，非所以忧天下。辞气雍容，可谓谦而又谦者矣。虽然，帝果欲与贤德之士共天下乎？诸吕戕害诸刘，汉祀不绝者如线，幸而大臣定乱，建议奉迎帝，始得承高帝之业，乘无疆之休，天与人归，宗社有主。使天下果有贤德如舜、禹者，果可即以天下让之耶？且以天下让者，无心于天下者也。无心于天下者，虽有迹类于争天下者，吾固可以泰然不与之计较。(《雨田古论》卷上《文帝欲立贤》)

⑳【汇注】
　　颜师古：不取，犹言不用此为善也。(《汉书注·文帝纪》)
　　吴见思：即位至此才四月耳，故曰早建，故有此再让也。(《史记论文·孝文本纪》)
　【汇评】
　　陈仁子：文帝有天下而不与。其始也，不以天下私其身；其终也，不以天下私其子。帝自代郡来，辞让再三，初无一毫垂涎鼎玺之心，最是卑词而和匈奴，软语而谕南粤，视名位直将浼焉。其不有天下之心如此。有司请建太子，而帝曰别择贤，彼岂为其私哉！后立景帝，特以身履诸吕之变，不容不早定耳。西汉有帝王气象，文帝一

人而已。(《文选补遗》卷一《答有司请建太子诏》)

吕祖谦：文帝之元年，景帝方十岁耳。平、勃所以亟请建太子者，惩惠帝继嗣不明之祸也。文帝所以固让者，盖践阼之始，惧不克胜，所言皆发于中心，非好名也。至于言楚王、吴王、淮南王，特因有司有豫建之请，故答以近亲贤王尚多，岂为不豫而已，亦非为禅让不情之语也。(《大事记解题》卷十)

张　栻：文帝以庶子居藩国，入践大统，知己之立为汉社稷，非为己也，故不敢以为己私。有司请建太子，则先示博求贤圣之义，而又推之吴王、淮南王；有司请王诸子，则先推诸兄之无后者而立之。其辞气温润不迫，其义诚足以感人也。(《南轩集》卷十六《文帝为治本末》)

编者按：凌稚隆《汉书评林·文帝纪》引"有司请建太子"下诸句，著者作"张载"，"博求"作"傅求"。

许应元：让固美德，然为天下万世虑，不崇虚言以开觊觎。幸元王长者，独无异志；如吴王、淮南卒谋叛逆，以绝其世。岂非秉德陪朕之言有以启之耶？其后，景帝亦言千秋万岁后传位梁王，太后、梁王皆以为实。袁盎进说而贾怨杀身，梁王亦骄不制。则按酁使者相望于道，向无田叔、韩安国开说事亦几殆然，则无实意而崇美词，为天下者亦奚取焉！(引自凌稚隆《汉书评林·文帝纪》)

钱　时：呜呼，美矣。三代而下，闻斯言哉！(《两汉笔记》卷三)

张邦奇：文帝此言，直与尧舜之心同，宜其子孙享国长久。后之猜忌宗室者不一再传而覆绝，可鉴矣。(《兀涯西汉书议》卷二)

王夫之：有司请建太子，文帝诏曰："楚王，季父也；吴王，兄也；淮南王，弟也。"诸父昆弟之懿亲，宜无所施其伪者。而以观其后，吴濞、楚戊、淮南长无一全其躯命者。尺布斗粟之谣，取疚于天下而不救。然则诏之所云，以欲翕固张之术，处于谦以利用其忍，亦险矣哉！且夫言者，机之所自动也。吴、楚、淮南闻斯语而歆动其妄心，则虽欲扑之而不得。故曰"火生于木而焚生火之木"，自生而自剋也。文帝亦何利焉？至于侵伐而天下亦殆矣。君子立诚以修辞，言其所可行，行焉而无所避，使天下洞见其心，而鬼神孚之；兵革之萌销于心，而机不复作；则或任焉而无所用谦，或让焉而固诚也，非有伪而托"鸣"者也。何侵伐之利哉！(《读通鉴论》卷二《文帝》)

袁黄、王世贞：问汉文帝践阼之初，谦让再三，及有司早建太子，又固让不许，诚伪何如？(《袁王纲鉴合编》卷六)

王世贞：文帝此见犹不失为大公之心哉。(引自《百大家评注史记》卷二《孝文本纪》)

牛运震：议建太子一段写文帝谦让不遑处，温婉可思，蔼然如闻仁人之言。(《史

记评注》卷二《孝文本纪》）

　　孙　琮：议虽不行，然唐虞来独见此议，亦犹天下为公之道。（《山晓阁史记选》卷一《文帝本纪》）

　　李祖陶：其为政，则专务以德怀人，而欿然见自己之不足。请立太子，再三却而后从。一则曰豫建太子，重吾不德；再则曰人其以朕为忘贤而传于子，朕甚不取。（《史论五种·前汉书细读》卷一《文帝纪》）

㉑【汇校】

　　钱大昕：《汉书》作"且千岁"。（《廿二史考异》卷一）

　　王叔岷：案：古钞本"千"下有"有"字。（《史记斠证》卷十）

【汇注】

　　颜师古：治安，言当理而且安宁也。治音丈吏反。（《汉书注·文帝纪》）

　　钱大昕：按：殷周有天下，皆不及千岁，云千余岁者，并稷、卨受封之年计之。（《廿二史考异》卷一）

【汇评】

　　梁玉绳：按：治安千余岁之言非其实。（《史记志疑》卷七《孝文本纪》）

　　徐复观：元年正月，《史记》"有司皆固请曰，古者殷周有国，治安皆千余岁"，《汉书》易"皆千余岁"为"皆且千岁"，当然以《汉书》之义为长。（《两汉思想史》卷三《〈史〉〈汉〉比较研究之一例》）

㉒【汇校】

　　沈　涛：按：《汉书》作"莫长焉"，无"不"字。《索隐》曰"言古之有天下者，无长于立子，故曰莫长焉"，是小司马本亦无"不"字，今本有"不"字者衍。然小司马解莫长谓无长于立子，亦非。（《铜熨斗斋随笔》卷三）

　　梁玉绳：又"不"字当衍，"索隐本"无"不"字，与《汉书》同。（《史记志疑》卷七《孝文本纪》）

　　张文虎：各本"莫"下衍"不"字。《索隐》本无，与《汉书》合，《馆本考证》据删，《志疑》说同。（《校刊史记集解索隐正义札记》卷一《孝文本纪》）

　　编者按：泷川资言《史记会注考证附校补》卷十《孝文本纪》：愚按：延久古抄、枫山、三条本亦无"不"字。

　　郭嵩焘：按：金陵本无"不"字，与《汉书》合。《索隐》注云："古之有天下者，无长于立子，故云莫长焉。"是所传本无"不"字也。（《史记札记》卷一《孝文本纪》）

　　编者按：孙琮《山晓阁史记选》卷一《文帝本纪》作"古之有天下者莫不长焉"。

【汇注】

颜师古：言上古以来，国祚长久，无及殷、周者也。（《汉书注·文帝纪》）

司马贞：言古之有天下者，无长于立子，故云"莫长焉"。（《史记索隐·孝文本纪》）

牛运震：长谓历数绵长也。言古之有天下者历数绵长，皆由于立子。《索隐》谓"古之有天下者，无长于立子"，大非。（《读史纠谬》第一卷《史记》）

程馀庆：言古之有天下者，历数绵长，皆由于立子也。（《历代名家评注史记集说·孝文本纪》）

㉓【汇注】

颜师古：所以能尔者，以承嗣相传故也。（《汉书注·文帝纪》）

司马贞：用此道者，用殷周立子之道，故安治千有余岁也。（《史记索隐·孝文本纪》）

杨树达：按：殷有兄终弟及之制，弟尽则仍传子，此就其传子言之。（《汉书窥管》卷一《文帝纪》）

㉔【汇注】

柯维骐：《周礼》师帅皆中大夫，旅帅皆下大夫，卒长皆上士，两司马皆中士，两皆统于军将，故曰士大夫。（《史记考要》）

【汇评】

孙　琮：从高帝说来，立言有体。（《山晓阁史记选》卷一《文帝本纪》）

㉕【汇校】

吕祖谦：《史记》又云"高帝亲率士大夫，始平天下，建诸侯，为帝者太祖"。《汉书》削"亲率士大夫"一句，则与下文"建诸侯"之语不相应，于文义亦未足。（《大事记解题》卷十）

㉖【汇注】

颜师古：设，置立也，谓立此法也。（《汉书注·文帝纪》）

【汇评】

吕祖谦：有司之言曰："高帝亲率士大夫，始平天下，建诸侯，为帝者太祖。诸侯王及列侯始受国者亦皆为其国祖。子孙继嗣，世世不绝，天下之大义也，故高帝设之以抚海内。"然则当时之廷臣，盖其知此者矣。（《大事记解题》卷十）

㉗【汇注】

颜师古：释，舍也。宜建，谓適嗣。（《汉书注·文帝纪》）

㉘【汇评】

吴见思：三用高帝，事体尊重，文法历落。（《史记论文·孝文本纪》）

㉙【汇注】
　　颜师古：不当更议。（《汉书注·文帝纪》）
　　司马贞：言不宜更别议也。（《史记索隐·孝文本纪》）

㉚【汇校】
　　钱大昕：按：《高帝纪》书文帝名，《景帝纪》书武帝名。此称"某"，例亦不一。（《廿二史考异》卷一）
　　编者按：泷川资言《史记会注考证附校补》卷十《孝文本纪》：《汉书》"某"作"启"，景帝名也。
　　梁玉绳：《文帝纪》载有司请立太子云"子某最长"，当用此例（编者按：指避讳）。书曰"立子某以为代王"，即金縢所谓"元孙某"也。（《史记志疑》卷六）
　　王先谦：苏舆曰：《史记》避讳作"子某"，此纪直书子启，盖亲尽不讳也。下文"匄以启告朕"，《史记》亦删"启"字。（《汉书补注·文帝纪》）

【汇注】
　　钱大昕：《文帝纪》"子某最长，请建以立为太子"，此史公避讳之例。（《三史拾遗》卷一《高祖本纪》）
　　龚浩康：某，当时应是汉景帝刘启的名字"启"，史官为了避讳，改用"某"字代替。（见王利器主编《史记注译·孝文本纪》）

㉛【汇校】
　　[日] **泷川资言**：《汉书》"纯"作"敦"。（《史记会注考证附校补》卷十《孝文本纪》）
　　王叔岷：案：《汉纪》"纯"亦作"敦"。纯、敦义近。（《史记斠证》卷十）

㉜【汇注】
　　佚　名：金姓曰：按景帝是年十岁，即位时三十二岁。（《史记疏证（外一种）》卷十）

【汇评】
　　真德秀：有司固请，乃以子启为太子，时帝即位才数月。有司之建白，文帝之谦让，皆可为后世法。（引自陈仁子《文选补遗》卷一《答有司请建太子诏》）
　　凌约言：自秦杀扶苏，立胡亥，天下大乱。汉高盖目睹其弊者，乃亦有营营之惑，复召吕氏之变，卒致庶孽乱真，汉之不秦，无几哉。幸而有迎代之谋，又幸而有元年之诏，所以培西汉二百年之垂统，实在于此。（引自凌稚隆《史记评林·孝文本纪》）
　　李　贽：元年即立太子。是。（《史纲评要》卷六）
　　孙　琮：即位必固让而后许，建太子亦然。文帝谦让未遑，太史公摹拟逼真。（《山晓阁史记选》卷一《文帝本纪》）

㉝【汇校】
　　[日]泷川资言：何焯曰：当为父后，谓嫡长也。中井积德曰：上有庆，而泽覃下，各以类耳。愚按：《汉书》无"代"字。（《史记会注考证附校补》卷十《孝文本纪》）
　　王叔岷：案：《汉书》"代"作"为"，非无"代"字也。（《史记斠证》卷十）
【汇注】
　　裴　骃：韦昭曰："文帝以立子为后，不欲独飨其福，故赐天下为父后者爵。"（《史记集解·孝文本纪》）
　　颜师古：虽非己生正嫡，但为后者即得赐爵。（《汉书注·文帝纪》）
　　编者按：师古此说谓赐爵者不只是嫡长子，也包括非嫡长子。清人何焯的看法与之不同。他说："'当为父后'，正谓嫡长耳。颜注非。其曰非己生，尤乖于理。"（《义门读书记·前汉书》）当代学者柳春藩不同意何说。他认为："何焯的说法有些绝对化，似乎不妥。因为'为父后者'不一定都是嫡长子。《后汉书·光武帝纪》记载：建武三年'赐天下长子当为父后者爵，人一级'。如果'为父后者'的涵义就是指'嫡长子'，那就没有必要专门点明'长子'了。"（参见《秦汉封国食邑赐爵制》第二章第二节《西汉的封国·列侯的分封和食邑》）
【汇评】
　　程馀庆：虽非己生正嫡，但为后者，即得赐爵。文帝以立太子为后，不欲独飨其福，故推恩如此。（《历代名家评注史记集说·孝文本纪》）
㉞【汇注】
　　司马迁：高后崩，大臣议立后，疾外家吕氏强，皆称薄氏仁善，故迎代王，立为孝文皇帝。而太后改号曰皇太后，弟薄昭封为轵侯。（《史记·外戚世家》）
　　裴　骃：徐广曰："正月乙巳也。"（《史记集解·孝文本纪》）
　　颜师古：轵音只。（《汉书注·文帝纪》）
　　司马贞：县名，属河内。（《史记索隐·惠景间侯者年表》）
　　又：后文帝以封舅薄昭。（《史记·汉兴以来诸侯王年表》）
　　又：按《地理志》，轵县在河内，恐地远非其封也。按：长安东有轵道亭，或当是所封也。（《史记索隐·外戚世家》）
　　王　恢：薄昭，高帝十年为郎，从军十七岁。元年正月（从《汉·表》）乙巳，以中大夫迎帝于代，以车骑将军迎皇太后，侯。
　　轵，今河南济源县南十三里。（《史记本纪地理图考·文帝本纪》）
　　龚浩康：轵（zhì），县名。治所在今河南省济源县东南。（见王利器主编《史记注译·孝文本纪》）

三月，有司请立皇后。薄太后曰①："诸侯皆同姓②，立太子母为皇后③。"皇后姓窦氏④。上为立后故，赐天下鳏寡孤独穷困及年八十已上孤儿九岁已下布帛米肉各有数⑤。上从代来，初即位，施德惠天下，填抚诸侯四夷皆洽欢⑥，乃循从代来功臣⑦。上曰："方大臣之诛诸吕迎朕，朕狐疑⑧，皆止朕⑨，唯中尉宋昌劝朕，朕以得保奉宗庙⑩。已尊昌为卫将军⑪，其封昌为壮武侯⑫。诸从朕六人⑬，官皆至九卿⑭。"

① 【汇校】
程馀庆：余俱"上曰"。至立后，乃出太后诏，礼也。然薄太后当依《汉书》作"皇太后"。（《历代名家评注史记集说·孝文本纪》）
【汇注】
孙 琮：妇受命于姑，又家事，故主太后。（《山晓阁史记选》卷一《文帝本纪》）

② 【汇注】
何 焯："立太子母"上《史记》有"诸侯皆同姓"五字，盖周之天子，逆后于妫姜之国。今诸侯皆同姓，则不可拘以旧制，必贵姓也。然自此景立王，武立卫，安于立贱矣。此等皆汉事与三代始判分处，况始时固亦有长沙王在乎！唯中尉宋昌劝朕（至）官皆至九卿。（《义门读书记·前汉书》）
龚浩康：诸侯，指文帝的儿子刘启和刘武，他们都是窦氏所生。（见王利器主编《史记注译·孝文本纪》）
【汇评】
牛运震：按：此当从杨慎注。然"诸侯皆同姓"一语，终觉语气不完。薄太后亦当依《汉书》作"皇太后"。（《读史纠谬》第一卷《史记》）
朱东润：吾尝疑汉人之初，帝室不敢私有天下，其视列侯若宗室然，所以与共天位。《孝文本纪》："元年三月有司请立皇后，薄太后曰，诸侯皆同姓。"其明验矣。（《史记考索·读〈高祖功臣侯者年表〉书后》）

③ 【汇注】
司马贞：谓帝之子为诸侯王，皆同姓。姓，生也。言皆同母生，故立太子母也。（《史记索隐·孝文本纪》）
吕祖谦：古者天子必娶于诸侯，是时汉诸侯皆刘氏，故不得已，援母以子贵之义，立母后为皇后。（《大事记解题》卷十）

胡三省：春秋之法，母以子贵。《风俗通》：夏帝相遭有穷氏之难，其妃方娠，逃出自窦而生少康，其后氏焉。（见《资治通鉴》卷十三注）

何　焯：先建太子后立皇后者，时代王王后先卒，窦姬乃以子贵也。立皇后称皇太后命，得著代之意。（《义门读书记·前汉书》）

吴见思：天子宜娶于异姓诸侯，今无异姓王，则母以子贵耳，用修解是。（《史记论文·孝文本纪》）

佚　名：杨慎曰：文帝八男，景帝与梁孝王同窦后出，代孝王参、梁怀王揖诸姬出也，岂得为同姓哉？度其意，谓天子当以贵族为后，宜娶于诸侯之异姓者，如周之齐姜。今诸侯皆同姓，无异姓而王者，则立后当以太子母为正。《日知录》曰：文帝前后死，窦氏，妾也。诸侯皆同姓，谓无甥舅之国可娶，《索隐》解非。（《史记疏证（外一种）》卷十）

查德基、朱锦绶：《索隐》谓帝之子为诸侯王，皆同姓。姓，生也，言皆同母生，故立太子母也。按：《汉书·文三王传》孝文帝四男，窦皇后生孝景帝、梁孝王武，诸姬生代孝王参、梁怀王揖，其文甚明，不得云皆同母生。此盖谓天子取于诸侯。今诸侯皆同刘姓不可取，故即以太子母为后，不更取也。（引自《学古堂日记·史记》）

朱锦绶：《索隐》曰：谓帝之子为诸侯王，皆同姓。姓，生也。言皆同母生，故立太子母也。案：文帝四男，梁孝王与景帝同母，代孝王、梁怀王皆诸姬出，安得云同母生乎？其意当谓天子本宜以诸侯女为后，今之诸侯皆同刘姓，不得娶，故立太子母为宜也。（《读史记日记》）

王骏图：按：《外戚世家》窦后只二子，长即景帝，少子名武，即梁孝王，后数年始封，此时诸侯王安得皆同母生耶？此言诸侯皆同姓者，谓王后已死，又无异姓可娶，以为敌体，故援母以子贵之义，立太子母耳。顾亭林之论极是，但少未详明，故复引伸存之。（《史记旧注平义·孝文本纪》）

张大可：周天子立王后皆出自异姓诸侯王之女，汉诸侯皆同姓之国，不可娶诸侯女为皇后。文帝嫡妻死，所生四男亦死。故立窦姬所生长男刘启为太子。窦姬出身贱，为妾。薄太后此诏以太子母为皇后，即以窦姬为皇后，打破皇后必名门贵胄之女的惯例。薄太后亦出身贱，故有是诏。（《史记全本新注·孝文本纪》）

【汇评】

何　焯：高、文二帝气象虽不同，其开诚无饰则一也。（《义门读书记·前汉书》）

程馀庆："太子母"三字，好题目。（《历代名家评注史记集说·孝文本纪》）

④【汇注】

徐复观：《史记》："三月，有司请立皇后，薄太后曰，诸侯皆同姓。立太子母为皇后。皇后姓窦氏。"顾炎武谓"文帝前后死，窦氏妾也。诸侯皆同姓，无甥舅之国可娶，故援母以子贵之义，立窦氏为后。开景帝、武帝立贱者为后之端，故史公记之如此"。《汉书》则简化为"皇太后曰，立太子母窦氏为皇后"，而其中的委曲情形不可复见。(《两汉思想史》卷三《〈史〉〈汉〉比较研究之一例》)

⑤【汇校】

凌稚隆：按：振贷、养老二诏，《史记》所不载。(《汉书评林·文帝纪》)

梁玉绳：按：《汉书》载此诏无孤儿九岁已下赐布帛米肉事。(《史记志疑》卷七《孝文本纪》)

王叔岷：案：古钞本两"已"字并作"以"，"数"上有"差"字。(《史记斠证》卷十)

【汇注】

班　固：诏曰："方春和时，草木群生之物皆有以自乐，而吾百姓鳏寡孤独穷困之人或阽于死亡，而莫之省忧。为民父母将何如？其议所以振贷之。"又曰："老者非帛不暖，非肉不饱。今岁首，不时使人存问长老，又无布帛酒肉之赐，将何以佐天下子孙孝养其亲？今闻吏禀当受鬻者，或以陈粟，岂称养老之意哉！具为令。"有司请令县道，年八十已上，赐米人月一石，肉二十斤，酒五斗。其九十已上，又赐帛人二匹，絮三斤。赐物及当禀鬻米者，长吏阅视，丞若尉致。不满九十，啬夫、令史致。二千石遣都吏循行，不称者督之。刑者及有罪耐以上，不用此令。(《汉书·文帝纪》)

吕祖谦："赐天下鳏寡孤独穷困"即《汉书》所载振贷之诏也，"及年八十以上、孤儿九岁以下布帛米肉各有数"，即《汉书》所载存问长老之诏也。《汉书》录其文，《史记》载其故也。(《大事记解题》卷十)

【汇评】

于慎行：汉文振贷之令，八十以上，月赐米酒肉；九十加赐帛絮，长吏阅视，丞若尉致；不满九十，啬夫令史致。二千石遣都吏循行，不职者督之。此三代之法也。天下事惟患以虚文应塞，如此良法，若得其人以实心奉行，王道可兴。不知文帝之时，郡邑长吏，有能奉行者否？后世养老之政不行，惟大庆覃恩，有米肉之赐，有司视为故纸，不肯举行，使朝廷德泽，迄不下究。何以复三代之盛，必世之仁哉？(《读史漫录》卷三)

吴见思：即位赐民爵。立太子赐为父后爵，立后赐鳏寡孤儿。因事施恩，当为后世法。(《史记论文·孝文本纪》)

⑥【汇校】

张文虎：中统、游本作"镇抚"。(《校刊史记集解索隐正义札记》卷一《孝文本纪》)

【汇注】

司马迁：至孝文帝初立，复修和亲之事。（《史记·匈奴列传》）

王叔岷：案："填抚"复语，古钞本"填"作"镇"。镇、填正、假字。《广雅·释言》："镇，抚也。"《释诂》一："镇，抚，安也。"（《史记斠证》卷十）

龚浩康：四夷，即东夷、西戎、南蛮、北狄，是古代统治者对华夏族以外各部族的蔑称。（见王利器主编《史记注译·孝文本纪》）

【汇评】

吴见思：顶上数节。（《史记论文·孝文本纪》）

⑦【汇校】

余有丁："循"谓次及之也，《汉书》作"脩"字。治定论封，见帝不私代邸臣也。（引自凌稚隆《史记评林·孝文本纪》）

何　焯："循"，《汉书》作"脩"，是也。"功"下无"臣"字。（《义门读书记》卷十三《史记上》）

梁玉绳：《评林》余有丁曰"循谓次及之也"。《义门读书记》曰"循，《汉书》作'脩'，是也。'功'下无'臣'字"。二说以义门为长。古脩字或作"修"，而循字或作"徇"，故讹。《功臣表》"深泽侯赵脩"，《历书》"未能脩明"亦讹为"循"字。（《史记志疑》卷七《孝文本纪》）

牛运震："循"字当依《汉书》作"修"。（《读史纠谬》第一卷《史记》）

张文虎：何氏《读书记》云《汉书》"循"作"脩"，是。《志疑》说同。（《校刊史记集解索隐正义札记》卷一《孝文本纪》）

王先谦：《史记》作"乃循从代来功臣"，"循""脩"因形似而误。（《汉书补注·文帝纪》）

李景星：按："循"字，当依《汉书》作"脩"。（《史记评议·孝文本纪》，见《四史评议》）

［日］泷川资言：脩，各本作"循"。今从延久本、枫、三本。（《史记会注考证附校补》卷十《孝文本纪》）

徐复观：《史记》"上从代来，初即位，施德惠天下，填抚诸侯，四夷皆洽欢，乃脩从代来功臣"，《汉书》既去"上从代来，初即位"一语，又将"乃脩从代来功臣"一语，简为"乃脩代来功臣"，意义因之不明。《汉书》常有意义不明，而后人曲为之解之句，皆由求简太过而来。（《两汉思想史》卷三《〈史〉〈汉〉比较研究之一例》）

王叔岷：脩，旧本作循。梁玉绳云……（编者按：见上"梁玉绳"条）案：《通鉴》亦作"乃脩代来功"。从《汉书》也。（师古注：自代来有时功者。）脩，隶书作修（俗书亦同）。循，隶书作徇。二形极近，故易乱也。（《史记斠证》卷十）

点校本《史记》修订组："乃循从代来功臣"，循，东北本作"脩"，《汉书》卷四《文帝纪》同。（点校本二十四史之修订本《史记》卷十《孝文本纪》）

【汇评】

张　栻：凡所以施惠于民者，类非虚文，皆有诚意存乎其间。千载之下即事而察之，不可掩也。史于其编年曰：帝即施惠天下，诸侯四夷远近欢洽，乃修代来功。观诸此，又可见其明先后之宜而不敢私己，作史者亦可谓善发明矣。（《南轩集》卷十六《文帝为治本末》）

凌稚隆：按：班掾叙帝修代来功，而先之曰施惠天下云云，此见帝施为次序处。（《汉书评林·文帝纪》）

程馀庆：循，次及之也。当依《汉书》作"修"字为得。先序治化已成，然后论封，见帝不私代邸臣也。"乃"字有节次，有作用。（《历代名家评注史记集说·孝文本纪》）

李祖陶：观文帝即位之后，先叙平内难功，封赏灌婴、平、勃以下，至施惠天下诸侯四夷，远近欢洽，始修代来功，可以谓之无私矣。（《史论五种·前汉书细读》卷一《文帝纪》）

吴汝纶：总束前文以为提掇。（《点勘史记读本·孝文本纪》）

⑧【汇注】

颜师古：狐之为兽，其性多疑，每渡冰河，且听且渡。故言疑者，而称狐疑。（《汉书注·文帝纪》）

⑨【汇评】

程馀庆：应张武语。（《历代名家评注史记集说·孝文本纪》）

⑩【汇评】

程馀庆：连叠五"朕"字，古峭。（《历代名家评注史记集说·孝文本纪》）

⑪【汇注】

颜师古：尊，高也，高其官秩。（《汉书注·文帝纪》）

⑫【汇注】

司马迁：宋昌，文帝封。（《史记·惠景间侯者年表》）

裴　骃：徐广曰："四月辛亥封，封三十四年，景帝中四年夺侯，国除。"（《史记集解·孝文本纪》）

编者按：壮武侯宋昌中元四年夺侯，国除之记载，见《史记·惠景间侯者年表》。吕祖谦述及此事时指出："夺侯，国除，不载其由。正使有罪不能全护先帝功臣，孝景亦未可无责也。"（见《大事记解题》卷十）

司马贞：韦昭云胶东县。（《史记索隐·孝文本纪》）

又：县名，属胶东。(《史记索隐·惠景间诸侯年表》)

张守节：《括地志》云："壮武故城在莱州即墨县西六十里，古莱夷国，有汉壮武县故城。"(《史记正义·孝文本纪》)

丘　濬：此藩王入继，封其臣僚之始。(《世史正纲》卷三)

钱　穆：壮武，故城今即墨县西。(《史记地名考》卷二十五《汉侯邑名（二）》)

王　恢：宋昌，元年四月辛亥，以家吏从高帝起山东，以都尉从荥阳，食邑，以代中尉劝王，骖乘入即帝位，侯。景帝中四年（前146），有罪，夺爵一级，为关内侯。

壮武，《汉志》胶东郡县，今山东即墨县西六十里。(《史记本纪地理图考·文帝本纪》)

【汇评】

吕祖谦：文帝自代邸入未央宫，是夜即收兵权，付之藩国旧臣，盖习见高祖袭夺韩信军，遂以为处大事当如此。虽有为上易知之说，示人不广之说，亦不暇恤也。至于即位半年之后始修代来功，所封者独宋昌一人，必以为此乃己事，固可以伸吾谦抑之素志也。自今观文帝之时，非楚汉未定之际，平、勃之为人，非飞扬跋扈之才，使高帝而在，亦必不以此待之矣。然则资禀之不大者，岂特大舜临下，以简之德未易识哉。虽高帝屈群策之略，亦莫知其涯涘也。(《大事记解题》卷十)

胡　寅：文帝修代来功在三时之后，又所侯者才宋昌一人，此可为后世法矣。后世有自藩王入继大统者，汲汲施惠于其故邸之属，每加隆焉，曾不知其示不广于天下也。(引自《袁王纲鉴合编》卷六)

程馀庆：自是人情。然在平、勃诸人之后，又所侯只宋昌一人，此可为后世法矣。(《历代名家评注史记集说·孝文本纪》)

⑬【汇注】

颜师古：张武等。(《汉书注·文帝纪》)

⑭【汇校】

王先谦："官皆至九卿"非诏文，诏应云"诸从朕六人，进秩有差"，而修史者终言之耳。(《汉书补注·文帝纪》)

【汇注】

张守节：汉置九卿，一曰太常，二曰光禄，三曰卫尉，四曰太仆，五曰廷尉，六曰大鸿胪，七曰宗正，八曰大司农，九曰少府，是为九卿也。(《史记正义·孝文本纪》)

龚浩康：九卿，汉代对太常、光禄勋、卫尉、太仆、廷尉、大鸿胪、宗正、大司农、少府等中央九个重要行政机关高级首长的总称，其职位仅次于"三公"。(见王利器主编《史记注译·孝文本纪》)

上曰①："列侯从高帝入蜀、汉中者六十八人皆益封各三百户②，故吏二千石以上从高帝颍川守尊等十人食邑六百户③，淮阳守申徒嘉等十人五百户④，卫尉定等十人四百户⑤。封淮南王舅父赵兼为周阳侯⑥，齐王舅父驷钧为清郭侯⑦。"秋，封故常山丞相蔡兼为樊侯⑧。

① 【汇校】
王若虚：汉文诸诏，班固皆书"诏"，而迁称"上曰"，按其文意，当以"诏"字为是。（《滹南遗老集》卷十一）

② 【汇校】
张文虎：《汉书》同。北宋本、旧刻"三"作"二"，误。（《校刊史记集解索隐正义札记》卷一《孝文本纪》）

【汇注】
司马贞：其地在秦之山东，楚之西北，汉水南之地，名曰汉中也。（《史记索隐·封禅书》）

张守节：（汉中），今梁州也，在汉水北。（《史记正义·张仪列传》）

龚浩康：蜀，郡名。辖今四川省中部一带，郡治在成都（今四川省成都市）。汉中，郡名。辖今陕西省秦岭以南地区，郡治在南郑（今陕西省汉中市）。（见王利器主编《史记注译·孝文本纪》）

张大可：此指追随高帝的六十八位功臣，原已封侯，今增其秩禄各三百户。蜀、汉中两地为秦汉郡名，是刘邦为汉中王时的领地。（《史记全本新注·孝文本纪》）

【汇评】
吴见思：欲封故吏，故先封从高帝者，礼也。（《史记论文·孝文本纪》）

③ 【汇注】
吴见思：此故吏而又从高帝者也。（《史记论文·孝文本纪》）

龚浩康：颍川，郡名。辖今河南省中部地区，郡治在阳翟（今河南省禹县）。（见王利器主编《史记注译·孝文本纪》）

又：食邑，又叫"采邑"，是皇帝赐给诸侯收取赋税以供衣食的封地，以征收赋税的民户数来表示等级大小。汉代受封者在食邑内一般只能收取赋税，而无行政管理之权。（同上）

④ 【汇校】
王念孙：按："屠"字宋本、游本皆作"徒"，此本（谓王延喆本）初刻作"徒"，

后改为"屠"("屠"字独小于众字,剜改之迹显然),而各本皆从之,盖未达假借之旨也。《酷吏传》有胜屠公。《索隐》引《风俗通义》曰"胜屠,即申徒"。《通志·氏族略》亦引《风俗通义》曰"申徒氏随音改为申屠氏"。(《读书杂志·史记·孝文本纪》)

张文虎:王本剜改"屠",它本作"屠"。按:《元和姓纂》"申徒",引《风俗通》云"本申屠氏,随音改为'申徒'。《尸子》云狄夏贤也,《庄子》申徒嘉兀者,汉有申徒建"。《杂志》云《酷吏传》有胜屠公,《索隐》引《风俗通义》曰即申徒。(《校刊史记集解索隐正义札记》卷一《孝文本纪》)

[日]泷川资言:《汉书》"申徒嘉"作"申屠嘉"。(《史记会注考证附校补》卷十《孝文本纪》)

王叔岷:案:古钞本"徒"字同。殿本亦改作"屠"。徒、屠古通,王说是也。《庄子·德充符篇》亦有申徒嘉(与郑子产同师于伯昏无人)。此淮阳守与之同姓名,岂慕其为人与?(《史记斠证》卷十)

杨树达:按:《申屠嘉传》云:"二千石食邑者二十四人。"据纪文则为三十人。此文十字三见,疑其二当作七字,乃与传合。七、十形近,传写易误也。(《汉书窥管》卷一《文帝纪》)

【汇注】

司马迁:申屠丞相嘉者,梁人,以材官蹶张从高帝击项籍,迁为队率。从击黥布军,为都尉。孝惠时,为淮阳守。孝文帝元年,举故吏士二千石从高皇帝者,悉以为关内侯,食邑二十四人,而申屠嘉食邑五百户。(《史记·张丞相列传》)

张守节:今陈州也。(《史记正义·留侯世家》)

钱 穆:淮阳,今河南淮阳县治。(《史记地名考》卷五《禹贡山水名下》)

龚浩康:淮阳,郡名。辖今河南省东部太康、淮阳县一带地区,郡治在陈县(今河南省淮阳县)。申徒嘉,一作"申屠嘉",复姓申徒,名嘉。梁(今河南省商丘县南)人。初随刘邦击项羽、黥布,任都尉,惠帝时为淮阳郡守。(见王利器主编《史记注译·孝文本纪》)

⑤【汇校】

梁玉绳:《汉书·文帝纪》及《百官表》并名足,疑"定"字讹。(《史记志疑》卷七《孝文本纪》)

王先谦:《公卿表》孝文二年书"卫尉足"。《史记》作"定",误也。(《汉书补注·文帝纪》)

郭嵩焘:按:《汉书·文帝纪》作"卫尉足",《百官表》文帝二年"卫尉足","定"字恐传写之误。(《史记札记》卷一《孝文本纪》)

李景星：按：《汉书·纪》及《百官表》，"定"皆作"足"。（《史记评议·孝文本纪》，见《四史评议》）

点校本《史记》修订组："卫尉定"，定，《汉书》卷四《文帝纪》、卷一九下《百官公卿表下》皆作"足"。（点校本二十四史之修订本《史记》卷十《孝文本纪》）

【汇注】

龚浩康：卫尉，官名。掌管宫门警卫等事务，为"九卿"之一。（见王利器主编《史记注译·孝文本纪》）

⑥【汇注】

司马迁：赵兼，文帝封。（《史记·惠景间侯者年表》）

张守节：《括地志》："周阳故城在绛州闻喜县东二十九里。"（《史记正义·孝文本纪》）

编者按："二十九里"，张文虎校曰："与《外戚传》《正义》合。柯、凌本'二'作'三'。"见《校刊史记集解索隐正义札记》卷一《孝文本纪》。

钱　穆：属上郡者乃阳周。《竹书》"惠王元年，周阳有白兔舞于市"，《水经·涑水注》"水出河东闻喜县东山，西过周阳邑南。其县南临涑水，北倚山原"，是也。兼以淮南舅父得侯。淮南王母，故赵王张敖美人，家在真定，封河东较近是。故城今闻喜县东二十九里。（《史记地名考》卷二十五《汉侯邑名（二）》）

王　恢：赵兼，元年四月辛未，以淮南厉王舅侯，六年，有罪，免。

周阳，《索隐》："县名，属上郡。"按：上郡有阳周，无周阳。《正义》引《括地志》："周阳故城在绛州闻喜县东二十里。"盖据《涑水注》景帝后三年封田胜者也。

钱大昕《二十二史考异》曰："驷钧以齐王舅父得侯，即裂齐地而封之；赵兼以淮南舅父得侯，其封邑亦当在淮南境内。且兼得罪失侯，未几，即以淮南王子赐为周阳侯，同时侯者阜陵、东城，皆淮南故地，则此周阳亦在淮楚之间，不特非上郡之阳周，亦非河东之周阳矣。"

《志疑》云："仓公传言齐中御府长信使楚，至莒县阳周水，疑听封即其地，盖乡名之同于县者。此与《淮南王传》及《汉·表》皆误作周阳，当依此表下文书王子赐封阳周为是。观《诸侯王表》及《汉书》表、传作'阳周'可证。钱宫詹未检及此，故以阳周为误。"

梁氏以刘赐之封，推定赵兼同为阳周，然《史》《汉·酷吏传》并云："周阳由，其父赵兼以淮南王舅父侯周阳，故因姓周阳氏。"（《志疑》于此何以无说？）则兼之封，未必与赐一地。赐以阳周侯立为庐江王，其地亦当在淮南境。（《史记本纪地理图考·文帝本纪》）

【汇评】

凌稚隆：帝封淮南舅为侯，以封薄舅为侯之义推及之耳。（《汉书评林·文帝纪》）

⑦【汇校】

梁玉绳：清读若靖，即靖郭。《汉书·文纪》是"靖"也，故如淳曰"邑名，六国时齐有靖郭君"。而《惠景侯表》作"清都"，徐广谓一作"鄡"（鄡即鄍字，钜鹿县名。湖本《年表》讹刻徐广注为"鄡"），《汉·外戚恩泽表》作"邬"（太原县名）。师古、《索隐》皆言驷钧初封靖郭，后徙于邬。《史记疏证》云"《年表》驷钧以文帝元年封，六年有罪除，享国甚短，并无徙封之说。钧果徙封，《表》何故止录其前封，以清都失国耶？恐靖郭、鄡、邬俱因偏旁形似而差，其作'鄡'与'邬'者，又并'清'字脱去耳"。此条余尝面质之杭先生。窃谓靖郭必齐地名，驷钧以齐王舅父侯，当裂齐地封之。清都实无其地，似不得专据《史·表》"清都"概指靖郭、鄡、邬为差脱。徙封之说固不足信，鄡、邬、都恐皆讹字。先生曰："汝之言，是可订吾《疏证》之失。"（《史记志疑》卷七《孝文本纪》）

佚　名：金甡曰：按：《年表》作"清都"。徐广曰：一作"鄡"。《索隐》曰：《汉表》作"邬"，此注误脱汉字。《年表》文帝元年封，前六年有罪国除，享国甚短，无徙封之说。凡始封某后，别封某者，《年表》俱次第详载注明转徙绝续之由。钧果徙封，《纪》《表》何并录其前封，而《表》直书，其以清都失国耶？恐郭都、鄡、邬俱以偏旁形似而差，如曹畴、曹寿、曹时之类，"清"字并不免脱去耳。（《史记疏证（外一种）》卷十）

王先谦：《史记》作清郭侯。《集解》引如注，清音静。（《汉书补注·文帝纪》）

瞿方梅：《索隐》：按《表》，驷均封邬侯。方梅案：当云按《汉·表》。（《史记三家注补正·孝文本纪第十》）

杨树达：按：王国维云：《史记·孝文纪》作清郭，《汉书·文纪》作靖郭，《史·表》作清都，《汉·表》作邬，徐广注《史·表》又云一作枭。今齐鲁封泥有"请郭邑丞""请郭丞"，知此五者皆请郭之讹也。（编者按：王国维此语见《观堂集林》卷十八《齐鲁封泥集存序》。）树达按：帝已封其母舅薄昭，此封兼钧者，盖以淮南王为亲弟，齐王为亲兄之子，而推爱及之，成帝时，立定陶王为皇太子，以亲弟中山见废，故封王舅冯参为宜乡侯以慰王意，见《冯奉世传》。诛诸吕时，朱虚东牟本谋欲立齐王，大臣亦有此议，见《高五王传》。文帝之封驷钧，盖与成帝之侯冯参用意相同也。兼又见《厉王传》。（《汉书窥管》卷一《文帝纪》）

陈　直：《汉书·孝文纪》作靖郭侯，《史记·侯表》作清都侯，《汉书·侯表》作邬侯。徐广注："邬，一本作枭。"计有五说。《齐鲁封泥集存》十九页，有"请郭邑丞"封泥。四十四页，有"请郭丞印"封泥。可见当作请郭，疑即孟尝君父田婴所封之靖郭邑，《史》《汉》一误为都，再误为邬，三误为鄡，皆以字形相近而误。又《十六金符斋印存·续百家姓谱》，有"驷忌""驷渭"两印，知汉代驷姓尚多。（《史记新证·孝文本纪》）

王叔岷：案：梁氏谓清郭即靖郭，鄡、邬、都恐为讹字，是也。王氏云云，都、邬、枭为"郭"之讹，良是。清、靖则未必为"请"之讹。清、靖并谐青声，古得通用；请亦谐青声，亦得与清、靖通用也。《汉书·贾谊传》："造请室而请罪耳。"苏林注："〔请室〕音絜清。"王氏《补注》引卢文弨云："建本《新书》此文正作'清室'。"是请、清古通明验矣。（《史记斠证》卷十）

【汇注】

裴　骃：如淳曰："邑名，六国时齐有清郭君。清音静。"（《史记集解·孝文本纪》）

颜师古：如淳曰："邑名也，六国时齐有靖郭君。靖音静。"师古曰："《外戚恩泽侯表》云邬侯驷钧以齐王舅侯，今此云靖郭，岂初封靖郭后改为邬乎？邬音一户反，又音于（度）〔庶〕反。"（《汉书注·文帝纪》）

司马贞：按《表》，驷钧封邬侯。不同者，盖后徙封于邬。邬属钜鹿郡。（《史记索隐·孝文本纪》）

吕祖谦：淮南王高帝子齐王有讨吕氏之功，故特封其外亲。《汉书》本纪、年表皆止云"舅"，削"父"字，盖班固之时已不呼母兄弟为舅父矣。（《大事记解题》卷十）

吴见思：为前封薄昭也。（《史记论文·孝文本纪》）

[日] **泷川资言**：《汉书》"清郭"作"靖郭"。（《史记会注考证附校补》卷十《孝文本纪》）

龚浩康：清郭，地名。疑即战国时齐国的靖郭邑，当在今山东省滕县境内。《汉书·文帝纪》作"靖郭"。（见王利器主编《史记注译·孝文本纪》）

王　恢：驷钧，元年四月辛未，以齐王襄舅侯。六年，坐济北王兴居举兵反，弗救，免。

清郭，《表》作清都；《汉·表》作邬；《文纪》又作靖郭。如淳曰："邑名，六国时有靖郭君。"《志疑》引《史记疏证》："恐靖郭、鄡、邬俱因偏旁形似而差，其作'鄡'（徐广）与'邬'者，又并清字脱去耳。窃谓靖郭必齐地名，钧以齐王舅得侯，当裂齐地封之。清郭实无其地，似不得专据《史·表》'清都'，概指靖郭、鄡、邬为差脱。师古、《索隐》徙封之说，固不足信，鄡、邬，都恐皆为讹字。"

按：钧坐济北反，不救，免，其地当近济北，如齐庄岳之类，地不详耳。若钜鹿、鄱阳之鄡，太原之邬，与济北远不相涉也。又济北王三年反，《史》《汉·表》皆云"六年"，追而"坐"之？抑因下周阳侯坐六年淮南王反，免而误也？（《史记本纪地理

图考·文帝本纪》）

⑧【汇校】

王先谦：钱大昕曰："'丞'字衍。"周寿昌曰："'丞'字非衍也，此故常山王之丞相也。《百官表》诸侯王国，景帝中五年始改丞相曰相。此在文帝初，宜仍故称。《表》下书淮南丞相张苍为御史大夫，即其例。《功臣表》作'常山相'，无'丞'字，盖省文。"先谦曰：周说是。《史记》亦有"丞"字。（《汉书补注·文帝纪》）

郘积意：此在文帝元年。蔡兼封侯，《史》《汉》表皆在元年六月丙寅，且《汉书·文帝纪》亦系于六月，此云"秋"，误。（《〈史记〉〈汉书〉年月考异》）

【汇注】

司马迁：蔡兼，文帝封。（《史记·惠景间侯者年表》）

司马贞：县名，属东平。（《史记索隐·惠景间侯者年表》）

又：韦昭云："樊，东平之县。"（《史记索隐·孝文本纪》）

编者按：王骏观不同意司马贞之说。他根据《高祖功臣侯者年表》，认为"樊县属东牟，非东平也，平、牟字相近而讹"（参见《史记旧注平义·孝文本纪》）。

张守节：《括地志》云："汉樊县城在兖州瑕丘西南二十五里。《地理志》云樊县古樊国，仲山甫所封。"（《史记正义·孝文本纪》）

[日]泷川资言：文帝时，诸侯王有丞相，景帝时改曰"相"。（《史记会注考证附校补》卷十《孝文本纪》）

钱　穆：《地理志》东平国有樊县，东牟属东莱郡，盖《索隐》误字。《郡国志》河内郡脩武有阳樊，服虔曰："樊仲山甫之所居。"《正义》引《地理志》，殆此所误。樊故城，今山东滋阳县西南，与阳樊自别。（《史记地名考》卷二十五《汉侯邑名（二）》）

龚浩康：常山，汉初封国。辖今河北省中部和山西省东部部分地区，郡治在元氏（今河北省元氏县西北）。樊，县名。治所在今山东省兖州县西南。（见王利器主编《史记注译·孝文本纪》）

王　恢：蔡兼，元年六月丙寅，以睢阳令从高帝起阿，以韩家子还定北地，用常山相侯。武帝元鼎四年（前113），曾孙辟方坐搏捔，完为城旦。

樊，《汉志》东平国县，今山东滋阳县西南。（《史记本纪地理图考·文帝本纪》）

【汇评】

王维桢：此等益封先帝功臣，皆以封从代功臣之义推及之耳。（引自凌稚隆《史记评林·孝文本纪》）

董　份：先叙治化已成，然后论封，见帝不私代邸臣耳。（引自凌稚隆《史记评林·孝文本纪》）

凌约言：先施德惠，次论代来功，又次论汉中功。观太史所叙，知帝王施政缓急，皆有深意也。（引自凌稚隆《史记评林·孝文本纪》）

凌稚隆：常山王既以非孝惠子而诛之，而复封其所置相，何也？岂诛诸吕时，相亦有功耶？（《汉书评林·文帝纪》）

邵金凯：汉文帝即位以后，遇到的第一个难题，是如何处理与元老功臣的关系。文帝时期的元老功臣，是跟随汉高祖征战的猛将，他们是西汉统治的支柱，但功臣势力发展影响到皇权的加强。皇权与元老功臣的矛盾是自高祖以来的老问题，而对汉文帝来说却是一个新问题。就现实而言，周勃、陈平等功臣势力的发展，势必威胁文帝个人的权力，秦二世为其拥立者赵高所杀的所谓"望夷宫"事变，汉文帝有所耳闻；汉少帝刘弘为功臣同姓王所杀，是他亲眼所见，因此文帝必须谨慎从事。

其一，采用黄老"因循"之术，对整个中央机构人员安排不做大的调整，以保持政局的稳定，因此文帝朝对汉初功臣仍加以重用……其二，汉文帝采用"循名责实"之术，对整个官僚机构进行督察，检查百官是否因法守职。循名责实之术，是黄老刑名术之一，黄老道家认为"君无为而臣有为"，"人君分任臣下，各居一职"，君主"欲知得失，请必审名察形"。汉文帝采用"因循"之术，对整个中央机构不做大的调整，并不等于对公卿大臣放任自流。他常常用"问"和"察"等方式来循名责实。……据法守职的官吏受到称赞，职责不明的则受到斥责。其三，对势力强大的功臣集团，汉文帝采用"阳予阴夺"之术，进行削弱。文帝即位以后，对有拥立之功的大臣们进行奖赏，其中就包括元老功臣，又奖赏列侯从高祖入继汉者68人。正如史载"上从代来初即位，施德惠天下"，天下"皆洽欢"。但同时对功臣进行"阴夺"……其四，对功臣集团进行削弱的同时，提拔新人参政。重视人才也是黄老道家的原则。黄老道家从"君无为而臣有为"原则出发，认为君主必须"亲亲而兴贤"，"因贤而使之"。汉文帝重视提拔新人，他曾两次下诏"举贤良方正能直方极谏者"。此举开创了汉代察举制的先河。在他的提拔之下，"通达国体"的贾谊、"为国远虑"的晁错、屡次进谏的袁盎、执法如山的张释之等脱颖而出，他们对当时的政治发挥了重要作用。同时，从其与功臣关系来看，他们参政对功臣集团有削弱的一面。（《黄老术与汉文帝治国新论》，载《徐州师范大学学报》2002年第3期）

> 人或说右丞相曰："君本诛诸吕，迎代王，今又矜其功①，受上赏，处尊位，祸且及身②。"右丞相勃乃谢病免罢③，左丞相平专为丞相④。

① 【汇校】

牛运震："人或说右丞相曰"云云，按：此人能说绛侯谢免相位，亦异人也。但宜详载于《绛侯世家》中，此于《本纪》载之，非体，只应记云右丞相勃谢病免罢可矣。（《读史纠谬》第一卷《史记》）

王叔岷：案：《绛侯周勃世家》《汉书·周勃传》《通鉴》"本"并作"既"，"本"犹"既"也。此义前人未发。（《史记斠证》卷十）

② 【汇注】

颜师古：言既有大功，又受厚赏而居尊位，以久当之（不去），即祸及矣。（《汉书注·张陈王周传》）

③ 【汇校】

王叔岷：案：古钞本"罢"字左旁注"归"字。归，籀文歸。或一本"罢"作"归"与？（《史记斠证》卷十）

【汇注】

徐复观：《史记》文帝元年"人或说右丞相（勃）曰，君本诛诸吕，迎代王，今又矜其功，受上赏，处尊位，祸且及身。右丞相勃乃谢病免罢"，《汉书》移置《周勃传》。（《两汉思想史》卷三《〈史〉〈汉〉比较研究之一例》）

【汇评】

章邦元："君独不素教我"，对痴呆如画，此与安乐公诚如尊谕、晋惠帝为官为私之语何异？然而当大任者，即此人也。木讷近仁，高祖知人之明，不可及矣。（《读通鉴纲目札记》卷四《右丞相勃免》）

④ 【汇注】

裴　骃：徐广曰："八月中。"（《史记集解·孝文本纪》）

吕祖谦：自是专置一相。武帝征和二年虽诏分丞相长史为两府，以刘屈氂为左丞相，然右丞相竟未尝拜也。（《大事记解题》卷十）

袁黄、王世贞：自此只置一相。（《袁王纲鉴合编》卷六）

【汇评】

王　质：天下之患，莫大于当然而不然，不当然而然。当然而不然，则能者隳；不当然而然，则不能者喜。夫是二者，虽圣人不能以为天下。……文帝尝问右丞相周勃曰："天下一岁决狱几何？"勃谢不知也。以问左丞相陈平，曰："各有主者。即问决狱，责廷尉；问钱谷，责治粟内史。"是二者，其为不知一也。勃讷于辩，平捷于言，其为不知一也。举天下之事而付之宰相，而宰相举不事事如此，文帝拱手而听焉，且又以陈平为能也，其何以率天下之怠者耶？禽兽之纤悉，上林令之当知也；上林令不知，而虎圈啬夫知之，二人能否见矣。啬夫无所赏，而令无所责，则是知与不知同为一律而已。此二事者，皆可以驯致天下之乱，而文帝特幸免耳。汉之大乱，四夷猖獗，而诸侯骄恣，其衅皆成于文帝之时。而世以为文帝善用长者，不知石奋、卫绾之流，果何补于汉？盖尝读西汉百官年表，以为文帝公卿大夫类多龌龊庸朴之徒，而其通明精悍之士，则皆暴露于宣帝之际。宣帝之所以鼓舞天下者，何也？赏有所不可辞，而罚有所不可避，名有所不可覈，而实有所不可隐。儒者之论，则以宣帝为杂于霸，文帝为纯于王，而不知赏、罚、名、实此四者，王者之大权也。（《雪山集》卷四《汉文帝论》）

朱　熹：问："文帝问陈平钱谷刑狱之数，而平不对，乃述所谓宰相之职；或以为钱谷刑狱一得其理，则阴阳和，万物遂，而斯民得其所矣。宰相之职，莫大于是，惜乎平之不知此也！"曰：平之所言，乃宰相之体；此之所论，亦是一说，但欲执此以废彼，则非也。要之，相得人，则百官各得其职。择一户部尚书，则钱谷何患不治？而刑部得人，则狱事亦清平矣。昔魏文侯与田子方饮，文侯曰："钟声不比乎？左高。"田子方笑。文侯曰："何笑？"子方曰："臣闻之：'君明乐官，不明乐音。'今君审于音，臣恐其聋于官也。"陈平之意亦犹是尔。盖知音而不知人，则瞽者之职耳。知人，则音虽不知，而所谓乐者固无失也。（《朱子语类》卷一百三十五）

方孝孺：昔者汉文帝以诸王入继国统，绛侯周勃挟诛吕氏之权，常有德色，帝待之益庄。一旦临朝，而问谷钱决狱之数，勃不能对，惭愧流汗，遂谢病不敢居相位。不责其德色之不恭，而引职事以问之，若文帝可谓御权臣矣。盖勃之功烈声威素行于臣民，苟责其不恭，其心怏怏未必服，祸或因之以起矣。吾固假之以宽，置而不问，而以其职问之。文帝岂不知其不能对哉？出其不意，问其所当知，使其不对而自惭，惭而不敢怨，怨而不敢怒，其骄慢之虚气，至是索然销铄而无余。天下之大柄不待发于声色而尽归于己，虽有勃辈十百，亦无足异矣。此其得御权臣之道者也。（《逊志斋集》卷五《郑灵公二首》）

洪　垣：理阴阳，亲百姓，抚四夷，平天下，亦只有在用人、理财、刑赏上添入一个絜矩，便是宰相陈平所谓大体恐亦大言之，而未知有见也。惟是其不答钱谷之问，而所言相体安静无扰与帝意合，故悦之。此平直善变也。（《觉山洪先生史说》）

钱谦益：汉家争道孝文明，左右临朝问亦轻。绛灌但知谗贾谊，可思流汗愧陈平？（《牧斋初学集》卷十三《试拈诗集·戊寅元日偶读〈史记〉》戏书纸尾）

　　二年十月，丞相平卒①，复以绛侯勃为丞相②。上曰："朕闻古者诸侯建国千馀（岁）③，各守其地，以时入贡，民不劳苦，上下欢欣，靡有遗德④。今列侯多居长安，邑远⑤，吏卒给输费苦⑥，而列侯亦无由教驯其民⑦。其令列侯之国⑧，为吏及诏所止者，遣太子⑨。"

① 【汇校】
王叔岷：案：古钞本、景祐本（前行未空字）、黄善夫本、殿本并提行。《汉书》《汉纪》《通鉴》并同。（《史记斠证》卷十）
【汇评】
司马迁：陈丞相平少时，本好黄帝、老子之术。方其割肉俎上之时，其意固已远矣。倾侧扰攘楚魏之间，卒归高帝。常出奇计，救纷纠之难，振国家之患。及吕后时，事多故矣，然平竟自脱，定宗庙，以荣名终，称贤相，岂不善始善终哉！非知谋孰能当此者乎？（《史记·陈丞相世家》）
李德裕：诸葛亮言："以子房之清雅，不释陈平之浊俗。"观此，则二人之品格可见矣。（《穷愁志》，引自吕祖谦《大事记解题》卷十）

② 【汇校】
梁玉绳：《将相表》《公卿表》勃复相在十一月，此连书于十月，非。（《史记志疑》卷七）
龚浩康：《汉兴以来将相名臣年表》载，周勃复相在十一月。（见王利器主编《史记注译·孝文本纪》）
郘积意：勃于文帝元年十月为右丞相，八月免。二年十月陈平卒，勃于十一月复为丞相。《名臣表》《汉书·百官表》皆云十一月乙亥，此系于十月，连书也。（《〈史记〉〈汉书〉年月考异》）
【汇注】
张守节：《括地志》："绛邑城，汉绛县，在绛州曲沃县南二里。或以为秦之旧驰道也。"（《史记正义·绛侯周勃世家》）
丘濬：前此丞相有左右，此惟称丞相。（《世史正纲》卷三）
【汇评】
陈耆卿：勃知己之位在平上者，以功大尔，岂知所以犯帝之忌，而取捕逮之辱者亦以此哉！然勃亦有以自取也。远权退势，出于己则善，出于君上之迫促则已非矣。陈丞相卒，上复用勃为相，亦以资历功劳无以易勃故尔，要亦有不得已焉者也。（《筼窗集》卷二《陈平周勃王陵论》）
姚苎田：前之辞位谓何，而复居之不疑？勃之祸胎于是矣。（《史记菁华录》卷三《绛侯周勃世家》）

③【汇校】

　　王念孙：按："岁"字因上文"治安皆千余岁"而衍。此言"千余"者，谓千余国，非谓千余岁也。下文"各守其地"，即指千余国而言，则"千余"下本无"岁"字明矣。《汉书·文帝纪》无"岁"字。（《读书杂志·史记·孝文本纪》）

　　编者按：张文虎《校刊史记集解索隐正义札记》卷一《孝文本纪》、郭嵩焘《史记札记》卷一《孝文本纪》均引此说。

　　梁玉绳：按："岁"字衍文，《汉书》无。（《史记志疑》卷七《孝文本纪》）

　　吴汝纶：王怀祖依《汉书》删"岁"字。（《点勘史记读本·孝文本纪》）

　　点校本《史记》修订组："古者诸侯建国千余"，"余"下原有"岁"字。《汉书》卷四《文帝纪》无"岁"字。王念孙《杂志·史记第一》："此言'千余'者，谓千余国，非谓千余岁也。下文'各守其地'，即指千余国而言。"今据改。（点校本二十四史之修订本《史记》卷十《孝文本纪》）

④【汇校】

　　[日] 泷川资言：《汉书·文帝纪》"遗"作"违"。（《史记会注考证附校补》卷十《孝文本纪》）

　　点校本《史记》修订组："遗德"，《汉书》卷四《文帝纪》作"违德"。（点校本二十四史之修订本《史记》卷十《孝文本纪》）

⑤【汇注】

　　颜师古：所食之邑去长安远。（《汉书注·文帝纪》）

　　王启原：三辅不以封列侯。列侯食邑，近者距长安数百里，远者且千里、数千里。惟关内侯则食邑关中，比于周之圻内诸侯，而降列侯一等，此列侯乃彻侯，故云邑远。（引自王先谦《汉书补注·文帝纪》）

⑥【汇注】

　　吕祖谦：自侯国往长安给役输赋。（《大事记解题》卷十）

⑦【汇校】

　　王叔岷：案：《汉书》"驯"作"训"。驯、训古通。《万石列传》："驯行孝谨。"《集解》引徐广曰："驯，一作训。"与此同例。（《史记斠证》卷十）

【汇注】

　　颜师古：䌛读与由同。（《汉书注·文帝纪》）

　　张守节：驯，古"训"字。（《史记正义·孝文本纪》）

【汇评】

　　锺惺：即位之二年，遣诸侯之国，固自有深意。然其言曰"列侯多居长安，邑远，吏卒给输费苦，而列侯亦无由教训其民"，出题甚正，立言甚妙，一毫形迹不露。

此大作用、大权术也。(《史怀》卷五)

⑧【汇注】

司马迁：孝文帝初即位，谦让未遑也。诸律令所更定，及列侯悉就国，其说皆自贾生发之。(《史记·屈原贾生列传》)

班　固：诸法令所更定，及列侯就国，其说皆谊发之。(《汉书·贾谊传》)

凌稚隆：按：此议起于贾谊。(《汉书评林·文帝纪》)

杨树达：按：此事发于贾谊，见《谊传》。(《汉书窥管》卷一《文帝纪》)

【汇评】

陈仁子：文帝令列侯之国，高处有三：一则代来知馈饷之苦，二则留京师孤自牧之任，三则有缓急生肘腋之祸。至于宴饮赏赐之滥，又其余者也，深哉！(引自凌稚隆《史记评林·孝文本纪》)

陈傅良：遣列侯之国，是为民转输劳苦，非有他意。(引自凌稚隆《汉书评林·文帝纪》)

⑨【汇校】

王叔岷：案：古钞本"太"作"大"。(《史记斠证》卷十)

【汇注】

裴　骃：张晏曰："为吏，谓以卿大夫为兼官者。诏所止，特以恩爱见留者。"(《史记集解·孝文本纪》)

颜师古：李奇曰："为吏，谓为卿大夫者。诏所止，特以恩爱见留者。"(《汉书注·文帝纪》)

胡三省：余谓当时如周勃者是也。(见《资治通鉴》卷十三注)

钱大昭：谓遣列侯太子之国。(《汉书辨疑》卷一)

周寿昌：汉制，王及列侯长子皆称太子，王母称太后，不必天子也。下文诏云已立其子太子遂为赵王，皆是。(引自王先谦《汉书补注·文帝纪》)

吴见思：为吏与诏所留者，遣其太子也。(《史记论文·孝文本纪》)

张大可：此诏意在减少贵族聚居京师，减轻人民负担。(《史记全本新注·孝文本纪》)

【汇评】

程馀庆：短长句错，是汉初文势，长句朴古，道事情详尽。(《历代名家评注史记集说·孝文本纪》)

柳春藩：列侯大都居住在京城长安，不之国，在实际上也不起治民的作用。文帝二年(前178)，曾"令列侯之国，为吏及诏所止者，遣太子"。并且在诏令中指出："今列侯多居长安，邑远，吏卒给输费苦，而列侯亦无由教驯其民"，但没有落实。至景帝后二年（前142），"省彻侯之国"，连遣列侯之国的命令都取消了。列侯只是在被免职时才回到封国，这不是光彩事，不是回国治民，而是凭其所食"租税"，去过寄生生活。王子侯属于诸侯王的子弟，得随王就国，一般都住在王国的都城，实际上也不起治民作用。（《秦汉封国食邑赐爵制》第二章《西汉的封国》第二节《列侯的分封和食邑》）

陈苏镇：汉初实行郡国并行制，允许东方王国在政治、经济、军事、法律等方面享有相当自主权，并可在一定程度上从俗而治。这一制度除了"镇抚四海，用承卫天子"之外，也起到缓解东西文化冲突的作用。但文帝即位后，形势发生了变化，文帝不具备高帝、吕后那样的威望，无力继续驾驭郡国并行的复杂局面。曾为汉朝"盘石之宗"的东方王国，转而成为对汉朝的威胁，淮南王和齐王甚至对文帝的皇位提出挑战。为了削弱诸侯王的力量，同时又避免激起内战，文帝采取了收夺诸侯王自置二千石的权力，要求王国用汉法等釜底抽薪的措施，使汉初的东方政策悄然发生转变。这是汉初历史上的一件大事，影响深远。……汉文帝的"易侯邑"和"令列侯之国"政策，表面上是针对功臣侯的，其实主要矛头是指向淮南国和齐国的，是文帝削弱和控制王国势力的又一举措。唯其迂回曲折，更可见文帝当时用心之良苦。（《汉文帝"易侯邑"及"令列侯之国"考辨》，载《历史研究》2005年第5期）

十一月晦，日有食之①。十二月望，日又食②。上曰："朕闻之，天生蒸民③，为之置君以养治之。人主不德，布政不均，则天示之以菑④，以诫不治⑤。乃十一月晦，日有食之，适见于天⑥，菑孰大焉⑦！朕获保宗庙，以微眇之身托于兆民君王之上⑧，天下治乱，在朕一人，唯二三执政犹吾股肱也。朕下不能理育群生，上以累三光之明⑨，其不德大矣。令至，其悉思朕之过失⑩，及知见思之所不及⑪，匄以告朕⑫。及举贤良方正能直言极谏者⑬，以匡朕之不逮⑭。因各饬其任职⑮，务省繇费以便民⑯。朕既不能远德⑰，故憪然念外人之有非⑱，是以设备未息。今纵不能罢边屯戍，而又饬兵厚卫⑲，其罢卫将军军⑳。太仆见马遗财足㉑，馀皆以给传置㉒。"

① 【汇校】

　　张守节：按：《说文》云日蚀则朔，月蚀则望。而云晦日食之，恐历错误。（《史记正义·孝文本纪》）

　　程馀庆：日蚀必在朔，今日晦，恐历错误。（《历代名家评注史记集说·孝文本纪》）

　　[日] **泷川资言**：中井积德曰：《前志》晦食者多，盖当时历法为然，不当云错误。（《史记会注考证附校补》卷十《孝文本纪》）

　　王叔岷：案：古钞本"食"作"蚀"，下同（下文徐广注亦作"蚀"）。食，借字。（《史记斠证》卷十）

【汇注】

　　班　固：文帝二年，十一月癸卯晦，日有食之，在婺女一度。（《汉书·五行志》）

　　顾炎武："汉文帝二年十一月晦，日有食之"，《汉书》多有食晦者，盖置朔参差之失。（《日知录》卷二十七《史记法》）

② 【汇校】

　　裴　骃：徐广曰："此云望日又食。按：《汉书》及《五行志》无此日食文也。一本作'月食'，然史书不纪月食。"（《史记集解·孝文本纪》）

　　焦　竑："汉文帝二年，十一月晦，日有食之。十二月望，日又食。"下"日"当作"月"，刊本误耳。徐广以为望日又食，《汉书》及《五行志》皆无此文。一本作"月食"。然月食《史》所不纪。此不通天文故也。盖日食必于朔，月食必于望，时以晦既日食，望又月食，不半月而天变两见，故于望日下诏书修省，而诏止云"乃十一月晦，日有食之"，则因感日食之变而益谨日食之戒故也。景帝后三年十月，日月皆食，云十月而不系以日，则此月朔望分食，非一日事也。（《焦氏笔乘》卷二《徐广注误》）

　　凌稚隆：按：《史记》于"日有食之"下，书"十二月望，日又食"，此变异之大者。而下诏修省，曾不言及，当是衍文。以故班史削之，而《五行志》中亦不载。（《汉书评林·文帝纪》）

　　顾炎武："十二月望，日又食"，此当作"月"耳（钱氏曰：古法用平朔，故日食有在晦及二日者，唐以后改用定朔，由是日食必在朔）。（《日知录》卷二十七《史记》注）

　　方　苞："日又食"句，"日"当作"月"，观诏书但言日食，可见并书月食者，以与日食同月故也。《景帝纪》后二年十月，日、月皆食，亦并书。（《史记注补正·文帝纪》）

　　梁玉绳：按：《正义》曰："《说文》'日蚀则朔，月蚀则望'。而云晦日蚀之，恐历错误。"《集解》徐广曰："望日又食,《汉书》及《五行志》无此文。一本作'月食',然《史》不纪月食。"余谓古法不用定朔而用平朔,故日食多有在前月晦者,非尽史官之误。(《春秋》隐三年"日食不书朔",《谷梁》云"食晦也"。)《后书·郑兴传》言"日食在晦,先时而合,由于月行疾",亦未确。至徐广以《汉书·文纪》《五行志》无望日又食之事,本作"月食",明焦竑《笔乘》及《日知录》二十七卷并从之。《笔乘》曰"晦既日食,望又月食,不半月而天变两见,故于望日下诏书修省,而诏止云日食,因感月食之变,而益谨日食之戒也"。窃疑"十二月望日又食"七字当是衍文,《班书》不载,其证一。诏书不及,其证二。日食不以望,其证三。频月不日食,其证四。焦、顾二公依徐说作"月食",亦可不必,盖因《史》文有"望"字,谬为之词也。而以为《史》不纪月食,则又不然。古者"日食修德,月食修刑"(《公羊传》文),《礼·昏义》言"阴事不得,适见于天,月为之食"。《天官书》言月蚀将相当之,故《诗传》云月食非常也,比之日食犹常也。《周礼·鼓人职》云"救日月诏王鼓",《太仆职》云"军旅田役赞王鼓,救日月亦如之"。《左传》庄二十五年云"非日月之眚不鼓"。是知日月之食并严,而月食不书,惟《春秋》之法,不可概论。即如《史记·景帝纪》后三年书日月皆食,《六国表》秦躁公八年书日月蚀,史公何尝不纪,但不全纪耳。故谓文帝二年十二月无月食或月食而不纪则可,谓《史》例不记月食则不可也。徐广说非。而此七字之误亦有因,下年十月、十一月两次日食,《汉书》纪、志载之,而《史》于文帝三年止有十月日食,无十一月日食,分明误入于此。虽然一年两食者有之,一年三食者有之,比月而食,古无有也。如《汉书》惠帝七年正月、五月日食,是一年两食矣。《晋书》惠帝光熙元年正月、七月、十二月日蚀(是年有闰),是一年三食矣。若比月而食,未之前闻。或难之曰:《春秋》襄公二十一年九月、十月日食,二十四年七月、八月日食,《史记·年表》皆书日再蚀。《汉书》高帝三年、文帝三年俱十月、十一月日食,比月而食,古来凡四见,《五行志》确指所在之星,所应之事,奚言未闻?又杜预《长历论》云:"《春秋》日有频月而食者,旷年不食者,理不得一。"杨士勋《谷梁传释》云"据今历无有频食之理,古或有之"。宋梁铉翁《春秋详说》云"天度有时而变常,若执一定之律,而忽无穷之变,恐失《春秋》记灾示警之意",子奈何断以为绝无耶?曰:此不可以空言争也。《左传》疏云:"频食于术不得有。但字则变古为篆,改篆为隶。书则缣以代简,纸以代缣。年数遥远丧乱,或转写误,失其本真。先儒因循,莫能改易,执文求义,理必不通,后之学者宜知此义。"斯语足破千载之疑,且不观《元史·历志》与《尚书疏证》《春秋大事表》乎?《元志》具著李谦《授时历·议》引晋姜岌、唐僧一行以为襄二十一年十月、二十四年八月不应比食,宜在误条。又云《春秋》二百四十二年间,日食三十有七事,以《授时历》推之(《授时历》,元至元间许衡等造),惟襄公二十一年十月庚辰朔及二十四年八月癸巳朔不入食限，盖自有历以来，无比月而食之理。姜岌、一行已有定说。孔子作书，但因时历非大义所关，不必致详也。《疏证》卷六上云："春秋时史失其官，闰余乖次，从古未有过于春秋之世，则难信亦未有过《春秋》之书。即以三十六日食论，有误'五'为'三'者（谓月数误），庄十八年、僖十二年是。有误'三'为'二'者，文元年是。有误'十'为'七'者，宣八年是。有误'九'为'六'者，昭十七年是。有以后月作前月，不应闰而闰先时者，隐三年、桓三年、十七年、庄二十五年、三十年是。有以前月作后月应闰而不闰后时者，宣十七年、成十七、襄十五、二十七、昭十五、定十二是。至僖十五年五月之交，宜在四月，然乃亥时月食，非日食，何误至此。"（说本《元志》）则由此以推，无比食而书比食，其误又何怪焉？金坛蔡仲全告其弟子秦云九曰："想因当日史官算失一闰，误以二十一年之九月作十月朔日食，已书之史矣，他日又误以二十四年七月作八月朔日食，已书之史矣，既而见其失闰不合也，乃于两年各补足一闰，书为二十一年九月朔日食，二十四年七月朔日食。两册俱存，而后之修史者并录之尔，或恐无以为孔子地。"余意此出于脱简乎？襄公二十一年、二十四年之前之后，必有某公某年为冬十月庚辰朔日有食之者，又有为八月癸巳朔日有食之者，脱其简于彼，而错其简于此，事固有之，理或一解，孔子作《春秋》因而不革，盖其慎也。且《春秋》重在人事以示劝戒，他若历属大道，即用旧史，失在既往，曷由可追？苟必取而正之，凡二百四十二年间，以事系日，以日系月，以月系时，以时系年，鲜不随之而错置矣，孔子敢擅易本国之正朔以干罪戾哉。又云以《授时》法推得汉高帝三年丁酉岁十一月甲戌朔日食，汉历误为前月晦日也。又书十一月癸卯晦日食，则记载之误。况癸卯乃十二月朔，不入食限，亦岂晦日哉。更推得文帝三年甲子岁十一月丁酉朔入食限，十二月丁卯朔不入食限，《汉书》所载误处，与高帝三年同。总之，比月而食，千古所无，不必辨者。晦日日食，乃历疏之故耳。《大事表》云："频食断无此法，而《春秋》所以书者，是时周历算法已不准，推步常迟一月，颁历云某月朔应日食，到前一月之朔而日大食，甚至日既食人所共见，鲁史既据实书之矣。至后一月不见有食，则以周保章氏所颁，未敢轻削。鲁史非精历算者，不能考正是月之不入食限也。因并存之。"《汉书》载高帝三年、文帝三年频食，亦是汉初袭用秦正，历法未讲，致有此误，泰和定历以后则无此矣。若谓天道至远，不可得知，容或有此，则自太初迄今二千年中，绝无连月再食之事，而独于春秋时再见，且于汉祖开创孝文之朝再见，无是理也。综览诸书，皆不及《史记》孝文二年书频月日食之事，而比类以推，"十二月望日又食"七字显属误端，其为衍文无疑。即所称"十一月晦日有食之"者，亦十二月朔日食之误也（十二月朔是癸卯）。或复难曰：《梦溪笔谈》云"淮南人卫朴精于历术，《春秋》日食三十六，密者不过得二十六七，朴乃得三十五。惟庄公十八年一蚀，今古算皆不入蚀法，疑前史误"。《困学纪闻》六本此，然则襄二十一年、二十四年频食，卫朴已推而得之矣，则又何说？曰：历家如姜岌、一行之流最为杰出，非朴所敢望，皆确言五比食之理，朴又乌从知之？且庄十八年一食，《元志》谓误"五"为"三"，阎氏于《尚书疏证》、《困学纪闻》注、《潜邱札记》并言是年五月壬子朔申时日食，而朴不知。朴于历疏矣，则所谓"得三十五"者，岂足信耶？（熙宁中朴造《奉元历》。）（《史记志疑》卷七《孝文本纪》）

洪颐煊：按：日无望食之理，月食《史》不书。下诏云"十一月晦，日有食之，适见于天，灾孰大焉"，不言频食，此乃史之驳文。（《读书丛录》卷十七）

李元春：《孝文本纪》二年十一月、十二月日再食，据下诏辞，似无十二月再食事。（《诸史间论》卷一）

张文虎：按：日无比食之理，望无日食之事。《汉书·文帝纪》《五行志》皆不书十二月之食，下文帝诏亦只言十一月晦日食。以今癸卯元术上考，是年十二月癸卯朔（《颛顼术》同，《汉书》纪、志并为十一月癸卯晦，则又合殷术）太阴交周六宫〇一度〇四分二十九秒入食限，盖史文失书日名，而是月望，太阴交周初宫十六度二十四分三十六秒，月亦入食限，月食例不书，岂连累而及之邪？（《舒艺室随笔》卷四）

又：按：下文帝诏亦只言十一月晦，不及十二月，《汉书》一同，疑误衍。说具《志疑》。（《校刊史记集解索隐正义札记》卷一《孝文本纪》）

郭嵩焘：按："十一月晦"，当为"十二月朔"，历家大小建偶有参差故也。诏书仅据"十一月晦，日有食之"为言，则"十二月望，日又食"之文为畸出矣。十二月望当为日、月食连见，史公以为灾，依类书之，其后失于删削耳。古法用平朔，故日食有在晦者；唐以后始改用定朔，由是日食必在朔。（《史记札记》卷一《孝文本纪》）

李景星：按：《史记》于"日有食之"下书"十二日望，日又食"，此及《五行志》皆无其文。又下载诏书亦言十一月，不及十二月，疑《史记》误也。（《汉书评议·文帝纪》，见《四史评议》）

［日］泷川资言：中井积德曰：望无日食之理，又无一月两食之理。月食又《史》所不纪，而《汉书》及《五行志》皆不载，则其为讹文明矣。下诏文不论望食，亦其一征。梁玉绳说同。焦竑曰：（略）张文虎曰：（略）（编者按：此引焦竑、张文虎文，分别见本书"十二月望，日又食"汇校）。愚按：诏文云"累三光之明"，其所畏，不止日食，焦、张说是。（《史记会注考证附校补》卷十《孝文本纪》）

王叔岷：案：《汉纪》亦无此文，《通鉴》同。（《史记斠证》卷十）

龚浩康：按：月中不可能发生日食，而且下面诏文也没有提到，可见史文有误。（见王利器主编《史记注译·孝文本纪》）

郜积意：日食在朔，月食在望，此云"十二月望，日又食"，必误。《正义》引徐广云"一本作'月食'，然史书不记月食"。考下文诏书"乃十一月晦，日有食之，適

见于田，葘孰大焉"，疑"望日又食"四字或衍，《汉书》但记日食不记月食，可参证。(《〈史记〉〈汉书〉年月考异》)

【汇注】

程馀庆：按：史不书月食，今因不半月而灾变两见，故于望日月食后，下诏修省，而诏止云日食者，盖因感月食之变，而益谨日食之戒故也。(《历代名家评注史记集说·孝文本纪》)

③【汇注】

王叔岷：案：《左·文十三年传》："天生民而树之君，以利之也。"又见《说苑·君道篇》，"民"上有"烝"字。蒸、烝古通。《尔雅·释诂》："烝，众也。"《左·襄十四年传》："天生民而立之君，使司牧之。"又见《新苑·杂事一》。(《史记斠证》卷十)

④【汇校】

吴汝纶：依《汉书》"灾"上删"以"字。(《点勘史记读本·孝文本纪》)

王叔岷：案：《汉书》"葘"作"灾"(下同)，"诫"作"戒"，并古字通用。(《史记斠证》卷十)

⑤【汇注】

颜师古：治音直吏反。(《汉书注·文帝纪》)

⑥【汇校】

[日]泷川资言：古钞本、三条本、南化本"適"作"谪"。(《史记会注考证附校补》卷十《孝文本纪》)

【汇注】

颜师古：適读曰谪，责也，音张革反。见音胡电反。(《汉书注·文帝纪》)

程馀庆：適、谪同。(《历代名家评注史记集说·孝文本纪》)

王叔岷：案：古钞本此下有注云："適，音徒厄反也。"盖《集解》之文，各本并脱。以微眇之身，托于兆民君王之上。案：下文《孝文》遗诏亦云："以眇眇之身，托于天下君王之上。"《秦始皇本纪》："寡人以眇眇之身，兴兵诛暴乱。"《方言》十三："眇，小也。"(《史记斠证》卷十)

⑦【汇注】

颜师古：灾莫大于此。(《汉书注·文帝纪》)

【汇评】

朱 黼：日食果天运乎？抑人事乎？曰天运而已，而人事实行乎？其间先儒知历者，谓日之行也，五月二十三分月之二十是为一交。交当朔则食。交者，其行道之险也。然而或食或不食，则阳气之有强弱也。食者其强，不食者其弱也。人事之修否，

而食不食随之，安得不关诸人事哉！（引自陈仁子编《文选补遗》卷一《日食诏》）

陈仁子：日食者征在阳，征主弱而臣强则食，君子弱而小人强则食，中国弱而夷狄强则食。帝在位二十三年，日食者四，甚至孛星、地震、旱蝗、大水，层见叠出。当时，无主权之下移也，无憸人之在朝也，吾意征应匈奴强而入寇耳。帝犹引躬责过，所以无过也。（《文选补遗》卷一《日食诏》）

何　焯：自秦以来不畏于天，至文帝始闻此言。（《义门读书记·前汉书》）

⑧【汇注】
龚浩康：眇，通"秒"。微小。兆民，万民。兆，初以百万为兆，后有二解：十万为亿，十亿为兆；万万为亿，万亿为兆。这里用"兆"形容极多。（见王利器主编《史记注译·孝文本纪》）

⑨【汇注】
颜师古：三光，日、月、星也。累音力瑞反。（《汉书注·文帝纪》）

[日]**泷川资言**：自是其后宣帝五凤四年，元帝永光二年、四年，成帝河平元年、永始二年、三年，哀帝元寿元年，亦日食下诏自责，其他天灾地变，莫不皆然，盖以为天象与人事相关也。说详于《廿二史札记》二卷。（《史记会注考证附校补》卷十《孝文本纪》）

王叔岷：案：《庄子·胠箧篇》："上悖日月之明。"（《史记斠证》卷十）

⑩【汇注】
颜师古：令谓此诏书。（《汉书注·文帝纪》）

⑪【汇校】
[日]**泷川资言**：《汉书》"见"下无"思"字，此涉上文衍。（《史记会注考证附校补》卷十《孝文本纪》）

【汇注】
郭嵩焘：按："知见思之所不及"，兼三项言之：已得曰知；见闻所及曰见；未得而心求之曰思。（《史记札记》卷一《孝文本纪》）

【汇评】
吴见思：分知、见、思三项，详。（《史记论文·孝文本纪》）

⑫【汇校】
佚　名：徐孚远曰："白"宜作"丐"，疑字讹也。（《史记疏证（外一种）》卷十）

张文虎："丐"各本作"白"，字形相近而讹。《考证》据《汉书》改。（《校刊史记集解索隐正义札记》卷一《孝文本纪》）

程馀庆："白"当作"丐"，乞也。（《历代名家评注史记集说·孝文本纪》）

郭嵩焘：按：《汉书》正作"丐以告朕"，金陵本作"丐"是也。(《史记札记》卷一《孝文本纪》)

吴汝纶：本作"白以告朕"，依《通鉴》改，《汉书》同。(《点勘史记读本·孝文本纪》)

[日]泷川资言：丐，诸本作"白"，延久古钞本作"丐"，与《汉书》合。今依改。颜师古曰：丐，乞也。(《史记会注考证附校补》卷十《孝文本纪》)

王骏图：《考证》：徐孚远曰："白"宜作"丐"，疑字讹也。《礼记》："丐"字各本作"白"，字形相近而讹。图按：《史·文》云："及知见思之所不及，白以告朕。"此"白"字直作明白解耳，谓思朕之过失，及思虑所不及之事，皆当明白告朕耳，何必作"丐"字也？况各本皆作"白"，更无庸以为讹矣。(《史记旧注平义·孝文本纪》)

【汇注】

颜师古：丐音盖。丐亦乞也。启：开也。言以过失开告朕躬，是则于朕为恩惠也。《商书·说命》曰"启乃心，沃朕心"。(《汉书注·文帝纪》)

吕祖谦：求言于执政也。(《大事记解题》卷十)

胡三省：匄，音丐，乞也。(见《资治通鉴》卷十三注)

⑬【汇注】

吕祖谦：令执政举贤良方正能直言者，此制科之始也。(《大事记解题》卷十)

胡三省：贤良方正之举昉此。(见《资治通鉴》卷十三注)

丘濬：后世制科，其名始兆于此。(《世史正纲》卷三)

周寿昌：此汉廷策士之始。前此即位二年，诏举贤良方正能直言极谏者，未闻举何人，至是始以三道策士。而晁错以高第，由太子家令迁中大夫。(引自王光谦《汉书补注·文帝纪》)

龚浩康：汉代自文帝这次下诏后，始设"贤良方正"(又称"贤良文学")这一科目，以选拔人才，询访政治得失。凡中选者，由朝廷授予官职。(见王利器主编《史记注译·孝文本纪》)

【汇评】

尹遂昌：人君之德虽不一，然敬天听言乃其要者。今孝文乃能因日食之变，诏举贤良方正，一举而敬天听言，求贤之意，皆在乎其中。书之于册，足为千古之美。(引自《袁王纲鉴合编》卷六)

五礼图：文帝，三代以下极盛之贤君也。诏举贤良能直言极谏者，求贤若渴之虚怀也，亲策于廷，遂为后世临轩试士之始，亦何异于有虞氏之敷奏、周人氏之拜献乎！(《雨田古论》卷上《汉文帝策士得晁错》)

⑭【汇注】

　　颜师古：匡，正也。逮，及也。不逮者，意虑所不及。(《汉书注·文帝纪》)

【汇评】

　　丘　濬：此后世人主因灾异求言之始。自文帝因日食下此诏后，凡遇日食，与夫地震、山崩、水旱、疾疫之类，皆下诏求贤，遂为故事。(引自凌稚隆《汉书评林·文帝纪》)

　　瞿方梅：案：此为后世举贤良之始。(《史记三家注补正·孝文本纪第十》)

⑮【汇校】

　　[日]**泷川资言**：《汉书》作"敕以职任"。(《史记会注考证附校补》卷十《孝文本纪》)

　　王叔岷：案：《通鉴》亦作"敕以职任"。饬、敕古通，《说文》："敕，诫也。"《广雅·释言》："敕，谨也。"诫、谨义近。其、以同义。(《史记斠证》卷十)

⑯【汇注】

　　颜师古：省，减也，音所领反。繇读曰徭。(《汉书注·文帝纪》)

　　吕祖谦：令执政戒敕内外众职，省繇费也。(《大事记解题》卷十)

　　胡三省：省，所景翻，减也。繇，读曰徭，役也。(见《资治通鉴》卷十三注)

　　王先谦：官本"繇读曰徭"作"繇音徭"。(《汉书补注·文帝纪》)

【汇评】

　　霍　韬：曰养曰治育，帝王所以克共天职也。天地大德曰生，天生斯民不能自养，是故立君养民也。因日食而求言而举贤，分职制治所以养民也，省繇费养民之实也。帝王所以遇灾而惧，克享天心也。(《兀涯西汉书议》卷二)

⑰【汇注】

　　吕祖谦：自"不能远德"以下，亦诏执政罢卫将军军，省太仆马也。(《大事记解题》卷十)

　　王先谦：远德，谓德及远。外人，胡、越之属。(《汉书补注·文帝纪》)

⑱【汇校】

　　钱大昭：《史记·集解》引《汉书音义》，"惽"下有"然"字。(《汉书辨疑》卷一)

【汇注】

　　裴　骃：《汉书音义》曰："惽然犹介然也。非，奸非也。"(《史记集解·孝文本纪》)

　　颜师古：苏林曰："惽，寝视不安貌也。"孟康曰："惽犹介然也。非，奸非也。"师古曰："孟说是也。惽音下板反。"(《汉书注·文帝纪》)

司马贞：苏林云"悯，寝视不安之貌"，盖近其意。余说皆疏。悯音下板反。（《史记索隐·孝文本纪》）

编者按：苏、孟二说，杨树达皆以为非。他说："苏、孟说皆非也。悯当读为悯。《小尔雅》云：'悯，怼也。'"（《汉书窥管》卷一《文帝纪》）

凌稚隆：按：师古云："外人之有非"，谓夷狄边患也。（《史记评林·孝文本纪》）

沈钦韩：《说文》："悯，愉也。"非此义。昭十八年"执事悯然，授兵登陴"，杜预云："悯然，怼劲貌。"服虔云："悯然，猛貌。"按：《方言》："悯，猛也。晋魏之间曰悯。"此服氏所据也。《诗》作"倜"。《说文》云："武貌。"《荀子·荣辱篇》："陋者俄且倜也。"杨倞注："倜与悯同，猛也。"杨据《汉书》此文，故云与"悯"同，然非也。（《汉书疏证》卷二《文帝纪》）

程馀庆：非，姦非，谓边患也。句峭。（《历代名家评注史记集说·孝文本纪》）

王叔岷：案：孟康《汉书音义》释"悯然"为"介然"。《汉书·陈汤传》"使百姓介然有秦民之恨"，师古注："介然，犹耿耿。"《广雅·释训》："耿耿，不安也。"是孟康之训与苏林之训相符矣。（《史记斠证》卷十）

吴国泰：按：悯者，"瞯"之借字。《说文》："瞯，大目也。"人有所思虑则目不交睫。故瞯之引伸义为寝视不安之貌。《左·宣二年传》："瞯其目。"《释文》引孟康曰："瞯犹分然也。"苏林曰："瞯，寝视不安貌。"即此文也。则古本《史记》有作瞯者矣。（《〈史记〉解诂（下）》，载《文史》第43辑）

⑲【汇注】

颜师古：饬，整也，读与勒同。（《汉书注·文帝纪》）

王先谦：按：此谓京师兵卫。（《汉书补注·文帝纪》）

[日] 泷川资言：句下添"乎"字看。（《史记会注考证附校补》卷十《孝文本纪》）

⑳【汇注】

吕祖谦：宋昌为卫将军，镇抚南北军，则此军又在南北军之外也。（《大事记解题》卷十）

方以智：文帝拜宋昌卫将军，领南北（据《汉书·文帝纪》，"南北"下当脱"军"字——《通雅》校点者注），十一月罢卫将军。此在南北军之外。（《方以智全书》第一册《通雅》卷二十五《官制·武职·兵制附》）

郭嵩焘：按：汉制南军属卫尉，掌宫门卫屯兵；北军属中尉，掌徼循京师。宫门屯卫属之南军；城门属之北军：皆卫军也，文帝特置卫将军领之。当时为宋昌兼领南、北军，非常职也。明年匈奴入北地，发中尉材官属卫将军，军长安。十四年匈奴攻朝那塞，遣中尉周舍为卫将军，郎中令张武为车骑将军，军渭北。所领皆卫军也，而南军卫宫门者终不遣出屯。此诏云"罢卫将军军",于史无征。汉制卫军皆由郡国调发,《黄霸传》"坐发骑士诣北军,马不适士",是卫士及所乘马皆出自征调。宋昌为卫将军兼领南、北军,而卫尉、中尉各有专司,疑当时必稍益卫将军军以备区庐屯卫。诏书所谓"饬兵厚卫"是也;至是始罢之,其后并罢卫将军。因事出屯,乃加卫将军名领卫军,此汉制之可考见者,《史记》及《汉书》于此皆无注。(《史记札记》卷一《孝文本纪》)

王先谦:宋昌所领也。(《汉书补注·文帝本纪》)

【汇评】

王夫之:文帝罢卫将军军,不欲使兵之冗集于京师也;罢太尉官属丞相,不欲兵柄轻有属也;合将与相而一之,故匈奴侵上郡而灌婴以丞相出将。以是为三代文武同涂之遗制与!抑论之:罢卫军,罢太尉,未尝不宜也。天子者,不待拥兵以为威;假待之以为威,则固不可更授其制于一人。乃若合将相于一,而即相以将,则固不可。灌婴者,可将者也,非可相者也;其可相者,则又非可将者也。故三代之制,不可行于后世者有二:农不可兵,兵不可农;相不可将,将不可相也。

且夫古之将相合一者,列国之事尔。楚之令尹,楚之帅也;晋之将中军,晋之相也。所以然者,何也?列国无议礼、制度、考文之事,无百揆、四门、大麓之典;其执政者,不必有燮阴阳、兴教化、叙刑赏之任。而其为帅也,亦邻国之不辑,相遇于中原,以一矢相加遗,而犹有礼焉;非如后世之有天下者,与夷狄盗贼争社稷之存亡也。其谓之将相者,今一郡之倅判而已;又其小者,一县之簿尉而已。若天子,则吉甫、山甫、方叔、南仲各任其任而不相摄。然则三代且不然,而况后世统万方之治乱,司边徼之安危者乎!(《读通鉴论》卷二)

㉑【汇注】

颜师古:遗,留也。财与才同。才,少也。太仆见在之马今当减,留才足充事而已。(《汉书注·文帝纪》)

司马贞:遗犹留也。财,古字与"才"同。言太仆见在之马,今留才足充事而已也。(《史记索隐·孝文本纪》)

胡三省:班《表》:太仆掌舆马。见马,见在之马也。遗,留也,财,与才同。少也,仅也。言减见在之马,所留财足充事而已。(见《资治通鉴》卷十三注)

吴见思:现在之马,所留者才足以备乘舆而已,余皆以给驿也。(《史记论文·孝文本纪》)

龚浩康:见马,现有的马匹。见,通"现"。现在。遗财足,只保留刚刚够用的马匹。财,通"才"。仅仅。(见王利器主编《史记注译·孝文本纪》)

【汇评】

凌稚隆：按：务省繇费，罢卫将军，减太仆，与上"布政不均"相顾。(《汉书评林·文帝纪》)

㉒ **【汇校】**

王念孙：按："置传"，当为"传置"。《索隐》本出"传置"二字，引如淳曰"律，四马高足为传置，四马中足为驰置，下足为乘置，一马二马为轺置"，则作"传置"者是也。《汉书》亦作"传置"。(《读书杂志·史记·孝文本纪》)

张文虎：《索隐》本与《汉书》合，各本误倒。(《校刊史记集解索隐正义札记》卷一《孝文本纪》)

王叔岷：案：古钞本、景祐本、黄善夫本、殿本"传置"皆作"置传"。此作"传置"，与《汉书》《通鉴》合。(《史记斠证》卷十)

点校本《史记》修订组："余皆以给传置"，传置，东北本、景祐本、绍兴本、耿本、黄本、彭本、柯本、凌本、殿本作"置传"。按：《汉书》卷一下《高帝纪》下"乘传诣雒阳"，颜师古《注》引如淳曰："律，四马高足为置传，四马中足为驰传，四马下足为乘传，一马二马为轺传。"《通鉴》卷一一《汉纪三》高帝五年胡三省《注》引如淳亦作"置传"。(点校本二十四史之修订本《史记》卷十《孝文本纪》)

【汇注】

颜师古：传音张恋反。置者，置传驿之所，因名置也。他皆类此。(《汉书注·文帝纪》)

司马贞：按：《广雅》云"置，驿也"。《续汉书》云"驿马三十里一置"。故乐产亦云传置一也。言乘传者以传次受名，乘置者以马取匹。传音丁恋反。如淳云"律，四马高足为传置，四马中足为驰置，下足为乘置，一马二马为轺置，如置急者乘一马曰乘也"。(《史记索隐·孝文本纪》)

张守节：乐产云：传置一也，谓乘传者以传受君命，乘置者以置马取用也。……自"不能远德"以下，亦诏执政罢卫将军军，省太仆马也。(引自吕祖谦《大事记解题》卷十)

胡三省：史炤《释文》曰：置者，置邮也，以其居符传之所，故谓之传置，犹传舍也。余谓传置即驿传之传，非符传之传。炤言置邮，是也；言符传之所，非也。此其误。(《通鉴释文辨误》卷一)

郝 敬：置，建也，每十里一置。传，转也。四马高足为置传，四马中足为驰传，四马下足为乘传，一马二马为轺传，急乘一马曰乘。《汉书》文帝十二年"除关无用传"，景帝四年"复置津关，用传出入"。注：传，信也，两行书缯帛，分持其一，出入关合之，乃得过，谓之传。又谓之棨，刻木合符曰棨，书缯帛曰传。此传与驿传小

异，而同音。传，去声，取往来还传之义。(《批点史记琐琐》卷一)

王先谦：宋祁曰：传，传舍；置，厩置。按：《广雅》云：置，驿也。(《汉书补注·文帝纪》)

高　敏："传"与"置"，本质上都是驿道上的车站，故有"传、置一也"的说法。由于"传""置"都是车站，故《汉书·文帝纪》二年条颜师古把"置"释为动词，谓"置者，置驿、传之所，因名置也"。由于乘马传递的车站叫作"置"，故《汉书·李广传附孙陵传》称驿骑为"骑置"；同书《刘屈氂传》称乘驿马曰"乘疾置"。由此而推演出置厩苑以养马之所曰"厩置"，见《史记·田儋列传》；称置邮之所曰"邮置"，亦见《史记·淮南厉王列传》。至于置"传"之所，也分别获得了"传置""驰置""乘置"与"轺置"之名。特别值得注意的是：在《汉书·高帝纪下》五年条田横"乘传诣洛阳"语下，如淳注引《汉律》曰："四马高足为置传，四马中足为驰传，四马下足为乘传，一马二马为轺传，急者乘一乘传。"在这里，"传置""驰置""乘置"与"轺置"，变成了"置传""驰传""乘传"与"轺传"，益见"置"与"传"是可以互训的，表明"传、置一也"的说法不诬。

明白了"传""置"本质相同而又有区别，对于了解汉代传车的等级区分是有帮助的。根据《史记·孝文本纪·索隐》及《汉书·高帝纪下》注引如淳引《汉律》云，得知"传车"按照拉车马匹的多少与优劣被区分为四种类别：一曰"置传"或"传置"，用高足四马拉传车；二曰"驰传"或"传驰"，用四匹中等马拉传车，《史记·司马相如列传》载相如出使西南夷"驰四乘传"即此类；三曰"乘传"或"乘置"，用四匹下等马拉车；四曰"轺传"或"轺置"，系用一匹马或二匹马拉传车，居延汉简中屡见"轺车一乘，用马一匹"或"轺车一乘，马二匹"等记载(详见《居延汉简甲乙编》)，即属此类。

汉代传车除上述四种外，还有特级传车，当时谓之"六乘传"或"七乘传"。《史记·孝文本纪》谓张武等迎代王时，代王"乃命宋昌参乘，张武等六人乘传诣长安，至高陵休止"。同一史实，在《汉书·文帝纪》中作"张武等六人乘六乘传诣长安"，颜师古注引张晏曰："传车六乘也。"又《汉书·爰盎传》载盎述及这一事实时，也说代王"从代乘六乘传，驰不测渊"。由此可见，《史记》脱"六乘"二字。所谓"六乘传"，据上引《汉律》关于拉车马数量与优劣不同而有不同称呼的规定，应为六匹马拉的传车，而非张晏所云六辆传车。又《史记·吴王濞传》谓吴楚等七国反叛时，"条侯将乘六乘传，会兵荥阳"。此处之"六乘传"，显系条侯一人所乘之车，故应为六马驾的传车而非六辆传车。《续汉书·舆服志》谓皇帝坐的"德车"，"驾六马"，其他如五时车、安车、立车等，"皆以御驾六，余皆驾四"。由此可见，代王"乘六乘传"，表示以皇帝之礼待之；条侯之乘六乘传，是由于代表皇帝出征，正符合天子之车"驾六马"的规定。除六乘传外，还有"七乘传"。《汉书·武五子传·昌邑哀王刘髆传》谓昭帝死，"无嗣"，大将军霍光征髆之子贺典丧，贺"乘七乘传诣长安邸"。以"六乘传"之义推之，所谓"七乘传"，应是用七匹马驾的传车。可见，传车的不同类别，决定于封建的等级制度。

传车的不同类别，除了驾车的马匹有多少与优劣之分外，还有车辆本身的高低之别，上述"七乘传""六乘传"与"置传""驰传""乘传"等几种乘传，均属于高级传车。(《秦汉邮传制度考略》，载《历史研究》1985 年第 3 期)

[日] 泷川资言：《汉书·表》，太仆掌舆马。(《史记会注考证附校补》卷十《孝文本纪》)

王叔岷：案：《考证》说，本《通鉴》注。(《史记斠证》卷十)

张大可：按：文帝二年十二月因日月食下诏求贤，从此建立了汉家举贤良制度。此诏还颁布了一系列利民休养生息的措施。(《史记全本新注·孝文本纪》)

【汇评】

牛运震：日食诏渊然典古，近乎诰体矣。(《史记评注》卷二《孝文本纪》)

程馀庆：此后世人主因灾异求言之始，而贾山《至言》于是出，真不愧直言极谏者。(《历代名家评注史记集说·孝文本纪》)

> 正月，上曰："农，天下之本，其开籍田①，朕亲率耕，以给宗庙粢盛②。"

① 【汇校】

张文虎：中统、游本"藉田"。(《校刊史记集解索隐正义札记》卷一《孝文本纪》)

【汇注】

班　固：文帝即位，躬修俭节，思安百姓。时民近战国，皆背本趋末，贾谊说上曰："筦子曰'仓廪实而知礼节'。民不足而可治者，自古及今，未之尝闻。古之人曰：'一夫不耕，或受之饥；一女不织，或受之寒。'生之有时，而用之亡度，则物力必屈。古之治天下，至纤至悉也，故其畜积足恃。今背本而趋末，食者甚众，是天下之大残也；淫侈之俗，日日以长，是天下之大贼也。残贼公行，莫之或止；大命将泛，莫之振救。生之者甚少而靡之者甚多，天下财产何得不蹶！汉之为汉几四十年矣，公私之积犹可哀痛。失时不雨，民且狼顾；岁恶不入，请卖爵、子。既闻耳矣，安有为天下阽危者若是而上不惊者！世之有饥穰，天之行也，禹、汤被之矣。即不幸有方二三千里之旱，国胡以相恤？卒然边境有急，数十百万之众，国胡以馈之？兵旱相乘，天下大屈，有勇力者聚徒而衡击，罢夫羸老易子而齩其骨。政治未毕通也，远方之能疑者并举而争起矣，乃骇而图之，岂将有及乎？夫积贮者，天下之大命也。苟粟多而财有余，何为而不成？以攻则取，以守则固，以战则胜。怀敌附远，何招而不至？今殴民而归之农，皆著于本，使天下各食其力，末技游食之民转而缘南亩，则畜积足而人乐其所矣。可以为富安天下，而直为此廪廪也，窃为陛下惜之！"于是上感谊言，始开籍田，躬耕以劝百姓。（《汉书·食货志》）

裴　骃： 应劭曰："古者天子耕籍田千亩，为天下先。籍者，帝王典籍之常。"韦昭曰："籍，借也。借民力以治之，以奉宗庙，且以劝率天下，使务农也。"瓒曰："景帝诏曰'朕亲耕，后亲桑，为天下先'。本以躬亲为义，不得以假借为称也。籍，蹈籍也。"（《史记集解·孝文本纪》）

编者按：《集解》此注中"蹈籍"一语，张守节释曰："上音导，谓践籍之义。"见张衍田《史记正义佚文辑校·孝文本纪》。

颜师古： 瓒说是也。《国语》曰"宣王即位，不藉千亩，虢文公谏"。斯则藉非假借明矣。（《汉书注·文帝纪》）

胡三省： 陆德明《经典释文》：藉，在亦翻。（见《资治通鉴》卷十三注）

郝　敬： 帝王典籍之田。或云与"藉"同，借也，借民力治之，因借以劝民。或云蹈藉也，举趾而耕，以人君躬稼为义。（《批点史记琐琐》卷一）

沈钦韩：《通典》（吉礼六）："齐武帝永平中，耕藉田用丁亥。王俭以为亥日藉经纪无文。"助教周山文议曰："蔡邕《月令章句》解'元辰'云'甲，干也；辰，支也。有事于天，用甲；有事于地，用辰'。"何佟之云："汉文用于此日耕藉，祠先农，后王相承用之，非有别义。"（《汉书疏证》卷二《文帝纪》）

李元春： 应劭释"籍田"之"籍"为借民力，瓒取蹈籍意。予谓籍者，祭祀所籍赖也。（《诸史间论》卷一）

王先谦： 王启原曰："《东方朔传》：'顾成庙远无宿宫，又有萩竹藉田。'《本纪》（编者按：指《汉书·文帝纪》）四年，服虔注：'顾成庙在长安城南。'此汉藉田定所也。孝武耕于上林，孝昭耕于钩盾弄田，《纪》故别著之。《食货志》云：'上感贾谊言，始开藉田。'"先谦曰：官本"藉"作"籍"，注并同。藉、籍古书假借通用，故"藉"或为"籍"。据注，应本作"籍"，韦本作"藉"，当正作"耤"。《说文》"耤"下云："帝耤千亩也。古者使民如借，故谓之耤，从耒昔声。""藉"下云："祭，藉也。一曰草不编，狼藉。""籍"下云："簿书也。"（《汉书补注·文帝纪》）

［日］泷川资言： 张文虎曰：中统、游本"籍田"作"藉田"。愚按：延久〔古〕钞本亦作"藉"，与《汉书》合。藉田，韦说为长。《孟子·滕文公篇》"礼曰，诸侯

耕助以供粢盛"，助者藉也，则藉者助也，可以推藉田之义。《周语》"藉千亩"，帝王何得躬亲耕千亩田乎？瓒说拘于"躬亲"二字。（《史记会注考证附校补》卷十《孝文本纪》）

王叔岷：案：景祐本"籍"亦作"藉"，《集解》同。《通鉴》亦同。籍、藉古通。《集解》："籍，蹈籍也。"古钞本作"藉，谓蹈藉耕也"。《后汉书·明帝纪》："朕亲耕藉田，以祈农事。"注引《五经要义》曰："藉，蹈也。言亲自蹈履于田而耕之。"（《史记斠证》卷十）

龚浩康：籍田，古代帝王亲自耕种的田。实际上，只是每年春耕时由帝王犁几下，象征亲自耕种，用以奉祀宗庙，并以此表示提倡农业之意。因为这种田靠征籍（借）民力耕种，所以称"籍田"。（见王利器主编《史记注译·孝文本纪》）

【汇评】

师　丹：孝文皇帝承亡周乱秦兵革之后，天下空虚，故务劝农桑，帅以节俭。（引自《汉书·食货志上》）

② 【汇校】

梁玉绳：按：《汉书》此下有"民谪作县官及贷种食未入，入未备者皆赦之"十八字，此不全载。（《史记志疑》卷七《孝文本纪》）

【汇注】

班　固：春正月丁亥，诏曰："夫农，天下之本也，其开藉田，朕亲率耕，以给宗庙粢盛。民谪作县官及贷种食未入、入未备者，皆赦之。"（《汉书·文帝纪》）

裴　骃：应劭曰："黍稷曰粢，在器中曰盛。"（《史记集解·孝文本纪》）

王叔岷：案：《后汉书》注引《五经要义》云："天子藉田，以供上帝之粢盛。所以先百姓而致孝敬也。"（《史记斠证》卷十）

霍　韬：三代而下，重念民生，惟文帝为称首。其曰：农，天下之大本，尤君人者所宜知也。正月诏亲率群臣农，以身劝也。帝月诏赐民半租，实惠下也，所以劝也，帝之念民至矣。（《兀涯西汉书议》卷二）

三月，有司请立皇子为诸侯王①。上曰："赵幽王幽死②，朕甚怜之，已立其长子遂为赵王③。遂弟辟彊及齐悼惠王子朱虚侯章、东牟侯兴居有功，可王④。"乃立赵幽王少子辟彊为河间王⑤，以齐剧郡立朱虚侯为城阳王⑥，立东牟侯为济北王⑦，皇子武为代王⑧，子参为太原王⑨，子揖为梁王⑩。

① 【汇校】
　　梁玉绳：按：诸侯王之立，《史》《汉》表俱在二月乙卯，《本纪》皆误作"三月"。（《史记志疑》卷七《孝文本纪》）
　　朱一新：《诸侯王表》代王等均以二月乙卯立，与纪差一月。（引自王先谦《汉书补注·文帝纪》）
　　[日]**泷川资言**：梁玉绳曰：诸侯王之立，《史》《汉·表》俱在"二月乙卯"。《本纪》皆误作"三月"。（《史记会注考证附校补》卷十《孝文本纪》）
　　王叔岷：案：《通鉴》亦承袭而误作"三月"。（《史记斠证》卷十）
　　郜积意：此在文帝二年。《汉书·文帝纪》《通鉴》亦作"三月"。然据《史》《汉》诸侯王表，立诸皇子为王，俱是二月乙卯，乙卯，二月十三日。此"三月"，当作"二月"。见梁玉绳说。（《〈史记〉〈汉书〉年月考异》）

② 【汇注】
　　司马迁：七年正月，太后召赵王友，友以诸吕女为后，弗爱，爱他姬。诸吕女妒，怒去，谗之于太后，诬以罪过，曰"吕氏安得王！太后百岁后，吾必击之"。太后怒，以故召赵王。赵王至，置邸不见，令卫围守之，弗与食。其群臣或窃馈，辄捕论之。赵王饿，乃歌曰："诸吕用事兮刘氏危，迫胁王侯兮强授我妃。我妃既妒兮诬我以恶，谗女乱国兮上曾不寤。我无忠臣兮何故弃国？自决中野兮苍天举直！于嗟不可悔兮宁蚤自财。为王而饿死兮谁者怜之！吕氏绝理兮托天报仇。"丁丑，赵王幽死，以民礼葬之长安民冢次。（《史记·吕太后本纪》）
　　龚浩康：赵幽王，即刘友，刘邦第六子，被封为淮阳王。吕后时改封为赵王，后为吕后幽禁而饿死。"幽"是他的谥号。赵，汉初封国，辖今河北省南部地区，都城在邯郸（今河北省邯郸市）。（见王利器主编《史记注译·孝文本纪》）

③ 【汇注】
　　胡三省：赵王友幽死于吕后七年，徙梁王恢王赵，恢寻以逼死，以其国封吕禄。禄诛，乃复封友长子遂为赵王。（见《资治通鉴》卷十三注）
　　王　恢：吕禄既诛，元年十月庚戌，即立赵王友子遂（《本纪》失书，误书于《吕纪》）。（《史记本纪地理图考·文帝本纪》）

④ 【汇注】
　　颜师古：辟强，言辟御强梁者，亦犹辟兵、辟非耳。辟音必亦反。强音其良反。一说辟读曰闢，强读曰疆。闢疆，言开土地也。《贾谊书》曰："卫侯朝于周，周行人问其名，卫侯曰辟强。行人还之曰：'启强、辟强，天子之号也，诸侯弗得用。'更其

名曰燧。"则其义两说并通。他皆类此。(《汉书注·文帝纪》)

编者按：王先慎释颜注曰："卫侯事见《韩非子·外储说》（右下），贾谊本之，颜偶有不照。周时尚不许卫侯名辟强，汉初不得取名明矣。前说是。"见《汉书补注·文帝纪》。

司马贞：音壁强二音，又音辟疆。(《史记索隐·楚元王世家》)

王　恢：观夫景帝四年徙衡山王勃来王，"所以褒之"；又武帝元鼎元年勃子胡，"献泰山及其旁邑"，是济北亦大国也。而兴居以为失职夺功，三年，乘匈奴入边，文帝幸太原，反，诛。地入于汉，属之泰山郡。十六年（前164）四月复置，立肥子志。(《史记本纪地理图考·文帝本纪》)

【汇评】

吴见思：欲立诸子，先立诸王。与前一样。(《史记论文·孝文本纪》)

五礼图：孔子曰："能以礼让为国乎？何有让者？礼之文即礼之实也。"文帝即位时退让再三，有司请立太子，又辞让者再。其赏功臣也，先增平、勃、灌婴等户，始封宋昌；其封皇子为王也，先立河间、城阳、济北诸王，然后封皇子。皆抑抑乎有恭敬退让不敢自纵之意焉，可谓得礼之本者矣。贾生议定礼乐制度，帝亦谦让未遑。后世论者每以不能复三代之盛为帝惜。嗟乎！礼乐制度固未易言也，使帝当成康之际，其致治不更有过之者耶！(《雨田古论》卷上)

⑤【汇注】

司马迁：孝文帝即位二年，立遂弟辟强，取赵之河间郡为河间王，（以）〔是〕为文王。(《史记·楚元王世家》)

司马贞：河漳之间邑。(《史记索隐·五宗世家》)

张守节：河间，今瀛州也。(《史记正义·楚元王世家》)

陈　直：按：潍县郭氏藏有"河间太守封泥"（原物现藏北京大学历史系）。又：《齐鲁封泥集存》一页，有"河间王玺"封泥，皆与本传相合。盖河间先为汉郡，赵王及楚王辟强皆因而未改，成为自置之郡，而河间太守封泥，已称太守，则为楚王时物。(《史记新证·楚元王世家》)

王　恢：元年十月，既立友子为赵王，二年，复以赵之河间郡为国，二月乙卯，立友少子辟强，都乐成，今河北献县东南。十五年（前165）卒，子福嗣，一年，卒，无后，国除为郡。(《史记本纪地理图考·文帝本纪》)

龚浩康：河间，汉初封国。辖今河北省献县、交河的部分地区，都城在乐成（今献县东南）。(见王利器主编《史记注译·孝文本纪》)

⑥【汇注】

龚浩康：城阳，汉初封国。辖今山东省沂南县一带地区，都城在莒（jǔ）县（今

山东省莒县)。(见王利器主编《史记注译·孝文本纪》)

王　恢：城阳，齐城阳郡，二年别为国，二月乙卯，立齐肥子朱虚侯章，都莒(今山东莒县)。二年卒，子喜嗣。十一年(前169)徙王淮南，国除为郡。十六年(前164)喜复还王，十传，王莽时绝。(菑川、河间诸国大多类此。)(《史记本纪地理图考·文帝本纪》)

马持盈：剧郡，繁盛之郡地。(《史记今注》卷十《孝文本纪》)

【汇评】

胡　寅：刘章忠勇，先愤刘氏失职，年才二十，而诸吕惮之，不敢轻发。及平、勃举事，章首诛相国产，其功不在二人之下。文帝行赏，于章宜先焉。而即位二年，乃始与辟强、兴居去侯而王，又不显言其功，何哉？初，章欲立其兄齐王，谋不在代也，文帝以是终怀不平，大臣又无开陈之计，使盛德之主，稍负疵议，惜哉！则其所谓"朕自任衣冠，念不至此"者，殆空言矣。若乃修代来功，在三时之后，又所侯者才宋昌一人，此则可为后法。后世有自诸侯王入继大统者，汲汲施恩于其故邸之属，又致隆焉，曾不知示狭于天下，本以为荣，适以表私也。(《读史管见》卷一)

杨维桢：脱大臣之祸而起诸吕之权者，张辟强(良之孙)也，大臣依之而诛诸吕者，朱虚侯也。辟强罪当诛，而朱虚之功当封不在平、勃下也。文帝论功益户有差，而朱虚不加恩，何邪？以立齐王之嫌而绌之也。呼！帝亦不广矣。越二年，有司请立诸侯王，章始与河间、济北为城阳王，帝负其功而章不快，快章之德也夫！(《史义拾遗》卷上《朱虚侯论》)

王维桢：章报齐约楚，亲诛二逆，帝乃列其功于平、勃之下，逾二年而后封以城阳小国。岂非讶其初欲立齐王故耶？(引自凌稚隆《汉书评林·文帝纪》)

邵　宝：朱虚侯章，吕氏婿也，独能深惟大义，毅然倡之。当是时，微章，刘之安否未可知也。其欲立齐王，亦岂大失哉？及事定之后，顾坐是以绌其功，疑生于嫌，虽文帝不免焉，良可惜矣。程子谓人臣之义，王陵为正。愚于章，亦云。(《学史》卷七)

五礼图：当大臣诛禄、产时，朱虚侯章功在平、勃之右，即日初意在立其兄齐王。然齐王高帝长孙也，独能奋义西讨，不愈于吕氏所名孝惠子乎？章既出死力以诛诸吕，使刘氏危而复安，社稷堕而复立。及大臣建议迎立文帝，章即从之，实未尝有异论，岂非功之首当受上赏者乎？帝以章前有立齐王之心，绌其功而不得王，后封城阳，亦不过与清宫之东牟同赏，私己安在？其无心于得天下乎？然则有司请建太子，帝诏以欲传贤，犹夫即帝位时之"西向让者再，东向让者三"云尔。以帝之聪明，岂真谓尧舜之传贤可学乎哉！(《雨田古论》卷上《文帝欲立贤》)

章邦元：朱虚久应封王，因欲立齐王，文帝忮之。后忮心已化，欲封而不得，兹

因封子而先封诸王,可谓善于救过。(《读通鉴纲目札记》卷四《立朱虚侯为城阳王》)

⑦【汇注】

司马迁:孝文帝二年,以齐之济北郡立兴居为济北王,与城阳王俱立。立二年,反。始大臣诛吕氏时,朱虚侯功尤大,许尽以赵地王朱虚侯,尽以梁地王东牟侯。及孝文帝立,闻朱虚、东牟之初欲立齐王,故绌其功。及二年,王诸子,乃割齐二郡以王章、兴居。章、兴居自以失职夺功。(《史记·齐悼惠王世家》)

胡三省:城阳、济北本皆属齐,今分以王章、兴居,二人皆悼惠王子。(见《资治通鉴》卷十三注)

杨树达:按:文帝闻朱虚、东牟之初欲立齐王,故黜其功。及王诸子,乃割齐二郡以王章、兴居,见《高五王传》。(《汉书窥管》卷一《文帝纪》)

龚浩康:济北,汉初封国。辖今山东省平阴、肥城等县地区,都城在卢县(今山东省长清县西南)。(见王利器主编《史记注译·孝文本纪》)

王　恢:济北,楚汉之际田安国,后为济南郡,属齐。吕后置吕国,又改济川。二年复置济北国,二月乙卯,立齐王肥子东牟侯兴居,都卢,今山东长清县南二十五里。(《史记本纪地理图考·文帝本纪》)

【汇评】

黄淳耀:余读《文帝纪》:即位将一年,乃修代来功。群臣请立太子,下诏欲择诸侯王、昆弟及贤有德义者。群臣固请,始许之。又立赵幽王太子遂、王遂弟辟强及齐悼惠王子朱虚侯章、东牟侯兴居,然后立其三子。为王次第可观,以为有王者举动。及读《齐王传》,始诛诸吕时,朱虚侯章功尤大,大臣许尽以赵地王章,尽以梁地王兴居。及文帝立,闻朱虚、东牟之初欲立齐王,故黜其功。二年,王诸子,乃割齐二郡以王章、兴居,始知帝所为,假仁者耳。射钩斩袪之恨,霸者犹能忘之;今乃小嫌黜人大功,岂公义乎?(《陶庵全集》卷四《史记评论·文帝本纪》)

全祖望:按:文帝因大臣先有立齐之议,故不忘情焉。薄朱虚、东牟之赏,而齐王之薨,仅谥曰哀。又托以推恩悼惠诸子,分其国而六之。故召氏封,魏氏不封,皆有成心。(《经史问答》卷九)

张　恕:文帝分齐地,立悼惠王庶子六人皆为王,盖推亲亲之谊,以广其恩,异时为乱所不意也。迨七国起兵发难,自取灭亡,不得谓山崩天戒,以文帝盛封齐楚为过。(《汉书读》卷二)

王　恢:汉文,国史上之贤君也,其所举定乱之赏固不能无私。然如"大臣许尽以赵地王章,尽以梁地王兴居",则齐系得半天下之半矣。乃尽以吕后所夺城阳、琅邪、济南三郡还之,而别置城阳、济北以酬朱虚、东牟,惠而不费,处理甚善。然而各私其子,以亲制疏,不免叛乱相仍者,王之所大欲,不夺不厌。其后用贾谊策,众建诸侯而少其力,力少则易使以义,国少则隐消邪心,诚不失为"安上全下"的温和政策。岂意寝成内重外轻,外戚轻移国祚。此盖天下不公之必然,古今之所同!(《史记本纪地理图考·文帝本纪》)

⑧【汇校】

　　吴汝纶:二字依《汉书》补。(《点勘史记读本·孝文本纪》)

　　编者按:《汉书·文帝纪》"皇子武为代王"前有"因立"二字。

【汇注】

　　司马迁:孝文帝凡四男,长子曰太子,是为孝景帝;次子武;次子参;次子胜。孝文帝即位二年,以武为代王,以参为太原王,以胜为梁王。(《史记·梁孝王世家》)

　　裴　骃:徐广曰:"都中都。"(《史记集解·梁孝王世家》)

　　张守节:《括地志》云:"中都故城在汾州平遥县西十二里。"(《史记正义·梁孝王世家》)

　　龚浩康:武,文帝次子刘武。封为代王后,又曾改封为淮阳王和梁王。(见王利器主编《史记注译·孝文本纪》)

　　王　恢:《汉书·贾谊传》:"初,文帝以代王入即位,后分代为两国,立皇子武为代王,参为太原王。后又徙代王武为淮阳王,而太原王参为代王,尽得故地。"盖并太原入代,仍有代郡与太原,而雁门、定襄以边郡收,代自此无北边郡。参再传孙义,武帝元鼎三年(前114)徙王清河,国除为郡。(《史记本纪地理图考·文帝本纪》)

　　又:淮阳,惠帝子武故国,四年(前176)复置,徙代王武来王。十二年(前168)徙王梁,国除再为郡。

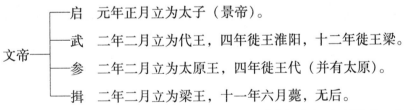

(《史记本纪地理图考·文帝本纪》)

【汇评】

　　凌稚隆:按:有司请立皇子,而诏乃先叙诸王,且曰已立,曰遂立,而后曰因立皇子,示不私其子也。(《汉书评林·文帝纪》)

⑨【汇注】

　　司马迁:二年……以参为太原王……二岁……以代尽与太原王,号曰代王……而徙代王王清河。(《史记·梁孝王世家》)

　　裴　骃:徐广曰:"都晋阳。"(《史记集解·梁孝王世家》)

　　张守节:《括地志》云:"并州太原地名大明城,即古晋阳城。智伯与韩魏攻赵襄

子于晋阳，即此城是也。"（《史记正义·梁孝王世家》）

钱　穆：汉太原郡治晋阳，今太原县治。（《史记地名考》卷十五《赵地名》）

龚浩康：参，文帝第三子刘参。封为太原王后，又曾改封为代王。太原，汉初封国。辖今山西省中部地区，都城在晋城（今山西省太原市西南）。（见王利器主编《史记注译·孝文本纪》）

⑩【汇注】

裴　骃：徐广曰："都睢阳。"（《史记集解·梁孝王世家》）

龚浩康：揖，文帝幼子刘揖。后从马上跌落而死。梁，汉初封国。辖今河南、安徽两省交界地区，都城在睢阳（今河南省商丘县南）。（见王利器主编《史记注译·孝文本纪》）

王　恢：刘大既诛，二年二月乙卯，立皇子揖王梁。十一年六月卒，无后，国除。十二年，徙山，西至高阳（杞县西）四十余城，皆多大县。（《梁孝王世家》）传八世，王莽时绝。（《史记本纪地理图考·文帝本纪》）

上曰："古之治天下，朝有进善之旌①，诽谤之木②，所以通治道而来谏者。今法有诽谤妖言之罪③，是使众臣不敢尽情④，而上无由闻过失也。将何以来远方之贤良⑤？其除之⑥。民或祝诅上以相约结而后相谩⑦，吏以为大逆，其有他言⑧，而吏又以为诽谤⑨。此细民之愚无知抵死⑩，朕甚不取。自今以来，有犯此者勿听治⑪。"

①【汇注】

裴　骃：应劭曰："旌，幡也。尧设之五达之道，令民进善也。"如淳曰："欲有进善者，立于旌下言之。"（《史记集解·孝文本纪》）

沈钦韩：《管子·桓公问》："舜有告善之旌而主不蔽也。"《淮南·主术》："尧置敢谏之鼓。"（《汉书疏证》卷二《文帝纪》）

程馀庆：旌，幡也。尧设之五达之道，令民进善。（《历代名家评注史记集说·孝文本纪》）

②【汇注】

裴　骃：服虔曰："尧作之，桥梁交午柱头。"应劭曰："桥梁边板，所以书政治之愆失也。至秦去之，今乃复施也。"（《史记集解·孝文本纪》）

颜师古：应说是也。（《汉书注·文帝纪》）

司马贞：按：《尸子》云："尧立诽谤之木。"诽音非，亦音沸。韦昭云："虑政有阙失，使书于木，此尧时然也，后代因以为饰。今宫外桥梁头四植木是也。"郑玄注：《礼》云"一纵一横为午"，谓以木贯表柱四出，即今之华表。崔浩以为木贯表柱四出名"桓"，陈楚俗桓声近和，又云"和表"，则"华"与"和"又相讹耳。（《史记索隐·孝文本纪》）

郝　敬：诽谤木，立道旁，使人书过其上，即今桥梁头四柱，俗谓之华表者也。（《批点史记琐琐》卷一）

方以智：汉有交午，亦谤木也。管子对桓公："黄帝立明台之议，尧有衢室之问，舜有告善之旌，禹立建鼓之朝，汤有总街之庭，以观人诽，武王有灵台之复。"公曰："吾欲效之，名曰啧室。以东郭牙为之。"即谤木建鼓之意也。崔豹《古今注》：答程雅问尧谤木曰："华表木，形似桔槔，大路交衢悉施焉。秦除之，汉复修，今西京谓之交午木。"注"服虔曰：'尧作桥梁，交午柱头。交午，作工以子午为直。'或曰'交衢之柱，下有撑木者'，是也"，今谏鼓犹存。（《方以智全书》第一册《通雅》卷三十八《宫室》）

袁黄、王世贞：尧立诽谤之木，虑政有阙失，使言事者书之于木。（《袁王纲鉴合编》卷六）

沈钦韩：崔豹《古今注》："程雅问曰：尧设诽谤之木，何也？答曰：今之华表，以横木交柱头，状如华，形似桔槔，大路交衢悉施焉。或谓之表木，以表王者纳谏，亦以表识衢路。秦乃除之，汉始设焉，今西京谓之交午柱。"《淮南·主术》："舜立诽谤之木。"高诱云："书其善否于表木也。"（《汉书疏证》卷二《文帝纪》）

［日］泷川资言：《管子·桓公问篇》："舜有告善之旌，而主不蔽也。"《淮南子·主术篇》："尧置敢谏之鼓，舜立诽谤之木。"中井积德曰：旌木以语上古政事，盖废已久矣，未见废在秦时也，亦未见今之复施也。（《史记会注考证附校补》卷十《孝文本纪》）

杨树达：按：《吕氏春秋·自知篇》云：舜有诽谤之木。《邓析子》同。服虔云：尧作，盖本《尸子》。《尸子》云：尧立诽谤之木。见《史记索隐·孝文本纪》引。（《汉书补注补正》卷一）

王叔岷：案：古钞本"天下"下有"者"字，旌作旍，《集解》同。旍或旌字。《贾子新书·保傅篇》："于是有进善之旌，有诽谤之木。"《大戴礼·保傅篇》旌作旍，与此同例。《大戴礼》"有诽谤之木"。卢辩注："尧置之。"与此文《索隐》引《尸子》合。《邓析子·转辞篇》《帝王世纪》（《艺文类聚》十一、《御览》八一引）并云："舜立诽谤之木。"《吕氏春秋·自知篇》："舜有诽谤之木。"《刘子·贵言篇》：

"舜树诽谤之木。"则咸与《考证》所引《淮南子》合。(《史记斠证》卷十)

龚浩康：相传帝尧时，曾在交通要道上树立旗帜和木牌，让人们在旗下提意见，在牌上写谏言。(见王利器主编《史记注译·孝文本纪》)

③【汇校】

梁玉绳：按：《汉书》纪、志，高后元年正月诏除妖言令，而此又有除妖言之诏，师古以为中间曾重复设之。然诏中无一语及妖言，《名臣表》止言除诽谤律，景帝元年十月诏，历叙孝文功德，但云除诽谤而亦不及妖言。则师古重设之说未确，疑"妖言"二字是羡文。(《史记志疑》卷七《孝文本纪》)

吴汝纶：《汉书》作訞。(《点勘史记读本·孝文本纪》)

[日]**泷川资言**：颜师古曰："高后元年，诏除妖言之令。今此又有妖言之罪，是则中间曾重设此条也。"梁玉绳曰："诏中无一语及妖言。《名臣表》止言除诽谤律。"景帝元年十月，诏历叙孝文功德，但云除诽谤，亦不及妖言。则师古重设之说，未确。疑"妖言"二字衍文。(《史记会注考证附校补》卷十《孝文本纪》)

王叔岷：案：《汉书》"妖言"作"訞言"(《通鉴》同)。师古注："訞与妖同。《汉纪》亦有'妖言'二字。此文有'妖言'二字，容是史公原文。高后元年，虽诏除妖言之令，或暂除而日久复以为有罪。师古重设之说，似未可废也。(《史记斠证》卷十)

【汇注】

颜师古：高后元年诏除妖言之令，今此又有訞言之罪，是则中间曾重复设此条也。訞与妖同。(《汉书注·文帝纪》)

吕祖谦：贾谊《论秦》曰："忠谏者谓之诽谤，深计者谓之妖言，然则秦律也。"(《大事记解题》卷十)

④【汇评】

吴见思：此臣之诽谤也。(《史记论文·孝文本纪》)

⑤【汇评】

钱　时：朝廷以言为讳，非宗社之福也。且天下有道，则庶人不议。使有可议，安能禁人之言？虽禁亦何益哉！上无讳过之名，下有敢言之气，明白洞达，有闻即改，呼吸开利，脉络贯通，天下乌有不治者？秦为无道，切切然畏人之议己，于是严诽谤妖言之法，而偶语者且弃市。此非特其君之罪也，往往奸臣误国，惟恐其过上闻，是以钳天下之口，以塗一人之耳目。譬犹市井小儿，欲人之不见也，而自掩其两眼，良可悯笑。及至其后盗满天下，而二世不知；兵入宫帷，而二世不觉。方怒责宦者曰：公何不早告我？宦者曰：使臣早言，皆已诛，安得至今。万乘之贵，四海之富，乞为黔首而不可得矣。岂特无以来远方之贤良哉？(《两汉笔记》卷三)

⑥【汇注】

丘　濬：妖言之禁，吕氏时已除矣，而其法犹有存者，至是始尽除焉。（《世史正纲》卷三）

凌稚隆：按：此议起于贾谊。（《汉书评林·文帝纪》）

吴永章：秦时，稍有不满之语，可罗织以妖言诽谤之罪，对秦始皇若有不恭的表示，更以"大逆"治罪而遭族灭。这样，使大批"细民"因此"无知抵死"。故文帝上台不久，即宣布"自今以来，有犯此者勿听治"。其作用，除使无辜免遭荼毒外，还能使皇帝听到各种不同意见，即所谓"通治道而来谏者"（以上引文均见《文帝纪》），而不致被奸邪壅蔽。（《关于汉文帝的"文治"》，载《光明日报》1980年2月12日）

【汇评】

陈仁子：高后除訞言之令者，名也；文帝除訞言之令者，实也。惟其实故能受。（《文选补遗》卷一《除诽谤訞言法诏》）

尹起莘：直言虽举，而秦之虐禁犹有存者。书除诽谤妖言法，则帝之开广言路尤可嘉矣。（引自《袁王纲鉴合编》卷六）

编者按：杨一奇辑、陈简补辑《史谈补》卷二引此语，其后有"此所以贾山有至言之疏，而袁盎有却坐之请也。殷周而后，可谓英英独照者"句。

胡　寅：妖言令之始设也，必谓其摇民惑众，有奸宄贼乱之意者。及其失也，则暴君、权臣假此名以警惧中外，塞言路也。故贾谊论秦曰："忠谏者谓之诽谤，深计者谓之妖言。"夫忠臣为上尽忠深计，必剀切君身，探未然之事，陈危亡之戒，不止于近在目前者。自小人观之，曰："是特扬君过以卖直。未然之事，危亡之形，汝安得知之？殆诽谤妖言耳。"此策既行，使中外之人钳口结舌，人君不闻其过，沦于危亡而不悟。然则其所谓谤者，乃天下之忠，而其自为者，乃天下之妖也。夫既以忠谏深计为诽谤、妖言，则指鹿为马，指野鸟为鸾，指菌为芝，指氛（梫）[祲]为庆云，指雹曰不为灾也，指彗曰所以除旧而布新也，蝗生则曰不食嘉谷也，日食则曰阴云蔽之也，地震则曰官府无伤也，霖雨则曰秋稼自茂也，水涌泛滥则曰民无流死者也，岁饥则曰路未尝有饿者也。凡贤否、是非、治乱、得失，一切反理诡道，倒言而逆说之，欺惑世主，使沦于危亡，其罪岂特诽谤之比，其为妖也，不亦大乎？呜呼，文帝除此令，其享国长世宜哉？（《读史管见》卷一）

李东阳：诽谤妖言之法，此亡秦所以钳天下之口，而肆其暴者也，文帝除之。其惠天下利国家，甚不细，然反唇腹诽之刑，汉之世犹不免焉。逮于后世所谓妖言者，转而为谶纬逆乱之名，枝连蔓结，其为祸不可胜计。固秦有以启之，而汉亦不能尽弭之故欤！（《历代通鉴纂要》卷十）

霍　韬：谓忠谏为诽谤，谓深计为妖言，秦人所以失天下也。祝诅得罪，陷民罟也，帝悉除之，虽则宥罪，实来谏也。诽谤妖言日闻于耳，然而天下阽于危亡者，鲜矣。又曰：诽谤妖言勿罪是也，然而诪说殄行震惊朕师者，何以处之哉？所以为君者难也，必不得已，宁如文帝，除其罪以也。纳诽谤毋如于秦人，夫其罪以绝忠言。又曰：秦汉之妖言，非后世真妖言也。又曰：妖言在小民，勿治可也。妖言在奸臣，则有舜法。（《兀涯西汉书议》卷二）

⑦【汇注】

裴　骃：《汉书音义》曰："民相结共祝诅上也。谩者，而后谩而止之，不毕祝诅也。"（《史记集解·孝文本纪》）

编者按：此注中"不毕"，张文虎校曰："南宋、中统本并作'必'，古通。"见《校刊史记集解索隐正义札记》卷一《孝文本纪》。点校本《史记》修订本："谩者而后谩而止之"，此处文意不通，疑有脱误。按：《汉书》卷四《文帝纪》"以相约而后相谩"，颜师古注："初为要约，共行祝诅，后相欺诳，中道而止，无实事也。"

颜师古：谩，欺也。初为要约，共行祝诅，后相欺诳，中道而止，无实事也。谩音慢，又音莫连反。（《汉书注·文帝纪》）

司马贞：韦昭云："谩，相抵谰也。"《说文》云："谩，欺也。"谓初相约共行祝，后相欺诳，中道而止之也。（《史记索隐·孝文本纪》）

顾炎武："民或祝诅上以相约结而后相谩"，谓先共祝诅，已而欺负，乃相告言也。故诏令若此者勿听治。《注》并非（编者按：《注》系指颜师古《汉书注》。杨树达《汉书窥管》（卷一）引顾炎武上说，作"《注》并非"为"颜说非也"）。（《日知录》卷二十七《史记注》）

吴见思：谩，欺也。初为要约。共行祝诅，后相欺负，乃相告言也。（《史记论文·孝文本纪》）

方　苞：谩者，告首以陷之也。（《史记注补正·文帝纪》）

郭嵩焘：按："相约结"当是相聚为乱。因祝诅上而约结，犹言聚群不逞之徒，谋发难也。"相谩"，谓虚言诓诳，无事实，吏则谓之大逆。既"中道而止"，何得谓之大逆乎？亭林顾氏云："谓先共祝诅，已而欺负，乃相告言也。故诏令若此者听勿治。"《索隐》《注》误。（《史记札记》卷一《孝文本纪》）

王先谦：刘攽曰："祝诅上以相约，汉俗如此，犹《后汉·传》云'不直者，不敢祝少宾'也，故吏得以为大逆。"先谦曰："以"与"已"同，刘误读。《史记》"约"下有"结"字。（《汉书补注·文帝纪》）

易白沙：按：《史记索隐》与颜注皆未当。古之帝王使百姓祝福于神，民有怨者则不祝其君，而反诅之。孔安国所谓请神加殃也。故吏以为诽谤而诛之。（《帝王春秋》）

王叔岷：案："约结"，复语，义同。《汉书》无"结"字，《音义》释"相约"

为"相结",是也。《庄子·外物篇》:"相结以隐。"结犹约也。古钞本"谩"作"慢",《集解》同。谩、慢正、借字。(《史记斠证》卷十)

张大可:秦汉时有祝诅皇上、诽谤皇上之罪,文帝时一度废除,后又恢复。(《史记全本新注·孝文本纪》)

吴国泰:按:以,"舆"之借字。此言人民或祝诅上,已与人相约结而后复相欺谩而中止也。(《〈史记〉解诂(下)》,载《文史》第43辑)

张家英:"约结"为约定结交或约好结为同盟。《淮南衡山列传》:"淮南王有女陵,慧,有口辩。王爱陵,常多予金钱,为中诇长安,约结上左右。""约结上左右"即与皇帝身边亲近的人结为亲密关系。

《考证》所引顾炎武语见《日知录》卷二十七。顾氏谓《集解》所解为非是对的。《集解》中"谩者,而后谩而止之",字句疑有脱误。《索隐》所引韦昭语不确,"谓初相约共行祝,后相欺诳",说得还是对的。实际上,"民或祝诅上,以相约结而后相谩",这句话的意思并没有说完,顾氏与小司马都看出来了。顾氏补上了"乃相告言",小司马补上了"中道而止之"。这两者是从不同的方面说的,因为各以己意为之,很难说出哪一个绝对的好。应该注意:此"谩"字应读为 mán。(《〈史记〉十二本纪疑诂·孝文本纪》)

点校本《史记》修订组:(《索隐》)"谓初相约共行祝","祝"下疑脱"诅"字。(点校本二十四史之修订本《史记》卷十《孝文本纪》)

【汇评】

吴见思:句峭。此妖言也。(《史记论文·孝文本纪》)

程馀庆:此妖言也。(《历代名家评注史记集说·孝文本纪》)

⑧【汇注】

[日]泷川资言:中井积德曰:他言,谓非诽谤之言。(《史记会注考证附校补》卷十《孝文本纪》)

⑨【汇评】

吴见思:此民之诽谤也,作三段法变。(《史记论文·孝文本纪》)

⑩【汇校】

姚 范:"此细民之愚无知抵死",按:"拒",别本作"抵"。(《援鹑堂笔记》卷十五)

【汇注】

颜师古:抵,触也,亦至也。(《汉书注·文帝纪》)

辛德勇:《史记·孝文本纪》这段文字中"此细民之愚,无知抵死"这两句话,中华书局点校本原来是连读为"此细民之愚无知抵死",似亦不如从中断开,要更为顺畅合理，亦即将"此细民之愚，无知抵死，朕甚不取"这一整句话，解作"这些都是由于小民愚昧，因其无知而处以死罪，我绝不会这样做"。(《史记新本校勘》第四篇《孝文本纪》)

⑪【汇校】

　　佚　名：愚按：《汉书》此诏在五月。(《史记疏证(外一种)》卷十)

【汇评】

　　程馀庆：直言虽举，而秦之虐禁犹有存者。书此一诏，则帝之开广言路，尤可嘉矣。(《历代名家评注史记集说·孝文本纪》)

　　赵用贤：文帝此诏，有三代求言风。(引自《百大家评注史记》卷二《孝文本纪》)

　　劳　榦：这确是非常重要的事。谏诤一事是儒家政治上的特质，文帝虽然以黄老之学为治，但仍在相当范围内采取儒学。儒家对于谏诤，如《孝经》说："天子有争臣七人，虽无道不失其天下，诸侯有争臣五人，虽无道不失其国……故当不义，则子不可不争于父，臣不可不争于君。"即可作为代表。诚然谏诤一事，言不言在臣，用不用却在君。人臣并无强君纳谏之权。照这个原则发展下去，虽然是走向立宪政治的路，却和立宪还隔一个遥远距离。但在法家的理想下，却是不能做到的。(《秦汉史》第四章《从布衣天子到无为而治》)

　　朱宝昌：所谓诽谤罪、妖言令，是暴秦遗留下来的极不人道，也极为无聊的弊政。这是尊君的必然产物，汉既承秦制，同样是尊君，中央集权、专制制度，想要根治这一弊政是很困难的。这样说来，这制度根本要不得……他(文帝)是个今上皇帝，他总不能叫宗室大臣及士大夫、老百姓都不要尊他。只是他心中雪亮：不管人们喊尊君喊得震天价响，无非都是迫于势，在那个制度下不喊不行，不尊不行。(《朱宝昌诗文选集·论西汉文景之治和先秦黄老思想》)

九月，初与郡国守相为铜虎符、竹使符①。

①【汇注】

　　裴　骃：应劭曰："铜虎符第一至第五，国家当发兵，遣使者至郡合符，符合，乃听受之。竹使符皆以竹箭五枚，长五寸，镌刻篆书，第一至第五。"张晏曰："符以代古之珪璋，从简易也。"(《史记集解·孝文本纪》)

　　颜师古：符谓诸所合符以为契者也。(《汉书注·高帝纪》)

　　又：与郡守为符者，谓各分其半，右留京师，左以与之。使音所吏反。(《汉书

注·文帝纪》）

司马贞：《汉书仪》：铜虎符发兵，长六寸。竹使符出入征发。《说文》云分符而合之。小颜云："右留京师，左与之。"《古今注》云："铜虎符银错书之。"张晏云："铜取其同心也。"（《史记索隐·孝文本纪》）

吕祖谦：兵符：郡付之守国，独付之以相。何也？汉制，诸侯不得自发兵也。齐魏勃绐齐相召平曰"王欲发兵，非有汉虎符验也"，然则文帝以前盖有虎符矣。此谓之初作者，岂非用铜于此始乎？（《大事记解题》卷十）

钱大昭：《说文》："琥发兵，瑞玉为虎文。"盖用兵取其威武，故玉与铜皆用虎也。（《汉书辨疑》卷一）

俞正燮：《史记·五帝本纪》云："黄帝合符釜山。"《后汉书·方术传·序》"铃决之符"注引《玉铃篇》及《玄女六韬要诀》云："太公谓武王曰：'主将有阴符八等，符长一尺至符长三寸，诸奉使行符稽留。若符事闻，闻符所告者皆诛。阴符云以近通远，从中应外，阴通言语是也。'"《史记·信陵君列传》云："得虎符，夺晋鄙军。"《汉书·文帝纪》云："二年，为铜虎符、竹使符。"《杜诗传》云："旧制，发兵皆以铜虎符，其余征召竹使而已。"《魏志》注引《汉献帝传》"封魏王诏"曰："金虎符第一至第五，竹使符第一至第十。"……《隋书·樊子盖传》云："炀帝谓子盖曰：'今为卿别造玉麟以代铜兽。'"《唐六典》亦云："隋炀帝别造玉麟以代铜兽，赐留守樊子盖。"《唐志》则《舆服志》有银菟符、铜鱼符、青龙符、朱雀符、驺虞符、玄武符，又畿内则左有三，右有一，外则左五右一。《唐六典》云，符节五等，铜鱼符、传符、随身鱼符、木契、旌节。《册府元龟》（六十一）：周显德六年三月癸酉，敕诸道牧守，每遇除移，并特降放制书，又何假于符契，宜易前规，罢兹虚器，其铜鱼并宜停废。《两汉刊误补遗》云：周显德五年（《困学纪闻》云六年）诏谓特降玺书，发兵何假符契，遂废之。宋康定初，复铸铜兵符。盖符者，三代时在物为名，瑞曰符瑞，契曰符契，节曰符节，汉始有铜竹符，定名之。《文心雕龙》云："三代玉瑞，汉用金竹，末代从省，代以缣。"按：《庄子》云"焚符破玺"，于符言焚，则三代之符亦以竹。《汉书·终军传》"弃繻"即是关符，则汉符亦或兼用缣。《文帝纪》十二年，"除关无用传"注云：李奇曰："传，棨也。"颜师古曰："棨，刻木为符也，或用缯帛。"非《文心雕龙》所谓末代也。《释名》云："符，付也，书所敕命于上，以付使传行之。"《玉篇》云：符，符节也。分为两边，各持一以为信，则《周官·掌节》"门关用符节"之符非达诂也。五代时亦用传箭，盖兼沿唐时青海番部传箭之法，在古亦有之。《说文》云："符，信也。汉制以竹长六寸，分而相合。"《汉书》注，应劭云："竹使符者，竹箭五枚，长五寸，镌刻篆书，第一至第五。"然则竹使符本是箭，取征发之速也。盖周起军旅用牙璋，汉文以后用符。周显德六年废符用玺书。（《癸巳存稿》

卷七）

沈钦韩：《周礼·典瑞》注："郑司农云：'牙璋发兵，若今时以铜虎符发兵。'杜子春云：'珍圭征守者，若今时征郡守以竹使符也。'"按《信陵君传》："如姬窃得魏王兵符，与公子夺晋鄙军。"《隋书·纪》："炀帝幸辽东，命卫玄为京师留守，樊子盖为东都留守，俱赐玉麟符以代铜虎。"《唐六典》："后魏有传符，历北齐、隋皆用之。武德初为银菟符，后改为铜鱼符，以起军旅，易守长。其传符以给邮驿，通制命（太子监国曰：双龙之符，左右各十。京都留守曰麟符，左二十，右十九。东方青龙符，西方驺虞符，南方朱雀符，北方元武符，左四右三）。随身鱼符以明贵贱，应征召（左二右一，太子以玉，亲王以金，庶官以铜，皆题云某位姓名。其官只有一员者，不复著姓名，并以袋盛。其袋，三品以上饰以金，五品以上饰以银）。"《册府元龟》（四百七十五）："后唐长兴元年，给事中崔行奏内库：'每州有铜鱼八只，一只大七只小，两只右五只左。其右铜鱼，一只长，留在内，留一只在本州库，逐季申报平安。左鱼五只，皆镌次第字号。每新除刺史到任后，即差人到当省，请领左鱼。当司覆奏内库，次第出给左鱼一只，当省责领分符到州，集官吏取州库右鱼契合，却差人送左鱼纳省。如别除刺史，州司又请次第左鱼，周而复始。'按：竹使符则后世木契之制也。"《六典》："木契所以重镇守，慎出纳（军驾巡幸、皇太子监国、有兵马受处分者为木契。若王公以下、两京留守及诸州，有兵马受处分并行军所，及领兵五百人以上、马五百匹以上征讨，亦各给木契。其在外及行用法式，并准鱼符）。王畿之内，左右各三；王畿之外，左右各五；庶官镇则左右各十。"《宋史·兵志》："康定元年颁木契。上下题'某处契'，中剖之。上三枚中为鱼形，题一、二、三。下一枚中刻空鱼，令可勘合。左旁题云'左鱼合'，右旁题云'右鱼合'。上三枚留总管钤辖，官高者掌之；下一枚付诸州军城寨主掌总管钤辖。发兵马百人以上，先发上契第一枚，贮以韦囊，缄印之。遣指挥赍牒同往所在，验契，合即发兵。"（《汉书疏证》卷二《文帝纪》）

又：按：《文纪》二年九月初与郡守为铜虎符、竹使符，惩诸吕之难，立制以防矫诬，前此未有虎符之目也。史家多以后事追称，《史记》如此类甚多。（《周官·典瑞》"牙璋以起军旅"注谓"牙璋亦王使之瑞节"，然汉未有虎符，以前亦当以瑞节发兵，如魏之兵符是也。）（《汉书疏证》卷二十七）

皮锡瑞：应劭曰：遣使者至郡合符，符合，乃听受之。锡瑞案：《齐悼惠王世家》魏勃绐召平曰：王欲发兵，非有汉虎符验也。勃此言在齐王诛诸吕时，文帝尚未立，而已有虎符，则为虎符不始于文帝二年明矣。本纪与世家必有一误。（《师伏堂笔记》卷三）

王国维：兵符之制，古者皆右在内而左在外，又左右之数各同。三代不可考。《曲礼》曰："献粟者执右契。"郑注："契，卷要也，右为尊。"契以右为尊，符节可知，尊者在内、卑者在外亦可知也。秦虎符右在皇帝，左在阳陵，盖用古制。汉则文帝二年"初与郡国守相为铜虎符、竹使符"。师古曰："与郡守为符，右留京师，左以与之。"则右内左外，与秦制同。颜注又引应劭曰："铜虎符第一至第五，国家当发兵，遣使者至郡，合符乃听受之。"此藏于内者也。《文选》潘元茂《册魏公九锡文》云："授君金虎符第一至第五。"此颁于外者，是内外之数同也。今传世汉以后诸符，如汉魏郡太守虎符（嘉定瞿氏藏）、东莱太守虎符（潍县陈氏藏）、玄菟太守虎符（海丰吴氏藏）、渔阳太守虎符（吴县吴氏藏）、长沙太守虎符（吴县吴氏藏）及王莽厌戎、敦德二符，胁文皆云"左二"，汉常山太守虎符（潍县陈氏藏）则云"左三"，晋上党太守二符，一云"右二"，一云"左二"，是左右数同之证也（左右各五）。（《王国维先生全集》卷十八《隋铜虎符跋》）

杨树达：按：皮锡瑞云："《齐悼惠王传》：魏勃绐召平曰：'王欲发兵，非有汉虎符验也。'勃此言在齐王诛诸吕时，文帝尚未立，而已有虎符，则为虎符不始于文帝二年明矣。二者必有一误。"树达按：此事胡三省已疑之，沈钦韩以为追称。树达谓：此当是初本有虎符，而文帝初以铜为之。后余治金文，读钱坫《十六长乐堂古器款识考》，说与余同。钱氏书卷三云："虎符自古皆有，特不以铜作之耳。《说文解字》曰：'琥，发兵瑞玉为虎文，是古用玉符。'"树达按：今汉郡守虎符见于金石诸书者，济阴太守符见于宋人《续考古图》卷壹，张掖太守符见于刘喜海《长安获古篇》卷贰，上党太守符见于张廷济《清仪阁所藏古器物文》卷贰，南郡太守符见于阮元《积古斋钟鼎彝器款识》卷拾及钱坫《款识考》卷叁，长沙太守符见于吴大澂《恒轩吉金录》，河东上郡二太守符见于刘体智《小校经阁金文》拾肆，桂阳太守符见于黄濬《衡斋金石识小录》。以上郡守符凡八事，而国相者不一见，乃知《汉书》于《史记》去国相二字之审谛也。又汉诸侯王符，有泗水王虎符见《恒轩吉金录》，侯国符有安国侯虎符，见罗振玉《贞松堂吉金图》卷下，临袁侯虎符见《衡斋金石识小录》上册。又县令长符有瘿陶长符，见《小校经阁金文》拾肆。又蛮夷国符有坐须羲国王虎符及古斗羲王虎符，并见《小校经阁金文》拾肆。《汉书·地理志》下云"玄菟乐浪，皆朝鲜、濊貊、句骊、蛮夷"，羲即濊也。以上诸事皆可补史家之阙。或曰：虎符承郡守，竹符承国相，竹符难久，故无存者，班删非是。按：此说亦通。（《汉书窥管》卷一《文帝纪》）

陈　直：汉代虎符与诸侯王者称"汉与"，及仅称"与"字两种。给郡守者，皆不称汉与。例如"与南郡守为虎符南郡左二"（见阮氏《积古斋钟鼎款识》卷十，七页）。"与张掖太守为虎符张掖左一"是也（见《长安获古编》卷二，三十一页）。又《居延汉简释文》卷一，八十一页，有残简文云"从第一始太守，从第五始使者，符合为囗"，似存在太守官府之符，由第一至第四，使者仅有第五符也。又按：现各考古书

籍中著录之虎符，仅见太守之符，不见国相之符，而竹使符亦从未发现，或因竹质易于朽败欤。（《史记新证·孝文本纪》）

又：按：战国时用虎符，见于《信陵君传》。出土之虎符，有鹰节三、骑马节一、齐大夫牛节一、辟大夫虎节一，共六种。文字虽自称为节，形状实为符，所异于符者，无左右之分，故鹰节有人称为节，有人称为符（见《增订历代符图录》一至二页）。又秦阳陵兵符文云："甲兵之符，右在皇帝，左在阳陵。"新郪虎符云："甲兵之符，右在王，左在新郪，凡兴士被甲，用兵五十人以上必会王符，乃敢行之，燔队事虽无会符行殹。"（见《秦汉金文录》卷一，四十一页）两符皆作虎形，汉承秦制，秦同于六国之制，知发兵必用虎符。一般学者，狃于《汉书·文帝纪》，有二年九月初与郡国守相铜虎符之纪载，因对本传文虎符发生疑义，不知文帝初与虎符者，指初与郡国守相而言，将军所用之虎符，则不始于文帝时也。两汉郡守之虎符，出土极多，而将军之虎符，则从未发现。清仪阁所藏之伏波将军大虎符，则为伪造。（《史记新证·齐悼惠王世家》）

又：按：汉代虎符有两种情形，与诸侯王者，或称"汉与"（阜陵王虎符），或仅称"与"（泗水王虎符）。与郡守者皆称"与"。如阮氏《积古斋钟鼎款识》卷十、七页，有"与南郡守为虎符，南郡左二"是也。现出土者左符多，右符较少。纪数是二、三为多，一、四、五绝少。西安汉城遗址，曾出铜符材一对，亦为罕见之品。又按：《居延汉简释文》卷一、八十一页，有残简文云："从第一始，太守，从第五始，使者，符合乃囗（乃字原误释为字，家保之元所读句逗如此）。"似第一至第四符，长存太守府，使者所合，为第五符也。（《汉书新证·文纪》）

王叔岷：案：《说文系传》九引"初"作"始"。《周礼·春官》宗伯典瑞贾《疏》引应注，"铜虎符"下有"从"字，"至郡"下有"国"字；引张注，"珪璋"作"圭璋"，《汉书》张注同。珪，古文圭。《周礼·地官》司徒掌节《疏》引应注，"至郡"下亦有"国"字，"竹使符"下有"者"字；引张注，"珪"亦作"圭"。《说文系传》引应注，"镌刻"作"旁镌"，古钞本"刻"作"剋"，"剋"（俗"勊"字）亦借为"刻"。（《史记斠证》卷十）

张大可：铜虎符，铜铸虎形符，长六寸，右留京师，左留郡守，合符发兵。竹使符：竹制信符，长五寸，可作出入征发之凭证。（《史记全本新注·孝文本纪》）

　　三年十月丁酉晦，日有食之①。十一月，上曰："前日（计）〔诏〕遣列侯之国②，或辞未行③。丞相朕之所重，其为朕率列侯之国④。"绛侯勃免丞相就国⑤，以太尉颍阴侯婴为丞相⑥。罢太尉官，属丞相⑦。四月，城阳王章薨⑧。淮南王长与从者魏敬杀辟阳侯审食其⑨。

① 【汇校】

张文虎：(《汉书》)《文帝纪》三年冬十月丁酉晦，日有食之。十一月丁卯晦，日有食之。按：《史》于"十月丁酉晦，日有食之"下，即书十一月诏列侯之国及丞相免，无"丁卯晦，日有食之"之文，班《书》误衍。癸卯元术十一月丁酉朔，太阴交周五宫二十四度〇五分五十七秒入食限。古卯、酉字形近易乱，后人莫定，遂两仍之。《五行志》亦承其误。(《舒艺室随笔》五)

王叔岷：案：景祐本南宋补版、黄善夫本、殿本并提行。《汉书》《汉纪》并同。《通鉴》提行，列为《汉纪六》。(《史记斠证》卷十)

【汇注】

王先谦：《五行志》：十月在斗二十三度，十一月在虚八度。(《汉书补注·文帝纪》)

张大可：十月丁酉，十月三十日。(《史记全本新注·孝文本纪》)

② 【汇校】

梁玉绳：《史诠》曰："湖本'诏'作'计'，误。"(《史记志疑》卷七《孝文本纪》)

张文虎："计"当依《汉书》作"诏"。中统、游本作"诸"，盖"诏"字之误。(《校刊史记集解索隐正义札记》卷一《孝文本纪》)

又：中统、游本"诸侯"。(同上)

郭嵩焘：按："计遣"，《汉书》作"诏遣"，此当是传写之讹。(《史记札记》卷一《孝文本纪》)

吴汝纶：本作"计"，依《汉书》改。《史诠》云"诏"作"计"，误。(《点勘史记读本·孝文本纪》)

[日] 泷川资言：陈仁锡曰：湖本"诏"作"计"，误。张文虎曰：计，当依《汉书》作"诏"。(《史记会注考证附校补》卷十《孝文本纪》)

王叔岷：案：《绛侯周勃世家》"计"作"诏"，《汉书·文帝纪》《周勃传》并同。(《史记斠证》卷十)

点校本《史记》修订组："诏遣列侯之国"，"诏"原作"计"。张文虎《札记》卷一："'计'当依《汉书》作'诏'。中统、游本作'诸'，盖'诏'字之误。"按：本书卷五七《绛侯周勃世家》及《汉书》卷四〇《周勃传》皆作"诏"。今据改。(点校本二十四史之修订本《史记》卷十《孝文本纪》)

【汇注】
　　张大可：先前之诏，指二年十月遣列侯就国之诏。(《史记全本新注·孝文本纪》)
③【汇评】
　　程馀庆：遣之国而不行，何等跋扈！而帝加一"未"字，何等出脱得好！(《历代名家评注史记集说·孝文本纪》)
④【汇注】
　　钱大昕：汉时列侯多不愿就国，故文帝二年，诏遣列侯之国。其明年，又免丞相周勃，令率列侯之国。当时宜无不就国者矣。(《潜研堂文集》卷十二)
【汇评】
　　徐孚远：遣丞相就国，亦以收大臣之权，言词深隐，不见猜防。(《史记测义》)
　　姚苎田：心实忌之，饰词以罢其相位也。(《史记菁华录》卷三《绛侯周勃世家》)
⑤【汇注】
　　司马迁：孝文三(年)十一月壬子，勃免相之国。(《史记·汉兴以来将相名臣年表》)
　　王先谦：本书(编者按：指《汉书》)《王商传》张匡云：往者丞相周勃，再建大功，及孝文时，纤介怨恨，而日为之蚀，于是退勃使就国，卒无怵愁忧。按：《传》《志》皆无其事，盖匡妄言。(《汉书补注·张陈王周传》)
【汇评】
　　陈耆卿：十余月而遣归，则本心见矣。夫为丞相，不自抽身而待其君之遣，则已可哂矣。(《筼窗集》卷二《陈平周勃王陵论》)
　　吕祖谦：以率列侯之国为名而罢之也。勃功成不退，固非人主所能久安。(《大事记解题》卷十)
　　陈　亮：文帝裁绛侯以大义，而卒不任宋昌、张武以国政，彼其轻重深浅，必有以知之矣。(《陈亮集》卷之四《问答下》)
　　张　宁：汉高虽剖符分封，然皆留之京师者，防天下有变也。文帝诏遣列侯之国，又诏周勃为率者，监代邸之事也。(《方洲集》卷二十八《读史录》)
　　吴见思：免相说得有恩礼。句亦峭。(《史记论文·孝文本纪》)
⑥【汇校】
　　梁玉绳："以太尉"上失书"十二月"，《汉纪》有。(《史记志疑》卷七《孝文本纪》)
　　[日]泷川资言：《汉书》"以太尉"上有"十二月"三字。(《史记会注考证附校补》卷十《孝文本纪》)
　　王叔岷：案：梁说是也。《汉书》"太尉"上有"十二月"三字，无"以"字，

《汉纪》同。《考证》失检。免丞相勃在十一月，以灌婴为丞相在十二月，《名臣表》孝文三年书"十一月壬子，勃免相之国。十二月乙亥，太尉颍阴侯婴为丞相"亦其证。此并书在十一月，非也。《通鉴·汉纪六》作"十二月免丞相勃，遣就国。乙亥，以太尉灌婴为丞相"，并书在十二月，亦非也。（《史记斠证》卷十）

【汇注】

吕祖谦：灌婴功名次于周勃者也，故以代之。（《大事记解题》卷十）

沈钦韩：《一统志》：颍阴故城在开封府郑州东南四十里。（《汉书疏证》卷三）

龚浩康：颍阴，县名，即今河南省许昌市。（见王利器主编《史记注译·孝文本纪》）

王　恢：《颍水注》："颍水自阳翟来，东南迳颍阳县西，下入颍阴。"（《史记本纪地理图考·高祖本纪》）

【汇评】

黄　震：灌婴起自贩缯，从高祖骑将，战功居多，其后不为诸吕击齐，而共立文帝，遂致位宰相，益勇健而有定识云。（引自凌稚隆《史记评林·樊郦滕灌列传》）

钱　时：禹宅百揆而征苗，周公位冢宰而征淮夷。古之居其任者皆大圣大贤，是故毕公以司马而为太师亦无不可也。可以为文，可以为武，入相出将，奚所择哉！汉之太尉，司马职也，用为丞相，犹有古人文武不分之意，然而人物则大不同矣。绛、灌之俦，拔城陷阵，从高帝起草莱，定天下，赏之则可，贵之则可，使之掌兵柄则可，冢宰之职，岂其任也。高帝垂殁，谓勃可令为太尉，文帝即位，陈平乃以右丞相逊之。呜呼！冢宰掌建邦之六典，以佐王治邦国，岂武夫健将赏功之具也哉！平也，既知宰相上佐天子，如是其重大，而以之逊勃，何也？草昧之初，姑置勿论，汉至文帝，宜知所审矣。一失于勃，又再失于灌婴，踵武相承，名益不正。更丞相为大司徒，固已舛谬，其后遂位大司马于司徒之上，专总军国之大务，而终不识冢宰之为何职矣。可胜叹哉！（《两汉笔记》卷三）

⑦【汇注】

司马迁：三岁，绛侯勃免相就国，婴为丞相，罢太尉官。（《史记·樊郦滕灌列传》）

许应元：卫将军既领南北军，故罢太尉军。（引自凌稚隆《汉书评林·文帝纪》）

吕祖谦：罢太尉官，属丞相，则兵柄归相府矣。（《大事记解题》卷十）

胡三省：汉承秦制，以丞相、太尉、御史大夫为三公。今周勃自丞相罢就国，灌婴自太尉为丞相，因罢太尉官。盖三公不必备之意，且兵柄难以轻属也。（见《资治通鉴》卷十四注）

钱大昕：丞相、三公除授，纪皆不书。文三年，太尉颍阴侯灌婴为丞相，以罢太尉书也。成帝绥和元年，以大司马骠骑大将军（大字衍）根（监本无根字）为大司马，以罢将军书也。哀帝元寿二年，大司马卫将军董贤为大司马，丞相孔光为大司徒，御史大夫彭宣为大司空，以正三公官书也。成帝初即位，以元舅侍中卫尉阳平侯王凤为大司马、大将军，领尚书事，特书于本纪者，著王氏篡国之渐也。将相罢免，例不书。惟建元二年，丞相婴、太尉蚡免；元寿二年，大司马骠骑将军丁明免，独书。（引自王先谦《汉书补注·文帝纪》）

张大可：撤裁太尉官职，部分职权由丞相兼领。这反映了皇帝集中军权，不设置总领军事长官。西汉太尉前后罢置有五次，此为第三次废。景帝时吴楚七国反，临时设太尉官，以周亚夫为太尉，事平官省。武帝初为安排外戚田蚡临时设置，随后罢废，不再设置。（《史记全本新注·孝文本纪》）

⑧【汇注】

王　恢：《汉志》济阴郡属县，作成阳。《瓠子河注》："雷泽东南即成阳县。故《史记》曰：武王封弟叔武于成。应劭曰：其后乃迁于成之阳，故曰成阳也。"《本纪》城阳君，昭十七年入朝，汉高与项羽攻屠之；羽击齐北至城阳，见《羽》及《高纪》。曹参击王离于此，见《参传》。《清统志》（一八一）故城在今濮县东南九十里，与曹州接界。成或作城，又讹作郕。（《史记本纪地理图考·秦本纪》）

⑨【汇校】

王叔岷：案：古钞本"杀"（作煞，俗）上有"贼"字。（《史记斠证》卷十）

【汇注】

司马迁：孝文帝时，淮南厉王杀辟阳侯，以诸吕故。（《史记·郦生陆贾列传》）

又：淮南厉王长者，高祖少子也，其母故赵王张敖美人。高祖八年，从东垣过赵，赵王献之美人。厉王母得幸焉，有身。赵王敖弗敢内宫，为筑外宫而舍之。及贯高等谋反柏人事发觉，并逮治王，尽收捕王母兄弟美人，系之河内。厉王母亦系，告吏曰："得幸上，有身。"吏以闻上，上方怒赵王，未理厉王母。厉王母弟赵兼因辟阳侯言吕后，吕后妒，弗肯白，辟阳侯不强争。及厉王母已生厉王，恚，即自杀。……

高祖十一年（十）〔七〕月，淮南王黥布反，立子长为淮南王，王黥布故地，凡四郡。上自将兵击灭布，厉王遂即位。厉王蚤失母，常附吕后，孝惠、吕后时以故得幸无患害，而常心怨辟阳侯，弗敢发。及孝文帝初即位，淮南王自以为最亲，骄蹇，数不奉法，上以亲故，常宽赦之。三年，入朝。甚横。从上入苑囿猎，与上同车，常谓上"大兄"。厉王有材力，力能扛鼎，乃往请辟阳侯。辟阳侯出见之，即自袖铁椎椎辟阳侯，令从者魏敬刭之。厉王乃驰走阙下，肉袒谢曰："臣母不当坐赵事，其时辟阳侯力能得之吕后，弗争，罪一也。赵王如意子母无罪，吕后杀之，辟阳侯弗争，罪二也。吕后王诸吕，欲以危刘氏，辟阳侯弗争，罪三也。臣谨为天下诛贼臣辟阳侯，报

母之仇，谨伏阙下请罪。"孝文伤其志，为亲故，弗治，赦厉王。(《史记·淮南衡山列传》)

颜师古：辟音必亦反。食其音异基。(《汉书注·高帝纪》)

又：杀之于其家。(《汉书注·文帝纪》)

司马贞：县名，属信都。(《史记索隐·高祖功臣侯年表》)

张守节：审食其也。《括地志》云："辟阳故城在冀州信都县西三十五里，汉旧县。"(《史记正义·高祖本纪》)

王世贞：淮南王之椎辟阳侯也，免冠诣北阙谢，文帝以亲亲故不忍诛，而怒不已也。入见太后而请罪曰："臣有弟，不能训，而擅僇高皇帝之大臣，臣不能属司寇而宽之，敢谢不法。"太后曰："帝毋忘高皇帝耶？"曰："何敢忘。"曰："帝亦知吕后之人彘戚夫人乎？"曰："知之。"曰："高皇帝而在也，其能无人彘辟阳侯哉！淮南王代帝而行高皇帝诛者也，何罪？"其速赐王。(《史记短长说》卷下)

钱大昕：(《水经注》)《浊漳水篇》以辟阳亭为审食其封国，考本传云"辟阳近菑川"，则非信都之辟阳也。(《潜研堂文集》卷十二《答问九》)

沈钦韩：《一统志》：辟阳故城，在冀州东南三十里。(《汉书疏证》卷三《高惠高后孝文功臣表》)

[日]泷川资言：详《淮南王传》。(《史记会注考证附校补》卷十《孝文本纪》)

钱　穆：辟阳，又见《水经·浊漳水》注。《汉书·王陵传》："辟阳近菑川。"梁氏云："《水经·沭水篇》有辟阳城，疑封此。"今考菑川都劇，今山东寿光县东南。信都辟阳故城，今河北冀县东南三十里，与寿光不为远。沭水所经辟土城，今山东莒县东南，与寿光不为近。汉文封朱虚侯刘章为城阳王，都莒，与辟土城逼处甚迩；梁说殊误。(《史记地名考》卷二十四《汉侯邑名（一）》)

陈　直：食其即今语之"吃完了呀"，盖当时之习俗语。不必读食为异声。故审食其、郦食其等，皆取以为名。(《史记新证·项羽本纪》)

龚浩康：长，即刘邦第七子刘长，封淮南王。后因谋反被贬为庶人，绝食自杀。审食其（yì jī），刘邦同乡。因侍奉吕后受到宠信，封辟阳侯，吕后时官至左丞相。高祖九年（前198），刘长之母被拘自杀，审食其未能劝吕后而予营救，刘长因此怨恨而将他杀死。辟阳，县名。治所在今河北省冀县东南。(见王利器主编《史记注译·孝文本纪》)

张大可：审食其为吕太后宠臣，用事宫中。淮南王刘长母被吕太后逼杀，刘长认为审食其未尽保护之力，故怒而使刺客魏敬杀死审食其。事详《淮南王传》。(《史记全本新注·孝文本纪》)

【汇评】

晁补之：辟阳罪应大戮，不止于三，而诸王擅杀列侯，罪亦无赦。文帝知辟阳之足以得死，而伤厉王之为母杀仇，又以兄弟恩故屈法赦长，可谓宽矣。内假手于人以去元恶，而外不害亲亲之仁，宽之可施，术莫尚此，然而竟以是启淮南，使速败，故传曰"宽难"。（见《苏门六君子文粹》卷五十三《厉王杀辟阳侯》）

董　份：厉王虽以母仇杀人，而指数其罪，皆当辟阳，本有死罪，故赦弗治也。（引自凌稚隆《史记评林·淮南衡山列传》）

刘辰翁：厉王生不知母，长而不忘仇恨，身危犯法，以摅其愤，使无骄恣自祸，此志岂不与天壤相磨，可称讽诵哉！文帝伤其志是已。（引自凌稚隆《史记评林·淮南衡山列传》）

凌约言：厉王自幼子于吕氏，见审食其之幸于吕后，而言无不从者稔矣，其心有大不甘者，况有弗争其母之故乎！（引自凌稚隆《史记评林·淮南衡山列传》）

尹起莘：食其邪辟，法当诛死，何以书杀而不去其爵，不与刘长之擅杀也。当是时，明天子在上，藩臣来朝，乃于辇毂之下戕害列侯，罪已不容于诛矣。赦而不问未几，卒以反诛，此则帝仁柔之过也。（引自《袁王纲鉴合编》卷六）

邵　宝：君在上而擅杀一侯，是可为也，孰不可为也！要君无上，文帝不议于群臣，不告于高庙，不请于太后，而亟赦之，是可忍也，孰不可忍也。厉王之不终，谁之过欤？且宽于厉王而独严薄昭，盖帝之惩于吕后者深矣。（《学史》卷十一）

张　溥：辟阳之罪，莫大于侍太后，监宫中。厉王责以三罪而不之及，盖为亲讳也。文帝心知辟阳大恶，难于显言，快心厉王之一击，而赦弗治，亦所以全亲也。若以春秋之义断之，厉王专杀之罪小，讨贼之功大。帝录其功而赦其罪，因其念亲之诚，而教以忠孝之道。（《历代史论》二编卷一《淮南谋反》）

范光宙：史言淮南王长刚戾，身死辎车，罪不足怜，然其袖铁椎椎辟阳侯令从者魏敬刭之，虽豫让荆卿，不若是气决也。文帝心知辟阳之恶，快心于厉王之一击，赦而勿治，亦所以全亲也。乃日骄纵，以生其邪谋。此袁盎曰：上素骄淮南王，弗为置严传相，以故至此。然吴楚七国之叛，衡山坚守，安亦为相所制。当时褒美贞信，恩厚最著，彼亦何尝有反侧之行哉？即安数欲反，谋之伍被，被极陈患客安为气结流涕，乃执义不固，踪迹覆败，是所谓君非其君，臣非其臣也。若衡山王赐惑于其后徐来，囚太子爽，遂至告变，阖室诛处，迹其所造棚车镞矢，亦以备淮南耳。非果倍汉而自为也。而二子构衅，阴事宜露，乃知衡山之死，死于家人，非教训不豫之故哉。予尝论淮南父子之不得其死，长失于刚，安失于文，赐失于愚，而祸本于无严传相乎。（《史评》卷三）

张　恕：裹金椎椎杀辟阳侯，以泄杀母之忿，实大快事，然独不为太后地乎。噫，

王亦甚矣。(《汉书读》卷八)

章邦元：此时若数其罪，黜为庶人，淮南不惟俯首无辞，亦且甘心听命。俟二三年后，封以小国，何至谋反而死，至有尺布斗粟之谣。此文帝仁者之过也。(《读通鉴纲目札记》卷四《淮南王长杀审食其》)

翦伯赞：文帝即位之初，正当一个新的政变之后，诸吕虽诛，而中央政府则已解体。文帝虽欲整饬纪纲，但他以藩王入承帝统，威信未立，羽翼不丰。反之，刘氏诸王则已屡代藩封，基础已固；又以新诛诸吕，气焰万丈。因此文帝即位之后，不得不采取优容政策，如吴王濞称病不朝而仍赐以几杖；淮南王长击杀审食其而仍赦其无罪。由此可以想见当时中央政府之衰微。(《秦汉史》第二编第七章《西汉政权的性质、组织、发展及其崩溃》)

吕思勉：汉人之重复仇，观淮南王事可以知之。审食其之于厉王母，特未能争于吕后耳，非有意杀之也；而厉王处心积虑，必致之死。(《吕思勉读史札记·淮南王》)

　　五月，匈奴入北地①，居河南为寇②。帝初幸甘泉③。六月，帝曰："汉与匈奴约为昆弟④，毋使害边境⑤，所以输遗匈奴甚厚⑥。今右贤王离其国⑦，将众居河南降地⑧，非常故⑨，往来近塞，捕杀吏卒⑩，驱保塞蛮夷⑪，令不得居其故，陵轹边吏⑫，入盗，甚敖无道⑬，非约也⑭。其发边吏骑八万五千诣高奴⑮，遣丞相颍阴侯灌婴击匈奴⑯。"匈奴去，发中尉材官属卫将军军长安⑰。

①【汇注】

张守节：今宁州也。(《史记正义·秦始皇本纪》)

钱　穆：《汉志》北地首县马领，殆郡治，今甘肃环县西南。(《史记地名考》卷二十八《西北边地名》)

龚浩康：匈奴，又称"胡"。中国古代北方游牧民族。汉初，冒顿（mò dú）单（chán）于统一各部，组成强大的奴隶主政权，屡次南下侵扰。北地，郡名。辖今甘肃省东北部和宁夏回族自治区东南部地区，郡治在马岭（今甘肃省庆阳县西北）。(见王利器主编《史记注译·孝文本纪》)

马持盈：北地，统甘肃旧宁夏、庆阳二府之地。(《史记今注》卷十《孝文本纪》)

编者按：据《史记·高祖本纪》，汉元年，略定陇西、北地、七郡。二年，置北地郡。

② 【汇校】

吕祖谦：《汉书》作"匈奴入居北地、河南为寇"。《史记·大事记》作"匈奴大入上郡"。《灌婴传》作"匈奴大入北地、上郡"，盖河南之地涉二郡之境也。（《大事记解题》卷十）

梁玉绳：《史》《汉》本纪皆云匈奴寇北地，《名臣表》《匈奴传》作"上郡"，盖二郡相接骚动，故此（编者按：指《樊郦滕灌列传》）并言之也。（《史记志疑》卷三十二《樊郦滕灌列传》）

【汇注】

颜师古：北地郡之北，黄河之南，即白羊所居。（《汉书注·文帝纪》）

胡三省：余谓其地在北河之南，蒙恬所收，卫青所夺，皆是地也。（见《资治通鉴》卷十四注）

凌稚隆：按：河南即今河阴是也。（《史记评林·匈奴列传》）

龚浩康：河南，指今内蒙古境内黄河以南伊克昭盟地区。（见王利器主编《史记注译·孝文本纪》）

王　恢：河南地，即新秦中——今河套。（《史记本纪地理图考·秦始皇本纪》）

③ 【汇注】

裴　骃：蔡邕曰："天子车驾所至，民臣以为侥倖，故曰幸。至见令长三老官属，亲临轩，作乐，赐食帛越巾刀佩带，民爵有级数，或赐田租之半，故因是谓之幸。"（《史记集解·孝文本纪》）

编者按：王叔岷《史记斠证·孝文本纪》云：古钞本《集解》"邕"作"雍"，雍（"雝"之隶变）、邕古通；又"侥倖"作"侥幸"，《汉书注》同。幸、倖古、今字。"赐食帛越巾刀佩带"，《汉书注》作"赐以酒食帛葛越巾佩带之属"。《通鉴》注引同。此文"赐"下疑脱"酒"字，"帛"下疑脱"葛"字，"刀"字疑衍。古钞本"帛"字作"帛白葛"三字。有"葛"字是，"白"字又涉"帛"字而衍。

颜师古：甘泉在云阳，本秦林光宫。（《汉书注·文帝纪》）

司马贞：应劭云："宫名，在云阳。一名林光。"臣瓒云："甘泉，山名。林光，秦离宫名。"又顾氏按：邢承宗《西征赋注》云："甘泉，水名。"今按：盖因地有甘泉以名山，则山水皆通也。宫名谬尔。（《史记索隐·孝文本纪》）

张守节：《括地志》云："甘泉山一名鼓原，俗名磨石岭，在雍州云阳县西北九十里。"（《史记正义·范雎列传》）

又：越谓江东。细综布为手巾也。（引自张衍田《史记正义佚文辑校·孝文本纪》）

胡三省：《括地志》：在雍州云阳县西北三十八里。《元和郡国志》：云阳县西北三十八里有车箱阪,萦纡曲折,财通单轨,上阪即平原宏敞。甘泉宫之地亦曰车盘岭。宋敏求《长安志》:云阳磨石岭,山有甘泉。(见《资治通鉴》卷十四注)

程馀庆:宫名,在西安府鄠县西南十三里。(《历代名家评注史记集说·孝文本纪》)

[日]**泷川资言**:甘泉,宫名,在陕西西安府泾阳县西北。(《史记会注考证附校补》卷十《孝文本纪》)

龚浩康:甘泉,宫名,旧址在今陕西省淳化县西北甘泉山。(见王利器主编《史记注译·孝文本纪》)

王　恢:《史地考》(二二):"秦甘泉宫在渭南,汉甘泉宫在云阳(按:见《元和志》卷一),隋甘泉宫在鄠县(按:《元和志》卷二云:在县西南二十二里,前对甘泉谷)。秦时咸阳跨渭南北,甘泉近上林,即鄠县也。秦、隋甘泉宫正同一地。又文景皆临幸甘泉,而不曰甘泉有宫,以秦二世有林光宫,至汉犹存,武帝别创甘泉在林光宫旁,在今淳化县西北约三十里。"《括地志》误"秦始皇作甘泉宫于云阳"。(《史记本纪地理图考·秦始皇本纪》)

④【汇注】

凌稚隆:按:"幸甘泉"下,《史记》有"帝曰:汉与匈奴约"一段,是声罪致讨之词。(《汉书评林·文帝纪》)

[日]**泷川资言**:《匈奴传》云:"高帝使刘敬奉宗室女公主为单于阏氏,岁奉匈奴絮缯酒米食物,各有数,约为昆弟,以和亲。"(《史记会注考证附校补》卷十《孝文本纪》)

王叔岷:案:《匈奴传》"昆"作"兄",义同。(《史记斠证》卷十)

⑤【汇校】

[日]**泷川资言**:《汉书·匈奴传》"使"作"侵"。(《史记会注考证附校补》卷十《孝文本纪》)

⑥【汇注】

王　恢:自高帝平城围解,结和亲之好,岁奉金帛文绣甚厚,冀买其欢心以宁边境,历惠帝、吕后以及文帝,委屈唯谨。而匈奴入据河南,形强势胜,迄未稍动其"亲情",屡寇而益深。举其大者:

三年(前177)五月,侵及北地上郡。帝自甘泉经高奴,幸太原,复晋阳中都民三岁,因济北王反,乃罢兵。

十四年(前166)冬,入朝那,杀北地都尉。乃遣周舍、张武屯渭北;昌侯卢卿(昌,琅邪郡县,山东诸城东南)军上郡,宁侯魏遫(宁,河南修武县)军北地,隆虑侯周灶(隆虑,河内郡县。今河南林县治)军陇西:分两道戒备。再遣东阳侯张相如（东阳，今山东恩县西北六十里）为大将军，成侯董赤（成，山东宁阳县北。以上皆高帝宿将）、栾布为将军，迎击之，匈奴遁去。（栾布景帝六年攻齐，封俞侯，可见此役无战功。）

后六年（前158），匈奴绝和亲，大入上郡、云中，杀略甚众而去。乃以令勉屯飞狐口，苏意军屯句注，张武屯北地，缘边守备。又置三将军卫京师：周亚夫居细柳，刘礼屯霸上，松兹侯徐悍军棘门。匈奴出塞，始罢。（《史记本纪地理图考·文帝本纪》）

【汇评】

贾　谊：匈奴侵甚、侮甚，遇天子至不敬也，为天下患，至无已也。以汉而岁致金絮缯彩，是入贡职于蛮夷也。顾为戎人诸侯也，势既卑辱，而祸且不息，长此何穷！陛下胡忍以帝皇之号特居此？（《贾谊集·势卑》）

又：古之正义，东西南北，苟舟车之所达，人迹之所至，莫不率服，而后云天子；德厚焉，泽湛焉，而后称帝；又加美焉，而后称皇。今称号甚美，而实不出长城。彼非特不服也，又大不敬。边长不宁，中长不静，譬如伏虎，见便必动，将何时已。昔高帝起布衣而服九州，今陛下杖九州而不行于匈奴。窃为陛下不足。（《贾谊集·威不信》）

⑦**【汇注】**

胡三省：右贤王，匈奴贵王也，居西方，直上郡以西，接氐、羌。（见《资治通鉴》卷十四注）

［日］泷川资言：右贤王，匈奴贵王。（《史记会注考证附校补》卷十《孝文本纪》）

龚浩康：右贤王，匈奴官名。冒顿单于时，除自领中部外，设左右贤王，由单于子弟担任。职位仅次于单于。（见王利器主编《史记注译·孝文本纪》）

⑧**【汇校】**

［日］泷川资言：《汉书》无"降"字。（《史记会注考证附校补》卷十《孝文本纪》）

【汇注】

郭嵩焘：按：《始皇纪》："三十三年，遣蒙恬北击胡，略取河南地，城河上为塞。"是河南本胡地，秦始略得之，故云"河南降地"。（《史记札记》卷一《孝文本纪》）

龚浩康：河南降地，指今内蒙古境内黄河以南一带地区。最初为胡人所占，后被秦始皇攻取，胡人归降。（见王利器主编《史记注译·孝文本纪》）

【汇评】

吕思勉：（孝文三年，右贤王入居河南为寇。其明年，单于遗汉书曰："今以少吏之败约，故罚右贤王，使至西方求月氏击之。以天之福，吏卒良，马力强，以灭夷月氏，尽斩杀降下定之。楼兰、乌孙、呼揭及其旁二十六国，皆已为匈奴。"则匈奴之服西域，在孝文三四年间。）而匈奴之国势，遂臻于极盛。（《吕思勉读史札记·匈奴龙庭》）

⑨【汇注】

颜师古：言异于常，非旧事。（《汉书注·匈奴传上》）

⑩【汇校】

［日］泷川资言：《汉书》"近"作"入"。（《史记会注考证附校补》卷十《孝文本纪》）

王叔岷：案：古钞本"杀"作"弌"，旁注"煞"字。"弌"或为"贼"之俗省与？贼亦杀也。（《史记斠证》卷十）

⑪【汇校】

［日］泷川资言：《汉书》"驱"下有"侵上郡"三字。（《史记会注考证附校补》卷十《孝文本纪》）

【汇注】

颜师古：保塞蛮夷，谓本来属汉而居边塞自保守。（《汉书注·匈奴传上》）

编者按："驱保塞蛮夷"，《汉书·匈奴传上》作"殴侵上郡保塞蛮夷"。颜师古注曰："殴与驱同。"

龚浩康：保塞蛮夷，指当时居住在边塞一带保卫边防的少数民族。（见王利器主编《史记注译·孝文本纪》）

张家英：《汉书·匈奴传》上"驱保塞蛮夷"作"殴侵上郡保塞蛮夷"，师古曰："殴与驱同。保塞蛮夷，谓本来属汉而居边塞自保守。"师古将"保塞"解为"保守边塞"，恐不合于文意。

"保塞"之"保"，非动词"保守"之义，而应为名词"郊保"之保。《左传·襄公八年》："焚我郊保，冯陵我城郭。"王念孙曰："'郊保'与'城郭'相对为文，'保'谓小城也，'保'与'城'同类。"（《经义述闻》卷十八引）《资治通鉴·汉光武帝建武三年》："诸营保附岑者皆来降。"胡三省注："'保'与'堡'同。"

"保塞"即城堡与关塞，是名词性的，非动宾词组"保守边塞"之义。"驱保塞蛮夷，令不得居其故"，即驱赶居住在城堡关塞中的少数民族居民，让他们无法住在原先的住所。（《〈史记〉十二本纪疑诂·孝文本纪》）

⑫【汇校】

王叔岷：案：古钞本"陵"作"凌"，古字通用。《魏其武安侯列传》："凌轹宗室。"（《史记斠证》卷十）

【汇注】

颜师古：轹者来各反。（《汉书注·匈奴传上》）

又：陵轹，谓蹈践之也。（汉书注·灌夫传）

⑬【汇校】

[日]泷川资言：《汉书》"敖"作"骜"。（《史记会注考证附校补》卷十《孝文本纪》）

王叔岷：《汉书·匈奴传》师古注："骜与傲同。"敖、骜、傲古并通用。（《史记斠证》卷十）

【汇注】

龚浩康：敖，通"傲"。（见王利器主编《史记注译·孝文本纪》）

⑭【汇评】

吴见思：结上"约"字，首尾相应。（《史记论文·孝文本纪》）

⑮【汇校】

[日]泷川资言：《汉书》无"五千"二字。高奴，今陕西延安府肤施县。（《史记会注考证附校补》卷十《孝文本纪》）

【汇注】

颜师古：上郡之县也。（《汉书注·匈奴传上》）

张守节：延州城本汉高奴县旧都。（《史记正义·匈奴列传》）

又：《括地志》云："延州州城即汉高奴县。"（《史记正义·项羽本纪》）

王先谦：高奴在今延安府肤施县东。（《汉书补注·文帝纪》）

钱　穆：《汉志》属上郡，今肤施县东。（《史记地名考》卷二十八《西北边地名》）

龚浩康：高奴，县名，治所在今陕西省延安市东北。（见王利器主编《史记注译·孝文本纪》）

王　恢：高奴，当在陕西延安县东五里。故城所在有二说：

一说在延安东五里者：《括地志》："延州州城即汉高奴县。"《元和志》三："延州为汉上郡高奴县之地。今州理即上郡高奴县之城也。项羽三分秦地，以董翳为翟王，都高奴，即其地也。"以临真（甘泉东北百七十里）、金明（延安西北百里）、丰林（延安东南）、敷政（安塞西南百二十里）、延昌（安塞北）皆汉高奴县地。

另一说：杜佑《通典》（一七三）："延州理肤施，旧汉县。金明县，汉高奴，董翳所都。"《纪要》（五七）张其说："肤施县，战国赵地，赵惠文王二年，主父灭中山，迁其王于肤施即此。秦置县，属上郡，汉为上郡治。隋大业三年复置县，为延安府治。延安城在府东五里，有东西二城。沈括曰：延安有五城，说者谓旧有东西二城，夹河对峙，高万典郡，始展南北东三关城。按：杜甫诗：'五城何迢迢，迢迢隔河水。'是天宝中已有五城也。今旧址已废。"又金明城云："在延安府西北百里。杜佑曰：古高奴也。项羽封董翳为翟王，都高奴。汉文三年匈奴侵盗上郡，灌婴击之，匈奴走出塞，上自甘泉之高奴，因幸太原。后汉亦为高奴县，晋废，后魏置广洛县，隋初改金明。"

《寰宇记》（三六），高奴亦从杜说主金明。惟上郡治肤施，说在今绥德东南五十里。谓今肤施："隋大业三年分丰林、金明二县置，故城在今延安府东五里。金明，汉高奴县地，董翳所都。"

《清统志》（二三四）："高奴故城在肤施县（延安府治。民国废府改延安）东五里，董翳为翟王所都。文帝三年发边吏骑诣高奴，帝自甘泉之高奴。《水经注》清水东迳高奴县。隋始自绥德州界移肤施县于此，唐为延州。"其说是也。盖魏、秦之上郡治高奴，董翳为翟王即都于郡治。汉之上郡治外徙三百里，北当匈奴入侵之冲，即赵迁中山王之肤施，在今绥德东南五十里（于此最堪注意者，魏上郡止及今无定河），《纪要》谓之上郡城是也。隋分丰林、金明二县地置县，乃移古肤施之名于新置在今延安东五里之高奴故城；《元和志》误以为即今古肤施，复旧名。杨守敬《汉志》及《水经注图》，图肤施于榆林县南、无定河北是也；而图高奴于安塞县西北则误。（《史记本纪地理图考·文帝本纪》）

⑯【汇注】

司马迁：是岁，匈奴大入北地、上郡，令丞相婴将骑八万五千往击匈奴。匈奴去，济北王反，诏乃罢婴之兵。后岁余，婴以丞相卒，谥曰懿侯。（《史记·樊郦滕灌列传》）

又：于是孝文帝诏丞相灌婴发车骑八万五千，诣高奴，击右贤王。右贤王走出塞。（《史记·匈奴列传》）

⑰【汇注】

裴　骃：《汉书·百官表》曰："中尉，秦官。"（《史记集解·孝文本纪》）

胡三省：此中尉所掌材官士也。观此，益足以明二年罢卫将军军，卫将军军本不罢也。（见《资治通鉴》卷十四注）

龚浩康：中尉，官名。掌管京城的治安，兼管北军。材官，指勇武有力、精于骑射的步兵。（见王利器主编《史记注译·孝文本纪》）

【汇评】

吕祖谦：帝将亲击匈奴，故发兵卫守长安也，独发中尉材官者，用征黥布故事也。卫将军其宋昌欤？（《大事记解题》卷十）

辛卯①，帝自甘泉之高奴②，因幸太原③，见故群臣④，皆赐之。举功行赏，诸民里赐牛酒⑤。复晋阳中都民三岁⑥。留游太原十馀日⑦。

① 【汇注】
张大可：辛卯：六月二十七日。（《史记全本新注·孝文本纪》）

② 【汇注】
颜师古：之，往也。高奴，上郡之县。（《汉书注·文帝纪》）
凌稚隆：按：甘泉即今淳化。（《史记评林·匈奴列传》）

③ 【汇注】
龚浩康：太原，郡名。辖今山西省北部地区，郡治在晋阳（今山西省太原市西南）。（见王利器主编《史记注译·孝文本纪》）

【汇评】
吕祖谦：自甘泉之高奴，劳丞相军也；自高奴之太原，驻跸，为丞相军声势。（《大事记解题》卷十）

④ 【汇注】
吴见思：代之故臣也。（《史记论文·孝文本纪》）

⑤ 【汇注】
颜师古：里别率赐之。（《汉书注·文帝纪》）

⑥ 【汇校】
凌稚隆：按：《汉书》"三岁"下有"租"字。（《史记评林·孝文本纪》）

[日] **泷川资言**：晋阳、中都，帝为代王时旧都。晋阳，今山西太原府阳曲县。中都，汾州平遥县。《汉书·文帝纪》"岁"下有"租"字。（《史记会注考证附校补》卷十《孝文本纪》）

王叔岷：案：《汉纪》《通鉴》亦并有"租"字。复谓免其赋租，则"租"字亦可省。《汉书·高帝纪》"都晋阳"下，如淳注引《文帝纪》"复晋阳、中都民三岁租"句，三误二，而岁下无"租"字，正与此文合。（《史记斠证》卷十）

编者按：《史记志疑》《点勘史记读本》《史记评议》等也提到《汉书》此句有

"租"字而《史记》缺。

【汇注】

颜师古：复音方目反。(《汉书注·文帝纪》)

张守节：故城在汾州平遥县西南十三里。(《史记正义·孝文本纪》)

编者按：此注与同篇《正义》"中都"注几乎相同。其"中都"注云："中都故城在汾州平遥县西南十二里。"对此，顾炎武以为"此注已见卷首'中都'下"，"当言中都故城，言晋阳误"(《日知录》)。沈家本同意顾说，并进一步推测"此《正义》原本盖标晋阳、中都四字，下注晋阳云云，中都云云。今'晋阳'下有夺文，遂致讹舛十三里，卷首注三作二"(见《沈寄簃先生遗书·诸史琐言》)。

胡三省：班《志》，晋阳、中都二县皆属太原郡。高帝十一年，立帝为代王，都晋阳。如淳注曰：《文纪》言都中都，又，帝复晋阳、中都二岁，似迁都于中都也。《括地志》：中都故城，在汾州平遥县西南十三里。宋白曰：汉文帝为代王，都中都，故介休县东南中都城也。《史记·诸侯年表》：高帝十年，封子恒为代王，都中都。复，方目翻。(见《资治通鉴》卷十四注)

王先谦：皆为代王时都。(《汉书补注·文帝纪》)

王　恢：晋阳，即故太原，今晋源县治。《汉志》："太原郡晋阳，故《诗》唐国，周成王灭唐，封弟叔虞。龙山在西北，晋水所出，东入汾。"《晋水注》："城在晋水之阳，故曰晋阳。"(《史记本纪地理图考·秦始皇本纪》)

编者按：如淳、程馀庆注中俱言文帝"复晋阳、中都二岁"，与《孝文本纪》中三岁说相异。

⑦**【汇注】**

程馀庆：即高帝丰、沛之意。(《历代名家评注史记集说·孝文本纪》)

　　济北王兴居闻帝之代，欲往击胡①，乃反②，发兵欲袭荥阳③。于是诏罢丞相兵④，遣棘蒲侯陈武为大将军⑤，将十万往击之⑥。祁侯贺为将军⑦，军荥阳⑧。七月辛亥⑨，帝自太原至长安。乃诏有司曰："济北王背德反上⑩，诖误吏民⑪，为大逆。济北吏民兵未至先自定，及以军地邑降者⑫，皆赦之，复官爵⑬。与王兴居去来，亦赦之⑭。"八月，破济北军，虏其王⑮。赦济北诸吏民与王反者。

① 【汇注】

　　王　恢：济北国，故兴居国，今复置，立安都侯志。七国反，志坚守，乱平，徙王菑川。景帝四年（前135），徙衡山王勃来王，所以褒之也。勃子胡，武帝元鼎元年，"献泰山及其旁邑"。胡子宽，后元二年（前87）谋反，自杀，国除，并入泰山郡。（《史记本纪地理图考·文帝本纪》）

② 【汇注】

　　司马迁：兴居闻匈奴大入汉，汉多发兵，使丞相灌婴击之，文帝亲幸太原，以为天子自击胡，遂发兵反于济北。（《史记·齐悼惠王世家》）

　　班　固：兴居以为天子自击胡，遂发兵反。（《汉书·高五王传》）

　　丘　濬：汉以来藩王反，始此。（《世史正纲》卷三）

③ 【汇注】

　　［日］泷川资言：今河南开封府荥阳县。（《史记会注考证附校补》卷十《孝文本纪》）

　　张大可：荥阳，秦汉时地处冲要的军事重镇，在今河南荥泽县西南。（《史记全本新注·孝文本纪》）

④ 【汇注】

　　司马迁：是时济北王反，文帝归，罢丞相击胡之兵。（《史记·匈奴列传》）

⑤ 【汇校】

　　颜师古：臣瓒曰："《汉帝年纪》为陈武，此云柴武，为有二姓。"（《汉书注·文帝纪》）

　　洪颐煊：按：《史》《汉》两《表》皆作棘蒲侯陈武。（《读书丛录》卷十九）

　　佚　名：史诠曰：《汉书》作"柴武"。（《史记疏证（外一种）》卷十）

　　［日］泷川资言：陈武，《汉书·文帝纪》作"柴武"。臣瓒曰："《汉帝年纪》为陈武，此曰柴武，为有二姓。"洪颐煊曰："《史》《汉》两《表》，皆作陈武。"（《史记会注考证附校补》卷十《孝文本纪》）

　　王叔岷：案：《汉纪》《通鉴》陈武亦并作柴武。（《史记斠证》卷十）

【汇注】

　　胡三省：应劭曰："棘蒲，即常山平棘县。"师古非之。余据《靳歙传》，则棘蒲赵地也，在安阳以东。宋白曰："棘蒲，春秋时晋邑，汉初为棘蒲，后改为平棘。"盖亦本应说也。（见《资治通鉴》卷十四注）

　　许应元：既置太尉官，及兴居反，乃置大将军。景帝时又并置大将军、太尉，武帝初田蚡为太尉，其后废，而卫青为大将军，其实一官也。（引自凌稚隆《汉书评林·文帝纪》）

钱大昕：棘蒲，《索隐》云：《汉·志》阙。按《赵世家》：敬侯六年，伐魏，取棘蒲。《正义》云：今赵州平棘县，古棘蒲邑也。今考：陈武以高帝六年封棘蒲侯，而七年又封林挚为平棘侯，则平棘非即棘蒲，或其地相去不远。棘蒲国除之后，省入平棘尔。（《廿二史考异》卷二）

王先谦：应劭以为棘蒲即常山平棘县。师古驳之，以平棘乃林挚侯国也。（见常山平棘注）按：《一统志》："棘蒲故城今赵州治，平棘故城在赵州南，或棘蒲国除，后并入平棘。"（《汉书补注·高惠高后文功臣表》）

龚浩康：棘蒲，地名。在今河北省赵县境内。一说疑在今河南省延津、长垣二县之间。陈武，即柴武。（见王利器主编《史记注译·孝文本纪》）

⑥【汇校】

吴汝纶：依《汉书》补"众"字。（《点勘史记读本·孝文本纪》）

王叔岷：案：古钞本"万"下有"众"字，《汉书·文帝纪》《通鉴》并同。（《史记斠证》卷十）

【汇注】

班　固：将四将军十万众击之。（《汉书·文帝纪》）

编者按：据《史记·汉兴以来将相名臣表》，四将军分别是昌侯卢卿、共侯卢罢师、宁侯遬、深泽侯将夜。《集解》引徐广语，称"遬姓魏，将夜姓赵"。

⑦【汇校】

王叔岷：案：《汉书》"贺"上有"缯"字，《通鉴》同。（《史记斠证》卷十）

【汇注】

裴　骃：徐广曰："姓缯，以文帝十一年卒，谥曰敬。"（《史记集解·孝文本纪》）

司马贞：《汉书音义》祁音迟。贺姓缯。缯，古国，夏同姓也。（《史记索隐·孝文本纪》）

张守节：《括地志》云："并州祁县城，晋大夫祁奚之邑。"（《史记正义·孝文本纪》）

胡三省：班《志》："祁县属太原郡，晋大夫贾辛邑。"《括地志》："并州祁县城是也。"柴武、缯贺，皆高帝功臣。《姓谱》："柴姓，高柴之后。缯，亦姓也，以国为氏。"《国语》云："申、缯方强。"韦昭注："缯出于姒姓。"（见《资治通鉴》卷十四注）

龚浩康：祁，县名，治所今山西省祁县东南。（见王利器主编《史记注译·孝文本纪》）

⑧【汇评】

吕祖谦：兴居觇望而反，欲袭荥阳，亦知战国秦汉以来天下之常势矣。然区区祖策士之余说，欲用之于人民乐业之时，闻车驾暂出，遂生觊觎，其识略非城阳匹也。文帝亟罢丞相击匈奴之兵，拜棘蒲侯陈武为大将军，击济北。昌侯卢卿、共侯卢罢师、宁侯魏遫、深泽侯赵将夜皆为将军，属武。又别遣祁侯缯贺，将兵屯荥阳，应之如是汲汲者，虑其万一豕突南北之冲，虽不能为社稷大忧，岂不甚费经理也。文帝可谓知兵矣。（《大事记解题》卷十）

⑨【汇注】

张大可：七月辛亥，汉文帝五年，旧历七月二十九日。（《史记全本新注·孝文本纪》）

⑩【汇注】

胡三省：济，子礼翻。（见《资治通鉴》卷十四注）

⑪【汇注】

颜师古：诖亦误也，音卦。（《汉书注·文帝纪》）

钱大昭：《说文》："诖，误也。"《史记·张仪传》："夫不顾社稷之长利，而听须臾之说，诖误人主，无过此者。"（《汉书辨疑》卷一）

王叔岷：《汉书》师古注："诖亦误也。"王先谦《补注》："钱大昭曰：'诖误，本《史记·张仪传》。'周寿昌曰：'颜训本《说文》，特"误误"于文不辞。'《广雅》：'诖，欺也。'《王莽传》：'臣莽为受诖上误朝之罪。'注亦训欺。"案：诖，固可训欺，师古训误，则"诖误"为复语。"诖误吏民"犹言"误吏民"耳。周氏未达。《张仪传》"诖误人主"本《战国策·韩策一》。（《史记斠证》卷十）

⑫【汇注】

胡三省：降，户江翻。（见《资治通鉴》卷十四注）

⑬【汇注】

颜师古：复音扶目反。（《汉书注·文帝纪》）

⑭【汇校】

刘　攽：高帝诏云"与兴居去来归，赦之"，今此文（编者按：指《汉书·文帝纪》）亦当云"与王兴居居去来者，赦之"，盖脱一"居"字。（编者按：《资治通鉴》卷十四胡三省注云："余谓贡父说是。"）（引自凌稚隆《汉书评林·文帝纪》）

袁　文：《汉书》济北王兴居反，诏曰"与王兴居去来者，亦赦之"。三刘释云："高帝诏曰'与绾居去来归者，赦之'，今此文当云'与王兴居居去来者，赦之'，盖脱一'居'字也。"余谓若依高帝之诏，则当云"与王兴居居去来归者赦之"，又脱一"归"字也。（《瓮牖闲评》卷二）

梁玉绳：按：宋袁文《瓮牖闲评》云"《汉书》济北王兴居反，诏曰'与王兴居去来者，亦赦之'。三刘释云'高帝诏曰与绾居去来归者赦之'，今文脱'居'字"。

余谓若依高帝之诏则又脱"归"字也。刘、袁皆就《汉书》诏词言之，其实"居"字不必补，但"来"下脱一"者"字，而袁文谓脱"归"字，尤所未安。高帝曰归者赦之，则不归者不赦矣。文帝直曰赦之，则不问其归不归而概赦之矣。一字之增减，宽严迥别，可妄添乎？居谓与反者，居处也，去来谓与反者往来也，旧注非。(《史记志疑》卷七《孝文本纪》)

编者按： 中华书局点校本《史记志疑》将"余谓若依高帝之诏则又脱'归'字"作梁玉绳语，查《瓮牖闲评》卷二，此句仍为袁文所云。

王先谦： 刘攽曰：高帝诏曰"与绾居去来归者，赦之"，今此文亦当云"与王兴居居去来者，赦之"，盖脱一"居"字也。 先谦曰："居"字不加，文意自明，非脱也。《史记》亦作"与王兴居去来"。"去"谓叛去，"来"谓来降。《集解》引徐广云"乍去乍来也"。颜云"弃之去而来降"，则与字意不了。信当如刘说，添"居"字矣。(《汉书补注·文帝纪》)

吴汝纶： 某按：刘贡父谓兴居下脱一"居"字，非也。《集解》张、徐二说皆善，不必增"居"字。《通志》有"居"字，疑依刘说增之，非有旧本如此也。"来"下《汉书》有"者"字，依文亦可省。(《点勘史记读本·孝文本纪》)

[日] 泷川资言： 去来，犹往来也，"来"下补"者"字看。(《史记会注考证附校补》卷十《孝文本纪》)

王叔岷： 案：《汉书》《通鉴》"来"下并有"者"字。(《史记斠证》卷十)

杨树达： 按：刘说是也。"与兴居去来"，文义不完，居字重文，脱去其一，《史记》亦同脱耳。下文"严道"下脱"道"字，例正同。(《汉书窥管》卷一《文帝纪》)

【汇注】

裴　骃： 徐广曰："乍去乍来也。"骃按：张晏曰"虽始与兴居反，今降，赦之"。(《史记集解·孝文本纪》)

编者按： 王骏观曰：《志疑》按二说皆非也。居谓与反者居处也，去来谓与反者往来也。观按："与兴居去来"，谓但与兴居通往来，非相从反畔者，故亦赦之。徐、张二说皆非是。梁氏《志疑》以王兴居之名，训为居处，尤大谬可笑。见《史记旧注平义·孝文本纪》

颜师古： 虽始与兴居共反，今弃之去而来降者，亦赦。(《汉书注·文帝纪》)

吴国泰： 当以"与王兴居去"为句。"来"字属下读。盖去犹倍也，来犹归也，言与王兴居倍汉去者，今来归亦赦之也。(《〈史记〉解诂(下)》，载《文史》第43辑)

【汇评】

吴见思：调古而简。(《史记论文·孝文本纪》)

⑮【汇注】

司马迁：天子闻之，罢丞相及行兵，皆归长安。使棘蒲侯柴将军击破虏济北王，王自杀，地入于汉，为郡。(《史记·齐悼惠王世家》)

班　固：八月，虏济北王兴居，自杀。(《汉书·文帝纪》)

沈钦韩：《西京杂记》：兴居始举兵，大风直东来，直吹其旌旗，飞上天入云而坠城西井中。马皆悲鸣不进。左右李廓等谏不听，后卒自杀。(《汉书疏证》卷二《文帝纪》)

[日] 泷川资言：《汉书·文纪》作"虏济北王兴居自杀"。(《史记会注考证附校补》卷十《孝文本纪》)

王叔岷：案：《汉纪》《通鉴》并书"兴居自杀"。《西京杂记》一："兴居反，始举兵，大风从东来，直吹其旌旗飞上天入云，而堕城西井中。马皆悲鸣不进。左右李廓等谏，不听。后卒自杀。"(沈钦韩《汉书疏证》亦引之，文有出入。)(《史记斠证》卷十)

六年①，有司言淮南王长废先帝法②，不听天子诏③，居处毋度④，出入拟于天子，擅为法令⑤，与棘蒲侯太子奇谋反⑥，遣人使闽越及匈奴⑦，发其兵，欲以危宗庙社稷⑧。群臣议，皆曰"长当弃市"⑨。帝不忍致法于王，赦其罪，废勿王⑩。群臣请处王蜀严道、邛都⑪，帝许之⑫。长未到处所，行病死⑬，上怜之⑭。后十六年⑮，追尊淮南王长谥为厉王⑯，立其子三人为淮南王⑰、衡山王⑱、庐江王⑲。

①【汇校】

凌稚隆：按：缺四年、五年不书。(《史记评林·孝文本纪》)

梁玉绳：按：纪缺四、五、七、八、九、十、十一、十二等年事。又改元后三、四、五年亦缺。(《史记志疑》卷七《孝文本纪》)

崔　适：按：五年、七年至十二年，后三年至后五年皆无文，《汉书》有之。(《史记探源》卷三)

[日] **泷川资言**：缺四年、五年不书，《汉书》有之。(《史记会注考证附校补》卷十《孝文本纪》)

　　王叔岷：案：景祐本南宋补版、黄善夫本（前行未空格）、殿本并提行。《汉书》《汉纪》《通鉴》亦并提行；又四、五、七、八、九、十、十一、十二等年事，及改元后三、四、五年事皆不缺。(《史记斠证》卷十)

　　编者按：《史记·孝文本纪》未记文帝四年冬至六年十月间事，《汉书·文帝纪》有记载：四年冬十二月，丞相灌婴薨。夏五月，复诸刘有属籍，家无所与。赐诸侯王子邑各二千户。秋九月，封齐悼惠王子七人为列侯。绛侯周勃有罪，逮诣廷尉诏狱。作顾成庙。五年春二月，地震。夏四月，除盗铸钱令，更造四铢钱。六年冬十月，桃李华。

② 【汇注】

　　王先谦：周寿昌曰："《颜氏家训·风操篇》：'厉王名长，琴有修短之目。'"卢文弨云："今淮南子凡'长'字皆作'修'。"(《汉书补注·淮南衡山济北王传》)

　　王　恢：淮南王长自以高帝子，骄恣不奉法，擅杀辟阳侯审食其，逐汉所置相、二千石，不肯易侯邑之在淮南者三县。薄昭切谏，不听。六年（前174），令人反谷口（今陕西醴泉县东北七十里），使使闽越、匈奴。事觉，迁蜀严道、邛都，死雍，国除为郡。(《史记本纪地理图考·文帝本纪》)

③ 【汇注】

　　班　固：厉王……不用汉法，出入警跸，称制，自作法令，数上书不逊顺。文帝重自切责之。时帝舅薄昭为将军，尊重，上令昭予厉王书谏数之，曰："窃闻大王刚直而勇，慈惠而厚，贞信多断，是天以圣人之资奉大王也甚盛，不可不察。今大王所行，不称天资。皇帝初即位，易侯邑在淮南者，大王不肯。皇帝卒易之，使大王得三县之实，甚厚。大王以未尝与皇帝相见，求入朝见，未毕昆弟之欢，而杀列侯以自为名。皇帝不使吏与其间，赦大王，甚厚。汉法，二千石缺，辄言汉补，大王逐汉所置，而请自置相、二千石。皇帝觟天下正法而许大王，甚厚。大王欲属国为布衣，守冢真定，皇帝不许，使大王毋失南面之尊，甚厚。大王宜日夜奉法度，修贡职，以称皇帝之厚德，今乃轻言恣行，以负谤于天下，甚非计也。夫大王以千里为宅居，以万民为臣妾，此高皇帝之厚德也。高帝蒙霜露，沫风雨，赴矢石，野战（次）〔攻〕城，身被创痍，以为子孙成万世之业，艰难危苦甚矣。大王不思先帝之艰苦，日夜怵惕，修身正行，养牺牲，丰洁粢盛，奉祭祀，以无忘先帝之功德，而欲属国为布衣，甚过。且夫贪让国土之名，轻废先帝之业，不可以言孝。父为之基，而不能守，不贤。不求守长陵，而求之真定，先母后父，不谊。数逆天子之令，不顺。言节行以高兄，无礼。幸臣有罪，大者立断，小者肉刑，不仁。贵布衣一剑之任，贱王侯之位，不知。不好学问大道，触情妄行，不（详）〔祥〕。此八者，危亡之路也，而大王行之。弃南面之位，奋诸、贲之勇，常出入危亡之路，臣之所见，高皇帝之神必不庙食于大王之手，明白。昔者，周公诛管叔，放蔡叔，以安周；齐桓杀其弟，以反国；秦始皇杀两弟，迁其母，以安秦；顷王亡代，高帝夺之国，以便事；济北举兵，皇帝诛之，以安汉。故周、齐行之于古，秦、汉用之于今，大王不察古今之所以安国便事，而欲以亲戚之意望于太上，不可得也。亡之诸侯，游宦事人，及舍匿者，论皆有法。其在王所，吏主者坐。今诸侯子为吏者，御史主；为军吏者，中尉主；客出入殿门者，卫尉大行主；诸从蛮夷来归谊及以亡名数自（古）〔占〕者，内史县令主。相欲委下吏，无与其祸，不可得也。王若不改，汉系大王邸，论相以下，为之奈何？夫堕父大业，退为布衣所哀，幸臣皆伏法而诛，为天下笑，以羞先帝之德，甚为大王不取也。宜急改操易行，上书谢罪，曰：'臣不幸早失先帝，少孤，吕氏之世，未尝忘死。陛下即位，臣怙恩德骄盈，行多不轨。追念罪过。恐惧，伏地待诛不敢起。'皇帝闻之必喜。大王昆弟欢欣于上，群臣皆得延寿于下；上下得宜，海内常安。愿孰计而疾行之。行之有疑，祸如发矢，不可追已。"王得书不悦。(《汉书·淮南衡山济北王传》)

齐召南：文帝令薄昭为书责厉王，至王得书不悦，皆《史记》所无，而班氏增补之者也。(引自王先谦《汉书补注·淮南衡山济北王传》)

④ 【汇注】

司马迁：淮南厉王朝，杀辟阳侯，居处骄甚。袁盎谏曰："诸侯大骄必生患，可適削地。"上弗用。淮南王益横。(《史记·袁盎晁错列传》)

⑤ 【汇注】

司马迁：当是时，薄太后及太子诸大臣皆惮厉王。厉王以此归国益骄恣，不用汉法，出入称警跸，称制，自为法令，拟于天子。(《史记·淮南衡山列传》)

【汇评】

王慎中：伤其志弗治，虽文帝之友爱，然淮南王之骄恣益甚矣。(引自凌稚隆《史记评林·淮南衡山列传》)

⑥ 【汇注】

[日] **泷川资言：**棘蒲侯柴武也。(《史记会注考证附校补》卷十《孝文本纪》)

⑦ 【汇注】

龚浩康：闽越，古族名。古代越人的一支。秦汉时分布在福建省北部、浙江省南部部分地区。其首领无诸相传是越王勾践的后裔，因曾帮助刘邦反秦灭楚，汉初被封为闽越王。(见王利器主编《史记注译·孝文本纪》)

⑧ 【汇校】

张文虎：游本"为"。(《校刊史记集解索隐正义札记》卷一《孝文本纪》)

【汇注】
　　司马迁：六年，令男子但等七十人与棘蒲侯柴武太子奇谋，以辇车四十乘反谷口，令人使闽越、匈奴。事觉，治之。（《史记·淮南衡山列传》）
【汇评】
　　王　毅：淮南王之反，亦文帝致之也。前此帝初立，廷臣请豫建太子，以重国本，盖鉴于孝惠继嗣不明之故也。时帝已有子矣，乃曰朕既不德，不能博求天下贤圣有德之人而禅天下焉，尚有吴王、淮南王在。夫帝以外藩入继大统，诸侯王未尝不以此生觊觎之心。今既以二王为辞，则二王之妄希天位者，实文帝有以挑之也。一言之误，贻祸无穷。为人君者，尚当慎尔出话乎！（《读史管见》）
　　田昌五、安作璋：文帝以外藩入继大统，威信未立，羽翼不丰，国家大事，多予优容。这愈加助长了诸侯王的气焰，他们骄纵不法，渐有不臣之心。如淮南王刘长直呼文帝为"大兄"，与文帝同车而行，倨傲无礼，又私自锥杀辟阳侯审食其；在封国内擅自驱逐中央任命的傅、相等二千石官，任用私党，招徕亡命，自行封爵关内侯以下者近百人，居室仪仗均依皇帝仪式，不行汉法，根本不把文帝放在眼里……面对这种情况，文帝一味宽大……刘长虽然屡屡犯上，仍赦其罪，仅仅遣使赐书，予以训告而已。各个诸侯王无不恣意妄为，目无天子，终至酿成了淮南王刘长与济北王刘兴居之叛乱。（《秦汉史》第二章《西汉前期的政治和经济》第四节《皇权和封国的斗争》）

⑨【汇注】
　　司马迁："丞相臣张仓、典客臣冯敬行御史大夫事、宗正臣逸、廷尉臣贺、备盗贼中尉臣福昧死言：淮南王长废先帝法，不听天子诏，居处无度，为黄屋盖乘舆，出入拟于天子，擅为法令，不用汉法及所置吏，以其郎中春为丞相，聚收汉诸侯人及有罪亡者，匿与居，为治家室，赐其财物爵禄田宅，爵或至关内侯，奉以二千石所不当得，欲以有为。大夫但、士五开章等七十人与棘蒲侯太子奇谋反，欲以危宗庙社稷。使开章阴告长，与谋使闽越及匈奴发其兵。开章之淮南见长，长数与坐语饮食，为家室娶妇，以二千石俸奉之。开章使人告但，已言之王。春使使报但等。吏觉知，使长安尉奇等往捕开章。长匿不予，与故中尉蕑忌谋，杀以闭口。为棺椁衣衾，葬之肥陵邑，谩吏曰：'不知安在。'又详聚土，树表其上，曰：'开章死，埋此下。'及长身自贼杀无罪者一人；令吏论杀无罪者六人；为亡命弃市罪诈捕命者以除罪；擅罪人，罪人无告劾系治城旦舂以上十四人；赦免罪人，死罪十八人，城旦舂以下五十八人；赐人爵关内侯以下九十四人。前日长病，陛下忧苦之，使使者赐书、枣脯。长不欲受赐，不肯见拜使者。南海民处庐江界中者反，淮南吏卒击之。陛下以淮南民贫苦，遣使者赐长帛五千匹，以赐吏卒劳苦者。长不欲受赐，谩言曰'无劳苦者'。南海民王织上书献璧皇帝，忌擅燔其书，不以闻。吏请召治忌，长不遣，谩言曰'忌病'。春又请长，愿

入见，长怒曰'女欲离我自附汉'。长当弃市，臣请论如法。"（《史记·淮南衡山列传》）

【汇评】

王夫之：淮南王长反形已具，丞相、御史奏当弃市，正也。所谓"人臣无将，将则必诛"者也。（《读通鉴论》卷二《文帝》）

程馀庆：废徙诸王，用有司弹事，不欲出自人主，伤亲亲之恩也。始见于此，后世仍之。（《历代名家评注史记集说·孝文本纪》）

⑩**【汇注】**

司马迁：制曰："朕不忍致法于王，其与列侯二千石议。"

"臣仓、臣敬、臣逸、臣福、臣贺昧死言：臣谨与列侯吏二千石臣婴等四十三人议，皆曰'长不奉法度，不听天子诏，乃阴聚徒党及谋反者，厚养亡命，欲以有为'。臣等议：论如法。"

制曰："朕不忍致法于王，其赦长死罪，废勿王。"（《史记·淮南衡山列传》）

⑪**【汇校】**

裴　骃：徐广曰："《汉书》或作'邮'字，或直云'邛僰'。邛都乃本是西南夷，尔时未通，严道有邛僰山。"（《史记集解·孝文本纪》）

编者按：点校本《史记》修订本："邛僰山"，东北本作"邛崃山"。按：《汉书》卷二八上《地理志》上《蜀郡》："严道，邛崃山，邛水所出。"

梁玉绳："都"乃"邮"字之讹，《史》《汉·淮南王传》作"邛邮"可证。（《史记志疑》卷七《孝文本纪》）

张文虎："道"字《考证》增。按：疑"道"下当有"县"字。（《校刊史记集解索隐正义札记》卷一《孝文本纪》）

吴汝纶：《通鉴》依《汉书》"都"作"邮"，当从之。（《点勘史记读本·孝文本纪》）

王叔岷：案：清庄逵吉本《淮南子》高诱《叙》严道作岩道，云："古严、岩字通。"《通鉴》邛都亦作邛邮。古钞本《集解》邛僰并作邛来，邛僰即邛来之异名。（《史记斠证》卷十）

【汇注】

张守节：邛，其恭反。《括地志》云："严道今为县，即邛州所理县也。县有蛮夷曰道，故曰严道。邛都县本邛都国，汉为县，今巂州也。《西南夷传》云'滇池以北君长以十数，邛都最大'是也。"按：群臣请处淮南王长蜀之严道，不尔，更远邛都西有邛僰山也。邛僰山在雅州荥经县界。荥经，武德年间置，本秦严道地。《华阳国志》云："邛筰山故邛人、筰人界也。山岩峭峻，曲回九折乃至，上下有凝冰。按即王尊登

者也。今从九折西南行至嶲州，山多雨少晴，俗呼名为漏天。"（《史记正义·孝文本纪》）

胡三省：杜佑曰："邛州临邛县南有邛来山，在雅州百丈县。严道，今雅州。"宋白曰："秦灭楚，徙严王之族以实此地。故曰严道。"（见《资治通鉴》卷十四注）

沈钦韩：《一统志》：严道故城，今雅州府荣经县治。《元和志》：邛，东山，在县西五十里。（《汉书疏证》卷二十七《淮南衡山济北王传》）

程馀庆：严道，今四川雅州府。（《历代名家评注史记集说·孝文本纪》）

张文虎：《正义》"本邛都国"，"邛"字《考证》增。（《校刊史记集解索隐正义札记》卷一《孝文本纪》）

王先谦：严道，今雅州府荣经县治。雍在今凤翔府凤翔县南。（《汉书补注·文帝纪》）

又：严道，今雅州府荣经县治，有邛来山，在县西五十里。（《汉书补注·淮南衡山济北王传》）

[日] 泷川资言：愚按：今四川雅州府荣经县西南。徐孚远曰：废徙诸王，则有司弹事，不欲出人主，伤亲亲之恩也。始见于此，后世仍之。（《史记会注考证附校补》卷十《孝文本纪》）

龚浩康：邛（qióng）都，地名。在今四川省西昌县东南。（见王利器主编《史记注译·孝文本纪》）

王　恢：严道，今西康雅安县（编者按：今四川雅安县）。秦汉属蜀郡。《纪要》（七二）引《华阳国志》云："始皇灭楚，徙严王之族以实其地，因为严道。后往往徙罪人于此。汉文帝六年，诏徙淮南厉王长于严道、邛邮，即此。"（《史记本纪地理图考·文帝本纪》）

又：《汉志》越嶲郡治邛都，故城今西康西昌县（编者按：今四川西昌县）东南。邛本西南部族，汉时居北起邛崃、南及邛都一带。在未置郡以前，邛都是滇以北君长什数中最大者（《西南夷传》）。

《史》《汉·淮南传》并作"邛邮"。张晏以为"邛，邮置名"。师古又曰"行书之舍"。皆曲为之解。《志疑》转以"都"为"邮"之讹。而此外并不见有此名称，"邮"为"都"形之讹，当无可疑。

八年五月，文帝封淮南王四子为阜陵、安阳、阳周、东城侯。淮南民歌"斗粟尺布"讥之。十二年，乃徙城阳王喜来王，以示不贪其地，并追谥淮南王长为厉王（汉法，有罪夺爵不谥）。

十六年（前164）四月丙寅，怜厉王失国早死，徙喜还城阳，实行贾谊"众建"政策，分其地为三，立其三子王淮南故地。（东城侯良早死，无后。）

阜陵侯安王淮南，仍都寿春。（《史记本纪地理图考·文帝本纪》）

张大可：严道、邛都，汉县名。严道即今四川荥经县，邛都即今四川西昌县。汉时为蛮荒之地，流放重罪人的所在。（《史记全本新注·孝文本纪》）

点校本《史记》修订组：(《正义》)"按即王尊登者也"，"登者也"，《通鉴》卷一八《汉纪》十武帝元光五年胡三省《注》引《正义》作"叱驭处"，疑是。按：《汉书》卷七六《王尊传》："及尊为刺史，及其阪，问吏曰：'此非王阳所畏道邪？'吏对曰：'是。'尊叱其驭曰：'驱之！'"（点校本二十四史之修订本《史记》卷十《孝文本纪》）

⑫【汇注】

司马迁："臣仓等昧死言：长有大死罪，陛下不忍致法，幸赦，废勿王。臣请处蜀郡严道邛邮，遣其子母从居，县为筑盖家室，皆廪食给薪菜盐豉炊食器席蓐。臣等昧死请，请布告天下。"

制曰："计食长给肉日五斤，酒二斗。令故美人才人得幸者十人从居，他可。"（《史记·淮南衡山列传》）

【汇评】

凌稚隆：按：读淮南王罪案，则汉臣执法，汉主友爱，蔼然可见。（《史记评林·淮南衡山列传》）

王夫之：文帝赦而徙之，与蔡叔、郭邻之罚等，臣子法伸而天子之恩纪不斩。（《读通鉴论》卷二《文帝》）

⑬【汇注】

司马迁：及棘蒲侯柴武太子谋反事觉，治，连淮南王，淮南王征，上因迁之蜀，槛车传送。袁盎时为中郎将，乃谏曰："陛下素骄淮南王，弗稍禁，以至此，今又暴摧折。淮南王为人刚，如有遇雾露行道死，陛下竟为以天下之大弗能容，有杀弟之名，奈何？"上弗听，遂行之。（《史记·袁盎晁错列传》）

又：于是乃遣淮南王，载以辎车，令县以次传。……县传淮南王者皆不敢发车封。淮南王乃谓侍者曰："谁谓乃公勇者？吾安能勇！吾以骄故，不闻吾过至此。人生一世间，安能邑邑如此！"乃不食死。（《史记·淮南衡山列传》）

颜师古：迁于蜀郡之严道，行至扶风雍县，在道而死也。（《汉书注·文帝纪》）

王叔岷：案：行犹因也。《留侯世家》："乃使良还，行烧绝栈道。"《长短经·霸图篇》自注"行"作"因"，即行、因同义之证（参看《项羽本纪斠证》）。（《史记斠证》卷十）

【汇评】

王夫之：长愤恚不食而死，"怙终贼刑"，免于讨，足矣。（《读通鉴论》卷二《文

帝》)

⑭【汇注】

　　司马迁：淮南王至雍，病死，闻，上辍食，哭甚哀。(《史记·袁盎晁错列传》)

【汇评】

　　钱　时：六年，淮南王长乃以谋叛死。得非大公无我之论，反有以启凶人贼子之心乎？曰：虽然，帝则不为无罪也。感念同气友爱，不忘为之择师傅，明礼义，弗纳于邪可也。今也骄蹇不法则宽假之，仇杀辟阳则赦弗治，警跸称制拟于天子，有言者则不听。自作法令，行于其国，逐汉置使，请自置相、二千石，则曲意以从。至甚也，擅杀不辜，爵人至关内侯，数上书不逊顺。乃始切责讽谕以为儆戒，则既晚矣。郑庄公居共叔段于京，祭仲曰：无使滋蔓。蔓，难图也。蔓草犹不可除，况君之宠弟乎！公曰：多行不义必自毙。忍哉，斯人之言！虽文帝友爱非庄公比，然养成其恶而不能裁之以义，则一而已。爱之者所以祸之欤！(《两汉笔记》卷三)

　　张　宁：夫谋反无君人，皆得而诛之，此春秋之法也。淮南反罪已具，其行时帝未尝有制，令诸县发封馈侍，即使有之而长愤恚不就食，亦未如之何也。及其既死，帝欲泄哀掩过，听袁盎之言论，诸县弃市，是乱法者得怜而守者得杀。孰谓汉文之世而有此失哉！(《方洲集》卷二十八《读史录·文帝》)

　　丁南湖：此田野小民之谣（编者按：此谓当时流传的一首民歌。歌曰："一尺布，尚可缝，一斗粟，尚可舂，兄弟二人不相容。"它表达了民间对淮南王谋反、文帝废而徙之一事的一般看法），岂当时智者之议哉！盖以厉王愤恚不食，故误谓上之禁其食也。遂以衣食为词，而曰布曰粟焉。夫厉王谋反，是弟不容兄也，文帝废而徙之，是天讨也，而岂兄不容弟乎？况帝封厉王之四子为侯，此成王囚蔡叔封祭仲之遗法，孰得以斯谣为帝累耶？(引自《袁王纲鉴合编》卷六)

　　王维祯：观文帝始末处淮南以及其子，则岂有杀弟心耶？(引自凌稚隆《史记评林·淮南衡山列传》)

　　李祖陶：凡事谨之于始，治之于微。始以为细故而姑纵之，则后无及，所谓涓涓不塞，流为江河，毫末不扎，将寻斧柯也。淮南厉王自恃天子之弟，以私意椎杀辟阳侯，虽持之有故，而其恶实不可长。文帝以亲故不治，归益自恣。至出入警跸称制，文帝复重自切责，只使薄昭以书数之。卒至与太子谋反，废死于道，而来斗粟尺布之谣。袁盎谓上素骄淮南王，不为置严傅相，故至此。王亦自伤。骄不闻过，岂非姑息者实养恶哉！其后分淮南为三，以封其子。(《史论五种·前汉书细读》卷二《淮南衡山济北王传》)

　　黄恩彤：淮南王反状甚明，张丞相以为罪当弃市，法不私于亲也。帝赦其死而徙之，未为寡恩，特不应封以辎车，绝其供馈耳。袁盎乃欲斩丞相御史以谢天下，是周

公不当杀管蔡矣，何其谬哉！（《鉴评别录》卷四）

张　恕：厉王不食而死，非县传者不发车封之过，乃以袁盎一言令皆弃市，盎直教帝委过于下耳。盎之残忍乃斩错，故智帝为所蒙，故有是命。（《汉书读》卷八）

朱宝昌：文帝六年，发生了淮南王自杀的事件。这是一幕悲剧。文帝十二年，民有作歌刺文帝者，其词曰："一尺布，尚可缝；一斗粟，尚可舂；兄弟二人不相容。"文帝听到后叹息。

文帝对这个小兄弟溺爱、骄纵，当他犯了法以后仍是委曲求全，想保全他。史书具在，可以复按。这首讽刺的歌，应该说与事实有出入。但是这反映废诽谤妖言罪的诏令的确落实了。所谓与事实有出入，这就看对这句话怎样理解。文帝和淮南王之间，的确发生了矛盾，淮南王在受到严厉处分后自杀了。这都是事实。至于责任，在淮南王，文帝处分他不过是吓唬他一下，不久仍要恢复他的王封。这，作歌者怎得知其底细呢？作歌者凭一时感慨，即便对文帝微有讽刺之意，当然也应该言者无罪。民间的歌谣并不是法官的判决。（《朱宝昌诗文选集·论西汉文景之治和先秦黄老思想》）

⑮【汇注】

郜积意：此承前文淮南厉王薨，时在文帝六年。而淮南厉王子三人为王，在文帝十六年。或书"后十年"，或书"十六年"。此书"后十六年"，文意有歧。（《〈史记〉〈汉书〉年月考异》）

龚浩康：后十六年，指后来到文帝十六年，即公元前164年。不是指十六年之后。（见王利器主编《史记注译·孝文本纪》）

⑯【汇注】

司马迁：孝文十二年，民有作歌歌淮南厉王曰："一尺布，尚可缝；一斗粟，尚可舂。兄弟二人不能相容。"上闻之，乃叹曰："尧舜放逐骨肉，周公杀管蔡，天下称圣。何者？不以私害公。天下岂以我为贪淮南王地邪？"乃徙城阳王王淮南故地，而追尊谥淮南王为厉王，置园复如诸侯仪。（《史记·淮南衡山列传》）

⑰【汇注】

司马迁：（袁）盎曰："……陛下迁淮南王，欲以苦其志，使改过，有司卫不谨，故病死。"于是上乃解，曰："将奈何？"盎曰："淮南王有三子，唯在陛下耳。"于是文帝立其三子皆为王。（《史记·袁盎晁错列传》）

又：孝文十六年，徙淮南王喜复故城阳。上怜淮南厉王废法不轨，自使失国蚤死，乃立其三子：阜陵侯安为淮南王，安阳侯勃为衡山王，阳周侯赐为庐江王，皆复得厉王时地，参分之。东阳侯良前薨，无后也。（《史记·淮南衡山列传》）

司马贞：名安，阜陵侯也。（《史记索隐·孝文本纪》）

编者按：王恢注曰：（阜陵）《汉志》九江郡县，今安徽全椒县东十五里。景帝三年，吴楚七国反，安欲发兵响应，其相将兵为汉守，淮南得完。而其群臣宾客以厉王迁死感激，时欲叛而未有因。武帝元朔五年（前124），以拥阏求奋击匈奴者雷被等，削其二县，耻之，谋反益甚，日夜与伍被等案舆地图，部署兵所从入。其孙建与伍被告变，元狩元年（前122），自杀，淮南从此国除为九江郡。（《史记本纪地理图考·文帝本纪》）

⑱【汇注】

司马贞：名勃，安阳侯也。（《史记索隐·孝文本纪》）

编者按：王恢注曰：（安阳）《汉志》汝南郡县，见《淮水注》，今河南正阳西南。景帝三年，吴楚七国反，勃坚守无二心。吴楚平，勃入朝，帝以为贞信，徙王济北，所以褒之也，乃徙庐江王赐来王。

赐王庐江十二年，徙王衡山又三十三年——即武帝元狩元年，淮南王安反，恐为所并，而以为淮南如已西，可定江淮间而有之。而其反状，则与淮南王安甚相似（江都王建反状又同于衡山）：其宾客日夜怂恿谋反，刻天子玺、将、相、军吏印；其家庭父子之间，明争暗斗，卒因白嬴上书，其子孝告反，事下沛郡治，赐闻，自杀。国除为郡。（《史记本纪地理图考·文帝本纪》）

张守节：《括地志》云："衡山，一名岣嵝山，在衡州湘潭县西四十一里。"（《史记正义·夏本纪》）

乔松年：汉衡山郡为秦九江所分，盖今之六安州，非楚之衡山也。（《萝藦亭札记》卷三）

王　恢：（衡山国）分淮南国衡山郡置，立安阳侯勃，都六。（《史记本纪地理图考·文帝本纪》）

又：元狩二年（前121），更衡山郡为国，立胶东王寄子庆，仍都六，王莽时绝，凡百三十年。然已非厉王之遗孽，又其封域才五县也。

淮南自英布始国中更厉王长，城阳王喜，国分为三，谋反者四。是异姓固反，厉王父子亲为骨肉，亦谋为叛逆。吴楚之忧，动半天下，岂真俗薄僄勇轻悍，好作乱？王国权利一再削夺，以为天下宰不公，而难抑制其愤激。乃祖不曰"大丈夫当如是也！"英布亦"欲为帝耳"。（同上）

⑲【汇注】

司马贞：名赐，周阳侯也。（《史记索隐·孝文本纪》）

徐复观：六年，《史记》以一百三十一字记淮南王长谋反迁蜀道死事，《汉书》则仅书"十一月淮南王长谋反废迁蜀严，道死雍"十六字。此外则移置到《淮南传》。（《两汉思想史》卷三《〈史〉〈汉〉比较研究之一例》）

古永继：淮南王刘长，为文帝异母弟。文帝初即位时，他常恃自己与文帝的亲密关系,"骄蹇,数不奉法",而文帝"以亲故,常宽赦之"。以致朝中上至薄太后、太子,下至诸文武大臣,都怕他三分。在文帝的骄纵下,他竟发展到"不用汉法,出入称警跸,称制,自为法令,拟于天子",并与闽越、匈奴勾通,阴谋反叛,结果于文帝前元六年事发被拘,谪徙蜀郡严道邛邮,途中不食而死,淮南国被取消,地入于汉。六年以后,文帝闻有百姓作歌为淮南王鸣不平,讥刺他们弟兄不能相容,于是"乃徙城阳王王淮南故地,而追尊谥淮南王为厉王"(《史记·淮南衡山列传》)。文帝前元十六年(前164),又"怜淮南厉王废法不轨,自失国早死,乃立其三子为王……皆复得厉王时地,叁分之",而把淮南王喜迁回原封国城阳。早在文帝前元八年,文帝"怜淮南王",就封了其年仅七八岁的四个儿子为侯,贾谊揣知喜动恻隐之心的文帝接下来必又将封其为王,即上疏谏止,指出:"窃恐陛下接王淮南诸子,曾不如臣者孰计之也。淮南王之悖逆亡道,天下孰不知其罪?陛下幸而赦迁之,自疾而死,天下孰以王死之不当?今奉尊罪人之子,适足以负谤于天下耳。此人少壮,岂能忘其父哉?……淮南虽小,黥布尝用之矣,汉存特幸耳。夫擅仇人足以危汉之资,于策不便,虽割而为四,四子一心也。予之众,积之财,此非有子胥、白公报于广都之中,即疑有专诸、荆轲起于两柱之间,所谓假贼兵为虎翼者也。"(《汉书·贾谊传》)提醒文帝注意封王之后可能产生的恶果,不要养虎贻患。而文帝拒不听谏,八年之后还是封了其三子为王(四子中有一人早死)。此即分淮南为三的来历。(《"文、景分国为削藩"辨》,载《安徽师大学报》1983年第4期)

钱　穆:庐江国都舒,后为郡治,今庐江县西。(《史记地名考》卷十八《豫章长沙地名》)

龚浩康:淮南王、衡山王、庐江王,即刘长之子刘安、刘勃、刘赐。衡山国辖今河南、安徽、湖北三省交界地区,都城为邾(zhū)县(今湖北省黄冈县北);庐江国辖今安徽省南部、湖北省东部和河南省商城县地,都城为舒县(今安徽省庐江县西南)。(见王利器主编《史记汇注·孝文本纪》)

王　恢:庐江国,分淮南国庐江、豫章郡置,立阳周侯赐,都舒。在淮南三国中,领域最大,南接两越,吴楚反,数使使相交,乱平,衡山王徙王济北,乃徙王衡山,国除仍为郡(《汉志·庐江县十二·豫章郡十八》)。(《史记本纪地图考·文帝本纪》)

【汇评】

贾　谊:窃恐陛下接王淮南诸子,曾不与如臣者孰计之也。淮南王之悖逆亡道,天下孰不知其罪?陛下幸而赦迁之,自疾而死,天下孰以王死之不当?今尊奉罪人之子,适足以负谤于天下耳。此人少壮,岂能忘其父哉?白公胜所为父报仇者,大父与伯父、叔父也。白公为乱,非欲取国代王也,发愤快志,剡手以冲仇人之胸,固为俱靡而已。淮南虽小,黥布尝用之矣,汉存特幸耳。

夫擅仇人足以危汉之资，于策不便。虽割而为四，四子一心也。予之众，积之财，此非有子胥、白公报于广都之中，即疑有专诸、荆轲起于两柱之间，所谓假贼兵为虎翼者也，愿陛下少留计。（《贾谊集·谏立淮南诸子疏》）

真德秀：汉文帝亦不幸有淮南王之事。只缘文帝所为，可称处多，淮南王之死，又不出其本意，所以不失为汉之贤主。然不免有此一玷，不如无之为愈。（《西山文集》卷四《得圣语申省状》）

凌稚隆：按：《史记·纪》中载淮南谋反事，而班掾仅书其纲以详本传也。得减省法。（《汉书评林·文帝纪》）

王夫之：淮南王长之废，国法也；其子受封，亲亲之仁也。（《读通鉴论》卷二《文帝》）

徐克范：文帝采贾谊之言，武帝用主父之策，其事一也，而实不同。文帝之心在分地以保全之，不失亲亲之本，故淮南厉王废死，随立其嗣。武帝之心在分地以削弱之，假以推恩之名。（引自汪越《读史记十表》卷九补）

牛运震："后十六年，追尊淮南王长谥为厉王，立其子三人为淮南王、衡山王、庐江王。"此预纪后事也，作史者不可不知此法。（《史记评注》卷二《孝文本纪》）

古永继：诸吕灭亡后，代王刘恒因是"高帝现子，最长，仁孝宽厚，太后家薄氏谨良"，得从边远代地入长安，被尊立为天子（《史记·吕太后本纪》）。刚从自相残杀阵痛中恢复过来的刘氏统治集团，此时需要的是内部的协调和稳定，刘邦分封同姓王的指导思想，此时在君臣中亦未减弱。在他们看来，皇室与诸王之间，起码还是一种彼此都需要的相互依存关系。正是由于当初高帝所王子弟"地犬牙相制"，成"磐石之宗"，"内有朱虚、东牟之亲"，外有"吴、楚、淮南、琅邪、齐、代之强"，加上一批元老重臣的存在，才使吕后的作为不得不有所节制；也正是由于这两部分人的联合行动和拥戴，才使文帝上了台。所以文帝即位后，功臣宿将自不必说，对分布各地的同姓诸王，自然要视为加强自己地位和巩固统治的重要依靠力量。因此，尽管当时有的诸侯王在"无为而治"的疏网下势力得以膨胀，并发生过一些叛乱事件，但以"贤圣仁孝闻于天下"的汉文帝，却表现出极度的宽宏大量。对反叛的诸王除公开以兵戎相见者，如济北王被依法治罪外，对其他人则尽量优容待之。淮南王刘长谋反事发后，依群臣议罪当弃市，文帝却"不忍致之于法，赦其罪"，仅"废勿王"，最后在群臣要求下，才勉强同意谪处蜀郡以"苦之"。不意他中道自绝，文帝闻之，"哭甚悲"，为补心中疚意，后来终立其三子为王。吴王濞"失藩臣礼，称病不朝"，文帝也没依法深究，反而赐给几杖，以示尊敬和优待。

可见文帝此时一方面仍循"无为而治"政策，力求统治集团中的安定；另一方面则视宗室为手足，视诸侯为屏障，不愿轻易去触动他们。这与他"专务以德化民"而

求天下治安的思想,恰恰是一致的。(《"文、景分国为削藩"辨》,载《安徽师大学报》1983年第4期)

十三年夏①,上曰:"盖闻天道祸自怨起而福繇德兴②。百官之非,宜由朕躬③。今秘祝之官移过于下④,以彰吾之不德⑤,朕甚不取。其除之⑥。"

① 【汇校】
凌稚隆:按:自七年至十二年皆缺,不书。(《史记评林·孝文本纪》)
[日]泷川资言:自七年至十二年皆缺不书。愚按:《汉书》有之。(《史记会注考证附校补》卷十《孝文本纪》)
王叔岷:案:景祐本南宋补版、黄善夫本、殿本并提行。《汉书》《汉纪》《通鉴·汉纪七》并同。(《史记斠证》卷十)
编者按:《史记·孝文本纪》未记文帝七年至十二年间事,《汉书·文帝纪》记载如下:

七年冬十月,令列侯太夫人、夫人、诸侯王子及吏二千石无得擅征捕。夏四月,赦天下。六月癸酉,未央宫东阙罘罳灾。八年夏,封淮南厉王长子四人为列侯。有长星出于东方。九年春,大旱。十年冬,行幸甘泉。将军薄昭死。十一年冬十一月,行幸代。春正月,上自代还。夏六月,梁王揖薨。匈奴寇狄道。十二年冬十二月,河决东郡。春正月,赐诸侯王女邑各二千户。二月,出孝惠皇帝后宫美人,令得嫁。三月,除关无用传。

诏曰:"道民之路,在于务本,朕亲率天下农,十年于今,而野不加辟,岁一不登,民有饥色,是从事焉尚寡,而吏未加务也。吾诏书数下,岁劝民种树,而功未兴,是吏奉吾诏不勤,而劝民不明也。且吾农民甚苦,而吏莫之省,将何以劝焉?其赐农民今年租税之半。"

又曰:"孝悌,天下之大顺也。力田,为生之本也。三老,众民之师也。廉吏,民之表也。朕甚嘉此二三大夫之行。今万家之县,云无应令,岂实人情?是吏举贤之道未备也。其遣谒者劳赐三老、孝者帛人五匹,悌者、力田二匹,廉吏二百石以上率百石者三匹。及问民所不便安,而以户口率置三老孝悌力田常员,令各率其意以道民焉。"

十三年春二月甲寅,诏曰:"朕亲率天下农耕以供粢盛,皇后亲桑以奉祭服,其具礼仪。"

② 【汇校】
　　王叔岷：案：景祐本南宋补版"德"作"悳"。悳、德古、今字，亦正、假字也。（《史记斠证》卷十）

③ 【汇注】
　　王叔岷：案：《论语·尧曰篇》："万方有罪，罪在朕躬。"《墨子·兼爱下篇》："万方有罪，即当朕身。"（《史记斠证》卷十）

④ 【汇注】
　　班　固：郡县远方祠者，民各自奉祠，不领于天子之祝官。祝官有秘祝，即有灾祥，辄祝祠移过于下。（《汉书·郊祀志》）
　　裴　骃：应劭曰："秘祝之官移过于下，国家讳之，故曰秘也。"（《史记集解·孝文本纪》）
　　洪亮吉：此盖《周礼·甸师》代王受灾眚遗意。（引自王先谦《汉书补注·文帝纪》）
　　[日] 泷川资言：中井积德曰，掌禁内祷禳，故曰"秘祝"耳。洪亮吉曰：此盖《周礼·甸师》"代王受灾眚"遗意。（《史记会注考证附校补》卷十《孝文本纪》）
　　龚浩康：秘祝，官名。掌管为皇帝向神灵求福消灾。由于祝告内容只告诉皇帝，对臣下保密，所以称"秘祝"。（见王利器主编《史记注译·孝文本纪》）

⑤ 【汇校】
　　王叔岷：案：古钞本"彰"作"章"。彰、章正、假字。（《史记斠证》卷十）

⑥ 【汇注】
　　司马迁：孝文帝……即位十三年，下诏曰："今秘祝移过于下，朕甚不取。自今除之。"（《史记·封禅书》）
　　[日] 泷川资言：又见《封禅书》。（《史记会注考证附校补》卷十《孝文本纪》）
　　杨树达：按：据《郊祀志》，秘祝移过乃秦制，汉仍之，今始除之。（《汉书窥管》卷一《文帝纪》）

【汇评】
　　真德秀：按：十三年夏，诏曰："盖闻天道，祸自怨起而福由德兴。百官之非，皆由朕躬。今秘祝之官移过于下，以彰吾之不德，朕甚不取，其除之。"文帝过则自归，福则众共，古帝王用心也。（引自陈仁子编《文选补遗》卷一《增祀无祈诏》）
　　张　宁：十三年，除秘祝。十四年，增诸祀坛场珪币。诏曰："祸自怨起，福由德兴。"又曰："先王远施不求其报，望祀不祈其福。其令祠官致敬，无有所祈。"（《方洲集》卷二十八《读史录·文帝》）
　　吴见思：简而劲。（《史记论文·孝文本纪》）

程馀庆：卓识。（《历代名家评注史记集说·孝文本纪》）

五月，齐太仓令淳于公有罪当刑①，诏狱逮徙系长安②。太仓公无男③，有女五人。太仓公将行会逮④，骂其女曰："生子不生男，有缓急非有益也⑤！"其少女缇萦自伤泣⑥，乃随其父至长安⑦，上书曰⑧："妾父为吏，齐中皆称其廉平⑨，今坐法当刑。妾伤夫死者不可复生，刑者不可复属⑩，虽复欲改过自新⑪，其道无由也⑫。妾愿没入为官婢⑬，赎父刑罪，使得自新⑭。"书奏天子⑮，天子怜悲其意⑯，乃下诏曰⑰："盖闻有虞氏之时⑱，画衣冠异章服以为僇⑲，而民不犯。何则？至治也⑳。今法有肉刑三㉑，而奸不止㉒，其咎安在？非乃朕德薄而教不明欤㉓？吾甚自愧㉔。故夫驯道不纯而愚民陷焉㉕。《诗》曰'恺悌君子，民之父母'㉖。今人有过，教未施而刑加焉㉗，或欲改行为善而道毋由也㉘。朕甚怜之㉙。夫刑至断支体，刻肌肤，终身不息㉚，何其楚痛而不德也㉛，岂称为民父母之意哉㉜！其除肉刑㉝。"

① **【汇注】**

司马迁：太仓公者，齐太仓长，临菑人也，姓淳于氏，名意。少而喜医方术。高后八年，更受师同郡元里公乘阳庆。庆年七十余，无子，使意尽去其故方，更悉以禁方予之，传黄帝、扁鹊之脉书，五色诊病，知人死生，决嫌疑，定可治，及药论，甚精。受之三年，为人治病，决死生多验。然左右行游诸侯，不以家为家，或不为人治病，病家多怨之者。（《史记·扁鹊仓公列传》）

司马贞：名意，为齐太仓令，故谓之仓公也。（《史记索隐·孝文本纪》）

胡三省：太仓令，齐王国官也。《姓谱》：淳于出于姜姓，州公之后。（见《资治通鉴》卷十四注）

钱大昕：《孝文纪》作太仓令，意之名无所避，而《文纪》称淳于公，又称太仓公，目录亦称仓公而不名，盖当时有此称，史公因而书之。（《廿二史考异·史记·扁

鹊仓公列传》）

　　陈　直：按：太仓长属大司农，汉初王国百官，都如汉朝，《齐鲁封泥集存》八页，有"齐太仓印"封泥，与传文正合。（《史记新证·扁鹊仓公列传》）

　　王叔岷：案：《仓公列传》："太仓公者，临淄人也。姓淳于氏，名意。"（《御览》七二一引，略"氏"字。）景宋本《白帖》十三引"有罪"作"犯法"，恐非其旧。（《史记斠证》卷十）

　　龚浩康：太仓令，官名。掌管国家粮库，属大司农。各诸侯王国也设有此官。淳于公，复姓淳于，名意，汉初名医。临菑（今山东省淄博市东北临淄镇）人。因曾任齐国太仓令，所以又称"仓公"。事详《扁鹊仓公列传》。（见王利器主编《史记注译·孝文本纪》）

② 【汇注】

　　司马迁：文帝四年中，人上书言意，以刑罪当传西之长安。（《史记·扁鹊仓公列传》）

　　颜师古：逮，及也。辞之所及，则追捕之，故谓之逮。一曰逮者，在道将送，防御不绝，若今之传送囚也。（《汉书注·刑法志》）

　　编者按：王先谦《汉书补注·刑法志》取后一种解释。

　　张守节：逮徙，上音代，谓追捕徙禁长安诏狱。（引自张衍田《史记正义佚文辑校·孝文本纪》）

③ 【汇校】

　　王叔岷：案：《记纂渊海》三九引"男"作"子"。（《史记斠证》卷十）

④ 【汇校】

　　王叔岷：案：古钞本"公"下有"还"字。《列女传·辩通篇·齐太仓女传》《汉书·刑法志》"将"作并"当"，义同。（《史记斠证》卷十）

⑤ 【汇校】

　　李　笠：按：《烈女传》《汉书·刑法志》"缓"上并无"有"字。《仓公传》云"缓急无可使者"亦可证此"有"字误衍。（《史记订补》卷二《孝文本纪》）

　　王叔岷：案：《后汉书·王畅传》注、《白帖》六、《记纂渊海》引"子"并作"女"，"缓"上并无"有"字，《汉纪》八同。《御览》五一九引此，"缓"上亦无"有"字。盖涉下"有"字而衍。（《史记斠证》卷十）

【汇注】

　　司马迁：意有五女，随而泣。意怒，骂曰："生子不生男，缓急无可使者！"（《史记·扁鹊仓公列传》）

⑥【汇校】

王叔岷：案：《周礼·秋官》司刑贾《疏》、《御览》五一九引"少"并作"小"，《汉纪》同。《白帖》十三引"少"作"幼"。《后汉书》注引"泣"上有"悲"字，《列女传》《汉志》并同。《御览》四一五引"泣"上有"涕"字。（《史记斠证》卷十）

【汇注】

颜师古：缇萦，女名也。缇音他弟反。（《汉书注·刑法志》）

司马贞：缇音啼。邹氏音体，非。（《史记索隐·孝文本纪》）

龚浩康：缇萦（tí yíng），淳于意的小女儿。由于她向文帝上书救父，后来的封建统治者把她作为遵循封建孝道的榜样。（见王利器主编《史记注译·孝文本纪》）

⑦【汇校】

王叔岷：案：《御览》八八引"乃"作"遒"，《汉志》同。作"遒"是故书。《列女传》作"而"，义同。《御览》四一五引"长安"下有"诣北阙"三字。（《史记斠证》卷十）

【汇评】

程馀庆：自是豪杰。（《历代名家评注史记集说·孝文本纪》）

孙　琮：丈夫。（《山晓阁史记选》卷一《文帝本纪》）

⑧【汇注】

司马迁：于是少女缇萦伤父之言，乃随父西。上书曰："妾父为吏，齐中称其廉平，今坐法当刑。妾切痛死者不可复生而刑者不可复续，虽欲改过自新，其道莫由，终不可得。妾愿入身为官婢，以赎父刑罪，使得改行自新也。"（《史记·扁鹊仓公列传》）

【汇评】

牛运震：缇萦上书讼父事，宜详载于《仓公传》中，《本纪》内主于除肉刑，而缇萦事宜从略。此纪、传详略互见，各有所宜而不可混者，亦史例也。（《读史纠谬》第一卷《史记》）

⑨【汇校】

王叔岷：案：《白帖》十三、《御览》四一五引此并无"其"字，《列女传》《汉纪》并同。（《史记斠证》卷十）

【汇评】

孙　琮：情词婉笃动人。（《山晓阁史记选》卷一《文帝本纪》）

⑩【汇校】

王叔岷：案：《孙子·火攻篇》："死者不可以复生。"《孔丛子·刑论篇》："死者不可生，断者不可属。"太史公《自序》："死者不可复生，离者不可复反。"《说苑·政理篇》："死者不可生也，断者不可属也。"《汉书·景帝纪》："死者不可复生。"《宣帝纪》："死者不可生，刑者不可息。"《路温舒传》："死者不可复生，断者不可复属。"《御览》引此文"属"作"续"，义同。《仓公列传》亦作"续"。《集解》引徐广曰："一作赎。"《白帖》引此文"属"亦作"赎"，《汉纪》同。续、赎正、假字。《后汉书·文苑·赵壹传》："昔原大夫赎桑下绝气。"李贤注："赎即续也。"与此同例。（《史记斠证》卷十）

编者按：《史记·扁鹊仓公列传》作"刑者不可复续"。

【汇注】

颜师古：属，联也。音之欲反。（《汉书注·刑法志》）

【汇评】

程至善：太仓令廉吏也，不以家为家，而病者怨之，有洛阳之逮少女缇萦上书，以"死者不可复生，断者不可复续"二语，感悟人主。不惟脱父千罪，且开文帝仁爱一念，得除肉刑焉，千古人羡慕，女亦贤已哉。班孟坚云：有男和聘聘，不如一缇萦。真胜于男子百倍矣。（《史砭》卷一）

姚苎田：哀恻忼慨。（《史记菁华录》卷五《扁鹊仓公列传》）

⑪【汇校】

吴汝纶：本作"复"，依《汉书》改。（编者按：《汉书·刑法志》作"虽后欲改过自新"。）（《点勘史记读本·孝文本纪》）

王叔岷：案：《白帖》《御览》引"虽"下并无"复"字，《仓公列传》《列女传》《汉纪》并同。古钞本"虽复"作"虽後"，《汉志》《通鉴》并同。是也。後、复形近，又涉上文两"復"字而误耳。（《史记斠证》卷十）

【汇评】

孙　琮：至理，不独情至。（《山晓阁史记选》卷一《文帝本纪》）

⑫【汇注】

颜师古：繇读与由同。由，从也。（《汉书注·刑法志》）

【汇评】

姚苎田：缠绵沉痛。（《史记菁华录》卷五《扁鹊仓公列传》）

⑬【汇校】

王叔岷：案：《白帖》六两引此文，一引"没入"作"没身"，《汉纪》同。《仓公列传》《列女传》并作"入身"，义同。《御览》四一五引"婢"作"奴"，《汉纪》同；又引"赎"上有"以"字，"父"下有"之"字。《后汉书》注、《白帖》十三引"赎"上亦并有"以"字。《仓公列传》《列女传》《汉志》《汉纪》《通鉴》《容斋续

笔》三皆同。《御览》五一九引"父"下亦有"之"字。(《史记斠证》卷十)

【汇注】

胡三省：汉制：永巷令典官婢。(见《资治通鉴》卷十五注)

张　恕：缇萦赎父罪，愿没入为官婢，隶臣隶妾皆是，今之发兵丁为奴昉此。(《汉书读》卷二)

⑭【汇校】

王叔岷：案：《白帖》六引"得"下有"改过"二字。《仓公列传》作"使得改行自新也"。《贾子新书·过秦下》："使天下之人皆得自新。"(又见《秦始皇本纪·赞》)(《史记斠证》卷十)

【汇评】

司马迁：缇萦通尺牍，父得以后宁。(《史记·扁鹊仓公列传》)

锺　惺：缇萦上书救父，自是豪杰，立言婉笃，情理感人。肉刑法其来久矣，以一女子除之，其功又岂止救父哉！然文帝博大长者而学道人也，胎骨中原有此慈慧夙根。(《史怀》卷五)

吴见思：不讼冤而只说改过，意婉而悲，是动人处。(《史记论文·孝文本纪》)

黄恩彤：数语道尽肉刑之酷，言婉而意悲。以帝之仁，固应闻而心恻也。(《鉴评别录》卷四)

⑮【汇评】

王先谦：朱子文曰："于文'书奏'下多'天子'二字。前曰上书，非上于天子而何？后曰书奏，非奏于天子而何？若曰书奏天子怜悲其意，文字直而美。"先谦曰：此即用《史记·文纪》文，朱强作解事，多此类。(《汉书补注·刑法志》)

⑯【汇校】

王叔岷：案：《后汉书》注、《御览》五一九引"怜悲"并作"悲怜"，《汉纪》同。《白帖》六、十三并引作"哀怜"。(《史记斠证》卷十)

【汇评】

班　固：三王德弥薄，惟后用肉刑。太仓令有罪，就逮长安城。自恨身无子，困急独茕茕。小女痛父言，死者不可生。上书诣阙下，思古歌《鸡鸣》。忧心摧折裂，晨风扬激声。圣汉孝文帝，恻然感至情。百男何愦愦，不如一缇萦！(引自张守节《史记正义·扁鹊仓公列传》)

田汝成：仁矣哉，汉文帝也。后世有一女子可以上书动万乘乎？(引自凌稚隆《史记评林·扁鹊仓公列传》)

牛运震："书奏天子，天子怜悲其意"，此处须用"天子"字，"怜悲其意"有情有体。(《史记评注》卷二《孝文本纪》)

程馀庆：大圣人。(《历代名家评注史记集说·孝文本纪》)

冯梦祯：死者不可复生，刑者不可复续，此数语亦至当。然亦仓公所犯罪小，故卒蒙恩宥，若继重刑之科，则天子亦不得以一女子上书故而哀免之矣。(引自《百大家评注史记》卷二《孝文本纪》)

姚苎田：文帝真圣主。后世有以一女子上书感当宁者乎？(《史记菁华录》卷五《扁鹊仓公列传》)

⑰【汇校】

王叔岷：案：《汉志》《汉纪》并作"遂下令曰"。《容斋续笔》作"即下令"。乃、遂、即并同义。(《史记斠证》卷十)

【汇评】

孙　琮：推恩。(《山晓阁史记选》卷一《文帝本纪》)

⑱【汇注】

龚浩康：有虞氏，传说中的远古部落名。居住在蒲阪（今山西省永济县蒲州镇）一带。五帝中的帝舜即为该部落领袖。(见王利器主编《史记注译·孝文本纪》)

⑲【汇校】

王叔岷：案：古钞本"僇"作"戮"。《列女传》《汉志》《容斋续笔》五并同（明刊本《列女传》"戮"作"示"）。戮、僇正、假字。(《史记斠证》卷十)

【汇注】

荀　子：世俗之为说者曰：治古无肉刑而有象刑，墨黥、慅婴、共艾毕，菲对屦，杀赭衣而不纯，治古如是。是不然。(《荀子·正论》)

编者按：王先谦《荀子集解》卷十二《正论篇》释此语曰："治古，古之治世也。肉刑，墨劓刖宫也。象刑，异章服，耻辱其形象，故谓之象刑也。"

张守节：《晋书·刑法志》云："三皇设言而民不违，五帝画衣冠而民知禁。犯黥者皁其巾，犯劓者丹其服，犯膑者墨其体，犯宫者杂其屦，大辟之罪，殊刑之极，布其衣裾而无领缘，投之于市，与众弃之。"(《史记正义·孝文本纪》)

吴国泰：按：画，谓界画，犹言分别也。故《正义》引《晋书·刑法志》云："犯黥者，皁其巾；犯劓者，丹其服；犯膑者，墨其体；犯宫者，杂其屦；大辟之罪，殊刑之极，布其衣裾而无领缘，投之于市，与众弃之。"所谓皁也、丹也、墨也、杂也、布也者，皆非绘画之画，而为分别界画之意也。(《〈史记〉解诂（下）》，载《文史》第43辑)

⑳【汇校】

王叔岷：案：《列女传》"则"作"其"，"则"犹"其"也。《汉志》作"何治之治也！"文意亦同。(《史记斠证》卷十)

【汇注】

[日] 泷川资言：《荀子·正论篇》"世俗之为说者曰'治古无肉刑而有象刑：墨黥；慅婴；共，艾毕；对屦；杀，赭衣而不纯，治古如是'。是不然。"《尚书大传》"唐虞之象刑，上刑赭衣不纯，中刑杂屦，下刑墨幪"。注：幪，巾也。（《史记会注考证附校补》卷十《孝文本纪》）

㉑【汇注】

裴　骃：李奇曰："约法三章无肉刑，文帝则有肉刑。"孟康曰："黥劓二，左右趾合一，凡三。"（《史记集解·孝文本纪》）

颜师古：孟康曰："黥、劓二，（则）〔刖〕左右趾合一，凡三也。"（《汉书注·刑法志》）

司马贞：韦昭云："断趾、黥、劓之属。"崔浩《汉律序》云："文帝除肉刑而宫不易。"张斐注云："以淫乱人族序，故不易之也。"（《史记索隐·孝文本纪》）

编者按：《沈寄簃先生遗书·诸史琐记》据张斐注，认为"文帝时未除宫刑，故武帝时尚有司马迁下蚕室事"。

梁玉绳：此所谓肉刑三者，孟康注以为黥、劓、刖。《索隐》引崔浩《汉律序》云"文帝除肉刑而宫不易"。贾公彦《周礼·司刑·疏》亦言"文帝惟赦墨、劓、刖三肉刑，其宫刑至隋始除之"。盖皆本《汉书·刑法志》为说。然景帝元年制曰"除肉刑重绝人之世"，《汉书·晁错》对策曰"除去阴刑"，则文帝固已除宫刑矣。且《汉志》亦并无不易宫刑明文，疑此是劓、刖、宫为三肉刑，盖黥至轻，自不应数之。而宫刑之复，必景帝也，故景中四年作阳陵，赦死罪欲腐者许之，孝武于史公亦用此刑。（《北史》西魏文帝大统十三年诏"自今应宫刑者，直没官，勿刑"，则除宫刑非始于隋也。）（《史记志疑》卷七《孝文本纪》）

编者按：泷川资言《史记会注考证附校补》卷十《孝文本纪》云：文帝诏文所云"刻肌肤"者，明指墨刑，梁说未可直信。

程馀庆：独宫刑不易，以乱人族类也。（《历代名家评注史记集说·孝文本纪》）

王叔岷：案：孟康注本《汉志》，以"肉刑三"为黥、劓、刖。惟据《列女传》下文云："其除肉刑。自是之后，凿颠者髡，抽胁者笞，刖足者钳。"则是凿颠、抽胁、刖足为三肉刑矣。文帝已除宫刑，梁、俞二氏所见同。梁氏疑"劓、刖、宫为三肉刑"。俞氏谓"除宫刑在肉刑之外"，俞说是也。（《史记斠证》卷十）

龚浩康：肉刑三，古代残害犯人肉体的三种刑法，一般指黥（qíng。在脸上刺字）、劓（yì。割去鼻子）、刖（yuè。断足），也有人认为是指劓、刖、宫（残害生殖机能）三种。（见王利器主编《史记注译·孝文本纪》）

点校本《史记》修订组：（《索隐》）"族序"，耿本、黄本、彭本、柯本、凌本、

殿本作"族类"。(点校本二十四史之修订本《史记》卷十《孝文本纪》)

㉒【汇评】

沈家本：文帝言有肉刑三而奸不止，一言蔽之矣。止奸之道，在于教养。教养之不讲，而欲奸之格也，难矣哉！(《历代刑法考·刑法分考五》)

㉓【汇校】

王叔岷：案：古钞本"朕"下有"之"字，《汉·志》同。《列女传》"教"下有"之"字。(《史记斠证》卷十《教本纪》)

【汇注】

张家英："非乃"为一复合虚词，古籍中罕见使用，解释古汉语虚词用法的专书亦少有涉及者。清人刘淇《助字辨略》第一"非"字条下曾举本例，于引用例句后说云："非乃，犹云无乃。""非乃"在《史记》中仅此一见。现举用"无乃"之二例：《周本纪》："无乃废先王之训，而王几顿乎？"《孔子世家》："今蒲，卫之所以待晋楚也；以卫伐之，无乃不可乎？""非乃"与"无乃"同用于反问句中，同表示"莫不是、恐怕是"之类的委婉语气。(《〈史记〉十二本纪疑诂·孝文本纪》)

【汇评】

孙　琮：句句大圣人语。(《山晓阁史记选》卷一《文帝本纪》)

㉔【汇评】

吴见思：数语三折。(《史记论文·孝文本纪》)

㉕【汇注】

颜师古：道读曰导。(《汉书注·刑法志》)

凌稚隆：按：师古云："驯"古"训"字，"道"读曰"导"。(《史记评林·孝文本纪》)

王先谦：驯、训古通。(《汉书补注·刑法志》)

[日] 泷川资言：《汉书·刑法志》"驯"作"训"。(《史记会注考证附校补》卷十《孝文本纪》)

王叔岷：案：《列女传》《汉纪》"驯"亦并作"训"。驯、训古通，说已见前。《汉志》师古注："道读曰导。"《汉纪》"道"正作"导"。(《史记斠证》卷十《孝文本纪》)

㉖【汇注】

颜师古：《大雅·泂酌》之诗也。言君子有和乐简易之德，则其下尊之如父，亲之如母也。(《汉书注·刑法志》)

朱　熹：传曰：岂以强教之，弟以悦安之，民皆有父之尊，有母之亲。又曰：民之所好好之，民之所恶恶之，此之谓民之父母。(《诗集传》卷十七)

㉗【汇校】

吴汝纶："已"字依《汉书》补。(《点勘史记读本·孝文本纪》)

王叔岷：案：古钞本"施"下有"已"字。"已"字当在"刑"字下，《列女传》《汉志》《通鉴》并作"教未施而刑已加焉"，可证。(《史记斠证》卷十)

㉘【汇校】

编者按："而道毋由也"《汉书·刑法志》作"而道亡繇至"。颜师古注曰："繇读与由同。"

【汇评】

牛运震："或欲改行为善而道毋由也"，即用缇萦语，妙。(《史记评注》卷二《孝文本纪》)

㉙【汇评】

程馀庆：是萦书动人处。(《历代名家评注史记集说·孝文本纪》)

㉚【汇注】

颜师古：息，生也。(《汉书注·刑法志》)

㉛【汇注】

王叔岷：案："楚痛"复语，楚亦痛也。《列女传》《汉志》《汉纪》《通鉴》皆略"楚"字。(《汉纪》"而不德也"作"而不得理也"。德、得古通，"理"字乃后人妄加。)(《史记斠证》卷十)

【汇评】

吴见思：又叠一句，酸楚恻隐之至。(《史记论文·孝文本纪》)

牛运震："何其楚痛而不德也"，恻然可涕。(《史记评注》卷二《孝文本纪》)

㉜【汇评】

孙　琮：不惟有仁人之言，兼有仁人之政。史公《赞》云"岂不仁哉"，良然，良然。(《山晓阁史记选》卷一《文帝本纪》)

㉝【汇校】

沈家本：除肉刑，《札记》云：上文云"去肉刑"，此不当复出，当依《汉书》作"除宫刑"，与下"出美人"为类，所谓重绝人之世也。《志疑》以其复出，疑上"去肉刑"为"去田租"。按：《汉书》亦作"去肉刑"，不误。(《沈寄簃先生遗书·诸史琐言》)

张文虎：上文云"去肉刑"，此不当复出，当依《汉书》作"除宫刑"，与下"出美人"为类，所谓重绝人之世也。《志疑》以其复出，疑上"去肉刑"为"去田租"。(《校刊史记集解索隐正义札记》卷一《孝文本纪》)

编者按：点校本《史记》修订本：按：张校疑误。《汉书》卷四《文帝纪》载孝文帝除肉刑而不言除官刑，卷五《景帝纪》称述文帝德政云"陈官刑"，殊觉突兀。《史记》全书无除官刑之文，而去（除）肉刑之记载非止一处。

杨燕起：除肉刑一事，按年表所记发生在文帝十二年。《孝文本纪》则记为十三年，与《汉书·刑法志》和此处（编者按：指《史记·扁鹊仓公列传》）所记为四年，均疑非。（《〈史记〉的学术成就》第六章《司马迁的政治思想》）

【汇注】

司马迁：（缇萦）书闻，上悲其意，此岁中亦除肉刑法。（《史记·扁鹊仓公列传》）

班　固：天子怜悲其意，遂下令曰："制诏御史：盖闻有虞氏之时，画衣冠异章服以为僇，而民弗犯，何治之至也！今法有肉刑三，而奸不止，其咎安在？非乃朕德之薄，而教不明与！吾甚自愧。故夫训道不纯而愚民陷焉。《诗》曰：'恺弟君子，民之父母。'今人有过，教未施而刑已加焉，或欲改行为善，而道亡繇至，朕甚怜之。夫刑至断支体，刻肌肤，终身不息，何其刑之痛而不德也！岂称为民父母之意哉？其除肉刑，有以易之；及令罪人各以轻重，不亡逃，有年而免。具为令。"

丞相张苍、御史大夫冯敬奏言："肉刑所以禁奸，所由来者久矣。陛下下明诏，怜万民之一有过被刑者终身不息，及罪人欲改行为善而道亡由至，于盛德，臣等所不及也。臣谨议请定律曰：诸当完者，完为城旦舂；当黥者，髡钳为城旦舂；当劓者，笞三百；当斩左止者，笞五百；当斩右止，及杀人先自告，及吏坐受赇枉法，守县官财物而即盗之，已论命复有笞罪者，皆弃市。罪人狱已决，完为城旦舂，满三岁为鬼薪白粲。鬼薪白粲一岁，为隶臣妾。隶臣妾一岁，免为庶人。隶臣妾满二岁，为司寇。司寇一岁，及作如司寇二岁，皆免为庶人。其亡逃及有罪耐以上，不用此令。前令之刑城旦舂岁而非禁锢者，如完为城旦舂岁数以免。臣昧死请。"制曰："可。"是后，外有轻刑之名，内实杀人。斩右止者又当死。斩左止者笞五百，当劓者笞三百，率多死。

景帝元年，下诏曰："加笞与重罪无异，幸而不死，不可为人。其定律：笞五百曰三百，笞三百曰二百。"犹尚不全。至中六年，又下诏曰："加笞者，或至死而笞未毕，朕甚怜之。其减笞三百曰二百，笞二百曰一百。"又曰："笞者，所以教之也，其定箠令。"丞相刘舍、御史大夫卫绾请："笞者，箠长五尺，其本大一寸，其竹也，末薄半寸，皆平其节。当笞者笞臀。毋得更人，毕一罪乃更人。"自是笞者得全，然酷吏犹以为威。死刑既重，而生刑又轻，民易犯之。（《汉书·刑法志》）

编者按：《汉书注·刑法志》引臣瓒曰："文帝除肉刑，皆有以易之，故以完易髡，以笞代劓，以钛左右止代刖。今既曰完矣，不复云以完代完，此当言髡者完也。"

裴　骃：徐广曰："按年表孝文十二年除肉刑。"（《史记集解·扁鹊仓公列传》）

张守节：《汉书·刑法志》云"孝文帝即位十三年，除肉刑三"。（《史记正义·扁

鹊仓公列传》）

贾公彦：汉文帝十三年赦肉刑，所赦者惟墨劓与刖三者，其宫刑至唐乃赦也。（《周礼注疏》卷三十六）

丘　濬：三代以前，所谓肉刑者，墨、劓、剕、宫、大辟五者是也，至汉时仅有三焉，黥、劓、斩趾而已。文帝感淳于公少女缇萦之言，始下诏除之，遂以髡、钳代黥，笞三百代劓，笞五百代斩趾。自是以来，天下之人，犯法者始免断肢体、刻肌肤，万世之下，人得以全其身，不绝其类，文帝之德大矣。（《世史正纲》卷三）

袁黄、王世贞：肉刑者，墨、劓、剕、宫、大辟也。除者，有以易之也。高帝约法三章，无肉刑，文帝则有肉刑也。按《刑法志》，文帝刑法之除，乃在于刑措之后也。（《袁王纲鉴合编》卷六）

杜贵墀：汉文帝十三年赦肉刑，所赦者惟墨劓与刖三者，其宫刑至唐乃赦也。愚按：文帝尝用贾谊言，大臣有罪皆自杀，不受刑。至武帝时稍复入狱，既以钦代膑矣。《陈宠传》又云：帝遂诏有司，绝钻诸惨酷之刑。钻者，钻去其膑骨，即膑刑也，则肉刑亦未尽除矣，宫刑可知。（《汉律辑证·律一》）

姚　鼐：汉文帝除肉刑，所去黥、劓、刖三者而已，其腐刑乃尚用者，盖有故也。汉时风俗尚厚，民之自阉以求进者，盖未有也。除腐刑，则天子宫中无宦者可用矣。且民之正犯当宫者亦希，故复当募死罪为宫刑，以备宫廷之用。（《惜抱轩全集·笔记卷四·汉书》）

朱一新：文帝初除肉刑，独未及宫刑。（《汉书管见》卷一）

【汇评】

崔　寔：文帝虽除肉刑，当劓者笞三百，当斩左趾者笞五百，当斩右趾者弃市，右趾者既殒其命，笞挞者往往致死，虽有轻刑之名，其实杀也……乃重刑，非轻之者。以严致平，非以宽致平也。（《政论》，见《后汉书》卷五十二）

陈　龟：孝文皇帝感一女子之言，除肉刑之法，体德行仁，为汉圣主。（《拜度辽将军临行上疏》，引自《后汉书·陈龟传》）

钟　繇：大魏受命，继踪虞夏。孝文革法，不合古道。（引自《三国志》卷十三《钟繇传》）

陈　群：臣父纪以为汉除肉刑而增加笞，本兴仁恻而死者更众，所谓名轻而实重者也。名轻则易犯，实重则伤民。《书》曰："惟敬五刑，以成三德。"《易》著劓、刖、灭趾之法，所以辅政助教，惩恶息杀也。且杀人偿死，合于古制；至于伤人，或残毁其体而裁剪毛发，非其理也。若用古刑，使淫者下蚕室，盗者刖其足，则永无淫放穿窬之奸矣。夫三千之属，虽未可悉复，若斯数者，时之所患，宜先施用。汉律所杀殊死之罪，仁所不及也。其余逮死者，可以刑杀。如此，则所刑之与所生足以相贸

矣。今以笞死之法易不杀之刑，是重人支体而轻人躯命也。（引自《三国志》卷二十二《桓二陈徐卫卢传》）

傅　玄：或问：汉太宗除肉刑，可谓仁乎？傅子曰：匹夫之仁也，非王天下之仁也。夫王天下者，大有济者也，非小不忍之谓也。先王之制，杀人者死，故生者惧；伤人者残其体，故终身惩。所刑者寡，而所济者众，故天下称仁焉。今不忍残人之体，而忍杀之，既不类伤人刑轻，是失其所以惩也。失其所以惩，则易伤人。人易相伤，乱之渐也。犹有不忍之心，故曰匹夫之仁也。（《全三国文》卷四十八《傅子·问刑》）

孔琳之：唐、虞象刑，夏禹立辟，盖淳薄既异，致化实同，宽猛相济，惟变所适。《书》曰"刑罚世轻世重"，言随时也。夫三代风纯而事简，故罕蹈刑辟，季末俗巧而务殷，故动陷宪纲。若三千行于叔世，必（省）〔有〕踊贵之尤，此五帝不相循法，肉刑不可悉复者也。汉文发仁恻之意，伤自新之路莫由，革古创制，号称刑厝，然名轻而实重，反更伤民。故孝景嗣位，轻之以缓。缓而民慢，又不禁邪，期于刑罚之中，所以见美在昔，历代详论而未获厥中者也。兵荒后，罹法更多。弃市之刑，本斩右趾，汉文一谬，承而勿革，所以前贤怅恨，议之而未辩。（引自《宋书·孔琳之传》）

袁　宏：汉初惩酷刑之弊，务宽厚之论，公卿大夫，相与耻言人过。文帝基朝，加以玄默。张武受赂，赐金以愧其心；吴王不朝，崇礼以训其失。是以吏民乐业，风流笃厚，断狱四百，几致刑措，岂非德刑兼用已然之效哉？世之欲言刑罚之用，不先德教之益，失之远矣。（引自《三国志》卷十三注）

白居易：汉除肉刑，迨今千有余祀，其间博闻达识之士，议其是非者多矣。其欲废之者，则曰刻肤革，断支体，人主忍而用之，则恺悌恻隐之心乖矣。此缇萦所谓虽欲改过自新，其道亡由者也。其欲复之者，则曰任箠令，用鞭刑，酷吏倚而行之；则专杀滥死之弊作矣。此班固所谓以死罔人，失本惠者也。臣以为，议事者宜征其实，用刑者宜酌其情，若以情实言之，则可废而不可复也。何者？夫肉刑者，盖取劓腓黥刖之类耳。《书》所谓五虐之刑也。昔苗人始淫为之，而天既降咎，及秦人又虐用之，而天下亦离心。夫如是，则岂无滥死者耶？汉文帝始除去之，而刑罚以清。（《白氏长庆集》卷四十七《议肉刑》）

胡　寅：汉文帝听缇萦一言兴仁恤刑，易笞钳城旦之法，至于今千五百年，天下之全躯保体，受一女子之惠，不知其几何人。周勃、张仓之徒亲见鄎侯定律，不为缇萦微且贱而弃其言也，则某之所陈，必望相公哀而许之。偻偻丹赤，不觉词费。冒渎威严，悚息迟命。（《斐然集》卷十七《寄秦丞相书》）

洪　迈：汉文帝即位十三年，齐太仓令淳于意有罪当刑。其女缇萦年十四，随至长安上书，愿没入为官婢，以赎父刑罪。帝怜悲其意，乃下令除肉刑。丞相张苍、御史大夫冯敬议请定律，当斩右趾者，反弃市，笞者杖背五百至三百，亦多死，徒有轻刑之名，实多杀人。其三族之罪，又不乘时建明以负天子德，意苍、敬可谓具臣矣。史称文帝止辇受言，今以一女子上书，躬自省览，即除千载所行之刑，曾不留难，然则天下事岂复有稽滞不决者哉？所谓集上书囊以为殿帷，盖凡囊封之书，必至前也。(《容斋随笔·续笔卷三》)

陈傅良：以一女子言，改百年帝王之故典，非甚勇不及此，谓之仁可也。(引自陈仁子编《文选补遗》卷一《除肉刑诏》)

陈　亮：肉刑之兴，说者以为起于苗民，而尧参取而用之。"报虐以威"，盖将以戒小人，而非出于圣人之本心也。故舜多为之塗以出民于刑，祗以施诸怙终者；而穆王之训刑为尤详。然则虽圣人欲去之久矣，安在其为孝文姑息之仁也？而世儒之道古者，必以为井田、封建、肉刑皆圣人之大经大法，不可废也。治天下而不用肉刑，徒以启小人犯法之心耳。故曰：肉刑之刑，刑也。汉魏之际，往往数议复之而不果，以至于本朝，而刑轻于三代矣。法家者流，以仁恕为本，惟学道之君子始惓惓于肉刑焉，何其用心之相反也？推之天理，验之人事，而要诸古今之变，究其所从始，极其所由终，必有至当之说。

昔者圣人别人类于禽兽之中，而去其争夺戕杀之患。盖必执生杀之权，而后谓之刑政也。则肉刑固已草具，而未有其法耳。苗民始多为戕人之具以淫用之。尧惧其为世训也，故取而次第品节之，使必若苗民者然后罹此刑耳，故曰"报虐以威"。舜又多为之法以出之，而夏于赎刑为尤详。商人执刑罚以督奸，伤肌肤以惩恶，盖严其所当用者耳。夫既多为之塗以出之，而不严其所当用者，是教人以轻犯法也，岂圣人制刑之本意哉！文武尤谨于庶狱，而成康措而不用，至于四十余年。穆王耄荒，而训刑以诘四方，使知刑者圣人爱民之具，而非以戕民也。汉兴，承秦之余烈，先王之法度尽废，而肉刑块然独存。文帝感一女子之言而慨然除之，于是可与语通变之道矣。(《陈亮集》卷之四《问答下》)

陈季雅：法有轻其实重，将以爱民适以厉民，自是君变古之心始。肉刑三代之良法，剌荆之余勿与人类，其视笞箠之令得全其肌体者，宜若惨矣。然大辟之条特有二百，而死罪无几，狱奏一上天子，公卿为之侧席谳听。法简而禁行，意深而情密，又岂若后世节目繁多，罪重失中，使民轻于犯法，而复严刑以待之也。自汉文不忍天下之人于法者被雕残之苦，变肉刑之制而为笞箠之令，三代遗意至是扫地。然考之古法，犹有失之重者，剌刑非死罪也，今则笞三百；斩左趾者，非死刑也，今则笞五百。笞三百笞五百又率多死者，此非班固所谓外有轻刑之名，内实有杀人之意乎？至景帝定箠令，笞三百曰二百，笞二百曰一百，自是得全。然弃市之令能如古者之二百条乎？否也。此非班固所谓死刑既重，生刑又轻之意乎？噫！向者肉刑未罢也，三章之法特增置九章而已，自是肉刑既罢，则律令凡三百五十九章，大辟四百九条，千八百八十二事，死罪决事比万三千四百七十二事，文书盈于几阁，典者不能遍睹，固应有是也。向者肉刑之未罢也，诏御史狱之疑者，属二千石又移廷尉，廷尉不能决，谨具以闻。自肉刑之既罢，或罪同而论异，奸吏因缘为市，所欲活则傅生议，所欲陷则与死，比议者咸伤，冤之固应有是也。由后观之，得不有赭衣满道，盗贼公行之事，论至于此，则班固作《刑法志》所以叙汉文于未改肉刑之前，具言其刑措之盛于改筹之后，言其杀人者良有以夫。（《两汉博议》卷二《论文帝虽欲轻刑反以杀人》）

又：太史公、班固皆以文帝不能复古为恨，吾以文帝之变古者深可恨。肉刑古之良法，文帝则变之……至于古人肉刑之法，所以使民易避而难犯，凡其有罪三刺三罚，始坐诸嘉石，役诸司空归诸圜土，苟至于化之不从，感之不格，怙终而不悛者，始而明刑。其罪可生者，皆从墨劓剕宫之制；其不可生者，始从大辟之诛，盖未闻其遽施刑于民也，故人知自爱而重于犯法。夫以古人用法之意若此，而文帝乃以为可畏，易之以笞法，殊不知此法一立，上之人便轻用了，下之人便轻犯了，所以流弊有不可救者。或者谓文帝除肉刑苟为未善，何以致刑错之风。按：《刑法志》，文帝肉刑之除，乃在于刑错之后，自是而下，以致人轻冒法，而文书盈于几阁，不足以胜奸。是则文帝之变古岂不为可恨！（《两汉博议》卷二《论文帝变古为可恨》）

编者按：宋陈仁子《文选补遗》卷一引文中，"坐"为"耻"字，"感"为"威"字。

杨万里：或谓：肉刑之除，其文帝瑜中之瑕也欤？嗟乎！是亦见其末而莫原其初者也，随其声而莫睹其形者也。肉刑何从而作乎？其作于圣人之不得已乎？洪荒之世，人与禽之未别，则夫所谓人者，其能如今之世，礼可以绳而法可以纠哉？其必有所大乱而不可止者也，由是肉刑生焉。圣人非欲作也，欲不作而不得也；非欲存也，欲除之而未可也。汉文之世，其民醇且厚矣，可以除之矣而弗除也，则帝亦不仁矣。夫尧舜复生必除之矣，文帝除之而有过，则尧舜除之亦有过乎？（《诚斋集》卷九十《程试论·汉文帝有圣贤之风论》）

叶　适：汉文帝因一女子喟然兴叹，遂易三代之肉刑。当时论刻肌肤断肢体终身而不息，何其刑之痛而不德也，此最得肉刑紧急处。然人之一念无穷，朝为夷齐，暮为桀跖，岂可便为定据因其有罪遽加之刑，要非天理。汉文虽不得以帝王之事望之，惟是除肉刑之法，开后世仁恕之端，轻刑之原，保全天下之民，虽尧舜禹汤文有所不及也。（引自陈仁子编《文选补遗》卷一《除肉刑诏》）

陈仁子：古者风俗淳，故肉刑虽立而犯者少；后世风俗浇，故肉刑既立而犯者多。太宗曰：不肉刑、不井田、不封建，而欲治天下者，不可得也。夫肉刑本非圣人作也，劓耴㭬黥，苗民五虐之刑也，圣人以此报人耳。古制不复，如井田封建者不少，岂但肉刑哉！秦汉之后，犯法滋多，恐非一太仓令止也。文帝除之，特虑于一时之弊，况

刑措不用，则肉刑存否于一时，亦何损益哉！太宗之言，未足窥汉文之心。(《文选补遗》卷一《除肉刑诏》)

钱　时：文帝之除肉刑，是矣。古圣用之，然且非欤？曰：不然。治古之世，有井田以为养，有学校以为教，有比闾族党以为居，有冠婚丧祭以为礼。凡所以善人心、厚风俗之道，无所不尽其至，然犹惧其或入于非义，以乱吾俗也。于是为之法制以防之，画之衣冠以威之，垂之象魏以晓习之，又岁时读法以训谕之，是明刑者所以弼教也。折民于刑者，所以降典也。好生之德洽于民心，比屋可封，人人有士君子之行，肉刑虽具而未必用也。后世教化不明，先王所以善人心、厚风俗之道扫地尽矣。每见所谓一门之内，大者可杀，小者可论，未尝不为之痛心疾首。呜呼！是谁之咎哉？人欲横奔，风俗败坏，无礼无义，以妄为常，爪刚者抉，力强者搏，纷纷籍籍，与禽兽无异。上之人不思所以致此者何由，凡古人假之以弼教降典哀矜恻怛而不忍者，一切假之为胜民之具矣。是故刑辟愈繁而奸愈不可止。夫如是，而以肉刑为重。肉刑其果重乎？文帝谓教未施而刑已加，良可敬服。虽然，此事殆未易轻于置论。愚是以于肉刑之除感世变之非古，而为之重叹也。(《两汉笔记》卷三)

丘　濬：或谓古有肉刑，人人自爱而重犯法，罪不可除。曰：今亦有斩首之刑，犯者往往而是，何不自爱而重犯法欤？除之诚是也，矜不成人也。(《史谈补》卷二)

陈潜室：井田、学校、封建、肉刑，四者废一不可。粤自秦变古法，凡古人教民养民处，扫地不存，独留肉刑，以济其虐，虽微文帝必有变之者。此盖损益盈虚，理势必至，能通变宜民，虽成康复起，不能易也。(引自《袁王纲鉴合编》卷六)

丁南湖：文帝除肉刑，信乎其有不忍人之心矣。然不忍于淳于意，而特忍淮南与薄昭者，何哉？君德莫大于好生，故小民犯法而可矜；家法惟期于御乱，故至亲大逆而罔赦。(引自《袁王纲鉴合编》卷六)

马明衡：文帝之除肉刑，万古不能再复，亦未可逐以一笔勾断也。盖上古圣贤既已不作，后世为君者喜怒好恶之横出，而为臣者谀佞苟且之成风。就中虽有一二忠实之质，然亦所谓存十一于千百，而其至精至粹之德，抑何得以言皋陶哉！夫有尧舜皋陶之德，而行尧舜皋陶之刑可也；德不足以比尧舜皋陶，而行之或少纾焉，是亦未为失也。与其杀不辜，宁失不经吕刑之赎刑，虽与舜流宥五刑少异者，亦所谓失之不经，而不至于大杀不辜也，不亦可哉！况详其意，亦所谓疑者赎之耳，其不疑而丽于五刑者，刑之固自若也，安能以货而倖脱哉！而其曰审克曰阅实其罪曰中曰德曰敬忌曰惟良曰哀敬，不一而足，其丁宁反覆深切之意，蔼然见于言外。此穆王一念之善，谓非圣人之心而与圣人同者欤！若曰财匮民劳，欲以敛财为事，则其曰罚惩匪死，人极于病，即其所谓罚者亦恐其有亏枉而不敢苟也，此岂汲汲于敛财者，而能虚饰为是言哉！大抵后世于圣贤未能见，得实理实心而实知圣贤所以为圣贤者，在此而不在彼，或只就躯壳上看，故即其人之心，有一念一事可同于圣贤者，不肯法其同以达其异，必欲求其异以掩其同。宋自二三大儒之外，多有此病，是皆未足以见圣人之心也。夫子曰：圣人吾不得而见之矣，得见有恒者斯可矣。夫子之心非知德者，孰能体之？予常见今之司刑者，恃其才智之雄，或以一人之见而破数人之是非，或以一日而剖决断数十事，若果肉刑，吾将见肢体残伤之人遍于天下矣。（《尚书疑义》卷六）

张邦奇：帝王之用肉刑也，所以养之教之者，备且至也，后世欲用肉刑，盍先加意于教养乎？文帝自咎教未施而除肉刑，其所师者，帝王之心也。（引自《兀涯西汉书议》卷二）

霍韬：肉刑古帝王设之，以防民俾难犯也。后之酷吏暴君，乃反假之，以快喜怒，故有举国之民刖者过半，而屦贱痛踊贵焉。文帝除之，哀矜惨恻之意溢于言外，民之父母也。惟肉刑既除，则刑遂轻而民易犯，奸伪愈多，无法以防。宋儒张载议复焉，而未有定论。要之帝之好生之心，则宛然可想。后世有天下者，有文帝好生之心，虽复肉刑可也。然而臣下体帝心者寡也，是故肉刑难议也。（《兀涯西汉书议》卷二）

唐顺之：汉文帝除肉刑，后儒陈季雅曰："古人肉刑之法，所以使民易避而难犯也。文帝除之，易之以笞，以致人轻犯，法不足以胜奸矣。"陈潜室曰："井田、学校、封建、肉刑，四者废一不可。"丁南湖曰："文帝不忍于淳于意，特忍于淮南、薄昭者，何哉？然则肉刑不可除与？"解曰：君行仁政，迂儒起而议之，得不令人思始皇乎！陈氏谓肉刑易避而难犯，然人之为恶者，必先计度刑之轻重而后为之与？必不然也。如一计度焉，则自不为恶矣，何论轻重乎？曰小民无知而犯法，与其重也，何如轻之？陈氏以肉刑与井田、学校并衡，则又大谬不然者。井田、学校，所以生民也，肉刑，所以死民也。井田、学校废，则民无以遂生而复性，肉刑废，则民得以改过而自新，利害相反也。比而同之，病狂丧心矣。丁氏谓文帝不忍于淳于意而特忍淮南、薄昭，是又论之至刻而无当者。淮南以反闻，文帝徙其身而侯其四子；薄昭杀汉使，帝不忍加刑而使人哭之，可谓情法两尽矣。而丁氏犹非之，其意将谓淮南帝舅尚不可赦，凡有罪戾可尽从深刻乎？亦将谓淳于意必不可赦乎？是皆残忍为心者，一或秉政，则宁成、义纵之流也（编者按：清张彦士《读史尝疑》卷二《诸儒》引此文，此处有"若此辈者"四字），是之谓当付祖龙之坑。（《两汉解疑》卷上《除肉刑》）

李贽：圣主。（《史纲评要》卷六）

熊尚文：读之凄然，求伸其父子之情，而亦不屈夫国家之法。天子为之，诏除肉刑，其言之利溥矣。女中丈夫非耶！（《兰曹读史日记》卷一）

尤侗：文帝除肉刑而宫不易，以淫乱人族类，故不除之。然司马迁为李陵又说，岂犯淫乎？甚矣，武帝之暴也。（《看鉴偶评》卷二）

卢舜治：孝文以下恤刑数诏真仁者之言，好生之德，可以为千载法。（引自凌稚隆《汉书评林·刑法志》）

凌稚隆：按：汉文除肉刑善矣，而以髡笞代之。髡法过轻而略无惩创，笞法过重而至于死亡。其后乃去笞而独用髡。减死罪一等，即止于髡钳，进髡钳一等即入于死矣。（《汉书评林·刑法志》）

魏裔介：肉刑惨毒，非为民父母之意也。文帝因缇萦一书而易之，仁及万世。后世君臣，乃屡有欲复肉刑者，其亦不仁之甚矣。（《鉴语经世编》卷三）

爱新觉罗·胤禛：史称文帝除肉刑以感女子缇萦上书救父，其事不经。余故叙而论之。夫文帝除肉刑，甚盛德也，高帝约法三章，已去秦肉刑，复肉刑在吕后悖暴之时乎。帝既去诽谤妖言之令，因思及断体刻肤之痛，而有是诏，称虞氏之治，欲以德化民，固不因缇萦之言也。必因缇萦之言是转，非帝之本意，且其事亦有不可为训者。盖淳于公罪屈耶，不藉其女之言，应出之。淳于公罪当耶，虽有其女之言，应入之，其出其入亦惟视其自取。是所为与天下共之，何容心焉，而又何有于感一言而及天下乎！且是诏之首即述有虞氏，则舜之殛鲧禹，固未闻有代父之请也。史迁将以为缇萦之孝为过禹乎？天下之被刑者多矣，孰无子女，使皆效缇萦所为从之，则杀人者可以不死；死不从之，则伤孝子之意。如是，则圣人明刑之教废矣。夫逮系漫骂，固常人之情，激切救父，亦女子所有。余独怪史迁牵及肉刑之诏，使有识者必致疑，无知者谓可法，乱圣人之大经，害贤帝之盛德，是故不可不辨。（《御制文集》初集卷十三《书汉文帝除肉刑诏后》）

牛运震：除肉刑诏极婉厚。（《史记评注》卷二《孝文本纪》）

王鸣盛：文帝除肉刑，当黥者髡钳为城旦舂，当劓者笞三百，当斩左止者笞五百，当斩右止者皆弃市。有轻刑名，实杀人。笞五百、三百，率多死。班氏论之云："除肉刑本欲全民，今去髡钳一等，转入大辟，以死罔民，死者岁万数，刑重所致也。至穿窬之盗，忿怒伤人，男女淫佚，吏为奸臧，若此之恶，髡钳又不足以惩。刑者岁十万数，民不畏，又不耻，刑轻所生也。宜思清原正本，删定律令，篆二百章，以应大辟。其余罪次，于古当生，今触死者，皆可募行肉刑。"《魏志》陈群议云："汉除肉刑而增加笞，本兴仁恻而死更众，所谓名轻实重也。名轻则易犯，实重则伤民。且杀人偿死，合于古制；至于伤人，或残毁其体，而裁剪毛发，非其理也。若用古制，使淫者下于蚕室，盗者刖其足，永无淫放穿窬之患矣。夫三千之属，虽未可卒复，若斯数者，时之所患，宜先施用。汉律所设殊死之罪，仁所不及也。其余逮死者，可以刑杀。如此则所刑与所生足以相贸矣。今以笞死之法，易不杀之刑，是重人肢体、轻人躯命也。"其旨本班氏。（《十七史商榷》卷十一《汉书五·肉刑》）

俞正燮：《史记·孝文纪》十三年诏云：法有肉刑三，其除之。又载景帝诏云：除肉刑，出美人，重绝人之世。《汉书·景帝纪》诏述文帝，正作"除宫刑，出美人"。《刑法志》言文帝易髡、黥、劓、斩左趾右趾。《志》又言男女淫佚髡钳之罚，不足以惩。又言男女淫乱，乃复古刑。《景帝纪》中四年秋云"死罪欲腐者许之"，其后如司马迁、许广汉、张贺之属，皆是也。《晁错传》云"肉刑不用"，又云"除去阴刑"，是文帝除宫刑，事迹明白，后用以抵死及刑淫佚。司马迁不喜书宫刑字，班固视之不审，又见时有宫刑，故《志》言除髡劓劓黥耳。而《汉书·景纪》诏称孝文皇帝除诽谤，去肉刑，不私其利也；除宫刑，出美人，重绝人之世也。分别言之，除宫刑在肉刑之外明矣。《史记集解》孟康云：肉刑三，黥一，劓一，左右趾一。《索隐》引崔浩《汉律序》云"文帝除肉刑而宫不易"，张裴注"以淫乱人族类，故不除之"，乃前后不精审之论。（《癸巳存稿》卷六《汉文帝除宫刑证》）

程馀庆：以一女子言，改百年之故典，非甚勇不及此。万世之下，犯法者得以全其身，不绝其类。文帝之德大矣。（《历代名家评注史记集说·孝文本纪》）

沈思伦：汉文帝之除肉刑，明英宗之禁生殉，千古同圣也。（《学语杂篇》卷二十）

沈家本：举千数百年相沿之成法，一旦欲变而易之，此非有定识以决之，定力以行之，则众说之淆乱足以惑其聪明，众力之阻挠足以摇其号令，故变之难也。文帝因一女子之书，发哀矜之念，出一令而即施行，其定识、定力为何如？后之议者，犹主张复古之肉刑，断断如也，何所见之固也？（《历代刑法考·刑法分考五》）

又：汉文除肉刑，千古之仁政也，班固首议其非。汉末大儒郑玄及名士崔寔、陈纪并有复古之议。建安初，荀彧申其说而孔融驳之。曹操又欲复之，钟繇迎合其旨，陈群亦申其父纪之论而王修驳之。太和中，繇复上疏申其说而王朗驳之。洎乎江左刘颂言之，不省，卫展又言，而周顗、曹彦、桓彝等驳之。桓玄又申其议，而蔡廓、孔琳之又驳之，故事迄不行。溯自建安之初，迄乎江左之季，议复者辩论锋起，而卒格于众议者，仁惨攸判，人有同心也。今试即诸家之说而综论之。

班固以为死刑重而生刑轻，是以奸不止，民愈嫚。夫以斩右止而改从弃市，乃由生入死，谓刑重则诚重矣。第既谓刑轻不足以塞奸，而肉刑更轻于死刑，遂可以塞奸乎？谓复肉刑则刑可谓而禁易避，彼死且不畏，岂遂畏肉刑乎？推其意旨，自相凿枘，此固说之失也。崔寔以为右止者既殒其命，笞挞者往往致死，文帝乃重刑，非轻之，以严致平，非以宽致平也。夫黥、劓与左止俱去，不可谓非减重为轻。自景帝改定箠令，笞者亦未至戕其命，至右止去死罪一间，虽汉律今不可考，其条目必不多，其情罪必较重，故文帝可两府之议。当其时，断罪四百，几致刑措，德化之隆，后代莫比，岂以严致平哉？盖寔以孝宣之严刑峻法为优，于孝文以除肉刑为苟全之政，其谓文帝以严致平，实有悖于哀矜之本旨，不过附会其词，以申其重刑之论耳，此寔说之失也。

陈纪以为杀人偿死，伤人或残毁其体，是以刑为报施之事矣。先王之制，刑以止奸禁暴也，岂若寻常报施之事必两相当哉？谓淫者下蚕室，盗者刖其足，则永无淫放穿逾之奸。夫淫者有罪，何至遽令绝世，且治男子犹可，妇人将必闭诸宫中，设或淫风流行，又安得千百之室以处之？刖足艰于行，身即不能为盗，而可为盗之谋首，又岂刖足之所能禁？此纪说之失也。钟繇以为蔽狱之时，讯问三槐九棘、群吏万民，其当弃市，欲斩右止者许之，岁生三千人。夫以一人之罪而必聚群吏万民而讯问之，且岁有三千人，又必一一讯问之，其事极烦扰，势必有不能行者。繇谓孝文不合古道，而大魏继踪虞夏，谀词阿世，颠倒是非，悖谬孰甚？此繇说之失也。刘颂以为亡者刖足，盗者截手，淫者割势，除恶塞源，莫善于此。其意略同陈纪，而截手之刑，古法所无，未免骇听。颂又谓残体为戮，终身作诫，人见其痛，畏而不犯，岂知利欲之诱如蚁慕膻，生计一穷，铤而走险，骤欲禁遏之，断非肉刑之所能致效也。此颂说之失也。厥后王导、刁协诸人所持之说，大略相同。郑康成为汉末大儒，而其说不传，未知其意旨何如。盖自班固创于前，自此推波助澜，至东晋之末而犹未息，可为法家中之一大争端矣。推求其故，则张苍定律改斩右止为弃市，系由生入死，人遂得据此以为言耳。在当日，定律之本旨必非无因；特其说不传，论者不察，并一切肉刑而亦议之，纷争不已，何其固也？驳复古之议者，王修但称时未可行，而其议不详。孔琳之辞未别白，荀悦、蔡廓不以复肉刑为是，而欲复斩右止之法，惟孔融与周颙等所议最为切中事情。王朗所议，尤为通论。迨后唐贞观中，除断趾法改加役流，与朗议实相吻合。此实可于张苍之法补救其未善者也。夫自皇风既邈，德化不修，习俗日颓，狂澜难挽，上之人不知本原之是务，而徒欲下之人之不为，非也。于是重其刑诛谓可止奸而禁暴。究之，奸能止乎？暴能禁乎？朝治而暮犯，暮治而晨亦如之，尸未移而人为继踵，治愈重而犯愈多，此皆明祖阅历之言著之《大诰》者也。然则欲以肉刑止奸而禁暴，其无效也可知矣。袁宏谓刑罚之用，不先德教之，益失之远矣。亮哉言乎！（同上）

翁叔元：汉之时，非唐虞之时，非三代之时，而当秦大乱之后之时也。秦之世，坏先王之井田，废先王之封建，灭先王之礼乐，凡圣人之所以万世磨钝、化导天下之具，无所不废，而惟肉刑独存。彼固欲荦然独行恣睢之心，以肆毒天下，而肉刑适以济之。民之被其毒者深矣。汉兴沿而未改，至文帝始诏除之。厥后宣帝之世，其臣路温舒犹为上言：秦有十失，其一尚存，狱吏是也。由此观之，使文帝不除肉刑，则后之为严刑峻法以济其酷者，又不知如何矣。故文帝之除也，鉴秦弊也，鉴秦弊而必除之者，以世非唐虞三代之时，而大乱之时也。唐虞三代，有井田以养民，有封建以治民，有礼乐以维风俗，民之犯法者寡矣。如是而有不率教者，然后从而刑之。是刑者，所以助井田、封建、礼乐之不逮也。汉之世，井田、封建既不可复，礼乐亦谦让未遑。今将舍治之本，而独立其所助，曰吾其坏井田、废封建、灭礼乐，而独任肉刑以治天

下。呜呼,非始皇,吾固知其不出于此也,况孝文之贤哉!(引自《涵芬楼古今文钞》卷四《肉刑论》)

刘颂声: 肉刑者何?当刑而罪不至死者也。当刑则刑,古之制也。畴则除之,除之者汉文帝也。文帝之除奈何?悯缇萦也。萦父太仓令,有罪当刑,上书乞代,天子悲悯其意,诏永除之。颂帝德者至于今不衰。然则无议之者乎?曰:有。劓墨剕宫者,著于吕刑,三代相沿,莫之或易,帝除之。蔑古,一也。保全者一,漏网者众,人轻犯法,适足长奸。废法,二也。谁非人子,谁无父母,故舜殛伯鲧,大禹不闻乞代之言,使人皆乞代,则刑尽可除。不可为训,三也。辟之曰是固然矣,以余所闻,则正有异。自卫鞅变法,古制尽湮,利民之政,了无复存,虐民之刑,讵不可稍缓,奚云"蔑古"?肉刑虽除,钳笞自在,严不至于断体,宽亦足以惩恶,奚云"废法"?缇萦求代,纯孝可悯。且其父为吏,齐中皆称廉平。骤罗法网,保无失入,矜而救之,固迥异于大赦以邀福、纵囚以沽名者,又何"不可为训"也?君子论人,当略迹而原心。帝即位初年,即除收帑相坐律令,不惑群议,断自宸衷。至是复除肉刑,恻怛慈祥之意,昭然史册。君子谓帝养成汉家一代宽厚之俗,良以此也。阙后景帝嗣统,即灭笞律定箠令,虽天资素号刻深,于刑狱三致意焉。延及元、哀,恤刑之诏,不绝于书,岂第当时称刑措哉?!千载而下,颂其德者,犹恨不躬逢其盛云。(引自《雷辑史事论》卷二《前题》)

五礼图: 仁矣哉,文帝之除肉刑也。肉刑虽起于古,自文帝慨然除之,后更千百世未有起而复用肉刑者,除其所当除也。惟迂儒曲学每谓肉刑当复,讥文帝之变古,且与短丧同议。夫除肉刑则乌可与短丧同议哉?!自古帝王治天下之大经大法,至秦而扫地皆尽,至汉始约略复兴。凡秦人所既除者,汉不能复也,凡秦人所未除者,汉又不得不除,肉刑亦其一也。迂儒曲学所谓肉刑必不可除者,其意何哉?不过曰自夏商周行之,必不可除耳,则亦思古圣人所最慎而不轻用者莫如刑狱,要其清本澄源不专以刑也。有井田以厚民生,有学校以复民性,有封建以总民治,有礼有乐以范民俗。而一民风,天下之得丽于刑者盖寡,是以用肉刑而民不犯也。至秦则不然,井田变而开阡陌,学校变而焚诗书,封建变而置郡县,礼变而一决于法,乐变而郑卫俳优,所谓古帝王之治安在哉?独用肉刑则沿古不变,而又加以收帑族诛之令,益以诽谤诅咒之条,任以刻深严酷之吏,讥律令者同大逆,杀人多者为忠臣。上则衡石程书,下则赭衣载道,海内黔首重足而立,侧目而视,敢怒而不敢言,不二世而天下亡矣。汉知秦之亡以暴虐,矫其弊而代之以宽,入关约法三章,即除苛法,与民更始,天下便之,萧、曹创画一之模,孝惠守休息之意,民脱秦祸而归汉德,犹出汤火而濯之以风露也。文帝益用,以德化民,致治之盛,比美成康。其除肉刑,乃除秦沿前古之弊政,岂得以变古讥之乎哉!且以秦之尽变古法也,井田、学校、礼乐之变更,诚为可议,至封建之易为郡县，后世便之，不谓秦轻变古也。肉刑在三代自为仁政，至末世自为弊政，恶得而不除乎哉?!《纲目》不书始贤文帝也，以不忍人之心行不忍人之政，文帝之谓乎！即诏短丧，亦未可为帝讥也。《诗》曰庶见素冠兮，春秋时已变古矣，果始于文帝乎？《纲目》之不书始，盖其慎也。(《雨田古论》卷上《汉文帝变古论》)

李祖陶：至孝文更除肉刑，其意义甚，然笞五百笞三百者率多死，故景帝遂省之。(《史论五种·前汉书细读》卷一《刑法志》)

黄恩彤：文帝除肉刑，以惠万世，实自缇萦发之，真奇女子哉！独怪帝下哀痛之诏，将省刑辟以仁天下，而张苍、冯敬定律，议笞罪至三百五百之多，当斩右趾者弃市，是加人于死，欲轻反重也，岂帝意哉！若贾生在，必痛哭上书矣。(《鉴评别录》卷四)

吕思勉：汉文废肉刑诏所称，即今文家义也。此较诸今人之仅言废死刑者，尤有进矣。夫以古代用刑之酷，一读《汉·志》，未有不为之恻然流涕者也。乃自汉文废肉刑以来，二千余年，虽或议复，而卒不果。儒家之义，旁薄郁积，以植其基。而缇萦以一少女，慷慨激发以成其功。如此崇高粹美之文明，诚足使百世之下闻者莫不兴起也。(《论学集林·辩梁任公〈阴阳五行说之来历〉》)

于豪亮：汉文帝废除肉刑、规定罪人服刑期限和废除收帑相坐法是中国刑法史上的重大改革。关于罪人服刑期限，当时的丞相张苍、御史大夫冯敬作了如下规定："罪人狱已决，完为城旦舂，满三岁为鬼薪白粲，鬼薪白粲一岁为隶臣妾，隶臣妾一岁，免为庶人。隶臣妾满二岁为司寇，司寇一岁及作如司寇二岁，皆免为庶人。其亡逃及有罪耐以上不用此令。"(见《汉书·刑法志》)这项规定，意义不十分明确，后来汉律作了更明确的规定：

(一)髡钳城旦舂。《汉旧仪》云："凡有罪，男髡钳为城旦，城旦者，治城也；女为舂，舂者，治米也。皆作五岁。"

(二)完城旦舂。《汉书·惠帝纪》注引应劭曰："城旦者，旦起行治城；舂者，妇人不豫外徭，但舂作米，皆四岁刑。"

(三)鬼薪白粲。《汉旧仪》云："鬼薪者，男当为祠祀鬼神伐山之薪蒸也；女为白粲者，以为祠祀择米也。皆作三岁。"

(四)隶臣妾。根据上文所引《汉书·刑法志》，隶臣妾为三岁刑。鬼薪白粲和隶臣妾同为三岁刑，两者不同之处在于鬼薪白粲服役劳动强度大，隶臣妾服役劳动强度小。

(五)司寇。《汉旧仪》："司寇男备守，女为作如司寇，皆作二岁。"《后汉书·张皓传》注引《汉书音义》："司寇二岁刑也。输作司寇，因以名焉。"

(六)复作、罚作。《汉旧仪》："男为戍罚作，女为复作，皆一岁。"《史记·淮南王安传》集解引苏林："一岁为罚作，二岁刑以上为耐。"《汉书·宣帝纪》注引李奇云："复作者，谓女徒也。谓轻罪，男子守边一岁，女子软弱不任守，复令作于官，亦一岁，故谓之复作徒也。"注又引孟康云："复音服，谓弛刑徒也。有赦令诏书去其钳釱赭衣，更犯事，不从徒加，与民为例，故当复为官作，满其本罪年月日，律名为复作也。"

必须指出的是，从居延汉简的材料看，以孟康之说为是，"女为复作"之说绝对不确。劳干《居延汉简》三六页，520.2A："武以主领徒复作为职，居延茭徒髡钳城旦大男厮殷，署作府中寺舍。"（劳干误释"武"为"未"，"领"为"须"，遂使文义不通。）又九六页，60.2："复作大男蔡市"（劳干误释"蔡"为"丛"）。又一三七页，37.33："居延复作大男王建。"……复作有"大男"，而且数量不少，可见"女为复作"的说法是错误的。

汉文帝规定了隶臣妾以及比隶臣妾更重的罪犯的刑期，后代一直沿用，影响极为深远。《汉书·晁错传》记载晁错在对策中称颂汉文帝说"罪人有期"，正是指此而言。在秦代，大多数罪人是无期的。（《西汉对法律的改革》，载《中国史研究》1982年第2期）

韩连琪：为封建史学家所称颂的汉文帝的"除肉刑"，其实就完全是一种阴谋和欺骗。肉刑是指黥、劓、刖左右趾。"除肉刑"的内容是原来当斩右趾的改为死刑，当斩左趾的改为笞五百，当劓的改为笞三百。事实上是改为死刑的固不必说，就是改为笞的也是"笞数既多，亦不活也"。结果是原来该受肉刑的几乎全部成为死刑，"斩右趾者又当死，斩左趾者笞五百，当劓者笞三百，率多死"。连后来汉景帝也不得不承认"加笞与重罪（死刑）无异"，"加笞者，或至死而笞未毕"。班固也以文帝的除肉刑为"以死罔民"，"死者岁以万数"，指责文帝的除肉刑是"外有轻刑之名，内实杀人"（《汉书·刑法志》）。崔寔也曾指出"文帝虽有轻刑之名，其实杀也"，并说到当时的人民，就宁愿"复肉刑"（《政论》）。崔寔以后，如郑玄、陈纪、仲长统等都主张"宜复行肉刑"（见《晋书·刑法志》）、仲长统《昌言》。）荀悦至谓"惟复肉刑，是谓生死而息民"（荀悦《申鉴》）。这说明文帝的除肉刑，较之肉刑，是同样甚至更充分地体现了汉统治阶级刑法的残酷的。如果只是片面地撷拾封建史学家美化汉文帝的所谓"刑罚大省，至于断狱四百，有刑错（措）之风"，来宣扬汉初统治阶级的"禁纲疏阔"，显然是不正确的。（《论汉初的政治经济政策》，载《文史哲》1979年第6期）

高　敏：汉文帝即位前和即位之初，亡秦的苛法暴政仍然严重地困扰着当时的劳动人民，对此如不彻底予以改变，就有蹈亡秦覆辙的危险。这是汉文帝所面临的第一大社会问题，也是铸造他以行仁政的形象出现的关键性因素。

我们知道，秦的苛法与暴政，是导致秦王朝速亡的重要原因。秦末农民起义，就以"诛暴秦，伐无道"相号召，可见秦法与暴政是当时劳动人民所反对的核心问题。刘邦入关后之所以立即与关中父老相约"约三章耳：杀人者死，伤人及盗抵罪。余悉除去秦法"，正是顺应当时关中"父老苦秦苛法久矣"的心态而采取的措施。然而，事实证明，刘邦的这一做法只是临时性措施，他并没有来得及"悉除去秦法"，同时也无条件再推行这一措施，故秦的苛法如故，以至于到高后元年（前187）正月，她还在说："前日孝惠帝言欲除三族罪、妖言令，议未决而崩，今除之。"新近出土的江陵张家山汉简《奏谳书》所载，更明显地证明从汉高祖初年到其十二年中所使用的法律基本上仍是秦律。因为这个《奏谳书》所收十多个案例所依据的法律，在刑罚名称、罪犯类别、量刑标准和计赃数量等方面，都同云梦出土的秦律相同，却不同于萧何制定的汉律九章，则刘邦确未曾"悉除秦法"。正因为如此，故惠帝时才有"欲除三族罪、妖言令"之议，高后才有除此苛法之诏。

吕后虽有除秦苛法之诏，却并未实行，或者说实行不久，又恢复了诽谤妖言之法，唐人颜师古即持此看法，故文帝前元二年（前178）五月，依然存在"诽谤訞言之罪"。由此可见，文帝即位之初，仍然面临一个必须彻底废除秦的苛法这一重大社会问题，不如此，就无以求得社会的安定和政权的巩固。事实证明，正是这样的客观历史条件，决定了汉文帝采取了彻底清除亡秦的苛法与暴政的一系列措施：

前元元年（前179）十二月，即文帝即位后第三个月，便发布了"尽除收帑相坐律令"的诏书。前元二年五月，又颁"令列有诽谤、訞言之罪……其除之"之诏，并规定"自今以来，有犯此者勿听治"。前元七年冬十月，"令列侯太夫人、夫人、诸侯王子及吏二千石无得擅征捕"，即除去擅征捕苛法。前元十三年五月，又颁"除肉刑法"之诏。

汉文帝所采取的上述一系列措施，就给他塑了一个"除帑削谤，政简刑清"的仁者形象。实则他并不是什么与生俱来的"仁者"，而是在当时的客观历史条件下不得不顺应民心而为之，否则，既无以树立西汉政权不同于亡秦的形象，也无以巩固他自己的统治，故曰是时代铸造了他的品格特征。(《论汉文帝》，载《史学月刊》2001年第1期)

王泽武：文帝"除宫刑"似是史实。但细一推敲，其中尚有不少疑点。

首先，宫刑与墨、劓、刖刑同为五刑中的肉刑，文帝十三年除肉刑令中的"今法有肉刑三"怎么解释？前文已肯定汉初有宫刑，若文帝有除宫刑之意，则诏书中的文字应是"今法有肉刑四"，即然不是"四"而是"三"，这只能说明汉文帝并无除宫刑之意，或者他根本不知道《汉律》中还有宫刑。

其次，如果汉文帝十三年除肉刑时一并除去了宫刑，那么晁错对策中的"除去阴刑"和景帝诏书中的"除宫刑"，岂非赘言？宫刑亦为肉刑，且在五刑中墨、劓、刖、宫是并列的四种肉刑，为什么墨、劓、刖刑能以"肉刑"包括，而唯独宫刑要另行提出并与"肉刑"并列？难道晁错、刘启眼中的宫刑不是肉刑？抑或除肉刑令后又曾有"除宫刑令"？

其三，如前所言，汉文帝除肉刑实乃"易"刑，即以髡钳（剃发并以铁圈束颈）易黥，以笞（用带节竹板抽打脊背）三百易劓，以笞五百易斩左趾，以弃市（在闹市中处死）易斩右趾。易刑实施后，表面看社会上的确少了许多墨面、无鼻、跛足者，但事实上那些被刑的罪人除"髡钳为城旦舂"者外，其余的几无生机……汉文帝无明确的除宫刑诏令，无具体的除宫刑时间，景帝亦无具体的复宫刑诏令和时间，只能说明汉文帝除肉刑未除宫刑，故发生在景帝中四年秋的"赦徒作阳陵者，死罪欲腐者，许之"事件只是史家对景帝朝大赦所作的记录，而非景帝复宫刑。既然未除，何以言复？

其四，文帝诏书中的"终身不息"之"息"并非衍生繁殖之意，应把它理解为滋生、生长。所谓"终身不息"只是汉文帝对被刑之人终身致残而不能恢复原来状貌的悲惨结局的感叹，这与诏书中的"朕甚怜之"的意思相吻合。所谓"朕甚怜之"，并不是某些文章所说的是汉文帝对缇萦的"怜悲"之情，而是汉文帝刘恒对被刑者"终身不息"结局的某种无奈和同情……

其五，司马迁乃武帝朝太史令，编撰《史记》始于太初元年（前104），距汉文帝除肉刑仅60年。司马迁在《太史公自序》中记述了天汉三年（前98）自己"遭李陵之祸，幽于缧绁"的史实，悲怆地喟叹因受腐刑而"身毁不用矣"。被世人视为奇耻大辱的宫刑对司马迁的打击可想而知，但他并不讳疾，而是直书其事，由此可以看出《史记》确为信史。缘何《史记·孝文本纪》中自始至终没有汉文帝除宫刑的文字？当然是因为汉文帝未除宫刑……综述，本人认为孝文皇帝在位23年宫刑未除。（《汉文帝"易刑"考辨》，载《湖北大学学报》2003年第2期）

上曰："农，天下之本，务莫大焉。今勤身从事而有租税之赋①，是为本末者毋以异②，其于劝农之首未备。其除田之租税③。"

① 【汇校】
吴汝纶：（勤）《汉书》作"廑"。（《点勘史记读本·孝文本纪》）
② 【汇校】
王先谦：刘攽曰："谓"疑当作"为"字。先谦曰：《史记》作"为"。古"谓"

"为"同字，刘说非。(《汉书补注·文帝纪》)

【汇注】

裴　骃：李奇曰："本，农也，末，贾也。言农与贾俱出租无异也，故除田租。"(《史记集解·孝文本纪》)

【汇评】

吴见思：为本无异于为末也。句峭。(《史记论文·孝文本纪》)

③ **【汇注】**

郭嵩焘：按：《汉书·食货志》云："汉兴接秦之敝，约法省禁，经田租什五而税一。量吏禄，度官用，以赋于民。而山川、园池、市肆、租税之入，自为私奉养，不领于天子之经费。漕转关东粟以给中都官，岁不过数十万石。"文帝用晁错之言"令民入粟边：六百石爵上造；四千石五大夫；万二千石为大庶长"。错复奏言："边粟足支五岁，可令入粟郡县。足支一岁以上，可时赦，勿收农民租。"所能除田租者，粟本有余故也。除田租十一年至景帝立，制田租三十而税一，遂为定制，文帝之遗泽远矣。(《史记札记》卷一《孝文本纪》)

张大可：其除田之租税，古为十一之税。汉初田税为十五税一。至此汉文帝十三年（前167）免田租达十三年。景帝二年（前155）恢复田租，减为汉初之半，为三十税一。(《史记全本新注·孝文本纪》)

【汇评】

欧阳修：臣闻农者，天下之本也。终岁勤动以养君子，其用力也劳矣。是以文帝诏书数下，观勤勉种植，初则赐租税之半，已而尽除之，太仓之粟卒至于红腐不可食，非敦本之效欤？(《文忠集》卷一百五十六《淳熙七年二月二十七日进》)

胡　寅：汉既大封同姓，至文帝时封国渐众，诸侯王自食其地，王府所入，寡于郡县之时矣。又与匈奴和亲，岁致金絮彩缯之奉。复数为边患，深入寇盗，候骑至雍、甘泉，天子亲将，大发车乘骑卒，命将出击。复因河决，有筑塞劳费，大司农财用，宜不至充溢。而文帝在位十二年，即赐民岁半租，次年遂除之，然则何以足用乎？曰：文帝节俭，起化于身。衣绨弋，履革舄，集上书囊以为殿帏，所幸夫人衣不曳地，帐无文绣，百金之费，亦不苟用。一人如此，宫阃是效，流传国都，以及远外，莫有奢侈之习，则如何而不富，其财盖不可胜用矣！然后知导谀逢恶者，纳君于荒淫，取之尽锱铢，用之如泥土，至于财竭而下畔，下畔而上亡，其罪可胜诛哉！(《读史管见》卷一)

吕祖谦：用晁错鬻爵之策，积粟既多，故除田之租税也。荀氏论曰"古者十一而税，以为天下之中正"，今汉民或百一而税，可谓鲜矣。然豪强富人占田逾侈，输其赋大半，官收百一之税，民收大半之赋，官家之惠优于三代，豪强之暴酷于亡秦，是上

惠不通，威福分于豪强也。今不正其本而务除租税，适足以资富强。(《大事记解题》卷十)

叶　适：汉文帝用贾谊言开籍田，从晁错入粟除租，后遂三十税一。孟子以二十取一为貊道，谓有中国人伦非苟轻之，此为当时诸侯小国言之可也。若汉初制度已大异，必将反之于古，而后能利民，相持纷纷，欲益反损。如错等议论，虽甚拙陋简率，而因时转易，主于不贪，农末相安，积实自倍，卒成汉世之仁政，则虽圣贤复起有不能废矣。至后世全得天下无异于汉。上下苦心劳力，奉行刻剥之策，使仁人志士，欲出其一二，求以毫末利民而不可，且终莫知其所以受病者安在，是真可悲耳！(《习学记言》卷二十二《汉书二》)

真德秀：文帝即位十二三年间，减租税半者再，除租税者一，后世人主未有能及之者，岂非躬行节俭之效欤？按：此议起于晁错。(引自陈仁子编《文选补遗》卷一《劝农诏》)

林之奇：文帝以富庶之业，始于贾谊，成于晁错。谊则言愿殴民而归之农，使天下各食其力，文帝感悟，耕籍田以为农先，而务农之诏无岁无之矣。错之劝帝令民入粟，以多少级数而拜爵，文帝感悟，赐民田租之半。尽除田租之诏自此而屡下矣。然则文帝之致此者，岂非二人之力哉？(引自陈仁子编《文选补遗》卷一《劝农诏》)

编者按：《史记评林·孝文本纪》引此语，"殴民"作"驱民"

陈仁子：古者重农务欲富民，后世重农务欲富国。周公《七月》之诗，富民也，商君农谷之赏，富国也。文帝终身劝农，而十数年间减租税者再，除租税者一，真心在农，不但劝之，而又富之。若帝但务富强，则租不复减矣。帝之劝农与秦之君臣富国者不同。(《文选补遗》卷一《劝农诏》)

马端临：先公曰：文帝除民田租，后十三年，至景帝二年，始令民再出田租，三十税一。文帝恭俭节用而民租不收者至十余年，此岂后世可及！(《文献通考·田赋考》)

何　焯：尽除租税不可为经常，盖欲极所以劝农之道耳，非帝之节俭亦莫之能行也。(《义门读书记·前汉书》)

刘友益：除者何永除也？前赐天下半租，仁矣，于是遂永除之。非常之俭约，国有余蓄，能若是乎？(引自《袁王纲鉴合编》卷六)

丘　濬：有田则有租，此天地自然之常理，百王不易之定法也。食王土，为王民，无终岁不纳租税之理；人君不横征而多取之，斯当矣，岂有尽除之理哉！文帝斯举，固其仁厚之政、恭俭之效，要之不可为常也。虽然，其视后世尽民所有而取之者，何啻天渊哉！(《世史正纲》卷三)

于慎行：汉文帝十二年，赐民田租之半，次年，尽除田之租税。诏曰：农，天下之本，勤身从事，而有租税之赋，是为本末者，无以异也，其于劝农之道未备。其尽除田之租税，此则不但赐租，乃至除而不收。至景帝元年，复收民田半租，则其半尚除免也。不知当时田租之外，尚有何项供需，仰给公家之用，不然，安有除去田租，而可以为国者，是三代之所不能行也。彼时封国既多，各有国赋，百官之员又少，沿边诸侯，各以其国御房，士马之费，不领于司农，而文帝躬行节俭，无分外之营，费用少耳。至乃除去田租，恐必别有经计，不可不考也。（《读史漫录》卷三）

王夫之：文帝十三年，除田租税；景帝元年，复收半租，三十而税一；施及光武之世，兵革既解，复损十一之税，如景帝之制；诚有余而可以裕民也。封建不可复行于后世，民力之所不堪，而势在必革也。（《读通鉴论》卷二《文帝》）

夏之蓉：文帝即位十二三年，减租税者再，尽除租税者一，虽不可以为经常，亦欲极所以劝农之道耳。非帝躬行节俭，莫能行也。然此尚其末节，惟此惧于不终一念，乃帝王之用心。（《读史提要录》卷一）

程馀庆：文帝屡蠲租税，此真恭俭之实效也。（《历代名家评注史记集说·孝文本纪》）

翦伯赞：西汉自高祖下逮文、景之世，代有减轻或蠲免田赋之令。高祖时"轻田租，什五而税一"。文帝十二年"赐农民今年租税之半"。明年，"除田之租税"。至景帝元年，又"令田半租"，即三十而税一。其间共有一十二年，没有收过一文田租，这是中国史上仅有的事实，也是中国历史家称颂不绝的文景之德政。但是可惜这种德政，并不能普及于万民，而只能及于有田有土的豪强。因为政府减免的，是地主应缴的土地税。与无田无土的农民，不但毫无利益，而且反有损害。一方面，农民不能因此减免对地主应缴的地租，而且还要增加许多因为填补免田赋的损失而来之苛捐杂税的负担；另一方面，地主以减免田赋之所得，益发肆行土地的兼并，更加速了农民离开土地的过程。所以荀悦慨乎其言之曰："官家之惠，优于三代；豪强之暴，酷于亡秦。"（《秦汉史》第七章《西汉政权的性质、组织、发展及其崩溃》）

刘光华：文、景两帝对农业十分重视。见于《汉书》帝纪关于农本政策的诏令，至少有七篇。这些诏令强调："农，天下之大本也"，"农，天下之本，务莫大焉"，"道民之路，在于务本"等等。这种农本政策虽然是继承了古代"一夫不耕或受之饥，一女不织或受之寒"的唯物观点，但主要的还是来源于现实生活"民多乏食""民有饥色"的迫切性和尖锐性。因为人民"饥寒并至"就会造反，汉文帝、汉景帝是懂得这个道理的，这就是他们所以把农业提到治国之本的原因所在。

文、景两帝重视农业是真实的、具体的。他们除了于每年春耕之始举行"朕亲耕，后亲桑""为天下先"的藉田仪式，用以"导民""劝农"外，还规定了许多有利于农业发展的具体措施，诸如命令地方"郡国务劝农桑"，对劝农成绩坏者给以处罚；在基层政权机构内，按一定户口数量比例推举努力生产的人任"力田"官，具体指导农业生产；给缺乏种子、口粮的农民"贷种、食"，对其中确有困难而不能按期偿还者，"皆赦之"；遇到自然灾害则"发仓庾以振民"；紧缩政府开支，"减汰官"，"省徭赋"；听任人稠地少地区农民"徙宽大地"；赐天下民"田租之半""除田之租税"等等，都是封建时代比较少见的。汉初田税为什五税一，赐民"田租之半"就是三十税一；而"除田之租税"则是完全豁免，这对刺激农民的生产积极性是有重大作用的。（《西汉前期的封建"治世"》，载《兰州大学学报》1980年第2期）

徐朔方：后来到文帝十三年，下令免除田租；景帝元年（一作"二年"）开始减半征收，实行三十税一。同无地少地的农民仍是关系不大，直接得到好处的还是那些地主富农和自耕农。（《史汉论稿·读〈史记·吕后本纪〉》）

[日]好井隆司：文帝时代的免租可举出：二年"其赐天下民，今年田租之半"。三年"复晋阳中都民三岁租"。十二年"其赐农民今年租税之半"。十三年"其除田之租税"。景帝元年则"令田半租"。据此可以推测，文帝十三年前三十税一，至十三年租税全免，景帝时又复半租。从散见于各年的史料来看，实行这些减免的主要的理由，是因为商业的活跃，使农民难以安定，减免租税的意义在于振兴农业。这也许是因为定居简直就是控制人头的基本条件。

文帝十二、十三年的减免与晁错的边地政策关系很深。《汉书·食货志上》："错复奏（言）：'陛下幸使天下入粟塞下，以拜爵甚大惠也。窃恐塞卒之食不足用，大渫天下粟。边食足以支五岁，可令入粟郡县矣，足支一岁以上可时赦，勿收农民租。如此恩泽加于万民，民愈勤农。时有军役，若遭水旱，民不困乏，天下安宁，岁孰且美，则民大富乐矣。'上复从其言，乃下诏赐民，十二年租税之半。明年遂除民田之租税。后十三年孝景二年令民半出田租，三十而税一也。"所谓"入粟塞下以拜爵"，就是西岛所说的纳粟授爵（西岛定生，日本学者。其说见《中国古代帝国的形成与构造》一书，东大出版会1961年刊）。这段话是晁错在其对策之后作为新财政政策上奏的。它不仅要通过纳粟授爵，"分散富人之财，充实边地军粮，填补国家之不足"，而且还包含着贮积其粟，"勿收田租"，以推动人们的农业经营的意义。在这种情况下，不能不节俭以田租为大宗收入来源的帝室财政，出现了《汉书》赞语中所说的"孝文皇帝即位二十三年，宫室苑囿车骑，服御无所增益，有不便辄驰以利民"的情形，以简省祭祀或皇帝自己的开销，压缩帝室费用的支出。晁错提出的政策，企图以授爵为基本方针，收纳富人之粟以代田租，从而扶持小农。为此，文帝以"躬修俭节，思安百姓"（《汉书·食货志》）为方针，加以实施，以免"人主不德"（《汉书·文帝纪》）之弊。

如上所述，田租的减免以晁错新政策的实施为契机，为了鼓励安居乐业而得以实行了。在此仅想简单地指出，它通过削减帝室财政而成为事实，大致说明了这种政策

的性质。(《西汉帝国的两重构造与社会性质》,引自中国秦汉史研究会编《秦汉史研究译文集》第一辑)

　　十四年冬,匈奴谋入边为寇,攻朝那塞①,杀北地都尉卬②。上乃遣三将军军陇西、北地、上郡③,中尉周舍为卫将军④,郎中令张武为车骑将军,军渭北⑤,车千乘⑥,骑卒十万⑦。帝亲自劳军⑧,勒兵申教令⑨,赐军吏卒⑩。帝欲自将击匈奴⑪,群臣谏,皆不听⑫。皇太后固要帝,帝乃止⑬。于是以东阳侯张相如为大将军⑭,成侯赤为内史⑮,栾布为将军⑯,击匈奴。匈奴遁走⑰。

① 【汇校】
　　王叔岷:案:景祐本南宋补版、黄善夫本、殿本并提行。《汉书·文帝纪》《汉纪》《通鉴》并同。《匈奴列传》《汉书·匈奴传》《汉纪》《通鉴》,"塞"皆作"萧关"。(《史记斠证》卷十)
　　【汇注】
　　司马贞:上音朝,早也。下音乃何反,县名,属安定也。(《史记索隐·张释之冯唐列传》)
　　张守节:塞,先代反。《括地志》云:"朝那故城在原州百泉县西七十里,汉朝那县是也。"塞,即萧关,今名陇山关。汉文帝十四年,匈奴入朝那塞者也。按:百泉亭即朝那县之地。鉼,白刑反。《地理志》云鉼属琅邪郡。(引自张衍田《史记正义佚文辑校·孝文本纪》)
　　又:在原州百泉县西北十里,汉朝那县是也。(《史记正义·张释之冯唐列传》)
　　编者按:张守节《史记正义》释"朝那",一说在原州百泉县西北十里(见《张释之冯唐列传·正义》),一引《括地志》,说在原州百泉县西七十里(见《史记正义佚文辑校·孝文本纪》)。查《史记正义·匈奴列传》,曰"汉朝那故城在原州百泉县西七十里,属安定郡"。宋吕祖谦《大事记解题》(卷十)所引《史记正义》,也云"汉朝那故城在原州百泉县七十里,属安定郡"。据此,"西北十里"一说,值得推敲。
　　胡三省:班《志》,朝那县属安定郡。应劭曰:《史记》,故戎那邑也。(见《资治通鉴》卷十五注)
　　钱　穆:朝那故城,今甘肃平凉县西北。应劭曰:"故戎那邑。朝那湫,今固原县

西南盘山之阴。"（《史记地名考》卷二十八《西北边地名》）

龚浩康：朝（zhū）那，县名，治所在今宁夏回族自治区固原县东南。（见王利器主编《史记注译·孝文本纪》）

王　恢：《匈奴传》："匈奴十四万骑入朝那、萧关，遂至彭阳（甘肃镇原县东八十里），使奇兵烧回中宫，候骑至雍、甘泉。"朝那县原属北地郡，武帝元鼎三年析置安定郡，朝那属焉。说者谓以安定名郡，因其外阻河朔，内当陇口，襟带秦凉，拥卫畿辅，关中安定，基于此也（《纪要》五八）。

朝那即今瓦亭；塞即萧关，即固原县南三十五里之关城。与其北高平（固原），其南泾阳（瓦亭东三关口），皆位于六盘山东麓，泾水河谷，关陇之肩背也。胡骑自宁夏泝清水河谷而上，沿泾水河谷而下，最为利便。自来关中被寇，东北为无定河以及洛水，北为环河而达泾川，西北则泾水河谷最当冲要。（《史记本纪地理图考·文帝本纪》）

② 【汇注】

司马迁：当是之时，匈奴新大入朝那，杀北地都尉卬。（《史记·张释之冯唐列传》）

又：汉孝文皇帝十四年，匈奴单于十四万骑入朝那、萧关，杀北地都尉卬，虏人民畜产甚多，遂至彭阳。使奇兵入烧回中宫，候骑至雍甘泉。（《史记·匈奴列传》）

裴　骃：徐广曰："姓孙。封其子单为缾侯。匈奴所杀。"（《史记集解·孝文本纪》）

编者按：张文虎《校刊史记集解索引正义札记》（卷一）曰："匈奴所杀"四字疑当在"其子"上。

又：徐广曰："姓孙。其子单，封为缾侯。白丁反。"（《史记集解·匈奴列传》）

颜师古：《功臣表》云缾侯孙单以父北地都尉卬力战死事，文帝十四年封，与此正合。然则卬姓孙，而徐广乃云姓段，说者因曰段会宗即卬之玄孙，无所据也。会宗，《汉书》有传，班固不云是卬后，何从而知之乎？（《汉书注·文帝纪》）

司马贞：按：都尉姓孙名卬。（《史记索隐·张释冯唐列传》）

又：卬音五郎反。徐广云："姓孙，其后子单封为瓶侯。音白丁反。"（《史记索隐·匈奴列传》）

张守节：北地郡，今宁州也。（《史记正义·张释之冯唐列传》）

吕祖谦：朝那，今原州临泾县有汉朝那县故城。萧关，朝那之关也。按：《地理志》朝那属安定郡，而北地都尉见杀者，盖安定郡武帝元鼎三年所置，是时犹属北地也。（《大事记解题》卷十）

洪颐煊：按：《汉书集注》师古曰："《功臣表》云缾侯孙单以父北地都尉卬力战

死事，文帝十四年封，与此正合。然则卬姓孙，而徐广乃云姓段，说者因曰段会宗即卬之玄孙，无所据也。"与此不同。岂小颜所引误耶？抑裴骃引徐广说未审耶？（《读书丛录》卷十七）

沈钦韩：《新唐书·宰相世系表》：段氏出自姬姓，汉有北地都尉卬。徐广云：姓段者，谱牒相承久矣，不能尽与史合。然今本《史记注》所引徐广说则云姓孙，或者妄人转据阿颜说改之。（《汉书疏证》卷二《文帝纪》）

蒋国祚：按：师古注：《功臣表》鲱侯孙单父卬以北地都尉，匈奴入，力战死事，子侯。文帝十四年封与此正合。卬当为孙，阙一字即孙字。（《两汉纪字句异同考》）

王先谦：《通鉴》胡注亦云徐广曰卬姓段，而《史·集解》引徐说，略与颜同。盖颜、胡采他人说，而误以为徐也。（《汉书补注·文帝纪》）

龚浩康：都尉，官名。掌管全部军事，维持地方治安。（见王利器主编《史记注译·孝文本纪》）

③【汇注】

司马迁：汉元年，略定陇西、北地、上郡。二年，置陇西郡。（《史记·高祖本纪》）

又：拜昌侯卢卿为上郡将军，宁侯魏遫北地将军，隆虑侯周灶为陇西将军……大发车骑往击胡。（《史记·匈奴列传》）

张守节：陇西，今陇右。（《史记正义·秦始皇本纪》）

齐召南：上郡将军，昌侯卢卿也；北地将军，宁侯魏遫也；陇西将军，隆虑侯周竈也。见《匈奴传》。（《汉书补注·文帝纪》）

程馀庆：三将军不著姓名，军边地。（《历代名家评注史记集说·孝文本纪》）

郭嵩焘：按：三将军，即下张相如、董赤、栾布也。先遣使分屯边郡，而后乃以张相如为大将军，合兵击之，故分叙之如此。（《史记札记》卷一《孝文本纪》）

钱 穆：秦、汉上郡治肤施，今陕西绥德县东南。（《史记地名考》卷二十八《西北边地名》）

龚浩康：三将军，指陇西将军隆虑侯周灶、北地将军宁侯魏遫（chì）、上郡将军昌侯卢卿。陇西，郡名。辖今甘肃省东南部一带，郡治为狄道（今甘肃省临洮县）。上郡，郡名。辖今陕西省北部和内蒙古自治区河套以南地区，郡治为肤施（今陕西省榆林县东南）。（见王利器主编《史记注译·孝文本纪》）

王 恢：（陇西）陇山以西。《河水注》："陇水西北迳狄道故城东，汉陇西郡治，秦昭王二十八年置。"狄道，今甘肃临洮县。（《史记本纪地理图考·秦本纪》）

又：（北地），《匈奴传》，昭王二十八年伐残义渠，置北地郡。如《汉志》，有今甘肃、宁夏东部，兼涉绥远西南隅，子午山东麓陕西境。（《史记本纪地理图考·秦始

皇本纪》）

又：上郡汉治肤施，今绥德东南五十里。……《纪要》（五七）："……汉逐匈奴，开朔方，恒自上郡西北，盖其地外控疆索，内藩畿辅，上郡惊，则关中之患，已在肩背间矣。"（《史记本纪地理图考·秦本纪》）

④ 【汇注】

龚浩康：卫将军，和下文的"车骑将军"一样，都是征伐时所加的将军名号。（见王利器主编《史记注译·孝文本纪》）

⑤ 【汇注】

佚　名：徐孚远曰：上言遣三将军军边地也，不著姓名。周舍、张武此二将军屯京师。（《史记疏证（外一种）》卷十）

程馀庆：此二将军屯京师。（《历代名家评注史记集说·孝文本纪》）

[日] 泷川资言：今陕西西安府咸阳县。三将军在边郡，二将军在京师。（《史记会注考证附校补》卷十《孝文本纪》）

⑥ 【汇注】

胡三省：乘，绳证翻。（见《资治通鉴》卷十五注）

⑦ 【汇注】

司马迁：于是文帝以中尉周舍、郎中令张武为将军，发车千乘，骑十万，军长安旁以备胡寇。（《史记·匈奴列传》）

⑧ 【汇注】

丘　濬：此后世人君亲劳军之始。（《世史正纲》卷三）

⑨ 【汇注】

颜师古：申谓约束之。（《汉书注·文帝纪》）

周寿昌：颜注，约束教令，于义复。申者，重也。（引自王先谦《汉书补注·文帝纪》）

⑩ 【汇校】

王叔岷：案：《汉书》《汉纪》《通鉴》并无"军"字，疑涉上文"劳军"而衍。（《史记斠证》卷十）

⑪ 【汇评】

方　苞：按：帝欲自将击匈奴，特笔也。史公于未竟行之事而特书之，皆极用意处。（《归方评点史记合笔》卷一《孝文本纪》）

⑫ 【汇评】

朱沛国：文帝于备边一事，未尝少忽。虽恬静玄默，而躬骑射之习；虽慈祥淡泊，而甘游畋之娱；虽尊礼大臣，而方正常侍之士日与驰逐；虽勤恤民隐，而六郡良家之子悉皆调集；虽爱惜财用，而缮修城堡未尝靳费。卫军罢矣，而广武之兵犹聚也，苑囿弛矣，而上林之射不息也。高袪一言，李齐之贤，每饭不忘；冯唐一论，颇牧之善，拊髀称叹；晁错一奏边事，玺书褒美。凡二十三年之间，其商略区画舍农桑外，所深注意者独边事而已。然其卑辞屈己，岁致金缯，与犬羊结好者，岂得已哉！帝亦度匈奴桀骜之势未可以遽服，而疮痍甫定之民未可以遽用，故虽外为和亲之礼，而内实未尝轻弃自治之策。帝于是愤怒激烈，锐志雪耻，必欲躬自北伐，虽群臣之谏不听。岂非仁者之勇哉！（引自《袁王纲鉴合编》卷六）

编者按：本文原见《中庸衍义》卷九。程馀庆《历代名家评注史记集说》将朱文压缩重组，更显精练。兹录如下："文帝于备边一事，未尝少忽。虽恬静玄默，而勤习骑射；虽爱惜财用，而缮修城堡，拊髀称叹颇、牧。晁错奏边事，玺书褒美。今复欲自将击匈奴，岂非仁者之勇哉！"

锺　惺：文帝谦逊爱养，事事以静为主，至欲自将击匈奴，大臣谏不听。何其勇也！愚尝谓文帝用兵，远过武帝。武帝击匈奴，在行一己之志，故常生事；文帝在图天下之安，故常归于无事。大小公私，其本末不同耳。（《史怀》卷五）

⑬【汇注】

裴　骃：如淳曰："必不得自征也。"（《史记集解·孝文本纪》）

颜师古：文颖曰："要，（却）〔劫〕也，哀痛祝誓之言。"（《汉书注·文帝纪》）

胡三省：文颖曰："要，劫也，哀痛祝誓之言。"余谓固要，力止也。要，读曰邀。康力笑翻，非也。（见《资治通鉴》卷十五注）

又：海陵本《释文》曰："要，力笑切。"余谓要之为义，劫也，约勒也，此所谓固要言力约止之也。要读如邀。海陵本音非。（《通鉴释文辨误》卷一）

王叔岷：案："要"与"止"相应，要亦止也。《汉纪》"要"正作"止"。《管子·君臣下篇》："要淫佚。"尹之章注："要，谓遮止之也。"与此"要"字同义。（《史记斠证》卷十）

【汇评】

程馀庆：序法节次，便见文帝当时作用。（《历代名家评注史记集说·孝文本纪》）

⑭【汇注】

司马贞：县名，属临淮。（《史记索隐·高祖功臣侯年表》）

吕祖谦：按《年表》东阳侯张相如以击陈豨力战功，封侯者也。……绛侯既死，人望无过张相如，故以为大将军。（《大事记解题》卷十）

龚浩康：东阳，县名。治所在今山东省武城县东北。（见王利器主编《史记注译·孝文本纪》）

王　恢：《左》襄二十三年，晋赵胜率东阳之师以追齐师。昭二十二年，晋荀吴略东阳。马融云："晋地，自朝歌以北至中山为东阳，自朝歌以南至轵为南阳。"《国策·齐策》："兼魏之河南，绝赵之东阳。"《赵世家》："惠文王之东阳，决河水伐魏。"大抵太行山东，大河以西，统称东阳。汉于今山东恩县西北六十里卫河南岸置东阳县，张琦即以此释之，不知以统名而专名其县，如南阳河内然也。（《史记本纪地理图考·秦始皇本纪》）

又：《清统志》（一三四）："故城今安徽天长县西北七十里，故址尚存，俗谓之屈城。"（《史记本纪地理图考·项羽本纪》）

⑮【汇校】

钱大昭：建成侯董赫，《史记·孝文纪》作"成侯赤"。徐广曰："赤姓董。"《汉书·匈奴传》作"成侯董赤"。《功臣表》及《汉纪》俱无建成侯董赫，但有成敬侯董渫。孝惠元年，康侯赤嗣，是建成侯衍"建"字，赫、赤古字通。又考《百官表》，文十四年，有内史董赤，而无栾布，《布传》又不言曾为内史，窃意"内史"二字，当在成侯之上。（《汉书辨疑》卷一）

梁玉绳：按：《名臣表》书"成侯董赤内史栾布"，《匈奴传》虽失书栾布，亦云"成侯董赤"，不言"为内史"，《汉书·文纪》虽误书"成侯"为"建成侯"，而亦书"内史栾布"，不言赤为内史也。《史诠》谓上"为"字衍。内史，栾布官。此解似是，但《百官表》是年内史乃董赤，而《栾布传》言"自燕相为将军"，不言为内史，疑有误。"赤"当作"赫"，说在《功臣表》。（《史记志疑》卷七《孝文本纪》）

佚　名：史诠曰：上"为"字，衍文，内史、栾布官也。按：《史·表》成侯董赤内史；栾布为将军是也。《汉书》"赤"下亦无"为"字。一本"赤"作"赫"。（《史记疏证（外一种）》卷十）

史学海：《文帝纪》十四年"建成侯董赫"，学海按：齐次风（编者按：齐召南，字次风。阮葵生曰："齐次风，召南也。"《茶余客话》卷二）据《功臣表》辨建成之误，是也，但"赫"字亦误。《功臣表》：成敬侯董渫蘴。孝惠元年，康侯赤嗣，四十四年，有罪，免。孝景中五年，赤复封节氏侯。《百官公卿表》：孝文十四年，内史董赤。又《史·孝文纪》：成侯赤为内史……《匈奴传》成侯董赤为将军。师古曰：《文纪》言建成侯，此言成侯，纪、传不同，当有误。按：颜注疑而未定，若核各表，自知误。在《文纪》《表》言封建成侯者三人：刘拾以武帝元朔四年封，黄霸以宣帝五凤三年封，皆在后，不必言；吕释之以高帝六年封，传子则，有罪，免。则弟种，复封，高后七年更为不其侯，八年反诛，是文帝时无建成侯也。《史·功臣表》索隐曰：成，县名，属涿郡。（《汉书校证》卷一）

吴汝纶："赤"下本有"为"字，"布"下无"皆"字，依《汉书》校改。《史铨》云内史栾布官。某按：《通鉴》注引《史记正义》，赤音赫。局刻本失载《正义》

文。(《点勘史记读本·孝文本纪》)

王先谦：齐召南曰：按《功臣表》，董赫是董渫之子，封成侯，非建成侯。《史记》成侯赤为内史，栾布为将军，是也。《公卿表》于是年书内史董赤，即依《史记·栾布传》，未尝为内史，故《公卿表》不书。此文建成侯既衍"建"字，以内史连栾布为句，亦非事实。先谦曰：齐说固当，但董赤既为内史，与军事无涉，叙入不伦，疑《史记》误文。故班固于《匈奴传》但书成侯董赤为将军，而删栾布。然《布传》明云"孝文时至将军"，删"布"亦未是也。《匈奴传》无"建"字，与本表及《史记》合。明此，"建"字传写误衍。(《汉书补注·文帝纪》)

[日]**泷川资言**：《汉书》作"建成侯董赫"。齐召南曰：《功臣表》董赫是董渫之子，封成侯，非建成侯。《史记》作"成侯"，是也。陈仁锡曰："为"字衍文。内史，栾布官也。梁玉绳曰：此解似是，但《百官表》是年内史乃董赤。而《栾布传》言"自燕相为将军"，不言为内史，疑有误。(《史记会注考证附校补》卷十《孝文本纪》)

瞿方梅：案：《汉书》本纪作"建成侯董赫"(编者按："本纪"当指"文纪")。考同时有吕释之者，封建成侯。一地当不两封，《汉书》疑误。赤、赫形似惑也。(高帝六年，正月，董渫封成侯，吕释之封建成侯，赤则渫之子也。)(《史记三家注补正·孝文本纪第十》)

朱东润：按《匈奴传》言："匈奴十四万骑入朝那萧关，杀北地都尉卬，虏人民畜产甚多，遂至彭阳，使骑兵入烧回中宫，候骑至雍甘泉。"《传》又言："拜昌侯卢卿为上郡将军，宁侯魏遫为北地将军，隆虑侯周灶为陇西将军，此三将军也。"又据传成侯董赤为前将军，则本纪夺"前将军"三字，内史应属栾布上。(《史记考索·汉初匈奴大事年表》)

陈直：考证：《汉书》作建成侯董赫，齐召南曰：董赫是董渫之子，封成侯，非建成侯，《史记》作成侯是也。按《汉书·百官公卿表》，文帝十四年内史董赤，当即成侯董赫之异文。又《艺文志·农家》，有董安国十六篇，注汉代内史，不知何帝时，疑董安国为董赫之字。(《史记新证·孝文本纪》)

王叔岷：案：《汉书》作"建成侯董赫、内史栾布皆为将军"。"建"字误衍，齐说是。古钞本此文"成侯"上亦衍"建"字。《通鉴》作"成侯董赤、内史栾布皆为将军"(《汉纪》但书内史栾布)。《正义》："赤音赫。"《释名·释采帛》："赤，赫也。"赤、赫古通，则赤不必改作赫，《通鉴》存此文之旧，是也。上"为"字义犹"与"也，非衍文。当读"成侯赤为内史栾布为将军"为句。犹言"成侯赤与内史栾布为将军"也。《春申君列传》"黄歇为楚太子计曰"，《通鉴·周纪五》"为"作"与"，即为、与同义之证。又此文及《汉书》《汉纪》并书内史栾布，《通鉴》从之。似栾布曾为内史，可以补《栾布传》所略也。(《史记斠证》卷十)

点校本《史记》修订组："成侯赤为内史，栾布为将军"，东北本无上"为"字，疑是。按：本书卷一一〇《匈奴列传》"大发车骑往击胡"，《集解》引徐广曰："内史栾布亦为将军。"《汉书》卷四《文帝纪》："建成侯董赫、内史栾布皆为将军。"（点校本二十四史之修订本《史记》卷十《孝文本纪》）

【汇注】

裴　骃：徐广曰："姓董也。"（《史记集解·孝文本纪》）

颜师曰：《文纪》言建成侯，此言成侯，纪传不同，当有误。（《汉书注·匈奴传上》）

张守节：音赫。（《史记正义·匈奴列传》）

又：赤，音赫。（引自张衍田《史记正义佚文辑校·孝文本纪》）

编者按：张衍田在此佚文后注云："《校补》'赫'下有'呼格反'三字，且于'呼格反'下云：'高、泷川本无上三字。'"《校补》指《史记会注考证附校补》水泽利忠之校补。

吕祖谦：成侯董赤，高帝将董渫者也。（《大事记解题》卷十）

胡三省：成侯董赤，高帝功臣董渫之子。成侯国属涿郡。赤，《史记正义》音赫。（见《资治通鉴》卷十五注）

沈钦韩：《一统志》：成县故城在兖州府宁阳县北。按：涿郡又有成县。（《汉书疏证》卷三）

龚浩康：成，县名。治所在今山东宁阳县东北，一说在今河北省保定市境。赤，董赤。一说亦当作"赫"。内史，官名，掌管京城地区的民政。（见王利器主编《史记注译·孝文本纪》）

⑯【汇注】

裴　骃：徐广曰："内史栾布亦为将军。"（《史记集解·匈奴列传》）

吕祖谦：栾布，哭彭越者也。（《大事记解题》卷十）

徐复观：十四年，《史记》文帝欲自将击匈奴，因"皇太后固要帝，帝乃止。于是以东阳侯张相如为大将军，成侯赤为内史（《正义》：赤音赫），栾布为将军"。《汉书》将"成侯赤为内史"改为"建成侯董赫内史、栾布皆为将军"。董赫本封成侯而非建成侯，其误一。据《公卿表》，董赫此年为内史而未为将军。《汉书》则以为由内史而与栾布同时调为将军，故用一"皆"字，其误二。盖班氏不了解当时形势，匈奴一入边，京畿即为之震动，故文帝以成侯赫为内史，乃所以加强京畿之拱卫，与命将为同时，且亦为同一目的，致有此误。（《两汉思想史》卷三《〈史〉〈汉〉比较研究之一例》）

龚浩康：栾布，汉初将领。梁（今河南省商丘县南）人。先为燕王臧荼之将，文

帝时任燕国丞相，景帝时因平定七国之乱有功，被封为俞侯。事详《季布栾布列传》。（见王利器主编《史记注译·孝文本纪》）

⑰【汇注】

司马迁：拜……东阳侯张相如为大将军，成侯董赤为前将军，大发车骑往击胡。（《史记·匈奴列传》）

又：单于留塞内月余乃去，汉逐出塞即还，不能有所杀。（同上）

【汇评】

丘　濬：命将出师多矣，不书，书此者何？驱之出塞即还，可以为万世御夷之法也。（《世史正纲》卷三）

朱东润：《传》（编者按：指《匈奴列传》）言："单于留塞内月余乃去，汉遂出塞即还，不能有所杀，匈奴日已骄，岁入边，杀略人民畜产甚多，云中辽东最甚，至代郡万余人。"是则"匈奴遁走"句非史实。（《史记考索·汉初匈奴大事年表》）

春，上曰："朕获执牺牲珪币以事上帝宗庙①，十四年于今，历日（縣）〔緜〕长②，以不敏不明而久抚临天下③，朕甚自愧④。其广增诸祀埠场珪币⑤。昔先王远施不求其报⑥，望祀不祈其福⑦，右贤左戚⑧，先民后己，至明之极也。今吾闻祠官祝釐⑨，皆归福朕躬，不为百姓，朕甚愧之⑩。夫以朕不德，而躬享独美其福⑪，百姓不与焉⑫，是重吾不德⑬。其令祠官致敬，毋有所祈⑭。"

①【汇校】

王叔岷：案：古钞本"幣"原作"弊"，旁改作"幣"。作弊是故书。弊、幣古通。《虞卿列传》："开关通幣。"景祐本幣作弊，《货殖列传》："无息幣。"《索隐》本、《正义》本幣作弊；《庄子·则阳篇》："搏幣而扶翼。"《释文》本幣作弊，《说剑篇》："谨奉千金，以幣从者。"日本旧钞本幣作弊。皆其证。（《史记斠证》卷十）

②【汇校】

凌稚隆：按师古云："'縣'，古'懸'字。""縣长"，《汉书》作"弥长"。（《史记评林·孝文本纪》）

王念孙：按："縣"当为"緜"，字之误也（隶书"縣"字或作"緜"，"緜"字或作"緜"，二形相似，故緜误为縣。《汉緜竹令王君神道》緜字作緜，是其证也。《淮南·本经篇》"緜联房植"，緜字亦误作縣)。《汉书》作"历日弥长"，"弥"亦"緜"也。故文十四年《谷梁传》"緜地千里"。范宁注曰："緜犹弥漫也。"《贾子·壹通篇》"弥道数千"，犹"緜道数千"也，緜与弥声近而义同，故緜或作弥（《贾生传》"弥融爚"，《汉书》作"侊蠓獭"，侊、緜古同声，弥之通作侊，犹弥之通作緜也)。若縣与弥，则声远而不可通矣。（《读书杂志·史记·孝文本纪》）

  郝　敬：按："墠"与"坛"同，筑除虽异，为场则同，凡地平坦曰场。始皇禅梁父，亦谓为墠场，祭地于梁父也。（《批点史记琐琐》卷一）

  张文虎：《杂志》云"縣"当为"緜"。《汉书》作"弥"，弥亦緜也。（《校刊史记集解索引正义札记》卷一《孝文本纪》）

  吴汝纶：縣，当依《汉书》作"弥"，王校改"緜"字。（《点勘史记读本·孝文本纪》）

  王叔岷：案："縣长"犹"远长"，与"弥长"同旨，似无烦改字。《荀子·性恶篇》："加日縣久。""縣久"与"縣长""弥长"亦同旨。《淮南子·主术篇》："鞅鞈铁铠，瞋目扼擥（古腕字），其于以御兵刃縣矣。券契束帛，刑罚斧钺，其于以解难薄矣。"高诱注："縣，远也。"王氏谓"縣亦当为緜。緜，薄也。此言緜，下言薄，其义一也"（《淮南杂志》）。窃以为高诱训縣为远，远与薄义亦相近，似亦无烦改字。（《庄子·外物篇》："饰小说以干縣令，其于大达亦远矣。"即《淮南子》此文句法所本。《庄子》用远，《淮南子》用縣、薄，义并相通。）（《史记斠证》卷十）

  点校本《史记》修订组："历日縣长"，王念孙《杂志·史记第一》："'縣'当为'緜'字之误也。《汉书》作'历日弥长'，'弥'亦'緜'也。"按："縣"有"久远"之义，《荀子·性恶》："今使涂之人伏术为学，专心一志，思索孰察，加日縣久，积善而不息，则通于神明，参于天地矣。"縣久，谓久长。东北本作"懸"，亦可证作"縣"不误。（点校本二十四史之修订本《史记》卷十《孝文本纪》）

【汇注】

  郝　敬："縣""懸"同，言在位年弥久也。（《批点史记琐琐》卷一）

③【汇校】

  ［日］泷川资言：枫、三本"不明"作"无明"。（《史记会注考证附校补》卷十《孝文本纪》）

  王叔岷：案：古钞本亦作"无明"。无、不同义。（《史记斠证》卷十）

【汇注】

  颜师古：敏，材识捷疾。（《汉书注·文帝纪》）

④【汇评】

  程馀庆：三十七字，作一气读。（《历代名家评注史记集说·孝文本纪》）

⑤【汇校】

张文虎：埠，毛本"坛"。(《校刊史记集解索引正义札记》卷一《孝文本纪》)

王先谦：《史记》"坛"作"埠"。(《汉书补注·文帝纪》)

[日]泷川资言：《汉书·文纪》"埠"作"坛"。颜师古曰：筑土为坛。除地为场。币，祭神之帛（土，原引误"地"）。(《史记会注考证附校补》卷十《孝文本纪》)

王叔岷：案：《封禅书》《通鉴》埠亦并作坛，盖本为一字。埠之作坛，犹禅之作禮矣。(有时埠、坛义别，《礼记·祭义》："是故王立七庙，一坛一埠。"郑玄注："封土曰坛。除地曰埠。"是埠犹场也。)(《史记斠证》卷十)

【汇注】

颜师古：筑土为坛，除地为场。币，祭神之帛。(《汉书注·文帝纪》)

袁黄、王世贞：珪币谓祭神之玉帛。(《袁王纲鉴合编》卷六)

杨树达：按：广谓坛场，增谓珪币。(《汉书窥管》卷一《文帝纪》)

【汇评】

陈仁子：文帝于鬼神之事虽不免寓意，亦未尝留意。夫帝于鬼神之祠非一祠渭阳矣，祠长门矣，祠五帝矣，几若溺于虚诞者。后新垣平献玉杯而以诈诛，公孙臣议服色而以息止。凡天下祠祭领以祠官，帝不复往，非若武帝求蓬莱广台馆，迷而不知反者。呜呼，帝尝问谊言鬼神之事矣，至是无乃有悟于心乎！今兹增祀无祈之语，即前时因丰年祀上帝意也，可谓寓意而不留意。(《文选补遗》卷一《增祀无祈诏》)

⑥【汇注】

王叔岷：案：《庄子·山木篇》："与而不求其报。"(《史记斠证》卷十)

⑦【汇注】

袁黄、王世贞：国中山川，远望而祭之也。(《袁王纲鉴合编》卷六)

⑧【汇注】

裴骃：韦昭曰："右犹高，左犹下也。"(《史记集解·孝文本纪》)

颜师古：以贤为上，然后及亲也。(《汉书注·文帝纪》)

司马贞：刘德云："先贤后亲也。"(《史记索隐·孝文本纪》)

吴仁杰：《诸侯王表》作左官律，师古曰："汉依上古法，朝廷之列以右为尊，故谓仕诸侯为左官。"仁杰按：士蒍曰今分土而官之，是左之也，则左官之言在春秋已如此。王叔与伯舆争政，王右伯与范宣子曰：天子所右，寡君亦右之；所左，寡君亦左之。右之云者，非以右为尊而然也，以一人之身言之。左阳右阴因固有定体，然黄帝书谓地不满东南，故左手足不如右强。《礼》"左胸右末"注谓从右手取之之便，然则所谓左之右之者，譬左之用事与否耳。故杜征南解"在公之右"云用事也，解不亦左乎？云不便也，实用此意。《文纪》"右贤左戚"注引韦昭曰"右犹高，左犹下也"似未得其要领。(《两汉刊误补遗》卷一《尚右三》)

　　郝　敬：汉制尚右，右尊左卑，谓先贤后亲也。(《批点史记琐琐》卷一)

　　王先谦：颜注：当在左戚下。(《汉书补注·文帝纪》)

【汇评】

　　程馀庆：右，犹高；左，犹下。言先贤后亲也。申上增币之意，字字深厚。(《历代名家评注史记集说·孝文本纪》)

⑨【汇注】

　　裴　骃：如淳曰："釐，福也。《贾谊传》'受釐坐宣室'。"(《史记集解·孝文本纪》)

　　颜师古：釐，本字作禧，假借用耳，同音僖。(《汉书注·文帝纪》)

　　司马贞：音禧，福也。(《史记索隐·孝文本纪》)

　　袁黄、王世贞：祠官谓摄行祀事者。(《袁王纲鉴合编》卷六)

　　王　筠：祠官祝釐，釐字解同《说文》，可见为自古相传之训。豪釐见《礼记》。今人多用毫釐。(《史记校》卷上)

⑩【汇校】

　　王叔岷：案：《封禅书》《汉书》《汉纪》《通鉴》"福"下皆有"于"字。《书钞》八引"愧"作"媿"，《汉书》同。愧，或媿字。后多此例。(《史记斠证》卷十)

⑪【汇校】

　　吴汝纶：本作"躬"，依《汉书》改。(《点勘史记读本·孝文本纪》)

　　[日] 泷川资言：《汉书·文纪》"躬享"作"专鄉"，鄉即饗，与此意同。(《史记会注考证附校补》卷十《孝文本纪》)

　　王叔岷：案：古钞本"朕"下有"之"字，《汉书》《通鉴》并同。《通鉴》"躬享"作"专饗"。享、鄉、饗古并通用，参看《汉书补注》。(《史记斠证》卷十)

【汇注】

　　王先谦：周寿昌曰："乡音享。《祭义》飨者，乡也。《燕礼》注：'主国君飨时。'《释文》：'飨本作乡。'《后书·光武纪》三年诏有曰'斯皆祖宗之灵，士人之力，朕曷足以享斯哉'，与此意同。"先谦曰：周说是也。《史记》作"躬享"，《通鉴》作"专飨"。(《汉书补注·文帝纪》)

⑫【汇注】

　　颜师古：与读曰豫。(《汉书注·文帝纪》)

⑬【汇校】

　　吴汝纶：依《汉书》增"也"字。(《点勘史记读本·孝文本纪》)

【汇注】
　　颜师古：重音直用反。(《汉书注·文帝纪》)
【汇评】
　　吴见思：语意三折。(《史记论文·孝文本纪》)

⑭【汇注】
　　李澄宇：令祠官致敬，毋有所祈，所谓敬鬼神而远之也。(《读史记蠡述》卷一)
【汇评】
　　茅　坤：诏祝釐官罢祝可，而因岁穰而增币不可。(引自凌稚隆《史记评林·封禅书》)
　　袁　黄：尚论人主于三代之下，则吾必以汉文为贤。其去祠官之祝釐，尤千古卓识也。(《袁王纲鉴合编》卷六)
　　程馀庆：简而至，得孔子敬而远之之旨。(《历代名家评注史记集说·孝文本纪》)
　　孙月峰：增珪币无祈，真得事神之道。致敬尤恳至。(引自潘椿《史汉初学辨体·文帝纪》)
　　吴汝纶：下叙公孙臣新垣平等，此见文帝颇惑方士祈祷邪说。《汉书》入之《郊祀》而不载之，《本纪》失之。(《点勘史记读本·孝文本纪》)

　　是时北平侯张苍为丞相①，方明律历②。鲁人公孙臣上书陈终始传五德事③，言方今土德时④，土德应黄龙见⑤，当改正朔服色制度⑥。天子下其事与丞相议。丞相推以为今水德⑦，始明正十月上黑事⑧，以为其言非是，请罢之⑨。

①【汇校】
　　王叔岷：案：古钞本"苍"作"仓"，《汉纪》同。古字通用。(《史记斠证》卷十)
【汇注】
　　司马迁：张丞相苍者，阳武人也。好书律历。秦时为御史，主柱下方书。有罪，亡归。及沛公略地过阳武，苍以客从攻南阳。苍坐法当斩，解衣伏质，身长大，肥白如瓠，时王陵见而怪其美士，乃言沛公，赦勿斩。遂从西入武关，至咸阳。沛公立为汉王，入汉中，还定三秦。陈馀击走常山王张耳，耳归汉，汉乃以张苍为常山守。从淮阴侯击赵，苍得陈馀。赵地已平，汉王以苍为代相，备边寇。已而徙为赵相，相赵王耳。耳卒，相赵王敖。复徙相代王。燕王臧荼反，高祖往击之，苍以代相从攻臧荼有功，以六年中封为北平侯，食邑千二百户。

迁为计相，一月，更以列侯为主计四岁。是时萧何为相国，而张苍乃自秦时为柱下史，明习天下图书计籍。苍又善用算律历，故令苍以列侯居相府，领主郡国上计者。黥布反亡，汉立皇子长为淮南王，而张苍相之。十四年，迁为御史大夫。（《史记·张丞相列传》）

又：苍与绛侯等尊立代王为孝文皇帝。四年，丞相灌婴卒，张苍为丞相。（同上）

司马贞：县名，属中山。（《史记索隐·高祖功臣侯年表》）

钱　穆：北平，故城今河北满城县北。（《史记地名考》卷二十四《汉侯邑名（二）》）

龚浩康：北平，县名，治所在今河北省满城县北。（见王利器主编《史记注译·孝文本纪》）

【汇评】

王应麟：或问：张苍好书博闻，以文吏为相，非绛、灌比也，而不闻兴起儒者之学，何欤？曰：儒者不用于世久矣。刘向《别录》云：虞卿以《春秋》授荀卿，荀卿授张苍。然则苍所学者《春秋》，所师者荀卿也。汉初，《左氏传》出苍家，则苍之学不止律历也，明春秋之义以佐其君，正纲常，辨名分，决大事，断大疑，经纶天下之大经。嘉以《春秋》为本德，则汉可以为帝王之治。考之于传，不过推汉为水德，推律调音，以定法令程品而已，而未尝以《春秋》之学施之政事。淮南王长之罪，苍尝议之，而辄论如法之奏，不能全兄弟之恩也；肉刑之除，苍又议之，而外有轻刑之名，内实杀人，不能广钦恤之仁也。苍自秦时为柱下御史，止于明习图书计籍。贾生所谓大臣特以簿书期会为大故者，安能以圣人之遗经措之相业哉！其后公孙弘以《春秋》之义治臣下取汉相，是以圣经为司空城旦书也。夫子制《春秋》以俟后圣，其终不行矣夫。（《通鉴答问》卷三）

② 【汇注】

司马迁：苍本好书，无所不观，无所不通，而尤善律历。（《史记·张丞相列传》）

③ 【汇注】

司马迁：鲁人公孙臣上书曰："始秦得水德，今汉受之，推终始传，则汉当土德，土德之应黄龙见。宜改正朔，易服色，色上黄。"（《史记·封禅书》）

颜师古：音张恋反。谓转次之。（《汉书注·郊祀志上》）

司马贞：五行之德，帝王相承传易，终而复始，故云"终始传五德之事"。传音转也。（《史记索隐·孝文本纪》）

又：音张恋反。传，次也。谓五行之德始终相次也。《汉书·郊祀志》曰："齐人邹子之徒论著终始五德之运，始皇采用。"（《史记索隐·秦始皇本纪》）

[日]泷川资言：五德终始传，又见始皇二十六年纪、《封禅书》《历书》《贾生传》《孟荀列传》《张丞相传》。（《史记会注考证附校补》卷十《孝文本纪》）

【汇评】

龚浩康：终始传五德事，指天地间的事物都是由五德（又叫"五行"，即金、木、水、火、土等构成各种物质的五种元素）终而复始、循环往复相传下来的。这是阴阳家用以解释王朝兴废原因的一种理论。例如，夏、商、周三朝的更换，就是金（商）克木（夏）、火（周）克金（商）的结果。为了适应"五德终始"，各个朝代常改正朝、易服色等。（见王利器主编《史记注译·孝文本纪》）

李廷机：五德之论，昉于邹衍，其书轶而不传，后儒从而推广之。然而生剋难据也。夫相生者从其所执之序也，故太昊为木，而炎帝以火承之，轩辕为土，而少昊以金承之。是则何之说也？相剋者从其所不胜者言之也。故夏为木，而商以金剋之，商为金，而周以火剋之，是邹衍之旨也。然则是向之说独可推于五帝之前，而衍之说独可推于三季之后矣。且夫五帝之相继，三王之代兴，此其生剋之际，犹可言也。若夫唐之继汉，宋之继唐，与夫我国家之继宋，既非顺而受之，又非剋而代之也，果孰为相生乎？孰为相剋乎？抑其间自为生剋者各有在乎？是所谓生剋之难据者也。（引自《百五十家评注史记·孝文本纪》）

梁玉绳：此事《封禅书》《历书》及贾生、张丞相传俱有之。窃谓五行之王，颇不足准，其说始于邹衍，今视之特阴阳末术耳，初无预于治乱之数，自秦始皇采用，遂相沿以为大事，不亦惑乎！邹衍论五德取相胜，故贾谊、公孙臣曰应黄龙见，汉当土德，土克水也。沈约因称白帝之子是水，赤帝之子是土，孝武用之。刘向言五德主相生，以秦为闰位去之，故曰周木德，汉火德。应劭因称秦水汉土为失，光武改之。后世咸宗刘说，魏称土德，晋称金德，宋称水德，皆是也。独张苍曰"河决金堤，汉为水德"。夫河决岂吉祥善事，而指以为水德之符，奚异方士以岁旱为乾封，以孛见为德星哉？张苍之议，必因高帝"北畤待我而起"一语，故《历书》亦云"高祖自以为获水德之瑞"。不知高祖一时之词，非自道得水德，初起事时，旗帜已尚赤矣，特袭秦正朔服色，未遑更定也。（《史记志疑》卷七《孝文本纪》）

④【汇注】

张大可：方今言土德时，公孙臣认为汉代秦，秦为水德，汉为土德，土胜水。丞相张苍认为汉代周，应为水德。周为火德，水胜火，言汉为水德者，不承认秦有水德。（《史记全本新注·孝文本纪》）

⑤【汇注】

司马迁：苍为丞相十余年，鲁人公孙臣上书言汉土德时，其符有黄龙当见。(《史记·张丞相列传》)

龚浩康：土德应黄龙见，根据阴阳家的理论，与金木水火土五德相应的是白青黑红黄五色。公孙臣认为汉朝正值土德，相应的是黄色，所以这样推断。下文"丞相推以为今水德……上（崇尚）黑"，也是出于这一理论，只是推算结果不同。(见王利器主编《史记注译·孝文本纪》)

【汇评】

姚苎田：从来术数之学，必有验而后能动人。(《史记菁华录》卷一《封禅书》)

⑥【汇注】

龚浩康：正朔指历法制度。古时改朝换代，新王朝为了表示"应天承运"，须重新确定正朔。服色，指官府应用的颜色。古时每个王朝的车马、祭牲、服饰等都有自己所崇尚的颜色，如夏朝尚青、商朝尚白、周朝尚红等。(见王利器主编《史记注译·孝文本纪》)

【汇评】

姚苎田：公孙臣之言即邹衍之说也，其言未必尽谬。然一为所动，而新垣平即得以荒诞之说希宠于进。其后虽以诛死，而文成、五利之属已接踵于阙下矣。且文帝于贾谊所陈改正朔、易服色诸事，则谦让未遑，独于公孙臣辈信之甚笃，谓非贻谋之不善耶？(《史记菁华录》卷一《封禅书》)

⑦【汇注】

张守节：姚察云："苍是秦人，犹用推五胜之法，以周赤乌为火，汉胜火以水也。"(《史记正义·张丞相列传》)

王鸣盛："颛顼高阳氏水德，水生木，故帝喾高辛氏为木德；木生火，故唐尧火德；火生土，故虞为土德；土生金，禹为金德；金生水，汤为水德；水生木，周为木德"云云。案：《后汉书·郎顗传》：顗条便宜对曰：孔子曰："三百四岁为一德，五德千五百二十岁，五行更用。"注：《易乾凿度》孔子曰："立德之数，先立木金水火土德，各三百四岁。"五德备，凡千五百二十岁。太终复初，故曰五行更用，更犹改也。《乾凿度》在纬书中最为可信，据此则知五德相代，其说出于孔子。但孔子言三百四岁一德，《汉·志》却言一代一德。历代运数短长不定。假如夏、商、周传世皆数百年，决无既定为一德矣，三百四岁后，忽又更易一德之事，则孔子亦言其理而已，不必泥《汉·志》是也。且此五德之运，王者循环相代，而所尚之色却不用五色者，以三正也。建子者，物初生，色赤，故尚赤；建丑者，物渐箸，色白，故尚白；建寅者，物已成形，色黑，故尚黑（或作"青"亦可。《礼记》"或素或青，夏造殷因"下郑注有此一条。大凡物之成形,有黑者,亦有青者)。《舜典》"三帛",郑注甚明,详《尚书·后案》一卷。又此三正临时酌用,不必一定挨次循环。所以夏建寅之后,商不必从子起,却建丑,而周却建子,参错不齐,然与五德无涉。又五运相代,取相生不取相克。周木德也,宗灵威仰,木生火。秦人应以火德王,乃《秦始皇本纪》云"始皇推终始五德之传,以为周得火德,秦代周,从所不胜",而用水德,遂以十月为正,误以周为火,又误以相生为相克,又误以五德改正朔,一事而三误,秦人不学如此。至汉则继周不继秦,故用火德,尚赤。王莽用土德代汉,又因汉称尧后,亦自称舜后。明正当受汉禅也,亦可笑矣。至魏始以土德继汉,色尚黄。

《张苍传》苍推汉为水德,是承秦而不改;公孙臣又上书,谓汉当用土德,是亦承秦而言之,以秦人应火德故耳。无知秦已误用水矣,奈何汉又用土乎?抑或又误用相克之说乎?皆非也。(《十七史商榷》卷十一《汉书五·五德相代》)

吴见思:五德之运,公孙臣以秦为正,故土;张苍以秦为闰,故水(编者按:此语亦见高嵣《史记钞》卷二)。(《史记论文·孝文本纪》)

程馀庆:五德之运,公孙臣以秦为正,故以汉为土德;张苍以秦为闰,故以汉为水德。(《历代名家评注史记集说·封禅书》)

姚苎田:秦之为水德,旧矣,而苍乃以汉为水德之始者,其意以秦为闰位,不足当五德之数者。(《史记菁华录》卷一《封禅书》)

【汇评】

杨　时:当是时,汉廷公卿皆武夫,军吏无能知书者,唯苍自秦时为柱下史,明习天下图书,尤邃于律历,有所建明,宜无不从也。然其术学疏陋,犹以汉当水德之盛,正朔宜因秦弗革,卒以此绌,惜夫!(《龟山集·史论·张苍》)

尤　侗:王以相胜为义,秦为水德,剋水者土,焉有以水济水者乎?张苍以汉得水德,鲁人公孙臣以为当土德,其应黄龙见。至十五年,黄龙见成纪,始改焉。汉廷诸儒不学,使大议于草野之人,又必待天象而始验,何其疏也。(《看鉴偶评》卷二)

金维宁:文侯(编者按:张苍谥号文侯)精律历,汉家宗之尚矣,何孝文时鲁人公孙臣复起而议之?曰:汉有土德,王有黄龙当见其后,黄龙见于成纪,以从土德。文侯因自诎,得毋以汉去周未远,周为火德,汉以水胜火,故从水。而文侯本秦人,仍秦之旧,以十月为岁首,其间有附会之失与!(《垂世芳型》卷三)

梁玉绳:按:汉之王或以土德,或以火德,或以水德,所说不同,而水德之说尤妄,语在《孝文》事中。(《史记志疑》卷十五《历书》)

⑧【汇注】

司马迁:张苍为计相时,绪正律历。以高祖十月始至霸上,因故秦时本以十月为岁首,弗革。推五德之运,以为汉当水德之时,尚黑如故。(《史记·张丞相列传》)

裴　骃：服虔曰："十月阴气在外，故外黑；阳气尚伏在地，故内赤。"（《史记集解·封禅书》）

程馀庆：十月阴气在外，黑，阳气尚伏在地。（《历代名家评注史记集说·封禅书》）

郭嵩焘：按：《汉书·郊祀志》公孙臣言"始秦得水德，及汉受之，推《终始传》则汉当土德。丞相张苍以为汉乃水德之时，河决金堤，其符也"。史公约其言，以为今水德，而去"河决金堤"一语，徒以"正十月上黑事"明之，则仍袭秦之旧也，不得云"始明"矣。（《史记札记》卷一《孝文本纪》）

⑨【汇注】

司马迁：至孝文时，鲁人公孙臣以终始五德上书，言"汉得土德，宜更元，改正朔，易服色。当有瑞，黄龙见"。事下丞相张苍，张苍亦学律历，以为非是，罢之。（《史记·历书》）

又：是时丞相张苍好律历，以为汉乃水德之始，故河决金堤，其符也。年始冬十月，色外黑内赤，与德相应。如公孙臣言，非也。罢之。（《史记·封禅书》）

黄　震：张苍，先帝旧功臣，别无长短。自秦时为柱下史，汉兴专令主计。汉家言律者，本之以十月为岁首，色上黑。公孙臣言汉土德，其符黄龙见，苍罢之。其后黄龙见，苍自绌。（《古今纪要》卷二）

柯维骐：按：汉文帝时，公孙臣上书，欲改正朔，易服色，而黜于张苍及贾谊之议，犹之公孙臣也，而阻于绛、灌。（引自凌稚隆《史记评林·屈贾列传》）

何孟春：文帝十四年，公孙臣言，秦得水德，汉受之，推终始传，则汉当土德，其应黄龙见，宜改正朔，服色上黄。丞相张苍以为非，罢之。明年，黄龙见成纪。帝乃召臣，拜博士，草改历、服色事。臣之所议，谊之议也。（《贾太傅书序》，见《贾谊集》附录序跋）

王鸣盛：《张苍传》："苍推五德之运，以为汉当水德之时，上黑。苍为丞相十余年，鲁人公孙臣上书陈终始五德传，言汉土德，其符黄龙见。苍以为非是，罢之。其后黄龙见成纪，文帝召公孙臣为博士，草立土德时历制度。"张晏曰："以秦水德，汉土胜之。"《贾谊传》："谊以为汉宜改正朔，数用五，色上黄。"赞曰："谊欲改定制度，以汉为土德，其术已疏矣。"按：秦人用水德，本自讹舛，不可承，况五德取相生，不取相克，即欲承秦，何为以土胜之？张苍固非。而公孙臣、贾谊亦非。故赞曰"术疏"。（《十七史商榷》卷二十四《汉书十八·五德》）

【汇评】

司马迁：张苍文学律历，为汉名相，而绌贾生、公孙臣等言正朔服色事而不遵，明用秦之颛顼历，何哉？（《史记·张丞相列传》）

程馀庆：秦既水德，汉复称水德，非也。将以秦为闰位，不纪其数耶？（《历代名家评注史记集说·孝文本纪》）

林剑鸣等：文帝刘恒即位，距西汉开国已二十六个年头，史称当时"天下和洽而固"（《史记·贾生列传》），形势发生了很大变化。于是便有人按五德终始说，提出改水德为土德的问题了。

第一个提改制建议的是洛阳少年贾谊。文帝尽管十分赏识他的才华，也确实按照他的意见，对某些律令有所"更定"，但当时文帝新即位不久，朝内旧有的功臣势力还很大，绛侯周勃、丞相灌婴、东阳侯张相如、御史大夫冯敬等不断向文帝施加压力，以为贾谊"年少初学，专欲擅权，纷乱诸事"（《史记·贾生列传》），于是"天子后亦疏之，不用其议"（同上引）。这样，贾谊提出的一整套"改正朔、易服色、法制度、定官名、兴礼乐"（同上引）的改制方案，不仅未能实行，就连他本人也被派到边远的长沙国做个无权的太傅，年方三十三岁那年，便郁郁而亡。

继贾谊之后提出改制的是鲁人公孙臣。他的运气并不比贾谊强多少。他上书陈述改制要求以后，立即遭到丞相张苍的反对，碰了一鼻子灰。文帝十五年（前165）春，在成纪（今甘肃省秦安县北）大概有人发现了一条黄蛇，于是纷纷传说见了"黄龙"，似乎土德之应"黄龙"果真出现了，于是文帝召回公孙臣，"拜为博士，与诸生草改历服色事"（《史记·封禅书》），那位坚持水德的丞相张苍为此也自绌辞职。眼看着改制即将实现，可节骨眼上却偏偏节外生枝，出了新垣平欺骗皇帝之事。后来新垣平虽被杀掉，但文帝从此对改制之事也不再感兴趣，由公孙臣发起的改制活动也便不了了之。（《秦汉社会文明》第九章《具有浓厚迷信色彩的信仰》）

十五年，黄龙见成纪①，天子乃复召鲁公孙臣，以为博士②，申明土德事③。于是上乃下诏曰④："有异物之神见于成纪，无害于民，岁以有年⑤。朕亲郊祀上帝诸神⑥。礼官议，毋讳以劳朕⑦。"有司礼官皆曰⑧："古者天子夏躬亲礼祀上帝于郊，故曰郊⑨。"于是天子始幸雍⑩，郊见五帝⑪，以孟夏四月答礼焉⑫。赵人新垣平以望气见⑬，因说上设立渭阳五庙⑭。欲出周鼎⑮，当有玉英见⑯。

① 【汇校】

王叔岷：案：景祐本南宋补版（前行未空格）、黄善夫本、殿本并提行，《汉书》

《汉纪》《通鉴》并同。(《史记斠证》卷十)

【汇注】

裴　骃：韦昭曰："成纪县属天水。"(《史记集解·孝文本纪》)

又：徐广曰："在文帝十五年春。"(《史记集解·封禅书》)

颜师古：成纪，陇西县。(《汉书注·文帝纪》)

又：天水之县也。(《汉书注·郊祀志上》)

编者按：颜师古注"成纪"，有天水县与陇西县两说。对此，史学海认为：《地理志》成纪县属天水郡，不属陇西，颜注误，此事《郊祀志》亦载之。师古曰"天水之县"是也。(《汉书校证》卷一)周寿昌则认为，二者"一纪其时，一书其实也"。(见王先谦《汉书补注·郊祀志上》)

张守节：见，音胡练反。韦昭云："听聪知正，则黄龙见。文帝尊孝弟力田，又除秘祝肉刑，故黄龙为之见。"成纪，在秦州县，本汉县，至今在州北二里。(引自张衍田《史记正义佚文辑校·孝文本纪》)

又：按：成纪今秦州县也。(《史记正义·封禅书》)

胡三省：班《志》：成纪县属天水郡，庖牺所生处。见，贤遍翻。(见《资治通鉴》卷十五注)

王先谦：成纪在今秦州秦安县北三十里。(《汉书补注·文帝纪》)

[日]泷川资言：今甘肃秦州秦安县。(《史记会注考证附校补》卷十《孝文本纪》)

钱　穆：今秦安县北。(《史记地名考》卷二十一《关中地名》)

张大可：成纪，汉县名，在今甘肃通渭县东。(《史记全本新注·孝文本纪》)

【汇评】

高　嵂：谀臣兴而黄龙应。唐之兴庆、宋之天书皆仿佛此意。(《史记钞》卷二《封禅书》)

陆可教：帝王命世之符，古今论之多矣。若周以赤鸟之祥，汉以黄龙之瑞，则名儒硕士，皆以为火土之符，而程子亦有唐为土德无水灾，宋为水德多河患之说。按：宋之水灾，特其都汴时耳，南渡后河患不宋而金矣，岂金之所乘亦宋之运耶？抑宋之运已尽，而金乘之也？此皆说之难据者也。(引自程馀庆《历代名家评注史记集说·封禅书》)

② 【汇注】

龚浩康：博士，官名。职掌古今史事和文献典籍等，相当于皇帝的学术顾问。既各司其专门之学，又参预政事讨论，并外出巡行视察，当时为太常（"九卿"之一）属官。(见王利器主编《史记注译·孝文本纪》)

【汇评】

吕思勉： 按：文帝尝一用公孙臣，并惑于新垣平，拜臣为博士，与诸生草改历服色事；又使博士诸生刺六经中作王制，谋议巡狩封禅事，其所为与武帝何异？或曰：汉人迷信深，此黄龙见成纪为之，然《贾生列传》言："生以为汉兴至孝文二十余年，天下和洽，当改正朔，易服色，法制度，定官名，兴礼乐，乃悉草具其事仪法，色上黄，数用五，为官名，悉更秦之法。"帝虽谦让未皇，然以为生任公卿之位，绛、灌之属短之，乃不用。然则谓帝之用公孙臣、新垣平为惑于黄龙之瑞，其本意以为繁礼饰貌，无益于治者，亿度之辞，非其实也。（《吕思勉读史札记·汉儒术盛衰上》）

③**【汇注】**

司马迁： 后三岁，黄龙见成纪。文帝乃召公孙臣，拜为博士，与诸生草改历服色事。（《史记·封禅书》）

又： 其后黄龙见成纪，于是文帝召公孙臣以为博士，草土德之历制度，更元年。张丞相由此自绌，谢病称老。（《史记·张丞相列传》）

【汇评】

周紫芝： 汉文帝时，鲁人公孙臣上书，言汉当土德，丞相张苍明于律历，乃以汉水德。明年黄龙见成纪，文帝乃拜臣为博士，诏诸儒改服色。而贾谊献策，亦以汉当土德。至孝武时，虽倪宽之通经，司马迁之博洽，犹循公孙、贾谊之说，不复有所改易。独刘向父子以谓帝出乎震，故包牺氏始受木德，其后以母传子，终而复始。自神农黄帝下历唐虞三代，而汉得火焉，诸儒之说何其纷纷耶。夫以汉之一代所以王者三，或以为水，或以为火，或以为土，彼盖有所托而言，然亦有未足然者。三代之王取受命之符，于始兴之帝。黄龙见于文帝时，安得以为土德，此公孙臣之说为非也。自包牺氏以五德相传，则秦以水德，汉安得复以水乎，此张苍之说为非也。以土制水，于五行序为是，然高祖始兴，神母夜号，著赤帝之符，则汉当以火而不以土，无可疑者，此贾谊、司马迁之说为非也。夏得木，商得金，周得火，在三代无以母传子之序。周以火，秦以水，汉复以火，在秦汉无周而复始之义，此刘向父子之说为非也。夫以贾谊、司马迁、张苍、刘向之徒，其博闻洽识皆千年之士也，而谓其说卒无可取，盖亦不可。要之后世，灾异之学出于臆说。苟稽诸圣而无考焉，虽略之，可乃若秦汉之所以存亡，其理较然易知者，且详言之以为后世戒，则亦乌乎而不可哉！（《太仓稊米集》卷四十六《五德》）

凌稚隆： 按：贾谊欲改正朔，服色上黄，当时未之行。兹因黄龙见成纪，乃召公孙臣草改历服色事。然则臣之所议，其谊之议欤？（《汉书评林·郊祀志》）

孙廷铨： 帝王五德终始之运，其说靡定。汉兴之初，断蛇若符，旗帜尚赤，已为火德矣。文帝时贾谊、公孙臣又以秦为水德，从所不胜，汉当为土德；而丞相张苍又以河水决金堤为符，汉当为水德。文帝初从苍议，色尚外黑内赤，其明年，黄龙见成纪，帝以为土德之应，更从臣议，召为博士。及刘歆父子推五行之运，以子乘母，以谓帝出乎震，故木德自嗥始，炎帝以下，以次相生，至汉仍为火德。诸说并殊，愚谓此皆汉人说符之论耳，考之《诗》《书》所称，实无是也。夫五德备，然后为帝，犹四时具，然后为年。寒暑阙一岁，功不成，德刑不均，王道不立，何必处一以自狭邪！（《汉史亿》上卷）

杨希枚：文帝时，公孙臣上书，言汉得土德，而张苍以为"汉乃水德之始，故河决金堤，其符也"。其后因"黄龙见于成纪"，文帝复召公孙臣"以为博士，申明土德之事"，而张苍也以此自黜。于是文帝"郊见雍五畤"，而"祀衣皆上赤"！（见《史记·孝文帝本纪、历书、封禅书、张苍传》）据此，可以了解的，即依公孙臣之说，则秦自居水德，且唯秦居水德，汉也才可以应土德。因此，秦自居水德说，未非不是因汉自居土德说而起。但就张苍之说而言，则秦非唯初不应有自居水德之说，且实不在帝系之列！此外，可注意的，即文帝虽已命公孙臣申明土德之事，而郊祀上帝时却又祠衣上赤，与始皇以为应水德而郊宿衣尚白之说也如出一辙；显见文帝也不以汉应土德说为然，而似仍意在水德。因此，其后新垣平以望气，诈言神事见诛，文帝也就"怠于改正朔、服色、神明之事"，而"废不复问"。汉应土德之议显然竟搁置未行，文帝已经厌烦得谈也懒得谈了。（《论今文〈尚书·太誓〉〈尚书大传·太誓〉及〈史记〉的白鱼赤乌神话》，见《先秦文化史论集》）

④【汇注】

司马迁：其夏，下诏曰："异物之神见于成纪，无害于民，岁以有年。朕祈郊上帝诸神，礼官议，无讳以劳朕。"（《史记·封禅书》）

⑤【汇注】

张守节：言丰年也。（引自张衍田《史记正义佚文辑校·孝文本纪》）

⑥【汇注】

张大可：郊祀，祭天地之祀，每年在夏至日于南郊举行。（《史记全本新注·孝文本纪》）

【汇评】

高　嵣：谀臣用而方士来，为文成五利先声，附会符瑞，谋议封禅，见方士易惑主听如此。（《史记钞》卷二《封禅书》）

姚苎田：说符瑞而归功岁与民，固自得体。（《史记菁华录》卷一《封禅书》）

⑦【汇注】

裴　骃：《汉书音义》曰："言无所讳，勿以朕为劳。"（《史记集解·孝文本纪》）

颜师古：无讳以朕为劳，自言不以为劳也。晋灼曰："讳，忌难也。"（《汉书注·

郊祀志上》)

程馀庆：勿以朕为劳而有所讳也，倒句。(《历代名家评注史记集说·孝文本纪》)

[日] **泷川资言**：中井积德曰：言勿为劳我而讳避也。(《史记会注考证附校补》卷十《孝文本纪》)

【汇评】

吴见思：简质中却有姿致。(《史记论文·孝文本纪》)

⑧【汇注】

司马迁：有司皆曰："古者天子夏亲郊，祀上帝于郊，故曰郊。"(《史记·封禅书》)

⑨【汇注】

颜师古：邑外谓之郊。(《汉书注·郊祀志》)

⑩【汇注】

张守节：《括地志》云："歧州雍县南七里故雍城，秦德公大郑宫城也。"《庙记》云："橐泉宫，秦孝公造。祈年观，德公起。在雍州城内。"《括地志》云："秦穆公冢在雍县东南二里。"(《史记正义·秦本纪》)

钱　穆：雍县故城，今凤翔县南。《晋地道记》以为西虢地。应劭曰："四面积高曰雍。"(《史记地名考》卷八《秦地名》)

龚浩康：雍，即辟雍，古代设在郊外的祭祀之所。一说县名，治所在今陕西省凤翔县南。(见王利器主编《史记注译·孝文本纪》)

张大可：雍，秦县名，在今陕西凤翔县南。那里有五帝及百神之庙，汉代帝王常巡幸。(《史记全本新注·孝文本纪》)

⑪【汇注】

胡三省：秦立白帝、赤帝、黄帝、青帝畤于雍，汉高帝又立黑帝畤，故雍有五帝畤。雍，于用翻。畤，贤遍翻。(见《资治通鉴》卷十五注)

尤侗：文帝十五年始郊见五帝，论者曰：天一而已。而曰有五帝焉，非古也。夫五帝主五行，以气化者也，然《月令》：孟春之月，其帝太皞；孟夏之月，其帝炎炎；中央土，其帝黄帝；孟秋之月，其帝少昊；孟冬之月，其帝颛顼。则居然有五帝矣。《周礼》亦有兆五帝之文，祀之固宜。秦祀四帝，高祖曰：待我而五也。(《看鉴偶评》卷二)

程馀庆：此五畤之五帝。(《历代名家评注史记集说·孝文本纪》)

龚浩康：五帝，五天帝。具体所指有两说：一、太昊、炎帝、黄帝、少昊、颛顼。二、东方青帝、南方赤帝、中央黄帝、西方白帝、北方黑帝。(见王利器主编《史记注译·孝文本纪》)

【汇评】

胡　寅：天以形体言，帝以主宰言，其实一理也，非天与帝二物也。天子以继天言，帝以主天下言，其实一人也，非帝与天子殊分也。考之《诗》《书》《易》，惟天称帝，若句芒、蓐收，司五方者，以神明之可也。而郑康成专信纬书与刘歆《周礼》，立五帝之号，并天而六，后世又升五岳爵次，自公而王，自王而帝，一何（卖）〔渎〕乱名实之甚哉？夫帝者，统御四海之称，未尝统御四海，则不可谓之帝，亦犹天者，遍覆群物之称，不能遍覆群物，则不可谓之天，其义类不亦显而易明欤？议礼制度，能一（主）〔正〕之，以破积久之妄、群众之疑，使百世以俟而不惑，是亦圣人之徒也。（《读史管见》卷一）

刘友益：天一而已，而曰五帝，非古也。（《通鉴纲目书法》）

编者按：李述来曰：按：五帝，见《周礼》，不得云非古。下云作渭阳五帝庙，乃讥耳。（《读通鉴纲目条记》卷二）

尹起莘：文帝谦恭之君，初无所溺，而乃始为五帝之祀。夫帝一而已，安得有五？况异时纷纷祠祀，实昉于此。故《纲目》特以始郊五帝书之，以见开端之失。至他日武帝五畤之祀，则始于雍，此固《纲目》谨始之意。（引自《袁王纲鉴合编》卷六）

丘　濬：人君之职，在乎奉天临民而已。故有天下者，受上天之命，则当奉上帝之祀焉，所以报本也。汉初因秦雍畤增之为五，固已非礼矣，然皆有司致祠，人主未尝一亲事焉。文帝始议亲郊，然其在位二十三年，仅一郊见而已。呜呼！受天命为天子，而略天之祀如此，固非人君奉天之职，抑岂上天命君之意哉！（《世史正纲》卷三）

⑫【汇注】

司马迁：于是夏四月，文帝始郊见雍五畤祠，衣皆上赤。（《史记·封禅书》）

刘　攽：予谓三王之郊，一用夏正，于时据十月为岁首，故言夏郊也。（引自王先谦《汉书补注·郊祀志上》）

编者按：《汉书评林·郊祀志》引刘奉世语，与上说相同，仅"一用夏正"作"一茂夏正"。

[日]**泷川资言**：又见《封禅书》。《汉书·文纪》云：十五年九月，诏诸侯王、公卿、郡守举贤良能直言极谏者，上亲策之，傅纳以言。周寿昌曰：此汉廷策士之始。前此即位二年，诏举贤良方正能直言极谏者，未闻举何人。至是始以三道策士，而晁错以高第由太子家令迁中大夫。愚按：是事《晁错传》亦不载，故补记。（《史记会注考证附校补》卷十《孝文本纪》）

⑬【汇注】

司马迁：其后黄龙见成纪，张苍自黜，所欲论著不成。而新垣平以望气见，颇言

正历服色事，贵幸，后作乱，故孝文帝废不复问。（《史记·历书》）

【汇评】

李　贽：歪人。（《史纲评要》卷六）

姚苎田：前公孙臣之说犹预以黄龙见为验，及符合，而后官之，至新垣平望气，则惟其言是凭，而无从按验矣。逐步写来，得失自见。（《史记菁华录》卷一《封禅书》）

⑭【汇注】

司马迁：文帝亲拜霸、渭之会，以郊见渭阳五帝。五帝庙南临渭，北穿蒲池沟水。（《史记·封禅书》）

又：其明年，赵人新垣平以望气见上，言："长安东北有神气，成五采，若人冠絻焉。或曰东北神明之舍，西方神明之墓也。天瑞下，宜立祠上帝，以合符应。"于是作渭阳五帝庙，同宇，帝一殿，面各五门，各如其帝色。祠所用及仪亦如雍五畤。（同上）

编者按：据此处所述，新垣平说上设立渭阳五庙一事与黄龙见成纪、文帝召公孙臣、下诏及郊祀五帝诸事并非同年，而是"其明年"，与《孝文本纪》记载略有出入。

裴　骃：韦昭曰："在渭城。"（《史记集解·孝文本纪》）

颜师古：五庙，即下渭阳五帝之庙也。（《汉书注·文帝纪》）

张守节：《汉书·郊祀志》云："汉五帝庙同宇，帝一殿，阳面，五帝各如其帝色。"《括地志》云："在渭城。"（引自张衍田《史记正义佚文辑校·孝文本纪》）

又：渭阳五庙在二水之合北岸。（《史记正义·封禅书》）

又：《括地志》云："渭阳五帝庙在雍州咸阳县东三十里。《宫殿疏》云'五帝庙一宇五殿也'。"按：一宇之内而设五帝，各依其方帝别为一殿，而门各如帝色也。（同上）

胡三省：韦昭曰："在渭城。"师古曰："《郊祀志》云：在长安东北，非渭城也。韦说谬矣。"余据水北为阳，长安在渭南，渭城在渭北，五帝庙或在渭城界，韦说未可非也。《括地志》：渭阳五帝庙，在雍州长安县东三十里。（见《资治通鉴》卷十五注）

高　嵣：五帝庙，一宇五殿也。按：一宇之内，而设五帝，各依其方，帝别为一殿，而门各如帝色也。（《史记钞》卷二《封禅书》）

龚浩康：渭阳，地名。在今陕西省咸阳市东北。（见王利器主编《史记注译·孝文本纪》）

【汇评】

余有丁：以文帝之贤而犹不免于惑祥矫诬焉，难哉！（引自凌稚隆《史记评林·孝文本纪》）

刘友益：自帝有渭阳汾阴之祠，于是武帝祠灶、祠神君，立越祠，昭帝祠凤凰，宣帝祠金马碧鸡，皆有自来矣。至唐则有九宫贵神之祠。世主之惑何多也！（引自《袁王纲鉴合编》卷六）

许应元：用新垣平言设五庙，乃始郊见五帝，非礼也。文帝贤君，而微好鬼神之事，前席贾生时略可窥其微矣。（引自凌稚隆《汉书评林·文帝纪》）

卢舜治：此叙文帝举五帝之祠。（引自稚隆《汉书评林·郊祀志》）

钱　时：甚矣，异端邪说之善幻也，武帝好大喜夸，其受文成五利之诈固宜；文帝崇朴为天下先，乃敛退务实之主。贾谊请去秦法，立汉制，则谦逊未遑；张释之言便宜事，则首命之曰卑之毋甚高论，夫谁得而入之？新垣平何人也，其言一投遂且贵宠，立庙坛，议封禅，相与为非礼之礼而不悟。得非公孙臣土德之应有以荡其心，而神气五采之说遂妖妄于郊见五帝之后乎？周公作《无逸》而终之曰："古之人犹胥训告，胥教诲，民无或胥诪张为幻，此厥不听，人乃训之，乃变乱先王之正刑。"吁！可以为戒矣。（《两汉笔记》卷三）

丘　濬：用方士请也。后世人主作非礼之祠始此。文帝犹然，无怪乎武帝立越祠，宣帝祠金马碧鸡也。（《世史正纲》卷三）

夏之蓉：[文]帝十五年以前，仁风善政，美不胜书。自惑新垣平之说，稍信机祥，而治遂衰微矣。嗣是武帝祠灶、祠神君，昭、宣之世祠凤凰、祠金马碧鸡，皆渭阳、汾阴之祠有以开之。（《读史提要录》卷一《西汉》）

姚苎田：何所见而遽信之。（《史记菁华录》卷一《封禅书》）

李祖陶：文帝于稽古礼文之事，多谦让未遑，而用新垣平之言，作渭阳五帝庙，又于长门道北作五帝坛，遂为武帝信方士立祠祭之始，殊堪叹息。（《史论五种·前汉书细读》卷一《郊祀志》）

林剑鸣等：文帝受新垣平之骗，作渭阳五帝庙，似已开汉代皇帝迷信方士风气之先河。（《秦汉社会文明》第九章《具有浓厚迷信色彩的信仰》）

⑮【汇注】

司马迁：（新垣）平言曰："周鼎亡在泗水中，今河溢通泗，臣望东北汾阴直有金宝气，意周鼎其出乎？兆见不迎则不至。"于是上使使治庙汾阴南，临河，欲祠出周鼎。（《史记·封禅书》）

裴　骃：后三十七年，鼎出汾阴。（《史记集解·封禅书》）

程馀庆：按：后三十年，鼎果出汾阴。此必平所伪造以欺文帝者，未及出之而被诛。（《历代名家评注史记集说·封禅书》）

龚浩康：周鼎，周朝传国的九个宝鼎，相传沉没在泗水之中。（见王利器主编《史记注译·孝文本纪》）

张大可：出周鼎，古代传国宝鼎，共九只。周亡，九鼎入秦，但有一只飞没入泗水中，秦始皇和汉文帝都想打捞出来而未果。（《史记全本新注·孝文本纪》）

⑯【汇注】

裴　骃：《瑞应图》云："玉英，五常并修则见。"（《史记集解·孝文本纪》）

陈　直：屈原《九章·涉江》云："登昆仑兮食玉英。"又按：《小校经阁金文》卷十五，九十页，有上太山镜铭云："上太山，见神人，食玉英，饮醴泉，驾蛟龙，乘浮云。"玉英之瑞，为先秦两汉人所称道如此。（《史记新证·孝文本纪》）

王叔岷：案：《初学记》六引"五"下有"帝"字，"当"作"常"。《封禅书》《汉书·郊祀志》"五"下亦并有"帝"字。当、常古通。下文"常畏过行，以羞先帝之遗德"，《汉纪》常作当，《老子》七十四章"若使民常畏死而为奇者"，卷子本《玉篇》"可"部引常作当，《墨子·耕柱篇》"是所谓经者口，杀常之身者也"（"口"下旧衍"也"字）。明李卓吾本常作当，皆其比。（《史记斠证》卷十）

十六年，上亲郊见渭阳五帝庙①，亦以夏答礼而尚赤②。

①【汇注】

司马迁：夏四月，文帝亲拜霸渭之会，以郊见渭阳五帝。五帝庙南临渭，北穿蒲池沟水，权火而举祠，若光辉然属天焉。于是贵平上大夫，赐累千金。而使博士诸生刺《六经》中作《王制》，谋议巡狩封禅事。（《史记·封禅书》）

颜师古：韦昭曰："在渭城。"师古曰：《郊祀志》云在长安东北，非渭城也。韦说谬矣。（《汉书注·文帝纪》）

张守节：颜师古云"蒲池，为池而种蒲也。蒲字或作'满'，其言水满"，恐颜说非。按：《括地志》云"渭北咸阳县有兰池，始皇逢盗兰池者也"。言穿沟引渭水入兰池也。疑"兰"字误作"蒲"，重更错失。（《史记正义·封禅书》）

吕祖谦：帝一殿面各五门，各如其帝色，祠所用及仪亦如雍五畤。夏四月，文帝亲拜霸渭之会（如淳曰：二水之合也），以郊见渭阳五帝。五帝庙南临渭，北穿蒲池沟水，权火举而祠，若光辉然属天焉。于是贵平上大夫，赐累千金。（《大事记解题》卷十）

丘　濬：书人君亲祠始此。（《世史正纲》卷三）

林剑鸣等：至文帝十五年（前165），开始实行亲郊之礼，即皇帝亲自到雍去郊见五帝。当时，文帝又听信赵人新垣平的话，立渭阳五帝庙，并于第二年亲拜郊见。《汉书·郊祀志》记述这次郊礼的情形道："五帝庙临渭,其北穿蒲地沟水。权火举而祠,若光辉然属天焉。"后来新垣平骗术败露被杀,文帝从此也就不复亲祠,而仅使有司以时致礼。(《秦汉社会文明》第九章《具有浓厚迷信色彩的信仰》)

【汇评】

张　宁:观二诏之言,可谓敬鬼神而远之,粹然一出于正。及郊雍之后,惑于新垣平,遂有祷祀之作。盖帝天资虽美,素无学问之功,是以不能精一而守其常德也。(《方洲集》卷二十八《读史录》)

② 【汇校】

王叔岷:案:景祐本南宋补版、黄善夫本、殿本并提行,《汉书·文帝纪》《汉纪》《通鉴》并同。古钞本"尚赤"作"上赤"。尚、上古通。(《史记斠证》卷十)

【汇评】

程馀庆:"亦"字跟上"夏四月答礼"来。文帝谦恭无所溺,乃始为五帝之祀。夫帝一而已,安得有五?异时纷纷祠祀,实昉于此。故书之,以见开端之失。(《历代名家评注史记集说·孝文本纪》)

　　十七年,得玉杯①,刻曰"人主延寿"②。于是天子始更为元年③,令天下大酺④。其岁,新垣平事觉⑤,夷三族⑥。

① 【汇校】

梁玉绳:按:《汉书·文纪》十六年九月得玉杯,令天下大酺。此与《封禅书》以得杯大酺在十七年,误也。(《史记志疑》卷七《孝文本纪》)

牛运震:"十七年"当依《汉书》为"后元年"。(《读史纠谬》第一卷《史记》)

李　笠:按:《封禅书》《汉·纪》并作"杯",古字通也。《史记》亦作"桮"。《宋微子世家》"彼为象箸,必为玉桮",《项羽本纪》"不胜桮杓",盖"不""丕""否"古并通用耳。(《史记订补》卷二《孝文本纪》)

王叔岷:案:景祐本南宋补版、黄善夫本、殿本并提行。古钞本得下有"符瑞"二字。得杯、大酺,《汉纪》《通鉴》亦并书在十六年九月。又案:《通鉴》注引《正义》全作令,是也。(《史记斠证》卷十)

郜积意:"十七年"即文帝后元年。《汉书·文帝纪》系于十六年秋九月,但《封禅书》《汉书·郊祀志》又在后元年。以《汉书》前后互歧,似后元年是。梁玉绳以为当从十六年九月,却无论证。(《〈史记〉〈汉书〉年月考异》)

【汇注】

裴　骃：应劭曰："新垣平诈令人献之。"（《史记集解·孝文本纪》）

[日] 泷川资言：又见《封禅书》。（《史记会注考证附校补》卷十《孝文本纪》）

张大可：玉杯，此为新垣平暗中使人所献，后被人告发而被灭族。事详《封禅书》。（《史记全本新注·孝文本纪》）

【汇评】

姚苎田：新垣平以望气见，其初但作渭阳五帝祠，幻而未失其常，所以尝试上意也。至是文帝忽自见五人而凭意造幻，别立五帝坛，平于是而有以窥帝矣。于是玉杯汾鼎纷纷诞妄，一依于气，以为之说。次序累累，岂非以著上之失耶？（《史记菁华录》卷一《封禅书》）

② 【汇注】

程馀庆：刻，谓器上铭记。（《历代名家评注史记集说·封禅书》）

【汇评】

高　嵣：浸浸乎神仙矣。（《史记钞》卷二《封禅书》）

姚苎田：微以求仙不死意尝之。（《史记菁华录》卷一《封禅书》）

③ 【汇注】

司马迁：其明年，新垣平使人持玉杯，上书阙下献之。平言上曰："阙下有宝玉气来者。"已视之，果有献玉杯者，刻曰"人主延寿"。平又言"臣候日再中"。居顷之，日却复中。于是始更以十七年为元年，令天下大酺。（《史记·封禅书》）

颜师古：张晏曰："新垣平候日再中，以为吉祥，故改元年，以求延年之祚也。"（《汉书注·文帝纪》）

司马贞：按：《秦本纪》惠文王十四年更为元年。又《汲冢竹书》魏惠王亦有后元，当取法于此。又按：《封禅书》以新垣平候日再中，故改元也。（《史记索隐·孝文本纪》）

宋　祁：按：《纪年通谱》云：《史记·文纪》十七年书"始得玉杯曰人主延寿，于是天子更始为元年"，而不著"后"字。至班固则于此题"后元年"，然则当时玉杯册中之异，但称元耳。史家追书"后"字以别初元。（引自王先谦《汉书补注·文帝纪》）

孙　奕：纪元非古也，其起于谁乎？以一字纪元者，始于西汉文帝之后元年；景帝之前三年、中元年、后元年。以二字纪元者，始于西汉武帝之建元。（《示儿编》卷十四《纪元》）

黄　溍：汉文帝纪年有后元，景帝有中元，有后元。葛胜仲曰：谓之后，则疑若有极，乃不讳避，何耶？按刘贡甫《两汉刊误》，元鼎四年方得宝鼎，无缘先三年而称之。《封禅书》云："后三年有司言：元宜以天瑞命，不宜以一二数，自元鼎以前之元，皆有司所追命也。"由是言之，则所谓中元、后元者，岂亦后来之追命乎！宜其无所讳避也。然以《汉书·武帝纪》考之，元鼎元年得鼎汾水上，四年得鼎后土祠旁。应劭于元年注曰："得宝鼎，故因是改元。"贡甫因《封禅书》后三年之语，不取应劭之说，而谓四年方得鼎，似当。（吴仁杰《两汉刊误补遗》：武纪建元元年，师古曰自古帝王未有年号，始起于此。《刊误》曰："年号之起，在元鼎耳。"《通鉴考异》曰："元鼎年号，亦如建元、元光，皆后来追改。"按：魏司空王朗曰：古者有年数，无年号，汉初犹然，其后乃有中元、后元，元改弥数，中后之号不足，故更假取美名。盖文帝凡两改元，故以前后别之。景帝凡三改元，故以前中别之。武帝即位以来，大率六年一改元，二十七年之间，改元者五，当时但以一元、二元、三元、四元、五元为别。五元之三年，有司言元宜以天瑞，不宜以一二数。盖为是也。时虽从有司之议，改一元为建元，二元为元光，三元为元朔，四元为元狩，至五元则未有以名，帝意将有所待也。明年宝鼎出，遂改五元为元鼎，而以是年为元鼎四年。然则谓年号起于元鼎固然，谓元皆为后来追改者，亦不误也。说盖本此。武纪后元元年，刘贡甫曰：按《昭帝纪》云：辞讼在后二年前皆勿听，但当称后元年也。王子充谓武帝沿文景故事，始以"后元"二字加于年上，非史官追书之。顾亭林曰：汉文帝后元元年，景帝中元年、后元年，当时只是改为元年，后人追纪之为中、为后耳。若武帝之后元元年，则自名之为后，光武之中元元年，梁武帝之中大通元年、中大同元年，则自名之为中，不可一例论也）。（《日损斋笔记·辨史十六则》）

丘　濬：人君即位之一年，是谓之元。元者，首也，始也。人无二首，故国无二王；国无二王，故年无二元。自三代以来未之改也。文帝信新垣平"候日再中"之说，于是乎诏以十七年为元年。呜呼！是恶知春秋所以正始之意哉！后世遂祖以为常，故一君而二元三元者有之，甚乃至于六七元焉。（《世史正纲》卷三）

佚　名：史诠曰：《汉书》十六年秋得玉杯，明年改元后元年。（《史记疏证（外一种）》卷十）

杨树达：王荣商云：此盖新君即位之后，加中后字以别初元，如武帝诏云"诸逋贷及辞讼在孝景后三年以前，皆勿听治"是也，非史家追书。（《汉书窥管》卷一《文帝纪》）

龚浩康：把十七年（前163）改为元年，以表示划时代的转变，史书称此后的纪年为"后元"。（见王利器主编《史记注译·孝文本纪》）

【汇评】

钱　时：日行一度一岁一周天，瞬息不停，晷刻不爽，安有却而复中之理乎！一日之不再中，亦犹一君之无再元也。妖人习幻妄，或得以变乱蠢愚之耳目，岂谓文帝而亦信之，未几平败，则可以悔矣。而改元之缪，终成其诈而弗之变，遂使万世承讹。至有一君而改数元者，其说乃自新垣平始。甚为文帝惜也。(《两汉笔记》卷三)

丘　濬：此后世人君再纪元之始。按：文帝改元，盖惑方士新垣平"侯日再中"之说也。未几，平以败露伏诛。后世人主不考其故，一切效而法之，何哉！(《世史正纲》卷三)

胡缵宗：文宗玄默寡欲，令祠宗无有所祈，可谓不惑邪佞矣。而信新垣平玉杯之诈，辄为改元，不其亏至德乎！(引自凌稚隆《汉书评林·文帝纪》)

袁　黄：人主延寿，甘心为玉杯而改元，何哉？然亡几垣平以诈诛，至于凭几一诏。(《袁王纲鉴合编》卷六)

李　贽：圣主也被人哄。(《史纲评要》卷六)

汪　越：表新垣平诈，言方士觉诛之，此讽武帝也。以孝文而有玉杯改元之失，况后之王者乎！黄龙见成纪，宝鼎出汾阴，皆不为瑞，况于求神仙、冀黄金成而河决可乎！(《读史记十表》卷十)

梁玉绳：改元以日再中，而此谓因得杯，亦误。日再中乃秦王誓燕丹妄语（见《论衡·异虚篇》），文帝奈何信之。(《史记志疑》卷七《孝文本纪》)

程馀庆：人君即位，以元纪年，虽累数至百，不改。文帝至是已十六年，乃怵于邪臣之说，无故改元，果何义哉？(《历代名家评注史记集说·封禅书》)

顾颉刚：读此，可知文帝的更元年完全因新垣平而不因公孙臣。但新垣平所以这样做，可以说是步公孙臣的后尘。他看见公孙臣豫言黄龙见而真的黄龙见，得着天子的宠信，他就变本加厉，想出神气五采、献玉杯、日再中……种种花样来了。他比公孙臣的胆子更大，欺骗皇帝的次数更多，所以土德的制度尚未颁行，而后元年却先实定了。(《古史辨》第五册下编《五德终始说下的政治和历史》)

杨树达：按：武帝之求仙，实文帝信新垣平启之。(《汉书窥管》卷一《文帝纪》)

④【汇注】

张守节：古者祭酺，聚钱饮酒，故后世听民聚饮，皆谓之酺。《汉书》"每有嘉庆，全民大酺"，是其事也。彼注云："因祭酺而其民长幼相酬，郑注所谓祭酺合醵也。"酺，音蒲。(引自张衍田《史记正义佚文辑校·孝文本纪》)

胡三省：汉律，三人无故群饮，罚金四两。今诏横赐得会聚饮食。师古曰："酺，布也，言王德布于天下而合聚饮食为酺。"《周礼·族师》"春秋祭酺"注：酺者，为人灾害之神也。有马酺，有蝝螟之酺与人鬼之酺，亦为坛位如雩禜。族长无饮酒之礼，因祭酺而与其民以长幼相献酬焉。(见《资治通鉴》卷十五注)

【汇评】

吴见思：文帝之失，止新垣平一事，故约略写之，为贤者讳也。(《史记论文·孝

文本纪》）

⑤【汇注】

龚浩康：指新垣平诡称望气，让人诈献刻有"人主延寿"字样玉杯的骗局被发觉。（见王利器主编《史记注译·孝文本纪》）

【汇评】

王应麟：君子可欺以其方，难罔以非其道。日无再中之理，而新垣平言之；日无渐长之理，而袁充言之。汉文、隋文皆以是改元。汉文悟平之诈，而隋文终受充之欺，此存亡之判也。（引自《历代名家评注史记集说·封禅书》）

⑥【汇注】

司马迁：人有上书告新垣平所言气神事皆诈也。下平吏治，诛夷新垣平。自是之后，文帝怠于改正朔服色神明之事，而渭阳、长门五帝使祠官领，以时致礼，不往焉。（《史记·封禅书》）

颜师古：夷，平也，谓尽诛除之。（《汉书注·高帝纪》）

又：夷者，平也，谓尽平除其家室宗族。（《汉书注·郊祀志》）

冯景：晚出古文《泰誓》曰："罪人以族。"族者，秦法也。窃疑纣虽恶，五刑之法无改，宁有是乎？按：《史记·秦本纪》文公二十年，法初有三族之罪。初者，创始也。盖谓三代之法所无，而秦特创之。若纣已行，何云初乎？张晏"三族"注曰"父母、兄弟、妻子"，而如淳则以父族、母族、妻族解之。呜呼！不仁哉如淳也。庄子言五纪，匡衡、韦元成言五属，袁绍言五宗，皆言父祖己子孙也。庄子言六位，老氏、《班·志》、贾谊言六亲，吕不韦言六戚，亦不过父母兄弟夫妇耳。故贯高曰："人岂不欲爱其父母妻子哉！今吾三族皆已论死。"其非异姓明甚……班固《刑法志》云：高后元年，除三族罪。孝文二年，又诏丞相太尉御史："法者治之正，所以禁暴而卫善人也。今犯法者已论，而使无罪之父母妻子同产坐之。及收，朕甚弗取。"此明明以父母、妻子、同产为三族。观此张晏注乃益明，而如淳之罪大矣。《周礼》："小宗伯之职，掌三族之别，以辨亲疏。"注云："三族者，父子孙，人属之正名也。"《仪礼·士昏礼》："请期，曰：'吾子有赐命，某既申受命矣。惟是三族之不虞，使某也请吉日。'"注"三族"："父昆弟己昆弟子昆弟也。"此非三族之明证哉！更证诸《尔雅》："内宗曰族，母妻曰党。"《白虎通》曰："族者，凑也。上凑高曾，下凑曾元，聚合而生爱死哀也。"（引自《涵芬楼古今文钞》卷八《辨汉注如淳解三族之缪》）

王先谦：新垣平谋逆，复行三族之诛。（《汉书补注·文帝纪》）

彭年：汉朝初年，省禁约法，放宽刑罚，但是"尚有夷三族之令"。其后，高后元年下诏"除三族罪"，然而徒有虚名，文帝十七年又恢复族刑。武帝以后，"缓深故之罪，急纵出之诛"（《汉书·刑法志》），族刑更滥施无度。迨及东汉初年，光武帝下诏"解王莽之繁密,还汉世之轻法"(《后汉书·循吏传》),但仍沿用族诛之刑。章帝元和元年诏曰:"往者妖言大狱,所及广远,一人犯罪,禁至三属。"李贤注曰:"即三族也。"(《后汉书·章帝纪》及注)东汉末年,军阀混战,亦以族刑相诛。实际上,终秦汉之世,族诛这一斩草除根、殄灭族类的酷刑,未尝有废止之时!那么,什么是族刑?所谓族刑,又称族诛、族灭、族夷。就是一人犯罪,诛及三族。三族又是指哪些亲属?关于三族之说,古有异议。郑玄注《周礼·小宗伯》说"三族谓父、子、孙",而注《仪礼·士昏礼》则云"三族谓父昆弟、己昆弟、子昆弟"。郑注二说,前后不同,自相矛盾。《大戴礼·保傅》卢注曰:"三族,父族、母族、妻族。"如淳注《史记·秦本纪》亦同此说。

按:以上诸说非是。《史记·秦本纪》集解引张晏曰:"三族,父母、兄弟、妻子也。"又《史记·文帝本纪》说:"今犯法已论,而使毋罪之父母、妻子、同产坐之。"《史记·商君列传》载:"秦惠王车裂商君以徇,曰:'莫如商鞅反者!'遂灭商君之家。"《商君书·画策》说:"强国之民,父遗其子,兄遗其弟,妻遗其夫,皆曰:'失法离令,若死,我死。'"据此可知,灭三族就是一人犯重罪,刑及全家,父母、兄弟、妻子一起遭受诛戮。显然,这是一种以血缘关系为特点的,极其野蛮、残酷、落后的刑罚。(《秦汉族刑、收孥、相坐诸法及其施行之探讨》,见《秦汉史论丛》)

龚浩康:三族,说法不一。一说为父、子、孙;一说为父母、兄弟、妻子;一说为父族、母族、妻族。(见王利器主编《史记注译·孝文本纪》)

【汇评】

吕祖谦:受玉杯之献,即明皇之德灵宝也;以日再中之说而改元,即哀帝之溺夏贺良也;治庙汾阴,欲祠出周鼎,即始皇之祷泗水也。与治同道罔不兴,与乱同事罔不亡,使新垣平不死,汉其殆哉!然武帝既诛文成,而五利之宠又甚于前。文帝自是遂不复信方士之诞,盖其天资本非多欲,而耽溺尚新,故犹可自拔也。观其遗诏之首曰"盖天下万物之萌生,靡不有死。死者天地之理,物之自然",去此才六七年耳,所见如出两人。人恒过然后能改,岂虚言哉!至于忿疾新垣平而复三族刑,惩艾淫祠而怠于正朔、服色、郊祀之事,则补衮职者之责也。(《大事记解题》卷十)

尹遂昌:文帝盛德之主,清静玄默,无所偏好,今《纲目》上书作五帝庙,亲祠之,又书改元,祀汾阴,垣平伏诛,则小人之诈以甚而败。幸帝速悟,不远而复,不然,岂不为盛德之累耶!然帝能诛垣平而不能尽改其所为,使后人得以踵而行之,则亦犹为未尽善也。观《纲目》前后所书,皆有深意。然则人主好尚,盍亦以谨其微哉!(引自《袁王纲鉴合编》卷六)

丁南湖:以玉杯改元,文帝盛德之小疵也;新垣平伏诛,则帝改过不吝矣。《易》曰"不远复",其文帝之谓乎?(引自《袁王纲鉴合编》卷六)

马端临：文所行，独新垣平一事，为盛德之玷。然此事所关甚重。盖其宠新垣平也，惑于求仙希福之说，而淫谄之祀迄汉世而未能正者以此。其诛新垣平也，复行收帑相坐之律，而滥酷之刑迄汉世而未能除者亦以此。帝恭俭仁贤之主，而此二事，失礼失刑，遂令后嗣遵而守之，以为汉家制度，不敢革正，惜哉！（《文献通考》，引自沈家本《历代刑法考·刑法分考一》）

丘　濬：按：孝文所行，独平一事，为盛德之累，其诛之是矣。然因是而复行三族之诛，终汉世而不能除，惜哉！（《世史正纲》卷三）

汪　越：后元年书诛新垣平，大改过也。（《读史记十表》卷十）

陈季雅：复之初九，曰不远复。无祗悔。上六，曰迷复。凶。盖人之有过速改之，则为善莫大，苟滋甚而不知反焉，则亦无益矣。汉文帝其初惑新垣平之诈，特与之立庙，是固失也，及玉杯周鼎之诈既觉，而夷族之诛略不少贷，五帝之祠领之以官，而帝不躬往，且终身耻言鬼神之事，而为盛德之主。此不远复，无祗悔者也。（《两汉博议》卷二《论新垣平诈觉谋反》）

梁玉绳：又考《汉书·纪》《志》高后元年除三族罪，《史记》脱不书，则族诛之法已前除之，何以新垣平复行三族之诛？岂妖诬不道，不用常典耶？《刑法志》讥其过刑矣。然文帝于盗高庙玉环之罪欲致之族，则又何也？（《史记志疑》卷七《孝文本纪》）

程馀庆：文帝宽仁，新垣平罪至三族，以妖诬不道，故不用常刑也。（《历代名家评注史记集说·孝文本纪》）

又：玉杯尚可假刻，日却何能复中？神气周鼎，恍惚无凭。平之荒诞，与文成五利等，文帝早觉其诈而诛之，庶几改过不吝者。（《历代名家评注史记集说·封禅书》）

黄恩彤：正朔、服色、明堂、封禅，儒者所争也。祀五帝，祠周鼎，方士所建也。帝初亦不能无动，迨新垣平诈觉被诛，晓然于粉饰太平，均非当务之急，于是一切谦让未遑焉。此帝之明也。（《鉴评别录》卷四）

李澄宇：书新垣平事觉，夷三族，幸之也。盖长命富贵，人所共欲，谚谓作了皇帝想神仙，即此一念扩之耳。文帝早寤，故仅一新垣平；武帝晚寤，故有神君薄忌、李少君、少翁、乐大、公孙卿、公玉带等。（《读史记蠡述》卷一）

陈海瀛：是为孝文盛德之累，而孝武之好神仙进方士，其端亦自此开矣。（《读史记管见·孝文盛德之累》）

徐复观：后元年，《史记》"其岁，新垣平事觉，夷三族"，《汉书》"冬十月，新垣平诈觉谋反，夷三族"。将"其岁"改为"冬十月"，这在时间上较《史记》为密。《史记》称"其事觉"，不言"诈"而"诈"自见。《汉书》易为"诈觉"，此种异同无关宏旨。惟《汉书》添"谋反"两字，新垣平一介江湖术士，如何有谋反的可能？

文帝以自己受骗，故"夷三族"以泄愤，班氏则轻轻加上"谋反"两字，以见夷三族为理所当然。这种随意捏造罪名的记载，有伤历史的良心，此乃出于班氏尊汉之心太过。(《两汉思想史》卷三《〈史〉〈汉〉比较研究之一例》)

后二年①，上曰："朕既不明，不能远德，是以使方外之国或不宁息②，夫四荒之外不安其生③，封畿之内勤劳不处④，二者之咎，皆自于朕之德薄而不能远达也⑤。间者累年，匈奴并暴边境，多杀吏民，边臣兵吏又不能谕吾内志⑥，以重吾不德也⑦。夫久结难连兵，中外之国将何以自宁？今朕夙兴夜寐⑧，勤劳天下，忧苦万民，为之怛惕不安⑨，未尝一日忘于心，故遣使者冠盖相望，结轶于道⑩，以谕朕意于单于⑪。今单于反古之道⑫，计社稷之安，便万民之利，亲与朕俱弃细过，偕之大道⑬，结兄弟之义，以全天下元元之民⑭。和亲已定，始于今年⑮。"

① 【汇注】

杨　慎：古者天子诸侯继立踰年，而称元年终一主为一元，未有一主而再称元者也。汉文帝信新垣平之言，再称后元。自后，武帝更十数纪元，历代皆然。俗谚有"乱主年年改号，穷士日日更名"之讥。然予观长历，云秦惠文十四年更为元年，则其谬不始于汉文矣。又晋惠大安二年，长沙王乂事败，成都王颖改年为永兴，始一岁而二号；齐郁林王改元隆昌，海陵王改元延兴，明帝改元建武，是一岁而三号。史册书法混淆，俗谚云乱，诚是也。(《升庵集》卷七十二《纪元》)

龚浩康：后二年，即公元前162年。(见王利器主编《史记注译·孝文本纪》)

② 【汇校】

吴汝纶：《汉书》无"是以"二字。(《点勘史记读本·孝文本纪》)

【汇注】

龚浩康：方外，汉边界以外。指外族。(见王利器主编《史记注译·孝文本纪》)

张大可：方外之国，政教达不到的地方，即外国，这里主要指匈奴。(《史记全本新注·孝文本纪》)

③【汇注】
　　颜师古：戎狄荒服，故曰四荒，言其荒忽去来无常也。（《汉书注·文帝纪》）
　　司马贞：顾胤按：《尔雅》孤竹、北户、西王母、日下谓之四荒也。（《史记索隐·孝文本纪》）
　　吴见思：边民之被祸也。（《史记论文·孝文本纪》）

④【汇注】
　　颜师古：王畿千里。不处者，不获安居。（《汉书注·文帝纪》）
　　吴见思：内地之征发也。（《史记论文·孝文本纪》）
　　王叔岷：案：《汉书》"畿"作"圻"。师古注："圻亦畿字，王畿千里。""勤劳"复语，勤亦劳也。《说文》："勤，劳也。"《汉书》"远达"作"达远"。（《史记斠证》卷十）

⑤【汇校】
　　王先谦：《史记》"达远"作"远达"。（《汉书补注·文帝纪》）
【汇评】
　　程馀庆：以四荒不安引为己咎，是帝王天下一家气象。（《历代名家评注史记集说·孝文本纪》）

⑥【汇校】
　　王先谦：官本"人"作"又"，是。《史记》作"又"，"其"作"吾"。（《汉书补注·文帝纪》）
【汇注】
　　颜师古：谕，晓告也。（《汉书注·文帝纪》）
　　吴见思：内志，即和好息民也。（《史记论文·孝文本纪》）
　　[日]泷川资言：谕，晓也。《汉书·文纪》"德"下无"也"字。（《史记会注考证附校补》卷十《孝文本纪》）

⑦【汇注】
　　颜师古：重音直用反。（《汉书注·文帝纪》）

⑧【汇校】
　　王叔岷：案：古钞本"夙"作"宿"。夙、宿正、假字。《诗·小雅·小苑》："夙兴夜寐。"（《史记斠证》卷十）

⑨【汇校】
　　王先谦：《史记》"侧怛"作"怛惕"。（《汉书补注·文帝纪》）
【汇注】
　　颜师古：怛，恨也。怛音丁曷反。（《汉书注·文帝纪》）

⑩【汇校】

郝　敬：《汉书》作"结辙"，使车往来交错，辙如结也。古"辙""軼"通。（《批点史记琐琐》卷一）

张文虎：各本"軼"下并注"音辙"二字，疑校者所增。中统、游、毛无。（《校刊史记集解索隐正义札记》卷一《孝文本纪》）

王先谦：钱大昭曰：徹，古"辙"字，南监本、闽本作"辙"。先谦曰：官本正文注并作"辙"。《史记》作"结軼"。（《汉书补注·文帝纪》）

[日]泷川资言：依注，《集解》本"軼"作"辙"。今本《汉书》作"徹"。《田敬仲世家》："伏式结軼。"《索隐》："軼，音姪。车辙也。"（《史记会注考证附校补》卷十《孝文本纪》）

王叔岷：案：景祐本"軼"下有注云："音辙。"黄善夫本、殿本并同。景祐本为《集解》本，是《集解》本作"軼"，非作"辙"也。軼借为徹，徹、辙古、今字。（《史记斠证》卷十）

【汇注】

裴　骃：韦昭曰："使车往还，故辙如结也。相如曰'结轨还辙'。"（《史记集解·孝文本纪》）

编者按：沈涛《铜熨斗斋随笔》卷三根据裴骃注解，认为"裴氏本作辙，不作軼"。又：点校本《史记》修订本："结轨还辙"，"辙"，东北本、殿本作"辕"。按：本书卷一一七《司马相如列传》、《汉书》卷五七下《司马相如传下》皆作"辕"。

司马贞：軼音姪。軼者，车辙也，言车辙往还如结也。《战国策》作"结靽"。（《史记索隐·田敬仲完世家》）

又：邹氏軼音逸，又音辙。《汉书》作"辙"。顾氏按：司马彪云"结谓车辙回旋错结之也"。（《史记索隐·孝文本纪》）

编者按：沈涛《铜熨斗斋随笔》卷三注曰"结谓车辙回旋错结"句前一"结"字后"当脱辙字"，同时指出："是作軼者，乃邹诞生本耳，而音姪音逸又各不同。"

沈钦韩：《史记》作"结軼"。《庄子·天地篇》：螳螂怒臂以当车軼。《国策》"辙"多作"軼"。（《汉书疏证》卷二《文帝纪》）

王　筠：结軼于道，盖借軼为辙。忆《韩诗外传》有之。（《史记校》卷上）

⑪【汇注】

颜师古：单于，匈奴天子王号也。单音蝉。（《汉书注·文帝纪》）

编者按：《汉书补注·文帝纪》引周寿昌语，认为"颜注'天子'二字失检。《匈奴传》解甚明，此说为赘"。按：《汉书·匈奴传》释"单于"曰："单于姓挛鞮氏，其国称之曰'撑犁孤涂单于'。匈奴谓天为'撑犁'，谓子为'孤涂'，单于者，广大之貌也,言其象天单于然也。"

【汇评】

吴见思:是文帝一生主意,于此诏点出。(《史记论文·孝文本纪》)

⑫**【汇注】**

颜师古:(返)〔反〕,还也。(《汉书注·文帝纪》)

程馀庆:反,还也。(《历代名家评注史记集说·孝文本纪》)

⑬**【汇校】**

吴汝纶:本作"亲",依《汉书》改。(《点勘史记读本·孝文本纪》)

[日]泷川资言:《汉书·文纪》"亲"作"新"。(《史记会注考证附校补》卷十《孝文本纪》)

周尚木:按:"亲"当作"新",时为文帝后二年方使使遗匈奴书,定和亲,故云"新"也。《汉书》正作"新"。(《史记识误》卷上,引自《史记订补文献汇编》)

王叔岷:案:"新"亦借为"亲"。(《史记斠证》卷十)

【汇注】

颜师古:偕亦俱也。之,往也,趣也。(《汉书注·文帝纪》)

程馀庆:偕,俱也。之,趋也。(《历代名家评注史记集说·孝文本纪》)

⑭**【汇注】**

颜师古:元元,善意也。(《汉书注·文帝纪》)

司马贞:《战国策》云:"制海内,子元元,非兵不可。"高诱注云:"元元,善也。"又按:姚察云"古者谓人云善,言善人也。因善为元,故云黎元。其言元元者,非一人也"。顾野王又云"元元犹喁喁,可怜爱貌"。未安其说,聊记异也。(《史记索隐·孝文本纪》)

张家英:"元"有"善"义。《尚书·舜典》:"柔远能迩,惇德允元。"孔《传》:"元,善之长。"(《十三经注疏》130页上)而"元者,善之长也",又见《周易·乾·文言》(同上15页上)。《左传·文公十八年》:"高辛氏有才子八人……天下之民谓之八元。"杜预注:"元,善也。"(同上1862页上)"元元"亦有"善"义。《战国策·秦策一》:"今欲并天下,凌万乘,诎敌国,制海内,子元元,臣诸侯,非兵不可!"高诱注:"元,善也;民之类善故称元。"《汉书·文帝纪》"以全天下元元之民",颜师古注:"元元,善意也。""元元"一词,不见于六经诸书,而《史记》中则数见。《秦始皇本纪·赞》:"既元元之民冀得安其性命,莫不虚心而仰上,当此之时,守威定功,安危之本在于此矣。"《匈奴列传》:"元元万民,下及鱼鳖,上及飞鸟,跂行喙息蠕动之类,莫不就安利而辟危殆。"《平津侯主父列传》:"元元黎民得免于战国,逢明天子,人人自以为更生。"以上三例,"元元"都用作"民"的修饰语,表示

"善"或"善良"的含义。而如下一例中的"元元"则与以上诸例不同：《平准书》："陛下损膳省用，出禁钱以赈元元，宽贷赋，而民不齐出于南亩，商贾滋众。"这个"元元"指百姓、庶民。这个"元元"之后没有跟着用那个"民"字，也可算是用修饰语代替中心词吧。（《〈史记〉十二本纪疑诂·孝文本纪》）

⑮【汇注】

司马迁：孝文帝后二年，使使遗匈奴书曰："皇帝敬问匈奴大单于无恙。使当户且居雕渠难、郎中韩辽遗朕马二匹，已至，敬受。先帝制：长城以北，引弓之国，受命单于；长城以内，冠带之室，朕亦制之。使万民耕织射猎衣食，父子无离，臣主相安，俱无暴逆。今闻渫恶民贪降其进取之利，倍义绝约，忘万民之命，离两主之欢，然其事已在前矣。书曰：'二国已和亲，两主欢说，寝兵休卒养马，世世昌乐，翕然更始。'朕甚嘉之。圣人者日新，改作更始，使老者得息，幼者得长，各保其首领而终其天年。朕与单于俱由此道，顺天恤民，世世相传，施之无穷，天下莫不咸便。汉与匈奴邻国之敌，匈奴处北地，寒，杀气早降，故诏吏遗单于秫糵金帛丝絮佗物岁有数。今天下大安，万民熙熙，朕与单于为之父母。朕追念前事，薄物细故，谋臣计失，皆不足以离兄弟之欢。朕闻天不颇覆，地不偏载。朕与单于皆捐往细故，俱蹈大道，堕坏前恶，以图长久，使两国之民若一家子。元元万民，下及鱼鳖，上及飞鸟，跂行喙息蠕动之类，莫不就安利而辟危殆。故来者不止，天之道也。俱去前事：朕释逃虏民，单于无言章尼等。朕闻古之帝王，约分明而无食言。单于留志，天下大安，和亲之后，汉过不先。单于其察之。"

单于既约和亲，于是制诏御史曰："匈奴大单于遗朕书，言和亲已定，亡人不足以益众广地，匈奴无入塞，汉无出塞，犯（令）〔今〕约者杀之，可以久亲，无后咎，俱便。朕已许之。其布告天下，使明知之。"（《史记·匈奴列传》）

陈　直：按：《专门名家》第二集，有归化城杀虎口出土单于和亲方砖文云："单于和亲，千秋万岁，安乐未央。"共十二字，砖为平方形，分阴阳文两种，篆势雄伟，决为西汉初作品，此当时人民对和亲之看法。（《汉书新证·匈奴传》）

【汇评】

陈仁子：帝之和匈奴，何仁而不悟也。夫夷狄之欲，甚无厌也，可以德柔，可以力屈，不可专以利诱。若一切挟金缯诱之，吾惧利有限而欲无厌，未可恃此为固也。且以帝之时较论战者凡几，和者又凡几。三年，匈奴尝入寇矣，遣灌婴击之而走；十四年，匈奴又入寇，杀都尉印矣，遣张相如等击之而走。后元六年，又入上郡矣，遣周亚夫等御之而退，是战未尝不胜也。六年，冒顿死，尝请和亲矣，至十一年而有狄道之寇。后元二年，亦和亲矣，至六年而有云中之寇，是和未尝可恃也。矧帝之时未尝无具也，绛、灌可将也，南北可军也，富庶可财而三表五饵可术也。内为天保以上之规模,外为杕杜出车之备,且乘隙而用之,孰至以天下之大而畏人者!而帝一切以和亲为常,此固贾谊所以痛哭流涕于斯也,帝何不悟哉?!(《文选补遗》卷一《与匈奴和亲诏》)

又:读文帝赐匈奴书,其辞委曲,有兄弟之和……文帝当夷狄之强,故委曲以尽其情。(引自凌雅隆《汉书评林·匈奴传》)

郑　湜:昔匈奴之盛也,汉人折节于和者屡矣。孝文虽遣使谕意,冠盖相望,然乍和乍叛,嫚辱之声常至于中国。竟孝文之世,和凡三议矣,辄不数岁。(见《十先生奥论注·续集卷十五·国体论三》)

黄　震:秦汉以天下为私,自京师去匈奴塞上,皆天子所自制。边尘稍惊,劳民万里,故秦之备胡,不得不出于长城。然此毒民之事,适以自毙,不可为也。故汉之求安,不得不出于结约,虽娄敬遣公主之说不可用,若孝文皇帝,赐之书有曰:天不颇覆,地不偏载,使两国之民若一家。下及鱼鳖,上及飞鸟,跂行喙息蠕动之类,莫不就安利而辟危殆。呜呼,大哉!言乎文帝之心,天地之心也,持之坚行之久。至孝景世,终无大寇。武帝即位之初,匈奴信汉,自单于以下,往来长城下,无忌矣。乃一旦无故自为狙诈,于匈奴兵连祸结,使天下生灵肝脑塗地,然匈奴益骄,亦终不我服。回视文景之世,得失可如哉!(引自凌雅隆《史记评林·匈奴列传》)

王　鏊:先秦文字,无有不佳。余所尤爱者,乐毅《答燕惠王书》、李斯《上逐客书》、韩非子《说难》,可谓极文之变态也。其后汉文帝赐匈奴、南粤王书亦似之。文帝其所谓有德者之言乎?!(《震泽长语》卷下)

凌稚隆:按:历观诸诏,虽礼乐制度缺,然而议论词章,足冠千古。(《汉书评林·文帝纪》)

郭嵩焘:按:文帝此诏至诚恻怛,孟子以太王迁岐为仁,而引汤事葛、文王事昆夷,以为乐天,亦即此义。南宋以后诸君子,于汉、唐规模全不一考,并此诏载在《史记》亦无有知之而言之者,岂不可叹!(《史记札记》卷一《孝文本纪》)

黄恩彤:议战议守,命将出师,迄无成效,而卒归于和亲。(《鉴评别录》卷四)

　　后六年冬①,匈奴三万人入上郡,三万人入云中②。以中大夫令勉为车骑将军③,军飞狐④;故楚相苏意为将军⑤,军句注⑥;将军张武屯北地⑦,河内守周亚夫为将军⑧,居细柳⑨;宗正刘礼为将军⑩,居霸上⑪;祝兹侯军棘门⑫:以备胡⑬。数月,胡人去,亦罢。⑭

① 【汇校】

[日] 泷川资言：此纪三年、四年、五年缺不书。《汉书》有之。（《史记会注考证附校补》卷十《孝文本纪》）

编者按：凌稚隆《汉书评林》、梁玉绳《史记志疑》、崔适《史记探源》、李景星《四史评议》等均指出，文帝改元后三、四、五年《史记》缺不书。《汉书·文帝纪》记载如下：

三年春二月，行幸代。四年夏四月丙寅晦，日有蚀之。五月，赦天下。免官奴婢为庶人。行幸雍。五年春正月，行幸陇西。三月，行幸雍。秋七月，行幸代。

② 【汇注】

司马迁：军臣单于立四岁，匈奴复绝和亲，大入上郡、云中各三万骑，所杀略甚众而去。（《史记·匈奴列传》）

又：孝文后元六，匈奴人入云中。（《史记·汉兴以来将相名臣年表》）

张守节：《括地志》云："云中故城在胜州榆林县东北四十里，秦云中郡。"（《史记正义·绛侯世家》）

[日] 泷川资言：上郡，今陕西延安府绥德州。云中，今山西朔平北归化城。（《史记会注考证附校补》卷十《孝文本纪》）

龚浩康：云中，郡名。辖今内蒙古自治区四子王旗以南、前房子以北地区，郡治为云中（今内蒙古托克托县东北）。（见王利器主编《史记注译·孝文本纪》）

王　恢：云中郡，赵武灵破林胡楼烦开置。（前301）秦因之。楚汉之际属赵国。高帝三年属汉，四年复以属赵，六年又属代国。十一年以边郡收。《汉志》云中郡治云中，据《河水注》，故城在今绥远托克托东北黑水河南岸。《周勃世家》"定云中郡十二县"，《汉志》县十一，除沙南一县在河南，余在河东——大河东流转南之一曲。（《史记本纪地理图考·文帝本纪》）

张大可：云中，汉郡名，郡治云中，在今内蒙呼和浩特市西南。（《史记全本新注·孝文本纪》）

③ 【汇校】

裴　骃：徐广曰："卫尉改名也。"骃按：《汉书·百官表》景帝初改卫尉为中大夫令，非此年也。（《史记集解·孝文本纪》）

钱大昭：《汉纪》令免作李勉，今作令免，字之误也。徐广以为中大夫令是官名，小颜以为文帝时尚无此官，其人姓令名免。二说皆误。（《汉书辨疑》卷一）

梁玉绳：荀《纪》作"李勉""苏隐"，未知何据。令是姓，注以为官号，非。（《史记志疑》卷七《孝文本纪》）

诸藚堂："中大夫令勉为车骑将军"，中大夫令是官号，勉其名。荀《纪》作"李勉"，必有所据。大颜、小颜以为姓令，《索隐》引《风俗通》云令尹子文之后，皆非也。《志疑》误从之。（引自梁玉绳《史记志疑》附录三《庭立纪闻》）

【汇注】

班　固：六年冬，匈奴三万骑入上郡，三万骑入云中。以中大夫令免为车骑将军，屯飞狐……（《汉书·文帝纪》）

荀　悦：六年冬，匈奴三万骑入上郡，三万骑入云中。车骑将军李勉，屯飞狐口，将军苏隐屯勾注，将军张武屯北地，周勃子亚夫为将军，次细柳，将军刘礼次霸上，将军徐厉次棘门，以备胡。（《汉纪》卷八）

颜师古：中大夫，官名，其人姓令名免耳。此诸将军下至徐厉，皆书姓，而徐广以为中大夫令是官名，此说非也。据《百官表》，景帝初改卫尉为中大夫令，文帝时无此官。而中大夫是郎中令属官，秩比二千石。（《汉书注·文帝纪》）

司马贞：裴骃按：《表》景帝改卫尉为中大夫令，则中大夫令是官号，勉其名。后此官改为光禄勋。虞世南以此称中大夫令，是史家追书耳。颜遊秦以令是姓，勉是名，为中大夫。据《风俗通》，令姓令尹子文之后也。（《史记索隐·孝文本纪》）

王鸣盛：注：师古曰：中大夫，官名，其人姓令名免耳。此诸将军皆书姓，而徐广以为中大夫令是官名，非也。按：荀氏《汉纪》令免作李勉，徐、颜皆误。且据《百官公卿表》，景帝初，始更名卫尉为中大夫令，文帝时本无此官名，则徐说尤为妄矣……（《百官公卿表》：惠帝七年，奉常免。师古曰：名免也。存疑）。（《十七史商榷》卷九《令免》）

洪颐煊：按：《史记·始皇本纪》："卫尉竭、内史肆、佐弋竭、中大夫令齐等二十人皆枭首。"中大夫令本秦官，非始于景帝时。（《读书丛录》卷十九）

周寿昌：《百官表》惠帝七年奉常免。师古云，免，名也。此盖即其人，史失姓耳。颜云"下书姓"，此亦应是令姓。按：七年中尉亚夫为车骑将军，属国悍为将屯将军，郎中令张武为复土将军。张武书姓，亚夫、悍俱未书姓。谓景帝改卫尉为大夫令，文帝时尚不能称，则英布为九江王时，已称淮南王。景帝大农令，武帝太初元年更名大司农，而《食货志》于卫青击胡即称大司农，武帝以后尚称大农。武帝始设三辅，而景帝后五年诏已称三辅。盖补称或追称，此等处班史无定例也。似徐说为正。（引自王先谦《汉书补注·文帝纪》）

[日]泷川资言：令姓，勉名，颜说是。（《史记会注考证附校补》卷十《孝文本纪》）

王骏观：观按：中大夫是官名，其人姓令名勉耳，此下五将军皆有姓，何容此人独无姓乎？盖令亦姓也。据《风俗通》，令姓是令尹子文后，徐、马谓中大夫令是官号，而没其姓，说殊非是。考《汉书·百官表》，景帝初始改卫尉为中大夫令，此乃文帝后六年事，则是时尚无中大夫令之名，安得有此官号乎？盖中大夫是郎中令属官，秩比二千石，谓令勉以中大夫为车骑将军，将兵屯于飞狐也。又按：《百官表》武帝太初元年改郎中令为光禄勋，小司马谓是中大夫令所改，尤妄甚也。（《史记旧注平义·孝文本纪》）

杨树达：《史记索隐》云："颜遊秦以令是姓，免是名，为中大夫。"则师古此说袭自大颜也。（《汉书窥管》卷一《文帝纪》）

吴　恂：按：中大夫令，本秦官。《史记·始皇本纪》有中大夫令齐，汉初亦曾拜灌婴为中大夫令，以傅郎中骑兵，足征文帝前已有此官，不自孝景始也。颜氏以表无其文，是以云然，不知表虽列戎职，然将军以下例不录之，且其于微职所阙略者亦多，如太官献食丞、大行治礼丞、雒阳武库令、河东均输长、车骑将军军市令、前将军军司空令等。非博稽广览，不能详也。寻中大夫，但掌论议，秩不满千石，至武帝太初元年，更名光禄大夫，秩始比二千石，颜说亦非，而中大夫令则典禁兵，其职截然不同也。（《汉书注商·文帝纪》）

王叔岷：案：《将相表》《汉书》《通鉴》"令勉"并作"令免"。师古注："其人姓令名免。"勉、免古通。《汉纪》"苏意"作"苏隐"，意、隐古亦通用。昭公十年《左氏春秋经》季孙意如，《公羊经》意作隐，即其比。（《史记斠证》卷十）

龚浩康：中大夫，官名。大夫中的一种。职位略低于卿，是朝廷的顾问官。车骑将军，地位仅低于大将军的高级武官。（见王利器主编《史记注译·孝文本纪》）

编者按：对"中大夫令勉为车骑将军"理解的分歧，主要有二。其一，官号之争：是中大夫还是中大夫令？其二，姓名之争：是姓令名勉还是名勉失姓？由于"令"字在该句中的特殊作用，这两个问题相互伴生。持中大夫令观点的，以徐广为代表，认为此官称由卫尉改名。持中大夫观点的，以颜师古为代表，根据《汉书·百官公卿表》，认为改名在景帝初年，文帝时尚无此称。反对者据《史记·秦始皇本纪》"卫尉竭、内史肆、伍弋竭、中大夫令齐等二十人皆枭首"，认为秦时已有中大夫令一称（张守节《史记正义·秦始皇本纪》也云"中大夫令，秦官也"），景帝时方有此称之说不足为凭。至于姓名之争，持中大夫令说者，以名勉失姓为正；持中大夫说者，则坚持认为姓令名勉。作为后一说法的补充，有人引《风俗通义》，认为令姓为令尹子文之后；有人据常情推理，以为文帝遣六将军，"此下五将军皆有姓，何容此人独无姓乎？"（实际上，祝兹侯于六将军中只列封爵，并无姓。）这些说法自有其道理，但尚缺乏说服力。东汉史学家荀悦《汉纪》记六将军一事，明确提出"车骑将军李勉"，成为姓名之争的又一焦点。有人认为此说必有根据，也有人对此表示怀疑，还有人据此将徐、颜之说一并否定。众说纷纭，迄无定论。由于《汉纪》成于东汉末年，且据《汉书》改编，李勉一说或有所本，但《史记》《汉书》中未见李勉之名，迄无资料参证证实。

④【汇注】

裴　骃：如淳曰："在代郡。"苏林曰："在上党。"(《史记集解·孝文本纪》)

颜师古：险陇之处，在代郡之南，南冲燕赵之中。(《汉书注·匈奴传上》)

张守节：按：蔚州飞狐县北百五十里有秦汉故郡城，西南有山，俗号为飞狐口也。(《史记正义·郦生陆贾列传》)

何　焯：《后书·郡国志》：上曲阳故属常山，恒山在西北。注引《晋地道记》云：自县北行四百二十五里，恒多山坂，名飞狐口。按：此则飞狐口，即代郡之常山关，与上曲阳相接者也。(《义门读书记·前汉书》)

程馀庆：关名，在顺天府广昌县北二十里。(《历代名家评注史记集说·孝文本纪》)

[日] 泷川资言：直隶易州广昌县。(《史记会注考证附校补》卷十《孝文本纪》)

钱　穆：飞狐口，今河北涞源县北，察哈尔蔚县南，为紫荆、倒马之外险。又壶口关在山西长治县东南。如淳分说得之，苏林、《集解》《正义》皆误。(《史记地名考》卷二十八《西北边地名》)

王　恢：《㶟水注》："祁夷水（壶流河）自平舒（广宁西）来，东北得飞狐口，广野君所谓杜飞狐之口也。《魏土地记》云，代城南四十里有飞狐关。祁夷水合关水东北流迳代城西。"

《纪要》（三九）："《地道记》，自常山北行四百五十里，得常山岌，号飞狐口。郦食其说汉高距飞狐之口，《文帝纪》令勉屯飞狐。后汉建武十二年，卢芳与匈奴、乌桓连兵盗边，诏王霸与杜茂治飞狐道，筑起亭障，自代至平城三百余里。自汉至宋，为边陲重地。"

按：在今河北、察哈尔两省界上，涞源与蔚县之间。南障紫荆、倒马及平型关，山北诸州之嗌喉也。(《史记本纪地理图考·文帝本纪》)

编者按：飞狐即飞狐口，又作蜚狐，为汉代重要关隘，在今河北涞源县北蔚县南。《辞海》说其"两崖峭立，一线微通，迤逦蜿蜒，百有余里"，古代为河北平原与北方连郡间的交通咽喉。飞狐郡属，《集解》分引代郡、上党两说。清人沈钦韩《汉书疏证》（卷二）据《元和郡县志》《明史·地理志》等，认为苏林"在上党"一说误。《元和郡县志》："自（蔚州飞狐县）北入妫州怀柔县界，即古飞狐口……刘琨自代出飞狐口，奔于安次，亦谓此道。"《明史·地理志》："飞狐峪在山西蔚州广昌县北，今为里石岭堡（《蔚州志》：飞狐口在州东南六十里，北口在州南三十里）。"

⑤【汇校】

钱大昭：《汉纪》"意"作"隐"。按：意、隐古通。《春秋》季孙意如，《公羊传》作隐如。(《汉书辨疑》卷一)

吴汝纶：梁云：荀《纪》令勉作李勉，苏意作苏隐。（《点勘史记读本·孝文本纪》）

⑥【汇注】

司马迁：胡骑入代句注边，烽火通于甘泉、长安。（《史记·匈奴列传》）

裴　骃：应劭曰："山险名也，在雁门阴馆。"（《史记集解·孝文本纪》）

颜师古：句音章句之句。（《汉书注·文帝纪》）

司马贞：并如字。句，又音鉤。（《史记索隐·汉兴以来将相名臣年表》）

又：句，伏俨音惧，包恺音鉤。（《史记索隐·孝文本纪》）

又：韦昭云："山名，在阴馆。"（《史记索隐·匈奴列传》）

张守节：句注山在代州雁门县西北三十里。（《史记正义·刘敬叔孙通列传》）

又：上古侯反，下之具反。《括地志》曰："句注山，一名西陉山，在代州雁门县西北三十里。"句，《汉书音义》："章句之句。"（引自张衍田《史记正义佚文辑校·孝文本纪》）

又：句，古侯反；注，之具反。《括地志》曰："句注山，一名西陉山，在代州雁门县西北三千里。句注与夏屋山相接，天下之阻路，所以分别内外地。"属代国。（引自吕祖谦《大事记解题》卷十）

编者按：《大事记解题》注文中"西陉山"应为"西陉山"，"三千里"系"三十里"之误。

方以智：句注，句，音鉤，其音章句之句者，非也。山在代州雁门县西北。（《方以智全书》第一册《通雅》卷十六《地舆·地名异音》）

何　焯：句注则雁门关也。（《义门读书记·前汉书》）

沈钦韩：欧阳忞《舆地广记》：代州雁门县有句注山，汉击匈奴于此。一名西陉山。《方舆纪要》：在代州西北二十五里。一名句注陉。（《汉书疏证》卷二《文帝纪》）

程馀庆：山名，在代州西北二十五里。（《历代名家评注史记集说·孝文本纪》）

［日］泷川资言：句注，今山西代州。（《史记会注考证附校补》卷十《孝文本纪》）

钱　穆：句注山，今代县西北二十五里。《吕氏春秋》：天下"九塞"，句注其一。以山形句转，水势注流名；与雁门山冈陇相接，夏屋山亦相附近。大抵代境诸山皆其支脉。（《史记地名考》卷十五《赵地名》）

王　恢：《纪要》（三九）：山在代县西北二十五里。一名西陉山，亦曰雁门。《尔雅》北陵西隃雁门。《吕氏春秋》，天下九塞，句注其一。《国策》，张仪说燕王，赵王欲并代，与代王遇于句注之塞。又苏厉为齐谓赵惠王，秦反至分、先俞于赵。孔氏曰：至分即陉山，先俞即西隃，字与音之讹也。（《赵世家》正义：陉山西隃二山，并在代州雁门县。)《史记》,赵襄子逾句注而破并代。又《赵世家》,赵有代句注之北。汉六年,匈奴围韩王信马邑,信降,遂引兵南逾句注。又文帝后六年,苏意屯句注。武帝元光五年,诏发卒治雁门阻险。《晋地道记》,北方之险,有卢龙、飞狐、句注之首。《河东记》(五代李燁撰)句注以山形句转、水势注流而名。亦曰陉岭。自雁门以南,谓之陉南,以北谓之陉北。自汉中平(公元184)以后,羌胡大扰,陉北之地,皆为荒外,并以句注为塞。

《唐志》,西陉,关名也,在雁门山上。东西山岩峭拔,中有路,盘旋崎岖,绝顶置关,谓之西陉关,亦曰雁门关。西北去朔州马邑七十里,南去代州三十里(不止,见下)。又有东陉关,在代州南三十里。杜佑曰:东陉关甚险固,与西陉关并为句注之险。今雁门关在州北四十里,为戍守重地,与宁武、偏头为山西三关(按:所谓外三关也)。关城周二里有奇,傍山就险,屹为巨防。

按:唐扼句注之险,于绝顶置关,取其北雄郡雁门为名。唐晏《庚子西行记事》(侍慈禧奔西安):"十月初五宿广武,城在黄花岭下。初六日度雁门关,关路绝陡,盘云直上凡二十里,关城跼绝顶,度关有李牧祠。下岭二十里,宿仁义镇。初七日宿阳明堡。初九日抵代州。"阳明堡虽近代州,但关城至州城必不止三十里。(《史记本纪地理图考·文帝本纪》)

⑦【汇注】

司马迁:(匈奴)大入上郡、云中各三万骑,所杀略甚众而去。于是汉使三将军军屯北地,代屯句注,赵屯飞狐口,缘边亦各坚守以备胡寇。(《史记·匈奴列传》)

胡三省:秦灭义渠,置北地郡。(见《资治通鉴》卷十五注)

何焯:屯与次异。屯有分地,次,备调发也。(引自王先谦《汉书补注·文帝纪》)

[日] 泷川资言:北地故城,今甘肃庆阳府环县东南。(《史记会注考证附校补》卷十《孝文本纪》)

⑧【汇校】

王先谦:钱大昕曰:"景帝中二年,始改郡守曰太守,此'太'字衍,本传无'太'字。"先谦曰:《史记》亦无"太"字。(《汉书补注·文帝纪》)

【汇注】

司马贞:河内,河曲也。内,音汭。(《史记索隐·晋世家》)

张守节:古帝王之都多在河东、河北,故呼河北为河内,河南为河外。又云:河从龙门南至华阴,东至卫州,折东北入海,曲绕冀州,故言河内云也。(《史记正义·魏世家》)

胡三省:项羽以河内郡为殷国,高帝灭殷,复置河内郡。(见《资治通鉴》卷十五

注）

钱　穆：河内西阻王屋诸山，与河东分隔，北则太行蔽之。汉河内郡治怀，今武陟县西南。《史记地名考》卷四《禹贡山水名中》)

龚浩康：河内，郡名。辖今河南省黄河以北地区，郡治在怀县（今河南省武陟县西南）。周亚夫（？—前143），绛侯周勃之子，以治军谨严著称。初封条侯，景帝时任太尉，后因平定吴楚七国之乱有功，升为丞相。《绛侯周勃世家》中附有传。（见王利器主编《史记注译·孝文本纪》）

⑨【汇注】

司马迁：上自劳军。至霸上及棘门军，直驰入，将以下骑送迎。已而之细柳军，军士吏被甲，锐兵刃，彀弓弩，持满。天子先驱至，不得入。先驱曰："天子且至！"军门都尉曰："将军令曰'军中闻将军令，不闻天子之诏'。"居无何，上至，又不得入。于是上乃使使持节诏将军："吾欲入劳军。"亚夫乃传言开壁门。壁门士吏谓从属车骑曰："将军约，军中不得驱驰。"于是天子乃按辔徐行。至营，将军亚夫持兵揖曰："介胄之士不拜，请以军礼见。"天子为动，改容式车。使人称谢："皇帝敬劳将军。"成礼而去。既出军门，群臣皆惊。文帝曰："嗟乎，此真将军矣！曩者霸上、棘门军，若儿戏耳，其将固可袭而虏也。至于亚夫，可得而犯邪！"称善者久之。月余，三军皆罢。乃拜亚夫为中尉。（《史记·绛侯周勃世家》）

裴　骃：徐广曰："在长安西。"骃按：如淳曰"《长安图》细柳仓在渭北，近石徼"。张揖曰"在昆明池南，今有柳市是也"。（《史记集解·孝文本纪》）

编者按：王先谦《汉书补注·文帝纪》引宋祁语：《集解》"如淳注文'长安'字下有一'图'字"。张文虎《校刊史记集解索引正义札记》（卷一）曰：《集解》石徼各本同。《汉书注》《通鉴·注》、今本《三辅黄图》并同。毛本讹"右徼"。

颜师古：《匈奴传》云"置三将军，军长安西细柳、渭北棘门、霸上"。此则细柳不在渭北，揖说是也。（《汉书注·文帝纪》）

司马贞：按：《三辅故事》细柳在直城门外阿房宫西北维。又《匈奴传》云"长安西细柳"，则如淳云在渭北，非也。（《史记索隐·孝文本纪》）

张守节：《括地志》云："细柳仓在雍州咸阳县西南二十里也。"（《史记正义·绛侯周勃世家》）

毛奇龄：按：《黄图》曰："细柳观在长安西北。"《三辅旧事》云：汉文帝大将军周亚夫军于细柳是也。若然，则是以长安西北之细柳观为细柳营矣。予尝闻之，汉有三细柳在长安西，而两在西北，一在西南。其在西北者，则细柳观与细柳仓也。其在西南者，则细柳营。而与西北之细柳观实异地焉。尝考细柳观即古徼也，在长安西北，即所谓渭水北者，而细柳仓在古徼西，独细柳营者名柳市，在长安西南。《汉书·汉文纪》颜师古注与张揖注同，皆云在昆明南，而昆明则长安西南也。西南之不可得，同于西北亦明矣。且夫《上林赋》不有云"登龙台掩细柳"乎，此则细柳观与细柳仓也，西北之细柳也。《西京赋》云"东至鼎湖，斜界细柳"，此西南之细柳也。此细柳营也。尝读《汉书》矣，《匈奴传》云"置三将军军长安西细柳、渭北棘门、霸上"，夫曰长安西细柳耳，复曰渭北之棘门霸上。向使细柳仍在渭北，则细柳固与棘门、霸上军并军也。《汉书》何得以渭北别之棘门霸上，得并于渭北之细柳观与细柳仓，而亚夫之细柳必不得并于棘门、霸上，亦可知矣。天下读书者如客之求细柳营者不少，书之注细柳营者不独《黄图》。使不读《汉书》，皆疑是时长安西南，何以独无军，有以议汉世用兵之不详也。又书之。（《西河集》卷六十一《〈三辅黄图〉书后二》）

沈钦韩：《御览》（百九十）：《三辅故事》曰：周亚夫军于细柳，今石激是也。石激西有细柳仓。《元和志》：细柳仓在咸阳县西南二十里，周亚夫军细柳，此是（又：细柳原在长安县西南三十三里，别是一细柳）。按：张揖云在昆明池南者则长安之细柳原，非也。（《汉书疏证》卷二《文帝纪》）

程馀庆：今西安府咸阳县西南二十里，有细柳仓是。（《历代名家评注史记集说·孝文本纪》）

[日] **泷川资言**：细柳，陕西西安府咸阳县西南有细柳仓，亚父屯兵处。（《史记会注考证附校补》卷十《孝文本纪》）

龚浩康：细柳，地名，在今陕西省咸阳市西南渭水北岸。（见王利器主编《史记注译·孝文本纪》）

王 恢：《匈奴传》："军长安西细柳，渭北棘门。"《元和志》一，万年县东北三十里有细柳营。又长安县西南三十三里有细柳原。谓皆非亚夫屯军之所。以为在咸阳县西南二十里之细柳仓。疑张揖说在昆明池南柳市为疏远。

《纪要》（五三）咸阳县细柳仓条从其说，谓"汉旧仓也。服虔云在长安西北，《三辅故事》在直城门外阿房宫西北维。亦谓之柳中。汉初，樊哙从入关，攻下柳中，即柳云"。而长安县细柳原又云："在府西南三十里。或曰文帝时昆明未凿，徐厉（按：当作悼）军渭北，而刘礼、亚夫军渭南，内外联络，以防卫京城，安知其非是。杜佑亦曰：细柳原，盖亚夫屯于此。"

按：细柳仓、细柳原皆在渭南，不过一偏北，一偏南。而大军布防地带，最重形势，必不拘泥一点，故其说稍异。大体渭南京东屯霸上，西屯细柳，渭北军棘门为"尖"兵，形如"△"角。（《史记本纪地理图考·文帝本纪》）

【汇评】

黄 震：重厚似勃，执正过之。细柳之军，文帝动容。拜中尉，付以重寄，属后人焉。（《古今纪要》卷二）

张　宁：周亚夫屯细柳，文帝至不能入；韩信为将，高帝两驰夺其军。疏密不同而成功无异，要之亚夫为有制，此李广、程不识成败所由分也。(《方洲集》卷二十八《读史录》)

⑩【汇校】

梁玉绳：按：《公卿表》《绛侯世家》及《汉书》皆与此同作"宗正刘礼"，然《表》书礼为宗正在景帝元年，而乃于孝文后六年冬已书之，未知孰误？(《史记志疑》卷七《孝文本纪》)

【汇注】

胡三省：宗正，秦官，掌亲属，汉因之。(见《资治通鉴》卷十五注)

[日]泷川资言：刘礼是时未为宗正。(《史记会注考证附校补》卷十《孝文本纪》)

王叔岷：案：《通鉴》亦作"宗正刘礼"。《汉纪》作"将军刘礼"，不书"宗正"。(《史记斠证》卷十)

⑪【汇注】

司马迁：文帝之后六年，匈奴大入边。乃以宗正刘礼为将军，军霸上。(《史记·绛侯周勃世家》)

张守节：《庙记》云："霸陵即霸上。"按：霸陵城在雍州万年县东北二十五里。(《史记正义·绛侯周勃世家》)

又：《括地志》云：霸陵城在雍州万年县东北二十五里，汉文帝之陵邑也。《庙记》云：霸陵即霸上也。(引自吕祖谦《大事记解题》卷十)

[日]泷川资言：霸上，陕西西安府咸宁县。(《史记会注考证附校补》卷十《孝文本纪》)

龚浩康：霸上，又称"霸头"，地名，在今陕西省西安市东，是古代咸阳、长安附近的军事要地。(见王利器主编《史记注译·孝文本纪》)

⑫【汇校】

钱大昕：祝兹，《索隐》云《汉书》作"琅邪"。按：高后四年封松兹侯徐厉，《汉·表》作"祝兹"，而《史记·文帝纪》《周亚夫世家》亦有祝兹侯徐厉名。说者疑徐厉已封祝兹，则此吕荣所封，当依《汉书》作琅邪，然遍检各本《汉·表》，祝兹侯吕荣无有作琅邪者，则单文孤证，未可信也。及读《汉书·王子侯表》，祝兹侯延年下注"琅邪"字，乃悟《索隐》本云"《汉·表》在琅邪"后人传写，讹为"书作"二字尔。今考定，当以庐江之松兹为徐厉国，琅邪之祝兹为吕荣国也。(《廿二史考异·史记·汉兴以来诸侯年表》)

梁玉绳：按：祝兹属琅邪，松兹属庐江，判然二地。高后封吕荣，武帝封刘延，是祝兹也。高后封徐厉，昭帝封刘霸，是松兹也。故《汉·表》于祝兹下注琅邪，而《水经注》二十六卷"胶水北径祝兹县故城东，汉武帝封胶东康王子延为侯国"，斯为的证。乃史公于《惠景功臣表》书松兹侯徐厉，固未尝误，而此纪及《将相表》《绛侯世家》并以徐厉为祝兹侯，岂非巨谬乎？徐厉以高后四年封，传国至建元六年绝。吕荣以高后八年封，若谓徐厉封祝兹，则一地既无两封之理，而厉亦未失国，吕荣安得有之？《汉书》纪、表、传皆作"祝兹"，尤误也。至诸将俱书姓名，而此独缺不具，又不称将军，疑抄写讹脱。然考《功臣表》《徐厉传》子悼，以文帝前七年嗣，而棘门之屯在文帝后六年，当是徐悼为将军。乃《将相表》《绛侯世家》及《汉书·文纪》《勃传》并误为徐厉，不自知其与《表》相矛盾，注家俱不纠之。而徐广于此注云"姓徐名悍"。盖因下文有将屯将军属国悍，意以为即松兹侯，故下文再注曰"悍姓徐"，而不知属国悍实别一人。徐侯亦名悼，非名悍也。（《史记志疑》卷七《孝文本纪》）

佚　名：金甡曰：按：《年表》松兹侯徐厉，始封厉，传悼。文帝七年，侯悼元年也。棘门之屯，文帝后六年事，自当是悼为将，盖厉死久矣。然《周勃世家》固明云祝兹侯徐厉军棘门，岂悼嗣侯于文后七年，《年表》脱一"后"字耶？二者必有一误。悼之与悍，亦未知孰是。（《史记疏证（外一种）》卷十）

王先谦：苏舆曰：祝兹侯，《史记》不书名。祝兹，《史·表》作松兹（徐广云：一作"祝"），本书《功臣表》厉以吕后四年封，十一年薨。孝文七年，康侯悼嗣（《史·表》同）。据《纪》，是年厉为将军，则《表》载薨年误。厉薨当在六年春后，或在明年。悼嗣封，后为将屯将军（见下）。金革无辟，礼宜然也。自吕后四年至孝文后七年，《表》当云二十七年薨，"七年"上亦夺"后"字。《史记·绛侯世家》及本书《周勃传》并云"是年，徐厉屯棘门"，知非《纪》误。（《汉书补注·文帝纪》）

[日] **泷川资言**：中井积德曰：上并书姓名，祝兹侯无姓名，脱文耳。《汉书》"侯"下有"徐厉为将军"五字。俞樾曰：《惠景间侯表》"松兹侯徐厉"，非悍也。文帝遗诏"属国悍为将屯将军"，悍不书姓，而徐广注以为姓徐，未知所据。愚按：《史·将相名臣表》《绛侯世家》及《汉书·周勃传》并云，是年徐厉屯棘门，与《汉书·文纪》合。《惠景间侯表》云，松兹侯徐厉以吕后四年封，十一年薨，孝文七年康侯悼嗣。《汉书·功臣表》同。"十一年"当云"二十七年"，"文帝七年"当云"文帝后七年"，"康侯悼"当作"康侯悍"，悍、悼形似而误。又按：当依《表》作"松兹"。（《史记会注考证附校补》卷十《孝文本纪》）

王叔岷：案：梁氏谓祝兹侯为松兹侯之误，是也。又疑此文钞写讹脱，缺书姓名，又不称将军，亦是也。《汉书·文纪》《通鉴》并作"祝兹侯徐厉为将军"（《绛侯世家》《汉书·周勃传》并同），书姓名，又称将军，《汉纪》亦书"将军徐厉"，与上文一律，可补此文之脱。惟祝兹亦松兹之误。梁氏又据《功臣表》，谓"棘门之屯，在文帝后六年，当是徐悼为将军"，则未审。考《绛侯世家》《汉书·周勃传》于孝文后六年，并书"徐厉为将军，军棘门"。《将相表》于孝文后六年，亦书"徐厉军棘门"，则棘门之屯固是徐厉，非其字悼也。《汉书·功臣表》书"孝文七年，康侯悼嗣"。《史记·惠景侯表》亦书"七年，康侯悼元年"。两"七年"并当作"后七年"，盖孝文后六年厉尚为将军，未薨。《绛侯世家》《汉书·文纪》及《周勃传》《汉纪》《通鉴》皆可证。薨后其子悼乃得嗣也。则此固当书"徐厉为将军"矣。徐注此文祝兹侯云："姓徐，名悍。"盖以将屯将军属国悍，与徐厉为一人。《将相表》孝文后七年书云："属国捍为将屯将军。"《索隐》于"捍"下云："亦作悍。徐广曰：姓徐，一名厉。即祝兹侯。"即其证。其以徐厉、徐悍为一人，诚误；然徐氏固知为将军军棘门者为徐厉矣。（《史记斠证》卷十）

【汇注】

裴　骃：徐广曰："《表》作松兹侯，姓徐，名悍。"（《史记集解·孝文本纪》）

又：（棘门）徐广曰："在渭北。"骃按：孟康曰"在长安北，秦时宫门也"。如淳曰"《三辅黄图》棘门在横门外"。（《史记集解·孝文本纪》）

张守节：孟康云："秦时宫也。"《括地志》云："棘门在渭北十余里，秦王门名也。"（《史记正义·绛侯周勃世家》）

又：横，音光。秦舆乐宫（编者按："舆乐宫"恐系"兴乐宫"之误）北门，对横桥，今渭桥。（引自张衍田《史记正义佚文辑校·孝文本纪》）

编者按：张衍田按：此《正义》释《集解》"横门"。《三辅黄图》卷一："长安城北出西头第一门曰横门。《汉书》虒上小女陈持弓走入光门，即此门也。门外有桥曰横桥。"《汉书·成帝纪》颜师古注引如淳云："横，音光。"

胡三省：徐厉，高祖功臣，吕后四年封祝兹侯。《史记·表》作"松滋"。班《志》：松滋县属庐江郡。（见《资治通鉴》卷十五注）

又：如淳曰：棘门在横门外。横门，长安城北出西头第一门。（同上）

沈钦韩：《长安志》：棘门在咸阳东北十八里。（《汉书疏证》卷二《文帝纪》）

又：《史·表》作松兹，《纪》祝兹城在胶州西南。（《汉书疏证》卷三）

［日］泷川资言：棘门，陕西西安府长安县北。徐孚远曰：三将军屯边郡，三将军屯京师。（《史记会注考证附校补》卷十《孝文本纪》）

龚浩康：祝兹侯，《集解》引徐广语："《表》作松兹侯，姓徐，名悍。"而《史记志疑》认为，"松兹侯"即松兹侯徐厉之子徐悼。《汉书·文帝纪》则为"祝兹侯徐厉为将军，次棘门"。松兹，地名，在今湖北省松滋县南。棘门，地名，在今陕西省咸阳市东北，原为秦宫门。（见王利器主编《史记注译·孝文本纪》）

王　恢：徐厉，以舍人从起沛，以郎中入汉，还，得雍王章邯家属，用常山丞相侯。文帝后六年，厉子悼军棘门以备胡，武帝建元六年（前135）孙偃有罪，免。

　　（松兹）《汉志》庐江郡县，今安徽宿松县北五十里。《汉书》纪、表、传并误作"祝兹"。（《史记本纪地理图考·吕太后本纪》）

　　又：（棘门）《渭水注》："长安北出西头第一门名横门，其外郭有都门，有棘门。徐广曰：棘门在渭北。"《括地志》："在渭北十余里。"《元和志》一："在咸阳县东北十八里，本秦阙门也。"（《史记本纪地理图考·文帝本纪》）

⑬【汇注】

　　司马迁：孝文之后六年，匈奴大入边。乃以宗正刘礼为将军，军霸上；祝兹侯徐厉为将军，军棘门；以河内守亚夫为将军，军细柳，以备胡。（《史记·绛侯周勃世家》）

　　又：又置三将军，军长安西细柳、渭北棘门、霸上以备胡。（《史记·匈奴列传》）

【汇评】

　　于慎行：汉都长安，地近匈奴，故高帝神武，而不免平城之围；文帝仁厚，而细柳棘门近畿之地，辄发兵列屯为备，其势诚相逼也。（《读史漫录》卷四）

　　周　南：文帝每遇敌人，发兵屯上郡，屯北地，亦为久驻之计。盖尝以十万大兵，用将军屯长安，旁及后灞上、棘门。去长安俱二十里，而皆宿重兵，皇皇然忧其冲突而至堂奥之内也。其得免于侵陵之祸者，幸矣哉。（引自《涵芬楼古今文钞》卷四《四塞论上》）

　　程馀庆：此亦三将军屯边郡，三将军屯京师也。俱著姓名，其文愈明。（《历代名家评注史记集说·孝文本纪》）

⑭【汇注】

　　司马迁：胡骑入代句注边，烽火通于甘泉、长安。数月，汉兵至边，匈奴亦去远塞，汉兵亦罢。（《史记·匈奴列传》）

　　[日]**泷川资言**：又见《绛侯世家》《匈奴传》。（《史记会注考证附校补》卷十《孝文本纪》）

【汇评】

　　宋　祁：文帝之世，单于五犯中国。帝但遣将出兵，尽境而退。此可知帝之不乐穷追极战，挈祸伤民也。故搥将军于细柳，屈己以尊亚夫，叹李广之能战，惜其不遇高祖。仁者不务战胜而好自修也，明矣。（《景文集》卷四十三《论文帝不能用颇牧》）

　　黄恩彤：前之大入上郡、云中，家令所云卒少则入，此则所云远县才至，胡又已去者也。是时汉之将吏名为追击，实则听其饱掠而去耳。（《鉴评别录》卷四）

　　李澄宇：三年，遣丞相灌婴击匈奴，匈奴去，诏罢丞相兵。六年，以周亚夫等备

胡,数月,胡人去,亦罢。但备边不深入,亦驭夷一法。(《读史记蠡述》卷一)

徐复观:记匈奴之事,《史记》详而《汉书》略,这说明匈奴问题在政治上的比重,在史公时代远较班氏时代为重。(《两汉思想史》卷三《〈史〉〈汉〉比较研究之一例》)

天下旱①,蝗②。帝加惠:令诸侯毋入贡,弛山泽③,减诸服御狗马,损郎吏员④,发仓庾以振贫民⑤,民得卖爵⑥。

① 【汇校】
　　王先谦:《五行志》作"春,天下大旱"。(《汉书补注·文帝纪》)

② 【汇注】
　　颜师古:蝗即螽也,食苗为灾,今俗呼为簸螽。蝗音胡光反。螽音钟。(《汉书注·文帝纪》)

③ 【汇校】
　　王叔岷:案:古钞本"弛"作"施",《集解》同。弛、施正、假字。下文"辄弛以利民",古钞本"弛"作"施"。亦同此例。(《史记斠证》卷十)

　　【汇注】
　　裴　骃:韦昭曰:"弛,废也。废其常禁以利民。"(《史记集解·孝文本纪》)
　　颜师古:弛,解也,解而不禁,与众庶同其利。(《汉书注·文帝纪》)
　　程馀庆:弛,解也。解其禁,与民同利。(《历代名家评注史记集说·孝文本纪》)

④ 【汇注】
　　张大可:损郎吏员,精减郎官。汉郎官无定员,经常千余人。(《史记全本新注·孝文本纪》)

⑤ 【汇注】
　　裴　骃:应劭曰:"水漕仓曰庾。"胡公曰:"在邑曰仓,在野曰庾。"(《史记集解·孝文本纪》)
　　司马贞:郭璞注《三苍》云:"庾,仓无屋也。"胡公名广,后汉太尉,作《汉官解诂》也。(《史记索隐·孝文本纪》)
　　张守节:胡公名广,后汉太尉。《百官箴》者,广所著书名。应劭著《官仪次比》。(引自张衍田《史记正义佚文辑校·孝文本纪》)
　　胡三省:凡仓无屋曰庾。(见《资治通鉴》卷十五注)

⑥【汇注】

司马贞：崔浩云："富人欲爵，贫人欲钱，故听买卖也。"（《史记索隐·孝文本纪》）

林茂春：陈子龙曰：此民相买卖而官不与焉，必是所赐虚名，若今之散官。（《史记拾遗》）

郭嵩焘：按：此"卖爵"者，即文帝即位赐民爵一级，及元年立太子，赐天下民当为父后者爵一级，皆民爵也，故令得自买卖。其入粟于六百石爵上造，以次至大庶长，自二等以至十八等，而听其自为市，则是襃爵而为秕政之尤矣，文帝不应然也。陈氏以为"若今散官"，散官亦岂能听民买卖乎？（《史记札记》卷一《孝文本纪》）

［日］泷川资言：武帝许卖武功爵，盖由有此先例。其父杀人报仇，其子必且行劫，政不可不慎也。（《史记会注考证附校补》卷十《孝文本纪》）

孝文帝从代来，即位二十三年①，宫室苑囿狗马服御无所增益②，有不便③，辄弛以利民④。尝欲作露台⑤，召匠计之，直百金⑥。上曰："百金中民十家之产⑦，吾奉先帝宫室，常恐羞之，何以台为⑧！"上常衣绨衣⑨，所幸慎夫人⑩，令衣不得曳地⑪，帏帐不得文绣⑫，以示敦朴，为天下先⑬。治霸陵皆以瓦器⑭，不得以金银铜锡为饰⑮，不治坟⑯，欲为省，毋烦民⑰。南越王尉佗自立为武帝⑱，然上召贵尉佗兄弟⑲，以德报之，佗遂去帝称臣⑳。与匈奴和亲，匈奴背约入盗㉑，然令边备守，不发兵深入㉒，恶烦苦百姓㉓。吴王诈病不朝，就赐几杖㉔。群臣如袁盎等称说虽切㉕，常假借用之㉖。群臣如张武等受赂遗金钱，觉，上乃发御府金钱赐之㉗，以愧其心，弗下吏㉘。专务以德化民㉙，是以海内殷富，兴于礼义㉚。

①【汇校】

［日］泷川资言：延久钞本"二十"作"廿"。（《史记会注考证附校补》卷十《孝文本纪》）

王叔岷：案：《御览》八八引"帝"上有"皇"字，《汉书·文纪·赞》同。

（《史记斠证》卷十）

【汇评】

梁玉绳：此段总叙文帝诸善政，当在后七年之末"袭号曰皇帝"句下，错简于后六年也。后世作史，皆仿此总叙法。（《史记志疑》卷七《孝文本纪》）

编者按：泷川资言《史记会注考证附校补·孝文本纪》：赵翼亦有此说。《汉书》取此为《文纪·赞》。

方　苞：以下所叙列，视前诸大政为小，故总束于后。韩、欧墓志，多用此法。（《方苞集·集外文补遗》卷二《读书笔记·史记评语》）

程馀庆：长句。总领一段。（《历代名家评注史记集说·孝文本纪》）

② 【汇校】

王叔岷：案：《汉书》《金楼子·兴王篇》《通鉴》并作"车骑服御"。《汉纪》"狗"亦作"车"。（《史记斠证》卷十）

③ 【汇校】

宋　祁："'便'字下疑有'者'字。"（引自王先谦《汉书补注·文帝纪》）

④ 【汇注】

颜师古：弛，废弛，音式尔反。（《汉书注·文帝纪》）

⑤ 【汇校】

裴　骃：徐广曰："露，一作'灵'。"（《史记集解·孝文本纪》）

【汇注】

颜师古：今新丰县南骊山之顶有露台乡，极为高显，犹有文帝所欲作台之处。（《汉书注·文帝纪》）

司马贞：顾氏按：新丰南骊山上犹有台之旧址也。（《史记索隐·孝文本纪》）

史怀远：汉文帝露台故址，在骊山东二十五里，名九龙头，以九峰环侍其下故也。矗立万仞，高出云雾之表，旭日初升，天光四澈，北瞰延榆，南俯商雒，西陇东华，相违不啻咫尺。八水汇流如线，登高眺望于此，庶乎观止。（［乾隆］《临潼县志》卷九《名胜》）

［日］**泷川资言**：中井积德曰：无木曰台，然后代通观榭皆谓之台，此欲谓无木之台，故称露台耳。露是"暴露"之"露"。又曰：露台遂不作，焉得有旧址？（《史记会注考证附校补》卷十《孝文本纪》）

施之勉：《索隐》，顾氏按：新丰南骊山上，犹有台之旧址也。《考证》：中井积德曰：露台遂不作，焉得有旧址？王楙《野客丛书》曰：汉文帝尝欲作露台，召匠计之，直百金。上曰：百金，众人十家之产，吾奉先帝宫室，常恐羞之，何以台为？仆考汉金一斤万钱。露台之资，才千缗耳，于恭俭之德，未为损也。帝直以中人十家之产，而不敢妄费，其爱惜天下之财如此。观翼奉疏曰：文帝欲作一台，度用百金，重民之财，废而不为。其积土基，至今犹存。是则固尝兴工辇土以筑露台之基矣，特未营财植耳。因念有所费而中辍之，止其役于已为，尤见文帝之所以贤也。颜师古《汉书注》曰：今新丰县骊山之顶，有露台乡，极为高显，犹有文帝所欲作台之处。《玉海》一百六十二引孙樵《露台遗基赋》曰：有土有积，其高盈尺，隐于脩冈，屯若环堂。是露台之基已筑矣。骊山顶上，所积土基，即是台之旧址，至唐犹存。顾说是也。中说非。(《史记会注考证订补·孝文本纪第十》)

　　王叔岷：案：《金楼子》此下更有"台基已成，将构"六字，未知何据。(《史记斠证》卷十)

⑥【汇校】

　　王叔岷：案古钞本、《帝王略论》"匠"并作"近"。《正义·论字例》云："匠、匠从走。"《考证》引张文虎曰："走疑辵。"此其验矣。(《史记斠证》卷十)

【汇注】

　　张守节：汉法一斤为一金，一金直万钱也，百金直千贯。(引自张衍田《史记正义佚文辑校·孝文本纪》)

　　编者按：泷川资言《史记会注考证附校补·孝文本纪》：《正义》依《平准书》。

　　钱大昕：《履斋示儿编》云：《公羊传》隐五年曰"百金之鱼"，注云：百金，犹百万也。古者以金重一斤，若今万钱矣。《汉·食货志》亦云黄金一斤直万钱，则知文帝言"百金，中人十家之产"，即是金百斤为钱百万也。(《十驾斋养新录》卷十九)

　　林茂春：程大昌曰：周人之金以锊计，锊，二十两也；汉人之金以斤计，斤，方寸而重一斤也。惠帝初即位，赐视作斥上者，将军四十金。郑氏曰：四十金，四十斤金是也。《食货志》黄金一斤直万钱，则汉云一金者皆为一斤（按：斤十六两与锊二十两有别）。(《史记拾遗》)

　　程馀庆：汉金一斤万钱，百金，才千缗耳。(《历代名家评注史记集说·孝文本纪》)

　　苏　舆：古者言金以斤计，斤率二十两，与今以十六两为斤者异。《齐策》高诱注"二十两为一金"。赵岐《孟子·梁惠篇》注"二十两为锊"。《公孙丑篇》注"古以一锊为一金是也"。《食货志》"黄金重一斤直钱万"。《公羊·隐五年传》何注"百金，犹百万也"。此百金是金百斤，直钱百万。汉金价贱，故高祖赐家令则五百金，予陈平则四万斤。唐太宗以孔颖达等善谏太子，赐金一斤（见《唐书·孔颖达传》），是金至唐价贵矣。(引自王先谦《汉书补注·文帝纪》)

　　杨伯峻：古时所谓"金"，不是今日的"黄金"，一般实际上是铜。(《孟子译注·公孙丑下》)

⑦【汇校】

　　李慈铭：按：《史记》作"中民"，此（编者按：指《汉书·文帝纪》）避唐讳改。（《越缦堂读史札记·汉书札记卷一·文帝纪》）

　　王叔岷：案：古钞本"产"上有"生"字，疑因"产"字联想而衍。（《史记斠证》卷十）

　　编者按：《汉书·文帝纪》作"中人"。

【汇注】

　　颜师古：中谓不富不贫。（《汉书注·文帝纪》）

⑧【汇评】

　　王　楙：汉文帝尝欲作露台，台匠计之，直百金。上曰："百金，中人十家之产。吾奉先帝宫室，常恐羞之，何以台为！"仆考汉金，一斤万钱，露台之资，才千缗耳，于恭俭之德未为损也。帝直以中人十家之产，而不敢妄费，其爱惜天下之财如此。观翼奉疏曰："文帝欲作一台，度用百金，重民之财，废而不为。其积土基，至今犹存。"是则固尝兴工辇土，以筑露台之基矣，特未营材植耳。因念有所费而中辍之，止其役于已为，尤见文帝之所以贤也。（《野客丛书》卷一《文帝露台》）

　　吴崇节：按帝以此，遂至海内富庶，太仓之粟，陈陈相因，至不可食，而贯且朽焉。故曰：露台惜金，则贯朽粟陈，此汉文恭俭之明效也。（《新镌古史要评》卷一）

⑨【汇校】

　　[日]**泷川资言**：《汉书·文纪》作"弋绨"。（《史记会注考证附校补》卷十《孝文本纪》）

　　王叔岷：案：《御览》六八九引此"绨衣"亦作"弋绨"。《汉纪》《金楼子》《帝王略论》《通鉴》皆同。《汉书·东方朔传》、王符《潜夫论·浮侈篇》、《书钞》一二八及《御览》六九七引《风俗通》亦并作"弋绨"。《汉书·文纪》如淳注："弋，皂也。"师古注："弋，黑色也。绨，厚缯。"（师古注又见《东方朔传》）弋与黓通，《广雅·释器》："黓，黑也。"（《史记斠证》卷十）

【汇注】

　　裴　骃：如淳曰："贾谊云'身衣皂绨'。"（《史记集解·孝文本纪》）

　　许　慎：绨，厚缯也。从系弟声。（《说文解字》十三上）

　　颜师古：绨，厚缯。绨音大奚反。（《汉书注·文帝纪》）

　　袁黄、王世贞：绨，厚缯也，盖今之绝也。（《袁王纲鉴合编》卷六）

　　编者按："衣绨衣"，《汉书·文帝纪·赞》作"身衣弋绨"。弋绨，颜师古注："如淳曰：'弋，皂也。贾谊曰身衣皂绨。'弋，黑色也。绨，厚缯。"（《汉书注·文帝纪》）沈钦韩说：《后书·王符传》引《前书音义》曰："弋，厚也。"《集韵》："黓，皂也。"《广韵》又作袳，云黑衣。按：以弋为皂者，据贾谊言，自衣皂绨，疑皂亦帛之误。《说文》：绨，厚缯也。云弋厚者是也，何必定以黑色为衣？（《汉书疏证》卷二《文帝纪》）吴恂认为，弋乃黓字之省。《广雅·释器》："黓，黑也。"《说文》虽无其字，然《尔雅·释天》《淮南子·天文训》均有"太岁在壬曰玄黓"之文，弋字训厚，书、传无征，寻弋绨即贾疏之皂绨。《国策》之缁帛之衣，及《晏子春秋》之缁布之衣，其义亦同。盖以黑色耐污，可节洗浣，此皆言其节俭耳。沈氏疑贾疏皂乃帛之误，帛绨虽亦可通，然于搏节之义则泯矣。（《汉书注商·文帝纪》）以上诸说，属"弋绨"注疏，亦对理解文帝"衣绨衣"有所帮助，故引于此。

⑩【汇注】

班　固：文帝幸邯郸慎夫人、尹姬，皆无子。（《汉书·外戚传》）

裴　骃：张晏曰："慎夫人，邯郸人也。"（《史记集解·张释之冯唐列传》）

⑪【汇校】

王叔岷：案：古钞本"曳"作"拽"，"拽"与"曳"同。（《史记斠证》卷十）

【汇注】

袁黄、王世贞：衣之长不被土也。（《袁王纲鉴合编》卷六）

【汇评】

荀　悦：孝文帝不爱千里马，慎夫人衣不曳地，光武手不持珠玉，可谓难矣。抑情绝欲，不如是，能成功业者鲜矣。（《申鉴·杂言上》）

于慎行：汉文帝身衣弋绨，而贾人墙屋文绣，夫人衣不曳地，而倡优下贱，得为后服，此风俗之蠹也，然富庶承平之象于此可想矣。要之惟帝身弋绨，而后贾人下贱有文绣之饰。至武帝之世，穷奢极欲，珍台闲馆、车服美人之丽，视文、景之时，何啻天壤？而舟车缗钱，算及毫末，贾人下贱，方且愁病无聊，何以有雍容奢丽之风邪？（《读史漫录》卷三）

⑫【汇校】

王叔岷：《初学记》二五引"帏"作"帷"，《汉书·文纪》《通鉴》同。帷、帏正、假字。"帷帐"复语，《广雅·释器》："帷，帐也。"（《史记斠证》卷十）

【汇注】

应　劭：文帝虽节俭，未央前殿至奢，雕文五采，尽华榱壁珰，轩槛皆饰以黄金。（《风俗通义》卷二）

编者按：易白沙《帝王春秋》曰：文帝并不节俭宫室，故以黄金为饰。

⑬【汇注】

王　符：孝文皇帝躬衣弋绨，足履革舄，以韦带剑，集上书囊以为殿帏。盛夏苦暑，欲起一台，计直百万，以为奢费而不作也。（《潜夫论》卷三《浮侈篇》）

徐昂发：《风俗通》云：世传汉文帝节俭，集上书囊以为前殿帷，天下升平，粟升一钱。夫文帝虽节俭，未央前殿至奢，雕文五采，华榱壁珰，轩槛皆饰以黄金，其势不可以书囊为帷，奢俭好丑不相侔副。又谷籴尝至石五百，不升一钱也。愚按：此则马班但言帷帐无文，以示敦朴为天下先，乃实录也。(《畏垒笔记》卷一《汉文帝》)

【汇评】

翟酺：夫俭德之恭，政存约节。故文帝爱百金于露台，饰帷帐于皂囊。或有讥其俭者，上曰："朕为天下守财耳，岂得妄用之哉？"至仓谷腐而不可食，钱贯朽而不可校。(《上安帝疏谏宠外戚》，引自《后汉书·翟酺传》)

郎颉：《老子》曰："人之饥也，以其上食税之多也。"故孝文皇帝绨袍革舄，木器无文，约身薄赋，时致升平。(《对状尚书条便宜七事》，引自《后汉书·郎颉传》)

杨植：良史所记，必非妄言。汉兴，承亡秦残酷之后，项氏战争之余，海内凋弊，生人力竭。汉文仁明之主，起自代邸，知稼穑之艰难。是以即位之后，躬行俭约，继以景帝，犹遵此风。由是海内黔首，咸乐其生，家给户足。迨至武帝，公私殷富，用能出师征伐，威行四方；钱至贯朽，谷至红腐。……据武帝嗣位之初，物力阜殷，前代无比，固当因文帝俭约之致也。(见《全唐文》卷七三二《对汉文从俭奏》)

欧阳修：孝文之兴，汉三世矣。孤秦之弊未救，诸吕之危继作，南北兴两军之诛，京师新蹀血之变。而文帝由代邸嗣汉位，天下初定，人心未集，方且破觚斫雕，衣绨履革，务率敦朴，推行恭俭。(《欧阳修文选·贾谊不至公卿论》)

朱翌：汉文恭俭，不能禁庶人之文绣被屋壁，倡优僭后饰……化天下当以诚，帝使邓通得自铸钱，是岂欲天下之人趋俭哉？(《猗觉寮杂记》卷下)

方勺：前史称汉文帝节俭，身衣弋绨，集上书囊为殿帷，所幸慎夫人衣不曳地，此三事以人主行之，可谓陋矣！然赐邓通以十数钜万，又以铜山与之，此又何也？(《泊宅编》卷中)

李清臣：至文景之为君，其治出于恭俭仁恕，然其君臣之间，尊严而甚可惮。(《西汉论》，引自《全宋文》卷一七一三)

⑭**【汇注】**

张守节：故霸陵在雍州万年县东北二十五里。汉霸陵，文帝之陵邑也，东南去霸陵十里。《地理志》云："霸陵故芷阳，文帝更名。"《三秦记》云："霸城，秦穆公筑为宫，因名霸城。汉于此置霸陵。"《庙记》云："霸城，汉文帝筑。沛公入关，遂至霸上，即此也。"(《史记正义·高祖本纪》)

胡三省：班《志》：霸陵县属京兆，故芷阳也。帝起陵邑，因更名。(见《资治通鉴》卷十三注)

袁黄、王世贞：霸陵在雍州万年东北，汉文置墓陵于上。(《袁王纲鉴合编》卷

六）

  程馀庆：在故长安城东七十里。（《历代名家评注史记集说·孝文本纪》）

  ［日］泷川资言：刘向《谏昌陵疏》谓文帝寤张释之言，去坟薄葬，以俭安神。贾山《至言》亦言之，则霸陵在汉帝诸陵中最俭者矣。而《晋书》称赤眉取陵中物，不能减半。于今犹有朽帛委积，珠玉未尽。岂文帝崩后，臣子违其素志邪？古书所言，未可悉信也。（《史记会注考证附校补》卷十《孝文本纪》）

  编者按：王叔岷《史记斠证》卷十云：案：《考证》"刘向《谏昌陵疏》"至引《晋书》（《索琳传》）"珠玉未尽"，本梁氏《志疑》。

  朱孔阳：按：霸陵，城名，本秦穆公筑，文帝葬其地，因置霸陵县，成云即以霸水名陵。（《历代陵寝备考》卷十）

  刘庆柱、李毓芳：霸陵，在灞河西岸，"就其水名，因以为陵号"（《汉书补注·文帝纪》）。灞河也称灞水，灞水原名为滋水。秦穆公称霸，改名滋水为灞水，以宣扬其"霸业"。

  霸陵在汉长安城未央宫前殿遗址东南57里，位于西安东郊白鹿原东北隅，即今灞桥区毛西乡杨家屹嶝村，群众称为"凤凰嘴"。

  霸陵"因其山，不起坟"，地面上没有封土。在白鹿原原头的断崖上凿洞为玄宫，其中以石砌筑，坚固异常。修筑起来可能比平地起冢的长陵、安陵省工，但仍是一项相当浩大的工程，当时朝廷任命了"郎中令武（张武）为复土将军，发近县见卒万六千人，发内史卒万五千人，藏郭穿复土属将军武"。由于霸陵是斩原为冢，凿崖为墓，所以陵墓排水成了个重要问题。《长安志》卷十一引《关中记》记载：霸陵之上"为池，池有四出道以泻水"，这该是霸陵的部分排水设施。

  文帝治霸陵"因山为陵"，除了力求节俭，更是为了陵墓安全。有一次，文帝携带慎夫人到霸陵，群臣前呼后拥。他看到修筑中的霸陵，不无感慨地说："嗟乎！以北山石为椁，用纻絮斮陈，蕠漆其间，岂可动哉！"左右皆曰："善。"释之前进曰："使其中有可欲者，虽锢南山犹有郄；使其中无可欲者，虽无石椁，又何戚焉！"文帝十分赏识张释之这番话，可见，文帝"节葬""因山为陵""不得以金银铜锡为饰"的目的之一，就是为了"使其中无可欲"，确保安全（《史记·张释之列传》）。

  尽管霸陵"不起坟"，但"稠种柏树"于墓上，筑陵园围于其中。文献记载，霸陵"周围三百丈"（《咸宁县志》卷十四），大概指其陵园范围而言。霸陵陵园辟有高大门阙。永始四年（前13）夏天，霸陵陵园东门阙发生了火灾。

  陵园附近还有寝庙一类建筑。《长安志》卷十一记载：文帝陵庙在霸陵北部。文帝陵庙称"孝文庙"，建于景帝元年（前156）。（《西汉十一陵》上篇第三章《文帝霸陵》）

  王　恢：后七年（前157）六月，帝崩于未央宫，葬霸陵。

《将相年表》：孝文九年（前171）以芷阳乡为霸陵。《本纪》后六年（前158）"治霸陵皆以瓦器，不得以金银铜锡为饰，不治坟"。（《汉纪》云：因其山。）《三辅黄图》："在长安城东七十里。"《长安志》："在万年县东三十里白鹿原上。"《括地志》："在万年县东二十里。霸陵，故芷阳也。《汉晋春秋》云：愍帝建兴三年（公元315）秦人发霸、杜二陵，珠玉綵帛以千万计。帝问索綝曰：汉陵中物，何乃多耶？对曰：天子即位一年而为陵，天下贡赋三分之：一供宗庙，一供客，一充山陵。武帝享年既久，比崩，茂陵不复容物。赤眉贼不能减半。今犹有朽帛委积，珠玉未尽。此二陵是俭者也。"

《志疑》："霸陵凡三被发：《张汤传》一也，《风俗通》二也，《晋书》三也。赤眉之扰，汉诸陵无不被发者，而犹文、宣二陵幸免开掘，故《王莽传》特书曰：'霸、杜陵完。'"《外戚世家》："窦太后合葬霸陵。"景帝即秦芷阳县置霸陵县。北头边侧近霸水，东南至陵十里。（《史记本纪地理图考·文帝本纪》）

⑮【汇校】

宋　祁："'饰'旧作'饬'。"（引自王先谦《汉书补注·文帝纪》）

[日] 泷川资言：《汉书》"饰"下有"由其山"三字。（《史记会注考证附校补》卷十《孝文本纪》）

编者按：原引"因其山"，"因"误"由"。

王叔岷：《汉纪》《通鉴》"饰"下亦并有"因其山"三字。《金楼子》"饰"下有"因山"二字。（《史记斠证》卷十）

【汇注】

司马迁：孝文好道家之学，以为繁礼饰貌，无益于治，躬化谓何耳，故罢去之。（《史记·礼书》）

罗　泌：先汉文帝敕治霸陵，一皆瓦器，不得以金银铜锡为饰，故魏晋群盗发掘陵隃，而霸陵独得不扪，至元康间，三秦人尹桓解武始发霸、杜二陵，潜闷之中，金玉粲陈。（《路史·余论卷九·女英冢》）

沈钦韩：《长安志》：在万年县东十里白鹿原上。《晋书·索綝传》：三秦人盗发汉霸、杜二陵，多获珍宝。愍帝问綝曰：汉陵中物何乃多也？对曰：汉天子即位一年而为陵，天下贡赋三分之，一供宗庙，一供宾客，一充山陵。汉武帝享年久长，比崩，而茂陵不复容物，其树皆已可拱。赤眉取陵中物，不能减半，于今犹有朽帛委积，珠玉未尽。此二陵是俭者耳。按：此云治霸陵皆瓦器，而仍有珍玉，盖帝既崩，臣子违其素志耳。（《汉书疏证》卷二《文帝纪》）

陈　直：按：汉人殉葬用钱，贵族用真钱，一般用陶制，孝文园应为真钱，故有人盗之。（《史记新证·酷吏列传》）

【汇评】

康　海：先辈言文帝好黄老，当于此类见之。（引自凌稚隆《史记评林·孝文本纪》）

陈　垣：文帝天资粹美，却能转得黄老不好处作好处；景帝天资刻忍，却将黄老好处转作不好处。（引自凌稚隆《汉书评林·文帝纪》）

顾炎武：《史》言文帝汉霸陵，皆以瓦器，不以金银铜锡为饰，刘向亦以孝文薄葬。然考《张汤传》，武帝时已有盗发孝文葬钱者，而晋建兴中盗发汉霸、杜二陵，多获珍宝。盖自春秋以来，厚葬之俗，虽以孝文之明达俭约，犹不能尽除，而史所书未必尽实录也。（引自程馀庆《历代名家评注史记集说·孝文本纪》）

高　嵣：《孝文本纪》云："上身衣弋绨，所幸慎夫人，令衣不曳地，帏帐不得文绣。治霸陵，皆以瓦器。"是躬化节俭，谓何嫌耳，不须繁礼饰貌也。（《史记钞》卷一《礼书序》）

⑯【汇注】

刘　向：孝文皇帝居霸陵，北临厕，意悽怆悲怀，顾谓群臣曰："嗟乎！以北山石为椁，用紵絮斮陈漆其间，岂可动哉！"张释之进曰："使其中有可欲，虽锢南山犹有隙；使其中无可欲，虽无石椁，又何戚焉？"夫死者无终极，而国家有废兴，故释之之言，为无穷计也。孝文寤焉，遂薄葬，不起山坟。（引自班固《汉书·楚元王传》）

胡三省：古者墓而不坟。坟者，聚土使之高大也。皇甫谧曰：汉长陵高十三丈，阳陵高十四丈，安陵三十余丈，则不度甚。治，直之翻。（见《资治通鉴》卷十五注）

杨树达：据《王莽传》云："赤眉之乱，园陵皆见发掘，唯霸陵杜陵完。"盖文帝寤张释之之言，薄葬不起山坟故也。然晋建兴中卒被掘，见《晋书·索䌖传》。（《汉书窥管》卷一《文帝纪》）

龚浩康：古代埋葬之处封土成丘的叫"坟"，平的叫"墓"。后来坟墓连用，不再区别。（见王利器主编《史记注译·孝文本纪》）

杨武站、曹龙：《史记》记载汉文帝霸陵"不治坟"，由此引发了千百年来关于霸陵薄葬、厚葬之争，考古界又有崖墓与竖穴土（石）圹墓两种观点……

（一）崖墓说。徐苹芳先生认为：西汉诸陵从形式上来看，可以分成两类，一类是霸陵"因山为藏"的形式，一类是其他各陵在地面上夯筑高大封土为坟丘的形式。霸陵"因山为藏"的形式，从外观上看是"因其山，不起坟"；西安东郊凤凰嘴的高崖，即是霸陵之所在。从墓室的结构上来说，应当是一种崖墓。

刘庆柱、李毓芳先生认为：霸陵"因其山，不起坟"，地面上没有封土。在白鹿原头的断崖上凿洞为玄宫，其中以石砌筑，坚固异常。刘先生还推测西汉诸侯王崖洞墓可能是仿自文帝霸陵的"因山为藏"。

黄展岳先生持同样观点，他提出：一般认为，西汉诸侯王崖洞系仿效霸陵，因山为藏，这大概是事实。他还推测"霸陵依山为藏，应类似河南永城梁王墓和江苏徐州楚王墓的形式，在山腹内凿出甬道、墓室、回廊，设置多侧室、多耳室"。

焦南峰先生认为：西汉诸陵除霸陵依山为陵，是一种"因山为藏"的崖墓外，其余的封土均系夯筑而成。

梁勇先生认为：西汉11座帝陵可分为两类，一类是霸陵依山为陵的形式，墓葬开凿于山石中，不另起坟丘，属于崖洞墓；其他10座帝陵都筑有高大的覆斗形坟丘。

周学鹰先生认为：在西汉11座帝陵中，唯文帝霸陵采用"因山为陵"葬制，并且认为最早见于记载的汉文帝霸陵所以采用"因山为陵"葬制实受楚元王刘交陵墓的深刻影响。

学术界多数学者支持崖墓说。

（二）竖穴土（石）圹墓说。李德银先生结合文献记载，对霸陵陵区的地貌、地质条件、葬具及埋葬时的用人数等进行分析后认为，文帝的霸陵以自然山峰为坟丘，不再起山坟。墓内原拟以北山石为椁，则其陵墓为竖穴岩圹的可能性较大……甚至比横穴岩洞墓的可能性更大。

刘尊志先生认为："因其山，不起坟"可以理解为将墓修在山上，墓葬的形制如李德银先生所讲，为竖穴石坑墓，而"因其山""霸陵山川因其故"等亦可以理解为因有山的存在或在山的附近，故不修筑封土了，那么汉文帝霸陵的形制就可能与其他帝陵相似，为竖穴土坑墓。

关于霸陵帝陵的墓葬形制的两种观点均以文献为基础，因此我们有必要对文献资料进行分析。不同时期的文献对霸陵的记载如下：

《史记·孝文本纪》载："治霸陵皆以瓦器，不得以金银铜锡为饰，不治坟，欲为省，毋烦民……霸陵山川因其故，无有所改。归夫人以下至少使。令中尉亚夫为车骑将军，属国悍为将屯将军，郎中令武为复土将军，发近县见卒万六千人，发内史卒万五千人，藏郭穿复土属将军武。"《汉书·文帝纪》载："霸陵山川因其故，无有所改……乙巳，葬霸陵……治霸陵，皆瓦器，不得以金银铜锡为饰，因其山，不起坟。"《汉书·楚元王传》载："孝文寤焉，遂薄葬，不起山坟。"《汉书·外戚传》载："（窦）太后后景帝六岁，凡立五十一年，元光六年崩，合葬霸陵。"《后汉书·王符传》载："文帝葬芷阳，明帝葬洛南，皆不藏珠宝，不起山陵，墓虽卑而德最高。"《三辅黄图·陵墓》载："文帝霸陵，在长安城东七十里，因山为藏，不复起坟，就其水名，因以为陵号。"《水经注·渭水》载："汉文帝葬其上，谓之霸陵。上有四出道以泄水。在长安东南三十里。"《雍大记》载："至元辛卯秋，灞水冲开霸陵外羡门，冲出石板五百余片。"

通过对文献记载的梳理，可以获得以下几点认识：

其一，由于古代帝王陵墓的保密性，文献对霸陵帝陵的墓葬形制仅有"不治坟"之类的简单记载，并不详细，也不可能详细，根据文献所获得的认识有待于考古验证。

其二，距离文帝埋葬时间最近的《史记》记载："（霸陵）不治坟，欲为省，毋烦民……霸陵山川因其故，毋有所改。"这里明确说明霸陵帝陵无封土，缘由不是"因山"，而是"欲为省，毋烦民"。虽有"山川"二字，但重点是指陵区自然地貌无变化，并没有将其与"山"联系起来，也没有暗示其墓葬形制为何种形式，应是最可靠的文献资料。

其三，《汉书·文帝纪》关于霸陵的记载与《史记》几乎完全相同，不同之处在于赞曰："治霸陵，皆瓦器，不得以金银铜锡为饰，因其山，不起坟。"正是这句"因其山"，将霸陵与山联系起来，成为后世"因山为藏""因山为陵"的渊源。《汉书·叙传》中有"太宗穆穆……宫不新馆，陵不崇墓"的记载，亦明确说明霸陵帝陵无封土，且与"山"无任何联系。

其四，汉代以后的文献对此的记载，基本与《史记》《汉书》一致，此处不一一列举。（《汉霸陵帝陵的墓葬形制探讨》，载《考古》2015 年第 8 期）

【汇评】

刘　向：孝文皇帝去坟薄葬，以俭安神，可以为则。（引自班固《汉书·楚元王传》）

王　楙：汉文帝遗诏，霸陵山川因其故，无有所改，示从俭也。班固赞帝治霸陵皆瓦器，不得以金银铜锡为饰，因其山，不起坟。刘向亦曰文帝去坟薄葬，以俭安神，可谓知帝矣。观晋《索琳传》，不能无疑。三秦人发汉霸、杜二陵，多获珍宝，晋帝问琳曰："汉陵中物何多邪？"琳对：汉天子即位一年而为陵，天下贡赋三分之，一供宗庙，一供宾客，一充山陵。汉武帝享年久长，比崩而茂陵不复容物，木皆已拱，赤眉取陵中物不能减半，于今犹有朽帛委积，金玉未尽，此二陵是俭者耳。仆观此说，以谓武帝固应如是，多藏金钱财物，已见于《贡禹》所陈矣。宣帝不得而知，然以《贡禹》杜陵宫人数百之言推之，恐亦未免。惟文帝平生节俭，人无间言，临终遗至薄之制，微至铜锡不以为饰，炳然载诸史册，以薄送终，而山陵中畜积如此之富，是不可晓，得非景帝违治命之意乎？又考晋《愍帝纪》，建兴二年盗发霸、杜陵，乃薄太后陵，金玉彩帛不可胜计，敕收其余以实内库，可验畜积之多也，是文帝之陵果不免矣。然而沈炯赋曰：咄嗟！骊山之阜，惆怅霸陵之原，文若俭而无隙，嬴发掘其何言？鲍溶诗曰：俭风本自张廷尉，霸陵一代无毁发。白乐天诗亦曰：骊山脚下秦皇墓，一朝盗掘坟陵破。可怜宝玉归人间，暂借泉中买身祸。奢者狼狈俭者存，一凶一吉在眼前。凭君回首向南望，汉文葬在霸陵原。如炯、白等所言，则霸陵初未尝发也，不知前说

何以纷纷如此。(《野客丛书》卷二十五《文帝薄葬》)

编者按：查《全唐诗》卷四百八十五鲍溶诗，其《倚瑟行》有"霸陵一代无发毁，俭风本是张廷尉"句，与王楙此引及下文梁玉绳所引诗略有差异。

庄　绰：《汉文帝赞》云：治霸陵，皆瓦器，不得以金银铜锡为饰，因其山，不起坟。刘向以成帝营昌陵不成，复归延陵，制度泰奢，上疏谏曰："孝文皇帝去坟薄葬，以俭安神，可以为则。"而《晋史》愍帝建兴三年六月，盗发汉霸、杜二陵及薄太后陵，太后面如生，得金玉彩帛，不可胜纪。时以朝廷草创，服章多阙，敕取其余以实内府，而史不言何陵之物，遂使后世疑瓦器为不然。按：赤眉在长安发掘诸陵，取其宝货，遂污辱吕后尸。凡有玉匣殓者，率皆如生。宋太祖皇帝即位，自周文、武而下，凡掩三十六陵，而汉文亦在其间，皆唐末五代之所发者。盖摸金之人，但见巍然大冢，安知其中为无有？自非不封不树，则未有不发之墓也。(《鸡肋编》卷上)

梁玉绳：刘向谏昌陵疏谓"文帝寤张释之言，去坟薄葬，以俭安神"(贾山亦言之)。但《晋书·愍帝纪》"建兴三年盗发霸、杜二陵，金玉彩帛不可胜纪，敕收其余以实内府"。又《索琳传》"盗发霸、杜陵，多获珍宝。帝问琳：'汉陵中物何多耶？'琳对以'汉天子即位一年而为陵，天下贡赋三分之一充山陵。武帝享年久长，比崩，而茂陵不复容物。赤眉取陵中物，不能减半，于今犹有朽帛委积，金玉未尽。此二陵是俭者耳'"。然则文帝之葬，特差少于诸陵，而非真薄也，岂景帝不从遗诏之故乎？而《后书·光武纪》，二十六年寿陵诏云景帝遵太宗薄葬，抑又何也？再考《汉书·王莽传》曰"赤眉发掘园陵，惟霸陵、杜陵完"，《后书·光武纪》亦言之。《艺文类聚》七十九梁沈炯《归魂赋》曰："咄嗟骊山之阜，惆怅霸陵之园。文恭俭而无隙，嬴发掘其何言？"白居易《新乐府》云："骊山脚下秦皇墓，当时自以为深固。一朝盗掘坟陵破(项羽发之也)，龙𬬳神堂三月火。奢者狼藉俭者安，一凶一吉在眼前。凭君回首向南望，汉文葬在霸陵原。"又唐鲍溶诗云："霸陵一代无发毁，俭风本自张廷尉。"观此则霸陵未尝被发，疑《晋书》不可信。然盗发孝文园瘗钱，已明载《张汤传》矣。盖沈、白诸公止据两《汉书》，不见发于赤眉言之，而元李冶《古今黈》曰"《晋书》盗发霸、杜陵，多获珍宝，应劭《风俗通义》载霸陵薄葬亦被发掘(今本《风俗通》无)，而其陵中物与《前书·本纪》绝不同。《前书》盖从史笔，劭说从所闻见，容有一误，质诸《晋书》，劭说为得其实"。余谓霸陵凡三被发：《张汤传》一也，《风俗通》二也，《晋书》三也。赤眉之乱，汉诸陵无不被发者，而独文、宣二幸免开掘，故特书曰"霸陵、杜陵完"。若夫金玉珍宝，必景帝为之，不依文帝遗诏瓦器之制，事秘莫知，史不得录，待被发而后见，故光武寿陵之诏，亦就遗诏言。李冶以为史笔讳之，非矣(《宋史·太祖纪》"诏有司周文、成、康、汉高、文、景凡二十七陵被盗发者，重葬致祭"，又在后)。(《史记志疑》卷七《孝文本纪》)

赵　翼：按：汉制，人君即位，即营陵寝，固是先事储备，然多入贡赋以实其中则立法甚谬……《史记·孝文纪》言"治陵皆以瓦器，不得用金银铜锡为饰"，刘向《谏昌陵疏》亦言"孝文薄葬，足以为式"，而《汉书·张汤传》有人盗发孝文园瘗钱，《晋书·索綝传》又有此盗发霸陵金玉之事，则文帝陵藏物亦已多。《唐书》虞世南亦谓汉家即位之初便营陵墓，三分贡赋以一入之，后赤眉入长安取之，累月不尽。盖汉制本如是也，则徒以耗天下之财，而转招摸金发丘之祸矣。(《陔余丛考》卷十六)

⑰【汇注】

黄国琦：霸陵，文帝陵名。又《后汉书》云：文帝处百姓于灵台，饬帷帐于皂囊。或有讥其俭者，帝曰："朕为天下处财耳，岂得妄用之哉！"又东方朔曰："文帝集上书囊以为殿帷。"又《后汉书》王符曰："孝文皇帝躬衣弋绨，革为韦带。"（见《册府元龟》卷五六《帝王部·节俭》注）

秦建明：霸陵位于陕西省西安市灞桥区霸陵乡毛窑院村东南，地理坐标为东经109°07′，北纬34°16′。东北临灞水，西南依白鹿原。霸陵以山原为陵，陵墓外形系利用一处现名为"凤凰嘴"的向灞河河岸突出之黄土原阶，正面经人工整修，呈金字塔形。该处圆顶高度为海拔684米，与河谷高差达250米以上。作为陵墓顶点的台原边缘海拔高度也达650米，与平地起陵相比，用工甚少，但依然气势雄伟。西安至蓝田的高速公路沿灞河河谷南侧，乡间公路沿灞河南岸山麓从陵前相并通过。据记载，霸陵上设有四出水道，其周遍种茂密的柏树，陵园名"盛德园"，周围"三百丈"，每面辟有高大的阙门。《汉书·五行志上》称：汉永始四年（前13）六月，孝文霸陵园东阙南方火。由此可见，其陵园四门阙布局当与其他汉陵相同。但具体遗址，目前尚未调查清楚……霸陵周围几公里范围内，分布有窦皇后陵与一些陪葬墓……

　　文帝虽然节葬，但霸陵还是在战乱中受到扰乱。晋愍帝建兴二年（314），盗发霸陵、杜陵及薄太后陵，金玉彩帛不可胜计，南陵薄太后被掘出，传说面色如生，葬品一部分被收入皇家内库。这次盗掘，霸陵、杜陵与薄太后陵俱遭破坏，所出珍宝甚多。文帝陵无封土，但其皇后陵却封土高大，引人注目，难免不受其害，今后陵封土南坡有一大洼陷，与渭北被盗的吕后陵、延陵等封土洼陷相类，也许就是盗掘之痕。霸陵此次似乎也曾受损，前人曾引鲍溶诗"俭风本自张廷尉，霸陵一带无毁发"，暗示霸陵只不过汉时未毁而已。

　　汉文帝九年（前171）在芷阳县西霸上筑陵，取名霸陵，遂改芷阳为霸陵县，迁治霸陵邑。其辖区约为今西安市灞桥区北部及临潼区西部。《史记·汉兴以来将相名臣年表》："孝文九年，以芷阳为霸陵。"《汉书·地理志》称："霸陵，故芷阳，文帝更名。"新莽时改为水章县，东汉时复名霸陵，至曹魏时撤县。关于霸陵邑的具体地点，有人据《长安志》"霸陵县东南至文帝陵十里"考证位于灞河对岸的田王村一带，与陵相距约 5 公里，而《长安志》所定县邑在浐灞二水间，《史记正义》曰："霸陵城，在万年县东北二十里。"两说不同，上述二地都距陵 10 里左右。《水经注·渭水》："（渭水）又东，于霸陵县北，灞水合浐水从

汉文帝霸陵

县西北流注之。"《三辅黄图》亦称浐水出蓝田谷，北至霸陵入灞。据此，杂陵邑在灞水之东，距浐灞合流处稍偏北。按：曹魏时霸城县在今灞桥区新筑镇西南漕渠之北，《史记正义》所说或即此城……

鉴于霸陵在历史上的影响，考古学界一直对其比较重视。20 世纪 30 年代，中国营造学社对霸陵进行过调查，撰有《两汉陵寝》一文。1966 年于后陵陵园西 1 公里处发掘从葬坑 47 座。1984 年、1988 年、1989 年，陕西省文物保护中心曾对霸陵进行考古调查。

在西汉十一陵中，惟汉文帝霸陵与汉宣帝杜陵分布在渭水南岸，其余九陵都分布在渭北，形成渭水南北两组西汉帝王陵墓群。霸陵是我国现存最早的一座因山为陵的帝王陵墓，开秦汉以来因山为陵的先例。山陵气势雄伟，规划严谨，工程浩大，是中国历史上著名的陵墓。两千多年来，陵墓外形保存良好，其陵墓的规划与埋葬制度，在中国古代陵墓制度史上都有其特殊性。霸陵及其后陵等组成了宏大的帝王陵墓建筑群，具有重要的历史价值、科学价值和学术研究价值。（《西汉文帝霸陵》，引自陕西省文物局编《陕西文物古迹大观》）

【汇评】

朱　熹：三代以下，汉之文帝可谓恭俭之主。（《朱子语类》卷一百三十五）

吕祖谦：治天下者，不尽人之财，不尽人之力，不尽人之情。是三者，可尽而不可继也。古之人有行之者，汉文帝是也。露台惜百金之费，后宫衣不曳地，可谓不敢轻靡天下之财；匈奴三入而三拒之，未尝穷兵出塞，可谓不敢轻用天下之力；吴王不朝，赐之几杖，张武受赂，金钱愧心，可谓不敢轻索天下之情。当是时，文帝可为而能不为，以其所余贻厥子孙，凡四百年之汉用之不穷者，皆文帝之所留也。（引自《袁

王纲鉴合编》卷六)

刘子翚：文帝身衣弋绨，慎夫人衣不曳地，惜百金不作露台，治霸陵以瓦器，可谓俭德之至矣。然宠幸邓通，赐赏通钜万以十数，赐铜山，得铸钱，邓氏钱布天下，何耶？盖心有所嬖惑，不能自胜也。然文帝恭行俭约，实惠及人，小疵不足掩大美，故卒为汉世之贤主也，其视唐虞三代之君则有间矣。(《屏山集》卷三《汉书杂论上》)

史　浩：文帝勤劳养庆源，力行恭俭为元元。后王犹听奸臣奏，独为青骢伐大宛。(《鄮峰真隐漫录》卷五十《玩好》)

朱　礼：俭，美德也，有出于天性，则自然而安行，有出于因人，则勉强而力行。有出于伪为，则暂然行之而必败。文帝衣绨履革，蒲席韦带，器无雕文金银之饰，示朴以先天下，终身安于俭素而不以为陋，此天性之自然也……故王嘉上书哀帝，历陈二君（文帝、元帝）俭德以戒其失，且举《论语》"敬事而信，节用而爱人，使民以时"，以为文帝备行此道，海内蒙恩。余是以知文帝之俭虽出于天性，复能资之圣学以成其德，是以躬行于上而化于下，海内殷庶，兴于礼义，卒为有制之贤君，其以此夫！(《汉唐事笺·前集卷二·节俭》)

牛运震："有不便，辄弛以利民"，"以示敦朴，为天下先"，"欲为省，毋烦民"，"恶烦苦百姓"，"专务以德化民"，凡此皆不徒实叙其事，而虚摹括写其意，所以为盛德之形容也。尤妙在善用数虚字，意思极深永。《汉书》削去"欲为省，毋烦民"，并削数虚字，遂少神色。(《史记评注》卷二《孝文本纪》)

刘光华：封建皇帝的生活作风既受物质条件制约，又不受物质条件制约，但却必须受阶级斗争的制约。"秦皇帝以千八百国之民自养，力罢不能胜其役，财尽不能胜其求。一君之身耳，所以自养者，驰骋弋猎之娱，天下弗能供也。劳罢者不得休息，饥寒者不得衣食，亡罪而死刑者无所告诉，人与之为怨，家与之为仇，故天下坏也。"(《汉书·贾山传》) 秦王朝被农民推翻了，亡秦的前车之鉴，应该是制约汉文帝生活作风的根本原因。(《西汉前期的封建"治世"》，载《兰州大学学报》1980年第2期)

张三夕：作为一个封建国家的最高统治者的汉文帝，能够把薄葬与为民联系在一起，是难能可贵的。当群下照例要大兴土木，修建他的陵墓时，他断然加以制止："治霸陵皆以瓦器，不得以金银铜锡为饰，不治坟。"这样做的目的是"欲为省，毋烦民"。他不愿意厚葬封树，给百姓带来沉重的经济负担。汉文帝勤俭为民、朴素薄葬的思想比较坚定，尽管当他预登寿陵，心有所感，曾一度想用南山坚固的石头作墓椁，但由于张释之的反对，便毅然"称善"而作罢。(《死亡之思与死亡之诗》第二章第二节《薄葬思想》)

黄宛峰：西汉文帝刘恒的节俭，在中国历代帝王中是出名的，他的薄葬，更被后世传为佳话。然而考诸史实，文帝的"薄葬"却是颇令人怀疑的……

一、文帝的淡泊生死实则表面文章。……若从霸陵的兴作时间来看，文帝对自己的身后之事其实是很关注的……据《资治通鉴》的编年，前117、116年文帝曾两次去霸陵视察（编者按：据《资治通鉴》卷十三、十四，文帝两次去霸陵的时间为前178、前177年）。文帝于前179年即位，也就是说，霸陵的兴建就在他即位后一二年之间。并且，他对霸陵的兴作，还有种种构想。《史记·张释之传》载：文帝与慎夫人去霸陵视察，中郎将张释之随从，文帝"使慎夫人鼓瑟，上自倚瑟而歌，意凄惨悲怀，顾谓群臣曰：'嗟乎！以北山石为椁，用纻絮斮陈，蕠漆其间，岂可动哉！'左右皆曰：'善。'释之前进曰：'使其中有可欲者，虽锢南山犹有隙；使其中无可欲者，虽无石椁，又何戚焉！'"……但实际上文帝并未采纳张释之的建议。比较确凿的证据便是明代何仲默的《雍大记》所载：金朝至元年间（1291年），"秋，灞水冲开灞陵外羡门，冲出石板五百余片"。这五百余块石板当然不是墓中石板的全部。看来，以石为棺椁，以防盗掘，是文帝久存于心的愿望，张释之的一番话并未改变他的主意。而他的以石为棺椁，如张释之所一针见血地指出的那样，正是为了厚葬其中。

二、随葬"皆以瓦器"并非事实。西汉末赤眉军入关盗掘诸帝陵，霸陵未开。故刘秀感慨曰：文帝薄葬，"使霸陵独完受其福"。实际上并非是"霸陵独完"，而是霸陵、杜陵均未被掘……而这两座陵，西晋时终于被掘。《晋书·索琳传》载：西晋末年，战乱不已，长安以尹桓、解武为首的数千户饥民处于死亡的边缘，于是"盗发汉霸、杜二陵，多获珍宝"。以致于愍帝惊奇不已，问大臣索琳："汉陵中物何乃多尔？"索琳对曰："汉天子即位一年而为陵，天下贡赋三分之，一供宗庙，一供宾客，一充山陵。汉武帝享年久长……赤眉取（茂）陵中物不能减半，于今犹有朽帛委积，珠宝未尽。此二陵是俭者耳，亦百世之诫也！"在索琳看来，汉代天下贡赋的三分之一便是用于帝陵营作，帝陵怎能不奢侈呢？从号称"俭者"的霸陵、杜陵中也轻而易举地"多获珍宝"，实在是不足为奇的。

看来，刘秀认为文帝薄葬，故而霸陵未发，已与事实有一定出入，西晋饥民从霸、杜二陵中"多获珍宝"，更确切地说明了霸陵随葬"皆以瓦器，不得以金银铜锡为饰"是与事实不符的。

三、霸陵"不治坟"并不省工。……文帝的"不起山坟"是相对于西汉其他帝陵的堆土为陵而言的。据《汉旧仪》及《皇览》等书的记载，汉代帝陵的坟冢一般是先破土构筑地下墓室，然后在地面堆起封土，地面的坟冢上小下大，状如覆斗。咸阳原上的九座西汉帝陵及长安东南杜东原上的杜陵，都是这种形制。霸陵位于白鹿原上，它的独特之处是斩原为崖，凿崖为墓……这种墓穴的构筑较之堆土为陵，其费工费力的程度，由于西汉诸帝陵均未正式发掘，我们难以知晓，但霸陵的营作决非易事则是可以断言的。它绝对不像一般所想象的"因山为陵"那样简单，这从文帝临终的遗命也可以推知。

文帝临终除留下遗诏外，又"令中尉亚夫为车骑将军，属国悍为将屯将军，郎中令武为复土将军，发近县见卒万六千人，发内史卒万五千人，藏郭穿复土属将军武"。调发了都城附近各县服役的士兵一万六千人，都城内内史所率士兵一万五千人，统属将军张武指挥，去护送棺椁，穿穴、复土。这三万一千人是临时去挖墓穴吗？显然不是，因为文帝遗诏中还有"霸陵山川因其故，毋有所改"。霸陵的营作早在二十年前就已开始（如前所述，霸陵开始营建约在前177年，文帝死于前157年），不可能在文帝病危才去穿穴复土。此时的"穿复土"大概便是做墓穴及坟冢的最后清理工作，如果这个推测不错的话，以三万之众的庞大队伍云（集）护送棺椁，清理陵墓，可见霸陵规模之大了。

文帝陵园的兴作情况不得而知，据考古工作者对西汉长陵、杜陵的一些考古钻探得知：西汉帝陵一般为坟冢居中，四面围墙，东西南北各有司马门（《关于西汉帝陵形制诸问题探讨》，载《考古与文物》1985年第5期），文帝园陵大概也颇为壮观。以至于文帝死后不过三四十年，武帝时期便有人盗发霸陵园埋的瘞钱。

总之，汉文帝的"薄葬"并非真实。但长期以来，人们却未注意到这一点，从汉代的刘向到刘秀，为矫当时的厚葬之风，开始颂扬文帝的"薄葬"，他们的话与事实已有出入。到三国时期，魏文帝曹丕为自己建陵时，作《终制》，其中更以文帝霸陵为典型，赞誉道："汉文帝之不发，霸陵无求也；光武（刘秀）之掘，原陵封树也。霸陵之完，功在释之；原陵之掘，罪在明帝。"此后，文帝薄葬便成为"千年颂声"。（《史记·孝文本纪》附《索隐述赞》）这种看法一直延续至今，现在该换一个角度来看了。（《汉文帝并非薄葬》，载《南都学坛》1995年第1期）

⑱【汇校】

[日]泷川资言：《汉书》削"武"字。（《史记会注考证附校补》卷十《孝文本纪》）

王叔岷：案：《汉纪》《金楼子》亦并无"武"字。（《史记斠证》卷十）

【汇注】

司马迁：南越王尉佗者，真定人也，姓赵氏。秦时已并天下，略定杨越，置桂林、南海、象郡，以谪徙民，与越杂处十三岁。佗，秦时用为南海龙川令。至二世时，南海尉任嚣病且死，召龙川令赵佗语曰："闻陈胜等作乱，秦为无道，天下苦之，项羽、刘季、陈胜、吴广等州郡各共兴军聚众，虎争天下，中国扰乱，未知所安，豪杰畔秦相立。南海僻远，吾恐盗兵侵地至此，吾欲兴兵绝新道，自备，待诸侯变，会病甚。且番禺负山险，阻南海，东西数千里，颇有中国人相辅，此亦一州之主也，可以立国。郡中长吏无足与言者，故召公告之。"即被佗书，行南海尉事。嚣死，佗即移檄告横浦、阳山、湟谿关曰:"盗兵且至,急绝道聚兵自守!"因稍以法诛秦所置长吏,以其党为假守。秦已破灭,佗即击并桂林、象郡,自立为南越武王。高帝已定天下,为中国劳苦,故释佗弗诛。汉十一年,遣陆贾因立佗为南越王,与剖符通使,和集百越,毋为南边患害。与长沙接境。

高后时,有司请禁南越关市铁器。佗曰:"高帝立我,通使物。今高后听谗臣,别异蛮夷,隔绝器物,此必长沙王计也,欲倚中国,击灭南越而并王之,自为功也。"于是佗乃自尊号为南越武帝,发兵攻长沙边邑,败数县而去焉。高后遣将军隆虑侯灶往击之,会暑湿,士卒大疫,兵不能逾岭。岁余,高后崩,即罢兵。佗因此以兵威边,财物赂遗闽越、西瓯、骆,役属焉,东西万余里。乃乘黄屋左纛,称制,与中国侔。(《史记·南越列传》)

龚浩康:尉佗,即赵佗。本为真定(今河北省正定县南)人,因秦时做过南海郡尉,所以称"尉佗"。他在起兵兼并了南海、桂林、象郡之后,建立南越国。高祖十一年(前196),刘邦封他为南越王。(见王利器主编《史记注译·孝文本纪》)

⑲【汇校】

胡　寅:此元年事,宜移在前条。(《读史管见》卷一)

吴汝纶:局刻"贵"作"责",误。(《点勘史记读本·孝文本纪》)

沈家本:责,王本同毛本、测议本,官本作"贵"。按:贵是,责字与下意背。《南越传》"召其从昆弟尊官厚赐宠之",与此纪"贵"字相应。(《沈寄簃先生遗书·诸史琐言》)

[日]**泷川资言**:《汉书》无"尉"字,"报"作"怀"。愚按:事见《南越传》。(《史记会注考证附校补》卷十《孝文本纪》)

王叔岷:案:《文选》班叔皮《北征赋》注引无"然"字及"贵尉"二字,《金楼子》同。《汉书》亦无"然"字。古钞本无"贵"字。《汉纪》《金楼子》"报"亦并作"怀"。《书钞》八引"以德报之",作"报之以德"。(《史记斠证》卷十)

【汇注】

班　固:文帝元年,初镇抚天下,使告诸侯四夷从代来即位意,谕盛德焉。乃为佗亲冢在真定置守邑,岁时奉祀。召其从昆弟,尊官厚赐宠之。诏丞相平举可使粤者,平言陆贾先帝时使粤。上召贾为太中大夫,谒者一人为副使,赐佗书曰:"皇帝谨问南粤王,甚苦心劳意,朕,高皇帝侧室之子,弃外奉北藩于代,道里辽远,壅蔽朴愚,未尝致书。高皇帝弃群臣,孝惠皇帝即世,高后(白)〔自〕临事,不幸有疾,日进不衰,以故悖暴乎治。诸吕为变故乱法,不能独制,乃取它姓子为孝惠皇帝嗣。赖宗庙之灵,功臣之力,诛之已毕。朕以王侯吏不释之故,不得不立,今即位。乃者闻王遗将军隆虑侯书,求亲昆弟,请罢长沙两将军。朕以王书罢将军博阳侯,亲昆弟在真定者，已遣人存问，修治先人冢。前日闻王发兵于边，为寇灾不止。当其时长沙苦之，南郡尤甚，虽王之国，庸独利乎！必多杀士卒，伤良将吏，寡人之妻，孤人之子，独人父母，得一亡十，朕不忍为也。朕欲定地犬牙相入者，以问吏，吏曰'高皇帝所以介长沙土也'，朕不得擅变焉。吏曰：'得王之地不足以为大，得王之财不足以为富，服领以南，王自治之。'虽然，王之号为帝。两帝并立，亡一乘之使以通其道，是争也；争而不让，仁者不为也。愿与王分弃前患，终今以来，通使如故。故使贾驰谕告王朕意，王亦受之，毋为寇灾矣。上褚五十衣，中褚三十衣，下褚二十衣，遗王。愿王听乐娱忧，存问邻国。"（《汉书·西南夷两粤朝鲜传》）

⑳【汇注】

　　班　固：陆贾至，南粤王恐，乃顿首谢，愿奉明诏，长为藩臣，奉贡职。于是下令国中曰："吾闻两雄不俱立，两贤不并世。汉皇帝贤天子。自今以来，去帝制黄屋左纛。"因为书称："蛮夷大长老夫臣佗昧死再拜上书皇帝陛下：老夫故粤吏也，高皇帝幸赐臣佗玺，以为南粤王，使为外臣，时内贡职。孝惠皇帝即位，义不忍绝，所以赐老夫者厚甚。高后自临用事，近细士，信谗臣，别异蛮夷，出令曰：'毋予蛮夷外粤金铁田器；马牛羊即予，予牡，毋予牝。'老夫处僻，马牛羊齿已长，自以祭祀不修，有死罪，使内史藩、中尉高、御史平凡三辈上书谢过，皆不反。又风闻老夫父母坟墓已坏削，兄弟宗族已诛论。吏相与议曰：'今内不得振于汉，外无以自高异。'故更号为帝，自帝其国，非敢有害于天下也。高皇后闻之大怒，削去南粤之籍，使使不通。老夫窃疑长沙王谗臣，故敢发兵以伐其边。且南方卑湿，蛮夷中西有西瓯，其众半羸，南面称王；东有闽粤，其众数千人，亦称王；西北有长沙，其半蛮夷，亦称王。老夫故敢妄窃帝号，聊以自娱。老夫身定百邑之地，东西南北数千万里，带甲百万有余，然北面而臣事汉，何也？不敢背先人之故。老夫处粤四十九年，于今抱孙焉。然夙兴夜寐，寝不安席，食不甘味，目不视靡曼之色，耳不听钟鼓之音者，以不得事汉也。今陛下幸哀怜，复故号，通使汉如故，老夫死骨不腐，改号不敢为帝矣！谨北面因使者献白璧一双，翠鸟千，犀角十，紫贝五百，桂蠹一器，生翠四十双，孔雀二双。昧死再拜，以闻皇帝陛下。"（《汉书·西南夷两粤朝鲜传》）

【汇评】

　　张　耒：余尝爱汉文帝，以赵佗称帝于南越，遣陆贾奉咫尺之书，驰一乘之传，曰：今两帝并立而无一使相通，是争也。未尝怒其为帝而佗心感竭诚屈服自痛，不须臾而去其僭号。谚云：人之饮酒，劝之饮愈不饮，禁之饮愈饮。夫佗之帝也，必意汉恶其逼我而矜张以伐之。夫如是，则足以自张于国人而意亦且少申矣。今乃不然，汉天子视我为帝，漠然如未尝有，则吾何以取重于国？退而视其黄屋左纛，非甚童騃，必且以为是，果何用之物哉！冒而居之，且甚不安。夫行所不安而求所无用，佗老贼必不然也，幸贾之来，恨去之不亟耳。文帝之策可谓得矣，其智可谓绝人矣，是合老子所谓不争而善胜者也。吴王不朝，赐以几杖，故卒文帝世不反；孝文之术每务出此，而贾生者故欲以改正朔服色；盛言岁赂匈奴为倒悬之势，欲以动之，宜其以为儿子之谕而不信也。（《张右丞文集》卷五十二《文帝议》）

胡　寅： 贤哉，文帝之不欺也！实言之，于德无损，而听者心悦而诚服矣。或者夸大其辞，侈耀其事，假于符谶，托于怪神，欲以警厉群众，而不知虚诞之可愧也。《易》曰："谦尊而光，卑而不可逾。"文帝有焉。（《读史管见》卷一）

张　栻： 其待夷狄，盖亦有道。以南越尉佗之强恣，自高帝犹难于服之，而帝特施恩惠，遣使遗以一书，而佗即自去帝制，下令国中称汉皇帝、贤天子，皇恐报书，不敢慢。予尝详味帝所与书，则知忠信之可行于蛮貊如此。书之首辞曰："朕，高皇帝侧室子也，弃外奉北藩于代。"盖后世之待夷狄，往往好为夸辞，于是等皆在所盖覆矫饰以示之者也。而帝一以其实告语之，彼亦豪杰也，见吾推诚如此，则又安得不服。故其报书首曰："老夫，故越吏也。"文帝不以高帝侧室之子为讳，则佗敢以越吏为歉哉。若吾以骄辞盖之，则彼亦且慢以应我，必然矣。推此一端，忠信可行于蛮貊，可不信哉！（《南轩集》卷十六《文帝为治本末》）

叶　适： 孝文《遗尉佗书》，武帝《罢轮台诏》，万里外作家人父子对面言语。此心既发，随辄受验，虽古人责治不至如此之急。然与夫隐蔽夸饰、中外不相应者，去治乱安危之机远矣。（《习学记言》卷二十三）

楼　昉： 委曲回护，不自尊大，而所据者正，所以感动而讽喻之者深矣。读文帝此书，非但忠厚恻怛，能服夷狄之心，又且明白正大，得待夷狄之体。（引自《两汉萃宝评林》上集）

陈仁子： 服人之道，以真实相向，不必以浮尘相夸。文帝以大汉专力，攻一南粤，此建瓴之势也。帝处此时，再三开谕，略不较强弱。初言"侧室之子"，抑何坦也；继称南粤为王，抑何逊也。他日南粤奉书，稽颡称臣之不暇。呜呼！文帝一念之直，人自慴服其下，何待粉饰大言，劫以威而胁以势者？世之人主待臣妾，亦焉虚言相夸哉。（引自《两汉萃宝评林》上集）

黄　震： 南越称帝，文帝以德怀之而称臣；既称臣，武帝以诈召之而反。越虽夷狄，人情亦概可知矣。用楼船十万师，一旦以夷为郡，岂不大快？然使五帝三王处此，亦有文帝之怀柔而已。夷狄在万里外，而必贪之，何哉？（引自凌稚隆《史记评林·南越尉佗列传》）

杨维桢： 甚矣，言之不可以已也，矧王言之大乎！余读汉文帝赐佗书，悃悃乎，沥沥乎，不忍脱去其口。乌乎，何其仁之！隐义之厚也，侧室皇帝以是感之，老夫臣佗以是谢之，化狂僭为抑畏，移骜嫚为讼咎，虽隆虑（周灶）百万之师横行南粤，其效未必如是之捷也。故余读西京之文，必读文帝书，而吕相绝秦之书为不足诵。

木尝侍先生读文帝书，问先生此书岂文帝自作耶，抑有代言者耶？先生曰：帝之谥文者，以此书尔。先儒谓诏词皆文帝肝膈语，则此书之恺恻，亦出于亲撰无疑，后来相如论蜀文，则袭帝而作者。（《史义拾遗》卷上《论文帝南越王佗书》）

黄淳耀：田横之海岛，尉佗之蛮夷，皆足以为中国患。佗材非弱于横者也，高帝于横则召之，怵以不来则加诛，至自杀而后已；于佗则因而立之。何也？横与帝俱尝南面称王，故以臣之示武；佗不起中国，故以封之示恩。召横时初定天下，兵力尚完，封佗时征荼、征布、征信、征豨，兵力殚矣。帝之屈伸操纵如此。（《陶庵全集》卷四《史记评论·文帝本纪》）

张　宁：为家易至于失义，为国易至于少恩，是以古者施恩必先乎疏远，行罚必先自贵近，所以防其偏而反之也。文帝能以恭逊之言化南粤，不能以友爱之意化淮南，岂非一于宽仁而无节制之道，是以疏远者感而亲近者益狎也欤？（《方洲集》卷二十八《读史录》）

尹遂昌：帝不用兵诛讨，遣使告谕，然佗之臣服有甚于诛讨之威者，以德化人之效于是可观。今即赐佗之诏读之，其卑逊谦抑之语，温然可掬，略无一毫矜夸之意，真足使人心悦诚服，佗虽欲倔强得乎？按：李氏曰：一纸书贤于千万师远矣。（引自《袁王纲鉴合编》卷六）

魏禧介：按：文帝谦逊，以天子而赐书蛮夷，云朕高皇帝侧室子。及两帝并立，纯是德化，宜尉佗之心服也。虽两阶干羽，何以加焉。（《鉴语经世编》卷三）

程至善：文帝赐南越王书，以高皇帝侧室子自居，谦恭仁恕，真能诚信动蛮夷矣，奈何不以此道处北狄，而与和亲哉？曰：南越地狭力弱，且尉佗本中国人，可以化诲怀服。彼匈奴务戎马之足，怀禽兽之心，其可以处南越者处之乎？然有高、文之和亲，而后有宣、武之征伐，就汉而论，二者俱不可废也。（《史砭》卷一）

又：余观文帝赐南越书，悚然起眉，不独真心白意，沁人肺腑，且谦光慈惠，动人钦服。王佗之倾忱固宜，孰谓蛮夷不可以仁义治哉。古今兴师动众、激成变叛、胜负未分而涂地者，可矜矣。割地和亲之议，非所宜为犁庭扫穴之举，视此何为耶！仁哉！文帝足为万世法。（同上）

袁黄、王世贞：忠信可行蛮貊，文帝以德化人之效。（《袁王纲鉴合编》卷六）

夏之蓉：文帝不开边衅，与越佗一纸书，贤于十万师，固是以德化之效，其欲自击匈奴，又何勇也。大抵文帝用兵与武帝异，武帝但快一己之志，文帝则在安天下，所以卒归于无事。（《读史提要录》卷一《西汉》）

夏勤埔：尉佗之地非不大，兵非不多，而臣服者，畏高帝之威，怀文帝之德也。然高帝忍分杯羹，尉佗恐伤宗墓，虽僻处南越，吾心重之。（《纪事约言》卷一）

汪之昌：叹文帝赐赵佗一书，洵所谓以善服人矣。夫佗本秦时一令，乘天下之乱，负固恃远以自外，于声教曰王曰帝，即称号之僭，窃抑又何所不至。文帝于此责其妄自尊大，正名定分出以堂堂正正之词，何尝不足以慑服其心。而帝赐佗书历述由外藩而嗣大统，迫于王侯吏之推戴，以见汉家之土地人民初无意于利而有之，况得其地不足为大，得其财不足为富，区区南粤奚屑与之较长短咎既往。知佗之不无乡土之思也，告以先人之冢兆已为修治，真定之昆弟悉加禄养，并允其请罢伐粤之将军，则已求无不应矣。知其挟寇边以为得计也，告以多杀士卒伤良将吏，在汉地之长沙南郡，诚苦其扰，而南粤之得一亡十，未必无损。平情与论，利害较然于言外，读赐书者自能立决，其何去何从，固无取乎虚声相恫喝矣。考高帝时遣陆贾拜佗为南粤王，令称臣奉汉约，曾岁月之几何，即此爽约兴兵。据《史记·律书》，将军陈武之议，首及南越，谓宜及士民乐用征讨以一封疆，夫岂不足于力，何不可稍折以威。而帝所赐书，乃不责以不当。自帝且直称之曰两帝，绝不与之争，一若无所用其争，示以不必争而告以不相争。佗得赐书，自言改号，不敢为帝，亦竟不敢复争。孟子曰："至诚而不动者，未之有也。"《易》曰"修辞立其诚"。帝赐佗书大公无我，怀慈祥恺恻之旨，洵有所谓推诚相与者。盖默体高帝释佗弗诛之用心，有鉴于吕后弗能逾岭之事，示之以畏而不必服，不若服之以诚而无不服也。观汉文之于赵佗，慎毋谓文诰之不足动人哉！（《青学斋集》卷十六《书汉文帝赐赵佗书后》）

张恕：读文帝赐赵佗书，意曲词婉，楼昉谓所据者正所以感动而讽谕之者深矣，微特得待夷狄之体也，所谓怀德胜于畏威。（《汉书读》卷十二）

徐锦华：汉高后朝，尉佗以南粤叛，攻长沙破数县，将军周灶击之，连岁不得解。文帝即位，赐佗书，遣使宣慰，而南人不复反。议者谓国家师武臣力，震惧蛮夷，故南粤望而归诚。当是时，灌婴屯兵荥阳，与齐合从，周勃入北军诛诸吕，内难悉平，汉业复兴。佗欲以一州之主，与天子抗衡，多见其不知量。其听命也，畏其势也。或又谓粤人之内附中朝也，非陆贾游说之力不及此。初，贾奉使至粤，责以礼义，喻以利害，王俯伏谢罪惟谨；今又掉三寸舌，辩说虏廷，而令要荒之君服事华夏，征讨之士不死边陲，易干戈而为玉帛，厥功伟矣。使于四方，不辱君命，贾固当之而无愧。然吾三复诏书，而叹文帝耀德不观兵，为勿可及已。其词曰"朕，高皇帝侧室之子"，何其抑然自下也；曰"服岭以南，王自治之"，是不贪其土也；曰"多杀士卒，伤良将吏，朕不忍为"，是一视同仁也。大哉纶言，足以柔远人而服强虏矣，况又为之修治先冢，存问亲族。佗虽崛强，有不奉诏涕泣，望阙稽首，心悦而诚服乎！《军志》曰"攻心为上"，正此之谓。夫粤化外之方，断发文身之俗也，得其民不足强兵，得其财不足富国。自三代盛时，胡粤不受正朔，非先王之威不能远驭也。特以区区之粤，僻在边荒，不过要约之、羁縻之而已，奚烦兴师动众而疲敝中邦乎！昔秦取其地为桂林象郡，不旋踵而任嚣称王，其轻薄反侧，有明证焉。假使汉廷之上，竞武功，勤远略，蠢尔蛮方，灭此朝食，则必逾岭海，触暑湿，瘴疠交侵，人畜死道路，天下困于转输，费不可胜计。况佗东联闽，西结瓯，百越皆属，跨地万余里，楚氛甚恶，劳师远征，胜负未可知。乃明诏甫颁，番酋帖服，则一纸书贤于十万众矣。唐德宗之幸奉天也，罪己一诏，三军感动，而方镇之拒命如故，无他，徒恃文告，而无德以怀之耳。文帝却贡献，振贫穷，除收帑，令恩泽加于百姓，虽佗久处海滨，亦思托宇下，而观德化之成。故愿奉职贡，长为藩臣，发乎情而非强也。孟子曰："以力服人者伯，以德服人者王。"后世论文景之世，比美成康，非以西京治迹，犹近王道也哉！（引自《雷辑史事论》卷二《汉文帝下诏服南粤论》）

㉑【汇注】

吕思勉：汉初对匈奴，亦尝用兵。已而被围于平城（今山西大同县），不利，乃用刘敬策，妻以宗室女，与和亲。盖以海内初平，不能用兵，欲以是徐臣之也。高后、文、景之世，守和亲之策不变。然匈奴和亲不能坚，时入边杀掠。汉但发兵防之而已。是时当匈奴冒顿、老上、军臣之世，为匈奴全盛之时。（《吕思勉读史札记·匈奴龙庭》）

㉒【汇校】

王叔岷：案：《汉书》《汉纪》《金楼子》并无"然"字。《艺文类聚》十二引"不"下有"得"字。（《史记斠证》卷十）

【汇评】

吕祖谦：文帝之于匈奴，来则御之，未尝穷追出塞也。正严尤之所谓中策，而尤独遗文帝，何哉？（《东莱别集》卷十五《读书杂记四》）

黄震：愚尝因是而论汉世绥御之方，窃于不得已之中而曲为之处，惟文帝为得，而仲舒之论，未可谓其迂阔也。盖汉之于夷狄，非复五帝三王有绥服要荒，渐次而至风土之递易，分限之等差也。塞之内，皆耕田凿井、安土重迁之民；塞之外，即逐水草而居，迁徙无常之夷狄。时时抄略，势所必至，远在万里，何以制之？帝初即位，使告诸侯，四夷从代来，谕盛德焉。且因高惠之权量时度，宜与匈奴复修和亲，一切与之相安，虽尉佗自帝，亦温辞以感服之，德至渥矣。匈奴或背约入寇，逐之出塞即止，曲常在彼而不在我。烟火万里之乐由此基之。使经汉之世，待夷狄皆如帝，何不可者？（引自凌稚隆《史记评林·匈奴列传》）

崔敦礼：世言文帝和亲，匈奴及其背约入盗，令边备守，不发兵深入，以为文帝仁厚之至，甚非通论。匈奴之陵汉，固也；而于文帝为已甚，帝屈己而优容之，非仁也，势也。帝之治，以略言之，曰仁则似矣。观其犯跸者有罚法也，而帝必欲杀之，以泄其怒；盗环者有诛法也，而帝必欲族之，以行其威。帝之于事，其小者不能忍如此。彼其二十三年之间，遭匈奴之凭陵，今年寇河南，明年居北地，今年入云中，明年掠上郡。待之愈宽而寇之愈急，礼之愈下而侮之愈不已，包羞忍耻如此，岂其本心哉！况匈奴尝杀一都尉，帝即赫然震怒，欲勒兵自将，鼓行而前。当是时，非群臣切谏于外，太后固要于内，则兵连祸结矣。相其胸中日夜愤惋，求一快意非浅浅也，然卒不与之敌者，非仁也，势也。帝之时，外有匈奴之忧，内有诸侯之患。诸侯往往尾大于身，指大于臂，包陆梁不轨之心，觊间伺隙，以幸国家之有事。使文帝忘自照之机，怀泄迩之念，扫境内而从事于匈奴，则诸侯之兵必乘虚西向，汉之社稷，未可知也。且文帝尝幸太原，欲北伐匈奴，丞相之兵未及越境，而济北之叛师已起，是其于匈奴之强，安得而不少忍也哉！譬犹一身之间，有腹心之患，有肤腠之疾，今有人病，方在腹心，未知所以疗之之术，而肤腠之间不利焉。不能少忍以待腹心之安，悍药毒石杂然而并进，而肤腠之疾未去而吾之腹心已困，有不速死者，几希矣。此文帝和亲匈奴之志也。其后一传而至孝景，用主父偃之谋，分建子弟，而诸侯之势弱矣。再传而至于武帝，中国旷然无内顾之忧，于是力争深入，大举以伐匈奴。匈奴消缩远遁，甘心款塞，请命于下吏，而终汉之世，边陲无警。呜呼！汉之为汉，所以图匈奴者，何其不苟也哉！（《宫教集》卷七《文帝论》）

㉓【汇注】

司马迁：历至孝文即位，将军陈武等议曰："南越、朝鲜自全秦时内属为臣子，后且拥兵阻厄，选蠕观望。高祖时天下新定，人民小安，未可复兴兵。今陛下仁惠抚百姓，恩泽加海内，宜及士民乐用，征讨逆党，以一封疆。"孝文曰："朕能任衣冠，念不到此。会吕氏之乱，功臣宗室共不羞耻，误居正位，常战战慄慄，恐事之不终。且兵凶器，虽克所愿，动亦耗病，谓百姓远方何？又先帝知劳民不可烦，故不以为意。朕岂自谓能？今匈奴内侵，军吏无功，边民父子荷兵日久，朕常为动心伤痛，无日忘之。今未能销距，愿且坚边设候，结和通使，休宁北陲，为功多矣。且无议军。"故百姓无内外之徭，得息肩于田亩，天下殷富，粟至十余钱，鸣鸡吠狗，烟火万里，可谓和乐者乎！（《史记·律书》）

【汇评】

金春峰：刘邦所实行的正是刑德结合的方针。文帝继续了这种方针。《史记·孝文本纪》说"初即位，施德惠天下""务省繇费以便民""除诽谤妖言之罪""赏赐长老，收恤孤独……除田之租税……与匈奴和亲……不发兵深入，恶烦苦百姓"……这些和前面讲的严酷法治相结合，都是黄老刑德并用思想的体现。儒家的仁恩礼教，项羽式的"恭敬爱人""廉节好礼"，实际上被排挤了。（《汉代思想史·汉初黄老思想的政治实质及其在学术领域的影响》）

㉔【汇注】

司马迁：（高祖）拜沛侯刘濞为吴王。（《史记·高祖本纪》）

又：高祖……兄子濞为吴王。（《史记·吕太后本纪》）

又：孝文时，吴太子入见，得侍皇太子饮博。吴太子师傅皆楚人，轻悍，又素骄，博，争道，不恭，皇太子引博局提吴太子，杀之。于是遣其丧归葬。至吴，吴王愠曰："天下同宗，死长安即葬长安，何必来葬为！"复遣丧之长安葬。吴王由此稍失藩臣之礼，称病不朝。京师知其以子故称病不朝，验问实不病，诸吴使来，辄系责治之。吴王恐，为谋滋甚。及后使人为秋请，上复责问吴使者，使者对曰："王实不病，汉系治使者数辈，以故遂称病。且夫'察见渊中鱼，不详'。今王始诈病，及觉，见责急，愈益闭，恐上诛之，计乃无聊。唯上弃之而与更始。"于是天子乃赦吴使者归之，而赐吴王几杖，老，不朝。（《史记·吴王濞列传》）

又：及孝景帝即位，错为御史大夫，说上曰："……今吴王前有太子之郄，诈称病不朝，于古法当诛，文帝弗忍，因赐几杖，德至厚。"（同上）

[日] 泷川资言：事见《吴王濞传》。（《史记会注考证附校补》卷十《孝文本纪》）

龚浩康：吴，汉初封国。辖今江苏、浙江、安徽等省部分地区，都城在广陵（今江苏省扬州市东北）。（见王利器主编《史记注译·吕太后本纪》）

又：古代以"赐几杖"表示敬老。文帝赐几杖，是示意吴王不必进京朝见。（见王利器主编《史记注译·孝文本纪》）

张家英："就"在古汉语中通常用作动词，而这个"就"则用作表时间的副词。《广韵·宥韵》："就，即也。""就赐几杖"即立即赐给吴王几杖。这样作"立即、随即"一类意思的"就"字古籍中用得不多。《律书》："弧者，言万物之吴落且就死也。"同上："胃者，言阳气就藏，入胃胃也。"以上《律书》中的二例，可以勉强凑数吧。（《〈史记〉十二本纪疑诂·孝文本纪》）

【汇评】

苏　辙：老子曰："柔胜刚，弱胜强。"汉文帝以柔御天下，刚强者，皆乘风而靡。尉佗称号南越，帝复其坟墓，召贵其兄弟，佗去帝号，俯伏称臣。匈奴桀敖，陵驾中国，帝屈体遗书，厚以缯絮，虽未能调伏，然兵革之祸，比武帝世十一二耳。吴王濞包藏祸心，称病不朝，帝赐之几杖，濞无所发怒，乱以不作。使文帝尚在，不出十年，濞亦已老死，则东南之乱无由起矣。至景帝不能忍，用晁错之计，削诸侯地，濞因之号召七国，西向入关。汉遣三十六将军，竭天下之力，仅乃破之。错言诸侯强大，削之亦反，不削亦反，削之则反疾而祸小，不削则反迟而祸大。世皆以其言为信，吾以为不然。诚如文帝忍而不削，濞必未反，迁延数岁之后，变故不一，徐因其变而为之备，所以制之者，固多术矣。猛虎在山，日食牛羊，人不能堪，荷戈而往刺之，幸则虎毙，不幸则人死，其为害亟矣。晁错之计，何以异此。若能高其垣墙，深其陷阱，时伺而谨防之，虎安能必为害？此则文帝所以备吴也。呜呼！为天下虑患，而使好名贪利小丈夫制之，其不为晁错者鲜矣。（《栾城集·后集卷七·汉文帝论》）

朱　熹：文帝最好黄老，黄老之术，凡事都先退一着做，文帝尤善用之。如南越反，则卑辞厚礼以诱之，吴王不朝，赐以几杖，此俱是退一着术数。（引自《袁王纲鉴合编》卷六）

王夫之：文帝崩年四十有六，阅三年而吴王濞反。濞之令曰："寡人年六十有二。"则其长于文帝也，十有三年。当文帝崩，濞年五十有九，亦几老矣。诈病不觐，反形已著，贾谊、晁错日画策而忧之。文帝岂不知濞之不可销弭哉？赐以几杖而启衅无端，更十年而濞即不死，亦已衰矣。赵、楚、四齐，庸劣无大志，濞不先举，弗能自动。故文帝筹之已熟，而持之已定。文帝幸不即崩，坐待七国之瓦解，而折箠以收之。是谊与错之忧，文帝已忧之。而文帝之所持，非谊与错所能测也。（《读通鉴论》卷二《文帝》）

又：文帝且崩，戒景帝曰："即有缓急，周亚夫可任将兵。"则文帝未尝须臾忘制吴也。故几杖之赐，欲以销其雄心而待其自敝，非玩也。中有所恃，则可静以待动，而不为祸先，无已，则固有以胜之矣。柔而不陷于弱，本立焉耳。（《读通鉴论》卷三《景帝》）

程至善：吴王不朝，以其子故，文帝仁厚主也，矜怜之而不责其罪。及景帝即位，正吴所仇恨者，一宽悔之诏，泯其前嫌，与之协洽谦退而优恤之，吴当尽不消其前忿，乐为自新，岂不两全乎！南越王且以优诏而去，矧在至戚不可化诲？然则几杖之赐，何向日之谋亦解耶！（《史砭》卷一）

杨　时：文帝赐吴王几杖，是纯任德教，权衡在上，伸缩由己。唐授藩镇节钺是一向姑息，权柄倒持于下，予夺由人。两事不可同日语。（引自《袁王纲鉴合编》卷六）

刘知幾：班史赞"吴王诈病"云云，此则纪之与传并所不书，而史臣发言，别出其事，所谓假赞论而自见者。（引自《汉书评林·文帝纪》）

陈季雅：人皆曰刑威足以慑人心，德义不足以破奸轨。观文帝御下，吴王诈病不朝，反状露矣，斧钺不加而几杖是赐；张武受赂，贪滥甚矣，苛责不及而金钱是赏，然二人者畏服不暇，岂德义果不足以破奸轨之心乎？及观武帝，恣行诛杀，虽将相大臣莫不骈肩受戮，末年盗贼滋起，绣衣直指旁午道路无可奈何，则刑威不足以慑人心也，明矣。（《两汉博议》卷二《论刑威不足以慑人心德义足以破奸轨》）

谢　铎：君人者有以服天下之心，则无所施而不可，不然，将惠之而亵，威之而格矣。故在文帝可以赐几杖，而铁券之恩适足以怒怀光；在宋祖可以罢藩镇，而削地之谋适足以祸晁错。然则文帝之于吴，赐之可，削之亦可，而何独有见于几杖之芒刃，而无见于髋髀之斧斤乎？濞之反，文帝亦不能无憾焉！（引自《古今人物论》九卷《文帝》）

郑　贤：以吴王之反，咎几杖之赐，意远词顿，几于一字一珠。（同上）

㉕【汇校】

王叔岷：案：《汉书》《汉纪》《金楼子》《通鉴》"称"皆作"谏"。（《史记斠证》卷十）

【汇注】

龚浩康：袁盎（àng），即爰盎。楚人，后徙安陵（今陕西省咸阳市东北），历任齐相、吴相。因接受吴王金钱，为吴王隐瞒谋反情况，被御史大夫晁错告发而削职为民。吴楚七国以诛晁错为名发动叛乱时，他趁机向景帝建议杀掉晁错。后被梁孝王刘武派人刺杀。事详《袁盎晁错列传》。（见王利器主编《史记注译·孝文本纪》）

【汇评】

李德裕：袁盎对文帝曰：绛侯所谓功臣，非社稷臣。夫社稷臣，主在与在，主亡与亡。盎见勃自德其功，有以激也。非至理笃论，此言足以惑文帝聪明，伤仁厚之政。俾其君有薄宗臣之意，竟使周勃大功皆弃，非罪见疑，可为长叹息也。当吕氏之世，惠帝已殂，少帝非刘氏，陈平用辟强之计，权王产、禄，绛侯若不与之同心而制其兵柄，必由此而阶乱矣，则刘氏安危，未可知也。然磨而不磷，涅而不缁，未尝不心存社稷，志在刘氏。外虽逊顺，内守忠贞，得不谓之社稷臣矣。其后绛侯系请室，盎虽明其无罪，所谓陷之死地而后生之，徒有救焚之力，且非曲突之义。杨子称盎忠不足而谈有余，斯言当矣。善哉！贾生之说喻堂陛之峻，高者难攀，卑者易凌。文帝感悟，养臣下有节，有以见贤人用心致君精识，若袁公者，难与并为仁矣。盎惟有正慎夫人席，塞梁王求嗣，此二事守正不挠，忠于所奉，害错之罪虐，贯于神明。安陵之祸，知天道之不昧矣。（引自《唐文粹》卷三十八《袁盎以周勃为功臣论》）

㉖【汇注】

裴　骃：苏林曰："假者休假。借音以物借人。"（《史记集解·孝文本纪》）

袁黄、王世贞：假借以辞色，纳其言而用之。（《袁王纲鉴合编》卷六）

沈钦韩：《风俗通》（正失篇）：孝成帝问刘向曰：后世皆言文帝治天下，几至太平，其德比周文王，此语何从生？向对曰：生于言事。文帝礼言事者，不伤其意，群臣无小大，至即从容言，上止辇听之。其言可者称善，不可者喜笑而已，言事多褒之。后人见遗文则然。（《汉书疏证》卷二《文帝纪》）

㉗【汇校】

[日]泷川资言：延久钞本"乃"作"常"，与《类聚》所引合。（《史记会注考证附校补》卷十《孝文本纪》）

【汇注】

陈　直：《汉书·百官公卿表》，属官有御府令，盖等于都内令，皆藏有帝王之私蓄。（《史记新证·孝文本纪》）

㉘【汇校】

王叔岷：案：古钞本作"弗刑下吏"，似谓"不下吏刑之"也。（《史记斠证》卷十）

【汇评】

何孟春：纵盗饮酒，非剪恶之法；绝缨加赐，非防淫之具。汉文帝金钱之愧，唐太宗布绢之给，非刑赏之正道也。（引自凌稚隆《史记评林·孝文本纪》）

王若虚：《史记·文帝纪》云："张武受贿金钱，事觉，上发御府金钱赐之，以愧其心。"彼受金钱而复以金钱赐之，可以为愧。《汉书》但云"更加赏赐"，则泛而不明矣。（《滹南遗老集》卷二十《诸史辨惑》）

王世贞：张武受赂，文帝赐金钱以愧之，此以赏为罚也，使天下皆以辜受赏，赏不胜矣。武，代来人，帝故存之，其曰愧之，术也。唐太宗于长孙顺德亦以此。顺德椒房亲有巨庸，故太宗不欲行法。要之帝王之道，善有赏，恶有罚，无互用也，恶有赏也，善亦可罚乎？使二帝率其诚心而质行之，则二人之罪自有可原。夫使贪使诈，则过行可略也，议功亲则旧典可覆也，何必术？！（《袁王纲鉴合编》卷六）

何　焯：贡禹言文帝贵廉洁，贱贪污，吏坐赃者皆禁锢，赏善罚恶，不阿亲戚，罪白者伏其诛。是帝之为政不专于宽也，特刑不滥耳。张武旧勋，受赂不饬，未至大恶，故加赐以愧之，岂概施诸下，姑息成风，致贪吏放手哉？（《义门读书记·前汉书》）

㉙【汇评】

王应麟：或问文帝以德化民，有迹可言欤？曰苏氏谓纪无可书之事，然非无可书也。叙传所述曰：太宗穆穆，允恭玄默，化民以躬，帅下以德。又曰：我德如风，民应如草，帝之躬行，本于宽仁恭俭，玄默清净，风行俗成，庶几于胜残去杀。以帝之天资，能兴三代之礼乐，复三代之制度，则教化浃洽而王道成矣。惜其有富庶之效，未知圣王所以教民者也。农不供贡，罪不收孥，宫不新馆，陵不崇墓，四者皆帝之盛德，其大者不轻于用兵也。太史公《律书》载其无议军之诏，继以百姓无内外之徭，得息肩于田亩，天下殷富，粟至十余钱。鸣鸡吠狗，烟火万里，可谓和乐者乎！又曰天下新去汤火，人民乐业，因其欲然能不扰乱，故百姓遂安，自年六七十翁亦未尝至市井，游敖嬉戏如小儿状，孔子所称有德君子者耶？《通鉴》虽不书，而以德化民之实，于此可见矣。刑以不杀为能，兵以不用为功，财以不聚为富，人以不作聪明为贤。此苏氏称宋之仁也，愚于文帝亦云。（《通鉴答问》卷三）

徐中行：文帝专务以德化民，全得之老子，受用虽不无间杂千佰，皆行错等之言，然亦迥与景、宣不同，即邵子所谓伯之皇也。苏子制策贬之过矣。（引自《汉书评林·文帝纪》）

袁黄、王世贞：文帝仁俭之德，当观其大者、远者。自史臣博采傅会，转恐失真。毋论持百金以营台，分中金以号中人之产为理所必无，即慎夫人衣不曳地，而邓通则给铜山铸钱，事宁有刺谬？若此者甚至以赐吴王几杖为止叛，赐张武金为止贪，不几执宋襄齐偃王愚懦之见，窥寻令辟哉！向因读史屡及之，盖以辞害意，古今通病，不可不知。三者可尽而不可继。（《袁王纲鉴合编》卷六）

吴见思：总结上十事。（《史记论文·孝文本纪》）

编者按：司马迁此段以"孝文帝从代来，即位二十三年"领起，将文帝政绩归为十件事。吴见思则将它们分别命之为："减服御一"，"利民二"，"露台三"，"俭朴四"，"造霸陵五"，"感尉佗六"，"和匈奴七"，"化吴王八"，"容谏臣九"，"愧张武等十"。

㉚【汇注】

凌稚隆：按：此《史记》拾纪中所未尽载者，而总书于纪之尾，以著文帝德化之成。而班掾用之为赞，惟结以"仁哉"二字断之云。（《汉书评林·文帝纪》）

赵翼：《史记》于后六年，忽总叙帝之节俭宽厚，下方叙后七年六月帝崩，殊属非法，总叙自应在帝崩后也。《汉书》取此语作赞。（《廿二史札记》卷一《史汉互有得失》）

崔适："孝文帝从代来"至"兴于礼义"，在《汉书》为赞语，此乃移入纪中帝崩之前，何其颠错而残缺也。张晏云《景纪》亡，当是《文纪》之误。小司马所谓取班书补之者，在此不在彼也。不然，何由录班《赞》？（《史记探源》卷三）

吴国泰：按：此总叙孝文远事也。应在"帝崩于未央宫"之下，"遗诏曰"之上，方合书法。此盖错简也。故《汉书》不叙入正文而以之作传焉。（《〈史记〉解诂（下）》，载《文史》第43辑）

【汇评】

欧阳修：汉文帝当天下初定，躬行节俭。虽有千里马却而弗受，可谓不宝远物，协召公之训矣。二十三年之间，海内安宁，家给人足。南则尉佗上书称臣，北则匈奴通好保境，是故远人来格之效也。彼武帝则不然，大宛有善马，在贰师城，至令万里出师，伤财害民而不恤，马虽得而中国耗矣。是故圣人贱畜而贵人，笃近而举远。

（《文忠集》卷一百六十《二月二十五日》）

董　份：太史深服文帝，故末复总叙其德化。"海内殷富"二句，结尽孝文功效矣。（引自《藏书》卷三）

方　苞："孝文帝从代来"段以下所叙，列视前诸大政为小，故总束于后。韩欧墓志多用此法。（《归方评点史记合笔》卷一《孝文本纪》）

牛运震："孝文帝从代来，即位二十三年"云云至"是以海内殷富，兴于礼义"，总叙孝文帝盛德行事于此。盖太史公深服文帝，特于纪末画一恭俭宽仁全图，以志其爱慕、缠绵之意。此本纪变体也。后代班氏以下诸史，凡帝纪操行，皆叙于纪末，则此体为通例矣。（《史记评注》卷二《孝文本纪》）

又：按：此段系于后六年之下、后七年帝崩之前，正太史公善于安顿、脱出蹊格处，他手定将此段置于帝崩遗诏之前矣。《汉书》用此段作赞语，亦无情致。（同上）

李澄宇：汉文喜黄老言，省刑薄税，与民休息，史称其专务以德化民。而吴王诈病不朝，赐几杖，张武等受贿，赐金钱以愧其心，尤他帝所弗及。世之谬谈法治者，曷不细思此理乎！（《读史记蠡述》卷一）

马育良：太史公于汉初诸帝，对文帝评价最高，说他"专务以德化民，是以海内殷富，兴于礼义"（《史记·孝文本纪》）。其实，文帝治身俭约、政刑宽简是实，礼义教化云云率多虚辞，在汉代，是从贾谊开始，才真正提出这一套的。（陆贾也讲教化，但不是以礼义为主要内容。）《史记·礼书》载："孝文即位，有司议欲定仪礼，孝文好道家之学，以为繁礼饰貌，无益于治。"礼义教化与经典教育、克服文化障碍关系甚著，"太学者，贤士之所关也，教化之本原也"（《汉书·董仲舒传》）。而斯时，"文帝本修黄老之言，不甚好儒术，其治尚清净无为，以故礼乐庠序未修，民俗未能大化……"（应劭《风俗通义》卷二"正失"）。宋王应麟也认为："以帝之天资能兴三代之礼乐，复三代之制度，则教化浃洽而王道成矣。惜其有富庶之效，未知圣王所以教民也。"（《通鉴答问》卷三）而且，贾谊出任长沙王傅一年多后，文帝宣室召见"问鬼神之本"一幕也颇耐人寻味，唐代李商隐曾作诗《贾生》讥讽此事："宣室求贤访逐臣，贾生才调更无伦。可怜夜半虚前席，不问苍生问鬼神。"清代翟灏在这个问题上可谓一语破的："夫帝自不用生耳，岂翳生痛苦之过，而抑何绛灌之能操于其间哉。大抵帝之材与生相垺，而学则相左。生儒者，而帝习于黄帝老子之说也。生以权势法制进，而帝尚宽柔。生以经制礼乐进，而帝乐清净。若是者百投而百不合，虽从容言之奚益乎，虽有人乎君之侧奚济乎。"（《九畹史论·书苏东坡贾谊论后》）斯为确论。（《汉初治政与贾谊的礼治思想》，载《孔子研究》1993年第4期）

编者按：这段文字位于《孝文本纪》后六年之下，后七年遗诏之前。班固《汉书·文帝纪》将其置于卷末，作为史赞。对这两种安排，人们看法不一。赵翼认为：

"《史记》于后六年，忽总叙帝之节俭宽厚，下方叙后七年六月帝崩，殊属非法，总叙自应在帝崩后也。《汉书》取此语作赞。"（《廿二史札记》卷一）崔适也说："'孝文帝从代来'至'兴于礼义'，在《汉书》中为赞语，此乃移入纪中帝崩之前，何其颠错而残缺也。"（《史记探源》卷三）而牛运震则认为："此段系于后六年之下、后七年帝崩之前，正太史公善于安顿、脱出蹊格处。"（《史记评注》卷二）这些说法虽不同，但多集中在是否"非法"即是否合乎文法方面，较少注意司马迁纪中此段的用意。史公对文帝德治十分倾慕，以这段文字撮其诸多善政，集中表现其宽俭仁德，之后继以遗诏、史公论赞，以反复申说、不断强化文帝以德治世这一主旨。正如董份所言："太史公深服孝文治道醇厚，故其末复总叙诸善状，以深著德化，亦古体也。"（引自凌稚隆《史记评林·孝文本纪》）司马迁才华丰赡，笔力遒劲，行文不拘一格，富于变化，这段文字在文中的位置正体现了这一特点。吴见思曰："撮其大略，总叙一段，在编年之后，遗诏之前，如一小纪，虽略写大意，而精神气度无不逼露，是大手笔。"（《史记论文·孝文本纪》）诚为至言。班固将这段文字稍加改动，作为赞语，表明他完全同意司马迁的评价。就结构而言，也更显紧凑。一些评论家从一般文法的角度加以赞誉，自有其道理。但不应以此作为区分马、班高下的标准，忽略了司马迁撰写此段的苦心孤诣。至于以班《赞》为据，强说司马迁此段文字系由班《赞》补之（见崔适《史记探源》卷三），并无凭据。

　　后七年六月己亥①，帝崩于未央宫②。遗诏曰："朕闻盖天下万物之萌生，靡不有死③。死者天地之理，物之自然者④，奚可甚哀⑤。当今之时，世咸嘉生而恶死⑥，厚葬以破业，重服以伤生⑦，吾甚不取。且朕既不德，无以佐百姓；今崩，又使重服久临⑧，以离寒暑之数⑨，哀人之父子，伤长幼之志⑩，损其饮食，绝鬼神之祭祀⑪，以重吾不德也⑫，谓天下何！朕获保宗庙，以眇眇之身托于天下君王之上⑬，二十有余年矣⑭。赖天地之灵⑮，社稷之福，方内安宁⑯，靡有兵革⑰。朕既不敏，常畏过行，以羞先帝之遗德⑱；维年之久长，惧于不终⑲。今乃幸以天年⑳，得复供养于高庙，朕之不明与嘉之，其奚哀悲之有㉑！其令天下吏民，令到出临三日，皆释服㉒。毋禁取妇嫁女祠祀饮酒食肉者㉓。自当给丧事服临者，皆无践㉔。经带无过三寸㉕，毋布车及兵器㉖，毋发民男女哭临宫殿㉗。宫殿中当临者㉘，皆以旦夕各十五举声㉙，礼毕罢。非旦夕临时，禁毋得擅哭㉚。已下㉛，服大红十五日，小红十四日，纤七日，释服㉜。佗不在令中者，皆以此令比率从事㉝。布告天下，使明知朕意㉞。霸陵山川因其故㉟，毋有所改。归夫人以下至少使㊱。"令中尉亚夫为车骑将军，属国悍为将屯将军㊲，郎中令武为复土将军㊳，发近县见卒万六千人㊴，发内史卒万五千人㊵，藏郭穿复土属将军武㊶。

① 【汇校】
　　王叔岷：案：古钞本提行，《汉书》《汉纪》《通鉴》并同。《御览》八八引《帝王世纪》："孝文即位二十三年，年四十七。""七"当作"六"。《帝王略论》称孝文"即位廿年，年卅六"，"廿"下盖脱"三"字。（《史记斠证》卷十）
　　【汇注】
　　王先谦：《五行志》正月辛未朔，日有食之。（《汉书补注·文帝纪》）
② 【汇注】
　　班　固：文帝，前十六年，后七年，著《纪》即位二十三年。（《汉书·律历志下》）
　　裴　骃：徐广曰："年四十七。"（《史记集解·孝文本纪》）
　　编者按：泷川资言《史记会注考证附校补·孝文本纪》：《集解》"四十"，延久钞本作"卅"。
　　颜师古：臣瓒曰："帝年二十三即位，即位二十三年，寿四十六也。"（《汉书注·文帝纪》）
　　崔　适：太史公于高、惠、景纪帝崩皆谥，此纪独否，高后、惠、景崩皆不地，此于未央宫，皆与班书合，可为录取班书之证。（《史记探源》卷三）
③ 【汇校】
　　梁玉绳：按："盖"字当衍，或曰宜依《汉书》作"朕闻之"。（《史记志疑》卷七《孝文本纪》）
　　王叔岷：案：《汉书》《通鉴》"闻"下并有"之"字。盖，发语词。非衍。《田敬仲完世家·赞》："盖孔子晚而喜易。"《孟子·荀卿列传》："盖墨翟宋之大夫。"并同此例。"萌生"，复语。萌亦生也。《淮南子·俶真篇》："孰知其所萌？"高诱注："萌，生也。"《孟尝君列传》："生者必有死。"（《史记斠证》卷十）

【汇注】

颜师古：始生者曰萌。（《汉书注·文帝纪》）

④【汇校】

吴汝纶：依《汉书》，句下灭"者"字。（《点勘史记读本·孝文本纪》）

[日]泷川资言：古钞、枫、三本"理"下有"万"字。（《史记会注考证附校补》卷十《孝文本纪》）

王叔岷：案：《通鉴》"物"上亦有"万"字。《汉书》《汉纪》《通鉴》"然"下并无"者"字，疑涉上"者"字而衍。（《史记斠证》卷十）

【汇注】

袁　黄：又曰"死者天地之理，物之自然"，则固已深达生死昼夜之理矣。（《袁王纲鉴合编》卷六）

⑤【汇注】

颜师古：奚，何也。（《汉书注·文帝纪》）

⑥【汇校】

王叔岷：案：《汉书》《汉纪》《通鉴》并无"时"字，读"当今之世"句。（《史记斠证》卷十）

【汇注】

胡三省：恶，乌路翻。（见《资治通鉴》卷十五注）

⑦【汇注】

王叔岷：案：《晏子春秋·外篇·不合经术者第八》："厚葬破民贫国。"《韩非子·显学篇》："儒者破家而葬。服丧三年，大毁扶杖。"《孔子世家》："破产厚葬。"（参看《孔子世家考证》）《盐铁论·论诽篇》："久丧以害生，厚葬以伤业。"（《史记斠证》卷十）

龚浩康：服，居丧。即在一定时期内为死者尽礼，以示哀悼，俗称守服。（见王利器主编《史记注译·孝文本纪》）

⑧【汇注】

颜师古：临，哭也，音力禁反。下云服临、当临者，音并同也。（《汉书注·文帝纪》）

程馀庆：众哭曰临。（《历代名家评注史记集说·孝文本纪》）

⑨【汇校】

[日]泷川资言：《汉书》"离"作"罹"。（《史记会注考证附校补》卷十《孝文

本纪》）

  王叔岷：案：《通鉴》"离"亦作"罹"，古字通用。《书·洪范》："不罹于咎。"《宋世家》"罹"作"离"，《庄子·盗跖篇》："故服其殃，离其患也。"成玄英《疏》"离"作"罹"，并其比。（《史记斠证》卷十）

【汇注】

  颜师古：罹者离，遭也。（《汉书注·文帝纪》）

  程馀庆：离、罹同，遭也。（《历代名家评注史记集说·孝文本纪》）

⑩【汇校】

  [日]泷川资言：《汉书》"人"下无"之"字，"幼"作"老"。（《史记会注考证附校补》卷十《孝文本纪》）

  王叔岷：案：《通鉴》与《汉书》同。"长幼"承"父子"而言，幼作老，疑非。（《史记斠证》卷十）

⑪【汇评】

  沈钦韩：观此，则知彼时大丧，犹循倚庐、食粥、三年不祭之制。虽遭大乱，周公之礼不废也。（《汉书疏证》卷二《文帝纪》）

⑫【汇注】

  颜师古：重音直用反。（《汉书注·文帝纪》）

⑬【汇注】

  颜师古：眇眇，犹言细末也。（《汉书注·文帝纪》）

⑭【汇校】

  [日]泷川资言：延久钞本"二十"作"廿"。（《史记会注考证附校补》卷十《孝文本纪》）

⑮【汇校】

  王先慎："天"下当有"地"字，"天地之灵"与下"社稷之福"，文正相对，此脱"地"字耳。《史记》作"赖天地之灵"，是其证。（引自王先谦《汉书补注·文帝纪》）

  吴汝纶："天"下依《汉书》删"地"字。（《点勘史记读本·孝文本纪》）

  王叔岷：案：古钞本无"地"字，是也。"地"字盖写者因"天"字联想而衍。《汉书》《通鉴》亦并作"赖天之灵"。（王先谦《汉书补注》，据今本《史记》谓《文帝纪》"天下当有地字"。非也。）（《史记斠证》卷十）

⑯【汇校】

  王先谦：官本注"四方之内"，无"四"字。《通鉴》注引作"四方之内"。（《汉书补注·文帝纪》）

【汇注】
裴　骃：瓒曰："方，四方也。内，中也。犹云中外也。"（《史记集解·孝文本纪》）
颜师古：臣瓒曰："方，四方也。内，中也。犹云中外。"师古曰："此说非也，直谓（四）方之内耳。"（《汉书注·文帝纪》）

⑰【汇校】
裴　骃：徐广曰："一云'方内安，兵革息'。"（《史记集解·孝文本纪》）
【汇注】
颜师古：靡，无也。（《汉书注·文帝纪》）

⑱【汇注】
颜师古：过行，行有过失也。羞谓忝辱也。行音下更反。（《汉书注·文帝纪》）

⑲【汇注】
龚浩康：维：语助词，常用在句首，起强调作用。（见王利器主编《史记注译·孝文本纪》）
【汇评】
胡　宏：胡子曰：汉文之顾命曰："朕不敏，无以佐百姓，常畏过行，惟年久长，惧于不终。"此乾之健，天行之所以无息也，此尧、舜、汤、文、武之心所以万世不灭也。孔子作《春秋》不书祥瑞者，惧人君之自满。自满，则止失此心也。（《胡宏集·知言·汉文》）
吴见思：反以久长为惧，更深一层。（《史记论文·孝文本纪》）
沈　豫：文帝此诏，远过秦政、武帝长生之术，真一带令主也。（《读史杂记》卷一，见《二十二史考论》）

⑳【汇校】
王叔岷：案：王念孙谓"〔《汉书》〕'天年'下脱'终'字，当据如、颜注及《史记》《汉纪》补"。惟《史记》"天年"下亦无"终"字。《汉纪》"终"字则在"得"字下。据如注"得卒天年"，颜注"得终天下"，是《汉书》正文"得"下脱"终"字，《史记》亦然。当据如、颜注及《汉纪》补。《庄子·山木篇》："此木以不材得终其天年。"可为旁证。"今乃幸以天年得终"，紧承上文"惟年之久长，惧于不终"而言。（《史记斠证》卷十）

㉑【汇校】
吴汝纶：本作"悲"，依《汉书》改。（《点勘史记读本·孝文本纪》）
王叔岷："朕之不明与？"颜氏谓"与读曰欤"。刘攽本之为说，甚当（此文《考证》亦有说，似本刘氏）。王氏以"与"为助句之词，可备一说；裴学海则读"朕之不明"句、"与嘉之"句。云："与犹当也。"(《古书虚字集释》一)亦可备一说。"其奚哀悲之有!"古钞本"哀悲"作"哀志"。《志疑》"念"之误。《汉书》《通鉴》并作"哀念"。(《考证》已云："《汉书》悲作念。")(《史记斠证》卷十)

【汇注】

裴　骃：如淳曰："与，发声也。得卒天年已善矣。"(《史记集解·孝文本纪》)

颜师古：如淳曰："得卒天年，已善矣。"晋灼曰："若以朕不明，当嘉善朕之俭约，何哀念之有也。"师古曰："如、晋之说非也。与读曰欤，音弋于反。帝自言或者岂朕见之不明乎，以不可嘉为嘉耳。然朕自谓得终天年，供养高庙，为可嘉之事，无所哀念也。今俗语犹然，其意可晓矣。"(《汉书注·文帝纪》)

刘　攽："与"读曰"欤"，言我之不明而蒙此欤，是可嘉也，其奚哀念乎!(引自凌稚隆《汉书评林·文帝纪》)

胡三省：帝自谦，以谓得终其天年以从先帝幸矣，奚哀念之有乎!(见《资治通鉴》卷十五注)

沈钦韩：按：如淳说是也。朕虽不明，犹以为善，深幸其考，终命。(《汉书疏证》卷二《文帝纪》)

章诒燕：诸说解"嘉"字，俱欠明晰。师古以"与"字截句，文义愈晦。张䢴甫履云：与当读为豫，即与有荣之意，嘉即《礼运》"以嘉魂魄"之嘉。郑注：嘉，乐也。与嘉之者，对高祖而言也。文帝若谓以朕之不明，得与从高帝神灵，共嘉乐于太庙之中，已为万幸矣。天下臣民，又何哀念之有乎？考后汉建武二年，立高庙于洛阳，四时祫祀，高帝为太祖，文帝为太宗，武帝为世宗如旧。玩"如旧"二字，知西汉已然，或主张纯议，谓汉旧制三年一祫，存庙主不合食，似文帝不应即引毁庙之礼。然检《韦元成传》，有云"今宗庙异处，昭穆不序"，乃知大祫存庙不合祭者，系西汉之衰，群庙不列都宫内，故缺合祭之礼耳，非盛汉之初制也。文帝所言，系汉初制，此嘉字与《礼运》"嘉魂魄"之义极合，诸说可废矣。(《读史诤言》卷二《汉书诤言》)

李慈铭：如淳曰："得卒天年，已善矣。"师古曰："与读曰欤，音弋于反。"慈铭按：颜注支曲如说是也，与犹已也，古以已字同，谓朕虽不明，已以得终天年，供奉高庙为喜，何有哀念乎？(树达按：《史记·集解》引如说下有"与，发声也"四字，王念孙申证如说甚详，其说是也。李氏此条意虽申如，却非如淳本旨。)(《汉书札记》卷一，引自《汉书窥管》)

王先谦：刘攽曰：与读曰欤，言得以天年供养于高庙，我之不明而蒙此欤，是可嘉也，其奚哀念乎？刘敞同。王念孙曰："天年"下脱"终"字，当据如、颜注及《史记》《汉纪》补。《史·集解》引如注"曰"下有"与，发声也"四字，颜删之，非也。此与《高纪》"万民与苦甚之"之"与"皆助句之词。《左·僖二十三年传》

"其人能靖者与有几",言能靖者有几也("与有几"三字连文。《释文》:与,音余。绝句,亦误)。《襄二十九年传》"是盟也,其与几何",言其几何也。《周语》"若雍其口,其与能几何",言能几何也。《晋语》"诸臣之委室而徒退者,将与几人",言将几人也(韦注并曰:与,辞也)。又《左·昭十七年传》"其与不然乎",言其不然乎也。《周语》"何辞之与有",言何辞之有也。《晋语》"亡人何国之与有",言何国之有也。《越语》"如寡人者,安与知耻",言安知耻也。"与"字皆为语助。(《汉书补注·文帝纪》)

[日]泷川资言:与读曰"欤"。言朕幸以天年终,得复供养高庙于地下,以朕之不明而蒙此欤,群下宜嘉也,其何可悲哀乎? 嘉与哀属群下,非帝自谓。《汉书》"悲"作"念"。(《史记会注考证附校补》卷十《孝文本纪》)

瞿方梅:案:如说近似,而意犹未憭。"与"当读"预",言以朕之不明,而预于嘉休之甚,尚何哀悲之有。颜氏《汉书注》又解"与"读为"欤",亦纡晦,恐未然也。(一解,"与嘉之"犹云"嘉与之",亦通。) (《史记三家注补正·孝文本纪第十》)

吴国泰:按:"与""牾"声通。牾者,牴牾,犹相当也。故牴牾有当义。与嘉之者,犹言当嘉之也。《汉书·高祖纪》"吾知与之矣",王念孙训与为敌,与即假为牾也。言以我之不明,而竟得善终者,当为嘉美之事也。(《〈史记〉解诂(下)》,载《文史》第43辑)

【汇评】

吴见思:谦言朕之不明而得此欤? 是可嘉矣,其奚悲哀乎? 应奚可甚哀句,结。(《史记论文·孝文本纪》)

㉒【汇注】

颜师古:令谓此诏文也。(《汉书注·文帝纪》)

吕祖谦:上文云"朕既不德,无以佐百姓;今崩,又使重服久临,以离寒暑之数",然则前此民间皆服三年丧也。(《大事记解题》卷十)

赵翼:汉文帝临崩,诏曰:"令到,吏民三日释服。"按:天子之丧,吏民尚齐衰三月,今易以三日,故后世谓之以日易月,然此专指吏民而言,未尝概之于臣子也。(《廿二史札记》卷三《两汉丧服无定制》)

【汇评】

朱熹:文帝不欲天下居三年丧,不欲以此勤民,所为大纲类墨子。(《朱子语类》卷第一百三十五)

詹丞章懋:悲哀惨怛之意,直形于言词之表,文帝之宽仁,于此可想见矣。(引自《百大家评注史记》卷二《孝文本纪》)

㉓【汇注】

吕祖谦：上文云"哀人之父子，伤长幼之志，损其饮食，绝鬼神之祭祀，以重吾不德也"，然则前此皆有禁。（《大事记解题》卷十）

王叔岷：案：《通鉴》注："取读曰娶。"《汉纪》"取"正作"娶"。（《史记斠证》卷十）

㉔【汇注】

裴　骃：服虔曰："践，翦也。谓无斩衰也。"孟康曰："践，跣也。"晋灼曰："《汉语》作'跣'。跣，徒跣也。"（《史记集解·孝文本纪》）

编者按：[日]泷川资言《史记会注考证》卷十：《集解》"伏俨"，各本作"服虔"，今从延久本。《汉书注》亦作"伏俨"。王叔岷《史记斠证》卷十：案：古钞本《集解》"服虔"作"伏严"。延久本即古钞本，《考证》引作"伏俨"。盖从《汉书注》改"严"为"俨"也。惟严、俨古通。（《书·无逸》："严恭寅畏。"《释文》："严，马作俨。"即其证。）无烦改字。点校本《史记》修订本："服虔"，东北本、《会注》本作"伏俨"，疑是。按：《汉书》卷四《文帝纪》"皆无践"，颜师古《注》引亦作"伏俨"。

颜师古：孟、晋二说是也。（《汉书注·文帝纪》）

司马贞：《汉语》是书名，荀爽所作也。（《史记索隐·孝文本纪》）

吕祖谦：吏民给丧事则不当吉服，故不在三日之限。（《大事记解题》卷十）

沈钦韩：伏俨云：践，翦也者。《书序》：成王践奄。郑读践为翦。《玉藻》："凡有血气者，弗身践也。"注云：践当为翦。翦犹杀也。《释名》："三年之缞曰斩，不缉其末，直翦斩而已。"故伏俨以翦为斩衰也。此汉人古义，魏晋而下即有所不知。师古何足论乎？（《汉书疏证》卷二《文帝纪》）

王先谦：王先慎曰：此及下"经带无过三寸"，皆指给丧事者言之。《后汉·礼仪志》："佐史以下，布衣冠帻，经带无过三寸，临庭中。武吏布帻大冠。"足为此文无斩衰之确证。伏说是。即曰衣冠，其无跣足，不待言也。先谦曰：《史·集解》引"伏俨"作"服虔"。《索隐》云《汉语》荀爽所作。又按：《荀纪》"皆无践"，作"皆无跣足"。《通鉴》亦作"跣"，皆主孟说，然不如伏义之长。（《汉书补注·文帝纪》）

瞿方梅：孟、晋说是也。"自当"至"无践"为句，服者各逗。给服临者，谓缌麻以上诸亲。（《史记三家注补正·孝文本纪第十》）

龚浩康：践，赤脚踏地。古人哭吊死者，赤脚踏地，表示十分悲痛。（见王利器主编《史记注译·孝文本纪》）

张大可：践，有两解。孟康曰："践，跣也。"古代服丧要哀切。跣，即光着脚，表现十分哀切。服虔训践为翦，谓不要服斩衰。斩衰服，即穿没有剪缝的粗麻衣，丧

期三年。(《史记全本新注·孝文本纪》)

㉕【汇校】

　　钱大昭："姪"当为"绖"，南雍本、闽本及《汉纪》并作"绖"。(《汉书辨疑》卷一)

㉖【汇注】

　　裴　骃：应劭曰："无以布衣车及兵器也。"服虔曰："不施轻车介士也。"(《史记集解·孝文本纪》)

　　编者按：张文虎《校刊史记集解索隐正义札记》(卷一) 曰："《集解》'服虔曰'三字，《考证》据《汉书注》增。"

　　颜师古：应说是也。(《汉书注·文帝纪》)

　　郝　敬：注：勿以布衣车及兵器也。(《批点史记琐琐》卷一)

　　章诒燕：应说以布衣车及兵器，未知何据。考《周礼·巾车》，王之丧车五乘，木车、蒲蔽、犬𧝿、尾櫜、疏饰，小服皆疏。注引先郑云：蒲蔽，谓蠃兰车以蒲为蔽，天子丧服之车，汉仪亦然。犬𧝿以犬皮为覆笭，谓蔽车旁御风尘者。犬，白犬皮。既以皮为覆笭，又以其尾为戈戟之㪿，粗布饰二物之侧为之缘。服读为箙。小箙，刀剑短兵之衣，据此以粗布为小箙，于衣兵器可用为证，而衣车无考也。《既夕记》主人乘恶车、白狗幦。蒲蔽、犬服，注：笭间兵服，以犬皮为之。又贰车白狗摄服，注：摄犹缘也，狗皮缘服。又主妇之车疏，布袸，袸系车裳帏。士丧恶车，即王丧之木车。古丧车无等，贵贱同乘，《士丧礼》中亦不言以布衣车也。礼既无以布衣车之文，而郑司农又明云汉仪亦然，则汉丧车宜尚沿蒲蔽犬𧝿之制，此布字不得解作粗布之布，即所谓衣兵器，亦不可为确解矣。按：《书》康王之诰，诸侯入应门右，皆布乘黄朱。孔《传》云：皆陈四黄马朱鬣以为庭实。本书《元帝纪》，上幸长杨射熊馆，布车骑大猎，布亦是陈列之意，与"布乘黄朱"布字义同。此云无布者，以短丧故，仪卫悉减，既不发民哭临宫殿中，即无庸陈列车舆及兵器也。服说不施轻车介士，较应说为长。(《读史诤言》卷二《汉书诤言》)

　　李慈铭：服说是也。古之衣车皆有布，丧事素车用白布，不得禁之，此自以陈设车器为言。若如应说，则"及兵器"难解？岂有以布蒙兵器者乎？颜注谬。(《越缦堂读史札记·汉书札记卷一》)

　　龚浩康：布，陈列。(见王利器主编《史记注译·孝文本纪》)

㉗【汇校】

　　张文虎：旧刻"民"，《御览》引同，与《汉书》合。他本作"人"，唐讳改。(《校刊史记集解索隐正义札记》卷一《孝文本纪》)

　　郭嵩焘：按："发人"即"发民"，《汉书》作"发民"，此避唐讳改。(《史记札

记》卷一《孝文本纪》）

  李　笠：按："人"，《汉·纪》作"民"，此作"人"者，疑唐时避讳改也。（《史记订补·孝文本纪》）

  ［日］泷川资言：枫、三本、南化本下"宫"字作"中"。张文虎曰：各本"民"作"人"，旧刊作"民"，《御览》引同，与《汉书》合。愚按：延久本亦作"民"，《汉书》"声"作"音"。王先慎曰：后汉悉沿此制，详见《续志》。（《史记会注考证附校补》卷十《孝文本纪》）

  王叔岷：案：《汉纪》《通鉴》"民"字并同。作"人"，乃唐人避太宗讳改。下"宫"字当作"中"，涉上"宫"字而误。古钞本亦作"中"。读"毋发民男女哭临宫殿中"句。《汉书》《通鉴》并同。《汉纪》作"无发民哭临殿中"（下不叠"殿中"二字）。《通鉴》"声"亦作"音"。（《史记斠证》卷十）

  【汇注】

  吕祖谦：此秦汉之旧制。欲其声大且众也，亦出于代哭之遗意。但展转说谬耳。（《大事记解题》卷十）

㉘【汇校】

  吴汝纶：《汉书》"宫"作"中"。某按：此当复"宫殿中"三字。（《史记点勘读本·孝文本纪》）

  【汇注】

  方　苞：诏曰毋发人男女哭临宫殿中。当哭临者，谓群臣、命妇、内外宗也。而景帝遂自短丧期，误矣。（《史记注补正·文帝纪》）

㉙【汇注】

  吕祖谦："宫殿中当临者，皆以旦夕"，此古制也；"各十五举声"，此文帝之意也。（《大事记解题》卷十）

  王先谦：后汉悉沿此制，详见《续志》。（《汉书补注·文帝纪》）

㉚【汇校】

  李慈铭：按：《史记》无下"临"字，是也。非临时禁宫中，无得擅哭，"哭"下自不得再有"临"字，此误衍。（树达按：《补注》采录。）（《越缦堂读史札记·汉书札记卷一·文帝纪》）

  编者按：《汉书补注·文帝纪》李慈铭按语后，王先谦注曰："《荀纪》亦无'临'字。"

  吴汝纶：《汉书》"哭"下有"临"字。（《点勘史记读本·孝文本纪》）

  ［日］泷川资言：《汉书》"哭"下衍"临"字。（《史记会注考证附校补》卷十《孝文本纪》）

王叔岷：案：《汉书》"哭"下衍"临"字，王氏《补注》引李慈铭已有此说。《通鉴》亦衍"临"字。(《史记斠证》卷十)

㉛【汇注】
　　颜师古：为下棺也。音义与《高纪》同。(《汉书注·文帝纪》)
　　司马贞：谓柩已下于圹。(《史记索隐·孝文本纪》)
　　郝　敬：已下，谓柩已下，壙也。(《批点史记琐琐》卷一)
　　何　焯：《史记·索隐》曰"已下"谓柩已下于圹。语尤分明，足明三十六日断自已葬之后矣。(《义门读书记·前汉书》)
　　王先谦："以"与"已"同，下葬也。(《汉书补注·文帝纪》)

㉜【汇校】
　　王叔岷：案：《御览》八八引"红"并作"功"，《汉纪》《通鉴》并同。作"红"是故书。古钞本《集解》"三十"作卅。(《史记斠证》卷十)

【汇注】
　　裴　骃：服虔曰："当言大功、小功布也。纤，细布衣也。"应劭曰："红者，中祥大祥以红为领缘也。纤者，禫也。凡三十六日而释服。"(《史记集解·孝文本纪》)
　　编者按：张文虎《校刊史记集解索隐正义札记》(卷一)曰："释服"，《集解》细布衣。毛本"服"。
　　颜师古：服虔曰："皆当言大功、小功布也。纤，细布衣也。"应劭曰："红者，中祥、大祥以红为领缘。纤者，禫也。凡三十六日而释服矣。此以日易月也。"晋灼曰："《汉书》例以红为功也。"师古曰："红与功同。服、晋二说是也。此丧制者，文帝自率己意创而为之，非有取于《周礼》也，何为以日易月乎！(编者按：陈景云《两汉订误》卷一："释服"注，师古曰："何为以日易月乎。"按："为"疑当作"谓"。)三年之丧，其实二十七月，岂有三十六月之文！禫又无七月也。应氏既失之于前，而近代学者因循谬说，未之思也。(《汉书注·文帝纪》)
　　编者按：吕祖谦《大事记解题》(卷十)引师古此语，按曰："文帝权制百官而已，轻重之服不当并言三十六月。"
　　司马贞：刘德云："红亦功也。男功非一，故以'工力'为字。而女工唯在于丝，故以'系工'为字。三十六日，以日易月故也。"(《史记索隐·孝文本纪》)
　　编者按：吕祖谦《大事记解题》(卷十)引刘德语，"男功"作"思功"，"系工"作"系功"。
　　王　楙：汉人居丧，多以日易月，罕有终三年之制者，其制自文帝始。文帝遗诏令臣子勿久丧，已葬则除，自后因而弗改，习以成俗。(《野客丛书》卷十三《汉人居丧》)

王应麟：或问：胡氏云短丧之诏，谓吏民也。景帝自短三年之制，是薄于君父，自景帝始其论正矣。汉之群臣，于其亲不行三年之服，岂亦文帝为之欤？曰翟方进后母终，既葬三十六日，除服起视事，以为身备汉相，不敢逾国家之制……因文帝之顾命，废天下之通丧，此非景帝之过欤？或曰：应劭注《文帝纪》，谓三十六日释服，此以日易月也。颜师古曰："文帝自率己意创而为之，非有取于《周礼》，何为以日易月乎！三年之丧，其实二十七月，岂有三十六月之文！禫又无七月也。应氏失之。"其说孰是？曰：刘贡父以《翟方进传》三十六日为证，则应氏不误矣。又考唐《常衮传》：礼为君斩衰三年，汉文帝权制三十六日，我太宗遗诏亦三十六日。群臣不忍既葬而除，略尽四月。高宗如汉故事。玄宗始变天子丧为二十七日。然则三十六日之制始于汉文帝，二十七日之制始于唐玄宗，可以证应氏之说，辨颜氏之误。(《通鉴答问》卷三)

胡三省：《丧礼》：大功之服，七升、八升、九升；小功，十升、十一升、十二升。再期而大祥，逾月而禫；禫而纤，无所不佩。郑注云：大祥，除衰杖。黑经白纬曰纤。旧说：纤，冠者采缨也。无所不佩者，纷帨之属如平常也。孔氏《正义》曰：禫而纤者，禫祭之时，玄冠朝服；禫祭既讫，而首著纤冠，身著素端黄裳；以至吉祭，无所不佩者，吉祭之时，身寻常吉服，平常所服之物无不佩也……贡父曰：文帝制此丧服，断自已葬之后；其未葬之前，则服斩衰。汉诸帝自崩至葬有百余日者，未葬则服不除矣。《翟方进传》"后母终，既葬，三十六日起视事"，其证也。说者遂以日易月，又不通计葬之日，皆大谬也。考之文帝意，既葬除重服，制大功、小功，所以渐即吉耳。贾公彦曰：布之精粗，斩衰三升。齐衰有三等，或四升，或五升，或六升。小功、大功如前说。缌麻十五升，抽去半，朝服十五升。(见《资治通鉴》卷十五注)

王幼学：大功、小功，《本纪》"功"作"红"。应劭曰：红者，中祥、大祥以红为领缘也。刘德云：红，功也。男功非一，故以"工力"为字。女功惟在于丝，故以"系工"为字。(《资治通鉴纲目集览》，引自清李述来《读通鉴纲目条记》)

编者按：李述来《读通鉴纲目条记》卷二曰：按：此皆曲说。红之为功，犹公之为讼、容之为颂，古字省谐声通用耳。

郝　敬：红与功同，大功、小功皆布也，男功非一，从力，女功在丝，从系。纤，细布也。凡三十六日除服，以日易月也。按：《礼》大丧出入所乘车及兵器，皆以布裹之，遗诏不必也。既葬后，服大小功布，渐易以缌麻，然后从吉，是未丧亦粗衰也。三年之丧，实二十七月，而此既以日易月，不妨略多，合三岁之全月也。(《批点史记琐琐》卷一)

顾炎武：世谓汉文帝之丧，以日易月。考之于史，但行于吏民，而未尝概之臣子也。诏曰"令到，吏民三日，释服"，天子之丧，当齐衰三月，而今以三日，故谓之以日易月也。又曰"殿中当临者，旦夕各十五举音。已下，服大红十五日，小红十四日，纤七日，释服"。已下者，下棺，谓已葬也，自始崩至于葬，皆衰。及葬已，而大功而小功而纤，以示变除之渐，自始崩至于葬，既无定日。（原注：刘攽曰："文帝制此丧服，断自已葬之后。其未葬之前，则服斩衰。汉诸帝自崩至葬，有百余日者，未葬则服不除矣。后世遂以日易月，又不通计葬之日，皆大谬也。"）而已葬之后，变为轻服，则又三十六日，总而计之，则亦百余日矣。此所以制其臣子者，未尝以日易月也。（《日知录》卷十四《君丧》）

毛奇龄：汉文始以日易月，除葬后易重服外（除丧见宋刘攽注及汉《翟方进传》），定为三十六日。其令有云"服大红十五日，小红十四日，纤七日"，合三十六日，亦惟旧制丧期本三十六月，而后可代之为三十六日，未有二十七月而可饶九月以代之者。故应劭曰，凡三十六月易之以三十六日。而《翟方进传》以丞相起复，亦云既葬后三十六日起视事，皆明验也。乃计其月数，则亦除既葬后分作三节。以大红十五日当一年之服，大红者，大功也；以小红十四日当二年之服，小红，小功也；以纤七日当三年之服。纤即禫服，《间传》所云禫而纤是也。（《三年服制考》，见《昭代丛书》丙集卷七）

何　焯：礼服不讲，乃有易月之谬说。颜师古及刘贡父驳正者是。然大红小红当如应氏之说。阎丈百诗云：汉文此制，行之三百七十年，魏武帝始令葬毕便除，无所为三十六日之服者，后又不知何代以三十六日，为除服期而不论葬与否。唐元、肃二宗之丧又降三十六日为二十七，则所谓以日易月者于是焉始（按：元、肃二宗之丧为二十七日，见常衮议中）。（《义门读书记·前汉书》）

赵　翼：诏又曰："殿中当临者，旦夕各十五举音。以下，则服大红十五日，小红十四日，纤七日。"已下者，下棺已葬也。自始崩至葬皆衰，既葬则大功、小功及纤，以次而杀也。刘攽谓汉诸帝自崩至葬，皆有百余日，未葬则服不除，既葬又有大功、小功及纤，以次而杀。是文帝虽有短丧之诏，其实臣子尚有未葬以前之服，即既葬后，大功、小功纤，亦有三十六日，初非二十七日也。且此专指国丧而言，非令天下臣民，凡父母之丧，皆以日易月也。乃自有此制，大臣不行三年丧，遂为成例。（《廿二史札记》卷三《两汉丧服无定制》）

沈钦韩：自大红、小红而纤，凡三十六日，皆谓既下圹，渐即吉，如古受服之义。服言：大功、小功布者是也。《间传》中月而禫之而纤。注：黑经白纬曰纤。疏云：禫，祭既讫，而首著纤冠、身著素端黄裳以至吉祭。黑经白纬曰纤者，戴德变除礼也。练服衣黄里縓缘，与其冠皆縓缘，岂有大红、小红之异？应劭说乃无稽矣（《唐书·崔祐甫传》：常衮与礼司议群臣丧服，汉文权制犹三十六日，太宗崩，遗诏亦三十六日，而群臣延之，既葬而除约四月也。按：衮此议，尚有古意，崔祐甫乃据遗诏，三日释服，一同吏民之例，全乖分义。衮以此横遭贬斥，祐甫公代其位。史不以为非，盖礼

废久矣)。(《汉书疏证》卷二《文帝纪》)

程馀庆：红、功同。大功，稍粗熟布；小功，稍熟细布；纤，极细熟布。汉君丧自崩及葬，皆服斩衰。及葬，已而大功，而小功，而纤，以示除服之渐。自崩及葬，既无定日，已葬后，变为轻服，又三十六日，总计则百余日矣。此所以制其臣子者，未尝以日易月也。(《历代名家评注史记集说·孝文本纪》)

沈家本：注：服虔曰："凡三十六日而释服矣。此以日易月也。"按：以下师古曰音义与《高纪》同。《高纪·注》苏林曰："下音下书之下。"郑氏曰："已下棺也。"然则此三十六日之服，乃已下之后改服红纤凡三十六日，其未下之先自崩至葬凡七日，必当仍服衰麻，合之为四十二日，非止三十六日。乃自来相传以日易月之说，未知何据而云，然殊不可解。《翟方进传》：及后母终，既葬，三十六日除服。是三十六日，是既葬后算起。汉法实如是也。(《沈寄簃先生遗书·诸史琐言》)

王先谦：刘攽曰：文帝制此丧服，断自已葬之后，其未葬之前，则服斩衰。汉诸帝自崩至葬，有百余日者，未葬则服不除矣。《翟方进传》"后母终，既葬三十六日，起视事"，此其证也。说者遂以日易月，又不通计葬之日，皆大谬也。考之文帝意，既葬，除重服，制大红小红，所以渐即吉耳。(编者按：泷川资言《史记汇注考证·孝文本纪》引上说，接言："顾炎武《日知录》、何焯《读书记》亦申颜、刘，其说甚备。")又：此内有注云：《传》曰"方进供养后母甚笃，以身备汉相，不敢逾国家之制"。何焯曰：《史·索隐》"以下"谓柩已下于圹，语尤分明，足明三十六日，断自已葬之后矣。礼服不讲，乃有易月之谬说。颜、刘驳正者是。然大红小红，当如应氏之说。阎若璩云：汉文此制，行之三百七十年。魏武帝始令葬毕便除，无所为三十六日之服者，后又不知何代以三十六日为除服期，而不论葬与否。唐元、肃二宗之丧，又降三十六日为二十七日，则所谓以日易月者，于是为始(按：玄、肃丧为二十七日，见常衮议中)。(《汉书补注·文帝纪》)

林茂春：郝京山曰：按：礼，大丧出入所乘车及兵器皆以布裹之，遗诏不必也。既葬后服大小功布渐杀以缌麻，然后从吉，是未丧(按："丧"字当是"葬"字讹)亦粗衰也。三年之丧，实二十七月，即以日易月，不妨多合三岁之全月也。(《史记拾遗》)

龚浩康：这是文帝根据俭约精神独创的丧服制度。大功(男子为出嫁的姐妹姑母、堂兄弟和未嫁的堂姐妹，女子为丈夫的祖父母、伯叔父母、自己的兄弟)丧服用熟麻布制成，服期九月，他改为十五日；小功(男子为伯祖叔祖父母、堂伯叔父母、再从兄弟、堂姐妹、外祖父母，女子为丈夫的姐妹姑母、兄嫂弟媳)丧服用较细的熟麻布制成，服期五月，他改为十四日；缌麻(男子为族曾祖父母、族祖父母、族父母、族兄弟、外孙、外甥、婿、岳父母、舅父)丧服用细麻布制成，服期三月，他改称纤服，

服期为七日。(见王利器主编《史记注译·孝文本纪》)

【汇评】

荀　悦：《书》云："高宗谅闇，三年不言。"孔子曰：古之人皆然。三年之丧，天下之通丧，由来者尚矣。今而废之，以亏大化，非礼也。虽然，以国家之重，慎其权柄，虽不谅闇，存其大体可也。(《汉纪》卷八)

胡　寅：文帝减节丧纪，负万民讥责，以小仁害大仁，固有罪矣。然遗诏所谕者，谓吏民耳，太子嗣君，岂吏民欤？而景帝冒用此文，乃自短三年之制，是不为君父斩衰，自景帝始也，其罪如何？三年之丧，自天子达尧、舜、三代，率由此道。君者，民之倡也。立爱自亲始，民尚有不知化者，而已先忘孝，何以率天下之为人子者乎？且著为礼文，则有不贰之重；制为刑辟，则有匿服之诛。乃不以身先之，礼必不行而刑必不服矣。且天子之所以不遂服三年者，何谓哉？谓妨政事耶，谓费财用耶，谓防摄政之人耶？谓妨政事，则政事孰先于国家之大忧也？谓费财用，则不得不可以为悦，财用固所以行礼也。谓防摄政之人，则自尧、舜至周末，未闻有摄政之人而夺丧君之国者。至于为臣民嫁娶祠祀之故，则用轻费重，尤为不伦。揆之以理，稽之以事，无一而可。不法尧、舜、三代，（而）〔乃〕安然以刻薄之景帝为师，而无所戒惧，特谓位尊势隆，得以自便，是不知理义之为大也。寥寥千载，惟晋武欲行古制，而尼于裴、杜之邪说。独魏孝文天性仁厚，断以不疑，虽不尽合礼文，而哀戚之情溢于杖绖。读其史者，犹恻然感动，想见其为人，可谓"夷狄之有君。不如诸夏之亡也"，岂不惜哉？必欲敦父子之恩，使众著于君臣之义，三年之丧，自天子达，然后尽道矣。(《读史管见》卷一)

朱　熹：或问："文帝欲短丧，或者要为文帝遮护，谓非文帝短丧，乃景帝之过。"曰：恐不是恁地。文帝当时遗诏，教大功十五日，小功七日，服纤三日。或人以为当时当服大功者只服十五日，当服小功者只服七日，当服纤者只三日，恐亦不解恁地。臣为君服，不服则已，服之必斩衰三年，岂有此等级？或者又说，古者只是臣为君服三年服，如诸侯为天子，大夫为诸侯，乃畿内之民服之，于天下吏民无三年服，道理必不可行。此制必是秦人尊君卑臣，却行这三年，至文帝反而复之耳。(《朱子语类》卷一百三十五)

钱　时：期而小祥，又期而大祥，中月而禫，此天下之通丧也。君亲同之，三代而上，未之有改，是可率意而轻变乎？春秋以后，礼废乐坏，必有不能尽如古制者。宰予，洙泗高第，且发期已久矣。之问：滕世子行三年之丧，而父兄百官皆不欲。曰：吾宗国鲁先君莫之行，吾先君亦莫之行。此可见矣。然未有如文帝截然定为三十六日之制，而以功缌易斩衰者，遂使短丧相承为历代之典，故是教天下后世臣子之忍于君父也，岂不缪哉！虽然，景帝则尤可罪也。滕世子不能自决，复问孟子。孟子曰：是在世子。世子曰：然，是诚在我。文帝姑息以为仁，而不明先王之大道固也，言之而不行则已矣。为景帝者，独无人子之心乎？独不能断之以义，作滕世子之见乎？屈到嗜芰有疾，召其宗老而属之曰：祭我必以芰。及祥，宗老将荐芰，屈建命去之。君子曰：违而道一果食之微，且不可从父于非义，况父命以短丧而遂从之，食稻衣锦而安焉，如之何？其可也？因考高帝崩二十三日而葬，惠帝二十四日，文帝才七日。且即位四年而作顾成庙，又预治霸陵，皆不典。此由在廷之臣无知礼者，是以舛缪。若此故，虽短丧亦不以为异也。(《两汉笔记》卷三)

丘　濬：按：古者天子七月而葬。文帝以己亥崩，至乙巳才七日，即葬，何其亟哉！虽以文帝有遗命，不能如七月之期，然稍留旬日，亦可以少尽人子不忍死其亲之心，景帝独无是心乎！自是以后，遂以为例。景帝之崩，亦仅十日而葬，盖始于此也。(《世史正纲》卷三)

又：三年之丧，自天子达于庶人，三代共之，未之有改也。文帝徒以一己之见，而轻变先王之制；景帝苟徇乃考之乱命，而顿忘罔极之深恩，遂使自古圣帝明王所以忠君孝亲之大典，一旦变革而为以日易月之制。自是以后，踵以为常，虽有贤孝之君，痛欲复古，然旋复而旋废，卒之至今，未能如礼。呜呼！文帝作之，景帝述之，其罪均矣。谨书其始，以垂戒万世。(同上)

邵　宝：汉文三十六日服于已下之后，盖既葬，未忍即除也。东汉以后，易月二十七日，则以所闻先后，薄益甚矣。前以三等服，后以再期日，义虽各有所取，如天下之通义，何乌乎甚矣。世变日降，而礼不可复也。(《学史》卷三)

王世贞：丧之以日易月也，昉于文乎？曰，非也。文以诏天下，非为君也，盖昉于景矣。(《论世八编》三编第六卷)

孙廷铨：文帝短丧诏曰：令到吏民三日，释服。殿中当临者，旦夕各十五日举声，以下服大红十五日，小红十四日，纤七日，释服。诸儒以谓《汉书》例，以红功皆言功布也。纤，细布也；以下，下棺已葬也。已葬，方释重服，而制功则未葬，皆衰矣。既葬轻服，嗣得三十六日，未葬又无定日，则谓二十七日，以日易月者诬矣。今案：文帝此诏，自制固丧耳。初不言臣庶之家，亦用此令也。夫何成、哀间翟方进、薛宜先后为宰相，皆尝遭后母丧，方进以既葬三十六日，释服，自谓身备汉相，不敢逾国家之制；而宜弟修临灾令去官，行三年服，宜力持不可。制相乖忤，以取谤议，构祸怨循，省前诏殊不可晓。若当日臣民已悉依此制，则经历数世，四海业已同风，何必方进用自殊别。若此令，虽行其三年之服，尚自由，人趋舍，又何必薛宜重靳厥弟。甚矣，汉法之不详，奉行之多迕也。(《汉史亿》上卷)

王夫之：夫文帝犹有古之遗意也。已下棺，服大功十五日、小功十四日、纤七日，未葬以前，固皆斩衰也。《礼》："天子七月而葬。"虞祔卒哭，将已期矣，期而小祥，

古有受服焉。大功小功者，受服之变也；纤，禫服也；虽短之，犹未失古之意，而促已甚。(《读通鉴论》卷二《文帝》)

申涵煜：文帝遗诏盖自谦薄德，为吏民哭临者加恩耳，非指太子也。景帝竟以日易月，遂为千古罪人。后世不责景而反咎文，其亦不善读史者哉！(《通鉴评语》卷一)

阎若璩：又问：胡致堂、真西山并以汉文短丧诏其大指盖为吏民，初未及于嗣君。曰：非也。汉文明诏天下吏民，令到出临三日皆释服。三日者，吏民之服也，殿中当临者，皆以旦夕各十五举音，礼毕罢。以下服大红十五日，小红十四日，纤七日，释服。三十六日者，殿中当临者之服也。殿中当临，非太子与百官而谁哉？然文帝之意，则诏天下以为己而服，非诏天下以尽为其亲而服，是文帝固未尝教天下以薄其亲也。然此诏以后，天下不复有丧三年者矣。呜呼！岂非上有好者，下必有甚焉者与！又岂非下之人只从其意而不从其令与！(《潜邱札记》卷四)

程馀庆：世谓文帝之丧，以日易月。按：此则但行于吏民，未尝概之臣子也。景帝冒用此文，乃自短三年之制，其罪大矣。(《历代名家评注史记集说·孝文本纪》)

杨以贞：《纲目》千三百六十二年书：人主终三年之丧者，晋武、魏孝文、周高祖而已，而遗诏短丧者，乃在恭俭仁明之汉文帝。于是议者纷起，以为此实仁明之累。然考之《朱晦庵集·杂著》，云五峰胡仁仲论短丧失，不在文帝而在景帝。胡氏《读史管见》亦云：遗诏短丧谓吏民非太子嗣君，而景帝冒用此文，自短三年之制，是不为君父服斩衰自景帝始也。呜呼，孝文盛德之主，何至变坏礼法如此。然非二胡之辨，则亦安见短丧之失，不在文帝而在景帝哉！(《志远斋史话》卷一)

㉝【汇校】

佚　名：史诠曰："率"与"律"同，又音类，约数也。(《史记疏证（外一种）》卷十)

[日] 泷川资言：《汉书》"率"作"类"。(《史记会注考证附校补》卷十《孝文本纪》)

李　笠：按：《汉·纪》"率"作"类"。颜师古《匡谬正俗》六云：率有律音，律、类声同，故得通用。《考工记·梓人》注：是取象率焉。《释文》：率，本又作"类"(《老庄申韩传》：大抵率寓言也。《正义》："率"犹"类"也)。(《史记订补》卷二《孝文本纪》)

瞿方梅：案："率"读为"律"，《汉书》作"比类"，率、类亦音义同耳。《孝武本纪》"后率二十岁"，《正义》"率"音律，又音类是也。(《史记三家注补正·孝文本纪第十》)

王叔岷：案：《通鉴》"率"亦作"类"，义同。《汉书·外戚传》："事率众多，不

可胜以文陈。"师古注："率犹类也。"即其证。《汉纪》"率"作"数"，义亦相近。（《史记斠证》卷十）

【汇注】

　　颜师古：言此诏中无文者，皆以类比而行事。（《汉书注·文帝纪》）

㉞【汇评】

　　吴见思：一段序事，序法不繁不芜，简质有法。（《史记论文·孝文本纪》）

　　邵　宝：汉文之短丧为己诏天下也，非敢使天下之人皆薄其亲也。（《学史》卷十二）

㉟【汇注】

　　班　固：孝文寝焉，遂薄葬，不起山坟。（《汉书·楚元王传》）

　　裴　骃：应劭曰："因山为藏，不复起坟，山下川流不遏绝也。就其水名以为陵号。"（《史记集解·孝文本纪》）

　　司马贞：霸是水名。水径于山，亦曰霸山，即芷阳地也。（《史记索隐·孝文本纪》）

　　张守节：《括地志》云："霸陵，汉文帝陵，在雍州万年县东二十里。霸陵，故芷阳也。"《汉晋春秋》云："愍帝建兴三年，秦人发霸、杜二陵，珠玉彩帛以千万计。帝问索綝曰：'汉陵中物，何乃多耶？'对曰：'天子即位一年而为陵，天下贡赋三分之一：一供宗庙，一供客，一充山陵。武帝享年既久，比崩，茂陵不复容物，赤眉贼不能减半，今犹有朽帛委积，珠玉未尽。此二陵是俭者也。'"（引自张衍田《史记正义佚文辑校·孝文本纪》）

　　皇甫谧：孝文即位二十三年，年四十七，葬霸陵，因山为体，庙名顾城。（引自《太平御览》卷八十八）

　　杨树达：按：据《王莽传》，汉末赤眉起，汉陵皆见发掘，唯文帝之霸陵及宣帝之杜陵完，盖有以也。（《汉书窥管》卷四《楚元王传》）

㊱【汇注】

　　荀　悦：所幸慎夫人以下至少使，得令嫁。（《汉纪》卷八）

　　裴　骃：应劭曰："夫人以下有美人、良人、八子、七子、长使、少使，凡七辈，皆遣归家，重绝人类也。"（《史记集解·孝文本纪》）

　　王先谦：《荀纪》作"所幸慎夫人以下至少使，得令嫁"，帝殆有鉴于吕戚之事。（《汉书补注·文帝纪》）

【汇评】

　　真德秀：高帝无诏，景帝以后亦不复有，盖特出帝意而非故事也。观其词，非知死生之说者不能，孰谓帝不知学乎！（引自凌稚隆《史记评林·孝文本纪》）

陈仁子：人心至终而后见，况生死之际乎。成王心纯乎理，故冒贡非几之语未尝背道；魏武心纯乎欲，故分香卖履之事皆是为欲。何也？其心至此有不掩焉。故也文帝此诏，非但了死生之事，而爱民恻怛溢乎言外。故所短者在短丧，所主者在仁爱。文帝一念之真，安以死生二之哉！（《文选补遗》卷一《遗诏》）

黄　震：按：文帝遗诏短丧，议礼者讥焉。然观文帝恻隐为民，惟恐妨之，至死弥笃，在帝不失其为厚。为景帝者所宜如礼，不可苟徇其言，自流于薄尔，后世不以为讥，而反讥文帝，何哉！（引自凌稚隆《史记评林·孝文本纪》）

陈季雅：三年之丧三代共之，文帝则又变之。要之文帝大概姑息慈爱，有不便辄弛以利民，故当时惟不忍以一己之故使天下重服久临，哀人父子，伤长老之志，损其饮食，绝鬼神之祭祀，遂为是短丧之制。殊不知此言一发，而人伦之恩薄矣。（《两汉博议》卷二《论文帝变古为可恨》）

又：短丧之制，人皆以之罪文帝，然文帝固可罪，而景帝、申屠嘉尤可罪也。三年之丧，自有天地以来继继承承，遵守勿失，虽以嬴秦之暴，凡于先王礼乐刑政灭绝始尽，而独于此不废者，诚以天理所在，不可泯也。汉文帝师心不学，一时以重服之臣，罹寒暑之变，遂轻废古原帝之心，不忍以一己之故，而强之以所不堪，而其姑息慈爱，大抵然也。吾独怪景帝初立相，以申屠嘉取舍从违之权，诚有望于斯时也，然帝居人子之职，而不知三年之丧，三代共之。且徇文帝一时之言，景帝固取责也，然绳愆纠缪，正有赖于嘉之，相顾无一言以及此，又况臣子之于君父，从其道不从其令，今而不忍弃其小节，惟令之从。至于道之所在，忠孝之大者，反悖而不知为耶？昔滕定公薨世，子欲为三年之丧，然鲁国先君曾莫之行，而父兄百官皆以为不可，而曰丧祭从先祖。及孟子语以亲丧，自尽是在世子之说而从其言。然则景帝之为人子，宁有不愧于世子，而申屠之相去孟子远矣。（《两汉博议》卷二《论景帝与丞相申屠嘉不知有忠孝之大者》）

杨维桢：议者以文帝溺小仁、废大礼，为有罪于天下后世。余曰：文帝使博士诸生依据六经作王制，其于丧祭之礼昭昭矣。至遗诏短丧，特谦德自损之言，又为时之厚葬破业、重服伤生者矫其过而设也。初非著为令甲，使天下后世准之以法，世无孝子慈孙，辄援为前典，孝子之罪也，于文帝何尤！（《史义拾遗》卷下《议文帝短丧》）

邵　宝：人主临终而命出宫人，盛德事也，然夫人以下皆贵妾有名号者，方之古昔宜在九嫔之列，而俾与宫人同出，将孰归哉！敦天下之女教固不如是。虽然，此汉文短丧之诏之末词也，吾于是无庸议焉尔矣。（《学史》卷十一）

又：短丧之令，出于汉文而行于景，天下后世言不甦。不归之景而归之文，何也？文，贤者也，以贤者为父且为君，景乌得而违之？是故责文而舍景，亦春秋之意也。（引自凌稚隆《汉书评林·文帝纪》）

王世贞：丧之易月也，昉文帝乎？然而以诏天下也，非为君也，故文无不君而景有弗子。（引自凌稚隆《汉书评林·文帝纪》）

凌稚隆：按：文帝学黄老，短丧一诏亦清净无为之余意。（《汉书评林·文帝纪》）

锺　惺：文帝遗诏，薄葬短丧，其旨本出老庄。而以一片虚怀谦志发之，不露奇言异迹。帝王举动，自应如此。不尔，便是一杨王孙矣。（《史怀》卷五）

王夫之：汉文短丧，而孝道衰于天下，乃其由来有渐也；先王权衡恩义之精意，相沿以晦，而若强天下以难从也。《礼》曰："事亲致丧三年，事君方丧三年。"方也者，言乎其非致也。嗣君之丧，致丧也。外而诸侯，内而公卿大夫，方丧也。苟其为方丧，则郊可摄，社稷五祀可祭，会盟征伐可从事，于臣也奚病？弟子之丧师也，群居则绖，出则否；以意通之，然则臣为君丧，有事焉而摄吉以行，可矣。《昏礼》之辞曰："三族之不虞。"君不与焉，则冠昏且得行矣。天地社稷，越绋而行事，则祭固不废矣。文帝之诏曰："损其饮食，绝鬼神之祭祀，以重吾不德。"盖秦有天下，尊君已侈，禁天下以严，制天下之饮食，绝其祭祀，失先王之精义，而溢分以为物情之难堪，非三代之旧也。

抑文帝之诏，统吏民而壹之，则无差等也。《礼》有之"诸侯为天子斩衰"，惟诸侯也。"公士大夫之众臣为其君斩衰，布带绳屦"。《传》曰："近臣，君服斯服矣。"是从服也，非近臣则杀矣。"庶人为国君齐衰三月"。国君云者，对在国之民而言，于天子则畿内之民也，不施及天下明矣。统天下之臣民，禁其嫁娶、祠社、饮酒、食肉，皆秦之苛法也。秦统而重之，文帝统而轻之，皆昧分殊之等，而礼遂以亡。

唯夫嗣君者，虽天子，固子也。达于庶人，性之无可敩，一也。同姓之诸侯王，爵则古诸侯也，自汉以下，无民事焉，无兵事焉，尤其可伸者也。宰辅以下，至于外吏之卑者，一也，皆臣也。吉凶杂用，推布带绳屦之礼而通焉。特非莅祀，则降采而素焉可矣。郡县之天下，无内外之殊，通庶人三月之制，施及天下可矣。

唯是"谅闇"之礼，举兵戎刑赏之大政，皆总己以听于冢宰，抑有难行于今者。非但冢宰之难其人而偾乱为忧也。古之天子所治者，千里之畿尔，四夷之守，藩卫任之。强臣内擅，诸侯得而问罪焉。外内相制。而诸侯之生死予夺，非朝廷所得意为恩威，则冢宰亦不得以意乱之。郡县之天下，统四海之治，总万方之赋，兼四裔之守。监司守令，刑赏听命，而莫有恒经。是非交错，恩威互致，冢宰孰敢以一身任之？非但无伊、周之德也，与百僚同拔于贡举资格之中，望自不足以相莅也。故欲行商、周之制，伸孝子之情，定天下之志，体先王之精意而无有弊，非穷理尽性以适时措之宜者，未易言也。沿三代之遗文于残阙之后，矫嬴政之过，而不内反诸心、外揆之时，达于事之无不可遂。则文帝之短丧，遂以施行于万世，而有志者莫挽，不亦悲乎！（《读通鉴论》卷二《文帝》）

秦　镜：文帝恭俭宽仁，劝农重本，专务以德化民，二十三年之间，民殷国富，刑措不用。汉家四百年之基，不可谓非文帝之所培养也。惜短丧之制，遗讥后世云。（《通鉴感应录》）

万岩舒：短丧在景而不在文，真有论世之识，千年黑月一夜生光，为之叫绝。（引自《绿萍湾史论初集》卷一）

朱　直：世之读史者，动以短丧责文帝。帝之于父母也，未闻其短丧也，以其短丧者，遗诏中有天下吏民，三日释服。此即帝治霸陵皆瓦器，不以金银铜锡为饰，因其山不起坟之意，所以示朴也。三日释服，所以示谦也，况诏者天下吏民。而景帝为其子，遂自同于吏民乎？即诏嗣君同于吏民，亦有制命有乱命，可从不可从，倘诏仿王孙之裸葬，岂子若孙亦尽从之耶？故短丧者景帝，非文帝也，而人何不察也！（《绿萍湾史论初集》卷一《汉文短丧》）

王鸣盛：文帝崩，归夫人以下至少使。景帝崩，亦出宫人归其家。至武昭乃有奉陵之制。平帝崩，王莽乃复出滕妾，皆归家。要之文景之制，信可以为后世法。（《十七史商榷》卷九《汉书·出宫人》）

郭子章：予读汉文帝遗诏，而知景帝之为人子，非孝也。诏之言仁厚恻怛，大都在禁重服与厚葬二者。夫禁重服，非禁其子也。谓生既不德，无以佐百姓，死又使人重服久临，以罹寒暑之数，哀人父子，伤长老之志，为吏民设耳。文之治霸陵也，因其山，不起坟，器用瓦，不饰金银铜锡。遗诏谆谆，因其故，无有所改，盖有感于张释之之语，惧异日发也，乃文帝崩七日而葬，葬三日而景即位。遗诏所以禁吏民者，景以自禁，使天子不行三年之丧，遂永为制，而诒其父以短丧之讥。即朱子《纲目》亦书曰：帝崩，遗诏短丧，不知乃景自短，非文诏之短也。晋愍帝三年，盗发汉霸、杜二陵及薄太后陵，得金甚多，朝廷以用度不足，诏收其遗，以实内库，则遗诏所云无有所改，景帝悉改之矣。考薄太后崩于孝景二年，则薄陵所藏，皆景贮之，非文之意也，而暴其祖父遗骸于数百年后，其得为孝乎！魏文帝临终自作制曰：汉文帝之不发霸陵，无求也，光武之掘原陵，封树也。霸陵之完，功在释之，原陵之掘，罪在明帝，而释之忠以利君，明帝孝以害亲也。当黄初时，霸陵未发，故景得逃其议，而不知景之罪与明之罪一也。后之作史者，改书帝崩，遗诏天下吏民三日释服，则短丧之罪已有所归。独于葬霸陵下，未明书景帝实金银于中，以为晋代盗发张本，竟无以诛其违令之罪，令后世为人子者，无所惩也。（引自《历代史事论海》卷十《汉景帝论》）

贺善赞：文帝，三代以来贤主，而首变古人之法二焉，除肉刑，诏短丧，二者皆大节，《纲目》曷为不书？始肉刑之除，犹曰不忍人之心云尔，短丧则废古礼，误后世之大者。其不书始何也？不专罪帝也。三年之丧，臣子所以自尽其心者，使景帝于此

断以从令,非孝之义一由古礼,后世亦孰敢踵其失哉!(引自《雨田古论》卷上《汉文帝变古论》)

黄恩彤:了然于生死之际,仍重自贬损,以惠天下之臣民,帝可谓圣且仁矣。后世短丧,往往以帝藉口,乃有以日易月之说,师古及贡父,历指其谬。窃尝寻绎诏书,帝意有生必有死,死万物之自然,不与循俗厚葬重服,以破业伤生。又自谦言:无德以佐百姓,今崩,不忍复使重服久临以罹寒暑,伤长老之志,用是制为此服,行乎心之所安而已,非以变古礼,更非以垂后法也。帝历年所颁诏书,一皆温厚,此诏于大行之际,犹恻恻笃至如是,其帝豫自为之邪!抑另有文雅忠厚近臣,为之视草邪!要之言为心声,不可以伪为也。(《鉴评别录》卷四)

章邦元:短丧一诏,孝文学黄老之流弊,盖只知质而已矣,何以文为。而不知尔爱其羊,我爱其礼也。(《读通鉴纲目札记》卷四《遗诏短丧》)

陈海瀛:读此遗诏,不独仁言利溥,盖亦深明死生之理云。(《读史记管见·孝文遗诏之仁惠可称而又达于死生之理》)

张三夕:汉文帝始终不渝地坚持薄葬思想,他的"遗诏"便能清楚说明这一点。

"遗诏"的一开头就指出人的生老病死是不可抗拒的自然规律,不必要丧过于哀:"盖天下万物之萌生,靡不有死。死者天地之理,物之自然者,奚可甚哀。"汉文帝比前之秦皇、后之汉武聪明,他不相信也不追求长生不老的神仙迷信,没受方士巫术的蛊惑欺骗。他在临死前尚能保持比较清醒的头脑和比较正确的认识。汉文帝批判了当时的厚葬之风,鲜明地表示了他的反对态度:"当今之时,世咸嘉生而恶死,厚葬以破业,重服以伤生,吾甚不取。"这种思想与五十多年前秦始皇的所作所为形成了进步与落后的对比。

汉文帝不仅反对厚葬,也反对久丧。他遗令"天下吏民,令到出临三日,皆释服"。不能因他的丧葬而禁止和影响人民群众的正常生活。他还采取"毋发人男女哭临宫殿"的革除旧俗的措施。很显然,汉文帝的薄葬思想是对《墨子·节葬》和《吕氏春秋·节丧》《安死》的继承和发展。

汉文帝薄葬思想的价值和重要性不在思想的深度上,而在于他树立了一面薄葬的旗帜,成为后世君主学习的榜样和取法的楷模。用刘向的话说就是"孝文皇帝去坟薄葬,以俭安神,可以为则"(见《汉书》卷三十六《楚元王传》附《刘向传》,第七册,第1957页)。事实上汉代也有不少帝王受到汉文帝的影响而实行薄葬,如东汉光武帝、汉明帝、汉顺帝等(参看《后汉书》卷一下《光武帝纪》,卷二《明帝纪》,卷六《顺帝纪》)。因此,今天的史家称赞汉文帝"为秦汉后薄葬者之先导,究不失为贤君"(见吕思勉《秦汉史》第590—591页),似非过誉。(《死亡之思与死亡之诗》第二章第二节《薄葬思想》)

朱宝昌：从文帝临崩时的遗诏看，他对坐在皇帝宝座上的确并不感到是件多么舒服的事。秦二世皇帝、秦王子婴的下场给他的印象太深刻了。从绝对权力转化为零，乃至为负数，只在一刹那、一反掌，因所谓"绝对权力"本是件莫须有的事。王子婴有什么罪恶呢？落在项羽手里还不是求为匹夫而不可得。他为什么当皇帝呢？大臣们拥护他并非因为他有何功德。故文帝对于摆皇帝臭架子实在感到无聊而且危险……王船山说："以法治天下，则下甚劳而上甚逸；以道治天下，则下甚逸而上甚劳。"（参《读通鉴论》论秦二世）这两句话分别用在始皇父子和文帝身上，可谓丝毫不爽……

文帝临崩时大有如释重负、如归故乡之感。不但不像燕昭王、秦始皇以及乃孙武帝求长生不死，而且也不希罕健康长寿。不深有得于柱下，他对生死能这样潇洒么？做皇帝对他是个什么滋味，不也可窥见一斑么？（《朱宝昌诗文选集·论西汉文帝之治和先秦黄老思想》）

杨天宇：文帝这一诏令，包括两方面内容：一是说明短丧的原因，二是对短丧做出具体规定。关于短丧的原因，有以下几点：第一，生死是天地自然之理，不必悲哀；第二，厚葬破业，重服伤生，甚不可取；第三，不欲因己丧给臣民的生活带来不便；第四，自己已有幸获天年而终，无可悲哀。对于短丧的具体规定，有以下几点：第一，吏民哭吊三日即释服；第二，丧期内民众的生活一切照常；第三，丧事、丧仪一切从简；第四，葬后不再服斩衰，而先后服大功、小功、缌麻，以体现"渐即吉"之意，服丧期也由三年改为三十六日。又考文帝死于六月己亥日，而葬于六月乙巳日，是死后第七天就下葬了，比起儒家所制定的天子殡七月而葬的葬礼来，则大大缩短了，还比不上士、庶人葬前的殡期长。（《略论汉代的三年丧》，载《郑州大学学报》2002 年第 5 期）

㊲【汇校】

朱一新：按：《史记·将相名臣表》作"捍"。徐广云：姓徐，一名厉，即祝兹侯也。据《表》，尚有詹事戎奴亦为车骑将军。苏舆曰：徐以悍为祝兹侯，不误，至云一名厉，则误合两人为一。"悍"当为"悼"，形近致误，即徐厉之子也。厉薨，悼嗣，表文可考。不书祝兹侯，从其官号耳。《史·表》称属国悍，亦"悼"之误。（引自王先谦《汉书补注·文帝纪》）

[日] **泷川资言**：悍，松滋侯徐厉之子。《将相名臣表》悍作悼，形似而误。（《史记会注考证附校补》卷十《孝文本纪》）

编者按：王叔岷《史记斠证》卷十云：案：《将相表》"悍"作"捍"，"非"作"悼"，《考证》失检。彼文《索隐》于"捍"下云："一作悍。"与此合。捍、悍古通，《庄子·大宗师篇》："我则悍矣。"《释文》："悍，本亦作捍。"即其比。古钞本《集解》表下有"曰"字。

瞿方梅：案：徐广以为即祝兹侯也。悍，《年表》作"悼"，《汉·表》同。（《史记三家注补正·孝文本纪第十》）

【汇注】

裴　骃：徐广曰："姓徐。"骃按：《汉书·百官表》"典属国，秦官，掌蛮夷降者"。（《史记集解·孝文本纪》）

又：李奇曰："冯奉世为右将军，以将屯将军为名，此监主诸屯也。"（同上）

颜师古：典屯军以备非常。（《汉书注·文帝纪》）

司马贞：户干反，亦作"悍"。徐广曰："姓徐，一名厉，即祝兹侯。"（《史记索隐·汉兴以来将相名臣年表》）

龚浩康：属国，即典属国。官名，主管民族交往事务。（《史记注释·孝文本纪》）

张大可：典属国，官名，掌蛮夷归降者。将屯将军，监管各地驻军。皇帝逝世，在易主之际，例置将屯将军指挥加强各屯兵警戒。（《史记全本新注·孝文本纪》）

㊳【汇注】

裴　骃：如淳曰："主穿圹填瘗事者。"（《史记集解·孝文本纪》）

颜师古：穿圹，出土下棺也。已而填之，又即以为坟，故云复土。复，反还也，音扶目反。（《汉书注·文帝纪》）

司马贞：复音伏。谓穿圹出土，下棺已而填之，即以为坟，故云复土。复，反还也。又音福。（《史记索隐·孝文本纪》）

张守节：张武也。（引自张衍田《史记正义佚文辑校·孝文本纪》）

张大可：复土将军，主持葬礼封坟之事。（《史记全本新注·孝文本纪》）

㊴【汇注】

吕祖谦：内史诸县有去长安甚远者，止发近县，不欲劳民也，"见卒"谓见在县为材官骑士者也。（《大事记解题》卷十）

㊵【汇注】

司马贞：按：《百官表》云内史掌理京师之官也。景帝更名京兆尹也。（《史记索隐·孝文本纪》）

编者按：点校本《史记》修订本："景帝更名京兆尹也"，"景帝"疑当作"武帝"。按：《汉书》卷一九上《百官公卿表上》"景帝二年分置左、右内史。右内史武帝太初元年更名京兆尹"。

吕祖谦：关中之民虽皆居内史之地，各有所隶。当为卫士，则隶南北军；当为材官骑士，则隶内史；徼循则隶中尉。其它别隶官府者，尚多有之，但其数不可考耳。（《大事记解题》卷十）

㊶【汇校】
　　梁玉绳：《汉书》此下有"赐诸侯王已下至孝悌力田金钱帛各有数"十七字，此阙。（《史记志疑》卷七《孝文本纪》）
　　【汇注】
　　颜师古：即张武也。（《汉书注·文帝纪》）
　　【汇评】
　　吕祖谦：文帝所以纤悉区处者，恐送死之侈也。（《大事记解题》卷十）
　　程馀庆：高帝无遗诏，景帝后亦不复有，盖特出帝意，而非故事也。观其辞，非知死生之说者不能，孰谓帝不知学乎？（《历代名家评注史记集说·孝文本纪》）

　　乙巳①，群臣皆顿首上尊号曰孝文皇帝。太子即位于高庙②。丁未，袭号曰皇帝。

①【汇校】
　　梁玉绳：按：《史诠》谓"乙巳"下漏"葬霸陵"三字，是也，《汉书》有。（《史记志疑》卷七《孝文本纪》）
　　［日］泷川资言："乙巳"下，《汉书》有"葬霸陵"三字。（《史记会注考证附校补》卷十《孝文本纪》）
　　王叔岷：案：《通鉴》"乙巳"下亦有"葬霸陵"三字，《汉纪》作"乙巳皇帝葬霸陵"。（《史记斠证》卷十）
　　李景星：按：《汉书》此下有"葬霸陵"三字。（《史记评议·孝文本纪》，见《四史评议》）
　　【汇注】
　　裴　骃：《汉书》云："乙巳葬霸陵。"皇甫谧曰："霸陵去长安七十里。"（《史记集解·孝文本纪》）
　　王夫之：文帝以己亥崩，乙巳葬，合而计之，四十三日耳。景帝速葬而速除，不怀甚矣。以日易月，非文帝之制也，愈趋而愈下也。（《读通鉴论》卷二《文帝》）
　　张大可：乙巳，六月七日。（《史记全本新注·孝文本纪》）
　　【汇评】
　　罗大经：汉文帝以七月己亥崩，乙巳葬，才七日耳，与婆人之家敛手足形还葬者何以异？景帝必不忍以天下俭其亲，此殆文帝之顾命也。虽未合中道，见亦卓矣。文帝此等见解，皆自黄老中来。（《鹤林玉露》卷一）

编者按："七月己亥崩"应为六月。《孝文本纪》曰："后七年六月己亥，帝崩于未央宫。"另：《史记评林·孝文本纪》引此文，将作者标注为庐大经。

②【汇注】

吕祖谦：《史记》书即位，其例有二：文帝至代邸，西向让者三，南向让者再，遂即天子位，此即受朝南面之位也。此所载乙巳太子即位于高庙，此即庙见阼阶之位也（文帝既即天子位，故下文称奉天子法驾，迎于代邸。皇帝即日夕入未央宫，是以袭号而称帝也。景帝乙巳即位于庙，丁未始书袭号皇帝，则乙巳即位乃即阼阶之位，非即天子之位也）。文帝自外入，故先即帝位，然后即阼谒庙；景帝继先君之丧，故即葬，先即阼谒庙，然后即帝位。然以《左传》考之，晋悼公自周入晋，事体与文帝同，先朝于武宫，五日而后即位于朝，未有不见庙而遽临群臣者。此陈平、周勃不学之过也。（《大事记解题》卷十）

沈钦韩：何焯曰："《文纪》以乙巳葬。既葬乃即位也。《史记》云'太子即位于高庙'，此皆典礼所征，不宜削略。"按：《公羊传》："正棺于两楹之间，然后即位。"后世柩前即位之制，乃用《公羊》说，此尚近古。（《汉书疏证》卷二《景帝纪》）

编者按：王先谦《汉书补注·景帝纪》征引上说。

孝景皇帝元年十月①，制诏御史②："盖闻古者祖有功而宗有德③，制礼乐各有由。闻歌者，所以发德也；舞者，所以明功也④。高庙酎⑤，奏《武德》《文始》《五行》之舞⑥。孝惠庙酎⑦。奏《文始》《五行》之舞。孝文皇帝临天下，通关梁，不异远方⑧。除诽谤，去肉刑⑨，赏赐长老，收恤孤独⑩，以育群生⑪。减嗜欲，不受献⑫，不私其利也。罪人不帑⑬，不诛无罪。除（肉）〔宫〕刑，出美人⑭，重绝人之世⑮。朕既不敏，不能识⑯。此皆上古之所不及，而孝文皇帝亲行之⑰。德厚侔天地，利泽施四海，靡不获福焉⑱。明象乎日月，而庙乐不称，朕甚惧焉⑲。其为孝文皇帝庙为《昭德》之舞，以明休德⑳。然后祖宗之功德著于竹帛，施于万世㉑，永永无穷，朕甚嘉之。其与丞相、列侯、中二千石、礼官具为礼仪奏㉒。"丞相臣嘉等言㉓："陛下永思孝道，立《昭德》之舞以明孝文皇帝之盛德，皆臣嘉等愚所不及。臣谨议：世功莫大于高皇帝，德莫盛于孝文皇帝㉔，高皇庙宜为帝者太祖之庙，孝文皇帝庙宜为帝者太宗之庙㉕。天子宜世世献祖宗之庙㉖。郡国诸侯宜各为孝文皇帝立太宗之庙。诸侯王列侯使者侍祠天子，岁献祖宗之庙㉗，请著之竹帛，宣布天下。"制曰："可㉘。"

① 【汇校】
张文虎：中统、游本此以下提行，疑此亦后人所增。（《校刊史记集解索隐正义札记》卷一《孝文本纪》）

[日] 泷川资言：中井积德曰：据例，宜言"明年十一月，孝景制诏"也，《汉书》是诏在《景纪》中，理固当然。盖《史记》原文亦然，及《景纪》焚毁，是语不可没，故存而附乎此耳，或后人取乎《汉书》而系于此也，必非《史记》之旧矣。张文虎曰：中统、游本"孝景"以下提行，疑此亦后人所增。（《史记会注考证附校补》卷十《孝文本纪》）

王叔岷：案：景帝为孝文立舞乐之诏，及丞相等请立太宗庙议，《汉纪》亦载在《孝景皇帝纪》。《通鉴》未载景帝为孝文立舞乐之诏；丞相等请立太宗庙议，载在《孝景皇帝纪上》。又案：孝景以下，景祐本亦提行。（《史记斠证》卷十）

【汇注】
司马迁：孝景皇帝者，孝文之中子也。母窦太后。孝文在代时，前后有三男。及窦太后得幸，前后死，及三子更死，故孝景得立。（《史记·孝景本纪》）

吴见思：逾年改元，亦以十月为岁首也。（《史记论文·孝文本纪》）

龚浩康：孝景皇帝元年，即前 156 年。（见王利器主编《史记注译·孝文本纪》）

② 【汇校】
梁玉绳：景帝为孝文立乐舞之诏，及丞相等请立太宗庙议，《汉书》载《景帝纪》，而《史》录于《文纪》末者，承上文总叙文帝功德一段，以类相从也。当接写在"兴于礼义"句下，各本皆跳行写，非。（《史记志疑》卷七《孝文本纪》）

施之勉：《考证》：中井积德曰，据例，宜言明年十一月，孝景制诏也。《汉书》是诏在《景纪》中，理固当然，盖《史记》原文亦然。及《景纪》焚毁，是语不可没，故存而附乎此耳。或后人取乎《汉书》而系于此也，必非《史记》之旧矣。（《史记会注考证订补·孝文本纪第十》）

【汇注】

龚浩康：制诏，汉代皇帝文书的两种形式——制书诏令三公，传达州郡；诏书则布告臣民。这里兼用了两种形式，以示郑重。御史，官名。有侍御史、符玺御史、治书御史、监军御史等，都属御史大夫。（见王利器主编《史记注译·孝文本纪》）

【汇评】

牛运震："孝景皇帝元年"以下，此载景帝追崇文帝，诏令有司议定乐舞庙号等事，以总结文帝公德，故宜为文帝终篇也。近《史记》俗本，多将"孝景皇帝"以下跳行另提，若与《文帝纪》不相蒙者，大非史公之意，虽陵以栋、陈子龙本，亦不免为此。应连为一篇，以存《史记》之旧。（《读史纠谬》第一卷《史记》）

吴汝纶：此《纪》以诏令为章法，故以景帝此诏终之，以为线索。此诏正以总结文帝。《汉书》以入《景纪》，失之。（《点勘史记读本·孝文本纪》）

③【汇注】

裴　骃：应劭曰："始取天下者为祖，高帝称高祖是也。始治天下者为宗，文帝称太宗者是也。"（《史记集解·孝文本纪》）

颜师古：应说非也。祖，始也，始受命也。宗，尊也，有德可尊。（《汉书注·景帝纪》）

[日]**泷川资言**：王启原曰："祖有功而宗有德。"《家语·庙制篇》以为孔子之言，虽不足据，《后汉书·光武纪》注引其文而云《礼》，盖佚《礼》之文。（《史记会注考证附校补》卷十《孝文本纪》）

王叔岷：案：《考证》引王说，本王先谦《汉书补注》。下同。（《史记斠证》卷十）

马持盈：祖有功以得天下，宗有德以安天下。（《史记今注》卷十《孝文本纪》）

④【汇校】

吴汝纶：依《汉书》句上灭"闻"字。（《点勘史记读本·孝文本纪》）

李　笠：按："歌者"与下句"舞者"偶，"闻"字疑涉上而衍。《汉·纪》无。（《史记订补》卷二《孝文本纪》）

【汇注】

[日]**泷川资言**：王启原曰：《白虎通》云：歌者在上，舞者在下，何？歌者象德，舞者象功，君子上德而下功。（《史记会注考证附校补》卷十《孝文本纪》）

⑤【汇注】

裴　骃：张晏曰："正月旦作酒，八月成，名曰酎。酎之言纯也。至武帝时，因八月尝酎会诸侯庙中，出金助祭，所谓'酎金'也。"（《史记集解·孝文本纪》）

颜师古：酎，三重酿，醇酒也，味厚，故以荐宗庙。酎音直救反。（《汉书注·景

帝纪》）

马持盈：酎，正月旦作酒，八月成，名曰酎。酎之言纯也。至武帝时，因八月尝酎酒，诸侯于庙中，出金助祭，所谓"酎金"也。酎，音胄，醇酒也，重酿之酒，俗谓之"双套酒"。（《史记今注》卷十《孝文本纪》）

⑥【汇注】

班　固：《武德舞》者，高祖四年作，以象天下乐己行武以除乱也。《文始舞》者，曰本舜招舞也，高祖六年更名曰《文始》，以示不相袭也。《五行舞》者，本周舞也，秦始皇二十六年更名曰《五行》也。（《汉书·礼乐志》）

裴　骃：孟康曰："《武德》，高祖所作也。《文始》，舜舞也。《五行》，周舞也。《武德》者，其舞人执干戚。《文始舞》执羽籥。《五行舞》，冠冕衣服法五行色。见《礼乐志》。"（《史记集解·孝文本纪》）

司马贞：应劭曰："《礼乐志·文始舞》本舜韶舞，高祖更名《文始》，示不相袭。《五行舞》本周《武舞》，秦始皇更名《五行舞》。按：今言'奏《武德》《文始》《五行》之舞'者，其乐总象武王乐，言高祖以武定天下也。既示不相袭，其作乐之始，先奏《文始》，以羽籥衣文绣居先；次即奏《五行》，《五行》即《武舞》，执干戚而衣有五行之色也。"（《史记索隐·孝文本纪》）

方以智：文始，汉之招也。汉《文始》《五行舞》，本舜《招乐》也。高祖六年，更名曰《文始》，示不相袭也。《昭容乐》《礼容乐》亦六年作，《昭容》犹古《昭夏》也。牛弘曰："《昭容》生于《武德舞》，《礼容》生于《文始舞》，矫秦之《五行舞》也。"秦始皇二十六年，更周舞名曰《五行》。（《方以智全书》第一册《通雅》卷二十九《乐曲》）

沈　豫：《周礼·春官·大司乐》：以乐舞教国子，舞《云门》《大卷》《大咸》《大磬》《大夏》《大濩》《大武》。皆先前朝次第舞之。今孝景《武德舞》在《文始》《五行》之先，亦异于古所云矣。（《读史杂记》卷一，见《二十二史考论》）

[日] 泷川资言：中井积德曰：周初未有五行五色配属之说，此注恐附会。钱大昭曰：郑司农注《春官大胥》云："汉大乐律曰：'卑者之子不得舞宗庙之酎，除吏二千石到六百石，及关内侯到五大夫子，先取高七尺以上，年二十到三十，颜色和顺、身体修治者，以为舞人。'"（《史记会注考证附校补》卷十《孝文本纪》）

龚浩康：古代乐舞有文武之分。《武德》为武舞，是高祖四年作的一种舞蹈，舞者手持干戚（盾与斧）。《文始》，相传为虞舜时的一种文舞（本名《招舞》，高祖六年更名为《文始》）。舞者手执羽旄（雉羽和旄牛尾）或羽籥（yuè。管乐器）。《五行》，本为周代的一种舞蹈，秦始皇二十六年改名为《五行》，舞者手执干戚，穿五色衣。（见王利器主编《史记注译·孝文本纪》）

⑦【汇注】

龚浩康：孝惠，刘邦的嫡长子刘盈。前194年至前188年在位。"孝惠"是他的谥号。（见王利器主编《史记注译·孝文本纪》）

⑧【汇注】

裴　骃：张晏曰："孝文十二年，除关，不用传令，远近若一。"（《史记集解·孝文本纪》）

马持盈：孝文帝十二年，除关，不用傅令，远近若一。（《史记今注》卷十《孝文本纪》）

⑨【汇校】

梁玉绳：按：下文云"罪人不帑，不诛无罪。除肉刑，出美人，重绝人之世"。盖叙事以类相从，则此"去肉刑"三字为错出重见，疑是"去田租"之误。除田租乃第一惠政，非文帝亦不能行，诏中不应独缺，且与"赏赐长老，收恤孤独"类也。（《史记志疑》卷七《孝文本纪》）

张文虎：上文云"去肉刑"，此不当复出，当依《汉书》作"除宫刑"，与下"出美人"为类，所谓重绝人之世也。《志疑》以其复出，疑上"去肉刑"为"去田租"。按：《汉书》亦作"去肉刑"，不误。（《校刊史记集解索隐正义札记》卷一《孝文本纪》）

郭嵩焘：按：当依《汉书》作"除宫刑"，《札记》云："上文'除肉刑'，此不当复出。'除宫刑'，与下'出美人'为类，所'重绝人之世'也。"（《史记札记》卷一《孝文本纪》）

⑩【汇注】

班　固：（文帝）诏曰："方春和时，草木群生之物皆有以自乐，而吾百姓鳏寡孤独穷困之人或阽于死亡，而莫之省忧。为民父母将何如？其议所以振贷之。"又曰："老者非帛不暖，非肉不饱。今岁首，不时使人存问长老，又无布帛酒肉之赐，将何以佐天下子孙孝养其亲？今闻吏禀当受鬻者，或以陈粟，岂称养老之意哉！具为令。"有司请令县道，年八十以上，赐米人月一石，肉二十斤，酒五斗。其九十以上，又赐帛人二匹，絮三斤。赐物及当禀鬻米者，长吏阅视，丞若尉致。不满九十，啬夫、令史致。二千石遣都吏循行，不称者督之。刑者及有罪耐以上，不用此令。（《汉书·文帝纪》）

⑪【汇校】

王叔岷：案：《汉书·景帝纪》"育"作"遂"，义同。《礼记·乐纪》："气衰则生物不遂。"《乐书》"遂"作"育"，《淮南子·兵略篇》："天化育而无形象。"《文子·自然篇》"育"作"遂"，并其证。《庄子·在宥篇》："吾又欲官阴阳，以遂群生。"又

云："今我愿合六气之精，以育群生。"前言"遂"，后言"育"。其义一也。(《史记斠证》卷十)

⑫【汇校】

裴　骃：徐广曰："减，一作'灭'。"(《史记集解·孝文本纪》)

梁玉绳：《纪》中无却贡事，考《汉书·贾捐之传》云："孝文时有献千里马者，诏曰：'鸾旗在前，属车在后，吉行五十里，师行三十里，朕乘千里马，独先安之？'于是还马与道里费。"故《西域传·赞》云"太宗却走马"，荀悦《申鉴·杂言篇》亦云"孝文帝不爱千里马"，此可补《史》缺。(《史记志疑》卷七《孝文本纪》)

[日] 泷川资言：《汉书·文帝纪》云：元年九月，令郡国无来献。《贾捐之传》又云孝文"时有献千里马者，诏曰'鸾旗在前，属车在后，吉行五十里，师行三十里，朕乘千里马，独先安之？'于是还马，与道里费"。(《史记会注考证附校补》卷十《孝文本纪》)

王叔岷：案：古钞本《集解》"减"作"缄"，"缄"谓"闭"也。《考证》引《汉书·文纪》，"九月"乃"六月"之误。(《史记斠证》卷十)

【汇注】

朱　熹：时有献千里马者，帝曰：鸾旗在前，属车在后，吉行日五十里，师行三十里，朕乘千里马，独先安之？下诏曰"朕不受献也"，令四方毋来献。(引自《袁王纲鉴合编》卷六)

⑬【汇注】

裴　骃：苏林曰："刑不及妻子。"(《史记集解·孝文本纪》)

颜师古：帑，读与"孥"同。(《汉书注·文帝纪》)

张大可：指文帝元年废收帑相坐之法。(《史记全本新注·孝文本纪》)

⑭【汇校】

沈家本：按：此诏"除宫刑，出美人"，与晁错对语"后宫出嫁，除去阴刑"二句文意正同，可见文帝时宫刑实已除之矣。此诏分肉刑、宫刑二事，与错对合，当不诬也。《史记·文纪》载此诏，"除宫刑"作"除肉刑"，与上文"去肉刑"之语既复，与下文"重绝人之世"一语亦不相贯，当是传写之讹。(《历代刑法考·刑法分考六》)

吴汝纶："宫"本作"肉"，依《汉书》改。(《点勘史记读本·孝文本纪》)

[日] 泷川资言：《汉书·景帝纪》"肉刑"作"宫刑"。张文虎曰：上文云"去肉刑"，此不当复出，当依《汉书》"除宫刑"，与下"出美人"为类，所谓重绝人之世也。梁玉绳以其复出，疑上"去肉刑"为"田租"。案：《汉书》亦作"去肉刑"，不误。(《史记会注考证附校补》卷十《孝文本纪》)

【汇注】

朱一新：周荇农师曰：此诏述文帝遗政也。文帝初除肉刑，独未及宫刑，此诏述之，而武帝时李延年、司马迁、张安世兄贺皆坐腐刑，是未及即复也。马端临谓是景帝中元年之后复用而以施之死，罪之情轻者不常用也。按：宣帝朝有李郁，见《西域传》，元帝时有石显、宏恭，见《佞幸传》，皆坐腐刑者。（《汉书管见》卷一）

牛运震：文帝十二年，出孝惠皇帝后宫美人，令得嫁，此极盛德事。（《读史纠谬》第一卷《史记》）

⑮【汇校】

吴汝纶：《汉书》句下有"也"字。（《点勘史记读本·孝文本纪》）

【汇注】

王家文：《景帝纪》"孝文皇帝临天下，除诽谤，去肉刑，不私其利也，除宫刑，出美人，重绝人之世也"，据此则文帝之去肉刑、除宫刑，史皆有明文。故晁错对策言"肉刑不用"，又言"除去阴刑"，张晏注"阴刑为宫刑"，是也。姚氏笔记以张注为非，谓阴刑乃巧诋以杀人之刑，是未检纪文，臆为之说。（《古柏斋读书杂识》）

马持盈：以绝人之世为严重事件，不敢轻易用也。（《史记今注》卷十《孝文本纪》）

【汇评】

吴见思：又撮文帝事大意，于遗诏中再叙一番。一篇文字，作两层结束。（《史记论文·孝文本纪》）

吴汝纶：《史记》此诏，以不私其利解减嗜欲、不受献，以不诛无罪解罪人不孥，以重绝人之世解除宫刑、出美人。语凡三端。《汉书》并为二事，似未明晰。（《点勘史记读本·孝文本纪》）

吕思勉：汉景帝元年诏曰："孝文皇帝临天下……除宫刑，出美人，重绝人之世也。"《史记》作肉刑，辞异意同。（上文已有"去肉刑"语，王先谦《汉书补注》："《史记》作除肉刑，与上复出，自是传写误改。且下云重绝人世，知非谓肉刑也。"按：此恐后人以为言除肉刑不切而改之，古人于此等处，不甚计较。除宫刑与除肉刑既系一事，即上言肉，下言宫，亦不能谓其不犯复也。）晁错对策，亦美文帝"除去阴刑"，则文帝确有除宫刑之事。崔浩《汉律序》云"文帝除肉刑而宫不易"（《史记·孝文本纪·索隐》引），误矣。其所以致误者，《汉书·孝文本纪》云："除肉刑法，语在《刑法志》。"而《刑法志》载张苍等议，但云"当黥者髡钳为城旦舂，当劓者笞三百，当斩在左止者笞五百，当斩右止、及杀人先自告、及吏坐受赇枉法、守县官财物而即盗之、已论命复有笞罪者，皆弃市"，而不及宫。孟康遂释文帝令中"今法有肉刑三"之语曰："黥、劓二，刖左右趾合一，凡三也。"其实令云"断支体"当指斩止,"刻肌肤"当指黥、劓,云"终身不息"则指宫也。《三国志·钟繇传》:繇上疏云:"若今蔽狱之时,讯问三槐、九棘、群吏、万民,使如孝景之令,其当弃市,欲斩右趾者许之。其黥、劓、左趾、宫刑者,自如孝文,易以髡、笞。"则孝文亦以髡、笞易宫刑,而《汉志》不之及,其疏漏殊可异也。(《吕思勉读史札记·汉文帝除宫刑》)

⑯【汇校】

  王叔岷:案:《汉书·景帝纪》"识"上有"胜"字。师古注:"胜识,尽知之。"(《史记斠证》卷十)

  【汇注】

  颜师古:敏,材智速疾也。(《汉书注·景帝纪》)

⑰【汇注】

  王叔岷:案:《秦始皇本纪》:"自上古以来未尝有,五帝所不及。"又云:"自上古不及陛下威德。"(《史记斠证》卷十)

⑱【汇注】

  裴　骃:李奇曰:"侔,齐等。"(《史记集解·孝文本纪》)

  王叔岷:案:《庄子·田子方篇》:"夫子德配天地。"《大宗师篇》:"利泽施乎万世,不为爱人。"《春秋繁露·三代改制篇》:"德侔天地者称皇帝。"(《史记斠证》卷十)

  马持盈:其恩德之厚,与天地相比。(《史记今注》卷十《孝文本纪》)

⑲【汇注】

  颜师古:称,副也。音尺孕反。(《汉书注·景帝纪》)

⑳【汇注】

  班　固:孝景采《武德舞》以为《昭德》,以尊大宗庙。(《汉书·礼乐志》)

  裴　骃:文颖曰:"景帝采高祖《武德舞》作《昭德舞》,舞之于文帝庙,见《礼乐志》。"(《史记集解·孝文本纪》)

  颜师古:昭,明也。休,美也。(《汉书·景帝纪》)

  龚浩康:《昭德》,景帝时参照刘邦《武德》舞所编制的一种乐舞,意在颂扬文帝的功德。见《汉书·礼乐志》。(见王利器主编《史记注译·孝文本纪》)

  马持盈:景帝采高祖《武德》作《昭德》舞,舞之于文帝庙。(《史记今注》卷十《孝文本纪》)

  【汇评】

  李祖陶:孝文庙奏《昭德》《四时》《文始》《五行》之舞……皆乐已所自作,兼乐吕人之乐,法制亦云备已。使推之郊祀,陈祖宗之功德而合雅颂之声音,以追商周之作者,岂不甚善!(《史论五种·前汉书细读》卷一《礼乐志》)

㉑【汇注】

　　王叔岷：案：《墨子·尚贤下篇》："故书之竹帛，琢之槃盂，传以遗后世子孙。"（又见《兼爱下篇》及《鲁门篇》。）（《史记斠证》卷十）

㉒【汇注】

　　龚浩康：中（zhòng）二千石，汉代官职品级的一种，高于二千石。汉制，官吏品级为二千石者，一年俸禄实为一千四百四十石，而中二千石者，实为二千一百六十石。中，"满"的意思。（见王利器主编《史记注译·孝文本纪》）

　　马持盈：礼官具为礼仪，再上奏以闻。（《史记今注》卷十《孝文本纪》）

【汇评】

　　陈仁子：人之行事，最不能掩其实。夫以乐舞之立，乃后人摹写功德，光昭前烈者也。景帝纪孝文行事，若减刑、恤孤，闻者第赞其为是；宣帝纪孝武行事，若穷兵、淫祀，闻者第彰其为非。嗟夫，一时之所为，不掩万世之清议，如印印泥若此，而况《韶》《武》之尽善与否，千载之下有知之者。至《武》《箭》《韶》《濩》，季札固视其德之浅深，何如而可掩乎？（《文选补遗》卷一《立孝文庙乐舞诏》）

　　霍　韬：文帝盛德令主也，宜子孙世世献享也。诏所称皆非溢美，抑亦犹见古人祖功宗德之实也。（《兀涯西汉书议》卷四）

　　程馀庆：典实宏大，沨沨乎《雅》《颂》之音。（《历代名家评注史记集说·孝文本纪》）

　　孙　琮：创者论功，述者论德。汉帝之德，莫盛于孝文。篇中述孝文盛德，真有上世所不及处，非溢美也。舞以《昭德》，庙号太宗，上配太祖，与汉亡极。贾生之言，于兹益信。（《山晓阁西汉文选》卷一《景帝定文帝庙乐诏》）

㉓【汇注】

　　颜师古：申屠嘉。（《汉书注·景帝纪》）

　　王叔岷：案：《汉书》师古注：申屠嘉。（《史记斠证》卷十）

　　龚浩康：嘉，即申徒嘉。文帝时先任御史大夫，后为丞相，封故安侯。（见王利器主编《史记注译·孝文本纪》）

㉔【汇校】

　　丁　晏：王本同，柯本作"议曰"，无"世"字。（《史记毛本正误》）

　　吴汝纶：王本"曰"作"世"，《汉书》同。今依《通志》凌本。（《点勘史记读本·孝文本纪》）

　　张文虎："世"字各本皆同，《汉书》亦作"世"，惟凌本作"曰"，盖校者所改。（《校刊史记集解索隐正义札记》卷一《孝文本纪》）

　　[日] 泷川资言：曰，各本作"世"，《汉书》同，今从凌本。（《史记会注考证附

校补》卷十《孝文本纪》）

【汇评】

张　溥：汉臣之议曰：功莫大于高皇帝，德莫大于孝文皇帝。繇是创者论功，述者论德，为后世帝王准矣。夫论大功者，略其内行，论盛德者，评其微过。是故高帝菹醢功臣，为暴秦所不为，而不伤其得天下之效，曰其心虽忍，其功不可废也；文帝之德至矣，而阳城、济北之封，渭阳、汾阴之祠，犹不免儒者之讥。盖欲跻之三代，责备贤者不得不密也。（《历代史论》一编卷一《汉高帝文帝论》）

程馀庆：二语确。（《历代名家评注史记集说·孝文本纪》）

㉕【汇校】

周尚木：按："高皇"下，依上下文，合当有"帝"字。写者误脱也。（《史记识误》卷上，引自《史记订补文献汇编》）

王叔岷：案：古钞本"皇"下有"帝"字，《汉书》《通鉴》并同。（《史记斠证》卷十）

【汇注】

李祖陶：汉家议宗庙之礼，犹有古意，祖必以功，宗必以德。故景帝议孝文庙乐，丞相嘉等以为功莫高于高皇帝，德莫盛于孝文皇帝，高皇帝庙宜为帝者太祖之庙，孝文皇帝庙宜为帝者太宗之庙也。（《史论五种·前汉书细读》卷一《景帝》）

朱孔阳：宋赵与时《宾退录》：西汉诸帝多自立陵庙名，后世不复然，至于其生而自命以某祖某宗，而使万世不祧者，自古所无也。惟于魏明帝见之，孙盛讥之是矣。彼谓顾成之庙称为太宗者，臣下假设之词耳，非此之比也。（《历代陵寝备考》卷十）

陈　直：按：《封泥考略》卷一，十四页，有"孝文庙令"封泥。《酷吏·张汤传》云："会人有盗发孝文园瘗钱是也。"《汉书·百官公卿表》：奉常属官有诸庙寝园食官令长丞。孝文庙令在京师诸郡国皆有之，孝文园令，官署则在灞陵。（《史记新证·司马相如列传》）

丘　濬：秦以后，追尊祖宗庙号始见于此。三代而下，混一天下者，秦汉晋隋唐宋而已，而秦晋隋之祚，远不及汉唐宋。何也？盖晋隋唐得国不顺，而不为天之所助，虽有开国之太祖，而无继世之太宗故也。向使汉祖之后，止有孝惠而无孝文；唐祖之后，继以建成而无秦王；宋祖不受太后遗言，传位晋邸，则其所以创建之者虽定，而其所以缔结之者不牢，子孙将何以持守而驯致于数百年之远哉！故后世称有道之长曰汉唐宋，而秦晋隋不与焉。（《世史正纲》卷三）

㉖【汇校】

王叔岷：案：上文"施于万世"，下文"天子宜世世献祖宗之庙"。此文"世"字，疑涉上下文而衍，《汉书》同。凌稚隆本盖意改"世"为"曰"耳。殿本亦作

"曰",盖从凌本。(《史记斠证》卷十)

【汇注】

袁黄、王世贞:天子七庙,以次祧迁。惟太祖百世不迁,太宗亲尽不祧。(《袁王纲鉴合编》卷六)

马持盈:王及列侯岁时遣使诣京师,侍祠助祭也。不使侯王祭者,诸侯不得祖天子也。凡临祭祀宗庙,皆为侍祭。(《史记今注》卷十《孝文本纪》)

㉗【汇校】

吴汝纶:"所"字依《汉书》补。《汉书》无"岁"字。某按:"所"字句绝,"岁"字亦当有。(《点勘史记读本·孝文本纪》)

【汇注】

裴　骃:张晏曰:"王及列侯岁时遣使诣京师,侍祠助祭也。"如淳曰:"若光武庙在章陵,南阳太守称使者往祭是也。不使侯王祭者,诸侯不得祖天子也。凡临祭祀宗庙,皆为侍祭。"(《史记集解·孝文本纪》)

颜师古:张说是也。既云天子所献祖宗之庙,非谓郡国之庙也。(《汉书注·景帝纪》)

张大可:诸侯王及列侯每年岁时派使者到京师献礼,陪侍天子临祭宗庙,称为侍祭。诸侯王及列侯均不得直接祭祀天子祖庙。(《史记全本新注·孝文本纪》)

㉘【汇评】

吴见思:又借礼官议,作文帝断案,总结。(《史记论文·孝文本纪》)

牛运震:篇末录景帝一诏,总括孝文帝所行德政,切实不浮。群臣议"功莫大于高皇帝,德莫(大)〔盛〕于孝文皇帝",二语精确正大,穆然高古,此一篇绝大收结,太史公真实笔力也。班氏移此段于《孝景帝纪》中,以为此景帝事,可谓知作史而不知为文者矣。(《史记评注》卷二《孝文本纪》)

刘　沅:祖,始也,谓其为受姓及功德之始。宗,主也,谓其为子孙之主。分祖有功而宗有德,乃曲说,然亦无大害于义。至郡国立庙,则沿高祖之失也。(《史存》卷九《孝景皇帝》)

施　丁:司马迁于《文帝本纪》篇末录景帝诏以颂文帝"大德",这是一篇收结,颇具只眼;班固将此诏移于《景帝纪》中,交还作诏者,可谓知表而不知里。(《汉书新注》卷四《说明》)

太史公曰:孔子言"必世然后仁。善人之治国百年①,亦可以胜残去杀"。诚哉是言②!汉兴,至孝文四十有馀载③，德至盛也④。廪廪乡改正服封禅矣⑤，谦让未成于今⑥。呜呼⑦，岂不仁哉⑧！

① 【汇校】
　　[日]泷川资言：《论语·子路篇》"人"下无"之"，"国"作"邦"，"杀"下有"矣"，"言"下有"也"。改"邦"为"国"，盖史公避庙讳。（《史记会注考证附校补》卷十《孝文本纪》）
　　王叔岷：案：《论语·子路篇》"然后"作"而后"，"治国"作"为邦"。史公易"而"为"然"，易"为"为"治"，义同。《艺文类聚》十二引此作"孔子言'必世而后仁。善人为邦，百年亦可以胜残去杀矣'"。盖改还《论语》之旧也。《御览》八八引此"是言"下亦有"也"字。古钞本《集解》"胜残"二字叠，"恶"下有"也"字，当补。皇侃《论语义疏》本王注作"胜残者，胜残暴之人，使不为恶也"，可证。（《论语注疏》本王注作"胜残，残暴之人，使不为恶也"，"残暴"上脱一"胜"字。）又《论语》王注"不用"下有"刑"字。（《史记斠证》卷十）
　　【汇注】
　　孔　子：如有王者，必世而后仁。（《论语·子路》）
　　裴　骃：孔安国曰："三十年曰世。如有受命王者，必三十年仁政乃成。"（《史记集解·孝文本纪》）
　　刘宝楠：郑注云：善人居中，不践迹，不入室也。此人为政，不能早有成功，百年乃能无残暴之人。按：……《汉书·刑法志》：孔子曰："如有王者，必世而后仁；善人为国百年，可以胜残去杀矣。"……善人既未入室，不能早有成功，故必期之百年也。（《论语正义》卷十六《子路》）
　　张大可：孔子言，见《论语·子路篇》第十一、十二两章。（《史记全本新注·孝文本纪》）

② 【汇注】
　　孔　子："善人为邦百年，亦可以胜残去杀矣。"诚哉是言也！（《论语·子路》）
　　班　固：孔子曰："如有王者，必世而后仁；善人为国百年，可以胜残去杀矣。"言圣王承衰拨乱而起，被民以德教，变而化之，必世然后仁道成焉；至于善人，不入于室，然犹百年胜残去杀矣。此为国者之程式也。（《汉书·刑法志》）
　　裴　骃：王肃曰："胜残暴之人，使不为恶。去杀，不用杀也。"（《史记集解·孝文本纪》）
　　颜师古：《论语》载孔子之言。此谓若有受命之王，必三十年仁政乃成也。胜残，谓胜残暴之人，使不为恶。去杀，不行杀戮也。（《汉书注·刑法志》）

刘宝楠：《说文》："残，贼也。"《孟子·梁惠王篇》：贼义者谓之残。言善人为邦百年，残暴之人不能尽绝，但其政治足以胜之，使不为恶，故亦不至用刑杀也。杀是重刑，言去杀，明诸轻刑未能免矣。(《论语正义》卷十六《子路》)

③【汇校】

[日]泷川资言：延久本"四十"作"卅"。(《史记会注考证附校补》卷十《孝文本纪》)

【汇注】

张大可：孝文帝死于公元前157年，上距汉建国之公元前206年凡49年。(《史记全本新注·孝文本纪》)

④【汇评】

司马迁：文帝时，会天下新去汤火，人民乐业，因其欲然，能不扰乱，故百姓遂安。自年六七十翁亦未尝至市井，游敖嬉戏如小儿状。孔子所称有德君子者耶！(《史记·律书》)

徐奋鹏：盖帝天资甚美，故令德善政相望于册，譬之春风和气，芬芳袭物。当是时，方内有安居之庆，司形无鬼哭之庭。上煦如春，下偃如草，德厚弥天地，被四海，盖亦一时之三代也。(《古今治统》卷六)

⑤【汇注】

[日]泷川资言：廪廪，渐进之意。《汉书·循吏传》"廪廪庶几德让君子之遗风矣"。枫、三本"鄉"作"嚮"，"正服"作"正朔"。正朔，正朔服色也。《封禅书》"怠于改正朔服色神明之事"也。《汉书·郊祀志》改作"怠改正服鬼神之事"。(《史记会注考证附校补》卷十《孝文本纪》)

编者按：王叔岷《史记斠证》卷十云：《考证》释"廪廪"之义，本王念孙《汉书杂志》(《循吏传》)。古钞本"廪廪"作"禀禀"，"正服"亦作"正朔"。廪、禀古本通用，惟此作"禀禀"，疑钞者之误。

瞿方梅：案：廪廪，犹懔懔也，戒惧貌，"鄉"读为"嚮"。正，正月；服，服色，言改正朔服色而封禅也，并非封禅亦改之。(《史记三家注补正·孝文本纪第十》)

龚浩康：封禅，古代帝王祭祀天地的一种大典。登泰山祭天为"封"，在泰山南面的梁父山祭地为"禅"。(见王利器主编《史记注译·孝文本纪》)

张大可：文帝即位，贾谊上《定制度兴礼乐疏》，请改正朔，易服色，定官名，兴礼乐，封禅改制，色尚黄，数用五。贾谊还亲自草具了仪法。文帝谦让，没有进行，仍守无为政治，休养息民。(《史记全本新注·孝文本纪》)

【汇评】

牛运震："廪廪乡改正服封禅矣"云云数句，气脉音节极古厚，有不转而转、若断

若接之妙。(《史记评注》卷二《孝文本纪》)

瞿景淳：廪廪谦让，具见于词，孝文真令主也。(引自《百大家评注史记》卷二《孝文本纪》)

⑥【汇注】

龚浩康：今，指汉武帝刘彻时期，也即司马迁作《史记》之时。(见王利器主编《史记注译·孝文本纪》)

张大可：此句着重在"谦让"二字，感叹汉文帝德至厚，并不表明司马迁反对封禅。也有人认为此句着重在"于今"二字，表明《文帝本纪》写于元封元年之前，出自司马谈之手。其实"于今"二字，带有旁敲侧击，讽刺汉武帝多欲之意，并不表明写于元封之前。(《史记全本新注·孝文本纪》)

⑦【汇评】

牛运震："呜呼"二字，无限感叹，殆不为武帝地耶！(《史记评注》卷二《孝文本纪》)

⑧【汇注】

马持盈：汉朝之兴起，到了文帝有四十多年之久，德教可以说是极盛了，那种风采焕然的样子（廪廪乎），已经走向于改正朔、易服色、行封禅的境界了（乡，向也。改正服，即改正朔，易服色。《汉书·郊祀志》谓："是后，文帝怠于改正服鬼神之事"，所谓"正服"即正朔与服色也。所谓"鬼神之事"，即封禅也。由此可知太史公所谓之"改正服封禅"，即是改正朔，易服色，行封禅。文帝时未行，至武帝时而行之)，但是文帝谦让，以至于今而未完成。唉呀，像文帝者，岂不是仁圣之主吗？(《史记今注》卷十《孝文本纪》)

张家英：《汉书·循吏传·序》："是故汉世良吏，于是为盛，称中兴焉……王成、黄霸、朱邑、龚遂、郑弘、召信臣等，所居民富，所去见思，生有荣号，死见奉祀，此廪廪庶几德让君子之遗风矣。"师古曰："廪廪，言有风采也。"王念孙《读书杂志·汉书第十四》"廪廪"条，以为谓"廪廪"为"有风采"是"望文生义"，指出："廪廪者，渐近之意，即所谓庶几也。言此数人者，廪廪乎几于德让君子矣。"

"廪"可以通"凛"。"凛凛"既可以表示寒冷之义，又可以表示"令人敬畏"之义；而后者是可以引申出"有风采"的意义来的。《汉书·循吏传·序》的师古注，应该说是对的，并没有错。

至于本例中的"廪廪"，应该用王念孙的"渐近之意，即所谓庶几"来解释，这样是合乎上下文意的。王念孙还曾举《公羊传》注为例。《公羊传·襄公二十三年》："夏，邾娄鼻我来奔。"何休注："以奔无他义，知以治近升平书也……所闻之世内诸夏，治小如大，廪廪近升平。"(《十三经注疏》2309页上) 此例中的"廪廪"亦"庶几"之义。

"廪"还可以通"懔",使"廪廪"可有"危惧"一类的意义。(《〈史记〉十二本纪疑诂·孝文本纪》)

【汇评】

吕祖谦：自"汉兴,至孝文"以下,子长专为武帝发也,虽意有所偏,亦可谓中武帝之病矣。班孟坚《赞》尽用《史记》"孝文皇帝从代来,即位二十三年"一章,而自增两语,云"断狱数百,几致刑措",复采"呜呼仁哉"四字以结之,失其旨矣。(《大事记解题》卷十)

何 焯：言外可思,益见补《武纪》之谬。(《义门读书记》卷十三《史记上》)

吴见思：文帝以质胜,所未遑者文事耳。纪中铺序已尽,赞中反借其谦让未成,作反振法,即接曰"岂不仁哉",则未成处,非讥其略,正赞其仁也,直与武帝对照。(《史记论文·孝文本纪》)

牛运震：赞语深厚,忾然穆然。(《史记评注》卷二《孝文本纪》)

程馀庆：应"仁"字。(《历代名家评注史记集说·孝文本纪》)

孙 琮：文帝除收帑肉刑,罢戍薄葬,史称玄默恭俭,皆从黄老中来,故《赞》以"仁"字结穴。(《山晓阁史记选》卷一《文帝本纪》)

沈作喆：读史者但知《武纪》《封禅书》为讥也,不知子长赞文帝"汉兴,四十余载,德至盛,廪廪乡改正服封禅,谦让未成于今"。而孝武初即位,未有德惠及民,便修鬼神之祀,公卿草巡禅,则为不仁矣,此盖子长之微意也。(《寓简》卷三)

刘咸炘：论意以不改服封禅为仁,讥武帝为不仁也。(《太史公书知意·孝文本纪》)

吴汝纶：余向谓此激射武帝,今考之非也。言帝已惑于公孙臣、新垣平等邪说矣,其未成幸也。(《点勘史记读本·孝文本纪》)

[日]泷川资言：细味此数语,似史公不慊于武帝者。(《史记会注考证附校补》卷十《孝文本纪》)

李景星：赞语气脉音节俱佳,有似承似转、若断若续之妙。最后点一"仁"字是全纪眼睛,不可轻易视之。(《史记评议·孝文本纪》,见《四史评议》)

李长之：《孝文本纪》赞称："汉兴,至孝文四十有余载,德至盛也,廪廪乡改正服封禅矣,谦让未成于今,呜呼!岂不仁哉?"言外是武帝就不谦让而封禅了,所以可能也是此时讥武帝不度德量力之作。(《司马迁之人格与风格》第六章《司马迁之体验与创作(下)——〈史记〉各篇著作先后之可能的推测》)

徐复观：对文帝的观点,班氏与史公相同,所以《汉书·文帝纪》的赞,虽然没有用《史记·孝文本纪》"太史公曰"的赞,但即截取《本纪》在"后七年六月己亥帝崩于未央宫"前面一段总结性的叙述，以作帝纪的赞。仅在后面加"断狱数百，几至刑措，呜呼仁哉"三句作结。但这依然是来自"太史公曰"收尾的"呜呼，岂不仁哉"的。(《两汉思想史》卷三《〈史〉〈汉〉比较研究之一例》)

张大可：司马迁反复申言《史记》效《春秋》而作。《春秋》寓褒贬，"上明三王之道，下辨人事之纪"；《史记》继《春秋》就是要明是非，惩恶劝善，为后王立法。唐代著名史学评论家刘知幾说："夫善人少而恶人多，其书名竹帛者，盖唯记善而已。故太史公有云：'自获麟以来四百余年，明主贤君忠臣死义之士，废而不载，余甚惧焉。'即其义也。至如四凶列于《尚书》，三叛见于《春秋》，西汉之记江充、石显，东京之载梁冀、董卓，此皆干纪乱常，存灭兴亡所系，既有关时政，故不可阙书。"(《史通》卷八《人物》)。可见惩恶劝善是我国古代史家的一个优秀传统。《春秋》之所以受到司马迁的推崇，就是它的褒贬笔法"善善恶恶，贤贤贱不肖"，能使"乱臣贼子惧"。固然这是为了维护封建的统治秩序，但贬斥乱臣贼子，褒奖圣君贤相，却也是符合古代人民的愿望。对司马迁的直笔，论者往往只注意鞭笞和揭露方面，而对褒扬圣君贤相方面大多失于偏颇，谓为谥美之辞。司马迁引孔子言称许孝文帝为"德至盛"的"仁君"，也是一种直书。《孝文本纪》突出记载文帝之"德"，不惜笔墨载他的节俭和宽厚，又大段引录景帝元年制诏郡国诸侯立太宗庙的令文，称文帝"除诽谤，去肉刑""收恤孤独，以育群生""罪人不帑，不诛无罪"云云。这些记载表明了司马迁的政治理想和许之为"仁"的标准，为后世君臣树楷模，这也是应当肯定的。(《史记论赞辑释·孝文本纪》)

陈桐生：汉文帝堪称三代以后第一个有德之君，司马迁对汉文帝的德治称颂不已，他在论赞中说："孔子言'必世而后仁。善人之治国百年，亦可胜残去杀'。诚哉是言！汉兴，至孝文四十有余载，德至盛也。廪廪乡改正服封禅矣，谦让未成于今。呜呼，岂不仁哉！"司马迁用孔子的"仁"来概括汉文政治，高度评价汉文帝胜残去杀的德治精神，认为汉文帝的德政足可以封禅改制，但只是由于汉文帝的谦让而延搁下来。德是封禅改制的依据，在汉初几代帝王中，只有汉文帝的仁德才最有资格受命改制。(《中国史官文化与〈史记〉》第六章《司马迁的王道观》—《司马迁对历代帝王政治的评判》)

【篇评】

晁错：今陛下配天象地，覆露万民，绝秦之迹，除其乱法；躬亲本事，废去淫末；除苛解娆，宽大爱人；肉刑不用，罪人亡帑；非谤不治，铸钱者除；通关去塞，不孽诸侯；宾礼长老，爱恤少孤；罪人有期，后宫出嫁；尊赐孝悌，农民不租；明诏军师，爱士大夫；求进方正，废退奸邪；除去阴刑，害民者诛；忧劳百姓，列侯就都；亲耕节用，视民不奢。所为天下兴利除害，变法易故，以安海内者，大功数十，皆上世之所难及，陛下行之，道纯德厚，元元之民幸矣！（《对贤良文学策》，引自《汉书·晁错传》）

司马迁：汉兴，孝文施大德，天下怀安。（《史记·孝景本纪》）

又：汉既初兴，继嗣不明，迎王践祚，天下归心；蠲除肉刑，开通关梁，广恩博施，厥称太宗。（《史记·太史公自序》）

班　固：汉兴，扫除烦苛，与民休息。至于孝文，加之以恭俭，孝景遵业，五六十载之间，至于移风易俗，黎民醇厚。周云成康，汉言文景，美矣！（《汉书·景帝纪·赞》）

又：及孝文即位，躬修玄默，劝趣农桑，减省租赋。而将相皆旧功臣，少文多质，惩恶亡秦之政，论议务在宽厚，耻言人之过失。化行天下，告讦之俗易。吏安其官，民乐其业，畜积岁增，户口寝息。风流笃厚，禁网疏阔。选张释之为廷尉，罪疑者予民，是以刑罚大省，至于断狱四百，有刑错之风。（《汉书·刑法志》）

桓　谭：汉太宗文帝有仁智通明之德，承汉初定，躬俭省约，以惠休百姓，救赡困乏，除肉刑，减律法，葬埋薄，损舆服，所谓达于养生送终之实者也。及始从代征时，谋议狐疑，能从宋昌之策应声驰来。即位而偃武修文，施布大恩，欲息兵革，与匈奴和亲。总摄纲纪，故遂褒增隆为太宗也。（《新论》）

杜　笃：刘敬建策，初都长安。太宗承流，守之以文。躬履节俭，侧身行仁。食不二味，衣无异采。赈人以农桑，率下以约己。曼丽之容，不悦于目；郑卫之声，不过于耳；佞邪之臣，不列于朝；巧伪之物，不鬻于市。故能理升平而刑几措，富衍于孝景，功传于后嗣。（《论都赋》，引自《全后汉文》卷二八）

荀　悦：以孝文之明也，本朝之治，百寮之贤，而贾谊见逐，张释之十年不见省用，冯唐白首屈于郎署，岂不惜哉！夫以绛侯之忠，功存社稷，而犹见疑，不亦痛乎！夫知贤之难，用人不易，忠臣自古之难也。虽在明世，且犹若兹，而况乱君闇主者乎！然则屈原赴湘水，子胥鸱夷于江，安足恨哉？周勃质朴忠诚，高祖以为安刘氏者必勃也，既定汉室，建立明主，眷眷之心，岂有异哉！狼狈失据，块然囚执，俯首抚襟，屈于狱吏，岂不憨哉！夫忠臣之于其主，犹孝子之于其亲，尽心焉，尽力焉，进而喜，非贪位，退而忧，非怀宠，结志于心，慕恋不已，进得及时，乐行其道。故仲尼去鲁，曰迟迟而行；孟轲去齐，三宿而后出境，彼诚仁圣之心。夫贾谊过湘水，吊屈原，恻怆恸怀，岂徒忿怨而已哉！与夫苟患失之者，异类殊意矣。及其傅梁王，梁王薨，哭泣而从死，岂可谓不忠乎！然人主不察，岂不哀哉！及释之屈而思归，冯唐困而后达，有可悼也。此忠臣所以泣血，贤俊所以伤心也。（《汉纪》卷八）

又：太宗穆穆，允恭玄默。化民之躬，率下以德。农不供贡，罪不收孥。官不新馆，陵不崇基，我德如风，民应如草。国富刑清，登高汉道。(《前汉纪》卷三十)

应　劭：文帝本修黄老之言，不甚好儒术，其治尚清净无为，以故礼乐庠序未修，民俗未能大化，苟温饱完结，所谓治安之国也。(《风俗通义》卷二《正失》)

曹　丕：文帝慈孝，宽弘仁厚，躬修玄默，以俭帅下，奉生送终，事从约省。美声塞于宇宙，仁风畅于四海。(《典论》，引自《太平御览》卷八十八)

又：昔有苗不宾，重华舞以干戚。尉佗称帝，孝文抚以恩德；吴王不朝，赐之几杖，以抚其意，而天下赖安。能弘三章之教、恺悌之化，欲使曩时累息之民得阔步高谈，无危惧之心。若贾谊之才敏，筹画国政，特贤臣之器、管晏之姿，岂若孝文大人之量哉！(《汉文帝论》，引自明张溥辑《汉魏六朝百三家集》卷二十四)

挚　虞：汉之光大，实惟孝文。体仁尚俭，克己为君。按辔细柳，抑尊成军。营兆南原，陵不崇坟。(《汉文帝赞》，引自《渊鉴类函》卷四十一)

李　华：汉高除秦项烦苛，至孝文，玄默仁俭，断狱几措。(《质文论》，引自《唐文粹》卷三六)

白居易：成康阜其俗，礼让兴行。文景富其仁，盗贼衰息。此安业厚生之验也。由是观之，则俗之贪廉，盗之有无，系于人之劳逸、吏之贤否也。(《白氏长庆集》卷四十八《去盗贼在举德选能安业厚生》)

司马贞：孝文在代，兆遇大横。宋昌建册，绛侯奉迎。南面而让，天下归诚。务农先籍，布德偃兵。除帑削谤，政简刑清。绨衣率俗，露台罢营。法宽张武，狱恤缇萦。霸陵如故，千年颂声。(《史记索隐·孝文本纪·赞》)

陆　贽：汉文帝接秦、项积久伤夷之弊，继高、吕革创多事之时，家国虚残，日不暇给。而能躬俭节用，静事息人，服弋绨，履革舄，却骏马而不御，罢露台而不修，屡赐田租，以厚烝庶，遂使户口蕃息，百物阜殷。乃至乡曲宴游，乘牝犉者不得赴会；子孙生长，或有积数十岁不识市廛；御府之钱，贯朽而不可校；太仓之粟，红腐而不可食。国富于上，人安于下，生享遐福，没垂令名，人到于今，称其仁贤，可谓盛矣。(《翰苑集》卷二十二《均节赋税恤百姓六条》)

郑文宝：臣闻汉文帝承高祖之后，天下一家，仅三十年，德教被于物也久矣。而又封建子弟，委用将相，其朱虚、东牟之力，陈平、周勃之谋，宋昌之忠，诸侯之助，由长子而立，可谓安矣。及即位，戒慎谦让，服勤政事，躬行节约。思治平，举贤良，赈鳏寡，除收妻孥相坐之法，去诽谤妖言之令，不贵难得之货，不作无益之费，其屈己爱人也如此。然而晁错、贾谊、贾山、冯唐之徒，上书进谏，必激切至痛哭流涕之词者，盖惧靡不有初，鲜克有终也。而文帝优容不咈，圣德充塞，几至刑措。王业巍巍，千载之下，风声不泯，皆克勤勉强而臻于此也。今陛下当数岁大兵之后，邻封袭利之日，国用匮竭，民力疲劳。而内无刘章、兴居之亲，朝无绛侯、曲逆之佐，可谓危矣。非陛下聪明睿智，视险若夷，岂能如是乎！设使汉文帝之才，处今日之势，何止于塞心消志而已。陛下以天未厌德，民方戴旧则可矣，若欲骇远近之听，尉亿兆之思，臣敢冒死言之。夫人君即位之初，必在于发号施令，行人之所难行者，非秉汉文帝之心以布政，则臣不知其可也。（《江表志》卷三）

刘　筠：炎汉初兴，日不暇给，罚其合醵之会，著于三尺之法。逮乎孝文，崇修礼义，赐酺之惠，繇是流行。（《大酺赋》，引自《宋文鉴》卷二）

宋　祁：世称文帝，汉盛德主也。然在朝之儒，贾谊一人而已。所任宰相，尽高祖时猥将庸人，亦不深讨礼乐典章。于时诗书皆伏而未出。然而天下太和，兵革不兴，南越顺德，诸侯轨道，匈奴虽数盗边，亦不敢深入。由是言之，治天下者在质而已，不必尚文。故曰质其实，文近名。文弊则民诈兴矣。（《宋景文公笔记》卷中）

欧阳修：汉兴，本恭俭，革弊末，移风俗之厚者，以孝文为称首。（《欧阳修文选·贾谊不至公卿论》）

曾　肇：予尝谓治天下本于躬化，及观汉文帝躬行节俭，以德化民，宜其有以振起衰俗。而贾谊以谓"残贼公行，莫之禁止"。其说以背本趋末者，为天下大残；淫侈之俗，为天下之大贼，则当时风俗可谓敝矣。岂所谓躬化者果无益于治哉？盖文帝虽有仁心、仁闻，而不修先王之政故也。先王有不忍人之心，则有不忍人之政，而其政必本于理财。理财之法，其定民之大方有四，而任民之职有九。士农工商以辨其名，九穀、草木、山泽、鸟兽、财赂、丝枲，聚敛转移以辨其职；又为之屋粟、里布夫家之征，以待其不勤。是故天下无迁徙之业，无游惰之民，其于生财可谓众矣。至于爱养万物，必以其道，故罻罗纲罟、斧斤弓矢，皆以时入，而覆巢麛卵、杀胎伐夭皆为之禁。取之又有其时也，于是制礼以节其用。天子都千里之畿，诸侯各专百里之国，卿士大夫至于庶人莫不有田，而视其位之贵贱，称其人之厚薄，而为之法制度数，以待其冠婚、宾客、死丧、祭祀之用者，隆杀多寡，各适其宜。为上者谨名分以示天下，而人人安于力分之内，无觊觎于其外。是以淫僻放侈之心不生，而贫富均一，海内充实，无不足之患，然后示之以廉耻，兴之以德义，故民从之也轻。方此之时，游惰者无所容，而虽有僭侈之心，亦安所施于外哉？教化之所以成，残贼之所以熄，盖出于是也。

自秦灭先王之籍，而汉因之，务为一切之制，由天子至于庶人，无复有度量分界之限，而人人去本趋末，争于僭侈。高祖尝禁贾人不得曳丝乘车，其令卒于不行。至文帝之时，商贾厚富，力过吏势；而末技游食，害农者蕃。庶人墙屋之饰、仆妾之衣，皆宗庙之奉、天子之服，则其俗之不善可知矣。而文帝不知修先王之政以救其敝。方其开籍田以劝耕者，衣弋绨而斥文绣，以示敦朴，为天下先，其意美矣，然法度之具不行，而欲以区区之一身，率四海之众，岂非难哉！孟子曰："徒善不足以为政。"非虚言也。虽然，以彼之德，成之以先王之政，则庶几三代之贤主哉！（《曲阜集》卷三《汉文帝论》）

释契嵩： 汉文帝修渊默，为之政务于宽厚，耻语人之过失，化行而世无告讦之俗。命张释之为廷尉，欲其持法甚轻。于是刑罚大省，岁卒断狱四百，有刑错之风。（《镡津集》卷五《刑法》）

司马光： 帝宽惠恭俭，百姓富乐。（《稽古录》卷十二）

又： 文景之时，天下家给人足，几致刑措。后世皆知称慕，莫能及之。夫民之情何尝不欲安乐而富寿哉？文景能勿扰而已矣。（同上）

又： 李德裕以为汉文帝诛薄昭，断则明矣，于义则未安也。秦康送晋文兴如存之感，况太后尚存，唯一弟薄昭断之不疑，非所以慰母氏之心也。愚以为法者天下之公器，惟善持法者亲疏如一，无所不行，则人莫敢有所恃而犯之也。夫薄昭虽素称长者，文帝不为置贤师傅而用之，典兵骄而犯上，至于杀汉使者，非有恃而然乎？若又从而赦之，则与成哀之世何异哉！魏文帝尝称汉文帝之美而不取其杀薄昭，曰舅后之家，但当养育以恩，而不当假借以权，既触罪法，又不得不害。讥文帝之始不防闲昭也，斯言得之矣。然则慰母心者，将慎之于始乎！（《汉文说》，引自《宋文选》卷四）

王安石： 轻刑死人众，丧短生者偷。仁孝自此薄，哀哉不能谋。露台惜百金，霸陵无高丘。浅恩施一时，长患被九州。（《王文公文集》卷第三十八《古诗·汉文帝》）

郑獬： 汉封之失不在高祖，而在文帝。何以言之？高祖初起扰攘之中，于时天下惟习知有六国之弊，而不知周公五百里之封。故其王侯崛起，各擅一国，包山跨河，无复疆畛。臧荼得燕，魏豹得魏，韩王得韩，诸田得齐，赵歇、张耳得赵，韩信、英布得楚，更贪互夺，惟恐土地之不广，甲兵之不雄。高祖知其势之不可削也，亦欲务尽乎英雄之用，乃手裂而尽付之。故其追项羽于固陵，期诸侯不至；用留侯计捐睢阳以北至穀城，以予彭越；捐陈以东传之海，以予韩信，乃能致二人而遂克羽。当此之时，高祖岂暇议周公五百里之封哉！及其已平，则宗室子弟类皆稚孺，顾然老壮余楚代耳，且恐后世一日有隙漏，则非强大诸侯无以镇压之，故又封其同姓各数十城，盘踞天下十分之七。其后吕氏果欲为乱，而天下坚重，卒不可摇，此高祖因用天下之势而为之封，庸何有失哉?！然高祖非不知其未有弊也，以存汉之计大而诸侯之祸未即发也。故其封吴王濞，召而相之曰："若有反相，天下一家，慎勿反。"然而高祖竟封之，此其为虑可见矣。韩、彭辈既已诛夷，吕氏又灭，则变而通之，岂不在文帝乎！于时贾谊欲裂其国，以分封子弟，俾之久而可传，且拉其脊而折之。文帝竟不能用，拱手而成七国之祸，由此盘石遂氇矣。使贾谊之策行，则虽有王莽，何由为盗哉！夫惟高祖善用其势，惟贾谊善识其变，然而不能遂救之者，文帝也。汉封之失不在高祖，而

在文帝，孰谓不然哉！（《郧溪集》卷十七《汉封论》）

又：至于文、景、昭、宣，用仁恩以结天下，乃去肉刑，定箠令，减口赋，三十而税一，假民田，赐民爵，女子牛酒，老者絮帛，孤独鳏寡皆有赈给，四方有一水旱、一灾异，则又为赋池御，发仓廪，除民租，下诏遣使以循抚之，其所以哺乳涵养之意，德泽逾于三代。虽元成之间，权纲狃为奸倖，而亦未尝有虐政残民也。（《郧溪集》卷十七《两汉论》）

苏　轼：自汉以来，道德纯备，未有如文帝者也。今考其行事，而可疑者三。上林令，吏之不才；而虎圈啬夫，才之过人者也。才者见而不录，不才者置而不问，则事之不废坏者有几？然则兵偃刑措，何从而致之？南越不臣，宠以使者；吴王不朝，赐以几杖。此与唐之陵夷，藩镇自立以邀旄钺者何异，不几于姑息苟简之政欤？《传》曰：三王臣主俱贤，五霸不及其臣。文帝不见贾生，自以为过之，既见，不如也。文帝岂霸者欤？帝自以为不如，而魏文帝乃以为过之，此又何也？抑过之为贤欤？将自谓不如为贤欤？汉文之所以为文，殆以是三者，而可疑为此。（《东坡全集》卷四十九《省试策问三首》）

又：伏惟制策有"推寻前世，探观治迹。孝文尚老子，而天下富殖；孝武用儒术，而海内虚耗。道非有弊，治奚不同"，臣窃以为不然。孝文之所以为得者，是儒术略用也。其所以得而未尽者，是儒术略用而未纯也。而其所以为失者，则是用老也。何以言之？孝文得贾谊之说，然后待大臣有礼，御诸侯有术，而至于兴礼乐，系单于，则曰未暇。故曰"儒术略用而未纯也"。若夫用老之失，则有之矣。始以区区之仁，坏三代之肉刑，而易之以髡笞，髡笞不足以惩中罪，则又从而杀之。用老之失，岂不过甚矣哉！（《东坡全集》卷四十五《御试制科策》）

苏　辙：汉之贤君，皆曰文景。文帝宽仁大度，有高帝之风。景帝忘刻少恩，无人君之量，其实非文帝比也。（《栾城集·后集卷七·汉景帝论》）

晁补之：孝文既立，德尊而泽厚，岂特为汉贤君隆四百年之业而已哉！（见《苏门六君子文粹》卷五十四《袁盎以绛侯为功臣》）

张　耒：昔者绛侯既平吕氏，亲握国玺，授之孝文。当是时，刘氏之后惟大臣所立。文帝为诸王，特以其贤而取之，其初未可以必得也。绛侯以天下与所不可必得之人，恩德至厚也。文帝之报绛侯者，宜何如哉？虽分国而王之，天下未以为过也。然内难既定，君臣之分既明，爵赏禄赐所以慰答昔日之功者，未闻有卓然过于常时，何其不旋踵而遂去之速也。予尝观汉之大臣少全，武帝以来不啻如杀囚隶，独文帝时公卿被诛者无几人。然则文帝之待大臣，亦有恩矣。当是时，大臣之有恩者，宜无有过绛侯。然匹夫一言，罪辜未明，廷尉折简以召之如取孤囚，侵夺困苦，仅免于死。文帝非昏蔽无知之君，何独于勃少恩若是哉？盖尝深思其故而得其说。夫高祖之将大有功者，至文帝时几尽矣。非以逆诛，则以疑死。彼皆心有所恃，矜其功能，日邀其上，不得所欲则狼顾而起。绛侯，吹箫之羁民也，用兵十余年，习见天下之势，喜事而尚功，其骁勇之习，岂能帖然无毫厘于心哉！以英雄之姿，挟立君之威，临视其上，无异于保妇之提婴儿，如是而不骄者，伊尹、周公之所难也。骄则纵，纵则乱因以生。文帝岂无爱勃之心哉！视前日之诛死族灭者，皆恃君邀功、骄蹇放纵之所致，而绛侯之迹异于韩、彭者无几耳。吾亦畏其有所恃而骄，骄而不已则乱，乱而不诛则废法，从而诛之则伤恩甚矣。呜呼！理至于是，曾不如抑远困辱，使之慊然内顾而无所恃，锄去其骄慢之心，全其生，保其家，使其子孙长有国土之为愈也，然则文帝之恩亦深矣……天下之事，要其终而后知君子之用心，绛侯无祸于身，则知文帝之所以裁之者，乃所以深报之也。（《柯山集》卷三十六《文帝论》）

黄　裳：汉文帝好道家之学，以为繁礼饰貌，无益于治，皆罢去之，专务朴素。然而文帝岂能鉴周之弊而致然哉！会其所好，适近圣人继周之意，故其屋壁得为帝服，倡优得为后饰，卖僮婢妾，富人大贾皆得以上僭，莫之制焉，斯亦文帝不能以义起礼之过也。呜呼！文帝畏甚高论，而释之与言秦汉间事而已。（《演山集》卷三十七《策题·第一道》）

杨万里：班固曰："文景务在养民。"治天之法二，曰静、曰动。人君出治之法一，曰专。专则有守，有守则无慕，无慕则有成。羿而慕王良，则丧其射；伯牙而慕高渐离之筑，则丧其琴。技固不可以两能，能固不可以两精也。尧舜治天下以静者也，汤武治天下以动者也；成康治天下以静者也，宣王治天下以动者也。由静而治焉，治而专焉，是以有垂衣措刑之治；由动而治焉，治而专焉，是以有创业中兴之治。曰动曰静，虽圣人不能兼举而杂用也。择其所当务而吾执之以为专务，始之以择，继之以不疑，终之以不改，夫是之谓专务。文景之务，独在于养民。盖以古之静者而自处矣，而于天下之功名何务焉！平城之仇可报也，文景不报也；嫚书之悖可耻也，文景不耻也；火通甘泉之警可忿也，文景不忿也。文景非能忘情也，彼固有所不暇也。曷为不暇也？文景之所务，有不在此也。使天下之民安，何必报东门之役？使天下之民富，何必纪燕然之功？使天下之民仁且寿，保必数入陈之俘？得匈奴之辎重，孰与吾太仓之腐？得单于之朝，孰与吾黎民之醇？天马蒲萄之利，未足以易吾之桑麻满野也，龙荒大漠之取，未足以易吾之烟火万里也。方文景择引务而固执之，智者必忿于心，勇者必忿于色矣。未几，则相与乐之，已而忘之矣。天下忘文景之仁，而文景不忘天下之民。文景之不忘，专于仁者也；天下之忘文景，安于仁者也。故夫粟帛之赐，文景之小惠也；征赋之减，文景之廉德也；刑罚之几措，文景之宽政也：非文景养民之务也？文景之不以有功者易其有劳者，是真文景之务也欤？（《诚斋集》卷九十《程式论·文景务在养民论》）

又：汉文帝之贤与成康孰先孰后也？敦朴勤俭，一无嗜好，顾独稍好射猎，未损帝之贤也。而贾谊谏之曰："不猎猛敌，而猎田彘；玩细娱，而不图大患，可为流涕。"贾山亦谏曰："愿少衰射猎，修先王之道，不如此，则行日坏而荣日灭。"二臣者，所以责文帝备也，非责之备也，爱帝之全也。臣愿圣天子罢毬马之细娱，而求圣贤之至乐。收召天下耆儒正学之臣，与之探讨古今之圣经贤传，深求尧舜三代汉唐所以兴亡之原而择其中。以之正心修身，日就月将，圣德进矣。则五帝三王之治，涵养于圣心，而周流于天地。敌国虽强，其强易弱也。（《诚斋集》卷八十七《千虑策·君道上》）

朱　熹：文帝学申韩刑名，黄老清静，亦甚杂，但是天资素高，故所为多近厚。至景帝以刻薄之资，又辅以惨刻之学，故所为不如文帝。班固谓汉言文景帝者，亦只是养民一节略同，亦如周云成康，康亦无大好处。或者说《关雎》之诗，正谓康后淫乱，故作以讥之。（《朱子语类》卷第一百三十五）

又：文帝晓事，景帝不晓事。（同上）

又：文帝便是善人，武帝却有狂底气象。陆子静《省试策》说武帝强文帝。其论虽偏，亦有此理。文帝资质虽美，然安于此而已。其曰"卑之，无甚高论，令今可行"，题目只如此。先王之道，情愿不要去做，只循循自守。（同上）

吕祖谦：治天下者，不尽人之财，不尽人之力，不尽人之情，是三者可尽也，而不可继也。彼治天下者，不止为一朝一夕之计，固将为子孙万世之计也。为万世之计而于财、于力、于情皆使之不可继，则今日尽之，将如来日何？今岁尽之，将如来岁何？今世尽之，将如来世何？是以圣人非不知间架之税尽榷天下之利，而每使之有余财；非不知闾左之戍足以尽括天下之役，而每使之有余力；非不知钩距之术足以尽摘天下之诈，而每使之有余情。其去彼取此者，终不以一时之快而易千万世之害也。古之人有行之者，汉文是也。露台惜百金之费，后宫衣不曳地，可谓不敢轻靡天下之财；匈奴三入而三拒之，未尝敢穷兵出塞，可谓不敢轻用天下之力；吴王不朝，赐以几杖，张武受赂，赐之金钱，可谓不敢轻索天下之情。当是时，流泽淳厚，极炽而昌，使心一向于靡民财，则固可以建神明通天之台，固可以备千乘万骑之驾，固可以泛沙棠木兰之舟，固可以设鱼尤曼衍之戏，而文帝不为。使心一向于用民力，则岂无绛灌之将，岂无表饵之策，岂无南北之军，岂无铜虎之符，而文帝亦不为。使心一向于索民情，则命晁错以任术数，命郅都以按刑狱，命朱建以治纵横，命周汤以穷暴酷，而文帝又不为。文帝可为而能不为，以其所余贻厥子孙，凡四百年之汉用之不穷者，皆文帝之所留也。（见《十先生奥论注·续集卷六·汉文帝》）

叶　适：三代以后，嗣子之美者：申生、太子晋、扶苏、孝惠、孝文。彼皆夭阏不遂，而孝文独推其仁心见于事业，徒得古人之一二，而后世赖之。使有孟轲之臣，则所开大矣，惜哉！（《习学记言》卷第十九《史记一》）

又：文帝接秦之敝，本欲有所为，惜乎当时无知治明道之士，而其间既已空缺数百年，高则有慕古之迂，卑则有循俗之陋，故其事止于如此。（《习学记言》卷第二十《史记二》）

又：汉文除肉刑，短丧，赐民租，除田租，皆以其予民者行之，不为勉强，更有以上事亦可行，惜乎辅之者无其人也。班氏父子虽摭其善，然亦止能言其俭及近里做事，盖其所知者如此而已。（《习学记言》卷第二十一《汉书》）

王　楙：文帝虽天资仁厚，然失于轻信，赏罚之命往出于一时而不加细审，所以当时之人卒能救止，不至丽于有过之地。季布为河东守，人或言其贤，则召以为御史大夫，又或言其使酒，则罢归故郡。贾谊通诸家之书，廷尉言其能，则召以为博士，绛灌言其擅权，则弃之长沙。周勃以大臣之重，或者言其反，则下廷尉，太后言其不反，则赦出之。太仓令或者言其过，遽下腐刑，缇萦言妾父廉平，则恕之。孟舒、魏尚守云中，皆有能称，稍有所闻，则下吏削爵，一闻田叔冯唐之言，遂复其故职。至于以口钝而责上林尉，以辩给而迁啬夫，以犯跸而欲致其死，以盗环而欲致之族，是皆出于一时之喜怒，而赖张廷尉之救止也。文帝轻于赏刑往往如此，正自其轻信之过。向非有以救之，能无损于文帝之仁乎？！（《野客丛书》卷十四《文帝轻信》）

又：汉高纪诏令雄建，孝文纪诏令温润，去先秦古书不远，后世不能及。至孝武诏令始事文采，亦寖衰矣。（《野客丛书》附录）

李邦直：至文、景之为君，其治出于恭俭仁恕。然其君臣之间，尊严而甚可惮。（《西汉论》，引自《宋文选》卷十九）

郑　湜：文帝恭俭玄默，化民以躬，二十三年如一日，可谓盛德矣。然惜百金之费不营露台，而赏赐弄臣累百钜万；稽古礼文谦逊未遑，而眩于玉杯之说。及议制度封禅号，称宽厚而所学者申韩，其与廷尉议刑常过于刻。（见《十先生奥论注·续集卷十四·君体一》）

陈仁子：仁未易言也，三代以下论仁，惟班固论文帝可以当之宜也。虽然，仁有本有末，曰赈贷曰养老曰赐租，此末也；和匈奴而不轻用兵，惜露台而不轻用民，身衣弋绨而不轻用财，此本也。若帝日用兵若民若财，虽今年赈贷明年养老，又焉得人人悦之哉？所可恨者，狱周勃而无待大臣之仁，杀薄昭而无待外戚之仁，迁淮南厉王而无睦族属之仁，此瑜不掩瑕也。若帝更尽善此，虽孔圣亦以仁许之，岂特固？（《文选补遗》卷一《议赈贷及养老诏》）

王　质：嗟乎！孰谓汉文帝之识而不若齐威王也。文帝尝问右丞相周勃曰："天下一岁决狱几何？"勃谢不知也；以问左丞相陈平，曰："各有主者，即问决狱责廷尉，问钱谷责治粟内史。"是二者其为不知一也。勃讷于辩，平捷于言，其为不知一也。举天下之事而付之宰相，而宰相举不事事如此，文帝拱手而听焉，且又以陈平为能也，其何以率天下之怠者耶！禽兽之纤悉，上林令之当知也；上林令不知，而虎圈啬夫知之，二人能否见矣。啬夫无所赏，而令无所责，则是知与不知，同为一律而已。此二事者，皆可以驯致天下之乱，而文帝特幸免耳。汉之大乱，四夷猖獗，而诸侯骄恣，其萌皆成于文帝之时。而世以为文帝善用长者，不知吕奋、卫绾之流，果何补于汉？盖尝读西汉《百官年表》，以为文帝公卿大夫类多龌龊庸朴之徒，而其通明精悍之士，则皆暴露于宣帝之际。宣帝之所以鼓舞天下者，何也？赏有所不可辞，而罚有所不可避，名有所不可霰，而实有所不可隐。儒者之论，则以宣帝为杂于霸，文帝为纯于王，而不知赏罚名实，此四者王道之大权也。（《雪山集》卷四《汉文帝论》）

王　迈：文帝仁柔之主，非有武之刚锐、宣之严杀也。及参稽帝之行事，见其居重驭轻，总揽大权，虽武、宣之君不能过，而后知人君如帝，正所谓仁而有勇、宽而有制者也。

方其乘诸吕既诛之后，自代入继，习见南北军之权，能为社稷之轻重，故于天下未定、群臣反侧未安之始，即拜宋昌为卫将军以领之。及天下已定，人心已安，又恐此曹之恃恩怙宠，渐不可长也，于是不二年间，即罢昌之兵柄，一呼吸指麾之顷，两军权自天子出也。故小而信近之臣，禀命惟谨，不敢窃弄威柄于冥冥之中；大而元功宿将，奉身寅畏，凛凛乎如履渊冰之上。百司庶府，不敢慢令于其内；诸藩侯王，不敢抗衡于其外。呼，何其壮也。

且七国之变，不遽发于文帝之时者。人谓吴楚包藏叛心已非一日之故，惟赖文帝优游而涵容之，故其谋无因而发；景帝用晁错削地之策，始激其变。窃以为不然。以文帝之时观之，盖未尝无间隙可激诸侯之反者。淮南王长首犯不轨，死于蜀道，当时有尺布斗粟之谣，此有可乘之隙一也，而七国不反。济北王兴居与平、勃之徒共平诸吕，以封爵不如意而谋作乱，卒起平之，此有可乘之隙二也，而七国不反。帝太子与吴王濞太子争博，以棋局杀之，吴王怨望失藩臣礼，此有可乘之隙三也，而七国不反。有此三间之可乘，而七国终莫为变者，非不欲为也。文帝收兵权于上，七国退听于下，虽欲为乱而不可得也。嗟夫，文帝天下之仁君，而能果于用天下之权，此其所以不可企及欤！（《臞轩集》卷四《文帝论一》）

又：夫帝能敢于肉刑之除而不能免犯跸之怒，能安于服御之减而不能无骖乘之非，能正元舅之刑而不能杜嬖倖之侮，能除宗庙之秘祀而不能不为神仙之惑，是皆私心有以挠之也。使是数者而不能自克焉，则怒者不息，是枉法也；非者不格，是启宠也；侮者不惩，是长恶也；惑者不悟，是迷复也，又何足为文帝哉！（《臞轩集》卷四《文帝论二》）

又：文帝以仁柔帅下，当时称为宽大，宜若臣下可得而狎之，而实则凛然不可犯。武帝号为英明之主，持法又严于文帝，宜若可以杜左右之欺，而实则易于狎侮，是岂可以无辨哉！薄昭，文帝之母弟，一旦以杀使者之故，文帝以义制恩，置昭于法，太后虽存，不可得而庇之。武帝之立，受制母后，曾不得一举手。及后崩，帝始得以有为，是后戚得专政于武帝之时，而文帝则无之也。绛侯亲握天子玺而授之文帝，功不细也，告变之书，帝一闻而生忌，使廷折简以召之，极其困辱，仅免于死。而武帝初年，武安侯为丞相，擅人主生杀之权，帝莫能禁，如所谓君除吏尽，吾亦欲除吏等语，君弱臣强，于势甚舛，是功臣得擅权于武帝之时，而文帝又无之也。魏尚守云中首虏差六级似未为过，而幕府以闻，乃下吏夺之爵；而武帝时李广利捐五万之师，阅四年之久从事于宛，及其归也，不过得骏马数百蹄而止，而两侯三卿同日并拜，得二千石者百余人。是以边境之事，得售欺于武帝之时，而文帝亦无之也。文帝入宫，夜拜宋昌为卫尉，领南北军，不二年即停罢之，操纵予夺，不以兵权轻假人；而武帝初遣李陵援贰师军，陵不受诏，又遣路博德迎李陵，而博德亦耻为陵后距，是兵将之令不行于武帝之时，而文帝又无之也。张武，帝藩邸之旧臣也，受赂金钱事觉，以赏愧之，故由代来官不过郎中令而止；武帝时田蚡受韩安国五百金，即召为北地都尉，受王恢千金，讽太后使不诛，事竟不发。是赃污之吏得容隐于武帝之时，文帝又无之也。新垣平之诈，既与之立庙，此固文帝一时之惑，及其奸状既觉，不旋踵而诛之，断在不赦；而武帝信李少君丹砂可化之言，听粤人祠鬼有效之说，及方士候神无效验，而公孙卿犹得以为解，终身不悟。是奸佞之徒得肆意于武帝之时，文帝又无之也。叠是六者而论之，文帝岂真仁柔，武帝岂果严毅哉？（《膴轩集》卷四《文帝论三》）

又：汉兴至此，甫二十年，高、惠之仁渐于人者尚浅也，流离之民仅及息肩，正犹痼疾初奋，勺饮圭黍方入口腹，而或者遽欲摇撼之，故恙几不复作乎，此固帝之所畏也。又况重以纷乱诸事之潜出于帝平日亲信者之口，虽欲使谊一日安其身于朝廷，不可也。何也？帝爱天下之重，固有甚于爱谊也。虽然，长沙告行之后，帝岂恝然忘情于谊哉？度之帝意，毋亦谓少年圭角未除，曾不知老成之为，定虑屈者伸之基，栽培封殖以大谊之所受，是帝之心也。宣室召还之日，其霜降水涸之时乎，谊于是时阅天下之礼义，颇多于畴昔矣。谊方自喜其前日之摧折，乃所以为今日之发生。而帝亦未敢以故态待谊，必欲其少年英锐之姿敛，而为元老之事业，而后帝之愿毕矣。《治安》一策，欲帝立制度为万世计，其论非不切至也，奈何以三表五饵之说参错乎其间，使一时君相得见其疏，故制度之说虽可，终不见用，岂不重可惜欤！大抵帝之本心，惟谨守高皇帝之规模，涵养天下民命而已。利口如啬夫之徒必痛惩而勇绝之，诚恐此风一长，有以激天下之多事。则谊之不及究其设施者，君子固不可得以病文帝。余尝因是而论汉高、文帝所用相臣，皆重厚之流，虽文雅不足，而于天下事变练熟已深，故不至轻举而妄动。自申屠嘉为相，之前类皆持重镇静，无智名勇功，表表在人耳目者，天下阴受其和平之福。申屠丞相薨，明年晁错用事，一转臂间如痈疽速溃而不可救。朝无老成，使新进之士得以变乱旧章、骚动政令。此岂天下之福哉！故曰：谊之不见用于文帝，虽谊之不幸，实汉家社稷之幸也。(《膧轩集》卷四《文帝论四》)

又：文帝初年虽有巧诈暴戾之习，而帝法不加察，刑不必严者，盖以君子长者处其身，而待天下亦以君子长者之道。彼虽薄而吾待之以厚，彼虽诈而吾示之以诚，养天下安静和平之福，而寿风俗之脉于无所终穷之地，其为虑岂不深远欤？景之忌刻，武之刚烈，宣之聪察，皆不足以进此。故曰天下之事，要其终而后见仁人君子之心。(《膧轩集》卷四《文帝论六》)

曾　丰：隋有以王通最善论治，大抵以为政猛宁若宽，法速宁若迟。齐之法欲速也，故其政猛；鲁之法欲迟也，故其政宽。徒猛则失矣，徒宽亦未为得也。而汉文、宣又以齐鲁之治国者治其天下，古所谓尤而效之，罪又甚焉者几是耶？盖闻人君之于天下，犹人之父母也。今夫母之于子，襁褓焉，父则鞭朴焉。夫鞭朴襁褓之施，所谓爱子虽一也。不知徒襁褓焉，则反以稔其骄；徒鞭朴焉，则反以启其欺。凡文帝之所施，无非襁褓以稔其骄者也，是以有吴王之事；凡宣帝之所施，无非鞭朴以启其欺者也，是以有王成之事。人谓吴王之诈病不朝，盖借怨以徼宠；成之伪增户口，盖浪图以冒赏，如斯而已矣。独不思文、宣者，二人之君也，有刀锯焉，有鼎镬焉，徼焉而弗动，冒焉而弗得，则二人之腰领非二人有也。人非木石，谁肯以腰领干刀锯鼎镬者。意者王盖狃于有所易，而成则逼于有所难而然耶！故人君之治天下，不可使人有难我之心，亦不可使人有易我之心，易斯骄，难斯欺。王之诈病不朝，骄孰甚焉；成之伪增户口，欺孰甚焉。呜呼！人则谓然。吾谓二人者，其初本无是心，盖文、宣有以来之也。文持心太厚者也，故常与人易；宣责效太急者也，故常与人难。尉佗之僭，朔方之陵，类皆狃于文之与人易也，而王则未欲僭且陵也，故止于骄；王吉之自杀，田延年之自杀，类皆逼于宣之与人难也，而成则未肯自杀也，故至于欺。吾尝论之王之骄，意者特蔑视尔，非徼宠也；成之欺，意者特逃责尔，非冒赏也。借使文之持心不失之太厚，则凡朝廷之所废置，人将有慄其股者，王虽怨望，岂敢骄也哉！宣之责效不失之太急，则凡郡县之所奉承，人尚有措其手者，成虽犷戾，岂欲欺也哉！吾故谓王之骄则狃于文之易，而成之欺则逼于宣之难，非徒然也。虽然，文之藩臣非特王之骄，淮南王长、济北王兴居亦犹王也，幸而王未遽反，不幸而淮南、济北遽反，故自杀或道死尔。不然，文独得惜一几杖耶？宣之官吏不特成之欺，田顺之伪增房获亦犹成之伪增户口也，成幸而不败，顺不幸而败尔。不然，宣独得惜一关内侯耶？嗟夫！欺君骄上，臣子之罪也，今也反以得赏，小则几杖，大则关内侯，则人何惮而不为骄、不为欺？王骄之余，鼓而为七国之变；成欺之后，驯而致鹓雀之诬。噫！兹几杖、关内侯之余波也耶？君子曰：班孟坚所谓惠暴而宽恶，文实有焉；董仲舒所谓法出而奸生，宣实有焉。能近取譬，则文之事盖养虎遗患者也；宣之事盖水太清则无鱼者也。

文武之道，盖不其然。记曰：张而不弛，文武弗能也；弛而不张，文武弗为也；一张一弛，文武之道也。今夫文、宣，虽或失之与人易，或失之与人难。而上林之射赫赫若有怒焉，似非弛而不张也，务行宽大诏，休休若有容焉，似非张而不弛也，而卒未得为文武，何哉？文武动每戒之于其初，文、宣仅能持之于其末，此其故而已矣。古人不云乎："与其巧持于末，不若拙戒于初。"后之君苟能如尧舜，则巧拙非所论也。不然，文武之道惟其师，无徒以文之易为母天下之襁褓；宣之难为父天下之鞭朴哉。（《缘督集》卷十五《文宣论》）

　　蔡　戡：知人不能用，用人不能尽其才，自昔人主之通患也。贾谊、李广皆天下奇士，生逢文帝，非不遇时，然卒不至大用，迨今为憾。愚尝求其故。帝之于谊，自以为不及，于广亦曰："令当高祖世，万户侯何足道哉！"盖帝非不知其才，特不尽用其才耳；非不能尽用，不敢尽用耳。……天下之事，求以自适而快于一时者，终必为患。文帝之不敢尽用谊、广，殆类是欤！故广结发与匈奴战，往往轻敌取败，几不免者屡矣，然竟以此破亡；谊之三表五饵，术固以疏矣，帝若尽用之，其祸岂止于杀身而已耶！谊也，广也，不善自用，文帝不尽用之者，乃所以深知之也。观帝所置相，则申屠嘉，命将，则周亚夫，嘉之守节，亚夫之持重。其视贾、李，初若迟钝朴拙，有所不逮，至言汉贤相良将，必予之。帝之所用相命将如此，则谊、广之不用，固其宜也。且文帝非特能用将相耳，又能假其权，尊其礼，行其志，使得以自尽其才。嘉责辱邓通，帝则遣使致谢，亚夫以军礼见帝，则称善不已。自常情观之，二公悻悻自大，不肯少屈，几于专权犯上者，帝方且优容宽假，委曲奖借，又留以遗后人，帝于人才，可谓无负矣。惜乎至景帝时，晁错变更法令，嘉欲诛之而帝不可，王信以无功侯，亚夫力争之而帝不然，二公俱以是死。其后晁错既用，吴楚七国之变起；王信既封王氏，五侯之隙开。文帝以之致治，景帝以之召乱。治乱之间，在乎人才之用舍耳。呜呼！文帝能用人如此，谁谓不能用谊、广乎！然则谊、广之不用，可无撼矣。冯唐谓文帝虽有颇牧不能用，彼盖有激而云，非公论也。（《定斋集》卷十二《文帝论》）

　　又：文帝宽仁恭俭，为汉贤君，惜乎君人之量不洪，未免为盛德之累。诸吕既诛，惠帝无子，所当立者高帝子耳。高帝见在子唯帝与淮南王，帝长而贤，天命人心不约而合，故平、勃定策迎帝者，岂私也哉？顺天命、因人心也。且楚、汉相攻，平、勃身履目击之，高亡屡矣，卒并天下；韩、彭、英、卢一有非觊，相继菹醢；高后擅朝，诸吕用事，寻亦诛灭，天命归汉，殆不容释，平、勃尚何望耶！帝可以判，然而犹豫不决者，盖高后杀赵王，齐王几及于难，燕王早世，又杀其子，后欲徙帝王赵，患将及矣。帝逊辞以谢之，仅乃得免。帝惩诸王之祸，惴惴然朝不谋夕，一旦人以天下与之，非意所及，且喜且惊。故谋及群臣，谋及卜筮，迟疑而不敢进。先之以薄昭以察其情，继之以宋昌以观其变。当是时，帝之心何如哉！即位之夕，夜拜宋昌为卫将军，张武为郎中令，何乃匆匆如此！数月之间，又封昌为壮武侯。朱虚、东牟尝有立齐王之意，帝追恨而黜其功。章以失职怏怏而死，兴居遂有不轨之谋。夫昌以劝进而得封，章、兴居以欲立齐王而被黜。帝之所存，亦可见矣。昔晋侯赏从亡之功，介之推曰："天未绝晋，必将有主，主晋祀者，非君而谁，天实置之。二三子以为己力，不亦诬乎？"盖天之所命，非人力所能为，岂以昌一言之劝，章、兴居一言之异而为得丧乎。帝于此切切焉，是不知有天道也。或谓夜拜昌、武，非遽欲贵之。帝自代有天下，疑汉大臣皆不附己，故以亲信代处要任，盖所以虑患于未然。此文帝私忧过计耳。绛、灌始诛诸吕，握玺将兵，呼吸之间有关存亡，不以此时图危社稷，帝已正位，君臣之分定矣，欲何为哉！夫君人者，当以天下为量，汉臣即代臣也。帝乃畏忌大臣，宠任亲信而预防之，自分畛域，示人以疑，使人有危惧之心，亦非自全计也。唐魏徵尝劝建成早除秦王，薛万彻尝帅东宫兵以攻秦府，二人者罪不容诛。太宗不惟赦之，又复用之，位极将相，不以为疑。至于秦府旧人迁官，反出东宫齐府之后，惟才是择，不以新旧为间，如太宗，可谓有君人之量也。若夫文帝恭俭爱民，有非太宗所能及者，倪以大体责之，视太宗有间矣。故曰：君人者当以天下之量。（《定斋集》卷十二《文帝又论》）

刘　炎：或问：文、宣之治孰优？曰：文、宣同于恤民，而异于驭臣。文帝驭臣宽而有制，宣帝驭臣严而少恩。（《迩言》卷九）

又：或问：汉、唐孰能用谏？曰：汉祖实副其名，唐宗名过其实。名实隐然，莫如文帝。终身受言，得之贾山；终身务农，得之贾谊；终身重谷，得之晁错。体貌大臣之说用，困邓通而重丞相，不止礼一周勃也；推毂遣将之说行，屈帝尊而信亚夫，不止赦一魏尚也。听言用谏之道，惟文帝得之。其余则忽听暂行而止也。（同上）

孔文仲：汉之两京，其治为近于正心修身以化天下者，莫如孝文帝。躬行以率下，其迹著明者，莫如节俭。班固称其在位二十余年，宫室园囿无所增加，至于身衣弋绨之服，帷帐无文绣之饰，则其行之于身者，可谓至矣。宜其天下之民，靡然革其故俗而从之。贾谊推极其弊，乃以为礼义廉耻不行于天下，天子之服而庶人得以衣，倡优被墙屋。由是观之，民之奢侈而僭上，骄汰而无节，盖亦未有过于此时也，岂帝王之行不足以率天下之民哉！盖文帝之所以率民者，未有以尽其方也。凡为治之体，有风化而又有法度。风化，所以动民之心；法度，所以动民之志，两者相为用，而未尝可以偏废者。风化有余而法度不足，虽黄帝尧舜复出，犹不能使天下胥劝而为善也。先王知其若此也，故为之制度之密，纪纲之详，颁之天下，以束其心体，齐其耳目。故宫室之用，器服之饰，车舆之节，人徒之数，自天子至于委吏，由京师被于海表，斟酌处置，锱铢分寸之间，皆有条理而不乱。使之驯饬而不至于拘，优游而不至于荡，下者不得进而慕上，尊者不得俯而从卑，则是所以调剂天下之民者，尽于此矣。犹惧夫斯民之未深知也，于是月告之，时诰之，岁晓之，设官师以劝之，于乡闾立师友以讲之，于庠序使知夫循理奉法之荣，逾分犯上之辱。夫如是，故下之民虽豪悍忍讦者，莫不愧羞勉激，以从上之令，而后风化得以行焉。文帝之为天下也，尝有法度纪纲以节制之欤？常月告之，时诰之，岁晓之，使知礼义之可贵欤？皆未尝闻也。则天下之民，将何所依归，向风而就先王之礼义哉！此其虽有修己之勤，而卒无化俗之效也。下至孝武，慨然有意修太平之治，于是畴咨海内，招徕俊良，与之议文章、改制度，而武帝未尝行之于身，故天下亦莫之信。其为治之迹，与孝文异而其实一也。臣故曰：风化法度，两者为用，而未尝可以偏废也。（《清江三孔集》卷二《文帝论》）

张　栻：文帝初政，良有可观，盖制事周密，为虑深远，恳恻之意，有以得人心，三代而下，亦未易多见也。文帝以庶子居藩国，入践大统，知己之立为汉社稷，非为己也，故不敢以为己私。有司请建太子，则先示博求贤圣之义，而又推之于吴王、淮南王；有司请王诸子，则先推诸兄之无后者而立之，其辞气温润不迫，其义诚足以感人也。凡所以施惠于民者，类非虚文，皆有诚意存乎其间，千载之下，即事而察之，不可掩也。史于其编年曰："帝既施惠天下，诸侯四夷远近欢洽，乃修代来功。"观诸此又可见其明先后之宜而不敢私己，记史者亦可谓善发明矣。其待夷狄，盖亦有道。以南越尉佗之强恣，自高帝犹难于服之。而帝特施恩意，遣使遗以一书，而佗即自去帝制，下令国中称汉皇帝贤天子，皇恐报书，不敢慢。予尝详味帝所与书，则知忠信之可行于蛮貊如此。书之首辞曰："朕，高皇帝侧室之子也，弃外奉北藩于代。"盖后世之待夷狄，往往好为夸辞，于是等皆在所盖覆矫饰以示之者也。而帝一以其实告语之，彼亦豪杰也，见吾推诚如此，则又安得不服。故其报书首曰："老夫，故越吏也。"文帝不以高帝侧室之子为讳，则佗敢以越吏为欿哉。若吾以骄辞盖之，则彼必且慢以应我，必然矣。推此一端，忠信可行于蛮貊，可不信哉！以文帝天资之美，初政小心畏忌之时，得道学之臣佐之，治功之起，岂不可追三代之余风。惜其大臣不过绛、灌、申屠嘉之徒。独有一贾谊为当时英俊，而谊之身盖自多所可恨，而卒亦不见庸也。故以帝之贤，仅能为一时之小康，无以垂法于后世，如淮南、薄昭之事，未免陷于刑名之家、衰世之事。至于即位岁久，怠肆亦萌，新垣平之邪说故得以入之。然终以其天资之高，旋即悟也。其终诏有曰"惟年之久，长惧于不终"，盖可见帝之能察乎此矣。呜呼，亦贤矣哉！故予犹重惜其诸臣之无以佐下风也。（《南轩集》卷十六《文帝为治本末》）

赵秉文：孝文慈俭，出于天性。是时汉兴二十余年，贾生遂欲改制度、削诸侯、系外夷。赖谊之策不行，遂以无事。使帝无贾生，不失为守成之贤主，而帝尽行生之言，其祸有不可胜言者。大抵文帝德量过于贾生，所不及者才具耳。虽然，以谊之才辅之也，疏之亦非也。使谊加以数年不死，亦自悔其前日之论，则伊、管之俦也。

（《滏水集》卷十四《西汉论》）

真德秀：或问：曹参治齐师盖公，其相汉也以清净。文景之治大率依本黄老，约躬省事，薄敛缓狱，不言兵，而天下富，老子之教，亦何负与？曰盖公之语。参曰：治道贵清净，而民自定。此在《老子》书中一语尔。此一语非有摛提仁义、灭绝礼教之失也，故参用之，务为休息不扰。至于文景，斯极功矣，虽然庶矣富矣，而未及于教也。比之二帝三王化民成俗之道，可同日语哉？又况掇拾其谈，清论而不切于事理，有如西晋，至使胡羯、氐羌腥薰岱华几三百年，仲尼之道岂有此祸哉！（《西山读书记》卷三十六）

徐元杰：空谷而足音，晦冥而日月，绝无仅有之中，而求其粗合于古帝王之道，惟文帝一人而已。昔孝宗皇帝与大臣论古今治乱，因曰："自汉唐以来，人君惟汉文帝粗能知道。自文帝之外，人君非惟不知道，亦不知学。"大哉王言，深于考论。夫后世人主之为学者乎！试即文帝之粗知道者观之，虽其礼文之事犹或多缺，然刺取六经，盖亦仿佛于王者之意。故当时之治蔼然，犹有王者气象。非粗知道者，其孰能之？自其躬玄嘿，丽道准仁，而修身之道粗明。所幸夫人衣不曳地，而齐家之道粗立。张武受赂，益愧其心，吴王不朝，赐以几杖，而治国之道又粗审。以至弃细过而绝戎隙，成军礼以张国势，务休息而专德化，警灾异而求直言，凡可以为平天下之道者，亦粗于此而加之意。然则文帝之所以为汉德之盛者，岂非粗知道之效欤？夫惟文帝粗知六经之道，既足以致后世之治，后世考论文帝之史，则当劝其所以为文帝者，而戒其所以不如文帝者，当劝夫文帝之可以到帝王者，而戒夫文帝之终于未到帝王者。则治道功用，又岂容外吾心而求之乎？（《楳埜集》卷五《廷对策·绍定壬辰御试对策》）

黄　榦：汉文帝用儒之主也，刑名之学决非帝所好者。班孟坚以好刑名归之，岂非汉初诸儒未脱故习，言论之际一动文帝之听，则帝亦不能逃其名矣。噫！帝本好儒，而卒至于非所好，其亦不幸也已。孝文好刑名之言，请得以原文帝之心焉。尝谓儒术之与刑名，晓然如白黑之易辨也，此不待智者知之，三代而下，人主天资苟不至于尽坏者，又孰肯舍此而从彼哉！置思轲仁义于迂阔之地，唱申商名法于横流之中，世固有之矣，安可以是待文帝乎！昔之议者，亦以高帝为不喜儒之主，吁！帝岂真不喜儒哉，特未免为腐儒累耳。干戈未定，过鲁祠孔子，不可谓不知儒也。叔孙，儒者，委以制礼，可谓不用儒乎？《新语》一奏，随即称善。不好儒者，能之乎！屈一日之名，丧千古之实，世儒议论每每如此，高帝之不得以喜儒名者，君子固为高帝惜。况夫有好儒之实而反有好刑名之名，君子又安得不为文帝辨？且文帝何如主也，其真好儒耶？抑好刑名耶？谓其好刑名，则二十三年之治，以仁言，以德称，若以为真好儒，则此言又奚为至文帝哉！吁，有由也。天下之事有其实，固不得辞其名，而疑似之可议者，是必夫人之有以累乎我。爰自申商之习一炽于秦，世之以士自名者，非刑名不学也。

（引自魏天应编《论学绳尺》卷七《孝文好刑名之言》）

李东阳：文帝，汉之贤君也，然狱周勃，削魏尚，怒张释之而疏贾谊，召季布，宠邓通，坐慎夫人而信新垣平。进退予夺之际，未合乎君人之道者亦多矣，而卒能成盛治，昭令名。（《怀麓堂集》卷七十二《私试策问十六首》）

郎　瑛：三代而下，称治世莫如文景。今观文帝之世三十六诏，景帝之世二十五诏，而其除租、赐爵、务农、忧恤者三之一焉，则其史称与民休息可知。呜呼！此后世之所不及也。（《七修类稿·文景诏》）

黄　震：上躬修元默，而将相皆旧功臣，议论务在宽厚，告讦之俗易，风流笃厚，禁纲疏阔，断狱数百，有刑措之风。即位二十三年，宫室车服无所增益，有不便，辄弛以利民。欲作露台，直百金，乃止。身衣弋绨。尉佗称帝，以德怀之。吴王不朝，赐以几杖，张武受赂，更加赏赐，专务以德化民。（《古今纪要》卷二）

又：《文纪》所载皆恭俭爱民之事，一制诏必具，以其皆由恻怛之言也。《景帝》特载其政事之常、灾异之变，制诏不录之矣。至《武帝》，则始终备具著方士之欺谩，他不及焉。（《黄氏日钞》卷四十六《史记》）

方孝孺：太史公、班固称汉文帝之时，七八十翁未尝识市井，遨游嬉戏如小儿状。余尝思其言，而叹其盛。盖自三代以降，数千年间，俗莫醇于此时者。贾谊辈闇于治道，犹发愤病之，斯岂足以知文帝哉？以法术治天下，固不若以德化先天下之为完也。是道也，惟文帝知之，曹参行之，而贾谊非之，此贾生所以不逮文帝也哉！近代之政去古远矣，然其法宽事约有足取者。故方其承平之际，老成先进之人，皆浑厚雅重。口不出毁讪之言，而身不履诡激之行。余不及见之，而闻其流风于缙绅间。盖兵革之余，故老无复存者矣。（《逊志斋集》卷七《宁野轩铭》）

刘　璟：汉文帝恬淡寡欲，几致刑措。民受其赐，凡数百年，犹水火饥馑之得饮食，而济之以温凉，不其大哉！（《易斋集》卷下《恬澹轩记》）

唐汝询：穆穆孝文帝，恭己真明君，俭节著千古，上与成康群。已践茅茨迹，复扫空同云，不借堪临朝，珠玉委秋尘。宫衣不曳地，绮罗宁足珍，露以惜百金，四海生阳春。飞书谕南越，稽首称藩臣，乾坤既和洽，礼乐亦宜新。惜哉绛灌辈，椎鲁竟无文，空令长沙傅，辛苦吊灵均。（《顾氏诗史》）

董　份：《孝文纪》备载诏令德泽，而《景纪》止书年月，"赞"中亦止及七国一事，盖景帝不及文帝远甚，意固有在也。（引自《史记评林·孝景本纪》）

李　贽：历代诏令多文饰，惟孝文诏书，字字出肺肠，读之令人深快。予故备载之。孝文深得退一步法，自然脚跟稳实，故其诏令不虚也。学者未知黄帝老子之实，谓之异端杨朱氏，能令天下祸败。吁！请细观焉，毋但哺前人糟粕也。（《藏书》卷三）

于慎行：汉文帝好黄老之言，以无为为理，故于礼乐制度，谦让未遑。即一时才博善画之臣，如晁错、贾生（谊）多言更定法令，帝皆奇贵其人，而不用其画，此其所以致治也。使晁错、贾生当武帝之时，言安有不用者哉！故人主有能听言，有能不听言；人臣有能进言，有能不进言。当可以有为之时，能听者治；当可以不为之时，能不听者治。当众人不言之时，能言者贵；当众人皆言之时，能不言者贵。吁！此未易为一二浅夫道也。（《读史漫录》卷三）

丁南湖：说者以文帝比成王，愚窃以为帝之天资学力皆过之。盖人知成王之幼冲，而不知高帝崩时，代王才七岁，是又幼冲之尤者。及其长也，而各见闻其父道焉，则武之纯王，高之杂霸，其染于父者不同。一则藩邸孤陋，不与中朝文物之盛，而其傅之者虽一藩首选，亦不过宋昌之徒，一则左周右召，皆大圣之仪型，而其稍下者亦史雍史佚之贤。此其学于傅者不同。一则成周旧邦，礼乐千载，一则草茅崛起才及两代。此其籍泽于先世者不同。三不同矣，而终于同焉，岂非文帝有过之者乎？愚观二君之美政多矣，而成王之事则莫大于待周公。周公之功之亲，比诸周勃之于文帝，奚啻千万！及其待之也，乃各始疑而终悟。吾是以知武王而有成王不足奇也，高帝而有文帝乃所以为奇。（引自《袁王纲鉴合编》卷六）

杨　时：汉文帝资禀纯粹，若更从学问中彻底理会，便是汤、文以上人。（引自《袁王纲鉴合编》卷六）

丘　濬：三代以下，称帝王之贤者文帝也。帝之善政，非止一端，而好言纳谏，尤其盛德焉。后世人主于封章之入固有未尝一经目者，况敢犯其行辇，欲其止而受之乎？可用者未必肯用，不可用者辄加之罪，心知其善而口非之者亦有矣。况本不善而称其善乎！吁，若文帝者可谓百世帝王之师矣！（引自《袁王纲鉴合编》卷六）

又：许衡曰：三代而下，称盛治者，无若汉文。然考之当时，天象数变，如日食、地震、长星、彗、孛之类，亦多有之。前此后此者，凡有是变，小则有水旱之应，大则有乱亡之祸，未有徒然而已者。独文帝克享天心，专以养民为务，今年下诏劝农桑，明年下诏减租税，其心恳爱生民如此。故不徒消弭灾异，而又致和气之应，遂使海内殷庶，黎民乐业，风俗醇厚，且建汉家四百之基，猗欤伟哉！（《世史正纲》卷三）

程　楷：文帝躬修玄默，务在宽厚，若无为者。然而无事则谦让无能，有事则刚毅奋发，实刚克焉。是以平、勃功高，终为将相，申屠守正，得申国法。劳军细柳，周亚夫若倨矣，则加叹不已。却座宠姬，袁盎若强矣，则锡赉加隆。知吴公政绩第一也，则超拜内班；张释之议论可采也，则擢居侍从；闻晁错之论，则（徒）〔徙〕居民于塞下；闻冯唐之论，则复魏尚于云中。贾谊《治安》，容纳其荣，贾山《至言》，毕从其词。用人至明且断矣。露台之费则惜之，千里之马则却之，除肉刑，除诽谤妖言法，除收帑相坐律，祥刑之意，隐然也。止秘祝，定赈穷养老令，举贤良直谏者，立法之意昭然也。安边恤民，固素志矣，而匈奴跋扈，则即下亲征之诏，一怒安民之勇也。恭俭亲亲，固恒德矣，而薄昭有罪，则不免自裁之令，罚不遗亲之猛也。为政明且断矣。是盖由其玄默思道，而涵养之功密。止辇受言，而采择之力多。故其所为动皆可观。然祀雍之举，未免于惑短丧之言，未免于谬，而邓通之宠，未必非昵幸之私，岂非其学问之功尤有未纯者耶！（《明断编》）

孙　绪：汉文帝不但恭俭，亦有才知权变。周勃迎立之日，即时入未央宫，夜以宋昌领南北军，张武行殿中事，数刻之间，处分俱定，周勃掌握已无物矣，而声色不动。此时年甚少，真天才也。宣帝之才亦能办此，然起庶人，依许史，汉廷诸臣无一相识者，不若文帝有代邸之资也。至踰年而光归政，尚谦让委任，则不若文帝之许勃归相印，率列侯就国之勇决矣。（《沙溪集》卷十六《杂著》）

苏颖滨：文帝宽仁，景忌刻，景非文帝比也。汉言文景，言恭俭云尔。（《论世八编》三编第六卷）

袁黄、王世贞：孝文恭俭，专务以德化民，是以海内富庶，兴于礼乐，断狱数百，几至刑措，至于制度礼乐，则谦逊而未遑也。（《袁王纲鉴合编》卷六）

梅鼎祚：文帝讳恒，高帝中子。初封代王。迎立，在位二十三年。宽仁恭俭，弛利戒兵，与民休息。是以海内殷富，兴于礼义，几致刑措，庙号太宗。（《西汉文纪》卷一《文帝》）

张　溥：文帝、仁宗仁厚恭俭，近于古之胜残去杀，其所持以致治者，惟在佞幸不加大臣，威权不从中出。佞幸不加大臣，则国体正；威权不从中出，则公论明。《史》称汉文时天下殷富，烟火万里；仁宗遗制下深山穷谷、老稚女妇莫不奔走悲号。得人心如此，岂有异术哉！充文帝尊重申屠刚之心，则左右不敢变乱纪纲，而弘恭石显之祸不作；充仁宗不斥苏辙之心，则天下利害莫不闻，而王安石之祸不起。繇是道也，子孙守之者治，变之者乱。景帝性严于文帝，矫之以刻薄；神宗志奢于仁宗，矫之以纷更，而危难间作，盖其证也。若汉高之法则不然。汉高之法得天下者也，汉文之法守天下者也。三代以下得天下者，多以忍为之。唐太宗忍于建成、元吉，不然则身死，而天下不得；宋太祖忍于周王宗训，不然则终身为臣，而天下不得，二者非得已也。独高祖为得天下以前，有不忍人之仁；既得天下，反行之以忍。盖用兵日久则仁心渐失，见大害则不顾小害，见大利则不顾小利，此即曹操宁我负人之心，高祖先用之，以得志于当日者也。然而其心不可告于臣民，其术不可施于孙子，是以君子舍而不道。夫得天下以义，守天下以仁，得天下以权，守天下以经。后世人主处变之日少，处常之日多，与学汉高，宁学文帝。何则？杀人之术不可数试，而宁民之道可长久不坏也。（《历代史论》一编卷一《汉高帝文帝论》）

张履祥：人主学术不可不正。汉之文帝，三代以下最为恭俭之主，然有大过。如景帝为太子，以博局杀吴王子而不问，酿成吴乱。孟子以瞽瞍杀人，士师执之，于义为正,而当时廷尉、御史大夫不一言及,何也?又不知为之师傅者,何以并得无罪也?使废太子而议其师傅,诸侯王之子莫不戒惧怵息,弗敢骄纵,异时七国之乱可以不作也。七国之乱,不于文于景,固缘文帝之时,诸侯王皆幼,师傅用事,如贾生所云,亦景帝之为人素无以服其心也,若是者固有本末矣。文帝学本黄老,迹其平生多以清静无事为道,是以匈奴则和亲,制度则依陋,其不用贾生亦此意也。夫所谓无事者,因乎事之所当,然不以私智扰之。如当刑而刑,当赏而赏,刑赏在物,而已不与也。推之因革损益,莫不皆然,非谓当为而概无之也。仲弓以子桑伯子为太简,孟子以大禹为行所无事,帝王恭己无为之义,尽矣。夫以文帝天资之美,进之尧舜文武之学,其德岂独优于汉唐诸君,抑继其世者,未必止于景武而已。黄老之弊,流为申韩。景帝天资虽远,弗逮文帝,然以晁错为师傅,是亦文帝有以开之也。武帝雄才大略,而果于诛杀,朝野内外伤夷涂炭,良由积谤使然,非特秦之余毒遗烈而已。然则学术之际,何可不慎也哉!(《杨园先生全集》卷十九《汉文帝论》)

孙廷铨: 孝惠、高后遵法清静,三十年间秦风渐息,民气见醇。若以文帝之才而贾生之贤,相与改正朔、易服色,雍容文治,道必可观,而文帝不为也。方且惜露台,衣弋绨,集上书囊,除肉刑,蠲租赋,张武受赂而赐金钱,吴王不朝而赐几杖,南越帝制而赐玺书,凡其所为,若愚若朴,若讷若拙,忳忳然自与天下相安,于无文之治者大。以高帝淳朴之意,非以百年留之,不可遽散也。凡以为忠也,而刑措之治比迹成康。夫成康者,礼明乐备,周道之极盛也;而文景之际,汉道比隆焉,是为已得礼乐之情而用之地也,而何必既其文哉!观乎武帝,狭小前人号令,文章制作日盛而风俗凋敝,西汉之治亦渐衰。呜呼!斯则文帝谦让之深意也。(《汉史亿》上卷)

程至善: 周云成康,汉言文景。余谓文可方成,景不足比。康弟其爱梁王,恐伤太后之心,终能致太后起立加餐,而帝亦疏王,不与同车辇,可谓能权。其视文帝薄昭之事,似更得宜。及梁王薨,太后哭不食,又终能致太后加一餐,可见真孝。即此大节,可为君天下者法。(《史砭》卷一)

董文友: 三代以下,如汉文帝之为君,几乎圣矣,其为子亦几乎孝矣。太后止一弟薄昭,昭杀汉使,史称帝不忍加诛,使公卿从之饮酒,欲令自杀,昭不肯,使群臣丧服往哭之,乃自杀。夫执而杀之,与逼而杀之,其伤太后之心何以异哉!且帝不显诛之,而又逼以自杀,此非己之不忍杀之,必以太后之不忍杀之也。如以自杀闻于太后,而不以逼闻,是欺太后也;若使不逼,而昭何以自杀?虽欺太后,而太后固知其欺我也。母子相对之间,亦已各为衷曲矣。魏文帝言舅家不当假以权,既触汉法,不容不害,其议主于当杀。司马温公曰:"持法者亲疏如一。"其议亦主于当杀。至程子以昭之罪止于杀汉使,非盗长陵抔土比。始有存昭以全后、贷昭以慰母心之议。夫议亲之辟,为周官八议之首,而孝文又仁厚之君,昭或可邀不死,而终不赦。何哉?曰此帝之心也。此帝之所以谢齐王与迎立诸臣者也。盖诛诸吕后，本当立齐王而不当立帝。夫帝何以不当立也？帝为高帝之子，惠帝之庶兄，惠帝既崩，帝则见为高帝之庶长，于分当得立。然齐王之父悼惠王本为高帝长子，故当时谓齐王为嫡长孙。惠帝既崩，则可入嗣惠帝，于分尤当得立。均之当立，则当论贤；均之贤，则又当论功。而诛诸吕，定汉社稷，则始终皆齐王兄弟力也。齐王弟朱虚侯章素愤吕氏，当高后在日，已怀非种必锄之志，军法行酒，几蹈于危。至帝则畏后而不敢徙赵，其谢使也，止言愿守代边而已。朱虚宿卫，史言诸吕皆惮朱虚侯，虽大臣亦倚朱虚侯，刘氏为益强。而朱虚侯之所以见惮于诸吕者，非为其能斩亡酒之一人也，以其有齐王在外为之兄也。及朱虚得诸吕之阴谋，而告齐王，使起兵讨诸吕，执言仗义，入诛诸吕之不当王者，于是灌婴兵出，即与连谋。而诸大臣外恃齐王，内恃齐王之弟，知诸吕之所惮者在此，始敢萌诛诸吕之心。不然，则丞相平、太尉勃正未敢劫令郦商之子往绐吕禄也。虽绐吕禄，而不以齐兵之罢为言，吕禄正未必听也。吕禄不听，则太尉正不得入军也。即入北军，而一军之中，不因有齐兵在外，正未必敢入人人左袒也。况朱虚侯手斩吕产而得南军，再斩吕更始而握禁卫，其弟东牟侯兴居又与周谋，是诛诸吕、复刘氏者，本齐王兄弟力也。况于分又当立，何舍之？而所立者乃在不诛诸吕、坐观成败之代王哉！此则平、勃之私，以其母家之不足为大臣忧而已。其时琅邪王怨齐，平、勃等与之议曰："齐王母家驷钧恶戾虎而冠，立齐王，恐复为吕氏也。淮南王少，母家又恶，惟代王母家薄氏谨良。"又曰："薄氏君子长者，以善人则大臣安。"故舍齐王而立帝。而齐王贤甚已，不争功，而退守东藩。帝乃以朱虚、东牟初欲立齐王之故，竟绌其功，仅得赐金益户。逾年，始即割齐王之地，王朱虚于琅邪，王东牟于济北，济北王既已怏怏于夺功而反于前矣。乃今薄昭敢杀汉使，是不为谨良，不为君子长者，不为善人，则更非大臣初意。不杀之，将无以谢天下，而服诸侯王之心。故忍于必杀，以明已之公，而此心特不可告之太后，吾故于帝之贤，不能无责备焉。然则将如何？曰请于太后，即太后命杀之，帝亦曲赦之，削侯罢职。至教之不悛而再犯，则太后命杀之，帝遂杀之。庶母子以诚相与，而太后之心亦或不至于伤。夫法公也，而市公之心即私，故外有所市者，内必有所匿。先是元年正月，有司请立太子，帝欲待求贤圣有德之人而禅之，则为市公。至言吴、楚、淮南王皆可禅，而齐王尚在，反不及之，则似有讳言齐王而匿之者。薄昭之杀，亦市之心也，其杀昭之心，不可以告太后，则又有匿之之心也。皆非诚也。然昭本有罪，而帝非得已。吾之说特充类至尽，汉唐宋诸君，岂有贤于帝者哉！（《增广古今人物论》卷三《汉文帝论》）

  董其昌：往读史至汉文时，谋国之臣孰与晁、贾哉！贾大夫不难系单于头，而抱火积薪之虑，惟诸侯王为谆谆，又家令之疏备边，详哉乎其言之也。要以安宗庙而尊天子，舍削六国无足事者，帝心奇其才，莫能施用，竟成六国之祸。虽然帝之所能者，损万乘之重以重细柳而已。若曰：吾有真将军者，岂忧诸侯王哉！譬之治病，胫大如腰、指大如股者，症也。或言分之便，或言削之便者，禁方也，而条侯则医也。二子者，试方者也，试方者人费，试策者国废，得国医事几矣。藉令动六国之兵，而应以棘门、霸上之将，安在祸小乎？故曰：安危在出令，存亡在所任，此文帝之明而熟于计也。（《容台集》卷三《贺楚方伯霖宇梁公晋中丞序》）

王　绅：予观文帝恭俭仁慈，可谓汉代之贤君矣。然而独阙于明断，何哉？于绛侯周勃之事而深见焉。夫勃，鄙朴人也，自高祖为沛令，即以中涓起从。观其披甲荷戈，攻守战斗，积铢镂之功，至封为列侯而食邑万户，则其忠勤之志已见于高祖爱遇之诚与垂死之嘱矣。夫何濒老而文帝以庸人之言遽疑其谋反，至令下狱而侵辱于小吏？苟非薄后之言，几置于斧锧，所见何其浅哉！予尝考其先，攻城破敌拥□之势者，固不可胜数。当高祖之疾也，命勃以相国代樊哙而定燕，及事未竟而高祖崩，则勃之欲反，岂非其时乎！高祖之崩也，惠帝、吕后继殁而诸吕乱，勃以入据北军而攻诸吕，天下之势皆归于勃，则勃之欲反，又岂非其时乎！勃于是时，既无谋反之意，乃为汉代社稷臣，易少主而文帝，则其忠勤之志又襮于是矣，而文帝又何疑哉！然文帝之立，勃之恩为大，以大恩之人而欲讯之以大罪，仁德良亏焉。虽然，宗社之寄非轻而人心之微难托，受天下之任固不得遁一人之恩而妨大事，理之常也。所可恨者，独阙于明断耳。昔太甲不义，伊尹放之，后太甲悔过而不疑；成王幼冲，周公相之，三叔流言而成王不惑；后汉昭帝以少孤而继大位，霍光为辅，燕盖上官潜之而昭帝能为之辨。是三君者，皆以稚童未练世故者也，特中心有明继断然。而文帝既不能效三君之为，又独不□妇人之志，吾不知其果何见耶？昔萧何、樊哙建不拔之基业，而高祖犹或系治于狱，或欲即斩军中，岂其习性而然欤？贾谊所云流涕太息者，当有为矣。（《继志斋集》卷五《汉文帝论》）

顾　克：文帝以高皇帝侧室之子，奉北藩于代，宋昌建策，绛侯奉迎，立为天王。寒心销志，不明求衣，躬修玄默，除奇解娆，开妖言之禁，去收帑之令，还千里之騄駬。惜百金之露台，逸游之乐，绝奇丽之语塞，躬衣弋绨，革舄韦带。起化于身以先天下，求真言极谏，而止辇受群臣之疏，不斧钺不朝之主，不桎梏受金之吏，且目黼黻而心田野，足轩陛而口茅茨。故劝农之外无奇语，蠲租之外无异说，而重民以厚本之政。盖天下新去汤火，而帝以膏梁饵之，故烟火万里。方内有安宁之庆，禁网疏阔，司刑无鬼哭之庭，德厚侔天地，利泽施四海。民生其间，亦一时之三代也。非宽仁恭俭之主，其孰能之哉？其备夷也，每饭念李齐，拊髀思颇牧，按辔行细柳外，虽和亲而内不弃自治之策。匈奴三入而三拒之，未尝穷兵出塞，与薄伐玁狁至于太原者，如一辄。盖天资甚美，故令德善政相望于册，使得道学之臣以佐之，十尧九舜曷足云也。惜大臣不过绛、灌、申屠之徒，而亦不免于微疵曲过，淮南王以辎车死，而致斗粟尺布之谣，新垣平以诡诈进，而有玉杯改元之失，作庙渭阳，亲祠五帝，师心不学，短丧废礼，为全美之累焉。（引自《古今人物论》九卷《文帝》）

顾炎武：汉元帝时，贡禹上言：孝文皇帝帝时，贵廉洁，贱贪污。贾人赘婿，及吏坐赃者，皆禁锢不得为吏。赏善罚恶，不阿亲戚，罪白者伏其诛，疑者以与民，亡赎罪之法。故令行禁止，海内大化。天下断狱四百，与刑措亡异。（《日知录》卷十三《贵廉》）

葛震：帝初即位，谦让弗遑，军领南北，夜拜朱昌。却千里马，赈贷危亡，赐书赵佗，去帝称王。诏除诽谤，续监秦亡。慎夫人幸，席舆后侵，袁盎却坐，嘉赐千金。半两榆荚，轻重不伦，更造四铢，以便于民。祸自怨起，福由德兴，除秦秘祝，过由朕躬。二十三年，鼎成上升，帝尚黄老，恭俭庄临。止辇受谏，江海日深，露台不作，费惜百金。霸陵瓦器，因山不坟，赐吴几杖，赏武愧心。家给人足，圣德浸淫，敦朴谦退，足为后箴。诏遗短丧，遂至而今。洛阳贾谊，奇才扶疏，过秦作论，治安上书。宣室诏问，帝席前虚，两为王傅，忧死命夫。淳于少女，名曰缇萦，上书讼父，齐称廉平。刑不复属，死不复生，身没官婢，愿赎父刑。帝怜其意，为除肉刑。檄责邓通，申屠嘉相，细柳将军，周亚夫将。（《诗史》卷二）

华庆远：孝文发口临文，无不雄警，而敛藏锋锷，千古独绝，自是天授，非代言者所能也。（《论世八编》三编第六卷）

叶燮：孟子曰："五百年必有王者兴。"自周至汉八百有余年矣，何独无王者作欤？曰有之，独文帝一人而已。其出贾谊于长沙，不能如先王之任贤也，其时可兴礼乐，而谦让未遑，不能如先王之制作明备也。然吾尝谓其近乎王者，以其心为王者之心，斯其道为王者之道耳。文帝于汉家制度，未尝多所变更，而其治国也，有战兢惕厉之情，其保民也，有至诚恻怛之意。露台惜百金，帷帐无文绣，而后宫衣不曳地，为天下留财，而非徒示俭也；赐租税，除租税，赈贫养老，为天下散财，而非欲示恩也；止辇受言，可用用之，不可用置之，为天下集思广益，而非以鸣谦也；缇萦上书，遂除肉刑，吴王不朝，赐之几杖，张武受赂，金钱愧心。论议务在宽厚，耻言人之过失，为天下厚风俗，而非违道以干誉也。史称躬修元默，是其行道之本，化行天下，是其行道之效。盖其为人也寡欲，正其谊不谋其利，夏之启，殷之高宗，周之成康，不过如此。（见《历代史事论海》卷九《西汉论》）

龙体刚：文帝惠之弟，渭桥上符玺。玄默自躬修，韦带革为履。百金惜露台，献马却千里。藉田既亲耕，贤良亲策始。拊髀思颇牧，臣佗书一纸。贿吏赐金钱，收令生穀子。恭俭更宽仁，刑庭哭无鬼。细柳见将军，改容劳有体。法明礼乐修，德泽浃民髓。高厚同地天，成康斯媲美。独惜无九官，屈己和亲矣。改元因玉杯，短丧更废礼，廷尉平释之，治安哭贾谊。（《半窗史略》卷十）

又：汉文帝寒心销志，恭俭宽仁，丧服哭昭，肉刑不用。养老赦租，日齱皵而新田野；止辇纳言，足轩陛而口茅茨。撤夫人之坐席，不罪中郎；遏天子之乘舆，不驰细柳。召弄臣而不之拒，廷尉劾梁藩而不之嫌。昔人比之春风和气，芳香袭物，民生是时，真汉代之成康也。尚以淮南王之事为帝病，不思淮南之事迹已著，情难掩法。若必屈法原情，则流言可无管蔡之事矣，斗粟尺布，直野人谣语已耳。（同上）

方　苞：三王以降，论君德者，必首汉文，非其治功有不可及也。自魏、晋及五季，虽乱臣盗贼，阇奸天位，皆泰然自任而不疑，故用天下以恣睢而无所畏忌；文帝则幽隐之中，常若不足以当此，而惧于不终，此即大禹"一夫胜予"、成汤"慄慄危惧"之心也。世徒见其奉身之俭、接下之恭、临民之简，以为黄、老之学则然，不知正自视缺然之心之所发耳。

然文帝用此治术，亦安于浅近，苟可以为而止。其闻张季之论，犹曰"卑之毋高"，盖谓兴先王之道以明民，非己所能任也。孔子曰："子产犹众人之母也，能食之而不能教也。"《书》曰："周公师保万民。"若文帝者，能保之而不能师也。夫是，乃杂于黄、老之病矣夫！（《方苞集》卷三《汉文帝论》）

又：诸诏皆帝战战恐惧，克己循道以怀安天下之大政，他书则各入本传，观此可识本纪、列传记事与言之义法。（《方苞集·集外文补遗卷二·读书笔记·史记评语》）

爱新觉罗·弘历：三代以下，称汉文帝、唐太宗为贤主。然汉文知人不足，而安民有余；太宗知人有余，而安民不足。就其似者论之，虽各有其长，而欲媲美于虞廷之知人、安民，难矣！（《日知荟说》卷一）

又：文帝入继正统，宽仁恭俭，爱民务本，身衣弋绨，帷帐无文绣，约己师俭，为天下先。南越自立，以德怀之；匈奴入盗，令边备守，专务以德化民，培养汉祚，帝有力焉。（《御制乐善堂全集定本》卷四《西汉总论》）

陈其山：文帝天资极厚，故能力行宽大，天下乂安，汉祚之长，实在于此。即云好尚黄老，亦无害为治。（引自刘鸿翱《绿野斋文集》卷二）

刘鸿翱：夫三代后善治天下者，孰如汉之文帝哉！世之论文帝，曰善用黄老。嗟乎，黄老岂足以治天下哉！史称文帝躬修元默，务以德化民，吏安其官，民安其业，畜积岁增，风流笃厚，禁网疏阔，是以刑罚大省。至于断狱四百，有刑措之风。夫刑措而不用，此周自文武逮成康，积功累仁之久，百年间一见者也。文帝盖庶几焉，此岂用黄老之效哉！……且夫创制显庸尧舜禹汤文武周孔之迹也，苟得圣人之意而用之，即让谦未遑，制作固无害于治。汉武帝罢黜百家，表章六经，礼度文章，焕然百废俱修。而穷奢极欲，繁刑重敛，土木征伐神怪之事，日恐不给，百姓疲敝，起为盗贼，谈黄老者鄙焉。嗟乎！武帝内多欲而外施仁义，其弊也在不循尧舜禹汤文武周孔之道，论者乃曰不用黄老。文帝循尧舜禹汤文武周孔之道以治天下，所未遑者，制作之事耳，论者乃曰善用黄老，何其谬与！孔子曰："雍也，可使南面。"仲弓问子桑伯子，子曰："可也简。"仲弓曰："居敬而行简，以临其民，不亦可乎？居简而行简，无乃太简乎？"子曰："雍之言然。"尧舜禹汤文武周孔之道，未有不敬简者也，文帝可谓能居以行之者。世以用黄老目文帝，是以子桑伯子待文帝也。夫太简不可以临民，是向者仲弓之所辨也。（《绿野斋文集》卷二《汉文帝论》）

汪之昌： 三代后称贤君者汉文帝，其一论者谓西京二百年之统绪，罔非文帝之善贻厥谋。按：汉高削平秦、项，未久而即世，继以吕后之悖暴，文帝踵其后以践祚。观于贾生疏《论积储》、晁错《重农贵粟疏》，当日府库虚耗可知。南粤倔强于南，匈奴岁扰于北何？莫非轻量汉家之无能为。国用兵力，最关治天下之至计。而汉文即位之初，与叔季世贫弱情形岌乎不可终日者，几无以异。考《汉书·文纪》二年赐天下民今年田租之半，十二年赐农民今年租税之半，十三年诏除田之租税，是必仓廪充盈，故正供或从减或全蠲。赵佗上请罢长沙两将军，匈奴愿结和亲，是亦深知中国军威未容轻犯。曾几何时，规模顿成为富强。尝试推求其故，文帝致此者非他，亦务崇俭德而已。按：赞言帝欲作露台，以计直百金而止；身衣弋绨，所幸慎夫人衣不曳地，帷帐无文绣。此所撮举犹是宫廷服御之微。按：帝即位二年，诏罢卫将军军。太仆见马遗财足，余皆以给传置。是于不可弛之武备，惟恐妄费度支而力求搏节。《史记·律书》将军陈武等议讨南越、朝鲜，以一封疆，帝谓兵凶器，虽克所愿，动亦耗病。原帝无议军之议，诚有鉴于兴师动众，常供或不敷支给，势必仍征取于民而烦费无已。时帝即省事以省用，所谓俭者不夺人义，堪印证矣。史言百姓无内外之徭，得息肩于田亩，天下殷富，粟至十余钱，鸣鸡吠狗，烟火万里，承平安富之气象，迄今每令人神游其间。而文帝初未尝竭山川以生财也，亦未尝选士卒以奋武也。兵食之足，胥由俭德，其效乃有是哉！（《青学斋集》卷十三《汉文帝论》）

王　昶： 汉高祖坚忍好杀，疑其不足以贻子孙。享国长久，卒历十二帝，祚二百余年，由文帝休养之功为多。盖自周衰东迁，五伯迭兴，百姓苦于战斗，至七国殆有甚焉。秦之帝也，不过四十年，侵寻迄楚汉间，喋血无虚日，民生之倒悬憔悴，五六百年于此矣。文帝自代来，见天下易乱而难治也，而周勃、灌婴辈，以行阵老，益厌言兵，于是务宽厚，崇清静，惇恭俭，以为休养生息之计。廷尉以张释之，更秦苛法殆尽。任张相如等长者，而啬夫喋喋捷给之人斥弗取。匈奴入犯，整军以御之，出塞乃已。尉佗倔强南越，卑辞逊语以屈之。虽以贾生流涕太息，欲缚中行说削七国地，帅天下以整齐严肃，帝犹恐其纷更扰动而不之用。于是乎安静无为，汉之元气始固。夫是时，周亚夫、剧孟之徒善将兵，非逊于卫青、霍去病、杨仆诸人也，陆贾之徒善驰说，非逊于张骞、唐蒙诸人也，而文帝卒不之使，以为天下已宁矣，百姓苦战斗已久矣。抚循之，安辑之，足以为治。不然，骛远略而忽近患，此亡秦之续尔。文帝不忍为也。文帝惟不忍为，然后百姓之戴汉也益坚。故虽以武帝踵其后，连兵三十余年，中国骚然，而百姓犹不忍以乱且叛。不然，高祖所为，岌岌不终日之势也，何能享用长久如此？虽然，武帝之好兵，景帝之残刻启之；景帝之残刻，文帝使晁错为家令启之。则为文帝者，其于佑启之道，惜犹有所未尽也夫。(《涵芬楼古今文钞》卷五《汉文帝论》)

杜诏：文帝恭俭慈惠，务以德化民，其除诽谤，去肉刑，蠲租税，犹小焉者也。匈奴三入而三拒之，令边备守，不发兵深入，烦苦百姓。即位二十三年，宫室园囿，狗马服御，无所增益，以敦朴为天下先。洵乎德厚侔天地，利泽施四海，靡不获福焉。岂以狱周勃，宠邓通，短丧废礼少之！(《读史论略》)

杨琪光：孝文之俭觳，古今罕并，卒底殷富。众谓其祖宪黄老，在廷诸臣亦多用法，然黄老为吾道蠹病甚矣。文帝率臣民而师法之我夫子之道，不绝如缕，其不及过曲阜专以太牢祀孔子之高帝远甚，且又非尊用儒术之孝武比。特资性厚，屡有宽诏，之下沛足，培国本与深厚。世以其长，遂概其余不之责焉，足嗛后人哉！(《读史记臆说》卷一)

王树敏：宽猛相济，子产之言中道也。一于宽者，文帝弛纲之弊，一于猛者，景帝酷吏之弊，俱非所宜耳。(《史论正鹄·初集卷四》)

又：文帝无赏罚之明，故为臣下所蒙之，揭之而弊立见。(同上)

李廷机：文帝以侧室子入继汉统，树德弘休，务为宽和之政。除收帑相坐之令，去诽谤妖言之法，下春和赈贷之议，赐天下田租之半，举水火之元元，而衽席之，不可谓不为也。而吕氏谓帝可为而能不为者，非病其不为也。病其不能大有为也，盖人君之出治也，患其无能为之资，又患其无能为之时。时不可为而为之，是强天下而扰之，其失也躁率；时可为而不为，是委天下而弃之，其失也废弛。二者之为皆过也。今观恭俭如帝，爱民如帝，是有可为之资也。承高惠之后，海内殷富，黎民淳厚，又值可为之时也。夫顺风而呼，声不加疾，而听者自远；登高而望，明不加察，而视者自彻，势使然也。使帝乘其可为之时，展其能为之资，毅然以大有为自任，尊德乐道，举尧舜禹汤文武之道，次第推行，则可以挽马上之习，四三王而六五帝矣。惜乎宗黄老之教，束手谦让未遑，绵蕞之仪，秦仪也，帝独不能釐而振之乎！封郡之制，秦制也，帝独不能扫而更之乎！坑焚之禁，秦禁也，帝独不能徵山楼之彦，而探孔壁之藏乎！致使痛哭流涕之贾生，竟虚夜半之前席，是帝不能以身处于五帝三王之上，故其治效也，亦止于道不拾遗、外不闭户而已。譬之射者，志于百步则百步，志于五十步则五十步，非百步与五十步之勇怯也，为与不为也。以此论帝，帝何辞乎！虽然，帝亦不可轻议也。谢绝匈奴，三入三拒，尽用天下之力也；惜露台之费，去曳地之衣，不尽糜天下之财也；赐几杖于骜藩，馈金钱于墨吏，不尽索天下之情也。以其所不尽者，贻厥孙谋，凡四百年之汉，用之不穷者，皆帝之所留也，论者岂可以不为而短之哉！（见《历代史事论海》卷十《文帝可为而能不为论》）

陈明卿： 文帝精于用兵者也，观其视棘门霸上，如见戏，而识真将军于一见之间，非得黄老兵机者，何以及此！但帝善藏其用，不欲以知兵善将，将显然至万分不可已则又不得不发矣。所以自击匈奴，非尝试也，大勇神武不轻用，而又不可不用也。至于兴居谋反而帝益发（身）〔深〕省矣。自后备边和亲，柔道之用孚及豚鱼，虽匈奴未灭，而患亦少衰矣。不战而屈人兵，上兵伐谋，未有知其妙用者。后世无帝之知兵而轻言和亲，无帝之神武而率尔亲征，皆偷安侥倖，岂帝王术哉！（引自《史汉初学辨体·文帝纪》）

孙月峰： 汉语质，下令每简峭有味。（引自《史汉初学辨体·文帝纪》）

徐退山： 汉初诸诏各见本色，高帝真气惊人，武帝雄才杰立，独文帝温醇深厚，令人思三代之遗。（引自《史汉初学辨体·文帝纪》）

刘　沅： 史迁有言：孔子没而微言绝，七十子丧而大义乖。微言者，授受亲切之言；大义者，仁义中正之理。圣人修身以暨于天下，而道一风同，所恃者何哉？其心周知乎万物之故，而其道适得乎人情之宜，随时处中，风同道一。自春秋迄于战国，礼乐陵夷，民生久执隘矣，益以狂秦暴楚而古道荡然，盖不特典籍沦亡，抑且师傅失实。以文帝之贤，虚怀纳谏，而不得大贤辅之，观其前席而求亲策，而用殷勤求治之念，可不谓千载一时，而晁、贾诸人议论不过如斯。夫重农恤下，控制防边，固皆当时之急务，然内安外攘，必得贤才培养，旁求尤多善术。天下初安，将相多勋旧之臣，藩王受先帝之命，俱不可以轻为动摇。且于时，民苦其贫，财苦其匮，外寇苦其太强。文帝经营富庶，优待强梁，不可谓非怀柔之良策。是故赵佗吴濞俯首称臣，匈奴单于亦无大逞，使有伊周之佐，从容而效格心，可以不惑。志于黄头郎，周祥而兴礼制，可以消强梁于国内外，而诸臣不能也。是故虽有明智，不得孔孟之遗则，匡扶大业，通变宜民，必难尽善。三代而下，若帝之仁厚贤明，实为希有。君非其人，臣又希济，君子是以慨明良知不易兼全也。（《史存》卷八）

夏曾佑： 汉之盛世，实在文、景，此时距秦、楚、汉三世递续之相争，已近三十年矣……初，太尉既诛诸吕，废少帝，议所立，以代王高帝子最长，仁孝宽厚，太后家薄氏谨良，乃迎代王而立之。元年，有献千里马者，帝曰："鸾旗在前，属车在后，朕乘千里马，独先安之？"于是还其马，而下诏曰："朕不受献也，其今四方毋求来献。"（此在后世成为具文，而汉文则为七国以来之创举。）初，秦开南越，置郡县，设官吏。及秦乱，秦将赵佗乃据地自王。汉兴，高祖使陆贾说佗，佗乃称臣。至孝惠、吕后时，皇室多故，汉兵不能逾岭，佗因以兵威财物，赂遗闽越（蛮族名，今福建省）、西瓯骆（蛮族名，今广西、越南之间）役属焉，东西万余里，乘黄屋左纛，自称武帝，与中国侔。帝乃为佗亲冢在真定者，置守邑，岁时奉祀。召其昆弟，尊官厚赐宠之，复使陆贾使南越，赐佗书曰："前日闻王发兵于边，为寇灾不止，长沙苦之，南郡尤甚，虽王之国，庸独利乎？寡人之妻，孤人之子，独人父母，得一亡十，朕不忍为也。"（此亦七国以来之创论。）贾至南越，佗恐，顿首谢罪，称藩臣，去帝号。十三年，齐太仓令淳于意有罪当刑，其少女缇萦上书曰："妾伤夫死者不可复生，刑者不可复属，虽后欲改过自新，其道无由也。妾愿没入为官婢，以赎父刑罪，使得自新。"帝为之除肉刑。此皆帝之大略也。文帝好黄老家言，其为政也，以慈俭为宗旨，二十余年，兵革不兴，天下富实，为汉太宗，其专制君主之典型哉！帝时天下有两大事肇端，一其果显于景帝，一其果显于武帝。帝待诸王至宽大，诸侯骄泰，淮南王长至称帝大兄，而椎杀辟阳侯审食其于阙下，帝皆不问。洛阳贾谊上疏，请削诸侯，而改正朔，易服色，帝并不听。（皆非黄老之旨，文帝之学，盖优于贾谊远矣。）其后济北王兴居（齐王襄之弟，文帝二年封）发兵反，败死。淮南王长谋反，废徙蜀，道死。吴王濞招致郡国亡命，采豫章（汉郡，今江西省）之铜以铸钱，煮海水为盐，反迹日著；帝赐以几杖，不朝（吴之反谋，实因汉太子与吴太子争博，太子因引局提杀吴太子之故，故其曲在帝），其后卒致七国之变。帝初年，宦者燕人中行说降匈奴，始教匈奴猾夏，至武帝尽天下之力，仅乃克之，皆帝之所遗也。（《中国古代史》[上] 第二编《中古史》第一章第十七节《文帝黄老之治》）

钱 穆：汉自高祖迄于吕后，二十余年，社会复苏，其当时内外之情势，俱如上述。而文景两朝政治之措施，又如何乎？汉孝文为中国史上有数之贤君，其最为后人称诵者，厥为其自奉之俭约……其次则为待人之宽仁。其尤有关系者，为废肉刑。……史称孝文即位，躬修玄默。劝趣农桑，减省租赋。而将相皆旧功臣，少文多质，惩恶亡秦之政，论议务在宽厚，耻言人之过失。化行天下，告讦之俗易。吏安其官，民乐其业，畜积岁增，户口寝息。风流笃厚，禁网疏阔。刑罚大省，至于断狱四百，有刑措之风。其外对邻敌，内抚诸王，亦一以宽厚之意行之。南越尉佗自立为帝，文帝召贵佗兄弟，亲致书，存问有加。与匈奴结和亲，已而背约入盗，令边备守，不发兵深入，恐烦百姓。吴王濞诈病不朝，因赐几杖。张武等受赂金钱，觉，更加赏赐，以愧其心。其务以德化有如此。论其宅心之宽厚，为政之清简，诚堪谓为盛德之君而无愧也。

……然文帝虽仁慈，亦非不知政治之不能终以无动无为，一务恭俭玄默以为长治久安之计也。贾谊所言，文帝且一一行之。帝临崩，告其子，一旦有事，周亚夫可用。景帝卒用亚夫平七国之变。特文帝以代王入主中朝，诸王在外者，非其长兄，则其伯叔父。廷臣皆高祖时功臣，封侯为相，世袭相承。文帝即由廷臣所立，强弱之势，难于骤变。其时汉中朝之政令，既不能行于王国，而汉帝威权，亦不能大伸于中朝功臣之上。故贾谊一言，而绛灌之属皆不喜，谓洛阳少年，专欲擅权，纷乱诸事。文帝虽心悦谊，不得不外疏之。然文帝以慈祥恺悌默运于上，二十三年之间，而中央政府之基础日以稳固，外有以制诸王，内有以制功臣，则文帝之贤，又岂仅于慈祥恭俭而已哉？景帝虽遵业，慈祥之性，不能如其父。为之谋臣者，如晁错，又以深刻，主促七国之变。大难虽平，错亦见诛。然自高祖以来，功臣外戚同姓三系纷纭之争，至此告一结束。而中央政府一统之权能，遂以确立。景帝又用郅都宁成，务为严酷。痛诛游侠之徒，宗族豪杰，尽为惴恐。匈奴在景帝时，亦幸勿为大患。而俭约之守，则自高祖以来七十年相守勿衰。从此内力充盈，乃生武帝，雄才大略，得所凭籍，终以造成西汉全盛之势。文景之治，固为其主因矣。（《秦汉史》第二章《汉初之治》第三节《文景两朝之政治》）

蔡尚思：汉文帝号称三代下第一贤明君主，其实却是一位"自欺欺人""有名无实"的昏暴皇帝。例如：（A）屈己事虏。文帝的对匈奴，名为和亲，实则臣事；和亲之事，名为爱民不战，实则纵敌杀人……（B）昏愚迷信。文帝因梦见"黄头郎"而尊幸邓通，因信"星气"而幸赵谈，公孙臣陈五行之事而召为博士，赵新垣平"以望气见"而亲郊见五帝庙，因新垣平诈令人献玉杯而"始更为元年"；召见久别的贾谊，不问民政而问鬼事；大臣诛诸吕迎他，他竟狐疑不听活人（宋昌）的忠言，而听死物（龟）的一卜，甚至以"天王"为"诸侯王"，连那封建圣人（孔子）作的"帝王须知"（《春秋》）也未一阅（详见《文帝纪》《佞幸传》《贾谊传》及丘濬、余有丁之论）。（C）免除田租而不改革田制……当时有产的大地主和无产的农民两种阶级，还是相差很远；而文帝不思均产，而要免租税。殊不知管田者本应出租税，现在除田租，便是免除管田者的租；管田者既免出租，自然可以从此更富了。而在无田者，本来就无须出租税，何待于文帝之下令免出？是半点的利益也没有受到；而且由于富者因免田租而更富，则一般贫者自然要被更重地压迫，更无望由下层翻身来与富者争平等。由此看来，文帝此种免租政策，简直是要使富者愈富，富者大受其赐；贫者愈贫，贫者大受其亏。名为仁政，实则虐法。名为救贫，实则助富。此点在东汉的荀悦，已有见及。（D）真虐伪仁。这方面，可分为三点：第一，是以死刑代肉刑……第二，是除收孥诸相坐律令，而不除夷三族之诛……第三，立轻法而行重罚……（E）真奢伪俭。第一，对于佞幸的奢侈……第二，是对于宫室的奢侈……第三，是对于陵园的奢侈……文帝对待佞幸与营造自己的宫室陵园，既皆富厚奢侈到此地步，而当时及后世反赞美他的俭朴，这真是再滑稽也没有了！所谓贤昏俭奢的分别，原来是在乎名，而不在乎实的。（F）赏罚不公——从私情而不从公道。第一，是不赏大功……第二，是不罚大罪……（G）不知用人。第一，是喜用奸宦。如文帝"复遣宗室女公主为单于阏氏，使宦者中行说傅公主。说不欲行，汉强使之。说曰：'必我行也，为汉患者！'说既至，因降单于，单于甚亲信之……"（详见《史记·匈奴列传》）结果增加匈奴的强硬，弄到国家危急，人民痛苦，真是"咎由自取"。此外如宦者赵谈、北宫伯子等，也是文帝的"宠臣"。（详见《佞幸列传》）第二，是不用贤才，如贾谊是文帝时的第一个贤才……以这样大才远识的人，而给他谪死，既不能用贤人，怎样算得是贤君？总而言之：文帝的行政与做人，做奴隶有余，做领袖不足；于治标为优，于治本为劣；长于苟安，短于进取；只有小惠，而无大德；毫无武功，极不忠实，殊少特识，不能制作。只是过渡或维持现状的君主；根本谈不上大道至治。明王渐逵说："礼乐未遑之对，卑之无甚高论之言，其规模局陿，气象委靡，卒使古帝王经世之迹，不复见于今。是有保天下之心，而无高天下之识者也！"（《乞陈愚见疏》，见《岭南文献》）而张履祥也说："观于汉文帝，知徒善不足以为政。"（《备忘一》）至其毫无见识，事事随人言而转移，以致弄到自相矛盾，宋王楙的《文帝轻信》最有见地（《野客丛书》卷十四）。而其实行德化，实有缺点，如孔文仲的《文帝论》所批评（《三孔清江文集》卷二）。文帝更和武帝同样地注重法治，而且都比不上秦始皇的宽大公正，详见章炳麟的《秦政纪》。（《中国历史新研究法》第九章《批评、叙述与客观态度》）

李澄源：史家称文景之治比于成康，以为汉之极盛，独刘向崔寔之言为异。应劭《风俗通》载刘向对成帝曰，文帝遵汉家，基业初定，重承军旅之后，百姓新免于干戈之难，故文帝宜修秦余政，轻刑事少，与之休息。以简约（编者按：《风俗通义》其后有"节欲"二字）自持，初开藉田，躬劝农耕桑，务民之本。即位十余年，时五谷丰熟，百姓足，仓廪实，蓄积有余。然文帝本黄老之言，不甚好儒术，其治尚清静无为，以故礼乐庠序未修，苟温饱完给，所谓治安之国也。其后匈奴数犯塞，侵扰边境，单于深入寇掠，贼害北地都尉，杀掠吏民，系虏老弱，驱畜产，烧积聚，候骑至甘泉，烽火通长安，京师震动，无不忧懑。是时大发兴材官骑士十余万军长安，随（编者按：《风俗通义》作"遣"）丞相灌婴击匈奴，文帝自劳军于太原代郡，于是北边置屯待战……文帝即位二十三年，日月薄蚀，地数震动，毁坏民庐舍，关东二十九山同日崩溃，水出河决酸枣，大风坏都，雨雹如桃李，深者厚三尺，狗马及人皆生角，大雪蝗虫。文帝下诏书曰，间者阴阳不调，日月薄蚀，年谷不登，大遭旱蝗饥馑之害，谪见天地，灾及万民。丞相御史议可以佐百姓之急。推此事类以右及中宗之世，不可以为升平。成帝曰，其治天下孰与孝宣皇帝？向曰：中宗之世，政教明，法令行，边境安，四夷亲，单于款塞，天下殷富，百姓康乐，其治过于太宗之时，亦以遭遇匈奴宾服，四夷和亲也。上曰：后世皆言文帝治天下几至太平，其德比周成王，此语何从生？向对曰：生于言事，文帝礼言事者，不伤其意，群臣无大小，至即便纵容言，上止辇听之，其言可者称善，不可者喜笑而已。言事者多褒之。后人见遗文则以为不然，世之毁誉莫得其实，审形者少，随声者多，或至以无为有，故曰尧舜不胜其善，桀纣不胜其恶，桀纣非杀父与君也，而世有杀父君者，人皆无道如桀纣，此不胜其恶，故若文帝之任贤不胜其善，世俗褒扬其德比成王，治几太平也。然文帝之节俭约身以率天下，忍容言者，含咽臣子之短，此亦通人之难，似出于孝宣皇帝者也。如治理之材，恐文帝亦不及孝宣皇帝，崔寔《政论》，亦谓宣帝之政治优于孝文。(《论衡·儒增篇》载光武辨文帝不居明光宫，断狱不三人。)大抵汉人称文帝颇有溢美，故刘向以为俗人所妄传，言过其实，以刘向之言合之于司马迁、班固之言，其称文帝之美相同，惟其政治不及宣帝，则班马所未及。以当时情势推之，刘向之言可信，但谓文帝治理之才不及宣帝，则又非知文帝者也。世以文景并称，景帝实不逮文帝甚远。景帝守文之主耳，而其政治一依文帝之旧，则并称亦可。《汉书·刑法志六》，当孝惠、高后时，百姓新免毒蠚，人欲长幼养老，萧曹为相，填以无为，从民之欲而不扰乱，是以衣食滋殖，刑罚用稀。及孝文皇帝即位，躬修玄默，劝趋农桑，减损租赋，而将相皆旧功臣，少文多质，惩恶亡秦之政，论议务在宽厚，耻言人之过失，化行天下，告讦之俗易，吏安其官，民乐其乐，蓄积岁增，户口寝息，风流笃厚，禁网疏阔，选张释之为廷尉，罪疑者与民，是以刑罚大者，至于断狱四百。《史记·平准书》云，汉兴七十余年之间，国家无事，非遇水旱之灾，民则人给家足，都鄙廪庾皆满，而府库余货财。京师之钱累钜万，贯朽而不可校。太仓之粟陈陈相因，充溢露积于外，至腐败不可食。众庶街巷有马，阡陌之间成群而乘字，牝者摈而不得聚会。守闾阎者食粱肉，为吏者长子孙，居官者以为姓号。故人人自爱而重犯法，先行义而后绌耻辱焉。当此之时，网疏而民富，役财骄溢，或至兼并，豪党之徒，以武断于乡曲。宗室有土，公卿大夫以下，争于奢侈，室庐舆服僭于上，无限度。物盛而衰，固其变也。《史》《汉》所论为文景时代之政治社会情况，上承萧曹以来之治，以宽厚清净为主。汉初宰相皆汉初功臣，至景帝之申屠嘉为止，故汉初政治如出广辙，文景之治，为汉初黄老政治之极盛（汉人所谓黄老进退而已）。然各时代政治上之困难问题则不全同，高祖时之困难，外患则匈奴，内患则异姓诸侯王。高后惠帝时惟匈奴为患，惠帝殁后，始有大臣之偪，而同姓诸侯无忧也。文帝时三者并起，夷狄诸侯大臣皆可畏，稍一不慎，即足以倾覆汉室，幸大臣无篡夺之心，不与夷狄诸侯相合，不然则汉朝必致瓦解。文帝才大，能销患于未形，史家但称其德，罕言其才用，刘向且谓治理之才不及宣帝，失其实也。文帝之时犹是封建时代，汉所谓治者十八郡，诸侯自为政如战国之时，其政治之不及宣帝，即此可想见，况其时大患未去，又安暇及此耶？(《秦汉史》第五章《文帝景帝》)

李长之： 文帝和景帝，则表面上是最和善、最仁慈的，但其实那真相却正相反。文帝，不用说，是对于黄老之术最精的人，他的谦让和宽厚都只是手段。那时的政治家如晁错，如贾谊，如张释之，也都是申商刑名之学的法学，这是他的周围。周勃出了狱以后，说："吾尝将百万军，然安知狱吏之贵乎？"这时是文帝三年（前177），可见那时的法也何尝宽？至于那个直言的老实人冯唐，便曾当面说文帝："一言不相应，文吏以法绳之。其赏不行，而吏奉法必用，臣愚以为陛下法太明，赏太轻，罚太重！"吴王濞的使者也当面警告过文帝："察见渊中鱼，不祥！"这都是可以看出文帝的真面目的。有着司法精神的张释之，并且一则对文帝说："法者，天子所与天下公共也，今法如此，而更重之，是法不信于民也！"二则对文帝说："法如是足也！"可知严法重刑本是文帝的倾向。文帝对于削诸侯事，表面上好像不听晁错的奏书，可是他对于淮南王就轞车传送，"暴摧折之"（袁盎语），后来死在路上；更从贾谊的谏书上看，"大国之王，幼弱未壮，汉之所置傅相，方握其事"（二事均公元前174年），傅相便明明是派去了监视的；最后，又把周亚夫交给太子，说："即有缓急，周亚夫真可任将兵。"后来周亚夫却就是平七国之乱的主将。文帝的表面做得那样好，其实早已处心积虑，准备收拾一切碍眼的势力了！晁错是被称为峭直刻深的了，实则文帝正似之。（《司马迁之人格与风格》第五章《司马迁之体验与创作（中）——必然的悲剧》）

何兹全：文帝景帝时，继续执行惠帝高后时的休养生息、安集百姓的政策。文帝景帝（前179年到前141年）在位的四十年，是汉初继惠帝高后之后又一个政治上安定、经济上发展的时期。因为政治上安定、经济上发展，人民的生活自然也是安定向上的。这一时期在历史上就博得了一个"文景之治"的雅号。

就历史事实方面来看，文景时期的被人称赞，也是有道理的。所谓"文景之治"，我们可以从三方面去理解：

一、文景两朝的政策，减轻了劳动人民的负担，继续安定了劳动人民的生活。公元前178年（文帝二年）下诏"赐天下民今年田租之半"（《汉书·文帝纪》），即由原来的十五税一，改为三十税一。公元前168年又诏"赐农民今年租税之半"（同上）。第二年，又根本免除了田租，一直到公元前156年（景帝元年）才恢复三十税一。自公元前167年到前157年十一年中没有收过田租。人头税也有减轻。汉代人头税称为算赋，从十五岁到五十六岁，每人每年出一百二十钱，称作一算。（《汉书·高祖纪》注引《汉仪》注）文帝时减为民赋四十（《汉书·贾捐之传》）。徭役也有减轻，原为一年一役的徭役，改为"男三年而一事"（同上）。

二、文帝时的政策，协调了统治阶级内部功臣、宗室封国和皇权的关系。当时，在政治上，汉帝国朝廷以内存在功臣这一势力，朝廷以外，有已渐形成分离势力的封国。皇权和这两种势力都有矛盾。文帝对这两种势力努力采取妥协的政策，以求得政治上的相安无事。

三、文帝自奉是很俭朴的。《汉书·孝文帝纪赞》说他："即位二十三年，宫室、苑囿、车骑、服御，无所增益，有不便辄弛以利民。尝欲作露台，召匠计之，直百金。上曰：'百金，中人十家之产也。吾奉先帝宫室，常恐羞之，何以台为！'身衣弋绨，

所幸慎夫人衣不曳地，帷帐无文绣，以示敦朴为天下先。"（《秦汉史略》）

郭双成：西汉前期的几个封建帝王中，司马迁认为汉文帝是他理想中的所谓"明君"。《孝文本纪》通过对他的事迹的叙述，可以说是给当时的君主树立了一个宽仁俭朴、与民休息，对国家的发展壮大起了重大作用的帝王的典型。根据《孝文本纪》所写，他即位的头一年，即下令"除收帑诸相坐律令"；第二年，先是下令"罢卫将军军。太仆见马遗财足，余皆以给传置"，接着又下令"农，天下之本，其开籍田，朕亲率耕，以给宗庙粢盛"，最后则是除"诽谤妖言之罪"。十三年，又先后下令除"秘祝之官""除肉刑""除田之租税"。后六年，"天下旱，蝗。帝加惠：令诸侯毋入贡，弛山泽，减诸服御狗马，损郎吏员，发仓庾以赈贫民，民得卖爵"。凡此种种，在司马迁看来都可以显示出汉文帝之"为帝"来。……在司马迁看来，封建帝王就应该像汉文帝这样"专务以德化民"，以达到封建统治的长治久安。班固在《汉书·文帝纪》中把司马迁的上述一段带有总结性的文字稍加改动，用作赞语，说明他完全同意司马迁对汉文帝所作的评价。《史记·律书·太史公曰》写有这样一段称颂汉文帝政绩及其为人的话："文帝时，会天下新去汤火，人民乐业，因其欲然，能不扰乱，故百姓遂安。自年六七十翁亦未尝至市井，游敖嬉戏如小儿状。孔子所称有德君子者邪！"这些称颂汉文帝政绩的话，虽然是有些言过其实，但也反映出汉文帝时期的政治是比较清明的，称文帝为"有德君子"，表示了司马迁对汉文帝的一种衷心赞美之情。唐代大诗人杜甫曾明白说出他的理想是"致君尧舜上，再使风俗淳"（《奉赠韦左丞丈二十二韵》），这也可以说是包括司马迁在内的封建社会中一些具有强烈人民性的伟大诗人和作家的共同理想。（《史记人物传记论稿》第二章）

于豪亮：西汉王朝建立后，汉高祖、惠帝、吕后都着力于恢复农业生产，稳定封建统治秩序，收到了显著的成效。文景两帝相继即位后，又在这基础上进一步采取了轻徭薄赋、与民休息的措施。

汉文帝十分重视农业生产，他即位后多次下诏劝课农桑，按户口比例设置三老、孝悌、力田若干员，经常给予他们赏赐，以鼓励农民发展生产。同时还注意减轻人民负担，文帝二年（前178）和十二年，曾两次"除田租税之半"，即租率减为三十税一，十三年还全部免去田租。自后，三十税一遂成为汉代定制。文帝时，算赋也由每人每年一百二十钱减至四十钱，徭役则减至每三年服役一次。景帝二年（前155），又把秦时十七岁傅籍给公家徭役的制度改为二十岁始傅，而著于汉律的傅籍年龄则为二十三岁。文帝还下诏"弛山泽之禁"，即开放原来归国家所有的山林川泽，从而促进了农民的副业生产和与国计民生有重大关系的盐铁生产事业的发展。文帝十二年又废除了过关用传制度，这有利于商品流通和各地区间的经济联系，对于农业生产的发展也有一定促进作用。

汉文帝对秦代以来的刑法也做了重大改革。①秦代大多数罪人，即被判处为隶臣妾以及比隶臣妾更重的罪人，都没有刑期，终生服劳役。文帝诏令重新制定法律，根据犯罪情节轻重，规定服刑期限；罪人服刑期满，免为庶人。②秦代法律规定，罪人的父母、兄弟、姊妹、妻子和子女都要连坐，重的处死，轻的没入为官奴婢，称为"收孥相坐律令"。文帝明令废止。③秦代有黥、劓、刖、宫四种肉刑。汉文帝下诏废除黥、劓、刖，改用笞刑代替，景帝又减轻了笞刑。改革的后两项在当时和以后虽没有认真执行，但文帝时许多官吏能够断狱从轻，持政务在宽厚，不事苛求，因此狱事简省，人民所受的压迫比秦时有显著的减轻。

文景两代对周边少数民族也不轻易动兵，尽力维持相安的关系。吕后时，南越王赵佗自立为帝，役属闽越、西瓯、骆，又乘黄屋左纛，与汉王朝分庭抗礼。文帝即位后，为赵佗修葺祖坟，尊宠赵氏昆弟，并派陆贾再度出使南越，赐书赵佗，于是赵佗去黄屋左纛，归附汉王朝。文帝后元二年（前162），又与匈奴定和亲之约，此后匈奴虽背约屡犯边境，但文帝只是诏令边郡严加备守，并不兴兵出击，以免烦扰百姓。

文景之治之所以成为封建社会的盛世，与文帝个人的励精图治是分不开的。他即位不久，就废止诽谤妖言之罪，使臣下能大胆地提出不同的意见。秦代以来有所谓"秘祝"之言，凡有灾祥就移过于臣下。文帝十三年下诏废除并且声明：百官的错误和罪过，皇帝要负责。次年，他又禁止祠官为他祝福。文帝自奉也相当节俭，在位二十三年，宫室苑囿、车骑服御之物都没有增添。他屡次下诏禁止郡国贡献奇珍异物。他所宠爱的慎夫人衣不曳地，帷帐不施文绣。文帝曾想建一座露台，听说要花费百金，等于中人十家之产，于是作罢。因为文帝提倡俭约，所以当时国家的财政开支有所节制和缩减，贵族官僚也不敢滥事搜括，奢侈无度，从而减轻了人民的负担，这是"休养生息"政策的重要内容之一。

文景两代采取了上述一系列措施的结果，使当时社会经济获得显著的发展，封建统治秩序也日臻巩固。西汉初年，大侯封国不过万家，小的五六百户；到了文景之世，流民还归田园，户口迅速繁息。列侯封国大者至三四万户，小的也户口倍增，而且比过去富实得多。农业的发展使粮价大大降低，文帝初年，粟每石十余钱至数十钱。据《汉书·食货志》记载，汉初至武帝即位的七十年间，由于国内政治安定，只要不遇水旱之灾，百姓总是人给家足，郡国的仓廪堆满了粮食。太仓里的粮食由于陈陈相因，致腐烂而不可食，政府的库房有余财，京师的钱财有千百万，连串钱的绳子都朽断了。这是对文景之治十分形象的描述。

但是，文景时期的"与民休息"政策的目的是为了稳定和加强对农民的控制，进一步巩固封建统治，一些看来对农民有利的措施，实则对地主、商人更为有利。例如，文景减免田赋，地主获利最大，入粟拜爵，也有助于商人政治地位的提高。同时，文帝为求得政治上的安定，对同姓诸侯王的权势虽曾有所限制，但未能采取果断措施清除其动乱隐患；景帝三年（前154）吴楚七国合谋叛乱，与此当有一定的关系。（《中国大百科全书·中国历史Ⅲ·文景之治》）

王兴国：汉初的无为政治虽然给社会带来了稳定政局、安定秩序、休养生息、发展生产等好处，但同时也带来了严重的危害。其一，是纵容诸侯王骄恣不法，这也就是贾谊所说的"高拱而不忧"，"而故成六国之祸"（《权重》）。例如，文帝明知吴王刘濞心怀不轨，称疾不朝，却赐以几杖，特许他不朝，这样客观上助长了诸侯王的野心。其二，是听任富商大贾奢僭。例如文帝的除盗铸钱令，就为诸侯王、大臣佞幸、富商大贾积蓄货币、垄断国计民生创造了十分有利的条件。其三，加剧了社会分配的不公，激化了阶级矛盾。文景两朝，虽然从法律上强调重农抑商，但由于上述的放任政策，使工商者实际上进一步扩大了自己的势力和地盘，而广大农民却在商贾大地主的剥削和压迫下更加贫困。这就正如晁错所说的："今法律贱商人，商人已富贵矣；尊农夫，农夫已贫贱矣。"（《论贵粟疏》）正是鉴于这种情况，所以贾谊和晁错都反复揭露当时社会上潜在的和正在激化的各种矛盾，指出其危险的发展前途，并且大声疾呼，要求最高统治者改变那种消极无为的政治态度，转而采取积极有为的进攻策略。但是当时一方面由于客观条件还没有完全成熟，例如文景两朝主要还是致力于发展生产，恢复国力；另一方面由于统治集团中的个别老人的思维模式一时难以转换，从中掣肘，使改革也无法进行。例如，汉文帝的皇后窦太后就"好黄帝、老子言，景帝及诸窦不得不读《老子》，尊其术"（《汉书·外戚传上》）。（《贾谊评传》第十二章《陆贾和晁错的政治思想》）

朱宝昌：对文帝的治天下，明末大思想家王船山归结为一个"忍"字，一个"让"字（见王船山《宋论·太祖》）。文帝能忍人之所不能忍，能让人之所不能让，他是无往而不忍，无往而不让。他为什么会这样，为什么要这样呢？面对高皇身后留下来的一系列问题，根据他母子的亲身阅历，他感到除去忍和让，别无下手处，怎样对付，也不合适。船山指出这纯粹是道家的老学。船山的论断实在精确无比，是读透五千言后对文帝治天下的方术的最高度的概括。为什么要忍呢？五千言中说："天下之至柔，驰骋天下之至刚。"又说："知人者智，自知者明，胜己者胜。"这话等于说，真正强有力者是最善于做自我斗争的人。一贯伸拳头的决没什么了不起。又说："夫唯不争，故天下莫能与之争。"读一系列格言，如嚼橄榄，越嚼越觉意味无穷深广。可是，我们理解它、欣赏它都还不算太难，谁能在生活上认真做实践功夫呢？也许对二千年后今天的我们不存在这个问题。这是帝王教科书……

按：完全反暴秦之所为，正是文景之治的主要精神，基本方向高祖入关时已奠定。文帝对秦之所以亡、汉之所以兴，是十分清楚的，这是他一生最感兴趣的问题。他以忍让治天下，只要求天下承认一条：皇帝必须姓刘，是高皇帝的子孙，此外，无事不可商量。他以忍让、以清静无为作中央集权、专制政体的消毒剂。君权是绝对的、至高无上的，一切权力都集中在他这里，但他按兵不动。他不动，于是谁也不敢随便乱动，这便叫作以静制动，这便叫作以天下之至柔弛骋天下之至刚。他一不以搏击为能，二不使阴谋暗算，只是一味没力气，不使劲。（《朱宝昌诗文选集·论西汉文景之治和先秦黄老思想》）

王彦辉：文景时期，统治者在政治上的政策失误及其影响表现如下：

第一，文帝对骄纵跋扈的诸侯王纵容恣任，终于酿成数王反叛之祸。王国势力随着西汉政局趋向稳定，自文帝即位伊始就日益暴露出分裂割据的倾向。在政治上，一些诸侯王自为法令，僭越礼制，"虑亡不帝制而天子自为者，擅爵人，赦死罪"（《汉书·贾谊传》）；在经济上，甚者"招致天下亡命者，盗铸钱，煮海水为盐"（《史记·吴王濞列传》），虽居"诸侯之位，而实富于天子"（《汉书·贾山传》）；在社会上，游士宾客争往仕之，羽翼已成。由此可见，诸侯王国已从初封时的社会稳定力量质变为分裂割据力量，或"谋为东帝（如淮南王长）"，或"西乡（向）而击（如济北王兴居）"，一句话，王国问题已成为西汉内政中最大的隐患。

对此，贾谊建议"众建诸侯而少其力"，对现有王国实行再分封，令其子孙依次受封其父辈封地，"地尽而止"，即使暂无封者，亦要"建以为国，空而置之，须其子孙生者，举使君之"。（《汉书·贾谊传》）这虽不能从根本上解决问题，却不失为削弱王国势力的重要一环。遗憾的是文帝并没有及时采纳，而是在时过境迁的十年之后才有限地加以推行。事实证明，造成数王屡反，特别是吴楚七国之乱乃骄纵使然，为汉中央政策失误所致。

政策失误之一是奉行古法，不能因时宜有所更张。文帝即位后，诸侯王图谋分裂的动向已昭然天下，不久就发生济北王刘兴居、淮南王刘长的叛乱，说明封国制已丧失继续存在的合理性。可文帝碍于形势，更囿于祖宗成法，不仅没能有效地遏止现有王国势力的发展，反而继续进行分封，加上景帝所封，至七国之乱前汉中央的直辖地已由文帝初年的 37 郡减少至 24 郡。（参见林剑鸣《秦汉史》（上）第 295 页，上海人民出版社 1989 年版；《汉书·枚乘传》）

政策失误之二是片面强调稳定，坐失解决王国问题的良机。文帝初即位仅存五王国（其一为长沙王吴芮），这本是削夺诸侯王国的最好时机，文帝即使不能抓住转机压抑现存王国，终止同姓分封的旧制，亦应从机制上设法解决集权与分权的关系问题。可文帝即位后却又陆续分封了五个宗室王和三个皇子王，使枝强干弱之势进一步加重。及贾谊议"众建"，文帝不能持积极态度削夺王国权势，反而一味消极安抚，对称疾不朝的吴王刘濞姑息养奸，纵其从容进行二十余年的谋反准备。十年之后，吴国叛势已成，文帝又拒纳晁错、袁盎等人的削藩之议，不去并齐（齐王则死无子）、淮南（淮南绝国已十年）地入汉，反而依贾谊计，析齐为六、析淮南为三，这一滞后之举虽在日后减轻了诸侯叛军对朝廷的军事压力，但并没有避免所析之国卷入叛乱。

政策失误之三是对图谋不轨之王无原则地姑息、恣纵，助长其分裂野心。汉初王国权势虽盛，但政治上有汉置相国的掣肘，军事上无汉颁虎符，诸王也不得擅发兵，只要朝廷对"不臣"之王态度强硬，措施得力，完全可以避免诸侯反叛所造成的政治动荡。但文帝恰恰采取了在"政宽"掩盖下的"纵容"政策。如淮南王"骄蹇，数不奉法"，文帝一再容忍，不治其罪，致使刘长有恃无恐，在封国内"不用汉法，出入惊跸，称制"，驱逐朝廷命官，自置二千石、相，文帝仍"曲意从之"，终使刘长谋反身亡。吴王濞自文帝三年便托病不朝，"为谋滋甚"，晁错等数"言吴过可削"，而文帝不仅不罪，反赐以几杖，使刘濞"益骄溢"，"谋作乱"。文帝生前不能绳之以法，终于"畜乱宿祸"，遗害后世。

第二，文、景因循"无为"之规而不图改弦，使各级政府消极苟安；又选官多取刘邦旧人，"累日以取贵，积久以致官"，使统治集团缺少积极进取精神。汉初黄老思想为休养生息政策的贯彻提供了必要的政治环境，历史作用不容抹煞。但政治上的"无为"也掩盖了各级官吏渎职怠工、纵人为奸的另一种倾向。我们决不能善意地把"无为"与实现社会治理等同起来，也不能把"有为"与社会安定对立起来，总体战略上的"无为"是促成社会趋向秩序发展的前提；具体工作中的"有为"是实现社会有序化的保证，两者在方向上并不矛盾。相反，任何在实际操作中将两者割裂开来，执其一端的作法都会把社会引入歧途。

……文、景二帝虽欲图振作，但缺少冲破这种传统氛围的勇气，每欲有所更张，都在群臣的"谏阻"下止步不前，这就决定文、景施政的主旋律只能是因循守成。

"自汉兴至孝文二十余年，会天下初定，将相公卿皆军吏。"文帝即位后，已罢列侯就国，"颐指如意"，但在选官上仍不能突破功臣为相的旧例，公卿百官多取刘邦旧人。如文帝后二年（前162），张苍免相，"而高帝时大臣又皆多死，余见无可者"，可文帝还要寻找一个"以材官蹶张，从高帝击项籍"的申屠嘉为丞相，不敢启用年轻有为的新人。这就使整个官僚队伍，特别是高层统治集团结构老化，"累日以取贵，积久以致官"，"长吏多出于郎中、中郎、吏二千石子弟，选郎吏又以富赀"，致使人才的选拔面非常狭窄。这些出自屠夫、贩夫和靠父荫、富赀充位的大小官吏极少具备为吏的素质，缺少治国才能，更无深谋远虑。汉兴七十余年，"常欲善治而至今不可善治者，失之于当更化而不更化也"（《汉书·董仲舒传》）。

第三，文、景二帝对世风日趋奢靡、贵戚官僚枉法为奸等现象"恬而不知怪"，以至于流俗日败，政风渐衰。文、景之世，社会上"背本而趋末""以侈靡相竞"的风气业已演成，贾谊就一再呼吁朝廷采取禁奢措施，实现"富安天下"的目标。对此，文帝本人堪称楷模，在位期间励精图治，持俭勤政，对抑奢起到了一定的示范作用。但在商品经济日趋活跃、拜金观念不断滋长的社会氛围中，不是通过具体的政策、法令导民从俭，而是单纯依靠榜样效应、依靠吏民以礼义自律，当然没有多大号召力。何况文帝在持俭勤政的同时，又对宠臣邓通大加赏赐，前后"累巨万"，对臣下糜烂无度的生活方式听之任之，这无不助长了社会上的"淫侈之俗，日日以长"。

　　社会风气的腐化，人们对物欲的追求反馈到政治行为上，必然出现政府官员欺上瞒下、贪污受贿、行诈致利等权力腐败现象。正如贾谊所指，当时已是"白昼大都之中剽吏而夺之金，矫伪者出几十万石粟，赋六百余万钱，乘传而行郡国"，而朝廷大臣"特以簿书不报，期会之间，以为大故，至于俗流失，世坏败"。文帝蔽于"吏治蒸蒸，不至于法"的表面平静，在"网漏于吞舟之鱼"的条件下，对官吏腐化这股暗流缺少应有的政治嗅觉，不但没有及时予以治理，反而"不自扰"、"以为是适然耳"，以致政风日败，或"大为奸利"，"或不承用主上之法，暴虐百姓，与奸为市"，权钱交易、权力腐败的风气由此形成。至武帝时出现"天下郡太守多为奸利"的严重局面，正是这股邪风的恶性发展。（《试析"文景之治"的政策失误及其影响》，载《社会科学战线》1994 年 6 期）

　　高　敏：从表面上看，汉文帝只是继承了惠帝、高后时期的黄老思想，推进了清静无为的黄老政治，实行了轻徭薄赋的传统政策，采取了一些重视农业与工商业的措施而已。以致于在他整个政治生涯中，既没有大兴土木的建设措施，也没有惊天动地的兴革举措，还没有兴师动众的壮烈行为，在他统治的二十余年中，好像一切都很平静，连《史记·孝文本纪》与《汉书·文帝纪》载其事迹也十分简略，有的年份，甚至无事可记，给史书留下了空白年代，从而给汉文帝造成了无所作为的印象。然而，这并不是汉文帝的真实形象。他提倡的清静无为政策，为的是防止官吏扰民，籍以保证劳动人民从事农业生产的时间与条件，并不是真正无所作为，更不是毫无兴革与建树。实际他的一生都在切切实实地为铲除亡秦暴政而努力为之；也在不声不响地为清除诸吕造成的消极影响而不懈奋斗；还在为维护与巩固刘邦开创的政治基业而煞费苦心，更在为不断实行旨在减轻劳动人民的租税徭役负担和恢复与发展社会经济而采取各种措施。正是通过他二十余年的不懈努力，才踏踏实实地奠定了西汉前期长期稳定的政治基础，开创了社会经济迅速恢复与蓬勃发展的良好基地，实现了儒家所倡导的"仁政"局面，为景、武二帝时期准备了丰厚的物质条件，也为后世帝王树立了勤政爱民的典范。……后世史家，也称颂开创于文帝和继续于景帝时期的政治、经济局面为"文景之治"时期。因此，汉文帝虽无雄心勃勃的改革家形象，也无气势汹汹的张扬表现，却是一个实实在在的改革者，正是他寓改革兴建于清静无为口号下的实干作风，开创了西汉王朝的新局面。故文帝决不是一个因循守旧的皇帝，更不是一个无所作为的皇帝，而是一个脚踏实的改革家，一个西汉王朝的忠实维护者。这就是他的个性特征的集中表现。(《论汉文帝》，载《史学月刊》2001年第1期)

又：历史的进程是复杂的。许多因素的交互作用，往往使历史的进程发生为人们所意想不到的后果。特别是剥削制度下，一些本来有益于劳动人民的措施，却会转化为对剥削阶级有利的政策；一些本来是为了发展经济的作法，却会引导出严重的社会经济危机；一些本来可以是巩固政权、安定社会和维护政治传统的举措，却会产生严重的消极后果。汉文帝的一系列改革措施的结果是这样，他的一系列以巩固政权和维护传统为主旨的依靠老臣、宿将和刘氏宗亲的措施也是这样。这种以为善始而以祸害终的历史进程，是汉文帝所始料未及的，这是汉文帝的历史悲剧所在。

首先，文帝依靠、重用老臣、宿将和尊宠刘氏宗亲的政策，主要带来两个方面的消极政治后果：一是由于汉文帝依靠与重用老臣、宿将，忽视了对年轻官吏与将领的提拔和培养，从而造成高层统治集团成员的老龄化和丧失活力，使高级官吏与将领后继无人……二是尊宠与优待刘氏宗亲政策的实行结果，使得诸侯坐大，日益形成尾大不掉之势，严重影响中央集权国家政令的执行，甚至造成了地方割据势力对中央政权的反叛。文帝时期已出现这种反叛的事实，如济北王刘兴居的反叛和淮南王刘长的谋反，就是明显的例证。至于景帝时期爆发的大规模反叛——"七国之乱"，也是在文帝时期埋下的祸根……

其次，汉文帝的一系列改革措施，所带来的不良后果更为严重，也主要表现在两个方面：一是文帝的轻税措施，适足以资豪强，主要获得利者并非劳动人民，以致加速了社会的贫富分化；二是文帝的弛山泽之禁、开关津之阻和任民冶铸的政策，虽然促进了农业、手工业与商业的发展，却使大批冶铸业者有了兴风作浪的本钱，造成了商人富贵而农民贫贱的反常现象，加剧了社会矛盾。

关于文帝的轻税政策适足以资豪强地主的问题，是这样引起和加剧的。文帝所实行的"十五税一"和曾经三度试行的"三十税一"的田租率，不过是一个征收田租的比率，而不是定额田租。在实际纳税的过程中，是按纳税者拥有土地的多少和每亩土地产量高低相结合的方式计算的。换言之，一家一户缴纳田租的多少，取决于两个因素：一是土地的数量，二是亩产量的高低。前者是个相对稳定的不变量，后者是因施肥多少和耕作勤惰等因素的不同而变化的可变量。基于前者，土地愈多者，纳税量也愈多，反之亦然；基于后者，劳动者施肥愈多和愈勤劳，亩产量也随之增加，纳税量也会愈多，反过来也是一样。对于一般的个体农户来说，拥有土地的量是十分有限的，他们只有靠多施肥和勤用力去提高单产。这样一来，按率田租法去缴纳田租，土地数量少所带来的好处是有限的，而由于多施肥、勤用力导致的产量增加所付出的田租量，会大大超过因土地少而获得的好处。反之，豪强地主土地多，自然通过低田租率所获得的好处也多；他们一般不直接从事生产，故通过亩产量的提高而多付的田租量落不到他们头上。于是，总的结果是：通过文帝减轻田租率的政策，主要获利者是豪强地主而不是农民……

关于弛山泽之禁、开关梁之阻和纵民冶铸等政策所带来的政治、经济危机，也是在封建剥削制度的温床上滋生出来的。以弛山泽之禁来说，给农民固然带来了樵采之便，但最大的获利者是战国时期遗留下的大批使用奴隶劳动的冶铁、采矿、铸钱和煮盐的大工商业主。他们进入山泽地区，占用山泽以为己有，大肆采矿、冶铁、铸造，以致富甲天下，还利用其资财交通王侯，结集势力，图谋不轨。有的还操纵市场，囤积居奇，哄抬物价，牟取暴利；甚至还不佐国家之急，任意兴风作浪。

再以纵民铸造货币来说，虽然增加了货币的流通量，促进了工商业的发展，但能铸造钱币的人，只能是大冶铸业主和诸侯王，以致在文帝时期出现了专门以铸造钱币致富的不法之徒，正如《盐铁论·错币篇》所云，"文帝之时，纵民得铸钱、冶铁、煮盐"，使得"吴王（刘濞）擅鄣海泽，邓通专西山，山东奸猾咸聚吴国，秦、雍、汉、蜀、吴、邓钱布天下"。《史记·平准书》也指出，因为文帝时令民得自铸钱，以致吴之诸侯，"即山铸钱，富埒天子，其后卒以叛逆"。可见诸侯之坐大乃至叛乱，也与纵民得冶铸的政策有密切关系。

文帝的开山泽之禁、通关梁之阻和纵民冶铸等一系列促进工商业发展的政策，不仅带来了如上述的不良后果，而且还使当时社会形成了重视商人和轻视农民的风气。连司马迁也说："用贫求富，农不如工，工不如商，刺绣纹不如倚市门"；"天下熙熙，皆为利来；天下攘攘，皆为利往。"这种思潮，虽然到武帝时期才特别突出，但文帝时期实已开其端。故文帝之时，农民弃本求末之事，经常发生；文帝三番五次下重农之诏，也未能改变这种状况。商人致富之后，不仅在生活上挥霍浪费，而且利用资财，交通王侯，或用钱买爵，或纳粟免役，还大放高利贷盘剥农民，商人兼并农民之事与日俱增。法律上虽然重农抑商，但实际上商人的地位远在农民之上。正如晁错在给文帝的上书中所指出的："今法律贱商人，而商人已富贵矣；（法律）尊农夫，农夫已贫贱矣。"出现了"俗之所贵，主之所贱也；吏之所卑，法之所尊也"的"上下相反，好恶乖迕"的反常现象。以致表面上的"文景之治"的太平景象，实质上却是危机四伏的火药桶。

对于因此而造成的社会危机，当时的政治家不是没有察觉到。年轻有为的贾谊与晁错，就曾不断地针对这些问题大声疾呼，并提出了解决矛盾、缓解危机的各种建议。例如贾谊的《治安策》，就指出当时的形势"可为痛哭者一，可为流涕者二，可为长太息者六"，且各有所指。他还在《谏除盗铸钱令使民放铸》中，指出纵民自由铸造钱币的政策，造成了劣币泛滥、钱文混乱、农民背本趋末和商人陷罪等弊端，因此，他力主废除纵民冶铸的政策。晁错也在看到了上述弊端之后，提出了自己的建议。文帝面对他们的建议，虽心知其正确，但因为老臣、宿将的反对而不能用，所以文帝的悲剧，既在于他未能预见其改革措施所带来的消极后果，也未能听取贾谊、晁错等人的正确建议。（同上）

研究综述

在《史记》十二本纪中,《孝文本纪》具有特别的意义。它不仅勾勒出汉代"至盛"时期的历史脉络,展现了汉文帝的治政轨迹,也型塑厚德谦让的君主形象,寄寓着司马迁的仁君理想。历代对《孝文本纪》和汉文帝的关注长盛不衰,并在这一过程中,形成以"文纪"解读、文帝评价、文景之治为主导的研究取向。

一、关于"文纪"之解读

所谓"文纪"解读,是指对《孝文本纪》的解构与评析。它基于对"系日月以成岁时,书君上以显国统"[①]历史书写的编纂体例,爬罗剔抉,既有对文本叙事、治政特点的历时把握,也有对释义考订、史实"镜像"的微观分析。例如,文帝为代王时,建都晋阳还是中都?入长安时,随入代邸的大将军是陈武,还是柴武?诸将诛吕之后参与讨论废立的刘氏家族代表是一人,还是二人?文帝六年冬,令"中大夫令勉为车骑将军"屯兵飞狐时,将军官号是中大夫还是中大夫令,是姓令名勉还是名勉失姓?这些问题看似琐细,无关宏旨,实为串接"文纪"的历史叙事所需要。再如,"改正服封禅"之事已于太初元年举行[②],而《孝文本纪》赞语中有"改正服封禅矣,谦让未成于今"的说法,既然"未成于今",那么,其作者到底是司马迁还是司马谈(司马谈卒于元封元年)?至于《孝文本纪》的文本特点,也是解读者关注的对象。"叙法之简净,安放之妥当"[③]"读起来较有兴味"[④]是一种看法,"而何司马迁,博载失精粹"[⑤]是另一种认识,这些评价皆体现出人们对"文纪"笔法的不同感悟。

相较而言,对"文纪"解读的研究重点更多集中在如下几个方面:

其一,对《孝文本纪》"多引诏书"之探讨。《孝文本纪》中,汉文帝的收帑、就国、亲耕、除刑、减租、和亲、节俭等治政,多通过引述诏书体现,它显示出司马迁

---

① [唐]刘知幾:《史通·内篇·本纪》,上海古籍出版社1978年版。
② [汉]司马迁:《史记·封禅书》,中华书局1959年版。
③ [清]吴见思:《史记论文》,上海古籍出版社2008年版。
④ 《毛泽东评点二十四史》上卷,中国档案出版社1996年版。
⑤ [清]爱新觉罗·弘历:《御制诗二集》卷六十六《读史记·文帝纪》。

历史记述的严谨态度。可是"太史公于他帝诏令多不载录"①,"他书则各入本传"②,为何唯独《孝文本纪》录诏令最详?如何看待这种特例?由此引出司马迁的帝王观、文帝的民本思想、汉初帝王治政策略比较等话题。至于"文纪"诏书的特点,亦为学者所重视。有人认为《孝文本纪》"以诏令为章法",重在展示文帝的治政才能;有人认为"孝文各诏,质古温醇",体现出其躬俭仁爱的形象特质;也有人注意到"诸诏皆帝战战恐惧",透视出文帝的谨慎心态与内敛个性。汉诏比较也是孝文诏书研究的重要方面,它既包括对本纪中诏书内容的梳理,也引申出帝王气质与诏书风格的比较分析。有人认为文帝诏令质朴平实,在汉诏中尤为突出,"汉诏最渊雅,而文帝诏令尤为高"③;但也有人认为它既缺乏高祖的阔大气魄,也不同于汉武的雄健。"汉高纪诏令雄健,孝文纪诏令温润"④,"汉初诸诏各见本色,高帝真气惊人,武帝雄才杰立,独文帝温醇深厚"⑤,皆为其例。

近年来,对文帝诏书的研究又有拓展。其变化在于:由诏书背景的简单交待,延伸为对事件过程的探讨;由诏书意义的一般解读,转向对同类诏书的比较分析。例如,以往人们对文帝二年"令列侯之国"诏书之缘起,多止于"其说皆自贾生发之"⑥,即便探讨诏书的目的,也只限于对"一则代来知馈饷之苦,二则留京师孤弱牧之任,三则有缓急肘腋之祸"的点评。而当代学人通过考证,发现"令列侯之国"诏令表面上针对的是"高帝时大将"等功臣侯,实际上更注意防范的是诸侯王、外戚及其子孙,特别是淮南王和齐王的势力,因为他们构成对文帝的直接威胁。因此,"令列侯之国"实际上是言在此而意在彼,"易侯邑在淮南者"与"令列侯之国"作为相互关联的举措,有着深刻的政治用意。

其二,《史记·孝文本纪》与《汉书·文帝纪》之异同。从形式上看,《汉书·文帝纪》多取自《史记·孝文本纪》,以致有"班固断汉为书,失会通之旨。是致周秦不相因,古今成间隔,自高祖至武帝凡六世之前,尽窃迁书,不以为自惭"⑦的评价,形成褒迁贬固的刻板印象。但同时,人们也注意到《文帝纪》确实补记了一些史事与诏书,对《孝文本纪》有所移文、增录与更评。"《汉书》大要袭此,惟诏书稍详"⑧。

---

① [清] 牛运震:《史记评注》,三秦出版社 2011 年版。
② [清] 方苞:《方苞集》,上海古籍出版社 1983 年版。
③ [清] 林纾:《春觉斋论文》,人民文学出版社 1959 年合印本。
④ [宋] 王楙:《野客丛书》,中华书局 1985 年版。
⑤ [清] 潘椿:《史汉初学辨体》,文海出版社 1974 年版。
⑥ [汉] 司马迁:《史记·屈原贾生列传》,中华书局 1959 年版。
⑦ [宋] 郑樵:《通志·总序》,民国二十四至二十六年上海商务印书馆影印万有文库十通本。
⑧ [明] 凌稚隆:《史记评林》卷十《孝文本纪》,天津古籍出版社 1998 年版。

"《汉书·文帝纪》基本上袭用《史记·孝文本纪》，但有删有减，变化较多"①，因而《史》《汉》异同成为历代学者持续探究的话题。具体而言：

一是对记事缺略的补正。《孝文本纪》有"四年""五年""七年"至"十二年""后三年"至"后五年"共十一年的缺略，这种缺略是司马迁援"春秋常事不书"之例，有意失书，还是原本就有遗落？有人认为司马迁记事只举要者，缺载系有意为之："孝文为三代以来第一贤君，史公在孝武时作《孝文纪》，故尤极无穷慨慕也，二十余年深仁厚泽，纪中排纂不尽，止举其大要，而余者令人悠然可思，正是史公画龙点睛之笔，而或以为年缺不具有残简之失者，误矣。"②也有论者认为，班书增补也依其要。例如，对于文帝年间地震，《文帝纪》有"文帝二年，四月，齐楚地震，二十九山同日崩，大水溃出"，而《孝文本纪》失载；《文帝纪》有"十二月，立赵幽王子遂为赵王，徙琅邪王泽为燕王。吕氏所夺齐、楚地皆归之"，而《孝文本纪》缺"赵幽王遂子为赵王""吕氏所夺齐、楚地皆归之"二语，且"徙故琅邪王泽为燕王"记为元年十月庚戌。二者相较，班书记事，有所补正。再如，据《史记》所载，文帝二年"十一月晦，日有食之。十二月望，日有食"，然而"望"在夏历为每月十五日，月中不会发生日食，所以《汉书》辨为"十一月癸卯晦，日有食之"，删去"十二月望，日有食"，加以更正。

二是对增录诏书的分析。与《孝文本纪》相比，《文帝纪》增加了一批诏书，主要有元年"振贷诏""养老诏"，二年"劝农诏"，十二年"劝农诏""置三老孝弟力田常员诏"，后元年"佐百姓诏"。人们对这类"班氏特别用意处"加以梳理，认为它们皆是文帝恭俭爱民之实在处。李景星认为："《文帝纪》只补出几层年月，增得几篇诏令，便又是一样精神"，而"《史记》阙之，便觉减色。班氏一一增出，当时善政，千载如目睹矣"③。黄震也称："《文纪》所载皆恭俭爱民之事，一制诏必具，以其皆由恻怛之言也。《景帝》特载其政事之常、灾异之变，制诏不录之矣。至《武帝》，则始终备具著方士之欺谩，他不及焉。"④随着研究的深入，人们也注意到，《文帝纪》与《孝文本纪》的差异，除了体现在内容增减，也表现在叙事手法方面。《文帝纪》着眼于以年月记事的形式体现人物政事，而《孝文本纪》更关注在"质古温醇"的叙述手法中对君主形象的塑造。

三是对移为班"赞"的争议。《孝文本纪》后六年之下、后七年遗诏之前，有一段自"孝文帝从代来，即位二十三年"至"是以海内殷富，兴于礼义"，总括文帝政绩的文字，因其置于帝崩之前，被指与文法不合；又因《文帝纪》将其移为赞语，引

---

① [韩] 朴宰雨：《〈史记〉〈汉书〉比较研究》，中国文学出版社 1994 年版。
② [清] 汤谐：《史记半解》，康熙慎余堂刊本。
③ 李景星著，韩兆琦、俞樟华校点：《四史评议》，岳麓书社 1986 年版。
④ [宋] 黄震：《黄氏日钞》，上海古籍出版社 2003 年版。

起对《孝文本纪》"颠错而残缺"的揣测,甚至被认为是"取班书补之"的证据。但是,也有学者予以反驳,认为这正是司马迁"善意安顿、脱出蹊格处",体现出不拘一格的精神气度,"是大手笔"。《文帝纪》将其移作论赞,概括体现文帝节俭、忧民、安内、靖边的美德,凸显出其治身简约、政刑宽简的帝王形象和"专务以德化民"的人格魅力。在这一争议中,对班、马的比较不仅延伸为对本纪义法体式的探讨,也延及对作者用意的深入分析。

其三,与《史记》中汉初帝王之对比。历史书写既要将事件与人物置于当时的背景之下,也必然打着时代的印记。司马迁作《孝文本纪》基于怎样的时代背景?他的人生遭际对文本叙事构成怎样的影响?其写作过程与孝武时期的政治背景又有怎样的联系?《孝文本纪》与本纪中汉初各纪比较,有何寓意?诸如此类的问题皆为对汉初各纪中帝王进行比较研究的热点话题。在一些学者看来,"《景帝》特载其政事之常、灾异之变,制诏不录之矣。至《武帝》,则始终备具著方士之欺谩,他不及焉"①,与《文帝》的内容取式形成极大反差;文帝"务宽厚,崇宁静,以为休养生息",与"武帝之好兵,景帝之残刻"形成鲜明对比②;而《孝文本纪》"既无《高纪》中疏荡之气,亦无《吕纪》中刻挚之笔"的独特风格,又引起人们对其写作背景的深层梳理。其中,最有代表性的观点是,"史公在孝武时作《孝文纪》,故也"③,因而"通篇与《武帝纪》对照"(《史记论文》),以文帝治政寄寓批评武帝的明确寓意。如沈作喆认为,"子长赞文帝'汉兴,四十余载,德至盛,廪廪乡改正服封禅,谦让未成于今'。而孝武初即位,未有德惠及民,便修鬼神之祀,公卿草巡禅,则为不仁矣,此盖子长之微意也"④。吴见思认为:"纪中铺序已尽,赞中反借其谦让未成,作反振法,即接曰'岂不仁哉',则未成处,非讥其略,正赞其仁也,直与武帝对照。"⑤刘咸炘也说:"论意以不改服封禅为仁,讥武帝为不仁也。"⑥但也有不同看法,吴汝纶就认为:"余向谓此激射武帝,今考之非也。言帝已惑于公孙臣、新垣平等邪说矣,其未成幸也。"⑦

二、关于文帝之评价

在十二本纪中,司马迁对文帝的评价是最高的。这既表现在《孝文本纪》的叙事选择,也表现在《史记》中对文帝德治的褒扬。从"汉兴,孝文施大德,天下怀安"⑧

---

① [宋]黄震:《黄氏日钞》,上海古籍出版社2003年版。
② [清]王昶:《春融堂集》卷三十三《汉文帝论》,上海文化出版社2013年版。
③ [清]汤谐:《史记半解》,康熙慎余堂刊本。
④ [宋]沈作喆:《寓简》,台湾新文丰出版公司1985年版。
⑤ [清]吴见思:《史记论文》,上海古籍出版社2008年版。
⑥ [清]刘咸炘:《太史公书知意》,成都古籍书店1996年版。
⑦ [清]吴汝纶:《点勘史记读本·孝文本纪》,清宣统元年南宫邢氏刊本。
⑧ [汉]司马迁:《史记·孝文本纪》,中华书局1959年版。

到"广恩博施"①"百姓遂安"②，不难看出文帝在司马迁心中的分量。班书同样给予文帝极高的历史评价，这一点，只要看看《文帝纪》刻意增补的文帝恭俭、劝农类诏书，即可见一斑。

马、班的褒扬奠定了历代文帝评价的基础。自汉代至魏晋时期，贾谊、晁错、桓谭、班固、杜笃、荀悦、应劭、曹丕、曹植、挚虞等人，多以对文帝史事的总体概括，评说其恭俭省约、以德化民的政绩。"汉承初定，恭俭省约，以惠体百姓，救赡困乏，除肉刑，减律法，葬埋薄，损舆服，所谓达于养生送终之实者也"③之类的表述，大致体现出时论的基本评价。唐宋时期，对汉文帝的评论也是热门话题。司马贞、白居易、宋祁、欧阳修、曾巩、司马光、王安石、郑獬、苏轼、苏辙、晁补之、张耒、朱熹、吕祖谦、叶适、王楙、李邦直、郑湜、陈仁子、王质、曾丰、蔡戡等人，以史评、策论等形式，旁征博引，论其得失。与前期评价不同的是，这一时期评说的论题更集中，论据更充分，论理更有说服力。例如，宋人王迈曾撰《文帝论》④数篇，从不同侧面展开分析。《文帝论一》论述文帝为仁柔之主，何以过人；《文帝论二》评说文帝有私心，何能改过；《文帝论三》比较文帝无武帝严苛，何以明察；《文帝论四》分析文帝爱贾谊之才，为何弃之；《文帝论五》辨识文帝不识贾谊还是贾谊无自知；《文帝论六》论证文帝治国禁网失疏还是度德量力。这些论述超出对文帝的一般评价，已经嵌入对其治政特点与治国规律的系统评议。明清时期，刘炎、孔文仲、张栻、赵秉文、李东阳、郎瑛、黄震、董份、李贽、于慎行、丁南湖、程楷、袁黄、王世贞、张履祥、董文友、王绅、顾炎武、叶燮、方苞等人，或承续传统的认识尺度，或基于特定背景进行治政比较，使评价呈现出多样态势。近代以来，又有更多学者加入对文帝及其治政的学术关注。

文帝虽有生活节俭、胜残去杀、与民休息的一面，但是也有作为封建帝王的历史局限。如果只看到某个方面，忽略对文帝的客观评价，甚至人为地拔高、夸大，就无法做出准确的判断。正如施丁所言，"对文帝的'仁''德'，不能只看马、班的表面文字，还当做些具体分析"⑤。那么，历代对文帝的评价主要集中在哪些问题？又存在哪些分歧？

其一，对守成之君的争议。

文帝推进清静无为的黄老政治，实行轻徭薄赋的经济政策，为百姓赢得休养生息的时机，但这一过程并无大张旗鼓的兴革，并不引人注目。于是，他究竟是有所作为，还是因循自守、庸碌无能，就成为持续争议的问题。

---

① ［汉］司马迁：《史记·太史公自序》，中华书局1959年版。
② ［汉］司马迁：《史记·律书》，中华书局1959年版。
③ ［汉］桓谭：《新论》，上海人民出版社1977年版。
④ ［宋］王迈：《臞轩集》，上海古籍出版社2003年版。
⑤ 施丁：《汉书新注》，三秦出版社1994年版。

持守成论者认为，文帝因循"无为"而不图改弦，持俭勤政却听任流俗日败，只是守成。"资质虽美，然安于此而已"①，"高则有慕古之迂，卑则有循俗之陋，故其事止于如此"②，所以，他既是历史盛世的主持者，继承了前任的遗产，又因缺乏进取，仅是维持而已。如宋人所言，"因前王盈成而守者，周成康、汉文景是也"③，在当代政治家眼中，这种观点也颇获认同。毛泽东就认为："历史上不是提什么'文景之治'吗？实际上，文帝、景帝只是守成，是维持会，庸碌无能。""文、景二帝乃守旧之君，无能之辈，所谓'萧规曹随'，没有什么可称道的。"④

持务实论者则认为，文帝虽无大刀阔斧的张扬表现，却寓改革于脚踏实地的奋斗之中。他提倡清静无为的政策，为的是防止官吏扰民；他没有惊天动地的兴革举措，但这并不意味着没有为维护政治基业而煞费苦心；他努力铲除亡秦暴政，致力于"除帑削谤，政简刑清"、恢复经济、与民休息，这些皆为切实的变革之举。正是通过其二十余年的不懈努力，才奠定了西汉前期长期稳定的政治基础，为景、武二帝时期准备了丰厚的物质条件。所以，缺乏毕其功于一役的显豁政绩，并不意味着无所作为。

其二，对弃用贾谊之辨析。

贾谊对文帝治政的影响，也是存有争议的问题。问题的要点有三：一是文帝待贾谊是厚还是薄；二是文帝为何弃用贾谊；三是文帝弃用贾谊与"七国之乱"的关系。

文帝待贾谊之厚薄，是指文帝对待贾谊是否公允。在这一问题上，马、班之间存在差异。司马迁在《屈原贾生列传》中记载，由于绛灌等短贾生，"于是天子后亦疏之，不用其议，乃以贾生为长沙王太傅"；贾谊谏封淮南王子，"文帝不听"。由于文帝的失误，导致贾谊的不遇。班固不同意这种观点，他说："追观孝文玄默躬行以移风俗，谊之所陈略施行矣。及欲改定制度，以汉为土德，色上黄，数用五，及欲试属国，施五饵三表以系单于，其术固以疏矣。谊亦天年早终，虽不至公卿，未为不遇也。"⑤在班固看来，贾谊虽不至公卿，但其谋议已略施行，因此不能说"未为不遇"。两种看法，深刻地影响着后世学者的认识取向。世人"每以文帝不能用贾生为惜"，并在惋惜中流露出批评之音，"汉文疑贾生，谪至湘之阴"⑥，"才高众所妒，年少众所轻。奈何文帝贤，而乃谪贾生"⑦，皆是其例。"汉文有道恩犹薄，湘水无情吊岂知。"⑧诗中虽

---

① ［宋］朱熹：《朱子语类》，上海古籍出版社2003年版。
② ［宋］叶适：《习学记言》，上海古籍出版社2003年版。
③ ［元］脱脱等：《宋史》卷三八七，中华书局1985年版。
④ 《毛泽东评点二十四史》上卷，中国档案出版社1996年版。
⑤ ［汉］班固：《汉书·贾谊传》，中华书局1962年版。
⑥ ［唐］白居易：《白氏长庆集》卷二《读史》，四部丛刊景日本翻宋大字本。
⑦ ［明］杨基：《眉庵集》卷一《奉使湖广过长沙》，四部丛刊景明成化刻本。
⑧ ［唐］刘长卿：《刘随州集》卷九《长沙过贾谊宅》，四部丛刊景明正德本。

未否认文帝为"有道"之君,但批评他"恩犹薄",不该放逐贾谊之意还是明显的。

至于弃用贾谊的原因,颇为复杂。一些评说将其归咎于文帝无识人之明,但也有不少评论着眼于思考问题:既然贾谊建言切中时弊,文帝为何不用其议?既然文帝有意削藩,为何在诸侯诋毁面前退缩不前?既然深知贾谊为一时之才,为何前后问计迥然相异?综合诸说,大致有这样一些看法:

一是贾谊"计贵戚之事,过于切直",难被文帝采纳。贾谊指出社会的政治危机,提出改革政治的主张,颇得肯定。但由于即位不久,基础不稳,文帝又对贾谊的激进之举心存顾忌。所以,"帝心虽爱谊,而不敢决谊之用舍也"。正如赵秉文所言:"赖谊之策不行,遂以无事。使帝无贾生,不失为守成之贤主,而帝尽行生之言,其祸有不可胜言者。"① 二是旧臣及贵戚的诋毁,迫使文帝疏远贾谊。贾谊曾得信任,"诸律令所更定,及列侯悉就国,其说皆自贾生发之"②,因而"议以为贾生任公卿之位"③。但是,由于大臣对其"专欲擅权,纷乱诸事"的指责,使得文帝对其疏远,"于是天子后亦疏之,不用其议"。三是年轻气盛,锋芒毕露。寄希望于"立谈"间实现变革,因而其重要之策未获认可,"于是决知贾谊之才可以言文学而不可论政事矣"④。至于汉室轻儒术、重黄老,也被视为贾谊不遇的动因之一。

贾谊与"七国之乱"的关系,也是文帝研究的重要内容。"七国之变,不遽发于文帝之时"⑤,但这是否归因于文帝弃用贾谊的后果?有人认为,"七国之乱"在于文帝不听贾谊"众建诸侯而少其力"之计,"于时贾谊欲裂其国,以分封子弟,俾之久而可传,且拉其脊而折之。文帝竟不能用,拱手而成七国之祸"⑥。也有人认为,贾谊之忧,也是文帝之忧,只是双方基于对形势的不同判断。文帝希望假以时日,待其瓦解;贾谊则提出切直之策,力主变革。"文帝岂不知濞之不可销弭哉?赐以几杖而启衅无端,更十年而濞即不死,亦以衰矣。赵、楚、四齐,庸劣无大志,濞不先举,弗能自动。故文帝筹之已熟,而持之已定。文帝幸不即崩,坐待七国之瓦解,而折箠以收之。是谊与错之忧,文帝已忧之。而文帝之所持,非谊与错所能测也。"⑦ 这些观点看似有别,实则提醒人们,治政改革需要一定的条件。贾谊建言不为文帝接受,其原因可能很多,但其中重要的一点,就是对时机和力量把握的认知差异。如果时机不到,正确的建言也难以获得理想的结果。所以,不能只看贾谊建言未被采纳,就将文帝与"七国之乱"

---

① [金]赵秉文:《滏水集》,上海古籍出版社 2003 年版。
② [汉]司马迁:《史记·屈原贾生列传》,中华书局 1959 年版。
③ [汉]司马迁:《史记·屈原贾生列传》,中华书局 1959 年版。
④ [宋]王迈:《臞轩集》,上海古籍出版社 2003 年版。
⑤ [宋]王迈:《臞轩集》,上海古籍出版社 2003 年版。
⑥ [宋]郑獬:《郧溪集》,上海古籍出版社 2003 年版。
⑦ [清]王夫之:《读通鉴论》,中华书局 1975 年版。

之间直接关联,甚至据此将文帝视为平庸无能。事实上,景帝时晁错实施的正是贾谊的主张,但因时势变易,不仅没能消弭乱局,反而使事件呈反向变局。如丁泰所言,"其(贾谊)欲削诸侯、震兵威,在当时则适与晁错同……向使谊不死,则此术虽见抑于文帝而必求试于景帝。七国之变为求错耶?……如晁则身不全,故为谊幸也"①。当然,从历史角度看,"七国之变,不遽发于文帝之时",不等于文帝与之没有关联,"如景帝为太子,以博局杀吴王子而不问,酿成吴乱"。

其三,对治政失误的考察。

在《孝文本纪》《文帝纪》中,对文帝多为正面评价;历代文帝研究也多着眼于其善行罗列与政绩铺排,以"明君"定势替代了客观认知。即便指出偏差,也不被重视,更谈不上系统考察。因而,对文帝治政失误的研究,是一个薄弱环节。

认识是一个过程,必然要经历由浅入深、由偏而全的阶段。对文帝失误的认识也是如此。早在《汉纪》中,荀悦就指出:"以孝文之明也,本朝之治,百寮之贤,而贾谊见逐,张释之十年不见省用,冯唐白首屈于郎署,岂不惜哉!夫以绛侯之忠,功存社稷,而犹见疑,不亦痛乎!"②惋惜背后,折射出对其不善用人的批评。此后,类似的批评屡有涉及。"虽天资仁厚,然失于轻信,赏罚之命往往出于一时而不加审细"③;"其意美矣,然法度之具不行"④;"惜乎辅之者无其人也"⑤;"惜百金之费不营露台,而赏赐弄臣累百钜万;稽古礼文谦逊未遑,而眩于玉杯之说。及议制度封禅号,称宽厚而所学者申韩,其与廷尉议刑常过于刻"⑥;"汉文知人不足,而安民有余"⑦,皆是其例。

在对文帝治政的探究中,也有学者超越了《孝文本纪》《文帝纪》所载善政之本身,依托事实进行分析,得出其治政失误的判断。在马、班等人的评价中,文帝的"除民田租"被视为惠政,荀悦则依托实情,指出受益者并非穷人。因为当时"豪强富人占田逾制,输其赋大半,官收百一之税,民收大半之赋,官家之惠优于三倍,豪强之暴酷于亡秦",而"今不正其本,而务除租税,适足以自豪强"⑧。文帝的"除肉刑"为德政之说也被诟病。崔寔在《政论》中指出:"昔高祖令萧何作九章之律,有夷三族之令,黥、劓、斩趾、断舌、枭首,故谓之具五刑。文帝虽除肉刑,当劓者笞三百,

---

① [清]丁泰:《论陈政事疏》,见[清]夏献云辑《长沙贾太傅祠志》卷一,清光绪四年刻本。
② [汉]荀悦:《汉纪》,商务印书馆1971年版。
③ [宋]曾肇:《曲阜集》,上海古籍出版社2003年版。
④ [宋]王楙:《野客丛书》,中华书局1985年版。
⑤ [宋]叶适:《习学记言》,上海古籍出版社2003年版。
⑥ [宋]朱熹、吕祖谦等:《十先生奥论注·续集》,台湾商务印书馆1986年版。
⑦ [清]爱新觉罗·弘历:《日知荟说》,上海古籍出版社2003年版。
⑧ [汉]荀悦:《汉纪》,商务印书馆1971年版。

当斩左趾者笞五百，当斩右趾者弃市。右趾者既殒其命，笞挞者往往至死，虽有轻刑之名，其实杀也。当此之时，民皆思复肉刑。至景帝元年，乃下诏曰：'笞与重罪无异，幸而不死，不可为民。'乃定律，减笞轻捶。自是之后，笞者得全。以此言之，文帝乃重刑，非轻之也；以严致平，非以宽至平也。必欲行若言，当大定其本。"①

近代以来，对文帝的治政分析出现了由零散搜罗到系统概括的变化。蔡尚思在《中国历史新研究法》一书中辟有《批评叙述与客观态度》专章，认为"汉文帝号称三代下第一贤明君主，其实却是一位'自欺欺人''有名无实'的昏暴皇帝"②。其根据：一是名为和亲，实则屈己纵敌；二是昏愚迷信，宠幸"风水"之臣；三是免除田租，贫者并未受益；四是虽除肉刑，仍为轻法重罚；五是真奢伪俭，名实迥然相异；六是赏罚不公，徇私不从公道；七是不知用人，用奸宦谪贤才。这种批判，概括了历代对文帝失误的批评，虽有矫枉过正之嫌，却集中展现了文帝一系列巩固政权、安定社会和维护政治的传统举措的消极后果。近年来，在一些秦汉史纲和秦汉论著中，对文帝治政失误的系统梳理愈益增多。

三、关于"文景之治"

所谓"文景之治"，是对文、景时期社会复苏、经济富庶状况的指称。历代史家、政治家持续关注这一现象，将其誉为封建盛世的标尺。其基本判断主要包括重农贵粟、轻民徭役、扫除繁苛、倡俭抑奢、慎用刑罚、与匈奴和亲等内容。

对文景之治的认知是一个过程，它既随社会的演进叠加新的内涵，亦因认识的深化呈现出历史的局限。

（一）文景之治认知的历史变迁

早在马、班书中，对文景治政已有高度评价。司马迁曰："汉兴七十余年间，国家无事，非遇水旱之灾，民则人给家足，都鄙廪庾皆满，而府库余货财。京师之钱累巨万，贯朽而不可校。太仓之粟陈陈相因，充溢露积于外，至腐败不可食。"③ 这一表述，概括了文景时期物质富足的情景。而班固云："汉兴，扫除烦苛，于民休息。至于孝文，加之以恭俭，孝景遵业，五六十载之间，至于移风易俗，黎民醇厚，周云成康，汉言文景，美矣！"④ 这一叙说，则点出文景在汉初治世中的作用。因此，文景并称，迄于马、班对汉初政治状态的评价。桓谭、杜笃、荀悦、应劭、曹丕、曹植等人，认可马、班对文景治政的认识，不仅对文帝赞誉有加，同时肯定景帝的"遵业"。如曹植《汉景帝》赞曰："景帝明德，继文之则。肃清王室，克灭七国。省役薄赋，百姓殷昌。

---

① ［清］马国翰：《玉函山房辑佚书》，上海古籍出版社1990年版。
② 蔡尚思：《中国历史新研究法》，上海书店1989年版。
③ ［汉］司马迁：《史记·平准书》，中华书局1959年版。
④ ［汉］班固：《汉书·景帝纪》，中华书局1962年版。

风移俗易，齐美成康。"①

　　延及唐代，对文景时期的认识又有变化。白居易在政论中多次提出，"迨于文帝、景帝，始思理道"②；"成康阜其俗，礼让兴行。文景富其仁，盗贼屏息"③；"当汉文景之时，节用劝农，海内殷实，人人自爱，不犯刑法"④，以"文景"指称表达治世蕴意。而且，文献中出现"文景之治"的表述，赋予这段历史以治世的明确指称。白居易在《才识兼茂明于体用科策》中提到，"虽成康、文景之理，无以出于此矣"⑤，将汉之文景与周之成康并举。今人王子今认为，考虑到避讳唐高宗李治的因素，文景之"理"，实指文景之"治"，进而推断明确的"文景之治"说法，最早可能出自唐人笔下。⑥ 为什么唐人关注"文景之治"？强调这个问题有何意义？综合诸说，一是梳理文景治政，以此印证盛唐成功。在唐人视野中，汉之文景与唐之开元同为治世，对二者异同进行分析，自然成为一时之选。白居易策论中对"开元之理"与"成康、文景之理"的比照⑦，即为一例。二是借助科举命题，可以引导史论取向。唐宋注重汉唐大一统的治政经验，策论常以汉唐盛世为命题对象。曾有论者认为，"今之论独取汉唐混一之事，三国、六朝、五代为非盛世而耻谈之"⑧，对这种非盛世不取的命题取向提出批评。三是通过类比联想，意在强调唐宗政绩。唐人将汉文帝视为理想君王，赞美其恭俭礼让、厚民勤政的美德，但就本质而言，颂扬唐宗治政成就才是其醉翁之意。由于"汉代帝系中汉文帝已经被尊为'太宗'。唐人在说到汉代这位'太宗'的时候，自然是会联想到唐代那位'太宗'的"⑨，由此在汉文帝与唐太宗之间自然建立起对应关系。因此，在学术视野中，文景并称与文景之治之间还是有一些差异，一是作为修辞惯例，一是作为治世整体。或许可以说，真正的文景之治研究，是从唐代开始的。

　　历代文景之治研究呈现相对清晰的认知轨迹，但是仍然存在不足。表现在注重对文景之治一般特点的分析，忽略不同历史阶段的认识拓展；注重对文帝治政的系统梳理，但对景帝治政得失的研究显得薄弱，其原因如朱熹所言："景帝以刻薄之资，又辅以惨刻之学，故所为不如文帝。班固谓汉言文景者，亦只是养民一节略同。"⑩

---

① ［魏］曹植：《曹子建集》卷七《汉景帝》，四部丛刊景明活字本。
② ［唐］白居易：《白氏长庆集》卷四十五，四部丛刊景日本翻宋大字本。
③ ［唐］白居易：《白氏长庆集》卷四十八，四部丛刊景日本翻宋大字本。
④ ［唐］白居易：《白氏长庆集》卷四十八，四部丛刊景日本翻宋大字本。
⑤ ［唐］白居易：《白氏长庆集》卷三十，四部丛刊景日本翻宋大字本。
⑥ 王子今：《唐人历史意识中的"文景之治"印象》，《人文杂志》2004年第5期。
⑦ ［唐］白居易：《白氏长庆集》卷三十，四部丛刊景日本翻宋大字本。
⑧ ［元］脱脱等：《宋史》卷三八七，中华书局1985年版。
⑨ 王子今：《唐人历史意识中的"文景之治"印象》，《人文杂志》2004年第5期。
⑩ ［宋］朱熹：《朱子语类》，上海古籍出版社2003年版。

（二）文景之治与黄老思想

汉初崇尚黄老政治，"文景之治"也被视为黄老之学的代称。但是，对于文景之治是否等同于黄老政治，如何看待文景之治与黄老思想的关系，认识并不统一。有学者认为，黄老思想是按照传统的老子思想加上当时人的需要而形成的观点，或者说是当时的思想家们为了迎合统治者的需要而提出的思想。所以，黄老之学是对老子思想的一种发展或改造，其实质和核心还是老子的思想。① 也有学者认为，由于"黄帝书"散佚，"黄"究竟为何，面貌不清，造成凡言黄、老者，大都涉及老，而罕及黄，因而难以准确把握黄老思想的蕴涵。② 至于文景之治与黄老学术联系的时间，以往关涉不多，近年已有学者指出"可以确认为夏曾佑所首倡"，因为其在光绪二十八年所著《中学中国历史教科书》中首次以"文帝黄老之治""景帝名法之治"为章节标题。③

持文景之治为黄老政治者，主要基于对当时政治主流的考量。汉初国力萎弱，亟需休养生息，惠、吕、文、景诸帝出于维护统治的需要，倡导黄老道家学说。文帝"躬修玄默""本好黄老之言"，为太子配置谨厚长者为师，丞相陈平"好黄帝、老子之术"，加之窦太后作为黄老之学的政治代表，这种状况深刻影响着时代的政治取向和思想走向。据《史记·外戚世家》，"窦太后好黄帝、老子言，帝及太子诸窦不得不读《黄帝》《老子》，尊其术"。因此，"汉初，黄老之学极盛。君如文、景，宫阙如窦太后，宗室如刘德，将相如曹参、陈平，名臣如张良、汲黯、郑当时、直不疑、班嗣，处士如盖公、邓章、王生、杨王孙、安邱望之等，皆宗之"④。至于为什么窦太后好黄老，为什么窦太后死后黄老告退而儒学兴起，仍须进一步评析。

但是，也有学者对这种看法表示怀疑："世之论文帝曰善用黄老，嗟乎，黄老岂足以治天下哉！"⑤ 依据这种观点，文景之治的思想模式并非专习黄老一家，而是诸家均有提倡。至于倚重的程度，看法不一。有学者认为，汉初以来的政治文化传统与制度架构是儒家提供的，文景之治依托的是儒道共法、儒道并用模式，例如缇萦上书一事中，文帝诏书引用的"恺弟君子，民之父母"，就语出儒家经典。也有学者认为，文景之治产生于"与民休息"的政策选择，如果硬要说其为某家之治，只能说是以儒为主的"杂家"之治。

至于黄老思想是否等于"黄""老"并称或合称，认识也不统一。一种观点认为，黄老之名，起于文景，乃以《黄帝》《老子》之书合而成之，即使单治《老子》，亦称

---

① 徐卫民：《文景之治》，西安出版社2007年版。
② 王叔岷：《庄学管窥·黄老考》，中华书局2007年版。
③ 罗义俊：《文景之治与儒家思想》，《杭州师范大学学报》2014年第1期。
④ ［清］王鸣盛：《十七史商榷》，上海古籍出版社2013年版。
⑤ ［清］刘鸿翱：《绿野斋文集》，道光年木刻同怀堂藏版。

黄老。也有观点认为，汉初所谓"黄老"，并非二者合流，黄是黄，老是老，其间存在差异。只是由于"黄帝书"散佚，造成对"黄老"的认识疏离。1973年长沙马王堆汉墓帛书《老子》乙本卷前古佚书出土，激起人们重新辨正"黄老"内涵的学术旨趣。据唐兰先生判断，此即列于《汉志》道家类的《黄帝四经》①，这一佚书"对于研究汉初黄老学术，不啻具有划时代的意义"②。它同时表明，对黄老思想的学术探讨仍然任重道远。

黄老之治是不是无为而治？如何认识无为而治？这是文景之治研究中又一个重要问题。传统观点认为，无为而治是文帝治政的重要内容，"无为"是黄老学说的精髓，正是放任无为、休养生息的政策导致了文景之治。但有学者认为，无为而治并不是放任不管，而是既主张与民休息，同时也倡导法术，是"德""刑"共治的。也有人将两者加以综合，认为文景时期在总的方针政策上，是使"无为"走向"有为"，这正是西汉初年"黄老政治"的核心所在。但是，人们在对无为而治予以肯定的同时，对无为而治的内涵分析不够，甚至忽略其生成语境与发展条件。

（三）文景之治的历史局限

文景之治作为治世，为历代所激赏，但是对其历史局限，一直缺乏系统分析。已有学者通过梳理西汉政治思想的变迁，认为文景之治既代表了汉初政治的必然要求，同时也有严重失误。主要表现在：一是纵容诸侯王骄恣不法，加剧了枝强干弱之势，最终酿成七国之祸；二是因循守成，不图改弦，选官多援功臣旧人，形成消极苟安的治政传统；三是文、景对世风奢靡、枉法为奸现象听之任之，以致流俗日败，政风渐衰；四是加剧了社会分配不公，激化了阶级矛盾。因而，尽管文帝在位期间励精图治，导民从俭，仍然没能制止世风腐化；加之利益集团掣肘，改革难以进行，最终没能实现由无为向有为的转变。

综上所述，历代对《孝文本纪》与汉文帝的研究，内容丰富，范围广泛，并随着历史的演进、新方法的运用与认识的深化，不断注入新的内涵。但是，与本纪中其他篇章相比，对汉文帝及其"治世"的学术关注仍显薄弱。有学者指出："十二本纪中，研究的最少的是《孝文本纪》。文帝与景帝统治时期号称'文景之治'，但对本篇的研究如此之少，显然是不相称的。"③ 这一现状表明，无论是从深度还是广度方面，这一研究都还有很大的开拓空间。

田大宪

于2016年5月

---

① 唐兰：《马王堆出土〈老子〉乙本卷前古佚书的研究》，《考古学报》1975年第1期。
② 汪春泓：《史汉研究·汉初"黄老道德之术"剖析》，上海古籍出版社2014年版。
③ 徐兴海：《司马迁与〈史记〉研究论著专题索引·前言》，陕西人民出版社1995年版。

引用文献及资料
（按姓氏笔画及朝代先后排序）

书　籍

二画

［清］丁晏. 史记毛本正误［M］. 丛书集成初编, 第 147 册. 上海：商务印书馆, 1937.

三画

［元］马端临. 文献通考［M］. 北京：中华书局, 1986.

［明］马明衡. 尚书疑义［M］. 文渊阁四库全书影印本. 上海：上海古籍出版社, 2003.

［明］于慎行著,［清］黄恩彤参订, 李念孔等点校. 读史漫录［M］. 济南：齐鲁书社, 1996.

马持盈. 史记今注［M］. 台北：商务印书馆, 1991.

于豪亮. 中国大百科全书·中国历史Ⅲ［M］. 北京：中国大百科全书出版社, 1992.

四画

［汉］王符. 潜夫论［M］. 文渊阁四库全书影印本. 上海：上海古籍出版社, 2003.

［宋］王钦若等. 册府元龟［M］. 北京：中华书局, 1960.

［宋］王安石. 王文公文集［M］. 北京：中华书局, 1974.

［宋］方勺撰, 许沛藻、杨立扬点校. 泊宅编［M］. 唐宋史料笔记丛刊. 北京：中华书局, 1983.

［宋］王十朋. 梅溪王先生文集［M］. 文渊阁四库全书影印本. 上海：上海古籍出版社, 2003.

［宋］王质. 雪山集［M］. 文渊阁四库全书影印本. 上海：上海古籍出版社，2003.

［宋］王楙. 野客丛书［M］. 北京：中华书局，1985.

［宋］王益之. 西汉年纪［M］. 文渊阁四库全书影印本. 上海：上海古籍出版社，2003.

［宋］孔文仲等著，［宋］王遽编. 清江三孔集［M］. 文渊阁四库全书影印本. 上海：上海古籍出版社，2003.

［宋］王迈. 臞轩集［M］. 文渊阁四库全书影印本. 上海：上海古籍出版社，2003.

［宋］王应麟. 通鉴答问［M］. 文渊阁四库全书影印本. 上海：上海古籍出版社，2003.

［宋］王应麟著，栾保群、吴松青点校. 困学纪闻［M］. 上海：上海古籍出版社，2015.

［金］王若虚. 滹南遗老集［M］. 文渊阁四库全书影印本. 上海：上海古籍出版社，2003.

［元］王旭. 兰轩集［M］. 文渊阁四库全书影印本. 上海：上海古籍出版社，2003.

［明］方孝孺. 逊志斋集［M］. 文渊阁四库全书影印本. 上海：上海古籍出版社，2003.

［明］王绅. 继志斋集［M］. 文渊阁四库全书影印本. 上海：上海古籍出版社，2003.

［明］王鏊. 震泽长语［M］. 丛书集成新编，第008册. 台北：新文丰出版公司，1985.

［明］王世贞. 史记短长说［M］. 海山仙馆丛书. 光绪中补刊本.

［明］方以智. 方以智全书［M］. 上海：上海古籍出版社，1988.

［清］尤侗. 看鉴偶评［M］. 清康熙刻本.

［清］王夫之. 读通鉴论［M］. 北京：中华书局，1975.

［清］毛奇龄. 西河集［M］. 文渊阁四库全书影印本. 上海：上海古籍出版社，2003.

［清］方苞. 方望溪全集［M］. 上海：世界书局，1936.

［清］方苞著，刘季高点校. 方苞集［M］. 上海：上海古籍出版社，1983.

［清］方苞. 史记注补正［M］. 丛书集成新编，第111册. 台北：新文丰出版公司，1985.

［清］牛运震撰，李念孔等点校. 读史纠谬［M］. 济南：齐鲁书社，1989.

［清］牛运震撰，魏耕原、张亚玲整理点校. 史记评注［M］. 西安：三秦出版社，2011.

［清］五礼图. 雨田古论［M］. 清乾隆八年刻本.

［清］王鸣盛撰，黄曙辉点校. 十七史商榷［M］. 上海：上海古籍出版社，2013.

［清］王念孙. 读书杂志［M］. 南京：江苏古籍出版社，1985.

［清］王筠. 史记校［M］. 故宫博物院图书馆铅印本，1935.

［清］王拯辑. 归方评点史记合笔［M］. 光绪元年（1875）锦城书署刊本.

［清］王先谦. 汉书补注［M］. 北京：中华书局，1983.

［清］王先谦. 荀子集解［M］. 新编诸子集成（第一辑）. 北京：中华书局，2013.

［清］王先谦撰，沈啸寰、王星贤点校. 荀子集解［M］. 北京：中华书局，1988.

［清］王树敏评点. 史论正鹄［M］. 清光绪二十七年（1901）上海久敬斋石印本.

［清］王家文. 古柏斋读书杂识［M］. 丛书集成续编，第93册. 台北：新文丰出版公司，1989.

［清］王毂. 读史管见［M］. 昭代丛书本. 清道光十三年世楷堂刻本.

王国维. 王国维先生全集［M］. 台北：大通书局，1976.

王骏图、王骏观. 史记旧注平义［M］. 台北：正中书局，1947.

中国秦汉史研究会编. 秦汉史研究译文集（第一辑）［M］. 中国秦汉史研究会，1983.

王利器. 史记注译［M］. 西安：三秦出版社，1997.

王恢. 史记本纪地理图考［M］. 台北：台湾国立编译馆，1990.

王兴国. 贾谊评传［M］. 南京：南京大学出版社，1992.

王叔岷. 史记斠证［M］. 北京：中华书局，2007.

五画

［汉］司马迁撰，［南朝宋］裴骃集解，［唐］司马贞索隐，［唐］张守节正义. 史记［M］. 光绪癸卯五洲同文局石印殿本.

［汉］司马迁撰，［南朝宋］裴骃集解，［唐］司马贞索隐，［唐］张守节正义. 史记［M］. 北京：中华书局，1959.

［汉］司马迁撰，［南朝宋］裴骃集解，［唐］司马贞索隐，［唐］张守节正义. 史记（点校本二十四史修订本）［M］. 北京：中华书局，2013.

［汉］司马迁撰，李炳海校评. 史记校勘评点本［M］. 长春：吉林文史出版

社，2003.

［唐］白居易. 白氏长庆集［M］. 四部丛刊景日本翻宋大字本.

［宋］司马光编著，［元］胡三省音注. 资治通鉴［M］. 北京：中华书局，1956.

［宋］司马光. 稽古录［M］. 文渊阁四库全书影印本. 上海：上海古籍出版社，2003.

［宋］史浩. 鄮峰真隐漫录［M］. 文渊阁四库全书影印本. 上海：上海古籍出版社，2003.

［宋］史尧弼. 莲峰集［M］. 文渊阁四库全书影印本. 上海：上海古籍出版社，2003.

［宋］叶适. 习学记言［M］. 文渊阁四库全书影印本. 上海：上海古籍出版社，2003.

［明］丘濬. 世史正纲［M］. 明嘉靖四十二年刻本. 四库全书存目丛书，史部第6册.

［清］申涵煜. 通鉴评语［M］. 北京：中华书局，1991.

［清］龙体刚. 半窗史略［M］. 清雍正龙图风等刻本. 四库全书存目丛书，史部第42册.

［清］史怀远编修，邓长耀重印.（乾隆）临潼县志［M］. 1922年铅印本.

［清］皮锡瑞. 师伏堂笔记［M］. 清代学术笔记丛刊. 北京：学苑出版社，2006.

［清］史学海. 汉书校证［M］. 两汉书订补文献汇编. 北京：北京图书馆出版社，2004.

四川师范大学历史系编. 秦汉史论丛［M］. 成都：巴蜀书社，1986.

田昌五、安作璋主编. 秦汉史［M］. 北京：人民出版社，1993.

六画

［汉］许慎. 说文解字［M］. 北京：中华书局，1963.

［唐］刘知幾撰，［清］浦起龙释. 史通［M］. 上海：上海古籍出版社，1978.

［宋］庄绰. 鸡肋编［M］. 文渊阁四库全书影印本. 上海：上海古籍出版社，2003.

［宋］朱翌. 猗觉寮杂记［M］. 丛书集成初编，第093册. 上海：商务印书馆，1937.

［宋］刘子翚. 屏山集［M］. 文渊阁四库全书影印本. 上海：上海古籍出版社，2003.

［宋］朱熹. 朱子语类［M］. 文渊阁四库全书影印本. 上海：上海古籍出版

［宋］朱熹. 诗集传［M］. 四部丛刊三编. 上海：上海书店出版社，1935.

［宋］吕祖谦. 大事记解题［M］. 文渊阁四库全书影印本. 上海：上海古籍出版社，2003.

［宋］吕祖谦. 东莱别集［M］. 文渊阁四库全书影印本. 上海：上海古籍出版社，2003.

［宋］朱熹、吕祖谦等撰，佚名注. 十先生奥论注［M］. 台北：台湾商务印书馆，1986.

［宋］孙奕. 示儿编［M］. 知不足斋丛书. 北京：中华书局，1999.

［宋］刘炎. 迩言［M］. 文渊阁四库全书影印本. 上海：上海古籍出版社，2003.

［元］刘友益修撰，邱居里、左茹慧整理. 资治通鉴纲目书法［M］. 北京：北京师范大学出版社，2016.

［元］朱礼. 汉唐事笺［M］. 台北：商务印书馆，1981.

［明］刘璟. 易斋集［M］. 文渊阁四库全书影印本. 上海：上海古籍出版社，2003.

［明］孙绪. 沙溪集［M］. 文渊阁四库全书影印本. 上海：上海古籍出版社，2003.

［明］朱之蕃. 百大家评注史记［M］. 上海锦章图书局石印本，1927.

［清］孙承恩. 文简集［M］. 文渊阁四库全书影印本. 上海：上海古籍出版社，2003.

［清］孙琮. 山晓阁史记选［M］. 清康熙刻本.

［清］华庆远. 论世八编［M］. 上海图书馆藏稿本. 四库全书存目丛书，史部第290册.

［清］孙廷铨. 汉史亿［M］. 清康熙刻本. 四库全书存目丛书，史部第290册.

［清］朱直. 绿萍湾史论初集［M］. 清康熙刻本. 四库全书存目丛书，史部第291册.

［清］汤谐. 史记半解［M］. 康熙慎余堂刊本.

［清］全祖望. 经史问答［M］. 扬州：江苏广陵古籍刻印社，1990.

［清］刘沅. 史存［M］. 清咸丰六年致福楼重刊本.

［清］刘鸿翱. 绿野斋文集［M］. 道光年木刻同怀堂藏版.

［清］刘宝楠. 论语正义［M］. 诸子集成（第一册）. 北京：中华书局，1954.

［清］乔松年. 萝藦亭札记［M］. 山右丛书初编影印本. 太原：山西人民出版社，1986.

［清］刘咸炘. 太史公书知意［M］. 推十书影印本. 成都：成都古籍书店，1996.

［清］朱一新. 汉书管见［M］. 二十五史三编（第三册）. 长沙：岳麓书社，1994.

［清］朱一新. 拙庵丛稿［M］. 台北：文海出版社，1968.

［清］朱锦绶. 读史记日记［M］. 清光绪刻本.

［清］朱孔阳. 历代陵寝备考［M］. 扬州：江苏广陵古籍刻印社，1990.

吕思勉. 秦汉史［M］. 上海：开明书店，1947.

吕思勉. 吕思勉读史札记［M］. 上海：上海古籍出版社，1982.

吕思勉. 论学集林［M］. 上海：上海教育出版社，1987.

朱东润. 史记考索［M］. 上海：开明书店，1943.

刘庆柱、李毓芳. 西汉十一陵［M］. 西安：陕西人民出版社，1987.

朱宝昌著. 朱宝昌诗文选集［M］. 西安：陕西师范大学出版社，1994.

［韩］朴宰雨. 《史记》《汉书》比较研究［M］. 北京：中国文学出版社，1994.

七画

［汉］应劭. 风俗通义［M］. 北京：中华书局，1985.

［晋］陈寿撰，［宋］裴松之注. 三国志［M］. 北京：中华书局，1982.

［梁］沈约. 宋书［M］. 北京：中华书局，1974.

［唐］杜佑. 通典［M］. 北京：中华书局，1984.

［唐］陆贽. 翰苑集［M］. 文渊阁四库全书影印本. 上海：上海古籍出版社，2003.

［宋］李昉等. 太平御览［M］. 四部丛刊三编子部. 上海：上海书店出版社，1936.

［宋］宋祁. 宋景文公笔记［M］. 文渊阁四库全书影印本. 上海：上海古籍出版社，2003.

［宋］宋祁. 景文集［M］. 文渊阁四库全书影印本. 上海：上海古籍出版社，2003.

［宋］苏轼. 东坡全集［M］. 文渊阁四库全书影印本. 上海：上海古籍出版社，2003.

［宋］苏辙. 栾城集［M］. 文渊阁四库全书影印本. 上海：上海古籍出版社，2003.

［宋］张耒. 柯山集［M］. 文渊阁四库全书影印本. 上海：上海古籍出版社，2003.

［宋］张耒. 张右丞文集［M］. 四部丛刊景旧钞本. 上海：上海书店，1985.

［宋］杨时. 龟山集［M］. 文渊阁四库全书影印本. 上海：上海古籍出版社，2003.

［宋］佚名. 宋文选［M］. 文渊阁四库全书影印本. 上海：上海古籍出版社，2003.

［宋］沈作喆. 寓简［M］. 丛书集成新编，第013册. 台北：新文丰出版公司，1985.

［宋］杨万里. 诚斋集［M］. 文渊阁四库全书影印本. 上海：上海古籍出版社，2003.

［宋］张栻. 南轩集［M］. 文渊阁四库全书影印本. 上海：上海古籍出版社，2003.

［宋］吴仁杰. 两汉刊误补遗［M］. 文渊阁四库全书影印本. 上海：上海古籍出版社，2003.

［宋］陈亮撰，邓广铭点校. 陈亮集［M］. 北京：中华书局，1987.

［宋］陈季雅. 两汉博议［M］. 敬乡楼丛书第四辑. 民国二十四年永嘉黄氏校印本.

［宋］陈耆卿. 筼窗集［M］. 文渊阁四库全书影印本. 上海：上海古籍出版社，2003.

［宋］陈仁子. 文选补遗［M］. 文渊阁四库全书影印本. 上海：上海古籍出版社，2003.

［元］苏天爵. 滋溪文稿［M］. 文渊阁四库全书影印本. 上海：上海古籍出版社，2003.

［元］杨维桢. 史义拾遗［M］. 明嘉靖十九年任辙刻本. 四库全书存目丛书，史部第281册.

［元］汪克宽. 环谷集［M］. 文渊阁四库全书影印本. 上海：上海古籍出版社，2003.

［明］张宁. 方洲集［M］. 文渊阁四库全书影印本. 上海：上海古籍出版社，2003.

［明］李东阳. 怀麓堂集［M］. 文渊阁四库全书影印本. 上海：上海古籍出版社，2003.

［明］李东阳. 历代通鉴纂要［M］. 清光绪二十三年广雅书局刻本. 四库未收书辑刊，第四辑第十二册.

［明］邵宝. 学史［M］. 四库珍本三集，第181册.

［明］陈霆. 两山墨谈［M］. 北京：中华书局，1985.

［明］杨慎. 升庵集［M］. 文渊阁四库全书影印本. 上海：上海古籍出版社，2003.

［明］李贽. 藏书［M］. 北京：中华书局，1974.

［明］李贽. 史纲评要［M］. 北京：中华书局，1974.

［明］吴崇节. 新镌古史要评［M］. 清乾隆吴宗琰等刻本. 四库全书存目丛书，史部第284册.

［明］杨一奇辑，陈简补辑. 史谈补［M］. 明万历二十五年刻本. 四库全书存目丛书，史部第286册.

［明］陈继儒. 枕谭［M］. 古今说部丛书三集本.

［明］张溥. 汉魏六朝百三家集［M］. 清光绪间信述堂重刊本.

［明］张溥. 历代史论［M］. 明崇祯刻本. 四库全书存目丛书，史部第289册.

［明］宋存标. 秋士史疑［M］. 明崇祯二年君子堂刻本.

［明］陈子龙、徐孚远撰. 史记测义［M］. 清聚锦堂刻本.

［清］张履祥. 杨园先生全集［M］. 清同治十年江苏书局刻本.

［清］汪琬. 尧峰文钞［M］. 文渊阁四库全书影印本. 上海：上海古籍出版社，2003.

［清］张彦士. 读史尝疑［M］. 清康熙三十六年张谦刻本. 四库全书存目丛书，史部第290册.

［清］沈思伦. 学语杂篇［M］. 昭代丛书. 丛书集成续编，第023册. 台北：新文丰出版公司，1988.

［清］张英、王士祯等. 渊鉴类函［M］. 北京：北京市中国书店，1985.

［清］陈廷敬. 午亭文编［M］. 文渊阁四库全书影印本. 上海：上海古籍出版社，2003.

［清］张潮等编纂. 昭代丛书［M］. 上海：上海古籍出版社，1990.

［清］汪越. 读史记十表［M］. 文渊阁四库全书影印本. 上海：上海古籍出版社，2003.

［清］何焯. 义门读书记［M］. 文渊阁四库全书影印本. 上海：上海古籍出版社，2003.

［清］杜诏. 读史论略［M］. 丛书集成新编，第106册. 台北：新文丰出版公司，1985.

［清］陈景云. 两汉订误［M］. 两汉书订补文献汇编（第三册）. 北京：北京图书馆出版社，2004.

［清］严可均辑，许振生审订. 全后汉文［M］. 北京：商务印书馆，1999.

［清］严可均辑，马志伟审订. 全三国文［M］. 北京：商务印书馆，1999.

［清］严可均辑，苑育新审订. 全宋文［M］. 北京：商务印书馆，1999.

［清］李述来. 读通鉴纲目条记［M］. 清嘉庆七年刻本. 续修四库全书，史部第342册.

［清］李元春. 诸史间论［M］. 清道光十八年张文宝刻桐阁全书本.

［清］沈钦韩. 汉书疏证［M］. 上海：上海古籍出版社，2006.

［清］李祖陶. 史论五种［M］. 清光绪辛丑（1901）年上海古香阁石印本.

［清］张恕. 汉书读［M］. 丛书集成续编，第021册. 上海：上海书店，1994.

［清］沈涛. 铜熨斗斋随笔［M］. 丛书集成新编，第013册. 台北：新文丰出版公司，1985.

［清］张文虎. 校刊史记集解索隐正义札记［M］. 北京：中华书局，1977.

［清］张文虎撰，魏得良点校. 舒艺室随笔［M］. 沈阳：辽宁教育出版社，2003.

［清］杜贵墀. 汉律辑证［M］. 光绪二十五年湘水校经堂刻本.

［清］李慈铭. 越缦堂读史札记［M］. 北平国立图书馆，1932.

［清］李慈铭著，由云龙辑. 越缦堂读书记［M］. 北京：商务印书馆，1959.

［清］吴汝纶. 点勘史记读本［M］. 清宣统元年南宫邢氏刊本.

［清］沈家本. 历代刑法考［M］. 北京：中华书局，1985.

［清］沈家本. 沈寄簃先生遗书［M］. 北京：中国书店，1990.

［清］杨以贞. 志远斋史话［M］. 续修四库全书，第451册.

［清］汪之昌. 青学斋集［M］. 清代诗文集汇编，第734册. 北京：中国书店，1981.

［清］吴见思、李景星著，陆永品点校. 史记论文史记评议［M］. 上海：上海古籍出版社，2008.

［清］杨琪光. 读史记臆说［M］. 清光绪十年刻本. 四库未收书辑刊，第六辑第五册.

［清］佚名. 史记疏证［M］. 上海：上海古籍出版社，2008.

吴曾祺辑. 涵芬楼古今文钞［M］. 上海：商务印书馆，1910.

李景星著，韩兆琦、俞樟华校点. 四史评议［M］. 长沙：岳麓书社，1986.

佚名. 百五十家评注史记［M］. 上海文瑞楼印行，鸿章书局石印本.

李澄宇. 读二十五史蠡述［M］. 北京：北京图书馆出版社，2005.

陈海瀛. 读史记管见［M］. 福州：福州环球出版社，1935.

李笠. 史记订补［M］. 瑞安李氏横经室木刻本，1924.

李笠著，李继芬整理. 广史记订补［M］. 上海：复旦大学出版社，2001.
杨树达. 汉书补注补正［M］. 上海：商务印书馆，1925.
杨树达. 汉书窥管［M］. 上海：江苏古籍出版社，1984.
张震南. 国史通略［M］. 上海：中华书局，1930.
陈海瀛. 读史记管见［M］. 福州：福州环球出版社，1935年.
李源澄. 秦汉史［M］. 上海：商务印书馆，1947.
劳榦. 秦汉史［M］. 香港：华冈出版公司，1974.
杨伯峻. 孟子译注［M］. 北京：中华书局，1960.
何兹全. 秦汉史略［M］. 上海：上海人民出版社，1956.
陈直. 史记新证［M］. 天津人民出版社，1979.
陈直. 汉书新证［M］. 北京：中华书局，1979.
吴恂. 汉书注商［M］. 上海：上海古籍出版社，1983.
李长之. 司马迁之人格与风格［M］. 北京：生活·读书·新知三联书店，1984.
张衍田. 史记正义佚文辑校［M］. 北京：北京大学出版社，1985.
张家英.《史记》十二本纪疑诂［M］. 哈尔滨：黑龙江教育出版社，1987.
张大可. 史记论赞辑释［M］. 西安：陕西人民出版社，1986.
张大可. 史记选注讲［M］. 济南：山东教育出版社，1989.
张大可. 史记全本新注［M］. 西安：三秦出版社，1990.
陈桐生. 中国史官文化与《史记》［M］. 汕头：汕头大学出版社，1993.
张三夕. 死亡之思与死亡之诗［M］. 武汉：华中理工大学出版社，1993.
杨燕起、阎崇东.《史记》精华导读［M］. 北京：中国旅游出版社，1993.
杨燕起.《史记》的学术成就［M］. 北京：北京师范大学出版社，1996.
杨燕起.《史记》与中国史学［M］. 北京：北京师范大学出版社，2015.
杨希枚. 先秦文化史论集［M］. 北京：中国社会科学出版社，1995.
辛德勇. 史记新本校勘［M］. 广西师范大学出版社，2017.

八画

［汉］郑玄注，［唐］贾公彦疏. 周礼注疏［M］. 十三经注疏. 北京：中华书局，1983.

［南朝宋］范晔撰，［唐］李贤等注. 后汉书［M］. 北京：中华书局，1965.

［宋］郑文宝. 江表志［M］. 文渊阁四库全书影印本. 上海：上海古籍出版社，2003.

［宋］欧阳修撰，杜维沫、陈新选注. 欧阳修文选［M］. 北京：人民文学出版

［宋］欧阳修. 文忠集［M］. 文渊阁四库全书影印本. 上海：上海古籍出版社，2003.

［宋］郑獬. 郧溪集［M］. 文渊阁四库全书影印本. 上海：上海古籍出版社，2003.

［宋］周紫芝. 太仓稊米集［M］. 文渊阁四库全书影印本. 上海：上海古籍出版社，2003.

［宋］罗泌撰，［宋］罗苹注. 路史［M］. 文渊阁四库全书影印本. 上海：上海古籍出版社，2003.

［宋］罗大经. 鹤林玉露［M］. 文渊阁四库全书影印本. 上海：上海古籍出版社，2003.

［宋］罗璧. 识遗［M］. 文渊阁四库全书影印本. 上海：上海古籍出版社，2003.

［明］郎瑛. 七修类稿［M］. 北京：中华书局，1959.

［明］郑贤辑. 古今人物论［M］. 明万历余彰德刻本. 四库全书存目丛书，史部第286册.

［明］范光宙. 史评［M］. 清顺治十五年刻本. 四库全书存目丛书，史部第281册.

［清］金维宁. 垂世芳型［M］. 清康熙贺劼堂刻本. 四库全书存目丛书，史部第298册.

［清］杭世骏、牛运震等. 二十二史考论［M］. 北京：北京图书馆出版社，2005.

［清］郑元直编，［清］叶丁曜等续编. 增广古今人物论［M］. 清光绪二十八年富文书局石印本.

［清］知新子辑. 历代史事论海［M］. 清光绪二十八年石印本.

林茂春. 史记拾遗［M］. 北京图书馆藏稿本.

［日］泷川资言考证，［日］水泽利忠校补. 史记会注考证附校补［M］. 上海：上海古籍出版社，1985.

易白沙. 帝王春秋［M］. 长沙：岳麓书社，1984.

林剑鸣等. 秦汉社会文明［M］. 西安：西北大学出版社，1985.

罗世烈. 秦汉史话［M］. 北京：中国青年出版社，1985.

金春峰. 汉代思想史［M］. 北京：中国社会科学出版社，1987.

陕西省文物局编. 陕西文物古迹大观［M］. 西安：三秦出版社，2003.

九画

［汉］荀悦. 汉纪［M］. 北京：商务印书馆，1971.

［汉］荀悦. 申鉴［M］. 文渊阁四库全书影印本. 上海：上海古籍出版社，2003.

［宋］姚铉编. 唐文粹［M］. 上海：上海古籍出版社，1994.

［宋］胡寅. 斐然集［M］. 文渊阁四库全书影印本. 上海：上海古籍出版社，2003.

［宋］胡寅撰，刘依平校点. 读史管见［M］. 湖湘文库. 长沙：岳麓书社，2011.

［宋］胡宏著，吴仁华点校. 胡宏集［M］. 北京：中华书局，1987.

［宋］洪遵. 订正史记真本［M］. 北京：中华书局，1991.

［宋］姚宽. 西溪丛话［M］. 北京：中华书局. 1993.

［宋］洪迈. 容斋随笔［M］. 上海：扫叶山房，1928.

［金］赵秉文. 滏水集［M］. 文渊阁四库全书影印本. 上海：上海古籍出版社，2003.

［元］胡三省. 通鉴释文辨误［M］. 文渊阁四库全书影印本. 上海：上海古籍出版社，2003.

［元］胡一桂撰. 十七史纂古今通要［M］. 北京：国家图书馆出版社，2003.

［明］胡广撰. 胡文穆杂著外十种［M］. 上海：上海古籍出版社，1993.

［明］柯维骐. 史记考要［M］. 明嘉靖二十年（1541）刻本.

［明］胡侍. 真珠船［M］. 丛书集成初编，第338册. 上海：商务印书馆，1936.

［明］洪垣. 觉山洪先生史说［M］. 明万历四十二年刻本. 四库全书存目丛书，史部第283册.

［明］郝敬. 批点史记琐琐.［M］. 明万历崇祯间郝洪范刻山草堂集增修本. 四库全书存目丛书，史部第1册.

［明］贺祥. 留余堂史取.［M］. 明末刻本. 四库全书存目丛书，史部285册.

［清］姜宸英. 湛园集［M］. 文渊阁四库全书影印本. 上海：上海古籍出版社，2003.

［清］胡渭. 洪范正论［M］. 文渊阁四库全书影印本. 上海：上海古籍出版社，2003.

［清］俞长城. 可仪堂文集［M］. 丛书集成新编，第077册. 台北：新文丰出版公司，1985.

［清］姚苎田. 史记菁华录［M］. 武汉：武汉古籍书店，1986.

［清］姚范. 援鹑堂笔记［M］. 清道光十五年刊本. 续修四库全书，子部第1148册.

［清］赵翼. 陔余丛考［M］. 北京：中华书局，1963.

［清］赵翼撰，曹光甫校点. 廿二史札记［M］. 上海：上海古籍出版社，2011.

［清］姚鼐. 惜抱轩全集［M］. 上海：国学整理社, 1936.

［清］赵绍祖. 通鉴注商［M］. 丛书集成续编, 第022册. 上海：上海书店, 1994.

［清］洪颐煊. 读书丛录［M］. 丛书集成新编, 第013册. 台北：新文丰出版公司, 1985.

［清］俞正燮. 癸巳存稿［M］. 北京：中华书局, 1985.

施之勉. 史记会注考证订补［M］. 台北：华冈出版有限公司, 1976.

柳春藩. 秦汉封国食邑赐爵制［M］. 沈阳：辽宁人民出版社, 1984.

施丁. 汉书新注［M］. 西安：三秦出版社, 1994.

赵生群.《史记》文献学丛稿［M］. 南京：江苏古籍出版社, 2000.

郜积意.《史记》《汉书》年月考异［M］. 上海：上海古籍出版社, 2015.

十画

［汉］贾谊撰,［明］何孟春订注. 贾谊集·贾太傅新书［M］. 长沙：岳麓书社, 2010.

［汉］桓谭. 新论［M］. 上海：上海人民出版社, 1977.

［汉］班固撰,［唐］颜师古注. 汉书［M］. 北京：中华书局, 1962.

［宋］袁文. 瓮牖闲评［M］. 文渊阁四库全书影印本. 上海：上海古籍出版社, 2003.

［宋］钱时. 两汉笔记［M］. 文渊阁四库全书影印本. 上海：上海古籍出版社, 2003.

［宋］真德秀. 西山文集［M］. 文渊阁四库全书影印本. 上海：上海古籍出版社, 2003.

［宋］真德秀. 西山读书记［M］. 文渊阁四库全书影印本. 上海：上海古籍出版社, 2003.

［宋］真德秀. 续文章正宗［M］. 文渊阁四库全书影印本. 上海：上海古籍出版社, 2003.

［宋］徐元杰. 楳野集［M］. 文渊阁四库全书影印本. 上海：上海古籍出版社, 2003.

［宋］徐天麟. 西汉会要［M］. 文渊阁四库全书影印本. 上海：上海古籍出版社, 2003.

［明］袁黄. 增评历史纲鉴补［M］. 郑州：中州古籍出版社, 1990.

［明］唐顺之. 两汉解疑［M］. 丛书集成初编. 北京：中华书局, 1991.

［明］袁黄辑，［明］王世编. 袁王纲鉴合编［M］. 清末扫叶山房印本.

［明］唐汝询. 顾氏诗史［M］. 明万历二十八年顾正谊刻本.

［明］凌稚隆辑校，李光缙增补. 史记评林［M］. 天津：天津古籍出版社，1998.

［明］凌稚隆. 汉书评林［M］. 明万历九年凌稚隆刊本.

［清］钱谦益. 牧斋初学集［M］. 上海：商务印书馆，民国八年四部丛刊本.

［清］顾炎武著，［清］黄汝成集释. 日知录集释［M］. 上海：国学整理社，1936.

［清］秦镜. 通鉴感应录［M］. 清康熙五十四年张圣佐刻本. 四库全书存目丛书，史部第291册.

［清］爱新觉罗·胤禛. 御制文集［M］. 文渊阁四库全书影印本. 上海：上海古籍出版社，2003.

［清］夏之蓉. 读史提要录［M］. 清道光壬午木刻本.

［清］爱新觉罗·弘历. 御制乐善堂全集定本［M］. 文渊阁四库全书影印本. 上海：上海古籍出版社，2003.

［清］爱新觉罗·弘历. 日知荟说［M］. 文渊阁四库全书影印本. 上海：上海古籍出版社，2003.

［清］徐昂发. 畏垒笔记［M］. 上海：上海古籍出版社，1985.

［清］钱大昕. 十驾斋养新录［M］. 上海：商务印书馆，1937.

［清］钱大昕. 三史拾遗［M］. 清嘉庆十二年嘉兴郡斋木刻本.

［清］钱大昕. 廿二史考异［M］. 上海：商务印书馆，1937.

［清］钱大昕. 潜研堂文集［M］. 上海：商务印书馆，1936.

［清］钱大昭. 汉书辨疑［M］. 续修四库全书，第454册.

［清］高嵋. 史记钞［M］. 高梅亭读书丛钞. 乾隆五十三年广郡永邑培元堂杨氏刊本.

［清］秦笃辉. 读史賸言［M］. 上海：商务印书馆，1937.

［清］郭嵩焘. 史记札记［M］. 北京：商务印书馆，1957.

［清］诸可宝撰，［清］雷浚、汪之昌选，［清］吴履刚、顾光昌编次. 学古堂日记［M］. 清光绪二十二年刻本.

［清］夏勤墉. 纪事约言［M］. 清光绪间崇文书局刊本.

夏曾佑. 中国古代史［M］. 北京：生活·读书·新知三联书店，1955.

顾颉刚. 古史辨［M］. 上海：上海古籍出版社，1982.

钱穆. 秦汉史［M］. 台北：东大图书股份有限公司，1987.

钱穆. 史记地名考［M］. 北京：商务印书馆，2001.

徐复观. 两汉思想史 [M]. 台北：台湾学生书局，1979.
徐仁甫. 史记注解辨正 [M]. 北京：中华书局，2014.
徐朔方. 史汉论稿 [M]. 南京：江苏古籍出版社，1984.
高敏. 秦汉史论集 [M]. 河南：中州书画社，1982.
郭双成. 史记人物传记论稿 [M]. 郑州：中州古籍出版社，1985.
徐蜀.《史记》订补文献汇编 [M]. 北京：北京图书馆出版社，2004.
徐卫民. 文景之治 [M]. 西安：西安出版社，2007.

十一画

[隋] 萧该. 汉书音义 [M]. 丛书集成续编，第 21 册. 上海：上海书店出版社，1994.
[宋] 黄裳. 演山集 [M]. 文渊阁四库全书影印本. 上海：上海古籍出版社，2003.
[宋] 崔敦礼. 宫教集 [M]. 文渊阁四库全书影印本. 上海：上海古籍出版社，2003.
[宋] 黄震. 黄氏日钞 [M]. 文渊阁四库全书影印本. 上海：上海古籍出版社，2003.
[宋] 黄震. 古今纪要 [M]. 上海：上海古籍出版社，影印文渊阁四库全书本，1987.
[元] 黄溍. 日损斋笔记 [M]. 文渊阁四库全书影印本. 上海：上海古籍出版社，2003.
[明] 梅鼎祚. 西汉文纪 [M]. 文渊阁四库全书影印本. 上海：上海古籍出版社，2003.
[明] 黄淳耀. 陶庵全集 [M]. 文渊阁四库全书影印本. 上海：上海古籍出版社，2003.
[清] 阎若璩. 潜邱札记 [M]. 文渊阁四库全书影印本. 上海：上海古籍出版社，2003.
[清] 梁玉绳. 史记志疑 [M]. 北京：中华书局，1981.
[清] 章邦元. 读通鉴纲目札记 [M]. 清光绪十六年铜陵章氏刻本. 四库未收书辑刊，第三辑第十二册.
[清] 黄恩彤. 鉴评别录 [M]. 清光绪三十一年家塾刻本.
[清] 章诒燕. 读史诤言 [M]. 上海：商务印书馆，1935.
崔适. 史记探源 [M]. 北京：中华书局，1985.

十二画

［汉］董仲舒撰，［清］凌曙注. 春秋繁露［M］. 北京：中华书局，1975.

［宋］曾肇. 曲阜集［M］. 文渊阁四库全书影印本. 上海：上海古籍出版社，2003.

［宋］曾丰. 缘督集［M］. 文渊阁四库全书影印本. 上海：上海古籍出版社，2003.

［宋］编者不详. 苏门六君子文粹［M］. 文渊阁四库全书影印本. 上海：上海古籍出版社，2003.

［明］程楷. 明断编［M］. 上海：商务印书馆，1937.

［明］焦竑. 焦氏笔乘［M］. 丛书集成新编，第088册. 台北：新文丰出版公司，1985.

［明］焦竑辑，［明］李廷机注，［明］李光缙汇评. 两汉萃宝评林［M］. 明万历二十年万卷楼周对峰刻本.

［明］董其昌. 容台集［M］. 四库全书存目丛书，集部第32册.

［明］程至善. 史砭［M］. 四库全书存目丛书，补编第94册.

［明］董说. 七国考［M］. 北京：中华书局，1956.

［清］葛震. 诗史［M］. 四库存目丛书. 清康熙四十二年刻本.

［清］蒋国祚. 两汉纪字句异同考［M］. 丛书集成续编，第22册. 上海：上海书店，1994.

［清］董诰等. 全唐文［M］. 北京：中华书局，1983.

［清］程馀庆撰，高益荣、赵光勇、张新科编辑. 历代名家评注史记集说［M］. 西安：三秦出版社，2011.

韩兆琦. 史记选注汇评［M］. 郑州：中州古籍出版社，1990.

韩兆琦. 史记题评［M］. 西安：陕西人民教育出版社，2000.

韩兆琦、赵国华. 秦汉史十五讲［M］. 南京：凤凰出版社，2010.

十三画

［宋］释契嵩. 镡津集［M］. 文渊阁四库全书影印本. 上海：上海古籍出版社，2003.

［元］雷思齐. 易筮通变［M］. 文渊阁四库全书影印本. 上海：上海古籍出版社，2003.

［清］雷瑨. 雷辑史事论［M］. 清宣统三年上海扫叶山房石印本.

十四画

[宋] 蔡戡. 定斋集 [M]. 文渊阁四库全书影印本. 上海：上海古籍出版社，2003.

[明] 熊尚文. 兰曹读史日记 [M]. 明万历四十三年刻本. 四库全书存目丛书，史部第 286 册.

[明] 钟惺. 史怀 [M]. 丛书集成新编，第 106 册. 台北：新文丰出版公司，1985.

[清] 翟蔼. 九畹史论 [M]. 上海：商务印书馆，1936.

蔡尚思. 中国历史新研究法 [M]. 上海：上海书店，1989.

十五画

[清] 潘椿. 史汉初学辨体 [M]. 台北：文海出版社，1974.

翦伯赞. 中国通史纲要 [M]. 北京：人民出版社，1979.

翦伯赞. 秦汉史 [M]. 北京：北京大学出版社，1983.

十六画

[明] 霍韬撰，张邦奇增修. 兀涯西汉书议 [M]. 明钞本. 四库全书存目丛书，史部第 281 册.

十七画

[宋] 戴埴. 鼠璞 [M]. 文渊阁四库全书影印本. 上海：上海古籍出版社，2003.

[宋] 魏天应. 论学绳尺 [M]. 文渊阁四库全书影印本. 上海：上海古籍出版社，2003.

[清] 魏裔介. 鉴语经世编 [M]. 清康熙十四年自刻本. 四库全书存目丛书，史部第 290 册.

十八画

瞿方梅. 史记三家注补正 [M]. 台北：广文书局，1973.

期 刊

于豪亮. 西汉对法律的研究 [J]. 中国史研究，1982 (2).

马育良. 汉初治政与贾谊的礼治思想 [J]. 孔子研究, 1993 (4).

王子今. 唐人历史意识中的"文景之治"印象 [J]. 人文杂志, 2004 (5).

王汉昌. 汉文帝初政 [J]. 河北大学学报, 1991 (3).

王泽武. 汉文帝"易刑"考辨 [J]. 湖北大学学报, 2003 (2).

王彦辉. 试析"文景之治"的政策失误及其影响 [J]. 社会科学战线, 1994 (6).

古永继. "文、景分国为削藩"辨 [J]. 安徽师大学报, 1983 (4).

田大宪. 新发现的《史记正义》佚文考 [J]. 人文杂志, 1996 (4).

刘光华. 西汉前期的封建"治世" [J]. 兰州大学学报, 1980 (2).

苏诚鉴. 西汉南北军的由来及演变 [J]. 安徽师大学报, 1980 (3).

杨天宇. 略论汉代的三年丧 [J]. 郑州大学学报, 2002 (5).

杨武站、曹龙. 汉霸陵帝陵的墓葬形制探讨 [J]. 考古, 2015 (8).

吴永章. 关于汉文帝的"文治" [N]. 光明日报, 1980-2-12.

吴国泰. 《史记》解诂 (下) [J]. 文史, 第 43 辑.

陈苏镇. 汉文帝"易侯邑"及"令列侯之国"考辨 [J]. 历史研究, 2005 (5).

邵金凯. 黄老术与汉文帝治国新论 [J]. 徐州师范大学学报, 2002 (3).

罗义俊. 文景之治与儒家思想 [J]. 杭州师范大学学报, 2014 (1).

高敏. 论汉文帝 [J]. 史学月刊, 2001 (1).

高敏. 秦汉邮传制度考略 [J]. 历史研究, 1985 (3).

黄宛峰. 汉文帝并非薄葬 [J]. 南都学坛 1995 (1).

韩连琪. 论汉初的政治经济政策 [J]. 文史哲, 1979 (6).

赖长扬. 司马谈作史补证 [J]. 史学史研究, 1981 (2).